HARALD JATZKE

Das System des deutschen Verbrauchsteuerrechts unter Berücksichtigung der Ergebnisse der Verbrauchsteuerharmonisierung in der Europäischen Union

Tübinger Schriften zum Staats- und Verwaltungsrecht

Herausgegeben von

Wolfgang Graf Vitzthum

in Gemeinschaft mit

Martin Heckel, Ferdinand Kirchhof
Hans von Mangoldt, Thomas Oppermann
Günter Püttner, Michael Ronellenfitsch

sämtlich in Tübingen

Band 38

Das System des deutschen Verbrauchsteuerrechts

unter Berücksichtigung der Ergebnisse der Verbrauchsteuerharmonisierung in der Europäischen Union

Zugleich ein Beitrag für einen Allgemeinen Teil des deutschen Verbrauchsteuerrechts

Von

Dr. Harald Jatzke

Duncker & Humblot · Berlin

Die Deutsche Bibliothek – CIP-Einheitsaufnahme

Jatzke, Harald:
Das System des deutschen Verbrauchsteuerrechts unter Berücksichtigung der Ergebnisse der Verbrauchsteuerharmonisierung in der Europäischen Union : Zugleich ein Beitrag für einen allgemeinen Teil des deutschen Verbrauchsteuerrechts / von Harald Jatzke. – Berlin : Duncker und Humblot, 1997
(Tübinger Schriften zum Staats- und Verwaltungsrecht ; Bd. 38)
Zugl.: Tübingen, Univ., Diss., 1995/96
ISBN 3-428-08971-5

D 21

Fotoprint: Berliner Buchdruckerei Union GmbH, Berlin
Printed in Germany

ISSN 0935-6061
ISBN 3-428-08971-5

Gedruckt auf alterungsbeständigem (säurefreiem) Papier
entsprechend ISO 9706 ♾

Meinen Eltern
Anni und Hans-Joachim Jatzke

Vorwort

Als Referent im Bundesministerium der Finanzen wurde mir die Möglichkeit eröffnet, sowohl an der Entstehung des Gemeinschaftsrechts auf dem Gebiet der besonderen Verbrauchsteuern als auch an der Umsetzung der EG-rechtlichen Vorgaben durch die umfassende Neugestaltung sämtlicher Verbrauchsteuergesetze mitzuwirken. So lag es nahe, die bei der Rechtsetzung erworbenen Kenntnisse und praktischen Erfahrungen für eine Dissertation nutzbar zu machen. Im Vordergrund stand dabei das Bemühen um eine Systematisierung der verbrauchsteuerrechtlichen Grundlagen unter besonderer Berücksichtigung der 1992 erzielten Harmonisierungsergebnisse.

Die vorliegende Arbeit wurde im Wintersemester 1995/96 von der Juristischen Fakultät der Eberhard-Karls-Universität zu Tübingen als Dissertation angenommen. Betreut wurde sie von Prof. Dr. Ferdinand Kirchhof, dessen wertvolle Anregungen und Hinweise zur Steigerung des wissenschaftlichen Ertrages beigetragen haben. Für diese Förderung und für die Erstellung des Erstgutachtens gebührt ihm mein besonderer Dank.

Dank schulde ich auch Prof. Dr. Eugen Klunzinger, der in erfreulich kurzer Zeit das Zweitgutachten erstellt hat. Prof. Dr. Wolfgang Graf Vitzthum und dem Verlag Duncker und Humblot danke ich für die Aufnahme der Arbeit in die Reihe der „Tübinger Schriften zum Staats- und Verwaltungsrecht".

Schließlich gilt mein herzlicher Dank Frau Rechtsanwältin Regina Kalthegener, meiner Lebensgefährtin, die das Werden des Werkes mit großer Nachsicht und Geduld begleitet und mir unverzichtbare Unterstützung in allen computertechnischen Fragen gewährt hat.

Bonn, im Februar 1997 *Harald Jatzke*

Inhaltsverzeichnis

Abkürzungsverzeichnis

ABl.	Amtsblatt der Europäischen Gemeinschaft
AEAO	Anwendungserlaß zur Abgabenordnung (Zoll)
a.F.	alte Fassung
AO	Abgabenordnung
AöR	Archiv des öffentlichen Rechts
Art.	Artikel
Aufl.	Auflage
AW-Prax	Außenwirtschaftliche-Praxis
BB	Der Betriebs-Berater
BFH	Bundesfinanzhof
BFHE	Sammlung der Entscheidungen und Gutachten des BFH
BFH/NV	Sammlung amtlich nicht veröffentlichter Entscheidungen des BFH
BFH/R	Schnellinformationen zur Rechtsprechung des Bundesfinanzhofs
BGB	Bürgerliches Gesetzbuch
BGBl.	Bundesgesetzblatt
BierStG	Biersteuergesetz
BierStV	Biersteuer-Durchführungsverordnung
BK	Bonner Kommentar
BMF	Bundesministerium der Finanzen
BranntwMonG	Gesetz über das Branntweinmonopol
BR-Drucks.	Bundesrat-Drucksache
BrStV	Branntweinsteuerverordnung
BStBl.	Bundessteuerblatt
BT-Drucks.	Bundestag-Drucksache
BVerfG	Bundesverfassungsgericht
BVerfGE	Entscheidungen des Bundesverfassungsgerichts
BVerwG	Bundesverwaltungsgericht

BVerwGE	Entscheidungen des Bundesverwaltungsgerichts
BZBl.	Bundeszollblatt
bzw.	beziehungsweise
CO_2	Kohlendioxid
CREDOC	Centre de recherches et de documentation sur la consommation
DB	Der Betrieb
DDR	Deutsche Demokratische Republik
DDZ F	Der Deutsche Zollbeamte, Fachteil
ders.	derselbe
Dok.	Dokument
DÖV	Die Öffentliche Verwaltung
DStJG	Veröffentlichungen der Deutschen Steuerjuristischen Gesellschaft e.V.
DStR	Deutsches Steuerrecht
DStZ	Deutsche Steuerzeitung
DV	Durchführungsverordnung
DVBl.	Deutsches Verwaltungsblatt
ebd.	ebenda
ECE	Economic Commission for Europe
ECOFIN-Rat	Rat der Wirtschafts- und Finanzminister
ECU	European Currency Unit
EFG	Entscheidungen der Finanzgerichte
EG	Europäische Gemeinschaft
EG-Vertrag	Vertrag zur Gründung der Europäischen Gemeinschaft
endg.	endgültig
EP	Europäisches Parlament
EStG	Einkommensteuergesetz
EU	Europäische Union
EuGH	Europäischer Gerichtshof
EuGHE	Sammlung der Rechtsprechung des Gerichtshofes der Europäischen Gemeinschaften
EuR	Europarecht
EuZW	Europäische Zeitschrift für Wirtschaftsrecht
EWG-Vertrag	Vertrag zur Gründung der Europäischen Wirtschaftsgemeinschaft

f.	folgend
ff.	fortfolgend
FG	Finanzgericht
FGO	Finanzgerichtsordnung
Fn	Fußnote
FS	Festschrift
G	Gesetz
GATT	General Agreement on Tariffs and Trade
GewStG	Gewerbesteuergesetz
GG	Grundgesetz
GmbH	Gesellschaft mit beschränkter Haftung
HdFW	Handbuch der Finanzwissenschaft
HFR	Höchstrichterliche Finanzrechtsprechung
HGB	Handelsgesetzbuch
hl	Hektoliter
h.M.	herrschende Meinung
Hrsg.	Herausgeber
HZA	Hauptzollamt
IFSt-Schrift	Veröffentlichungen des Instituts für Finanzen und Steuern
i.S.v.	im Sinne von
i.V.m.	in Verbindung mit
Kaffee- /TeeStG	Kaffee- und Teesteuergesetz
KG	Kommanditgesellschaft
kg	Kilogramm
KN	Kombinierte Nomenklatur
KohlenStG	Kohlensteuergesetz
KOM	Dokument der Kommission
KStG	Körperschaftsteuergesetz
KVP	Kleinverkaufspreis
l	Liter
LeuchtmStG	Leuchtmittelsteuergesetz
MineralwasserStG	Mineralwassersteuergesetz
MinöStDV	Verordnung zur Durchführung des Mineralölsteuergesetzes a.F.

MinöStG	Mineralölsteuergesetz
MinöStV	Mineralölsteuer-Durchführungsverordnung
Mwh	Megawattstunde
MwSt	Mehrwertsteuer
NJW	Neue Juristische Wochenschrift
Nr.	Nummer
NVwZ	Neue Zeitschrift für Verwaltungsrecht
OECD	Organization for Economic Cooperation and Development
OHG	Offene Handelsgesellschaft
RAO	Reichsabgabenordnung
Rdnr.	Randnummer
RFH	Reichsfinanzhof
RFHE	Sammlung der Entscheidungen und Gutachten des Reichsfinanzhofs
RGBl.	Reichsgesetzblatt
RGStE	Entscheidungen des Reichsgerichts in Strafsachen
RL	Richtlinie
RZZ	Rat für die Zusammenarbeit auf dem Gebiet des Zollwesens
SalzStDB	Durchführungsbestimmungen zum Salzsteuergesetz
SalzStG	Salzsteuergesetz
SchaumwStG	Schaumweinsteuergesetz
SchaumwZwStG	Gesetz zur Besteuerung von Schaumwein und Zwischenerzeugnissen
SchaumwZwStV	Verordnung zur Durchführung des Gesetzes zur Besteuerung von Schaumwein und Zwischenerzeugnissen
SpielkStG	Spielkartensteuergesetz
SteuerStud	Steuer und Studium
StuW	Steuer und Wirtschaft
SüßstG	Süßstoffsteuergesetz
TabStG	Tabaksteuergesetz
TabStV	Tabaksteuer-Durchführungsverordnung
TIR	Transport International des Marchandises par la Route
UStG	Umsatzsteuergesetz
UR	Umsatzsteuer-Rundschau
VAVO	Verordnung über die Erhebung der Verbrauchsabgaben (DDR)

vgl.	vergleiche
VO	Verordnung
VSF	Vorschriftensammlung Bundesfinanzverwaltung
VVDStRL	Veröffentlichungen der Vereinigung der Deutschen Staatsrechtslehrer
VwO	Verwertungsordnung
WeinStG	Weinsteuergesetz
WiRO	Wirtschaft und Recht in Osteuropa
WRV	Weimarer Reichsverfassung
WTO	World Trade Organization
z.B.	zum Beispiel
ZfZ	Zeitschrift für Zölle und Verbrauchsteuern
ZHI	Zoll- und Handelsinformation
ZK	Zollkodex
ZollVG	Zollverwaltungsgesetz
ZuckerStG	Zuckersteuergesetz
ZuckStV	Zuckersteuer-Durchführungsverordnung
ZündwarenStG	Zündwarensteuergesetz

Einführung

Mit der Verwirklichung des Binnenmarktes am 1.Januar 1993 sind in Deutschland neue Verbrauchsteuergesetze in Kraft getreten, mit denen der Gesetzgeber das deutsche Verbrauchsteuerrecht den gemeinschaftsrechtlichen Vorgaben angepaßt hat. Die Verhandlungen auf Gemeinschaftsebene über die Ausgestaltung des europäischen Verbrauchsteuerrechts dauerten über dreißig Jahre und konnten erst 1992 mit der Verabschiedung von insgesamt neun Richtlinien abgeschlossen werden.

Im Zuge der Umsetzung dieser Gemeinschaftsrechtsakte erfuhr das von zahlreichen nationalen Besonderheiten geprägte deutsche Verbrauchsteuerrecht eine grundlegende Umgestaltung. Als Beispiel ist insbesondere die Einführung des neuen Steueraussetzungsverfahrens zu nennen, das an die Stelle des althergebrachten Instituts der bedingten Steuer getreten ist. Veränderungen haben sich aber nicht nur bei den Lager- und Transportverfahren sondern auch bei den Steuergegenständen, Steuervergünstigungen und den Steuerentstehungstatbeständen ergeben. Hervorzuheben ist die wesentliche Erweiterung des Kreises der Steuerschuldner durch Schaffung neuer Handelsmöglichkeiten. So können verbrauchsteuerpflichtige Waren, die bereits in einem Mitgliedstaat der Gemeinschaft versteuert worden sind, von deutschen Händlern bezogen und Waren des freien Verkehrs aus Deutschland unter Gewährung einer Steuerentlastung in andere Mitgliedstaaten versandt werden. Zur Teilnahme am neu geschaffenen Steueraussetzungsverfahren sind nicht nur die bisherigen Steuerlagerinhaber sondern auch die dem deutschen Verbrauchsteuerrecht bislang unbekannten berechtigten Empfänger und Beauftragten berechtigt.

Die harmonisierungsbedingten Änderungen des deutschen Verbrauchsteuerrechts geben Anlaß, die tiefgreifenden Auswirkungen der Verbrauchsteuerharmonisierung unter Berücksichtigung der Vorgaben des Gemeinschaftsrechts und des deutschen Finanzverfassungsrechts näher zu untersuchen und insbesondere die Steuervergünstigungen, Steuerentstehungstatbestände und Steuerschuldner neu zu systematisieren. Zur Abgrenzung von anderen Steuerarten werden Ansätze für eine Begriffsbestimmung der besonderen Verbrauchsteuern entwickelt. Im Rahmen der Untersuchung wird auch auf die Legitimation für die Erhebung von besonderen Verbrauchsteuern neben der allgemeinen Umsatzsteuer eingegangen.

Da die Möglichkeit der Steuerabwälzung zum Wesensmerkmal der Verbrauchsteuern gehört, ergeben sich rechtliche Konsequenzen für den Fall, daß die Weitergabe der Steuerlast von vornherein unmöglich ist oder mißlingt. Unter diesem Gesichtspunkt werden die erst im Juli 1990 in der ehemaligen DDR eingeführten Nachsteuern näher untersucht.

Das letzte Kapitel ist der Harmonisierung der Weinsteuer und der Umsetzung der EG-rechtlichen Vorgaben in das nationale Verbrauchsteuerrecht gewidmet. In diesem Zusammenhang wird die Null-Satz-Regelung an Art.95 EG-Vertrag gemessen und eine Ortung der Gesetzgebungskompetenz für die bundesweite Einführung einer Verbrauchsteuer auf Wein vorgenommen. Darüber hinaus wird der Frage nach den finanzverfassungsrechtlichen Grundlagen für die steuerrechtlichen Vorschriften zur Überwachung des innergemeinschaftlichen Weinverkehrs nachgegangen.

Schließlich wird der Versuch unternommen, den gemeinsamen Bestand an systembildenden Regelungen in den einzelnen Verbrauchsteuergesetzen zu strukturieren und einen Allgemeinen Teil des deutschen Verbrauchsteuerrechts zu entwerfen, dessen legislative Realisierung einen praktischen Fortschritt bringen könnte.

Die Arbeit ist auf dem Stand von 1996. Die wesentlichsten Regelungen des im Juli 1996 in Kraft getretenen Verbrauchsteueränderungsgesetzes wurden noch nachträglich eingearbeitet. Ebenfalls konnte die bis Ende 1996 erschienene verbrauchsteuerrechtliche Literatur berücksichtigt werden.

A. Grundlagen

I. Die Verbrauchsteuerharmonisierung in der EU

Seit Gründung der Europäischen Wirtschaftsgemeinschaft im Jahre 1957 wurde die Harmonisierung der indirekten Steuern und damit auch der besonderen Verbrauchsteuern als eine der wesentlichen Voraussetzungen für die Errichtung eines gemeinsamen Marktes und die Gewährleistung eines freien Warenverkehrs angesehen.[1] Obwohl die Mitgliedstaaten die Notwendigkeit einer Angleichung der nationalen Steuersysteme erkannten, dauerten die Verhandlungen über das gemeinschaftsweit anzuwendende Verbrauchsteuersystem und die von allen Mitgliedstaaten zu erhebenden Verbrauchsteuern über dreißig Jahre.

Nach mehrjährigen Vorarbeiten einigten sich die Leiter der nationalen Steuerverwaltungen am 17.6.1966 auf ein von der Kommission vorgeschlagenes Arbeitsprogramm, das die Harmonisierung der Verbrauchsteuern auf Tabakwaren, Alkohol, Zucker und Mineralöle und die Beseitigung der anderen in der Gemeinschaft erhobenen Verbrauchsteuern vorsah. 1967 wurden die Verbrauchsteuern auf Wein und Bier in die Harmonisierungsdiskussion mit einbezogen.[2] Von Anfang an lehnten Deutschland und Italien die Einführung einer Weinsteuer kategorisch ab. Dagegen sprachen sie sich für eine Einbeziehung der Kaffee- und Teesteuer in das Harmonisierungskonzept aus. Ausgangspunkt für die weiteren Verhandlungen bildete ein Grundsatzpapier, in dem die Kommission im März 1970 die Auswahlkriterien für die zu harmonisierenden Verbrauchsteuern festlegte.[3] Danach sollten unter Ausschluß der Besteuerung von lebensnotwendigen Grundnahrungsmitteln und in der Produktion eingesetzten Rohstoffen nur Waren des Massenverbrauchs erfaßt werden, deren steuerliche Belastung einen hohen Ertrag erwarten ließ. Unter Berücksichtigung dieser Kriterien entschloß sich die Kommission, die Harmonisierung der Zuckersteuer nicht weiter zu verfolgen. Die Einbeziehung von Kaffee und Tee in das Harmonisierungskonzept wurde aus entwicklungspolitischen Gründen abgelehnt. In die Überlegungen der Kommission flossen auch die Ergebnisse der auf Verlangen der Mitgliedstaaten erstellten

---

[1] Weißbuch zur Vollendung des Binnenmarktes, KOM (85) 310 endg., Rdnr. 167.

[2] Vgl. zum Arbeitsprogramm von 1966/67 Dok. 4.998/XIV/70-D, S. 1.

[3] Dok. 4998/XIV/70-D vom 6.3.1970.

CREDOC-Studie[4] über den EG-Getränkemarkt ein. Im Auftrag der Kommission hatte ein französisches Institut die Substitutions- und Wettbewerbsverhältnisse zwischen Bier und Wein und alkoholischen und nichtalkoholischen Getränken untersucht und die gemeinschaftsweite Einführung einer Verbrauchsteuer auf Limonaden und Stillweine empfohlen. Auf der Grundlage dieser Untersuchung legte die Kommission im Oktober 1970 die ersten Richtlinienvorschläge[5] über die Harmonisierung der Verbrauchsteuern auf Alkohol, Bier, Wein und alkoholfreie Getränke vor, die 1972 überarbeitet und um zwei weitere Richtlinienvorschläge[6] über die Besteuerung von Mischgetränken und die Einsetzung eines Verbrauchsteuerausschusses und 1973 um einen Richtlinienvorschlag[7] über die Mineralölsteuer ergänzt wurden. Auch auf dem Gebiet der Tabaksteuer erstellte die Kommission erste Richtlinienentwürfe. Die Diskussionen konzentrierten sich insbesondere auf die Struktur des Zigarettensteuersatzes und auf die Festlegung von Definitionen für die zu besteuernden Tabakwaren.[8] Während Deutschland für einen mengenabhängigen Steuersatz eintrat, sprachen sich Belgien, Frankreich, Italien, Luxemburg und die Niederlande für einen ganz oder überwiegend wertbezogenen Zigarettensteuersatz aus. Mit der Entschließung des Rates vom 21.4.1970[9] einigte man sich schließlich auf eine gemischte Struktur, die 1972 in der ersten Harmonisierungsrichtlinie[10] auch im Gemeinschaftsrecht festgelegt wurde. 1978 konnte die sogenannte Definitionsrichtlinie[11] verabschiedet werden, die Begriffsbestimmungen für die der Tabaksteuer zu unterwerfenden Tabakwaren enthält. Im November 1995 wurden beide Richtlinien durch eine Neufassung der unübersichtlich gewordenen Texte zu einer einzigen Richtlinie zusammengefaßt.[12]

---

[4] Studie des „Centre de recherches et de documentation sur la consommation“ über Auswirkungen des Preises und des Einkommens auf den Getränkeverbrauch in den Mitgliedstaaten der Europäischen Gemeinschaft, Kommission der EG, Kollektion Studien, Reihe Wettbewerbsangleichung Nr. 19, 1972.

[5] Dok. 18.274/XIV/70, 18.238/XIV/70, 18.328/XIV/70 und 18.200/XIV/70.

[6] Vorschläge für Richtlinien des Rates über die Harmonisierung der Verbrauchsteuern auf Alkohol, Wein, Bier und über die Verbrauchsteuerregelung für Mischgetränke sowie den Vorschlag einer Entscheidung des Rates über die Einsetzung eines „Ausschusses für Verbrauchsteuern“, ABl. EG Nr. C 43 vom 29.4.1972, S. 25.

[7] Vorschlag einer Richtlinie des Rates über die Harmonisierung der Verbrauchsteuern auf Mineralöle, ABl. EG Nr. C 92 vom 24.8.1973, S. 36.

[8] *Dittrich*, Harmonisierung der Tabaksteuer wird fortgesetzt, ZfZ 1978, S. 130ff.

[9] Entschließung des Rates der Europäischen Gemeinschaft zur Tabaksteuer, ABl. EG Nr. C 50 vom 28.4.1970, S. 1.

[10] Richtlinie 72/464/EWG des Rates vom 19.12.1972 über die anderen Verbrauchsteuern auf Tabakwaren als die Umsatzsteuer, ABl.EG Nr. L 303 vom 31.12.1972,S. 1.

[11] Richtlinie 79/32/EWG des Rates vom 18.12.1978 über die anderen Verbrauchsteuern auf Tabakwaren als die Umsatzsteuer, ABl. EG Nr. L 10 vom 16.1.1979, S. 8.

[12] Richtlinie 95/59/EG des Rates vom 27.11.1995 über die anderen Verbrauchsteuern auf Tabakwaren als die Umsatzsteuer, ABl. EG Nr. L 291 vom 6.12.1995, S. 40.

Nach diesen Anfangserfolgen erlahmten jedoch die Harmonisierungsbemühungen. Die achtziger Jahre brachten kaum Fortschritte. Im Dezember 1985 schlug die Kommission den Abschluß einer Stillhaltevereinbarung vor, durch die sich die Mitgliedstaaten verpflichten sollten, keine neuen Verbrauchsteuern einzuführen und die Sätze der nicht zu harmonisierenden Verbrauchsteuern nicht weiter zu erhöhen.[13] Deutschland und andere Mitgliedstaaten lehnten jedoch jede Einengung ihres nationalen Handlungsspielraumes ab.[14] Der Vorschlag zum Abschluß einer Stillhaltevereinbarung basierte auf dem im Juni 1985 vorgelegten Weißbuch zur Vollendung des Binnenmarktes, in dem die Kommission ihre Zielvorstellungen präzisiert hatte. Als harmonisierungsbedürftig wurden nunmehr die Verbrauchsteuern auf Tabakwaren, Bier, Wein, aufgespritete Weine, Spirituosen und Mineralöle angesehen. In bezug auf die abzuschaffenden Steuern wurde beispielhaft die Kaffe- und Teesteuer erwähnt. Darüber hinaus hielt man die Einführung eines Steuerlagerverbundsystems für erforderlich, um den innergemeinschaftlichen Handel mit verbrauchsteuerpflichtigen Waren ohne Grenzkontrollen abwickeln zu können.[15] Ein weiterer Meilenstein in der Geschichte der Verbrauchsteuerharmonisierung wurde im Februar 1986 mit der Verabschiedung der Einheitlichen Europäischen Akte[16] und der damit herbeigeführten Änderung des EWG-Vertrages gesetzt. In dem neu in den EWG-Vertrag eingefügten Art.8a verpflichteten sich die Mitgliedstaaten, alle erforderlichen Maßnahmen zu treffen, um bis zum 31.12.1992 den Binnenmarkt schrittweise zu verwirklichen. Der für die Steuerharmonisierung zuständige Kommissar Lord Cockfield unterbreitete daraufhin im August 1987 neue Richtlinienvorschläge[17], die für alle verbrauchsteuerpflichtigen Waren einheitliche Steuersätze vorsahen. Der ehrgeizige Ansatz einer punktgenauen Angleichung der Steuersätze scheiterte jedoch am Widerstand der Mitgliedstaaten, die das sogenannte Cockfieldpaket aufgrund des erheblichen Anpassungsbedarfs in bezug auf die nationalen Steuersätze ablehnten.

---

[13] Vorschlag für eine Richtlinie des Rates zur Einführung einer Stillhaltevereinbarung im Bereich der Mehrwertsteuer und der Verbrauchsteuern, ABl. EG Nr. C 313 vom 4.12.1985, S. 5.

[14] *Beichelt*, Aus der Arbeit des Steuergesetzgebers im Jahre 1986, StuW 1987, S. 83,87. Danach haben der Bundestag und Bundesrat die Ablehnung des Richtlinienentwurfs damit begründet, daß einer Stillhaltevereinbarung erst dann näher getreten werden sollte, wenn sich bei den Verhandlungen über die Verbrauchsteuerharmonisierung konkrete Fortschritte abzeichnen.

[15] Weißbuch zur Vollendung des Binnenmarktes, KOM (85) 310 endg., Rdnr. 214, 215, 216.

[16] Einheitliche Europäische Akte vom 28.2.1986, BGBl. II 1985, S. 1102.

[17] Vorschlag für Richtlinien des Rates zur Einführung eines Annäherungsprozesses der Mehrwert- und Verbrauchsteuersätze und zur Annäherung der Verbrauchsteuersätze auf alkoholische Getränke und in anderen Erzeugnissen enthaltenen Alkohol, Zigaretten, andere Tabakwaren als Zigaretten und Mineralöle, ABl. EG Nr. C 250 vom 7.8.1987, S. 3.

Als im Januar 1989 die französische Kommissarin Christiane Scrivener die Leitung der Generaldirektion XXI übernahm, begann in der Kommission ein Umdenkungsprozeß, der unter dem Stichwort „Flexibilität“ den Weg zu einer Einigung auf den kleinsten gemeinsamen Nenner ebnete.[18] Die im Januar 1990 vorgelegten Vorschläge zur Harmonisierung der Steuersätze[19] sahen nunmehr Bandbreiten mit Ziel- und Mindestsätzen vor. Auch hinsichtlich der nicht zu harmonisierenden Verbrauchsteuern zeigte sich die Kommission kompromißbereit. Sofern ihre Erhebung keine Grenzformalitäten erforderte, wurde den Mitgliedstaaten die Beibehaltung aller nationalen Verbrauchsteuern zugestanden. Nachdem sich der ECOFIN-Rat am 13.11.1989 auf die Einführung eines Steuerlagerverbundsystems geeinigt hatte, legte die Kommission im Dezember 1990 den ersten Vorschlag für eine allgemeine Systemrichtlinie[20] vor, die alle grundlegenden Vorschriften über die Lagerung und innergemeinschaftliche Beförderung von verbrauchsteuerpflichtigen Waren zusammenfaßte und für alle harmonisierten Verbrauchsteuern einheitliche Steuerbefreiungen festlegte. Darüber hinaus unterbreitete die Kommission neue Vorschläge zur Angleichung der Strukturen der Verbrauchsteuern auf alkoholische Getränke, Tabakwaren und Mineralöle.[21] Der letzte im Amtsblatt der Gemeinschaft veröffentlichte Richtlinienvorschlag[22] vor dem Wegfall der Grenzkontrollen am 1.1.1993 betraf die Harmonisierung der Mineralölsteuersätze und wurde im März 1991 vorgelegt. In Anbetracht des herannahenden Termins für die Vollendung des Binnenmarktes mußten die Verhandlungen über die Richtlinienvorschläge unter großem Zeitdruck geführt werden. Auch auf ein Scheitern der Verhandlungen war man vorbereitet. In diesem Fall sollte im

---

[18] *Weiser*, Stichwort „ Flexibilität“, ZfZ 1989, S. 219ff und Mitteilung der Kommission an den Rat und das Europäische Parlament vom 14.6.1989, KOM (89) 260 endg.

[19] Geänderte Vorschläge für Richtlinien des Rates zur Annäherung der Verbrauchsteuern auf Zigaretten und auf andere Tabakwaren als Zigaretten sowie auf alkoholische Getränke und in anderen Erzeugnissen enthaltenen Alkohol, ABl. EG Nr. C 12 vom 18.1.1990, S. 4 und den geänderten Vorschlag für eine Richtlinie des Rates zur Annäherung der Verbrauchsteuersätze auf Mineralöl, ABl. EG Nr. C 16 vom 23.1.1990, S. 10 sowie *Krawitz*, Steuer und Studium 1993, S. 93,96.

[20] Vorschlag für eine Richtlinie des Rates über das allgemeine Verbrauchsteuersystem sowie über den Besitz und die Beförderung verbrauchsteuerpflichtiger Waren, ABl. EG Nr. C 322 vom 21.12.1990, S. 1.

[21] Vorschläge für Richtlinien des Rates zur Harmonisierung der Struktur der Verbrauchsteuern auf alkoholische Getränke und in anderen Erzeugnissen enthaltenen Alkohol sowie auf Mineralöle und Vorschlag für eine Richtlinie des Rates zur Änderung der Richtlinien 72/464/EWG und 79/32/EWG über die anderen Verbrauchsteuern auf Tabakwaren als die Umsatzsteuer, ABl. EG Nr. C 322 vom 21.12.1990, S. 11,16,18.

[22] Vorschlag für eine Richtlinie des Rates zur Festsetzung bestimmter Sätze bzw. Zielsätze der Verbrauchsteuer auf Mineralöle, ABl. EG Nr. C 66 vom 14.3.1991, S. 14.

Verkehr zwischen den Mitgliedstaaten das gemeinschaftliche Versandverfahren weiterhin Anwendung finden.[23]

Nach schwierigen Beratungen gelang im Juni 1991 endlich der Durchbruch. Auf Vorschlag der luxemburgischen Präsidentschaft einigten sich die Mitgliedstaaten auf dem ECOFIN-Rat vom 24.6.1991 auf die Festlegung von Mindeststeuersätzen.[24] Die ursprünglich vorgesehenen Zielsätze wurden zu unverbindlichen Orientierungswerten erklärt, die von den Mitgliedstaaten im Rahmen ihrer Steuerpolitik berücksichtigt werden sollten. Der Streit um die Weinsteuer endete mit der Einführung eines Null-Steuersatzes. Die Verhandlungen über die Ausgestaltung des innergemeinschaftlichen Verbrauchsteuersystems konnten am 25.2.1992 mit der Verabschiedung der allgemeine Systemrichtlinie[25] abgeschlossen werden. Bald darauf nahm der in Art.24 der Systemrichtlinie geregelte Verbrauchsteuerausschuß die Beratungen über die bei der innergemeinschaftlichen Beförderung zu verwendenden Begleitdokumente auf. Der nach dem Komitologiebeschluß vom 13.7.1987[26] als Regelungsausschuß ausgestaltete Verbrauchsteuerausschuß hat sich inzwischen als Keimzelle für die Fortentwicklung des gemeinschaftlichen Verbrauchsteuerrechts erwiesen. Er bildet ein wichtiges Forum für den Austausch von Informationen und für die Klärung aller Fragen, die mit der Umsetzung und Auslegung der Richtlinienbestimmungen zusammenhängen. Dabei entfalten die Beschlüsse des Verbrauchsteuerausschusses zu Auslegungsfragen zumindest eine mittelbare Rechtswirkung, indem sich jeder Mitgliedstaat an die vereinbarte Auslegung gebunden fühlt und das nationale Recht entsprechend anwendet oder abändert.[27]

Im Gegensatz zu den Fortschritten, die Anfang 1992 bei der Festlegung des innergemeinschaftlichen Verbrauchsteuersystems und der Ausgestaltung der Verfahrensvorschriften erzielt werden konnten, erwiesen sich die Verhandlun-

---

[23] Nach *Esser* (Gemeinschaftliches Versandverfahren und Einheitspapier im Binnenmarkt, S. 10) sollte das interne gemeinschaftliche Versandverfahren für den Fall zur Überwachung der verbrauchsteuerpflichtigen Gemeinschaftswaren vorgeschrieben werden, daß die spezifischen Gemeinschaftsvorschriften über das allgemeine System, den Besitz, die Beförderung und die Kontrolle verbrauchsteuerpflichtiger Waren nicht rechtzeitig erlassen werden.

[24] Zum Ergebnis vgl. *Sievert*, Die Harmonisierung der besonderen Verbrauchsteuern in der EG - und sie bewegt sich doch!, ZfZ 1992, S. 98.

[25] Richtlinie 92/12/EWG des Rates vom 25.2.1992 über das allgemeine System, den Besitz, die Beförderung und die Kontrolle verbrauchsteuerpflichtiger Waren, ABl. EG Nr. L 76 vom 23.2.1992, S. 1.

[26] Beschluß des Rates vom 13.7.1987 zur Festlegung der Modalitäten für die Ausübung der der Kommission übertragenen Durchführungsbefugnisse, ABl. EG Nr. L 197 vom 18.7.1987, S. 33. Der Verbrauchsteuerausschuß stellt einen Regelungsausschuß nach dem Komitologieverfahren III b (contre-filet-Verfahren) dar.

[27] Vgl. zur Arbeit des Verbrauchsteuerausschusses *Jatzke*, Aktueller Stand und Perspektiven der Verbrauchsteuerharmonisierung, ZfZ 1995, S. 278,279.

gen über die Verbrauchsteuerstrukturen und die anzuwendenden Steuervergünstigungen als äußerst schwierig. Jeder Mitgliedstaat war bemüht, seinen Bestand an nationalen Besonderheiten im Binnenmarkt zu sichern. So trat z.B. Deutschland erfolgreich für die Beibehaltung der Biersteuermengenstaffel und die pauschalierte Besteuerung der Abfindungsbrenner und Stoffbesitzer zu ermäßigten Sätzen ein.[28] Mit der Verabschiedung von insgesamt sieben Verbrauchsteuerrichtlinien konnten am 19.10.1992 die letzten Hindernisse auf dem beschwerlichen Weg zur Vollendung des Binnenmarktes und zur Abschaffung der Grenzkontrollen beseitigt werden.

Die 1992 verabschiedeten Rechtsakte der Gemeinschaft zur Harmonisierung der besonderen Verbrauchsteuern stützten sich auf Art.99 EWG-Vertrag, der nach seiner Änderung durch die Einheitliche Europäische Akte, mit der die Worte „unbeschadet der Art.100 und 101" gestrichen worden sind, eine eigenständige Rechtsgrundlage für die Harmonisierung der Verbrauchsteuern bildet.[29] Da Art.99 EG-Vertrag die Form der zu wählenden Rechtsakte nicht vorschreibt, können die Mitgliedstaaten zur Erzielung weiterer Harmonisierungsfortschritte auch künftig alle in Art.189 EG-Vertrag genannten Rechtsakte erlassen. So z.B. Verordnungen, die in jedem Mitgliedstaat unmittelbar geltendes Recht setzen, Richtlinien, die nur in ihren Zielen verbindlich sind und der Umsetzung in nationales Recht bedürfen, sowie Entscheidungen, die nur für diejenigen Mitgliedstaaten Verbindlichkeit entfalten, an die sie gerichtet sind. Hervorzuheben ist, daß diese Maßnahmen nur einstimmig erlassen werden können; ein Umstand, der von allen Mitgliedstaaten ein hohes Maß an Kompromißbereitschaft verlangt. Wie die neuen Richtlinienvorschläge zur Besteuerung von Biokraftstoffen und zur Einführung einer CO_2-/Energiesteuer[30] belegen, versucht die Kommission auch weiterhin die Bereitschaft der Mitgliedstaaten zur Annahme von Gemeinschaftsrechtsakten dadurch zu erhöhen, daß sie die Richtlinienform wählt, um den Mitgliedstaaten einen Gestaltungsspielraum bei der Umsetzung der EG-rechtlichen Bestimmungen zu belassen.

Die seit 1972 verabschiedeten Gemeinschaftsrechtsakte auf dem Gebiet der besonderen Verbrauchsteuern bilden ein systemhaftes Gefüge, das als EG-Verbrauchsteuerrecht bezeichnet werden kann. Eine herausragende Stellung nimmt die bereits zweimal geänderte Systemrichtlinie[31] ein, die grundlegende

---

[28] *Jarsombeck*, Harmonisierung der indirekten Steuern und Probleme insbesondere bei den Verbrauchsteuern, Die Branntweinwirtschaft 1989, S. 246,247.

[29] *Grabitz*, Kommentar zum EWG-Vertrag, Art.99 Rdnr. 20.

[30] Vgl. zur Entwicklung der Verbrauchsteuerharmonisierung nach dem 1.1.1993 *Jatzke*, Aktueller Stand und Perspektiven der Verbrauchsteuerharmonisierung, ZfZ 1995, S. 278ff.

[31] Richtlinie 92/108/EWG des Rates vom 14.12.1992 zur Änderung der Richtlinie 92/12/EWG des Rates über das allgemeine System, den Besitz, die Beförderung und die Kontrolle verbrauchsteuerpflichtiger Waren und zur Änderung der Richtlinie

verfahrenstechnische Regelungen für alle Verbrauchsteuern trifft und andere Grundsatzbestimmungen enthält. Ergänzt wird die Systemrichtlinie von insgesamt drei Struktur-Richtlinien[32], die die Kategorien der verbrauchsteuerpflichtigen Waren nach dem Zolltarif näher spezifizieren und Steuerbefreiungen für bestimmte Erzeugnisse vorsehen. Auch die Mineralölstruktur-Richtlinie ist inzwischen mehrfach geändert worden. In vier weiteren Richtlinien[33] sind die Mindeststeuersätze für Tabakwaren, Alkohol und alkoholische Getränke und Mineralöle festgelegt. Die Satz-Richtlinie für Mineralöle hat 1994 ihre erste Änderung erfahren. Darüber hinaus wurde im November 1995 eine Richtlinie über die steuerliche Kennzeichnung von Gasöl und Kerosin[34] verabschiedet, die die Mitgliedstaaten verpflichtet, steuerlich begünstigtem Gasöl und Kerosin einen Kennzeichnungsstoff beizumischen. Mit dieser Kennzeichnungspflicht sollen Kontrollmaßnahmen erleichtert und die Verwendung der gekennzeichneten Mineralöle zu nicht begünstigten Zwecken verhindert werden.

Von dem Harmonisierungsinstrument der Verordnung hat der Rat bisher nur in sehr bescheidenem Umfang Gebrauch gemacht. In vier Verordnungen sind die für die innergemeinschaftlichen Steuerversandverfahren zu verwendenden Begleitdokumente[35], die Vergällungsmittel zur vollständigen Denatu-

---

92/81/EWG, ABl. EG Nr. L 390 vom 31.12.1992, S. 124 und Richtlinie 94/74/EG des Rates vom 22.12.1994 zur Änderung der Richtlinie 92/12/EWG über das allgemeine System, den Besitz, die Beförderung und die Kontrolle verbrauchsteuerpflichtiger Waren, der Richtlinie 92/81/EWG zur Harmonisierung der Struktur der Verbrauchsteuern auf Mineralöle und der Richtlinie 92/82/EWG zur Annäherung der Verbrauchsteuersätze für Mineralöle, ABl. EG Nr. L 365 vom 31.12.1994, S. 46.

[32] Richtlinie 92/78/EWG des Rates vom 19.10.1992 zur Änderung der Richtlinien 72/464/EWG und 79/32/EWG über die anderen Verbrauchsteuern auf Tabakwaren als die Umsatzsteuer, ABl. EG Nr. L 316 vom 31.10.1992, S. 5; Richtlinie 92/83/EWG des Rates vom 19.10.1992 zur Harmonisierung der Verbrauchsteuern auf Alkohol und alkoholische Getränke, ABl. EG Nr. L 316 vom 31.10.1992, S. 21 und Richtlinie 92/81/EWG des Rates vom 19.10.1992 zur Harmonisierung der Struktur der Verbrauchsteuern auf Mineralöle, ABl. EG Nr. L 316 vom 31.10.1992, S. 12.

[33] Richtlinie 92/79/EWG des Rates vom 19.10.1992 zur Annäherung der Verbrauchsteuern auf Zigaretten, ABl. EG Nr. L 316 vom 31.10.1992, S. 8; Richtlinie 92/80/EWG des Rates vom 19.10.1992 zur Annäherung der Verbrauchsteuern auf andere Tabakwaren als Zigaretten, ABl. EG Nr. L 316 vom 31.10.1992, S. 10; Richtlinie 92/84/EWG des Rates vom 19.10.1992 über die Annäherung der Verbrauchsteuersätze auf Alkohol und alkoholische Getränke, ABl. EG Nr. L 316 vom 31.10.1992, S. 29 und Richtlinie 92/82/EWG des Rates vom 19. 10.1992 zur Annäherung der Verbrauchsteuersätze für Mineralöle, ABl. EG Nr. L 316 vom 31.10.1992, S. 19.

[34] Richtlinie 95/60/EG des Rates vom 27.11.1995 über die steuerliche Kennzeichnung von Gasöl und Kerosin, ABl. EG Nr. L 291 vom 6.12.1995, S. 46.

[35] Verordnung (EWG) Nr. 2719/92 der Kommission vom 11.9.1992 zum begleitenden Verwaltungsdokument bei der Beförderung verbrauchsteuerpflichtiger Waren unter Steueraussetzung, ABl. EG Nr. L 276 vom 19.9.1992, S. 1; Verordnung (EWG) Nr. 3649/92 der Kommission vom 17.12.1992 über ein vereinfachtes Begleitdokument

rierung von alkoholischen Erzeugnissen[36] und das einzuhaltende Verfahren für die Belieferung von internationalen Einrichtungen und Diplomaten mit steuerfreien Waren[37] festgelegt worden. Schließlich wurden im Mineralölsteuerbereich einige auf Art.8 Abs.4 RL 92/81/EWG gestützte Entscheidungen über Steuerbefreiungen getroffen.[38]

Die Umsetzung der EG-rechtlichen Vorgaben in nationales Recht ist durch das am 1.1.1993 in Kraft getretene Verbrauchsteuer-Binnenmarktgesetz[39] erfolgt. Mit ihm wurden sämtliche Verbrauchsteuergesetze grundlegend umgestaltet und den Erfordernissen des EG-Binnenmarktes angepaßt.[40] Weitere Änderungen erfuhren die Verbrauchsteuergesetze durch das Verbrauchsteueränderungsgesetz[41] vom 18.7.1996, mit dem neben redaktionellen Anpassun-

---

für die Beförderung von verbrauchsteuerpflichtigen Waren, die sich bereits im steuerrechtlich freien Verkehr des Abgangsmitgliedstaates befinden, ABl. EG Nr. L 369 vom 18.12.1992, S. 17 und Verordnung (EWG) Nr. 2225/93 der Kommission vom 27.7.1993 zur Änderung der Verordnung (EWG) Nr. 2719/92 zum begleitenden Verwaltungsdokument bei der Beförderung verbrauchsteuerpflichtiger Waren unter Steueraussetzung, ABl. EG Nr. L 198 vom 7.8.1993, S. 5.

36 Verordnung (EG) Nr. 3199/93 der Kommission vom 22.11.1993 über die gegenseitige Anerkennung der Verfahren zur vollständigen Denaturierung von Alkohol für Zwecke der Verbrauchsteuerbefreiung, ABl. EG Nr. L 288 vom 23.11.1993, S. 12.

37 Verordnung (EG) Nr. 31/96 der Kommission vom 10.1.1996 über die Verbrauchsteuerfreistellungsbescheinigung, ABl. EG Nr. L 8 vom 11.1.1996, S. 11.

38 Entscheidung des Rates vom 19.10.1992 zur Ermächtigung der Mitgliedstaaten, gemäß dem Verfahren in Art.8 Abs.4 der Richtlinie 92/81/EWG ermäßigte Verbrauchsteuersätze oder Verbrauchsteuerbefreiungen auf Mineralöle, die zu bestimmten Zwecken verwendet werden, beizubehalten, ABl. EG Nr. L 316 vom 31.10.1992, S. 16; Entscheidung des Rates vom 13.12.1993 zur Ermächtigung einiger Mitgliedstaaten, gemäß dem Verfahren in Art.8 Abs.4 der Richtlinie 92/81/EWG ermäßigte Verbrauchsteuersätze oder Verbrauchsteuerbefreiungen auf Mineralöle, die zu bestimmten Zwecken verwendet werden, zu gewähren oder beizubehalten, ABl. EG Nr. L 321 vom 23.12.1993, S. 29; Entscheidung des Rates vom 22.12.1995 zur Ermächtigung bestimmter Mitgliedstaaten, gemäß dem Verfahren in Art.8 Abs.4 der Richtlinie 92/81/EWG Verbrauchsteuerermäßigungen oder -befreiungen auf Mineralöle mit bestimmten Verwendungszwecken zu gewähren oder beizubehalten, ABl. EG Nr. L 327 vom 30.12.1995, S. 33 und Entscheidung des Rates vom 27.6.1996 zur Ermächtigung eines Mitgliedstaates, gemäß dem Verfahren in Art.8 Abs.4 der Richtlinie 92/81/EWG für Mineralöle mit bestimmten Verwendungszwecken Verbrauchsteuerbefreiungen oder -ermäßigungen einzuführen oder beizubehalten, ABl. EG Nr. L 172 vom 11.7.1996, S. 22.

39 Gesetz zur Anpassung von Verbrauchsteuer- und anderen Gesetzen an das Gemeinschaftsrecht sowie Änderung anderer Gesetze vom 21.12.1992, BGBl. I S. 2150ff. und die Berichtigung in: BGBl. I 1993, S. 169.

40 *Jatzke*, Das neue Verbrauchsteuerrecht im EG-Binnenmarkt, BB 1993, S. 41ff.

41 Gesetz zur Änderung von Verbrauchsteuergesetzen und des EG-Amtshilfegesetzes vom 18.7.1996, BGBl I S. 962.

gen und fiskalpolitisch motivierten Ergänzungen[42] die unter deutscher Präsidentschaft verhandelte und verabschiedete Zweite Änderungsrichtlinie in nationales Recht umgesetzt worden ist.

II. Die Forderung nach einem einheitlichen Verbrauchsteuergesetz

Im Gegensatz zum deutschen Verbrauchsteuerrecht, das durch die Existenz von in sich abgeschlossenen und eigenständigen Verbrauchsteuergesetzen gekennzeichnet ist, faßt die Systemrichtlinie das Beförderungs- und Lagerverfahren für verbrauchsteuerpflichtige Erzeugnisse sowie andere systembildende Bestimmungen in einem Rechtsakt zusammen, der für alle in der EU harmonisierten Verbrauchsteuern verbindliche Grundregeln aufstellt. Der von den Mitgliedstaaten und der Kommission gewählte Ansatz, den Satz- und Strukturrichtlinien einen Allgemeinen Teil des EG-Verbrauchsteuerrechts voranzustellen, vermeidet Wiederholungen und trägt daher zur Übersichtlichkeit und zum besseren Verständnis des komplizierten Verbrauchsteuersystems bei. Während andere Mitgliedstaaten die Pflicht zur Umsetzung der Richtlinien zum Anlaß genommen haben, ihr nationales Verbrauchsteuerrecht den EG-rechtlichen Strukturen anzupassen, hat sich der Gesetzgeber für die Beibehaltung des traditionellen Aufbaus des deutschen Verbrauchsteuerrechts und für die Aufnahme von wortgleichen Verfahrensbestimmungen in jedem einzelnen Verbrauchsteuergesetz entschieden. Maßgebend für diese Grundsatzentscheidung war in erster Linie der enorme Zeitdruck, unter dem die Umsetzung der erst im Oktober 1992 verabschiedeten Satz- und Strukturrichtlinien rechtzeitig bis zum 1.1.1993 erfolgen mußte. Die engen zeitlichen Vorgaben ließen es nicht sinnvoll erscheinen, die altbewährten Strukturen in Frage zu stellen und unter Berücksichtigung der Besonderheiten des Branntweinmonopolrechts und der Unterschiede zwischen den einzelnen Verbrauchsteuergesetzen ein völlig neues System zu konzipieren. Mit dem Festhalten an den überkommenen Strukturen hat der Gesetzgeber jedoch eine in der Geschichte der Verbrauchsbesteuerung einmalige Gelegenheit ungenutzt verstreichen lassen, das deutsche Verbrauchsteuerrecht auf ein System umzustellen, das Wiederholungen aller grundlegenden Bestimmungen in jedem Einzelsteuergesetz vermeidet und damit auch dem Anliegen der Steuerreformkommission Rechnung trägt, die bereits 1971 im Rahmen der Überlegungen für eine große Steuerreform angeregt hatte, die Möglichkeit der Schaffung eines einheitlichen Verbrauchsteuergesetzes zu prüfen.[43] Dabei ging sie davon aus, daß sich die Verbrauchsbesteuerung aufgrund der Verbrauchsteuerharmonisierung in der EG auf die ergiebigsten Verbrauchsteuern beschränken lassen würde und daß sich aus den Verbrauchsteuergesetzen sämtliche nichtsteuerlichen Vorschriften entfernen

---

[42] Erhöhung der Zwischenerzeugnissteuer, Abschaffung des Zahlungsaufschubes bei der Branntweinsteuer und Vorverlegung der Fälligkeit bei der Mineralölsteuer.

[43] Gutachten der Steuerreformkommission 1971, S. 825, Rdnr. 27.

ließen. Ferner wurde unterstellt, daß es im Branntweinsteuerrecht möglich sei, die Vorschriften über das Branntweinmonopol von denen der Branntweinsteuer zu trennen. Darüber hinaus hielt es die Steuerreformkommission für erwägenswert, auf die Führung besonderer Bücher, wie etwa der Sud- und Biersteuerbücher, zu verzichten und statt dessen ausschließlich auf die kaufmännische Buchführung zurückzugreifen.

Zwanzig Jahre später griff Beermann[44] den Gedanken eines einheitlichen Verbrauchsteuergesetzes im Rahmen einer Erörterung über das Binnenmarktkonzept wieder auf und wies darauf hin, daß die Kommission beabsichtige, in einer Richtlinie „das allgemeine Verbrauchsteuersystem" sowie den „Besitz und die Beförderung verbrauchsteuerpflichtiger Waren" zu regeln. Zu Recht bezeichnete Beermann die Zusammenfassung von Bestimmungen, die den Charakter eines Allgemeinen Teils des Verbrauchsteuerrechts aufweisen, als ein Vorhaben, das im Falle seiner Verwirklichung einen bedeutsamen Fortschritt gegenüber dem gegenwärtigen nationalen Verbrauchsteuerrecht darstellen würde. Im Rahmen einer Abhandlung über die Weinsteuer hat auch F.Kirchhof[45] sein Bedauern darüber zum Ausdruck gebracht, daß der deutsche Gesetzgeber die Pflicht zur Umsetzung der Verbrauchsteuerrichtlinien nicht zum Anlaß genommen hat, in einem Allgemeinen Teil die Grundregeln für alle Verbrauchsteuergesetze zu kodifizieren.

III. Die Gegenargumente im Lichte der neuen Entwicklungen

Die Gründe, die die Finanzverwaltung seinerzeit gegen die Vorschläge der Steuerreformkommision und gegen die Schaffung eines einheitlichen Verbrauchsteuergesetzes vorgebracht hat, vermögen heute nicht mehr zu überzeugen. Damals wurde den Reformern entgegengehalten, die Vorschriften aus den Einzelgesetzen, die einheitlich geregelt werden könnten, seien zu gering und ein Einheitsgesetz würde die Lesbarkeit des Regelungswerkes erschweren, da die betroffenen Unternehmen auch Vorschriften über sie nicht betreffende Steuergegenstände vorhalten müßten. Darüber hinaus wurde darauf verwiesen, daß auch nach den Vorschlägen der Kommission jede der zu harmonisierenden Verbrauchsteuern in einer einzelnen Richtlinie geregelt würde. Desweiteren käme eine Zusammenfassung der Steuerschuldentstehungstatbestände lediglich für die Tabak- Mineralöl- und Schaumweinsteuer in Betracht, da das Branntweinmonopolgesetz die den anderen Verbrauchsteuergesetzen bekannten Entstehungstatbestände, wie die Entfernung aus dem Herstellungsbetrieb oder den Verbrauch innerhalb desselben, nicht kennen würde.

---

[44] *Beermann*, Zölle und Verbrauchsteuern im EG-Binnenmarkt, Steuerberaterkongress-Report 1991, S. 349,371,372.

[45] *F. Kirchhof*, Weinsteuer? - Schein-Steuer!, StuW 1993, S. 326,328.

In bezug auf die Mineralölsteuer wurde angeführt, daß die Vorschriften über Steuerlager und die steuerbegünstigte Verwendung von Mineralöl für eine Vereinheitlichung ausscheiden müßten, weil es außer Branntweineigenlagern, Brennereilagern und Zigarrensteuerlagern bei den anderen Verbrauchsteuern keine anderen Steuerlager gäbe. Hinsichtlich der Kaffee- und Tabaksteuer wurde argumentiert, daß diese Waren nur anläßlich der Einfuhr besteuert würden und sich deshalb die Verbrauchsteuergesetze darauf beschränkten, die Vorschriften für Zölle sinngemäß für anwendbar zu erklären. In bezug auf die Tabaksteuer wurden die Beibehaltung der Steuerzeichen und der Sondervorschriften für den Verkehr mit Rohtabak und den Tabakanbau für erforderlich gehalten. Gegen die Abschaffung des biersteuerlichen Sudbuches wurde eingewandt, daß auch nach der Harmonisierung in der EG eine Kontrolle der Rohstoffe und der Würze notwendig sein würde. Darüber hinaus verwies man für den Fall einer Einbeziehung der Biersteuer auf die Zustimmungspflichtigkeit des gesamten Verbrauchsteuergesetzes gemäß Art.105 Abs.3 GG. Damit würde dem Bundesrat auch in bezug auf die ausschließlich dem Bund zustehenden Verbrauchsteuern eine Entscheidungsbefugnis eingeräumt.

Die Argumente gegen die Schaffung eines Allgemeinen Teils des Verbrauchsteuerrechts sind durch die umfassende Neugestaltung der deutschen Verbrauchsteuergesetze im Rahmen der Verbrauchsteuerharmonisierung weitgehend entkräftet worden. Alle Verbrauchsteuergesetze enthalten nunmehr nahezu wortgleiche Bestimmungen über die Herstellung, Lagerung und Beförderung von verbrauchsteuerpflichtigen Waren, die den Grundbestand für einen Allgemeinen Teil bilden könnten. Dessen Kodifizierung wird auch durch die Entfernung aller nichtsteuerlichen Vorschriften aus den Verbrauchsteuergesetzen begünstigt. Dies gilt insbesondere für das Biersteuergesetz, aus dem die lebensmittelrechtlichen Vorschriften über das Reinheitsgebot gestrichen und zum 1.1.1993 in ein „Vorläufiges Biergesetz“ aufgenommen worden sind.[46]

Auch die Änderungen des Branntweinmonopolgesetzes haben eine günstige Ausgangslage für die Normierung eines allgemeinen Teils geschaffen. Nach der harmonisierungsbedingten Umstrukturierung des Branntweinmonopolgesetzes besteht dieses nunmehr aus zwei Teilen, von denen der erste Teil das Monopolrecht und der zweite Teil die Besteuerung des Branntweins regelt. Im Interesse einer einheitlichen Diktion wurden darüber hinaus die als antiquiert empfundenen Begriffe „Monopolausgleich“ und „Branntweinaufschlag“ an die allgemeine Sprachregelung bei den anderen Verbrauchsteuern angepaßt, so daß nun in allen Verbrauchsteuergesetzen einheitlich der Begriff „Steuer“ verwendet wird. Auch enthalten alle Verbrauchsteuergesetze identische Steuer-

[46] *Schröer-Schallenberg* (Das neue Biersteuerrecht, ZfZ 1994, S. 290) bezeichnet das Biersteuergesetz daher als „reines Steuergesetz“.

entstehungstatbestände und Vorschriften über die Einrichtung und den Betrieb von Steuerlagern.[47]

Die Kaffeesteuer ist von einer Einfuhrsteuer auf Rohkaffee auf eine Fertigfabrikatsteuer umgestellt worden, so daß der Einfuhrtatbestand keine dominierende Rolle mehr spielt.[48] Bei der Tabaksteuer wurde die Besteuerung des Rohtabaks und der Tabakersatzstoffe abgeschafft. Damit konnten die Verkehrsbeschränkungen für Rohtabak und die steuerliche Überwachung und Erfassung der Tabakpflanzer entfallen.[49] Bei der Biersteuer wurde mit der Abschaffung des Sudbuches auf die Kontrolle des unfertigen Bieres und der Rohstoffe verzichtet. Die Änderung der Buchführungspflichten trägt dem Umstand Rechnung, daß es sich bei der Bierbesteuerung wie bei allen Verbrauchsteuern um die Besteuerung von Fertigfabrikaten handelt, die eine Überwachung der Einsatzstoffe entbehrlich macht.[50]

Erleichtert wird die Zusammenfassung von allgemeinen Verbrauchsteuervorschriften auch durch die Abschaffung der Bagatellsteuern auf Leuchtmittel, Zucker, Salz und Tee. Als nicht harmonisierte Verbrauchsteuern wurden lediglich die in das Mineralölsteuergesetz integrierte Erdgassteuer und die Kaffeesteuer beibehalten. Da die Entstehungstatbestände und die Beförderungsverfahren den harmonisierten Verbrauchsteuern nachgebildet worden sind, wäre der Gesetzgeber nicht daran gehindert, auch diese Verbrauchsteuern in einen Allgemeinen Teil mit einzubeziehen.

Gegenstand der nachfolgenden Untersuchung bilden jedoch lediglich die in der EU harmonisierten Verbrauchsteuern auf Tabakwaren, Alkohol und alkoholische Getränke sowie Mineralöle. Die grundlegende Umgestaltung des in Deutschland geltenden Verbrauchsteuerrechts, die zu einem großen Teil den Forderungen der Steuerreformkommission Rechnung trägt, ermutigt dazu, den Versuch einer Kodifizierung eines Allgemeinen Teils des Verbrauchsteuerrechts zu unternehmen. Nachfolgend werden die gemeinsamen Strukturen der Verbrauchsteuern unter besonderer Berücksichtigung der Harmonisierungsergebnisse herausgearbeitet und in Ergänzung zu den bereits existierenden Bestimmungen neue Vorschriften entworfen, die sich für die Aufnahme in einen Allgemeinen Teil eignen würden. Neben diesem Schwerpunkt wird der Begriff der Verbrauchsteuern untersucht und der Frage nachgegangen, ob auch Dienstleistungen einer Verbrauchsteuer unterworfen werden können. Darüber

---

[47] Vgl. zur Einführung von Steuerlagern *Jatzke*, Das neue Verbrauchsteuerrecht in der Bundesrepublik Deutschland, IFSt-Schrift Nr. 322, S. 21ff.

[48] Vgl. zur Umgestaltung der Kaffeesteuer *Neumann*, Die neue Kaffeesteuer, DDZ 1993 F 39ff.

[49] *Bongartz*, ZfZ 1993, S. 370.

[50] *Jatzke*, in: Jatzke/Neumann/Wegener, Das neue Verbrauchsteuerrecht - Grundlagen, Schaubilder, IFSt-Schrift Nr. 327, S. 38.

hinaus werden die zum Teil neuen Steuervergünstigungen und Steuerentstehungstatbestände systematisiert und die verfassungsrechtlichen Problemstellungen untersucht, die sich aus den Vorschriften über die Abwicklung des innergemeinschaftlichen Verkehrs mit Wein ergeben. Am Ende steht der Entwurf eines Allgemeinen Teils des Verbrauchsteuerrechts.

B. Das System des deutschen Verbrauchsteuerrechts nach der Harmonisierung der Verbrauchsteuern in der EU

I. Begriffsbestimmung der Verbrauchsteuern aus nationaler und europäischer Sicht

1. Vorbemerkung

Die Kodifizierung eines Entwurfs für einen Allgemeinen Teil des Verbrauchsteuerrechts macht es erforderlich, in einem Programmsatz dessen sachlichen Anwendungsbereich festzulegen. Dabei sind insbesondere die in der EU harmonisierten Verbrauchsteuern zu berücksichtigen. Daneben erscheint es sinnvoll, auch die nicht harmonisierten Verbrauchsteuern wie z.B. die Erdgassteuer oder die Kaffeesteuer in den Anwendungsbereich mit einzubeziehen. Außer Ansatz bleiben jedoch die nach Art. 105 Abs.2a GG auf örtlicher Ebene erhobenen Verbrauch- und Aufwandsteuern, die vor allem an die Belegenheit einer Sache oder an einen Vorgang im Gebiet der steuererhebenden Gemeinde anknüpfen und in ihrer unmittelbaren Wirkung auf das Gemeindegebiet begrenzt sind.[1] Zu diesen Steuern gehören insbesondere die kommunalen Schankerlaubnis- oder Getränkesteuern, die im Belastungsziel den bundesgesetzlich geregelten Verbrauchsteuern entsprechen.

Ebenfalls unberücksicht bleibt die allgemeine Umsatzsteuer, die nach der Rechtsprechung des Bundesverfassungsgerichtes im Schnittpunkt zwischen einer Verbrauch- und Verkehrsteuer steht.[2] Ihrer rechtstechnischen Ausgestaltung nach besitzt sie den Charakter einer Verkehrsteuer[3], da sie an einen Akt des Rechtsverkehrs anknüpft; in ihrer Wirkung steht sie jedoch einer Verbrauchsteuer gleich, da sie als eine Steuer auf die Einkommensverwendung[4] den Verbrauch von Gegenständen und die Inanspruchnahme von Dienstleistungen belasten will und ebenso wie die besonderen Verbrauchsteuern auf eine Überwälzung der Steuerlast auf den Verbraucher als den eigentlichen

---

[1] BVerfGE 65, 325 (349) und BVerfGE 40, 56 (61).

[2] BVerfGE 7, 244 (260) und BVerfGE 31, 314 (331).

[3] Vgl. zur Einordnung der USt als Verkehrsteuer *Janssen*, DStZ 1990, S. 35,38 m.w.N. und Beschluß des BFH vom 16.10.1986, V B 64/86, ZfZ 1987, S. 120f.

[4] Nach *Förster* (Die Verbrauchsteuern, S. 134) ist es heute kaum noch umstritten, daß die Umsatzsteuer eine Steuer auf die Einkommensverwendung ist.

Belastungsträger angelegt ist.[4a] Der Streit um die steuerrechtliche Einordnung der Umsatzsteuer als Verkehrsteuer oder allgemeine Verbrauchsteuer kann im Rahmen dieser Untersuchung jedoch nicht vertieft werden. Von Bedeutung ist allerdings die Abgrenzung der Umsatzsteuer von den besonderen Verbrauchsteuern, da das EG-Recht den Mitgliedstaaten in Art.33 der 6. USt-RL[4b] untersagt, neben der harmonisierten Umsatzsteuer andere indirekte Steuern mit Umsatzsteuercharakter zu erheben.[4c] Dagegen ist es den Mitgliedstaaten gemäß Art.3 RL 92/12/EWG i.V.m. Art.33 Abs.1 der 6. USt-RL gestattet, Verbrauchsteuern oder andere indirekte Steuern, Abgaben oder Gebühren ohne den Charakter von Umsatzsteuern beizubehalten oder neu einzuführen, sofern ihre Erhebung nicht mit Grenzformalitäten verbunden ist. Bei der Suche nach einer Begriffsbestimmung für die Verbrauchsteuern sind daher sowohl die finanzverfassungsrechtlichen als auch die EG-rechtlichen Vorgaben zu berücksichtigen. Insbesondere in den letzten Jahren hat sich das Gemeinschaftsrecht auf dem Gebiet der Verbrauchsbesteuerung nahezu stürmisch fortentwickelt, so daß eine Überprüfung des herkömmlichen Verbrauchsteuerbegriffs im Lichte dieser Entwicklung dringend geboten ist.

Da das Merkmal der Abwälzbarkeit sowohl der Umsatzsteuer, als auch den besonderen Verbrauchsteuern eigen ist, kann es als Abgrenzungskriterium nicht herangezogen werden. Daher soll die eingehende Befassung mit den Problemen, die mit dem Erfordernis der Überwälzung der Verbrauchsteuer auf den eigentlichen Belstungsträger verbunden sind, dem Kapitel über das Belastungsziel vorbehalten bleiben. Im Vordergrund der nachstehenden Erörterungen stehen deshalb die Gegenstände der Besteuerung, die Steuerentstehung und die Erhebungstechnik.

2. Begriffsbestimmung aus nationaler Sicht

a) Der Begriff der Verbrauchsteuern in der Verfassung und Rechtsprechung

Sowohl das Grundgesetz[4d] als auch die Abgabenordnung[5] verwenden den Begriff „Verbrauchsteuern", ohne ihn näher zu bestimmen. Nach Schmölders[6]

[4a] Nach *Söhn* (StuW 1975, S. 1,111) ist Steuerträger nur der nicht vorsteuerabzugsberechtigte Letztverbraucher. Der Verbrauch (Aufwand) des Konsumenten ist de lege lata das Steuergut, mit der Folge, daß die Umsatzsteuer in ihrer wirtschaftlichen Wirkung als allgemeine Verbrauchsteuer konzipiert ist. Ebenso *Tipke*, Umsatzsteuer -, Verkehrsteuer und/oder Verbrauchsteuer, DStR 1983, S. 595 m.w.N.

[4b] Vgl. Art.33 der 6. USt-RL in der ab dem 1.1.1993 geltenden Neufassung, die ausdrücklich auf die in der allgemeinen Systemrichtlinie geregelten verbrauchsteuerpflichtigen Waren Bezug nimmt.

[4c] *Lohse*, in: *Rau/Dürrwächter/Flick/Geist*, Kommentar zum Umsatzsteuergesetz, Vorbem. zu Art.33 der 6. USt-RL.

[4d] Art. 105 Abs.2a, Art.106 Abs.1 Nr.2 und Art.108 Abs.1 Satz 1 GG.

läßt das Fehlen einer Legaldefinition des Begriffs der Verbrauchsteuern im Verfassungsrecht vermuten, daß der Verfassungsgeber diesen als hinreichend bestimmt und nicht weiter erklärungsbedürftig ansah. Hinweise auf die vom Gesetzgeber als wesentlich erachteten Merkmale der Verbrauchsteuern finden sich lediglich in der Begründung zum Finanzverfassungsgesetz.[7] Danach sind Verbrauchsteuern Steuern, die den Verbrauch vertretbarer, regelmäßig zum baldigen Verzehr und kurzfristigen Verbrauch bestimmter Güter des ständigen Bedarfs belasten und die aufgrund eines äußerlich erkennbaren Vorgangs von demjenigen als Steuerschuldner erhoben werden, in dessen Sphäre sich der Vorgang verwirklicht.[8]

In Ermangelung präziser verfassungsrechtlicher Vorgaben behilft sich die höchstrichterliche Rechtsprechung[9] mit einem Rückgriff auf das „traditionelle deutsche Steuerrecht" und bedient sich dabei zumindest in früheren Entscheidungen der Rechtsprechung des RFH. Dieser sah in der steuerlichen Belastung des inländischen Massenkonsums das einzige gesetzgeberische Motiv, das die Verbrauchsabgaben von den Rechtsverkehrsteuern unterscheidet. Darüber hinaus wurde als der Verbrauchsabgabe wesentlich angesehen, daß das ihren Gegenstand bildende Erzeugnis während und mit der Erzeugung oder mit der Einbringung in das Inland in einen steuerlichen Nexus trete.[10] In seiner Entscheidung über die Zulässigkeit der rheinland-pfälzischen Weinabgabe stellt auch der BFH[11] auf das Kriterium der steuerlichen Verstrickung ab. So sei bei den Verbrauchsteuern ein bestimmter Gegenstand, bzw. dessen Übertritt aus einem steuerlichen Nexus in den steuerlich nicht gebundenen Verkehr für die Entstehung der Steuerschuld maßgebend; bei den Verkehrsteuern sei es dagegen ein rechtlicher oder wirtschaftlicher Akt. Neben dem Übertritt in den freien Verkehr wird in einer späteren Entscheidung des BFH[12] über die Einstufung der Kraftfahrzeugsteuer als Verkehrsteuer auch das Halten oder der Verbrauch bestimmter Güter für die Entstehung der Verbrauchsteuer als wesentlich angesehen. In einer weiteren Entscheidung des BFH[13] zur Zulässigkeit der Einführung der Isopropylalkoholbesteuerung wird sogar ausgeführt, daß es dem traditionellen deutschen Verbrauchsteuerrecht widersprechen würde, wolle man annehmen, eine Steuer sei nur dann eine Verbrauchsteuer, wenn ihre Entstehung ausnahmslos an den Übertritt der Ware aus dem gebundenen in den freien Verkehr anknüpft. Als Gegenbeispiele werden zu Recht die Gewinnung von Branntwein und die Entnahme von Mineralöl zum Verbrauch

---

5 § 23, § 50, § 76, § 139, §§ 209-217, § 221, § 223 und § 381 AO.

6 *Schmölders*, Zur Begriffsbestimmung der Verbrauchsteuern, S. 10.

7 Finanzverfassungsgesetz vom 23.12.1955, BGBl. I S. 817ff.

8 Begründung zum Finanzverfassungsgesetz, BT-Drs. II/480, S. 170, Nr. 160.

9 BVerfGE 7, 244 (251); 14, 76 (91); 16, 306 (317); 26, 302 (309).

10 RFHE 3, 159 (161).

11 BFHE 57, 473 (489).

12 BFHE 110, 213 (215).

13 BFHE 141, 369 (374).

innerhalb des Betriebes genannt.[14] Hinsichtlich des Steuergegenstandes kommt der BFH zu dem Schluß, daß das traditionelle deutsche Steuerrecht eine „Steuer auf spezielle Güter" als Verbrauchsteuer ansehen würde, die als Steuergegenstand ein spezielles Gut hat, an welches auch der Steuermaßstab und die Art der Erhebungstechnik anknüpfen.[15]

b) Begriffsbestimmung in der verfassungsrechtlichen und finanzwissenschaftlichen Literatur

Im steuerrechtlichen Schrifttum sind bisher nur vereinzelt Versuche unternommen worden, den Begriff der Verbrauchsteuern einer Legaldefinition zuzuführen. Nach Maunz[16] sind unter Verbrauchsteuern Steuern zu verstehen, die an Vorgänge des Verbrauchs von Gütern anknüpfen; wobei charakteristisch für sie ist, daß sich ihre Erhebung an den Übergang einer Sache aus der steuerlichen Verknüpfung in den nicht gebundenen Verkehr anschließt und daß zum Wesen der Verbrauchsteuern die Abwälzbarkeit auf den Verbraucher gehört. Auch nach Schröer-Schallenberg[17] werden die Verbrauchsteuern durch den Übergang aus dem steuerlichen Nexus (steuerliche Verstrickung) in den freien Verkehr charakterisiert. An diesen Begriffsbestimmungen stört, daß sich Maunz und Schröer-Schallenberg noch der vom BFH als überholt angesehenen „Nexus-Definition" des RFH bedienen. In den dreißiger Jahren hat Schröter[18] den Versuch einer volkswirtschaftlich orientierten Definition unternommen. Nach seiner Meinung sind als Verbrauchsteuern diejenigen Steuern zu begreifen, bei denen der Steueranspruch rechtlich durch die Verwirklichung eines Vorgangs von volkswirtschaftlicher Bedeutung an einer beweglichen Sache entsteht, also durch das Inverkehrtreten oder durch die Verarbeitung. In der Literatur ist diese Begriffsbestimmung auf strikte Ablehnung gestoßen. Schmölders[19] bezeichnet sie als rechtlich gekünstelt und sowohl wissenschaftlich wie praktisch unbrauchbar. Zu Recht weist Förster[20] darauf hin, daß unklar bleibe, was unter einem „Vorgang von volkswirtschaftlicher Bedeutung" zu verstehen sei.

Allein auf das Belastungsziel stellt Schmölders bei seiner Begriffsbestimmung ab. Danach sind Verbrauchsteuern allgemeine Steuern, auf die in der Einkommensverwendung für den persönlichen Lebensbedarf zum Ausdruck

---

[14] BFHE 141, 369 (375).

[15] BFHE 141, 369 (373).

[16] *Maunz*, in: *Maunz/Dürig/Herzog/Scholz*, Kommentar zum Grundgesetz, Art.105 Rdnr. 49.

[17] *Schröer-Schallenberg*, Das Verbrauchsteuerrecht im Überblick, AW-Prax 1995, S. 221, 222.

[18] *Schröter*, Der Rechtsbegriff der Verbrauchsteuer, ZfZ 1931, S. 61,65.

[19] *Schmölders*, Zur Begriffsbestimmung der Verbrauchsteuern, S. 20.

[20] *Förster*, Die Verbrauchsteuern, S. 56.

kommende wirtschaftliche Leistungsfähigkeit. Dies gilt auch dann, wenn sie aus erhebungstechnischen Gründen nicht unmittelbar vom Verbraucher, sondern von dem Hersteller oder Lieferanten der besteuerten Erzeugnisse erhoben werden.[21] Da auch die Umsatzsteuer eine Steuer auf die Einkommensverwendung darstellt[22] und daher auf Abwälzung angelegt ist, kann der eigentliche Belastungsträger nicht als entscheidendes Abgrenzungskriterium angesehen werden. Auch Zimmermann[23] ist der Ansicht, daß die Schmölder'sche Definition der Verbrauchsteuern erweitert bzw. neu systematisiert werden müßte. Hansmeyer[24] und Beermann[25] wenden gegen die von Schmölders getroffene Begriffsbestimmung ein, daß sie eine genaue Abgrenzung zwischen dem Verbrauch zum persönlichen Lebensbedarf und dem Verbrauch zu Produktionszwecken erfordere, die kaum möglich sei.

Einen Ausweg aus dieser Problematik sieht Hansmeyer[26] in der Herausstellung der gemeinsamen steuertechnischen Eigenart von bestehenden Verkehr-, Aufwand- und Verbrauchsteuern. Bei ihnen handle es sich um Steuern, die an spezielle Güter, Dienstleistungen oder Rechte anknüpften, und zwar zumeist an ihre Produktion und ihren Verkauf, aber auch an ihren Gebrauch. Als Steuern auf Dienstleistungen bezeichnet Hansmeyer die Versicherungsteuer und die Feuerschutzsteuer. Der Besteuerung des Gebrauchs spezieller Güter dienen nach seiner Ansicht die Kraftfahrzeugsteuer und die Hundesteuer. Schließlich zählt er zu den Steuern auf Rechte die Vergnügungsteuer, die Schankerlaubnissteuer und die Jagd- und Fischereisteuer.[27] Daß der Verfassungsgeber die Versicherungsteuer nicht zu den Verbrauchsteuern zählt, ergibt sich bereits aus Art.106 Abs.1 GG, in dem die Verbrauchsteuern neben der Versicherungsteuer genannt werden. Darüber hinaus ist das Rechtsgeschäft des Verkaufs eines Gegenstandes ein Wesensmerkmal der Umsatzsteuer und in keinem Fall Anknüpfungspunkt für eine Verbrauchsteuer. Mit dem Begriff „Steuern auf spezielle Güter" schafft Hansmeyer eine neue Steuerart, die verschiedene in Art. 106 GG aufgeführte Steuern unter dem Gesichtspunkt ihrer gemeinsamen steuertechnischen Eigenart zusammenfaßt und sie damit von der allgemeinen Umsatzsteuer, die auf sämtliche Güter erhoben wird, abgrenzt. Unter diesem Gesichtspunkt drängt sich der Eindruck auf, daß Hansmeyer im verbrauchsteuerrechtlichen Schrifttum mißverstanden und fälschlicherweise

---

[21] *Schmölders*, Zur Begriffsbestimmung der Verbrauchsteuern, S. 93.

[22] *Tipke*, Umsatzsteuer - Verkehrsteuer und/oder Verbrauchsteuer, DStR 1983, S. 595.

[23] In diesem Zusammenhang stellt *Zimmermann* (Die Tabaksteuer, S. 53) auf die „neuen Steuern" wie z.B. die Kraftfahrzeug- und Mineralölsteuer ab, die für eine Gegenleistung des Staates gezahlt werden oder als Produktionsmittel kalkulatorisch in eine Vielzahl von Gütern eingehen.

[24] *Hansmeyer*, Steuern auf spezielle Güter, S. 713.

[25] *Beermann*, in: *Klein*, Lexikon des Rechts, Steuer- und Finanzrecht, S. 473.

[26] *Hansmeyer*, Steuern auf spezielle Güter, S. 709ff.

[27] Vgl. die Systematik bei *Hansmeyer*, Steuern auf spezielle Güter, S. 7118,719.

als Belegstelle dafür zitiert wird, daß der Verbrauchsteuerbegriff auch Steuern auf Dienstleistungen erfaßt.[28] Tatsächlich lehnt auch Hansmeyer die Ausweitung des Verbrauchsteuerbegriffs ab und anerkennt, daß die „eigentlichen" Verbrauchsteuern, im wesentlichen die Steuern auf Nahrungs- und Genußmittel, lediglich einen Teilbereich der „Steuern auf spezielle Güter" ausmachen.[29] Die von Hansmeyer vorgenommene Unterordnung der Verbrauchsteuern unter die Gruppe der „Steuern auf spezielle Güter" bringt ein wesentliches Merkmal der Verbrauchsbesteuerung zum Ausdruck, nämlich die steuerliche Belastung einzelner konsumfähiger Erzeugnisse. Unter diesem Gesichtspunkt weist auch Voß[30] darauf hin, daß sich die Verbrauchsteuern von der als Verkehrsteuer ausgestalteten Umsatzsteuer nur durch ein formales Kriterium abgrenzen ließen. Während die Umsatzsteuer von den Ausnahmetatbeständen abgesehen jedweden Konsum belaste, würden die Verbrauchsteuern nur einzelne Waren oder Güter erfassen.[31] Auch Beermann[32] erblickt ein Wesensmerkmal der Verbrauchsteuern darin, daß durch sie stets bestimmte, genau bezeichnete Gegenstände belastet werden. Dieses Kriterium ist auch für P. Kirchhof von Bedeutung. Nach P.Kirchhof[33] sind Verbrauchsteuern auf die Belastung einer in der Konsumfähigkeit vermuteten Zahlungskraft angelegt, erfassen aber punktuell einzelne Waren des alltäglichen Bedarfs, ausgewählte Genußmittel und wenige Gegenstände des Verbrauchs.

Der Streifzug durch die verfassungsrechtliche und finanzwissenschaftliche Literatur zeigt, wie schwer es ist, eine Legaldefinition für die Verbrauchsteuern zu finden, die sämtliche Wesensmerkmale erfaßt. Voß[34] ist sogar der Auffassung, daß eine erschöpfende Definition der Verbrauchsteuern, die alle formellen und materiellen Aspekte beinhaltet, überhaupt nicht möglich sei. Um dennoch den Versuch einer Begriffsbestimmung zu unternehmen, die als Programmsatz einem Allgemeinen Teil des Verbrauchsteuerrechts vorangestellt werden könnte, ist es erforderlich, den Kreis der Steuergegenstände festzulegen und in diesem Zusammenhang die Frage zu klären, ob Verbrauchsteuern auch Dienstleistungen und Rechte erfassen können. Danach ist unter besonde-

---

[28] Unter Berufung auf *Hansmeyer* führt *Förster* (Die Verbrauchsteuern, S. 52) hierzu aus: „Während früher vor allem die Auffassung vertreten wurde, nur Sachen oder Güter seien der Verbrauchsteuer unterworfen, werden im jüngeren finanzwissenschaftlichen Schrifttum auch Dienstleistungen und Rechte in den Kreis der besteuerten Objekte miteinbezogen."

[29] *Hansmeyer*, Steuern auf spezielle Güter, S. 713.

[30] *Voß*, Strukturelemente der Verbrauchsteuern, DStJG 11 (1988), S. 261,267.

[31] Auch *Schröer-Schallenberg* (Das Verbrauchsteuerrecht im Überblick, AW-Prax 1995, S. 221,222) hebt hervor, daß Objekte der Verbrauchsteuer im Gegensatz zur Verkehrsteuer körperliche Gegenstände sind.

[32] *Beermann*, in: *Klein*, Lexikon des Rechts, Steuer- und Finanzrecht, S. 473.

[33] *P.Kirchhof*, in: *Isensee/Kirchhof*, Handbuch des Staatsrechts, § 88 Rdnr. 166.

[34] *Voß*, Strukturelemente der Verbrauchsteuern, DStJG 11 (1988), S. 261,267.

rer Berücksichtigung von Art.99 EG-Vertrag und Art.3 RL 92/12/EWG der Verbrauchsteuerbegriff des EG-Rechts herauszuarbeiten.

c) *Verbrauchsteuern auf Dienstleistungen und Rechte?*

Wie bereits dargestellt hat Hansmeyer den Versuch unternommen, die Steuern auf bestimmte Erzeugnisse, Dienstleistungen und Rechte nach ihrer erhebungstechnischen Ausgestaltung und Belastungswirkung unter dem Begriff „Steuern auf spezielle Güter" zusammenzufassen. Zu Recht weist Beermann[35] darauf hin, daß diese Formel zur Abgrenzung der Verbrauchsteuern von anderen Steuerarten ungeeignet sei, weil sie die Frage nach der Bestimmung der „speziellen Güter" nicht einbeziehe und insoweit an die geschichtliche Entwicklung und an die tatsächliche Ausgestaltung der Verbrauchsteuern anknüpfte. In diesem Zusammenhang erhebt sich die Frage, ob Dienstleistungen überhaupt Gegenstand der Verbrauchsbesteuerung sein können. Zwar sind dem Gesetzgeber für die Rechtsetzung auf dem Gebiet der Verbrauchsteuern kaum Grenzen gesetzt, jedoch wäre er nach der Ansicht von Dänzer-Vanotti[36] daran gehindert, eine Verbrauchsteuer auf ein nicht endverbrauchsfähiges Gut einzuführen. Auch der BFH geht in Anlehnung an die Rechtsprechung des RFH davon aus, daß unter Verbrauchsteuern gemeinhin nur Abgaben auf den Massenverbrauch bestimmter Gegenstände oder das Halten oder den Verbrauch von bestimmten Gütern verstanden werden.[37]

Eine abweichende Meinung vertritt Tipke. Nach seiner Ansicht können Verbrauchsteuern technisch gesehen jeden beliebigen Verbrauch oder Aufwand und damit auch das Halten von Dienern, Dienstboten und Hausgehilfen belasten.[38] Im Ergebnis erkennt er jedoch an, daß die geltenden speziellen Verbrauchsteuern nicht den gesamten Verbrauch oder Aufwand, sondern nur wenige Ver- oder Gebrauchsgegenstände erfassen. In einer Entscheidung über die in Baden-Württemberg auf Gemeindeebene erhobene Spielautomatensteuer ging auch das Bundesverwaltungsgericht[39] auf eine Besteuerung von Dienstboten und damit indirekt auf die Besteuerung von Dienstleistungen ein. Hierzu vertrat es die Auffassung, daß zu den Verbrauchsteuern auch die Aufwandsteuern zu rechnen seien und beanstandete, daß der herkömmliche Verbrauchsteuerbegriff zu stark auf die als Fabrikationssteuern erhobenen großen Bundesverbrauchsteuern abstellen würde. Bei einer Einbeziehung der Auf-

---

[35] *Beermann*, in: *Klein*, Lexikon des Rechts, Steuer- und Finanzrecht, S. 473.

[36] *Dänzer-Vanotti*, Tabaksteuer verfassungswidrig?, BB 1989, S. 754,755.

[37] RFHE 3, 159 (161); BFHE 57, 473 (489) und BFHE 110, 213 (215).

[38] Vgl. *Tipke*, Steuergerechtigkeit in Theorie und Praxis, S. 106 und ders. Anwendung des Gleichheitssatzes im Steuerrecht - Methode oder irrationale Spekulation?, BB 1973, S. 157,159.

[39] BVerwGE 6, 247 (256).

wandsteuern würde die Eingruppierung der herkömmlichen Steuern mit örtlich bedingtem Wirkungskreis auf das Halten von Haustieren, Fahrrädern und anderen Gegenständen sowie auf Dienstboten keine Schwierigkeiten bereiten. Zu Recht weisen Birk und Förster[40] darauf hin, daß sich die Entscheidung auf die alte Fassung des Art.105 GG bezieht, in der die Aufwandsteuern nicht gesondert genannt wurden. Nach der Neufassung von Art.105 GG im Jahre 1969 sind Zweifel angebracht, ob zu den Verbrauchsteuern auch Aufwandsteuern gehören. In der Begründung zum Regierungsentwurf kommt lediglich zum Ausdruck, daß durch die Grundgesetzänderung der in Literatur und Rechtsprechung umstrittene Begriff der Steuern mit örtlich bedingtem Wirkungskreis ersetzt werden sollte.[41] Förster[42] ist der Ansicht, daß der Verfassungsgeber mit der Differenzierung zwischen Verbrauch- und Aufwandsteuern den Streit, ob Aufwandsteuern Verbrauchsteuern sein können, dahingehend entschieden habe, daß beide Steuerarten zu trennen seien. Diese Meinung wird auch von Birk[43] und Vogel[44] geteilt. Auch Selmer[45] differenziert zwischen sonstigen Verbrauchsteuern, zu denen er die Getränkesteuern rechnet, und den reinen Aufwandsteuern. Eine Steuer auf das Halten von Dienstboten oder Dienern wäre danach als Aufwandsteuer und nicht als Verbrauchsteuer einzustufen, da den Anlaß der Besteuerung die auf Dauer angelegte Möglichkeit der Inanspruchnahme von Dienstleistungen und damit ein Zustand bildet. Darüber hinaus wird niemand bestreiten, daß eine Dienerschaft kein verbrauchsfähiges Gut darstellt, das einer eliminierenden Nutzung zugeführt werden kann. Die Einstufung einer Steuer auf Dienstboten oder einzelne Dienstleistungen als Verbrauchsteuer widerspricht daher dem traditionellen deutschen Verbrauchsteuerrecht. Gegenstand der Verbrauchsbesteuerung bildeten stets bestimmte ausgewählte Erzeugnisse, die einer konsumtiven oder in Ausnahmefällen einer produktiven Verwendung zugeführt werden konnten.[46]

Eine Einbeziehung von Dienstleistungen in den Verbrauchsteuerbegriff wäre darüber hinaus mit erheblichen Schwierigkeiten in bezug auf die Abgrenzung zur Umsatzsteuer verbunden, die seit jeher sowohl den Austausch von Waren als auch den Austausch von Dienstleistungen erfaßt. Ein anderer

---

[40] *Birk/Förster*, Kompetenzrechtliche Grenzen bei der Regelung der Verbrauchsteuern, DB 1985, Beilage Nr. 17, S. 6.

[41] BT-Drs. V/2861, S. 87.

[42] *Förster*, Die Verbrauchsteuern, S. 111.

[43] *Birk*, in: *Azzola/Bäumlich/Berkemann/Birk*, Alternativkommentar zum Grundgesetz für die Bundesrepublik Deutschland, Art. 105 Rdnr. 18.

[44] *Vogel*, in: *Dolzer/Vogel*, Kommentar zum Bonner Grundgesetz, Art. 106 Rdnr. 231.

[45] *Selmer*, DÖV 1974, S. 374,378.

[46] Vgl. die Übersicht über die Verbrauchsteuergegenstände bei *Hesse*, Grundlagen des Verbrauchsteuerrechts, ZfZ 1959, S. 129,130 und *Birk/Förster*, Kompetenzrechtliche Grenzen des Gesetzgebers bei der Regelung der Verbrauchsteuer, DB 1985, Beilage Nr. 17, S. 4.

Anknüpfungspunkt für die Steuerentstehung als den eines Aktes des Rechtsverkehrs, wie den Abschluß eines Dienstvertrages, ließe sich für Dienstleistungen wohl kaum finden. In diesem Zusammenhang ist auch zu berücksichtigen, daß die Besonderheiten und Vorteile des Verbrauchsteuersystems, wie z.B. die Sachhaftung nach § 76 AO oder die Möglichkeit der Steuerentstehung ohne Wissen und Wollen des Steuerpflichtigen sowie die physikalische Meß- und Wägbarkeit der besteuerten Güter, bei einer Verbrauchsteuer auf Dienstleistungen nicht zur Geltung kommen könnten. Dies spricht dafür, daß der Gesetzgeber bei der Konzipierung des Verbrauchsteuersystems an Dienstleistungen nie gedacht hat und diese auch nicht in den Kreis der Verbrauchsteuern einbeziehen wollte.

Unter Berücksichtigung des traditionellen deutschen Verbrauchsteuerrechts ist als Ergebnis festzuhalten, daß Dienstleistungen und Rechte nicht Gegenstand einer besonderen Verbrauchsteuer sein können. Auch das geltende Verbrauchsteuersystem ist nicht darauf ausgerichtet, Dienstleistungen und Rechte zu erfassen.

3. Begriffsbestimmung aus europäischer Sicht

a) EG-rechtliche Grundlagen

Mit der Verabschiedung der Systemrichtlinie und der Satz- und Strukturrichtlinien haben die Mitgliedstaaten 1992 ein EU-weites Verbrauchsteuerrecht kodifiziert, dessen Vorgaben bei der Begriffsbestimmung der Verbrauchsteuern nicht unberücksichtigt bleiben dürfen. Wie bereits dargestellt, beruhen die Verbrauchsteuerrichtlinien auf Art.99 EG-Vertrag, der den Rat ermächtigt, Bestimmungen zur Harmonisierung der Rechtsvorschriften über die Umsatzsteuern, die Verbrauchsteuern und sonstige indirekte Steuern zu erlassen. In der Literatur ist umstritten, ob auf Art.99 EG-Vertrag auch die gemeinschaftsweite Einführung einer neuen Steuer gestützt werden kann. In diesem Zusammenhang weist Mick[47] darauf hin, daß durch den Harmonisierungsauftrag bestehendes Recht angeglichen, jedoch kein neues Recht geschaffen werden könne. Insbesondere das Demokratieprinzip erfordere eine deutliche Begrenzung der Steuer- und Gesetzgebungshoheit der Europäischen Union auf die vom Vertrag ausdrücklich geregelten Bereiche.

Bereits 1967 einigten sich die Mitgliedstaaten mit der Verabschiedung der 1. und 2. Umsatzsteuer-Richtlinie[48] auf eine Definition für die Umsatzsteuer und entschieden die Frage, ob die Umsatzsteuer eine Verbrauchsteuer oder

---

[47] *Mick*, Die Steuerkonzeption der Europäischen Union, S. 66f.

[48] Erste und Zweite Richtlinie des Rates vom 11.4.1967 zur Harmonisierung der Rechtsvorschriften der Mitgliedstaaten über die Umsatzsteuer, 67/227/EWG und 67/228/EWG, ABl. EG Nr. L 71 vom 14.4.1967, S. 1301ff.

Verkehrsteuer ist, zugunsten des Charakters als Verbrauchsteuer.[49] Danach ist die Umsatzsteuer eine allgemeine Verbrauchsteuer in Höhe eines proportionalen Satzes auf den Preis von Gegenständen und Dienstleistungen, die auf allen Produktionsstufen vor der Besteuerungsstufe für den Umsatz von Gegenständen und Dienstleistungen mit der Maßgabe erhoben wird, daß die Steuer abzüglich der MwSt geschuldet wird, die die verschiedenen Kostenelemente belastet hat.[50] Wie bereits ausgeführt hat diese Definition gravierende Auswirkungen auf das Steuerfindungsrecht des Bundes, da den Mitgliedstaaten gemäß Art.33 der 6. USt-RL untersagt ist, Steuern mit Umsatzsteuercharakter neu einzuführen. In das EG-Verbrauchsteuerrecht ist ein solches Verbot nicht aufgenommen worden. Nach Art.3 RL 92/12/EWG sind die Mitgliedstaaten nicht daran gehindert, neue Verbrauchsteuern einzuführen, sofern deren Erhebung nicht mit Grenzformalitäten verbunden ist. Die Frage nach der Zulässigkeit einer nationalen Steuer hat bereits mehrfach den EuGH[51] beschäftigt. In einer Entscheidung über die Zulässigkeit der in den Niederlanden neben der Mehrwertsteuer erhobenen Verbrauchsteuer auf Personenkrafträder und Kleinkrafträder hat er als wesentliche Merkmale der Verbrauchsteuer erachtet, daß diese nur auf ganz bestimmte Gegenstände und nur auf einer Stufe durch einen tatsächlichen Vorgang[52] ohne die Gewährung eines Vorsteuerabzuges erhoben würde.[53] Der Entscheidung lassen sich zumindest negative Abgrenzungskriterien hinsichtlich der Umsatzsteuer entnehmen. In seinen Schlußanträgen in dieser Rechtssache hat Generalanwalt Mischo Verbrauchsteuern als Steuern bezeichnet, mit denen bestimmte nicht dauerhafte Verbrauchsgüter auf einer einheitlichen Stufe belegt werden, und die ganz oder teilweise aus einer spezifischen, d.h. nach der Menge, dem Gewicht oder dem Alkoholgehalt einer Ware berechneten Abgabe bestehen.[54]

Leider enthält das EG-Recht neben den Bestimmungen in den Verbrauchsteuerrichtlinien keine nähere Begriffsbestimmung der Verbrauchsteuern. Art.99 EG-Vertrag setzt den Begriff „Verbrauchsabgaben" voraus, ohne ihn zu erläutern. Als Spezialvorschrift für die Harmonisierung der indirekten und binnenmarktbezogenen Verbrauchsabgaben und -steuern erfaßt Art.99 EG-Vertrag neben den produktbezogenen Steuern nach Ansicht von Hilf[55] auch indirekte Steuern, die anlagen- bzw. produktionsbezogen sind. Dagegen sollen sich die Begriffe „Steuern" und „Abgaben" nicht auf lenkende Sonderabgaben

---

[49] *Voß*, Steuern in Europa, DStR 1991, S. 925,927.

[50] Zur Bedeutung des Europarechts für das Umsatzsteuerrecht vgl. *Spetzler*, DB 1993, S. 553,555.

[51] Vgl. die Übersicht in *Rau/Dürrwächter/Flick/Geist*, Kommentar zum Umsatzsteuergesetz, Art.33, S. 3ff.

[52] Die „Bijzondere Verbruiksbelasting van personenauto's" wurde nur einmal erhoben, und zwar im Zeitpunkt der Lieferung durch den Hersteller oder der Einfuhr.

[53] EuGHE 1989, 2671 (2707).

[54] EuGHE 1989, 2671 (2695).

[55] *Hilf*, NVwZ 1992, S. 105,108.

beziehen, die nicht zur Deckung der allgemeinen Haushalte dienen.[56] Einigkeit besteht im Schrifttum darüber, daß unter dem Begriff „Verbrauchsabgaben" in erster Linie produktbezogene und daher unmittelbar preiswirksame Steuern zu verstehen sind.[57]

In Anlehnung an Art.99 EG-Vertrag bezieht sich der Anwendungsbereich der Systemrichtlinie nach Art.1 Abs.1 RL 92/12/EWG auf Verbrauchsteuern und andere indirekten Steuern, die unmittelbar oder mittelbar auf den Verbrauch von Waren erhoben werden, mit Ausnahme der Mehrwertsteuer und der von der Gemeinschaft festgelegten Abgaben (z.B. die Zölle). Unter den Begriff Verbrauchsteuern fallen insbesondere Steuern auf Tabakwaren, Alkohol und alkoholische Getränke und Mineralöle. Daher werden diese Erzeugnisse in Art.3 Abs.1 RL 92/12/EWG als verbrauchsteuerpflichtige Waren bezeichnet. Daneben wird den Mitgliedstaaten gestattet auf diese Waren andere indirekte Steuern mit besonderer Zielsetzung und generell andere indirekte Steuern auf Waren und Dienstleistungen einzuführen oder beizubehalten. Nachfolgend wird der Frage nachgegangen, ob die in Art.3 Abs.2 und 3 RL 92/12/EWG genannten anderen indirekten Steuern Verbrauchsabgaben oder sonstige indirekte Steuern im Sinne von Art.99 EG-Vertrag darstellen.

b) Andere indirekte Steuern nach Art.3 Abs.2 RL 92/12/EWG

Die in Art.3 Abs.2 RL 92/12/EWG genannten anderen indirekten Steuern mit besonderer Zielsetzung sind nicht identisch mit den sonstigen indirekten Steuern nach Art.99 EG-Vertrag. Zu den in Art.99 EG-Vertrag genannten Steuern zählt Wägenbaur[58] Kapitalverkehrsteuern, Beförderungsteuern und Versicherungsteuern. Daß an diese Steuern bei der Verabschiedung der Systemrichtlinie nicht gedacht war, belegt die Entstehungsgeschichte von Art.3 Abs.2 RL 92/12/EWG. Nach den Bestimmungen des ersten Richtlinienvorschlags sollte es den Mitgliedstaaten untersagt werden, auf Waren, die einer harmonisierten Verbrauchsteuer unterliegen, andere indirekte Steuern zu erheben.[59] Insbesondere Frankreich, Deutschland und Italien sprachen sich jedoch gegen ein striktes Verbot aus. Frankreich wies zu Recht darauf hin, daß das Ziel der Verbrauchsteuerharmonisierung in der Verwirklichung des Binnenmarktes und des freien Warenverkehrs ohne Grenzkontrollen liegen wür-

---

[56] *Hilf*, NVwZ 1992, S. 105,108.

[57] *Wägenbaur*, in: *Grabitz*, Kommentar zum EWG-Vertrag, Art.99 Rdnr. 13; *Hilf*, NVwZ 1992, S. 105,108 und *Klein/Wolffgang* in: *Lenz*, Kommentar zu dem Vertrag zur Gründung der Europäischen Gemeinschaften, Art.95 Rdnr. 12.

[58] *Wägenbaur*, in: *Grabitz*, Kommentar zum EWG-Vertrag, Art.99 Rdnr. 13.

[59] Art.3 Abs.2 des Vorschlags für eine Richtlinie des Rates über das allgemeine Verbrauchsteuersystem sowie den Besitz und die Beförderung verbrauchsteuerpflichtiger Waren, BT-Drs. 12/346, S. 2. Der Text ist mißverständlich. Der Begriff „Verbrauchsteuern" bezieht sich nur auf die harmonisierten Verbrauchsteuern.

de. Mit diesen Zielen sah es Frankreich durchaus für vereinbar an, den Mitgliedstaaten zu gestatten, andere indirekte Steuern beizubehalten oder neu einzuführen, sofern diese unter den gleichen Bedingungen wie die Verbrauchsteuern entstünden und keine Grenzformalitäten erforderten. Auch Deutschland war der Ansicht, daß der Vorschlag der Kommission das integrationspolitische Ziel verfehlen würde. Nach Sievert[60] hätte das Verbot dazu geführt, daß künftig die Erhebung der örtlichen Verbrauchsteuern auf alkoholische Getränke und die Erhebung von Umweltabgaben auf Mineralöle nicht mehr möglich gewesen wäre. Dies erkannte auch der Bundesrat und forderte in einem Beschluß vom 7.6.1991, daß die kommunalen Verbrauchsteuern durch die Systemrichtlinie nicht ausgeschlossen werden dürften.[61]

Die von Deutschland und Frankreich geäußerte Kritik wurde von Italien, Dänemark, Luxemburg und Großbritannien geteilt. Seine Präsidentschaft nahm Italien im Oktober 1990 zum Anlaß, einen neuen Vorschlag vorzulegen, der es den Mitgliedstaaten ermöglichen sollte, unter besonderen Umständen örtliche Verbrauchsteuern beizubehalten. Die Möglichkeit der Erzielung von zusätzlichen Einnahmequellen aus den Verbrauchsteuern sollte einen Ausgleich für harmonisierungsbedingte Ausfälle bei der Mehrwertsteuer schaffen und deren weitere Harmonisierung erleichtern. Darüber hinaus sollte den Mitgliedstaaten die Möglichkeit eröffnet werden, durch Verbrauchsteuern mit besonderer Zielsetzung das Verbraucherverhalten zu beeinflussen und regionale und umweltpolitische Gegebenheiten zu berücksichtigen. So verwundert es nicht, daß die Formulierung „indirekte Steuern mit besonderer Zielsetzung“ an den in der Begründung zu Art.18 der ersten Mineralölstrukturrichtlinie verwendeten Begriff der „zweckgebundenen Sonderabgaben“ anknüpft.[62] Auch dieser Richtlinienentwurf enthielt ein Verbot, auf Mineralöle andere Steuern als die harmonisierten Verbrauchsteuern zu erheben, das jedoch durch eine Ausnahmeregelung entschärft wurde. Danach konnte Frankreich seine Abgabe zur Förderung der Kohlenwasserstoff-Forschung, die Niederlande die Umweltabgabe auf bestimmte Mineralöle und Deutschland die Ausgleichsabgabe nach dem Altölgesetz[63] beibehalten.[64] Diese Ausnahmeregelung, die es den Mitgliedstaaten ermöglichen sollte, auf fossile Energieträger umweltpolitisch motivierte Abgaben zu erheben, findet sich nunmehr in Art.3 Abs.2 RL 92/12/EWG wieder. Mit dieser Bestimmung wird im EG-Verbrauchsteuerrecht die Möglichkeit anerkannt, umwelt-, sozial- und gesundheitspolitisch motivierte Lenkungssteuern auf die in Art.3 Abs.1 RL 92/12/EWG genannten

---

[60] *Sievert*, Die Harmonisierung der besonderen Verbrauchsteuern - und bewegt sie sich noch?, ZfZ 1991, S. 162,164.

[61] Beschluß des Bundesrates vom 7.6.1991, BR-Drs. 279/91.

[62] Begründung zu Art.18 des Vorschlages einer Richtlinie des Rates über die Harmonisierung der Verbrauchsteuern auf Mineralöle, BT-Drs. 7/1042, S. 15.

[63] Altölgesetz vom 22.12.1968, BGBl. I S. 1419.

[64] *Tamchina*, BB 1974, S. 1596,1598. *Sievert*, Die Harmonisierung der besonderen Verbrauchsteuern - und bewegt sie sich noch?, ZfZ 1991, S. 162,164.

Waren beizubehalten oder neu einzuführen.[65] Nachdem die Kommission im Juni 1992 einen Richtlinienvorschlag zur Einführung einer CO_2-/Energiesteuer[66] vorgelegt und inzwischen mehrfach geändert hat[67], gewinnt die Öffnungsklausel zunehmend an Bedeutung für das gemeinschaftliche Verbrauchsteuerrecht, da ohne die Ermächtigung eine zusätzliche steuerliche Belastung von Mineralölen zur Erzielung eines ökologisch wirksamen Lenkungseffekts EG-rechtlich nicht möglich wäre.

Die Entstehungsgeschichte von Art.3 Abs.2 RL 92/12/EWG belegt, daß die Aufnahme der Ausnahmeregelung den Mitgliedstaaten die Erhebung von örtlichen Verbrauchsteuern auf alkoholische Getränke und insbesondere die Beibehaltung oder Einführung von umweltbezogenen Verbrauchsteuern auf Mineralöle ermöglichen sollte. Diese Steuern sind als Verbrauchsabgaben im Sinne von Art.99 EG-Vertrag einzustufen und stellen keine sonstigen indirekten Steuern dar.

c) Andere Steuern nach Art.3 Abs.3 Satz 1 RL 92/12/EWG

Art.3 Abs.3 Satz 1 RL 92/12/EWG erlaubt es den Mitgliedstaaten, nationale Steuern auf Waren zu erheben, die nicht einer harmonisierten Verbrauchsteuer unterliegen. Einzige Voraussetzung ist, daß diese Steuern im Handelsverkehr zwischen den Mitgliedstaaten keine mit dem Grenzübertritt verbundenen Formalitäten nach sich ziehen. Das im ersten Entwurf noch enthaltene Verbot eines steuerlichen Grenzausgleichs wurde auf französische Intervention hin gestrichen. Arndt[68] vertritt in Zusammenhang mit dieser Vorschrift die Ansicht, daß man bei wörtlicher Auslegung den Begriff „keine mit dem Grenzübertritt verbundenen Formalitäten" dahingehend zu verstehen habe, daß auch ins Landesinnere verlegte Steuerlager bzw. Kontroll- und Begleitmaßnahmen darunter zu subsumieren seien; anderenfalls hätte es „keine beim Grenzübertritt erfolgende Formalitäten" heißen müssen. Als Ergebnis seiner Untersuchung kommt Arndt zu dem Schluß, daß nationale Verbrauchsteuern, die ebenfalls in ein Steueraussetzungsverfahren oder den Steuerlagerverbund einzubinden wären, von den nationalen Parlamenten gerade nicht mehr beschlossen werden dürften, da in diesem Fall der 1992 bei der Verabschiedung der Systemrichtlinie mühevoll ausgehandelte Kompromiß, der Deutschland

---

[65] Nach *Wasmeier* (Umweltabgaben und Europarecht, S. 286) wird mit Art.3 Abs.2 RL 92/12/EWG das Recht zur Verfolgung umwelt-, sozial- und gesundheitspolitischer Lenkung mittels Steuern auf diese Güter explizit anerkannt.

[66] Vorschlag für eine Richtlinie des Rates zur Einführung einer Steuer auf Kohlendioxidemissionen und Energie, KOM (92) 226, ABl. EG Nr. C 196 vom 3.8.1992, S. 1.

[67] Vgl. zum geänderten Richtlinienvorschlag vom Mai 1995 *Jatzke*, Aktueller Stand und Perspektiven der Verbrauchsteuerharmonisierung, ZfZ 1995, S. 278,282.

[68] *Arndt*, Rechtsfragen einer deutschen CO_2- /Energiesteuer, S. 120.

die Beibehaltung der Erdgassteuer und Dänemark die Aufrechterhaltung von Mengenbeschränkungen und Grenzkontrollen ermöglicht hätte, ohne jede Bedeutung sei. Dieser Regelungen hätte es gerade nicht bedurft, wenn nach wie vor ein uneingeschränktes nationales Steuerfindungsrecht für weitere Verbrauchsteuern bestehen würde.[69]

Unter Berücksichtigung des Harmonisierungsergebnisses wird man jedoch den Mitgliedstaaten das Recht nicht verwehren können, auch weiterhin neue Verbrauchsteuern in ihrem Hoheitsgebiet einzuführen. Unerwähnt läßt Arndt in seiner Argumentation die nicht harmonisierte deutsche Kaffeesteuer, deren Erhebungssystem[70] sich eines Steueraussetzungsverfahrens und nationaler Steuerlager[71] bedient. Entgegen der Ansicht von Arndt ist Art.3 Abs.3 RL 92/12/EWG nicht dahingehend zu verstehen, daß in das Landesinnere verlegte Steuerlager und im Steuergebiet durchgeführte Kontrollmaßnahmen bei einer nationalen Verbrauchsteuer in jedem Fall unzulässig wären. Die Entstehungsgeschichte der Vorschrift belegt, daß lediglich Kontrollmaßnahmen aus Anlaß des Überschreitens einer Binnengrenze und damit routinemäßige Grenzkontrollen ausgeschlossen werden sollten. Dagegen wurde es mit den Zielen des Binnenmarktes für vereinbar gehalten, den Mitgliedstaaten die Beibehaltung oder Einführung von nationalen Verbrauchsteuern und nationaler Erhebungssysteme zu ermöglichen. Allen am Rechtsetzungsprozeß Beteiligten war von Anfang an bewußt, daß eine Beibehaltung nationaler Verbrauchsteuern nicht ohne effektive Erhebungssysteme auskommen würde, bei denen als Ersatz für den Wegfall der unmittelbaren Grenzkontrollen andere Kontrollmechanismen zur Anwendung kommen mußten. Bei dieser Ausgangslage kann nicht ernsthaft angenommen werden, die Mitgliedstaaten hätten bei der Konzipierung von Art.3 Abs.3 RL 92/12/EWG auf jegliche Kontrolle von grenzüberschreitenden Lieferungen verzichten wollen.[72] Das von Arndt geforderte Verbot von Steuerlagern und Kontroll- und Begleitmaßnahmen im Landesinnern eines Mitgliedstaates würde die Erhebung von nationalen Verbrauchsteuern praktisch unmöglich machen oder auf örtliche Steuern beschränken, bei denen eine steuerliche Erfassung des grenzüberschreitenden Handels nicht erforderlich ist. Die Entstehungsgeschichte von Art.3 Abs.3 RL 92/12/EWG weist jedoch

---

[69] *Arndt*, Rechtsfragen einer deutschen CO2- /Energiesteuer, S. 122f.

[70] Zum Erhebungssystem der Kaffeesteuer vgl. *Jatzke*, Das neue Verbrauchsteuerrecht in der Bundesrepublik Deutschland, IFSt-Schrift Nr. 322, S. 103,106f.

[71] Nach § 5 Abs.1 KaffeeStG ist die Steuer für Kaffee ausgesetzt, der sich im Steuerlager befindet. Steuerlager sind gemäß § 5 Abs.2 KaffeeStG Kaffeeherstellungsbetriebe und Kaffeelager.

[72] Daher konnte die für die Verhandlungen zuständige Referatsleiterin im BMF nach der Verabschiedung der Systenrichtlinie verkünden: „EG-rechtlich sind wir also nicht gehindert, die Verbrauchsteuern auf Kaffee, Tee, Leuchtmittel, Zucker und Salz beizubehalten. Vgl. *Sievert*, Die Harmonisierung der besonderen Verbrauchsteuern in der EG - und sie bewegt sich doch!, ZfZ 1992, S. 98.

darauf hin, daß die Mitgliedstaaten eine Beschränkung auf die letztgenannten Verbrauchsteuern nicht gewollt haben.

Seit Anbeginn der Harmonisierungsbemühungen nahm die Frage nach der Beibehaltung bestehender nationaler Verbrauchsteuern eine zentrale Stellung ein. Verfolgte die Kommission zunächst das Ziel, sämtliche nicht harmonisierten Verbrauchsteuern in der Gemeinschaft zu beseitigen, nahm sie im Laufe der Verhandlungen eine versöhnlichere Haltung ein.[73] Bereits im März 1970 bezeichnete sie die Möglichkeit der Beibehaltung bestimmter Spezialverbrauchsteuern, wie die Steuer auf den Getränkeausschank oder die Steuer auf den privaten Verbrauch elektrischer Energie, als durchaus annehmbar; selbst die Möglichkeit einer lokalen oder generellen Einzelhandelssteuer zog die Kommission in Betracht. So reifte der Gedanke, den Mitgliedstaaten zu gestatten, unter bestimmten Bedingungen neben der Mehrwertsteuer und den harmonisierten Verbrauchsteuern jede produktbezogene Steuer beizubehalten, soweit dies die Abschaffung der Steuergrenzen nicht behindern würde.

Aufschluß darüber, welche Steuern die Kommission in ihre Überlegungen mit einbezog, gibt die Begründung zum 1972 vorgelegten Richtlinienpaket. Darin geht die Kommission davon aus, daß unter Sonderverbrauchsteuern jede indirekte Besteuerung zu verstehen ist, die unmittelbar oder mittelbar den Verbrauch von Erzeugnissen belastet, mit Ausnahme der Mehrwertsteuer und den von den Gemeinschaftsinstitutionen eingeführten Besteuerungen.[74] In einem Überblick über die zu diesem Zeitpunkt in der Gemeinschaft existierenden Verbrauchsteuern werden diejenigen Güter aufgelistet, die nach Ansicht der Kommission Gegenstand einer Verbrauchsteuer sein können. Neben den klassischen Verbrauchsgütern, wie Tabakwaren, Mineralöle und alkoholische Getränke, finden sich auch pflanzliche Öle, Fette, Garne, Gewürze, Bananen, Schallplatten und sogar Elektrizität.[75] Ein weiterer Hinweis zu den EG-rechtlichen Kriterien einer Verbrauchsteuer findet sich in der Begründung zu Art.3 des ersten Vorschlags für eine Systemrichtlinie. Dort erkennt die Kommission an, daß andere, insbesondere aus Umweltschutzgründen erhobene Verbrauchsteuern zulässig sein können, sofern sie lediglich auf bestimmte Waren oder Warengruppen erhoben werden und sie weder einem Grenzausgleich noch Grenzkontrollen unterliegen.[76] Hinsichtlich der in Betracht kom-

---

[73] *Stobbe*, Die Harmonisierung des Steuerrechts der Europäischen Gemeinschaft und ihre Auswirkungen auf die deutsche Besteuerung, DStZ 1992, S. 225,229.

[74] Begründung zu den Vorschlägen von Richtlinien des Rates auf dem Gebiet der Sonderverbrauchsteuern und den ihnen gleichzusetzenden Steuern, Bulletin der Europäischen Gemeinschaften, Beilage 3/72, S. 7.

[75] Bulletin der Europäischen Gemeinschaften, Beilage 3/72, S. 16f. Einen Überblick über die 1992 bestehenden nationalen Verbrauchsteuern in der Gemeinschaft gibt *Krawitz*, Steuer und Studium 1993, S. 93,96.

[76] Begründung zu Art.3 des Vorschlages für eine Systemrichtlinie, BT-Drs. 12/346, S. 13.

menden Verbrauchsteuern ist daher von einem weiten Anwendungsbereich von Art.3 Abs.3 RL 92/12/EWG auszugehen. Wie das Beispiel der in Deutschland weiterhin erhobenen Kaffeesteuer zeigt, können auch Verbrauchsteuern beibehalten oder neu eingeführt werden, deren Erhebung eine steuerliche Erfassung der aus anderen Mitgliedstaaten gelieferten Waren im Inland erfordert, sofern der Zugriff der Steueraufsicht nicht beim Grenzübertritt erfolgt.[77]

Zusammenfassend läßt sich feststellen, daß der Begriff „andere Steuern" in Art.3 Abs.3 RL 92/12/EWG produktbezogene Spezialverbrauchsteuern erfaßt, die unmittelbar, z.B. als Einzelhandelssteuer, oder mittelbar den Verbrauch bestimmter Waren oder Warengruppen belasten und deren Erhebung nicht mit Grenzkontrollen verbunden ist. Zu dem Kreis der Waren, die einer Verbrauchsteuer unterworfen werden können, gehört dabei auch die elektrische Energie.

d) Steuern auf Dienstleistungen nach Art.3 Abs.3 Satz 2 RL 92/12/EWG

Sofern es sich nicht um umsatzbezogene Steuern handelt, können die Mitgliedstaaten nach Art.3 Abs.3 Satz 2 RL 92/12/EWG weiterhin Steuern auf Dienstleistungen, auch im Zusammenhang mit verbrauchsteuerpflichtigen Waren erheben. Aufgrund der Verweisung auf Art.3 Abs.3 Satz 1 RL 92/12/EWG ist es dabei Voraussetzung, daß diese Steuern im Handelsverkehr zwischen den Mitgliedstaaten keine mit dem Grenzübertritt verbundenen Formalitäten nach sich ziehen. Zu Recht weist Wasmeier[78] darauf hin, daß in bezug auf Dienstleistungen nicht auf den Handels- sondern auf den Dienstleistungsverkehr verwiesen werden müßte. Bereits diese Ungenauigkeit belegt, daß im Vordergrund der Regelung von Art.3 RL 92/12/EWG der Handel mit verbrauchsteuerpflichtigen Waren und nicht der Dienstleistungsverkehr stand.

Die Ergänzung der Systemrichtlinie um diese Regelung geht auf eine Initiative der luxemburgischen Präsidentschaft zurück. Nachdem sich die Hälfte der Mitgliedstaaten für die Beibehaltung von nationalen Verbrauchsteuern ausgesprochen hatte, unterbreitete Luxemburg in der Ad-hoc-Gruppe „Beseitigung der Steuergrenzen" am 23.5.1991 einen Vorschlag, nach dem es den Mitgliedstaaten freigestellt sein sollte, Steuern auf Dienstleistungen, einschließlich Dienstleistungen im Zusammenhang mit verbrauchsteuerpflichtigen Waren zu erheben. Der Text des Vorschlages blieb nahezu unverändert und wurde zunächst in die Schlußfolgerungen des ECOFIN-Rates vom 3.6.1991 und später in Art.3 Abs.3 RL 92/12/EWG aufgenommen. Der Anlaß für die Aufnahme der Öffnungsklausel war die vorangegangene Diskussion in

[77] Zur richtlinienkonformen Ausgestaltung der Kaffe- und Erdgassteuer vgl. *Schröer-Schallenberg*, Das Verbrauchsteuerrecht im Überblick, AW-Prax 1995, S. 221,229f.

[78] *Wasmeier*, Umweltabgaben und Europarecht, S. 287.

der Ad-hoc-Gruppe, in der sich neben anderen Mitgliedstaaten insbesondere Deutschland für die Beibehaltung von kommunalen Getränke- und Schankerlaubnissteuern eingesetzt hatte. Auf die Zielrichtung der Ergänzung deutet der Hinweis auf verbrauchsteuerpflichtige Waren in Art.3 Abs.3 Satz 2 RL 92/12/EWG hin. Daher ist Stobbe[79] der Ansicht, daß auf deutscher Seite an vereinzelte gemäß Art.106 Abs.6 GG zulässige örtliche Verbrauch- und Aufwandsteuern der Gemeinden, wie z.B. die Schankerlaubnis- oder Getränkesteuer, gedacht werden könnte. Friedrich[80] findet die Erwähnung von Dienstleistungen in Art.3 Abs.3 RL 92/12/EWG zumindest interessant, bezweifelt jedoch, daß es sich dabei um Verbrauchsteuern im eigentlichen Sinne handelt. Diese Zweifel sind durchaus angebracht. Der Umstand, daß die mit verbrauchsteuerpflichtigen Waren zusammenhängenden Steuern auf Dienstleistungen nicht in Art.3 Abs.2 RL 92/12/EWG aufgenommen worden sind, spricht dafür, daß sie von den Mitgliedstaaten und der Kommission nicht als Verbrauchsteuern, sondern als eigenständige Steuerart angesehen wurden. Zu denken wäre hierbei an Aufwandsteuern, die an den Zustand oder das Halten eines Gutes im weitesten Sinne anknüpfen. Als historisches Beispiel kann die in Frankreich gemäß Art.1532-1536 des Code General des Impots erhobene Steuer auf die zur persönlichen Bedienung im Haushalt beschäftigten Dienstboten angeführt werden.[81]

Auch außerhalb der Gemeinschaft werden Verbrauchsteuern auf spezielle Waren und Steuern auf Dienstleistungen begrifflich voneinander unterschieden. In einer jüngeren Veröffentlichung der OECD[82] über die Steuereinnahmen der OECD-Staaten wird zwischen „excises" und „taxes on specific services" differenziert. Dabei werden „excises" als Steuern definiert, die auf einzelne Produkte oder auf eine bestimmte Produktgruppe erhoben werden.[83] Zu ihnen zählt die OECD die sog. klassischen Verbrauchsteuern auf Tabakwaren, Alkohol und alkoholische Getränke und Mineralöle. Im Gegensatz zu diesen produktbezogenen Steuern werden unter dem Begriff „taxes on services" die Versicherung-, Feuerschutz-, Börsen-, Kapitalverkehr-, Beförderung-, Ver-

---

[79] *Stobbe*, Die Harmonisierung der besonderen Verbrauchsteuern (Teil 1), ZfZ 1993, S. 170,172.

[80] *Friedrich*, Das neue Verbrauchsteuerrecht ab 1993, DB 1992, S. 2000,2001.

[81] *Schmölders*, Zur Begriffsbestimmung der Verbrauchsteuern, S. 67.

[82] OECD, revenue statistics of OECD member countries, Paris 1993.

[83] Nach den Erläuterungen der OECD (revenue statistics of OECD member countries, S. 37) erfassen „excises" ausschließlich bestimmte Waren und sind von Steuern auf Dienstleistungen zu unterscheiden: „Excises are taxes levied on particular products, or on a limited range of products, which are not classifiable under general taxes and export duties. They may be imposed at any stage of production or distribution and are usually assessed by reference to the weight or strength or quantity of the product, but sometimes by reference to the value...Thus, special taxes on, for example, sugar, matches, tobacco goods, alcoholic drinks and hydrocarbon oils... Excises are distinguished from...taxes on services."

gnügung-, Spiel-, Wett-, und Lotteriesteuern zusammengefaßt. Gerade die Kapitalverkehr-, Beförderung- und Versicherungsteuer grenzt Wägenbaur[84] von den in Art.99 EG-Vertrag genannten Verbrauchsabgaben ab und führt sie als Beispiele für „sonstige" indirekte Steuern i.S.v. Art.99 EG-Vertrag auf.

Gegen die EG-rechtliche Einstufung von Steuern auf Dienstleistungen als Verbrauchsteuern spricht schließlich der Umstand, daß Art.1 Abs.1 RL 92/12/EWG den Anwendungsbereich der Systemrichtlinie auf Verbrauchsteuern und andere indirekte Steuern beschränkt, die auf den Verbrauch von Waren erhoben werden. Nach Wasmeier[85] handelt es sich allein um produktbezogene Steuern im engeren Sinne, die auch unter Art.95 EG-Vertrag fallen. Insoweit steht die Erwähnung der Steuern auf Dienstleistungen auch im Widerspruch zu den Grundsätzen des gemeinschaftlichen Verbrauchsteuersystems. Es ist daher davon auszugehen, daß die Besteuerung von Dienstleistungen vom EG-rechtlichen Verbrauchsteuerbegriff nicht erfaßt wird.

4. Begriffsbestimmung der Verbrauchsteuern nach nationalen und EG-rechtlichen Vorgaben

Eine Begriffsbestimmung sollte sich auf die wesentlichen Merkmale konzentrieren, die für alle besonderen Verbrauchsteuern charakteristisch sind und diese eindeutig von anderen Steuerarten, wie z.B. den Verkehrsteuern oder Aufwandsteuern, abgrenzen. Aus diesem Grund scheidet das Merkmal der Abwälzbarkeit aus, da auch die genannten Steuerarten als Steuern auf die Einkommensverwendung darauf angelegt sind, auf den Verbraucher als dem eigentlichen Belstungsträger abgewälzt zu werden. Von entscheidender Bedeutung ist hingegen der Tatbestand, an den das Gesetz das Entstehen einer Steuer knüpft. In diesem Zusammenhang ist die vom RFH entwickelte und zeitweise vom BFH übernommene „Nexus-Definition" als überholt anzusehen, da sie weder die originäre Steuerentstehung durch Urproduktion außerhalb eines Steuerlagers, noch die Fälle der Steuerentstehung durch bloße Besitzausübung im Falle der Nachsteuer erfaßt. Auch der Ansicht von Peters, die „Nexus-Theorie" würde zumindest den Normalfall kennzeichnen, kann aufgrund der harmonisierungsbedingten Umstrukturierung des Verbrauchsteuerrechts und der Schaffung eines vollständig neuen Warenkreislaufs mit bereits versteuerten Waren, nicht mehr gefolgt werden.

Kennzeichnend für die Entstehung einer Verbrauchsteuer ist vielmehr, daß sie im Gegensatz zur Umsatzsteuer in keinem Fall an einen Akt des Rechtsverkehrs, sondern an tatsächliche Vorgänge, wie die körperliche Entfernung aus einem Steuerlager, die zweckwidrige Verwendung, die Einfuhr, das Verbringen in das Steuergebiet oder an einen konsumtiven Verbrauch schlechthin,

---

[84] *Wägenbaur*, in: *Grabitz*, Kommentar zum EWG-Vertrag, Art. 99 Rdnr. 13.

[85] *Wasmeier*, Umweltabgaben und Europarecht, S. 284.

anknüpft. Auch die Herstellung einer verbrauchsteuerpflichtigen Ware außerhalb eines Steuerlagers oder der Empfang einer Ware durch einen berechtigten Empfänger oder im Rahmen des Versandhandels, stellen tatsächliche Vorgänge dar, die zur Steuerentstehung führen. Bei der Nachsteuer hingegen beruht die Steuerentstehung auf der mittelbaren oder unmittelbaren Sachherrschaft und damit auf einem tatsächlichen Zustand. Dies trifft auch auf den Auffangtatbestand des erstmaligen In-Besitz-Haltens von Waren des freien Verkehrs anderer Mitgliedstaaten zu gewerblichen Zwecken im Steuergebiet zu. Charakteristisch für die besonderen Verbrauchsteuern ist daher, daß ihre Entstehung an einen tatsächlichen Vorgang oder Zustand anknüpft. Da die Verbrauchsteuern im Gegensatz zur Umsatzsteuer einen Realakt als Belastungstatbestand herausgreifen, werden sie im Schrifttum auch als Realaktsteuern bezeichnet.[86]

Ein weiteres Unterscheidungsmerkmal zu anderen Steuern ist der steuerbare Sachverhalt. Verbrauchsteuern sollen die konsumtive Verwendung eines bestimmten konsumfähigen Gutes und damit den eliminierenden Ge- oder Verbrauch belasten. Darin unterscheiden sie sich von den Aufwandsteuern, bei denen nicht die Verwendung, sondern ein Zustand, wie z.B. das Halten eines Hundes oder eines Fahrzeuges, Anlaß für die Besteuerung ist. Auch das EG-Recht definiert Verbrauchsteuern als indirekte Steuern, die auf den Verbrauch von Waren erhoben werden.

Im Gegensatz zur Umsatzsteuer, die alle Güter und Dienstleistungen belastet, erfassen Verbrauchsteuern nur einzelne, ausgewählte Erzeugnisse. Steuergegenstände sind die in den einzelnen Verbrauchsteuergesetzen nach ihren Merkmalen oder dem Zolltarif bestimmten Waren, wobei auch elektrische Energie[87] Gegenstand einer Verbrauchsteuer sein kann. Dagegen widerspricht die Einbeziehung von Dienstleistungen und Rechten in den Verbrauchsteuerbegriff sowohl dem traditionellen deutschen Verbrauchsteuerrecht als auch den EG-rechtlichen Vorgaben. Als Verbrauchsteuern im Sinne von Art.99 EG-Vertrag und Art.1 Abs.1 RL 92/12/EWG sind nur diejenigen produktbezogenen Steuern anzusehen, die Waren oder Warengruppen belasten, mit Ausnahme der Mehrwertsteuer und den von der Gemeinschaft festgelegten Abgaben, zu denen die Zölle gehören. Steuern auf Dienstleistungen stellen EG-rechtlich andere indirekte Abgaben dar, die von Art.99 EG-Vertrag unter dem Begriff „sonstige indirekte Steuern“ erfaßt werden.

---

[86] *F.Kirchhof*, Grundriß des Abgabenrechts, S. 71.

[87] Auch der Zollkodex geht davon aus, daß der Warenbegriff elektrische Energie mit umfaßt. Ein Hinweis findet sich in Art. 792 Abs.2 b ZK, der die zuständige Ausgangszollstelle für in Rohrleitungen beförderte Waren und für elektrische Energie bestimmt.

Schließlich unterscheiden sich die besonderen Verbrauchsteuern von der Umsatzsteuer durch die Art der Erhebungstechnik. Verbrauchsteuern werden im Gegensatz zur Umsatzsteuer, die auf jeder Handelsstufe erhoben wird, grundsätzlich auf nur einer Stufe ohne die Möglichkeit eines Vorsteuerabzuges erhoben. Eine vom Gesetzgeber als wertabhängige Verbrauchsteuer ausgestaltete Abgabe, die auf jeder Handelsstufe erhoben würde, wäre aufgrund ihres Umsatzsteuercharakters nach Art.33 der 6. USt-RL unzulässig, selbst wenn sie lediglich bestimmte Waren oder Güter belasten würde. Insoweit ist das Steuerfindungsrecht des Steuergesetzgebers durch EG-Recht eingeschränkt. Die vorstehend entwickelten Abgrenzungsmerkmale lassen sich zur folgenden Begriffsbestimmung der Verbrauchsteuern zusammenfassen:

Verbrauchsteuern sind auf Abwälzung angelegte Steuern auf die in der Einkommensverwendung zum Ausdruck kommende steuerliche Leistungsfähigkeit, die nur auf einer Stufe grundsätzlich auf den konsumtiven Verbrauch von ausgewählten Waren erhoben werden und bei denen der Steuerentstehungstatbestand an einen tatsächlichen Vorgang oder Zustand anknüpft.

Bei der Festlegung des sachlichen Anwendungsbereiches eines Allgemeinen Verbrauchsteuergesetzes ist eine derart umfassende Begriffsbestimmung nicht unbedingt erforderlich. Vielmehr kann es als ausreichend erachtet werden, sich auf die wesentlichen Merkmale zu beschränken, um den Gesetzestext nicht mit dogmatischen Kriterien zu überfrachten. In dem zu entwerfenden Programmsatz müßte auch keine genaue Bezeichnung der Steuergegenstände erfolgen. Die genaue Festlegung derjenigen Waren, die der Verbrauchsbesteuerung unterliegen, ist dem Besonderen Teil vorbehalten. Als Oberbegriff für die Steuergegenstände bietet sich der im EG-Verbrauchsteuerrecht verwendete Begriff „Waren“ an, da der Begriff „Erzeugnisse“ zu stark auf eine Herstellungshandlung hindeutet und nicht die in Urproduktion gewonnenen Steuergegenstände, wie z.B. Erdöl oder Erdgas, erfaßt. Der Begriff „Güter“ ist zu weitgehend, da er in der Literatur auch Dienstleistungen und Rechte mit einschließt. Eine Umschreibung des sachlichen Anwendungsbereiches könnte sich auf folgenden Kernbereich der oben entwickelten Begriffsbestimmung beschränken:

(1) Dieses Gesetz regelt die Steuern, die auf den Verbrauch von ausgewählten Waren erhoben werden (besondere Verbrauchsteuern).

(2) Der Steuer unterliegen die im Besonderen Teil dieses Gesetzes nach ihren Merkmalen oder nach den Tarifpositionen der Kombinierten Nomenklatur bestimmten Waren.

II. Belastungsziel der Verbrauchsteuern und Erfordernis der Abwälzbarkeit

1. Verfassungsrechtliche Rechtfertigung von Verbrauchsteuern

a) Die Verbrauchsteuern als Fiskalzwecksteuern

In der finanzwissenschaftlichen Literatur herrscht weitgehend Einigkeit darüber, daß die Auswahl der Verbrauchsteuern willkürlich erfolgt ist und allenfalls historisch erklärt werden kann.[88] Zu Recht bezeichnet F.Kirchhof[89] das deutsche Steuerrecht in den speziellen Steuern auf die Einkommensverwendung als unsystematisch und unausgewogen. Auch Lang[90] weist darauf hin, daß die speziellen Verbrauchsteuern seit jeher unter Rechtfertigungsdefiziten leiden und als dem Gleichheitssatz und dem Leistungsfähigkeitsprinzip fernstehende Steuern fiskalischer Beliebigkeit gelten.

Die Kritik am Selektionssystem ist berechtigt, denn bei seinen Belastungsentscheidungen hat sich der Gesetzgeber neben den EG-rechtlichen Zielsetzungen, nach denen die Mitgliedstaaten mit einigen Ausnahmen zur Erhebung einer Verbrauchsteuer auf Tabakwaren, Alkohol und alkoholische Getränke und Mineralöle verpflichtet sind, insbesondere von finanzpolitischen Erwägungen leiten lassen. Diese Motivation kommt in der Beibehaltung der hohen Steuerbelastung des Schaumweines und in der Aufrechterhaltung der nicht harmonisierten Kaffeesteuer deutlich zum Ausdruck. Im Vordergrund der Verbrauchsbesteuerung stehen seit jeher weniger die Erzielung von gesundheits- oder wirtschaftspolitischen Lenkungseffekten, als vielmehr die fiskalische Zweckdienlichkeit der besonderen Verbrauchsteuern.[91] Diese sind in erster Linie Fiskalzwecksteuern, die aufgrund ihrer Unmerklichkeit und einfachen Erhebung bei allen Mitgliedstaaten einen unverzichtbaren Bestandteil ihrer nationalen Steuersysteme bilden.[92] Entscheidendes Kriterium für die

---

[88] *P.Kirchhof*, in: *Isensee/Kirchhof*, Handbuch des Staatsrechts, § 88 Rdnr. 166; *Förster*, Die Verbrauchsteuern, S. 60; *Peters*, Das Verbrauchsteuerrecht, Rdnr. 50; *Tipke*, Die Steuerrechtsordnung, S. 960 und *Scheffler*, Verkehr- und Verbrauchsteuern im Überblick (II), Steuer und Studium 1992, S. 323.

[89] *F.Kirchhof*, Grundriß des Abgabenrechts, S. 74.

[90] *Lang*, Verwirklichung von Umweltschutzzwecken im Steuerrecht, DStJG 15 (1995), S. 115,129,140.

[91] Nach *F.Kirchhof* (Die steuerliche Doppelbelastung der Zigaretten, S. 27) haben bei der Tabaksteuer stets fiskalische Zwecke den Ausschlag gegeben. Nach *Zimmermann* (Die Tabaksteuer, S. 51) erhält die Tabaksteuer ihre fiskalische Berechtigung mehr aus der steuerpolitischen Praxis, durch die Beschaffung von Einnahmen und den damit verbundenen hohen Beitrag für den Bundeshaushalt, als aus der reinen steuersystematischen Theorie. Ebenso *Hansmeyer*, Steuern auf spezielle Güter, S. 78.

[92] Vgl. *Caesar/ Goetzke/ Mackscheidt*, Finanzwissenschaftliche Analyse der Tabaksteuerharmonisierung in der Europäischen Gemeinschaft, S. 12ff und 210ff.

Auswahl der in der Gemeinschaft zu harmonisierenden Verbrauchsteuern bildete daher auch die Ergiebigkeit der jeweiligen Verbrauchsteuer; gesundheitspolitische Erwägungen spielten dabei nur eine untergeordnete Rolle. Dies kommt in der Begründung der Kommission zum 1972 vorgelegten Richtlinienpaket deutlich zum Ausdruck. Nach Ansicht der Kommission ist es Hauptzweck jeder Sonderverbrauchsteuer, Einnahmen zu beschaffen; daher sollte sie nur Massenverbrauchsgüter belasten. Dies hindere jedoch nicht, sie auch zur Einschränkung des Verbrauchs gesundheitsschädlicher Erzeugnisse einzusetzen.[93]

Die Ansicht der Kommission deckt sich weitgehend mit der Motivation des deutschen Gesetzgebers, der die Verbrauchsteuern in erster Linie als Fiskalzwecksteuern begreift, die einen wesentlichen Haushaltsbeitrag leisten. In dieser Haltung wird er durch die Verfassungs- und Finanzrechtsprechung bestärkt.[94] Nach der Rechtsprechung des Bundesverfassungsgerichts kann sich der Gesetzgeber im Rahmen seiner weitgehenden Gestaltungsfreiheit im Bereich des Steuerrechts von finanzpolitischen, volkswirtschaftlichen, sozialpolitischen und steuertechnischen Erwägungen leiten lassen; seine Gestaltungsfreiheit endet erst dort, wo sich kein sachlicher Grund mehr finden läßt und sich die Belastungsentscheidung als willkürlich darstellt.[95] Das Bundesverfassungsgericht erachtet es dabei als ausreichend, wenn einer der genannten Gründe die Besteuerung rechtfertigt. Folglich können auch allein finanzpolitische Erwägungen das Herausgreifen eines bestimmtes Erzeugnisses und dessen steuerliche Erfassung legitimieren.[96] Unter diesen Gesichtspunkten hat der BFH[97] die Erhebung einer Branntwein-, Schaumwein- und Biersteuer ohne die gleichzeitige steuerliche Belastung des Weines als mit Art.3 GG für vereinbar erklärt und damit begründet, daß sich dem Gleichheitssatz keine Regelung entnehmen lasse, nach der es dem Gesetzgeber untersagt wäre, allein mit dem Ziel, den Finanzbedarf des Staates zu decken, eine bestimmte Verbrauchsteuer zu erheben.[98] Unter verfassungsrechtlichen Gesichtspunkten erscheint es jedoch fraglich, ob die Erhebung einer besonderen Verbrauch-steuer einzig und allein mit ihrer finanziellen Ergiebigkeit gerechtfertigt werden kann. Im Schrifttum mehren sich die Stimmen, die eine zusätzliche Rechtfertigung für die Erhebung einer Verbrauchsteuer neben der allgemeinen Umsatzsteuer fordern.[99]

---

[93] Bulletin der Europäischen Gemeinschaften, Beilage 3/72, S. 7.

[94] BFHE 141, 369 (381).

[95] BVerfGE 3, 4 (11); 13, 181 (202); 18, 121 (124); 26, 302 (310); 49, 343 (360); 50, 386 (392); 74, 182 (200); 81, 108 (117); 85, 238 (244).

[96] BVerfGE 3, 4 (11).

[97] BFHE 105, 554 und BFHE 135, 102.

[98] BFHE 141, 369 (381).

[99] *P.Kirchhof*, in: *Isensee/Kirchhof*, Handbuch des Staatsrechts, § 88 Rdnr. 166 und *Tipke*, Die Steuerrechtsordnung, S. 997.

b) Das Leistungsfähigkeitsprinzip als Maßstab und Legitimation

Die Rechtsprechung, die dem Gesetzgeber in seinem Steuerfindungsrecht kaum Grenzen setzt, ist in der Literatur heftig kritisiert worden. So erachtet es Tipke[100] als einen Grundirrtum davon auszugehen, daß die bloße Eignung und Erforderlichkeit einer Steuer für die Deckung des Finanzbedarfs die Steuer ausreichend legitimiere. Vielmehr dürfe der Finanzbedarf nicht auf beliebige Weise gedeckt werden, sondern in einer Art und Weise, daß alle leistungsfähigen Bürger gleichermaßen belastet würden. Auch F.Kirchhof[101] fordert eine sachliche Rechtfertigung hinsichtlich der Sonderbelastung einzelner Bürger oder Gruppen durch eine Fiskalzwecksteuer, die sich am Grundsatz der Besteuerung nach der wirtschaftlichen Leistungsfähigkeit orientieren müsse.

Im Gegensatz zur Weimarer Reichsverfassung, die in Art.134 eine Besteuerung nach dem Prinzip der Leistungsfähigkeit ausdrücklich forderte, enthält das Grundgesetz keine entsprechende Bestimmung. In ständiger Rechtsprechung leitet das Bundesverfassungsgericht[102] das Gebot der Besteuerung nach der persönlichen Leistungsfähigkeit aus dem in Art.3 Abs.1 GG verankerten allgemeinen Gleichheitssatz ab, der im Steuerrecht seine besondere Ausprägung auch in der Form des Grundsatzes der Steuergerechtigkeit gefunden hat.[103] Obwohl das Grundgesetz keine ausdrückliche Bestimmung enthält, ist das Leistungsfähigkeitsprinzip zum ständigen Maßstab des Verfassungsrechts und der Verfassungsrechtsprechung geworden.[104] Mit ihm ist der Verfassungsauftrag an den Gesetzgeber verbunden, bei der Auswahl der zu besteuernden Wirtschaftsgüter darauf zu achten, daß jeder Bürger nach Maßgabe seiner finanziellen und wirtschaftlichen Leistungsfähigkeit belastet wird.[105] Das Leistungsfähigkeitsprinzip kann bei den indirekten Steuern jedoch nur unvollkommen durchgesetzt werden, da sich der Grad der steuerlichen Belastungsfähigkeit des einzelnen Verbrauchers zuverlässig nur nach dessen individuellen Einkommens- und Vermögensverhältnissen bemessen läßt. Nach P.Kirchhof[106] belasten die Verbrauchsteuern den Steuerträger in der Anonymität des Marktes, ohne seine persönlichen Einkommensverhältnisse überhaupt

---

[100] *Tipke*, Die Steuerrechtsordnung, S. 984.

[101] *F.Kirchhof*, Die steuerliche Doppelbelastung der Zigaretten, S. 21,22 und ders. Grundriß des Abgabenrechts, S. 74.

[102] BVerfGE 66, 214 (222); 67, 290 (297); 74, 182 (200) und 81, 228 (236).

[103] *Herzog*, in: *Maunz/Dürig/Herzog/Scholz*, Kommentar zum GG, Anhang zu Art.3 Rdnr. 57 und BVerfGE 13, 181 (202); 26, 302 (310); 74, 182 (199f).

[104] *Birk*, Das Leistungsfähigkeitsprinzip als Maßstab der Steuernormen, S. 50 und *P.Kirchhof*, Verfassung und steuerliche Leistungsfähigkeit, StuW 1985, S. 319,322.

[105] BVerfGE 61, 319 (344).

[106] *P.Kirchhof*, in: *Isensee/Kirchhof*, Handbuch des Staatsrechts, § 88 Rdnr. 120; ders.,Verfassung und steuerliche Leistungsfähigkeit, StuW 1985, S. 319,324 und ders., Steuergleichheit, StuW 1984, S. 297,312.

zur Kenntnis zu nehmen. Auch Kruse[107] und Klein[108] vertreten die Ansicht, daß die Verbrauchsteuern und alle anderen indirekten Steuern auf die Leistungsfähigkeit des einzelnen keine Rücksicht nehmen. Beermann[109] greift diesen Gedanken auf und rechtfertigt die Erhebung von besonderen Verbrauchsteuern mit dem Hinweis auf die Gegenstände der Verbrauchsbesteuerung. Er ist der Ansicht, daß es für die Besteuerung lediglich auf den Ge- oder Verbrauch einer bestimmten Ware ankomme, so daß die Einkommensverwendung oder die wirtschaftliche Leistungsfähigkeit nicht mehr unmittelbares Ziel der Besteuerung sein könne. Daraus müsse gefolgert werden, daß die Besteuerung von Verbrauchsgütern vom Leistungsfähigkeitsprinzip losgelöst sein solle. Mit dieser Betrachtungsweise führt Beermann die Rechtfertigung der besonderen Verbrauchsteuern nicht auf die Aufwendungen für den Verbrauchsakt, sondern auf den Verbrauchsakt selbst zurück und entfernt sich von der h.M. im Schrifttum, nach der sich die Verbrauchsteuern als Steuern auf die Einkommensverwendung darstellen.

Allein im Verbrauchsakt die Legitimation für die steuerliche Sonderbelastung eines bestimmten Gutes zu erblicken, hieße dem Gesetzgeber einen nahezu unbegrenzten Gestaltungsspielraum bei der Erschließung neuer Steuerquellen zuzubilligen. Da über den Verbrauchsakt grundsätzlich jedes konsumfähige Gut steuerlich erfaßt werden könnte, würde diese Ansicht auch die Besteuerung von lebensnotwendigen Gütern zulassen, deren Erwerb gerade keine besondere steuerliche Leistungsfähigkeit indiziert. Der Verbrauchsakt selbst, ohne Rücksicht auf die Auswahl des zu besteuernden Gutes, läßt sich deshalb zur verfassungsrechtlichen Begründung einer Verbrauchsteuer nicht heranziehen. Die Berechtigung für die Erhebung einer besonderen Verbrauchsteuer ist vielmehr aus dem Leistungsfähigkeitsprinzip abzuleiten. Nur die mit dem Erwerb eines bestimmten Gutes zum Ausdruck kommende gesteigerte Leistungsfähigkeit berechtigt den Staat, auf das Einkommen des Verbrauchers zuzugreifen. Daher kommen für eine zusätzliche indirekte Steuer neben der allgemeinen Umsatzsteuer nur Waren in Betracht, deren Erwerb eine erhöhte steuerliche Belastungsfähigkeit vermuten läßt. Unvereinbar mit diesem Grundsatz ist die Besteuerung von lebensnotwendigen Gütern des täglichen Bedarfs, bei denen ein freiwilliger Konsumverzicht überhaupt nicht oder nur unter großen Entbehrungen möglich ist. Unter diesem Gesichtspunkt ist die frühere Besteuerung von Salz und Zucker zu beanstanden, da sie dem Leistungsfähigkeitsprinzip widersprach und darüber hinaus die für diese Lebensmittel gewährte Umsatzsteuerermäßigung in ihr Gegenteil verkehrte.[110]

---

[107] *Kruse*, Gleichmäßigkeit der Besteuerung, StuW 1990, S. 322,328.

[108] *Klein*, Gleichheitssatz und Steuerrecht, S. 211.

[109] *Beermann*, Zur Charakterisierung der Verbrauchsteuern und zur bedingten Steuerschuld, DStJG 11 (1988), S. 283,285.

[110] *P.Kirchhof*, in: *Isensee/Kirchhof*, Handbuch des Staatsrechts, § 88 Rdnr. 166; *Tipke*, Die Steuerrechtsordnung, S. 972ff; *Haller*, Die Steuern, S. 288.

Mit der harmonisierungsbedingten Abschaffung dieser Bagatellsteuern ist der Gesetzgeber der Verwirklichung des Leistungsfähigkeitsprinzips bei den besonderen Verbrauchsteuern ein Stück näher gekommen. Eine vollkommene Durchsetzung des Leistungsfähigkeitsprinzips wäre jedoch nur dann möglich, wenn die Verbrauchsteuern im Rahmen einer progressiven Besteuerung direkt beim Verbraucher erhoben würden. Zu diesem Zweck könnte der Verbraucher verpflichtet werden, Steuererklärungen unter Angabe der in einem bestimmten Zeitraum erworbenen und konsumierten verbrauchsteuerpflichtigen Waren abzugeben. Unter Zugrundelegung des jeweiligen Einkommens könnte die Verbrauchsteuerschuld nach der individuellen finanziellen Leistungsfähigkeit des Konsumenten bemessen und festgesetzt werden. Die zur Durchsetzung eines solchen Erhebungssystems erforderlichen Steueraufsichtsmaßnahmen würden jedoch die Distanz zum Verbraucher aufheben und durch die steuerliche Erfassung und Überwachung jeglichen privaten Konsums in einer mit dem Verhältnismäßigkeitsgrundsatz nicht zu vereinbarenden Weise in die Privatsphäre des Steuerträgers eingreifen. Auch Klein[111] erachtet die bei einem direkten Erhebungssystem erforderliche Tatbestandsaufklärung mit der persönlichen Freiheit für unvereinbar. Darüber hinaus ist zu befürchten, daß die Finanzverwaltung nicht in der Lage wäre, die Steueraufsicht in dem erforderlichen Maße zu gewährleisten.

Nach der Rechtsprechung des Bundesverfassungsgerichts[112] trifft eine Steuerbelastung, die nahezu allein auf der Erklärungsbereitschaft des Steuerpflichtigen beruht, weil die Erhebungsregelungen Kontrollen der Steuererklärungen weitgehend aussschließen, nicht mehr alle und verfehlt damit die steuerliche Lastengleichheit in verfassungswidriger Weise. Die mit einer Deklarationspflicht des Konsumenten verbundenen Schwierigkeiten vermeidet das gegenwärtige Erhebungssystem, indem der steuerliche Zugriff nicht direkt beim Belastungsträger, sondern im unternehmerischen Bereich bei den Herstellern und Händlern erfolgt, die die Steuerlast über den Kaufpreis an den Endverbraucher weitergeben. Systembedingt kann die Weitergabe nur in einer typisierenden und generalisierenden Weise erfolgen, indem die steuerliche Leistungsfähigkeit des Konsumenten aufgrund der Art des erworbenen Gutes lediglich vermutet wird. Dabei kann nicht ausgeschlossen werden, daß die sozial schwächeren verhältnismäßig stärker mit Verbrauchsteuern belastet werden, als die sozial gehobenen Schichten.[113] Zugelassen wird auch die steuerliche Inanspruchnahme desjenigen, der am Rande oder gar unterhalb des

---

[111] *Klein*, Gleichheitssatz und Steuerrecht, S. 216.

[112] Vgl. BVerfGE 84, 239 (273). Danach muß der Gesetzgeber die Steuerehrlichkeit durch hinreichende, die steuerliche Belastungsgleichheit gewährleistende Kontrollmöglichkeiten abstützen. Im Veranlagungsverfahren bedarf das Deklarationsprinzip der Ergänzung durch das Verifikationsprinzip.

[113] *Klein*, Gleichheitssatz und Steuerrecht, S. 211.

Existenzminimums lebt und durch den Erwerb von verbrauchsteuerpflichtigen Genußmitteln auf den Konsum anderer Güter verzichtet.

Diese Durchbrechungen des Leistungsfähigkeitsprinzips sind jedoch auf Einzelfälle beschränkt und daher hinnehmbar. Unter verfassungsrechtlichen Gesichtspunkten[114] ist es nicht zu beanstanden, daß der Gesetzgeber bei der Ordnung von Massenerscheinungen, wie sie insbesondere im Steuerrecht auftreten, von einem Gesamtbild ausgeht und auf dieser Grundlage generalisierende und typisierende Regelungen trifft, sofern die durch die Typisierung eintretenden Härten und Ungerechtigkeiten nur eine verhältnismäßig kleine Zahl von Personen treffen und der Verstoß gegen den Grundsatz der Belastungsgleichheit nicht sehr intensiv ist.[115] Insbesondere bei der Erhebung von Massensteuern können auch praktische Erfordernisse einer effektiven Steuerverwaltung vergröbernde Regelungen rechtfertigen.[116] Unter diesen Gesichtspunkten verstößt die Erhebung der Verbrauchsteuern nicht gegen den aus Art.3 Abs.1 GG abgeleiteten Grundsatz der Besteuerung nach der wirtschaftlichen Leistungsfähigkeit, auch wenn dieses Prinzip nur in einem groben Maßstab durchgesetzt werden kann. Zusammenfassend ist festzustellen, daß sich Verbrauchsteuern unter dem Gesichtspunkt der Belastungsgleichheit nur dann verfassungsrechtlich rechtfertigen lassen, wenn sie ausschließlich Waren des gehobenen Bedarfs belasten, deren Erwerb und Verbrauch auf eine erhöhte finanzielle Leistungsfähigkeit des Konsumenten schließen lassen.

c) Die Rechtfertigung von Verbrauchsteuern als Lenkungssteuern

Neben der Ausschöpfung der finanziellen Leistungsfähigkeit können auch andere Gründe die Erhebung einer Verbrauchsteuer legitimieren und das Leistungsfähigkeitsprinzip in den Hintergrund treten lassen. Aufgrund ihres punktuellen Zugriffs auf bestimmte Wirtschaftsgüter eignen sich Verbrauchsteuern besonders als Lenkungssteuern, die den Verbraucher zur Einschränkung des Konsums oder zur Konsumvermeidung veranlassen sollen. Haller[117] ist sogar der Ansicht, daß eine Verbrauchsteuer auf Genußmittel einzig und allein mit dem besonderen gesundheitspolitischen Zweck einer solchen Steuer motiviert werden könne; daher sei für die Auswahl der zu besteuernden Erzeugnisse der Grad der gesundheitlichen Gefährdung entscheidend, die von ihnen ausginge. Unter diesen Gesichtspunkten erachtet auch Tipke die Be-

---

[114] *P.Kirchhof*, Steuergerechtigkeit, StuW 1984, S. 297,306f. und *Kruse*, Gleichmäßigkeit der Besteuerung, StuW 1990, S. 322,326.

[115] BVerfGE 11, 245 (254); 63, 119 (128); 71, 146 (157); 78, 214 (227); 84, 348 (360f).

[116] *P.Kirchhof*, Steuergerechtigkeit, StuW 1984, S. 297,307.

[117] *Haller*, Die Steuern, Grundlinien eines rationalen Systems öffentlicher Abgaben, S. 288.

steuerung von alkoholischen Getränken[118] und Tabakwaren[119] für hinreichend legitimiert. Unter Hinweis auf Art. 129 EG-Vertrag und die Gesundheitspolitik der Gemeinschaft weist die Kommission in einem 1995 veröffentlichten Bericht an den Rat und das Europäische Parlament über die Verbrauchsteuersätze darauf hin, daß hinsichtlich der Besteuerung von Zigaretten und anderen Tabakwaren der Schutz der Gesundheit im Vordergrund stehe; die Besteuerung von Tabakwaren sei daher nicht nur ein naheliegendes Mittel zur Dämpfung des Tabakverbrauchs, sondern trage auch zur Finanzierung der Gesundheitsfürsorgekosten bei.[120]

Die Instrumentalisierung einer Verbrauchsteuer zur Erzielung von gesundheits- oder umweltpolitischen Lenkungseffekten darf jedoch nicht zu einem vollständigen Austausch des steuerlichen Belastungsgrundes durch außerfiskalische Zielsetzungen führen.[121] Auch die durch außerfiskalische Gründe motivierten Verbrauchsteuern sind am Grundsatz der Besteuerung nach der finanziellen Leistungsfähigkeit auszurichten. Nicht das gesundheits- oder umweltpolitische Anliegen legitimiert eine Lenkungssteuer, sondern die Anknüpfung an einen steuerbaren Tatbestand.[122] Nach Trzaskalik[123] kann daher von der Eindämmung des Straßenverkehrs durch die Mineralölsteuer nicht darauf geschlossen werden, daß die von den Autofahrern verursachten Umweltbeeinträchtigungen als steuerbarer Tatbestand ausgewiesen werden könnten. Die Formenbindung des Steuerrechts verbietet es, den steuerlichen Belastungsgrund der Verbrauchsteuern durch außerfiskalische Zielsetzungen vollständig zu ersetzen. Darüber hinaus ist auch bei einer auf Tatbestandsvermeidung angelegten und daher prohibitiv ausgestalteten Steuer darauf zu achten, daß die Bemessung der Steuersätze die Erzielung von Einnahmen überhaupt zuläßt. Zwar ist es nach der Rechtsprechung des BVerfG[124] verfassungsrechtlich nicht zu beanstanden, wenn die Erzielung von Einnahmen nur als Nebenzweck verfolgt wird, jedoch wäre eine Lenkungssteuer, die von vornherein auf ein Null-Aufkommen angelegt wäre, als verfassungswidrige Erdrosselungssteuer[125] einzustufen.[126] In diesem Zusammenhang weist P.Kirchhof[127] auf den

---

[118] *Tipke*, Die Steuerrechtsordnung, S. 979 m.w.N.

[119] *Tipke*, ebd., S. 997.

[120] ZHI Nr. 35, Gemeinschaftlich geregelte Verbrauchsteuern und Verwaltungsverfahren, S. 32, 37.

[121] *P.Kirchhof*, Verfassungsrechtliche Grenzen von Umweltabgaben, DStJG 15 (1995), S. 3,22 und *Trzaskalik*, StuW 1992, S. 135,140.

[122] *Trzaskalik*, StuW 1992, S. 135,140 m.w.N.

[123] *Trzaskalik*, StuW 1992, S. 135,140.

[124] Vgl. BVerfGE 3, 435; 55, 274 (299); 65, 344.

[125] Zur Verfassungswidrigkeit von Erdrosselungssteuern vgl.BVerfGE 16,147 (161).

[126] Vgl. *Lang*, Verwirklichung von Umweltschutzzwecken im Steuerrecht, DStJG 15 (1995), S. 113,125 und *P.Kirchhof*, Verfassungsrechtliche Grenzen von Umweltabgaben, DStJG 15 (1995), S. 3,11,22.

Zielkonflikt jeder Lenkungsabgabe hin, bei der der Gesetzgeber einerseits eine zweckdienliche Tatbestandsvermeidung, andererseits aber auch eine aufkommenswirksame Tatbestandserfüllung erwartet. Auch F. Kirchhof[128] ist der Ansicht, daß als Verbrauchsteuern konzipierte Ökosteuern idealiter zur Aufkommensminderung oder zum völligen Ertragsausfall tendieren und daher als atypische Steuern dem Ziel der Staatsfinanzierung zuwiderliefen. Setzt sich der Gesetzgeber über diesen Widerspruch hinweg und beachtet er die ihm von der Verfassung vorgegebenen Grenzen, können Verbrauchsteuern instrumentalisiert und auch zur Verfolgung von außerfiskalischen Zielen eingesetzt werden. Der Grundgedanke der Verbrauchsteuern erfordert aber auch beim Einsatz von Verbrauchsteuern als Lenkungssteuern die Beachtung des Leistungsfähigkeitsprinzips und damit der finanziellen Belastbarkeit des Konsumenten.[129]

Während die steuerliche Belastung der Genußmittel mit der besonderen Leistungsfähigkeit der Konsumenten und der Erzielung eines gesundheitspolitischen Lenkungseffekts gerechtfertigt werden kann, könnte man in der Verbrauchsteuer auf Mineralöle einen äquivalenzähnlichen Ausgleich für die Inanspruchnahme öffentlicher Verkehrseinrichtungen erblicken[130], der dadurch erzielt wird, daß ein großer Teil des Mineralölsteueraufkommens für den Straßenbau verwendet wird.[131] Damit wird es zum Ziel der Besteuerung von Kraftstoffen, die Kraftfahrer zur Deckung der von ihnen verursachten besonderen Straßen- und sonstigen Verkehrskosten gemäß dem Äquivalenzprinzip heranzuziehen.[132] Daneben sprechen umweltpolitische Gründe für eine Zusatzbelastung fossiler Energieträger. Dies gilt auch für die Heizölbesteuerung, die ursprünglich zur Absatzförderung und Rationalisierung im Steinkohlenbergbau eingeführt wurde.[133] Dem Umstand, daß Heizöl zur Beheizung von Wohnraum auch von finanziell Schwächeren nachgefragt wird, trägt der Gesetzgeber durch einen gegenüber Kraftstoffen wesentlich niedrigeren Steuer-

---

[127] *P.Kirchhof*, Verfassungsrechtliche Grenzen von Umweltabgaben, DStJG 15 (1995), S. 3,9.

[128] *F.Kirchhof*, Leistungsfähigkeit und Wirkungsweisen von Umweltabgaben an ausgewählten Beispielen, DÖV 1992, S. 233,236.

[129] Nach *Lang* (Verwirklichung von Umweltschutzzwecken im Steuerrecht, DStJG 15 (1995), S. 113,126,135) wirkt das Leistungsfähigkeitsprinzip gegenüber Öko-Steuern vornehmlich als Schutzprinzip für den Steuerzahler.

[130] *P.Kirchhof*, in: *Isensee/Kirchhof*, Handbuch des Staatsrechts, § 88 Rdnr. 166.

[131] *Wurms*, BB 1960, S. 359f. Eine Übersicht über die verkehrspolitischen Zweckbindungen gibt *Teichner*, in: *Teichner/Alexander/Reiche*, Mineralölsteuer, Mineralölzoll, Vorbem. Rdnr. 14.

[132] *Haller*, Die Steuern, S. 127,289,290; *Hansmeyer*, Steuern auf spezielle Güter, S. 835 und *Scheffler*, Verkehr- und Verbrauchsteuern im Überblick (II), Steuer und Studium 1992, S. 323,324.

[133] Gesetz zur Änderung des Mineralölsteuergesetzes vom 24.4.1967,BGBl. I S.497.

satz[134] Rechnung und beachtet damit neben einer möglichen umweltpolitischen Zielsetzung auch das Leistungsfähigkeitsprinzip. Aufgrund ihrer verschiedenen möglichen Zielsetzungen bezeichnet Tipke[135] die Mineralölsteuer als ein Mixtum aus Äquivalenz- und Lenkungssteuer. Auch vor dem Hintergrund der in der Gemeinschaft geführten Diskussion um die EU-weite Einführung einer CO_2-/Energiesteuer[136] kommt der Mineralölsteuer eine wachsende Bedeutung als Lenkungssteuer im Rahmen der Klimaschutz-Strategie zu.[137]

d) Übertragung der Ergebnisse auf das gegenwärtige Verbrauchsteuersystem

Zusammenfassend ist festzustellen, daß der Fiskalzweck allein die Erhebung einer besonderen Verbrauchsteuer neben der allgemeinen Umsatzsteuer verfassungsrechtlich nicht zu rechtfertigen vermag. Auch der Verbrauchsakt selbst bildet keine ausreichende Legitimation für die verbrauchsteuerliche Zusatzbelastung eines der konsumtiven Verwendung zugänglichen Wirtschaftsgutes. Unter Berücksichtigung des aus Art.3 Abs.1 GG abgeleiteten Gebotes der Besteuerung nach der wirtschaftlichen Leistungsfähigkeit läßt sich die Erhebung einer besonderen Verbrauchsteuer nur dann rechtfertigen, wenn ein Wirtschaftsgut erfaßt wird, dessen Erwerb auf eine gesteigerte steuerliche Leistungsfähigkeit des Konsumenten schließen läßt. Dieser Grundsatz läßt sich nur bei Luxusgütern oder Waren des gehobenen Bedarfs verwirklichen und verbietet eine steuerliche Belastung von lebensnotwendigen Waren des täglichen Bedarfs. Aus übergeordneten Gründen kann eine Durchbrechung des Leistungsfähigkeitsprinzips ausnahmsweise dann akzeptiert werden, wenn die steuerliche Belastungsentscheidung gesundheitspolitisch oder ökologisch motiviert ist und die prohibitive Ausgestaltung der Steuer dazu dient, gesundheitspolitische oder umweltpolitische Lenkungseffekte zu erzielen oder einen dem Äquivalenzprinzip entsprechenden Ausgleich für die Inanspruchnahme von Ressourcen herbeizuführen.

Überträgt man diese Grundsätze auf das gegenwärtige Verbrauchsteuersystem, ist festzustellen, daß nach der harmonisierungsbedingten Abschaffung der Leuchtmittel-, Salz- und Zuckersteuer nur noch Genußmittel des gehobenen Bedarfs und Mineralöle einer besonderen Verbrauchsteuer unterliegen. Im Hinblick auf die durch die Verbrauchsteuerharmonisierung erzwungene Reduzierung der verbrauchsteuerbelasteten Wirtschaftsgüter weist Lang[138] zu

---

[134] Die Mineralölsteuer für 1l Heizöl beträgt 0,62 DM gegenüber 1,08 DM für verbleites und 0,98 DM für unverbleites Benzin.

[135] *Tipke*, Die Steuerrechtsordnung, S. 1003.

[136] Zum Stand der Verhandlungen vgl. *Jatzke*, Aktueller Stand und Perspektiven der Verbrauchsteuerharmonisierung, ZfZ 1995, S. 278,282f.

[137] *Hilf*, NVwZ 1992, S. 105ff.

[138] *Lang*, Verwirklichung von Umweltschutzzwecken im Steuerrecht, DStJG 15 (1995), S. 115,141.

Recht darauf hin, daß die moderne europäische Verbrauchsteuer nicht mehr von der fiskalischen Willkür des historischen Verbrauchsteuerkonglomerats geprägt sei. Die Rechtfertigung der Besteuerung von Tabakwaren, alkoholischen Getränken und Kaffee liegt in der Ausschöpfung der durch den Erwerb dieser Genußmittel indizierten besonderen steuerlichen Leistungsfähigkeit. Dabei können weder Tabakwaren noch alkoholische Getränke oder Kaffee als existenziell notwendige Wirtschaftsgüter angesehen werden. Wie alle alkoholischen Genußmittel stellt auch alkoholhaltiges Bier ein Erzeugnis des gehobenen Bedarfs dar, auf dessen Konsum ohne wirkliche Not verzichtet werden kann. Als verbrauchsteuerlich unbelastete Alternative bietet sich alkoholfreies Bier an, das nach der harmonisierungsbedingten Änderung des Biersteuergesetzes nicht mehr Gegenstand der Bierbesteuerung ist. Obwohl die Preisgestaltung und die Akzeptanz durch den Verbraucher dazu beigetragen haben, daß sich alkoholhaltiges Bier und Schaumweine der unteren Preisstufen zu Volksgetränken entwickelt haben, ist davon auszugehen, daß diese Getränke vorwiegend aufgrund ihrer Eigenschaft als alkoholische Genußmittel nachgefragt werden, so daß die Annahme gerechtfertigt ist, daß ihr Erwerb und Konsum eine besondere finanzielle Leistungsfähigkeit indiziert. Daneben könnten auch gesundheitspolitische Zielsetzungen eine prohibitive Steuerbelastung dieser Verbrauchsgüter legitimieren. Demgegenüber ließe sich die Mineralölsteuer aufgrund verkehrs- und umweltpolitischer Zielsetzungen als Äquivalenz- und Lenkungssteuer rechtfertigen. Es ist jedoch darauf hinzuweisen, daß der Gesetzgeber die besonderen Verbrauchsteuern nach wie vor als reine Fiskalzwecksteuern begreift, deren Legitimation darin besteht, Steuereinnahmen zu erzielen.

2. Der Verbraucher als Belastungsträger und Abwälzbarkeit der Verbrauchsteuern

a) Vorbemerkung

Nach der Regierungsbegründung zum Finanzverfassungsgesetz vom 23.12.1955 werden Verbrauchsteuern wirtschaftlich regelmäßig nicht vom gesetzlichen Steuerschuldner, sondern im Wege der Überwälzung vom Endverbraucher als Steuerträger getragen.[139] Die Gesetzesbegründung gibt zutreffend die h.M. in der finanzwissenschaftlichen Literatur wieder, nach der die Verbrauchsteuern dadurch gekennzeichnet sind, daß nicht der Hersteller oder der Händler, sondern letztlich der Endverbraucher mit der Steuer belastet werden soll.[140] Wie bereits ausführlich dargestellt, dient als Besteuerungsquel-

[139] Begründung zum Finanzverfassungsgesetz vom 23.12.1955, BT-Drs.II/480,S.107 Nr. 160.

[140] *F.Kirchhof*, Die steuerliche Doppelbelastung der Zigaretten, S. 24; *Birk*, Das Leistungsfähigkeitsprinzip als Maßstab der Steuernormen, S. 36; *Tipke*, Die Steuer-

le dessen finanzielle Leistungsfähigkeit in der Form des Aufwands für die Erlangung der verbrauchsteuerpflichtigen Ware.[141] Bei den Verbrauchsteuern handelt es sich demnach um Steuern auf die Einkommensverwendung, bei denen aus der Höhe des konsumtiv verwendeten Einkommens auf die wirtschaftliche Leistungsfähigkeit des Steuerschuldners geschlossen wird.[142] Die vom Gesetzgeber beabsichtigte steuerliche Belastung des Verbrauchers erfordert eine Ausgestaltung des Verbrauchsteuersystems, die eine Abwälzung der Steuer auf den eigentlichen Belastungsträger ermöglicht und den mit dem Inkasso beauftragten Steuerschuldner von jeglicher steuerlichen Inanspruchnahme freistellt. Die Möglichkeit der Weitergabe der steuerlichen Belastung an den Konsumenten ist damit wesentlicher Bestandteil des steuertechnischen Prinzips. Darüber hinaus stellt sich die Frage, ob die Abwälzbarkeit ein Wesensmerkmal der Verbrauchsteuern ist, das die Verbrauchsteuern charakterisiert und neben den im Rahmen der Begriffsbestimmung bereits entwickelten Abgrenzungskriterien als Unterscheidungsmerkmal zu anderen Steuerarten herangezogen werden kann.

Mit dem Solidaritätsgesetz[143] wurde 1991 eine Regelung in das Mineralölsteuerrecht aufgenommen, nach der dem Verkäufer von versteuertem Mineralöl die im Verkaufspreis enthaltene Steuer erstattet oder vergütet wird, wenn die Überwälzung der Steuer auf den Warenempfänger wegen dessen Zahlungsunfähigkeit nicht gelingt. Die erstmalige Einführung eines Entlastungsanspruches bei nachgewiesener Nichtabwälzbarkeit gibt Anlaß, das verfassungsrechtlich geschützte innere System der Verbrauchsbesteuerung hinsichtlich des Wesensmerkmales der Abwälzbarkeit näher zu untersuchen. In die Untersuchung sind auch die Auswirkungen der Verbrauchsteuerharmonisie-

---

rechtsordnung, S. 963; *Hansmeyer*, Steuern auf spezielle Güter, S. 764; *Peters*, Das Verbrauchsteuerrecht, Rdnr. 25; *Förster*, Die Verbrauchsteuern, S. 100; *Zimmermann*, Die Tabaksteuer, S. 55; *BMF*, Unsere Steuern von A bis Z, S. 144; *Schmölders*, Zur Begriffsbestimmung der Verbrauchsteuern, S. 30,44,85; *Ossenbühl/Di Fabio*, StuW 1988, S. 349,352; *Hahn*, Erläuterungen zum Mineralölsteuergesetz, in: Das Deutsche Bundesrecht, VII D 39, S. 14; *Schädel/Langer/Gotterbarm*, Mineralölsteuer, Mineralölzoll, Vorbem. Rdnr. 7; *Janssen*, DStZ 1990, S. 35,39; *Söhn*, StuW 1975, S. 1,2; *Beermann*, in: Klein, Lexikon des Rechts, Steuer- und Finanzrecht, S. 473,474; *Lübberstedt*, in *Rössler*, Wörterbuch des Steuerrechts, V-S. 2c; *Hesse*, Grundfragen des Verbrauchsteuerrechts, ZfZ 1959, S. 129,131; *Voß*, Strukturelemente der Verbrauchsteuern, DStJG 11 (1988), S. 261,266; *Borggräfe*, DB 1981, S. 1060,1061; *Schmidt*, Die Verbrauchsteuern aus nationaler Sicht und im Rahmen der Harmonisierung, Steuer-Kongress-Report 1973, S.363,365; *Hassbach*, Die Branntweinsteuer als Verbrauchsteuer, S. 7; *Senckpiehl*, Strukturwandlungen des Verbrauchsteuerrechts, S. 89f.

[141] *Peters*, Das Verbrauchsteuerrecht, Rdnr. 25.

[142] *Förster*, Die Verbrauchsteuern, S. 100.

[143] Art.3 Nr.c des Gesetzes zur Einführung eines befristeten Solidaritätszuschlags und zur Änderung von Verbrauchsteuer- und anderen Gesetzen (Solidaritätsgesetz) vom 24.6.1991, BGBl. I S. 1318,1320.

rung mit einzubeziehen, da das nationale System der Verbrauchsbesteuerung durch die harmonisierungsbedingte Aufgabe der Produktionsmittelbesteuerung wesentliche Änderungen erfahren hat. Die Abwälzbarkeit als Wesensmerkmal der Verbrauchsteuern und die Festlegung des konkreten Umfanges der vom Gesetzgeber zu gewährleistenden Möglichkeit der Weitergabe der steuerlichen Belastung an den Verbraucher, gehören seit jeher zu den Themen, die in Literatur und Rechtsprechung besonders kontrovers diskutiert worden sind.

b) Die Rechtsprechung des RFH und der Meinungsstand in der vorkonstitutionellen Literatur

In der vorkonstitutionellen Rechtsprechung wurde dem Merkmal der Abwälzbarkeit keine besondere Bedeutung beigemessen. Der RFH vertrat die Ansicht, daß das Gelingen der Abwälzung keine Frage des theoretischen Aufbaues der Steuer, sondern vielmehr eine Frage des Wirtschaftskampfes sei.[144] In einem Urteil aus dem Jahre 1922 führt er hierzu aus: "Jede Verbrauchsteuer soll zwar den Verbrauch belasten, wenn aber der Konsument nicht Steuerzahler ist, kommt es nicht darauf an, ob die Steuer auf den Konsumenten tatsächlich abgewälzt wird oder werden kann."[145]Als für eine Verbrauchsabgabe wesentlich wurde vom RFH insbesondere die steuerliche Belastung des inländischen Massenkonsums und der Umstand angesehen, daß das der Verbrauchsabgabe unterliegende Erzeugnis während und mit der Erzeugung oder mit der Einbringung in das Inland in einen steuerlichen Nexus tritt.[146] Erst in einer späteren Entscheidung weist der RFH in einem Urteil über die Zulässigkeit der von zwei in Thüringen gelegenen Gemeinden eingeführten Kohlensteuer darauf hin, daß Verbrauchsabgaben entweder als Fabrikationssteuern oder als Zirkulationssteuern in irgendeinem Moment des wirtschaftlichen Verkehrs von dem Verbrauchsgut erhoben und wenigstens nach der Meinung des Gesetzgebers auf den Verbraucher abgewälzt werden sollen.[147]

In der finanzwissenschaftlichen Literatur wurde anerkannt, daß die wirtschaftliche Leistungsfähigkeit der Betriebe nicht in Anspruch genommen werden sollte. Nach Lotz[148] hat die Zurückverlagerung der Steuererhebung auf möglichst zentralisierte Produktionsstufen ausschließlich steuertechnische Bedeutung, ohne daß durch diese zweckmäßige Erhebungsform der Charakter der Steuer als Verbrauchsteuer und damit die vom Gesetzgeber gewollte Belastung des Verbrauchers in Abrede gestellt wird. In diesem Zusammenhang

---

[144] RFHE 7, 266 (269).

[145] RFH IV A 137/22 vom 26.10.1922 zit. nach Schmölders, Zur Begriffsbestimmung der Verbrauchsteuern, S. 15.

[146] RFHE 3, 159 (161).

[147] RFHE 9, 123 (127).

[148] *Lotz*, Finanzwissenschaft, S. 671,672.

weist Lotz zutreffend auf die Undurchführbarkeit und die Provokation von Steuerwiderständen hin, wolle man bei jedem einzelnen Genuß von Tabak, Branntwein, Zucker usw. die Steuer einfordern.

Popitz[149] vertritt die Auffassung, daß eine allgemeine Verbrauchsteuer entgegen ihrem Namen juristisch niemals unmittelbar den Vorgang des Verbrauchs zum Gegenstand haben könne, sondern aus Praktikabilitätsgründen die Verbrauchsgüter "irgendwo" auf dem Weg zum Verbraucher steuerlich belasten müsse. Auch Bühler[150] erblickt in der indirekten Belastung des Steuerträgers im Wege der Überwälzung das entscheidende Kennzeichen der Verbrauchsteuer. Der gleichen Ansicht sind Koppe und Lubcke, die von der einer Verbrauchsabgabe eigentümlichen Abwälzbarkeit sprechen.[151] Besondere Beachtung verdient in diesem Zusammenhang § 30 des Biersteuergesetzes von 1923 sowie die inhaltsgleiche Regelung in Art.III des Biersteueränderungsgesetzes von 1938.[152] Beide Vorschriften verpflichteten den Abnehmer und damit die Vertragspartei eines vor einer Steuererhöhung abgeschlossenen Bierlieferungsvertrages zur Zahlung eines Zuschlages in Höhe der durch die Steuererhöhung verursachten Mehrbelastung der Brauerei. Nach Koppe und Lubcke[153] entspricht die vom Gesetzgeber garantierte Abwälzung einer Steuererhöhung auf den Endabnehmer dem Charakter der Biersteuer als Verbrauchsteuer. Das Steuersystem der Tabakbesteuerung ist nach Jahr[154] durch den bereits in der Begründung zum Tabaksteuergesetz von 1908 enthaltenen Grundsatz gekennzeichnet, daß von der Tabaksteuer der Aufwand getroffen werden soll, den der Raucher für seinen Tabakverbrauch macht und der im Kleinverkaufspreis der Tabakerzeugnisse zum Ausdruck kommt.

Entgegen der h.M. in der finanzwissenschaftlichen Literatur vertritt Schröter[155] die Ansicht, daß die Frage der Steuerüberwälzung und damit die steuerliche Belastung des Endverbrauchers eine wirtschaftliche Machtfrage sei, auf die eine juristische Unterscheidung steuerlicher Rechtsformen nicht gestützt werden könne. Auch Goetzeler[156] ist der Ansicht, daß es kein wesent-

---

[149] *Popitz*, Allgemeine Verbrauchsteuer, in: Handbuch der Finanzwissenschaft, S. 180,182f.

[150] *Bühler*, Lehrbuch des Steuerrechts 1927, S. 12f.

[151] *Koppe/Lubcke*, Biersteuergesetz, S. 42.

[152] Gesetz zur Änderung des Biersteuergesetzes vom 21.12.1938, RGBl. I S. 1897.

[153] *Koppe/Lubcke*, Biersteuergesetz, S. 260.

[154] *Jahr*, ZfZ 1939, S. 141,142.

[155] Nach *Schröter* (Der Rechtsbegriff der Verbrauchsteuer, ZfZ 1931, S. 61,63,65) hängt der sich zwischen Steuerzahler, Zwischenhändler und Warenverbraucher wegen des Tragens der Steuer abspielende Wirtschaftskampf von wirtschaftlichen Umständen ab, der nicht zur Definition der Verbrauchsteuern herangezogen werden könne. Als Verbrauchsteuern seien rechtswissenschaftlich diejenigen Steuern zu begreifen, bei denen der Steueranspruch rechtlich durch die Verwirklichung eines Vorganges von volkswirtschaftlicher Bedeutung an einer beweglichen Sache entstünde.

[156] *Goetzeler*, Das deutscheTabaksteuerrecht, S. 22.

liches Merkmal für eine Verbrauchsabgabe sei, daß die Steuer auch vom Verbraucher tatsächlich getragen werde. Da das Tabaksteuerrecht keine gesetzliche Vorschrift über die Abwälzung der Steuerschuld an die Verbraucher enthalte, sei die Nichtabwälzbarkeit der Tabaksteuer auf den Steuerträger keine Rechtsfrage, sondern ein rein wirtschaftliches Problem. Daher könnten Härten, die sich aus dieser rechtlichen Regelung ergeben würden, nur im Wege der Billigkeit gemildert oder beseitigt werden.

c) Die Rechtsprechung des BVerfG und des BFH

In den nach dem Zweiten Weltkrieg neu gefaßten Verbrauchsteuergesetzen finden sich keine § 30 BierStG 1923 vergleichbare Regelungen. Gleichwohl geht die höchstrichterliche Finanzrechtsprechung von dem Grundsatz aus, daß zum Wesensmerkmal der Verbrauchsteuern deren Abwälzbarkeit gehöre.[157] Während der BFH in einem Urteil aus dem Jahre 1952[158] zur Unterscheidung von Verbrauch- und Verkehrsteuern noch allein darauf abstellt, daß bei den Verbrauchsteuern für die Steuerentstehung der Übertritt eines Gegenstandes aus einem steuerlichen Nexus in den steuerlich nicht gebundenen Verkehr maßgebend sei, hebt er in einer Entscheidung aus dem Jahre 1973[159] hervor, daß die typischen Verbrauchsteuern sämtlich auf eine Überwälzung der Steuern angelegt seien. Diese grundsätzlich vom Schuldner der Verbrauchsteuern kalkulierbare Überwälzbarkeit sei auch ein wesentlicher Grund für die kurze Verjährungsfrist dieser Steuern. In späteren Entscheidungen bestätigt der BFH diesen Ansatz und betont, daß Verbrauchsteuern aus Gründen der wirksamsten und rationellsten Erfassung zwar beim Hersteller erhoben würden, ihn jedoch nach der Absicht des Gesetzgebers wirtschaftlich nicht treffen, sondern vielmehr als Preisbestandteil über die einzelnen Handelsstufen auf den Endverbraucher abgewälzt werden sollen.[160] Die Vorverlegung des Steuerentstehungstatbestandes in den Bereich des Herstellers mache daher eine Überwälzung der Steuer vom Hersteller auf den Endabnehmer erforderlich.[161]

Im Rahmen der Überprüfung der im Haushaltssicherungsgesetz von 1965 enthaltenen Nachsteuerregelungen für Schaum- und Branntwein hat das Bundesverfassungsgericht[162] in einer oft zitierten Grundsatzentscheidung ausgeführt: "Die Abwälzbarkeit auf den Verbraucher gehört grundsätzlich zum Wesen der Verbrauchsteuer. Sie hat nicht zum Inhalt, daß dem Steuerschuld-

---

[157] BVerfGE 6, 247 (256); 14, 76 (96); 27, 375 (384); 31, 8 (20); BFHE 93, 114; 115, 2 (4); 122, 20 (23).
[158] BFHE 57, 473 (489).
[159] BFHE 110, 213 (217).
[160] BFHE 141, 369 (375).
[161] BFHE 115, 1 (4).
[162] BVerfGE 27, 375 (384).

ner die rechtliche Gewähr geboten wird, daß er den von ihm als Steuerschuldner entrichteten Betrag immer von der Person ersetzt erhält, die nach der Konzeption des Gesetzgebers letztlich die Steuer tragen soll. Mehr als die Möglichkeit einer Überwälzung verlangt das Wesen einer Verbrauchsteuer nicht."

d) Kritik in der finanzwissenschaftlichen Literatur

Während die verfassungsrechtliche Literatur den vom Bundesverfassungsgericht aufgestellten Grundsatz ohne Einschränkung übernommen hat[163], haben sich in der finanzwissenschaftlichen Literatur einige kritische Gegenstimmen erhoben. So wirft Beermann[164] die Frage auf, ob die Abwälzbarkeit nicht als Wesensmerkmal der Verbrauchsteuern, sondern lediglich als eine Folge der üblichen Gestaltung der Verbrauchsteuererhebung, nämlich der Erhebung beim Hersteller, Einführer oder Steuerlagerinhaber angesehen werden müsse. So habe es die Rechtsprechung nicht als schädlich angesehen, wenn das Merkmal der Abwälzung in Fällen der Erhebung der Nachsteuer beim Endabnehmer nicht erfüllt werde; der Bundesfinanzhof[165] habe anerkannt, daß lediglich Praktikabilitätsgründe dafür maßgebend seien, daß die Verbrauchsteuern nicht beim Endverbraucher erhoben würden; darin komme zum Ausdruck, daß die Abwälzbarkeit nicht als Wesensmerkmal der Verbrauchsteuern angesehen werden könne. Der gleichen Ansicht ist Lang[166], der in der Abwälzbarkeit kein begriffsnotwendiges Merkmal der Verbrauchsteuern, sondern lediglich eine Folge der Erhebungstechnik erblickt. Auch Jarsombeck[167] vertritt die Meinung, daß die im Regelfall praktizierte Besteuerung auf der Hersteller- oder Händlerebene lediglich eine Frage der Erhebungstechnik sei, die nichts über den Charakter der Steuer aussage; daher sei auch die Annahme, die beim Endverbraucher erhobene Nachsteuer sei eine Vermögensteuer, abwegig. Dänzer-Vanotti[168] zieht schließlich aus der nach dem traditionellen deutschen Steuerrecht zulässigen Besteuerung von verbrauchsteuerpflichtigen Erzeugnissen, die bei der Produktion verwendet werden[169],

---

[163] *Maunz*, in: *Maunz/Dürig/Herzog/Scholz*, Kommentar zum GG, Art. 105, Rdnr. 49; *Klein*, in: *Schmidt-Bleibtreu/Klein*, Kommentar zum Grundgesetz, Art. 105, Rdnr. 15.

[164] *Beermann*, Zur Charakterisierung der Verbrauchsteuern, DStJG 11 (1988), S. 283f.

[165] BFHE 141, 369.

[166] *Lang*, Verwirklichung von Umweltschutzzwecken im Steuerrecht, DStJG 15 (1995), S. 115,135.

[167] *Jarsombeck*, Die neuesten Änderungen des Branntweinmonopolgesetzes, DDZ 1981, F 79,80.

[168] *Dänzer-Vanotti*, Tabaksteuererhöhung verfassungswidrig ?, BB 1989, S. 754f.

[169] Z.B. die Besteuerung von Äthylalkohol, wenn dieser an Abnehmer abgegeben wird, die ihn zur Herstellung von Heilmitteln oder Kosmetika verwenden; die Besteue-

den Schluß, daß das Merkmal der direkten Belastung des Konsumenten nicht zum Wesen einer Verbrauchsteuer gehöre und damit auch der entsprechende Überwälzungseffekt nicht als ein "essentiale der Verbrauchsteuer" angesehen werden könne.

Das von Dänzer-Vanotti angeführte Hauptargument der von der Rechtsprechung als zulässig erachteten Besteuerung von Produktionsmitteln als Beleg dafür, daß der Abwälzbarkeit die Eigenschaft eines Wesensmerkmals der Verbrauchsbesteuerung nicht zukommen könne, hat nach der Neugestaltung des deutschen Verbrauchsteuerrechts im Zuge der Verbrauchsteuerharmonisierung in der EU seine Wirkung weitgehend verloren.

Die bereits ausführlich dargestellte Abschaffung der Besteuerung von Rohstoffen und Halbfertigerzeugnissen unterstreicht den Charakter der Verbrauchsteuern als Steuern auf die in der Einkommensverwendung zum Ausdruck kommende steuerliche Leistungsfähigkeit der Endverbraucher. Die steuerliche Freistellung des unternehmerischen Bereichs setzt dabei die Abwälzung des Steuer begriffsnotwendig voraus. Die Abwälzbarkeit ist also mehr als nur die Konsequenz aus einem steuertechnischen Prinzip. Da nicht der Unternehmer, sondern der Verbraucher endgültig mit der Verbrauchsteuer belastet werden soll, handelt es sich bei der besonderen Form der Erhebungstechnik und der durch sie ermöglichten Weitergabe der steuerlichen Belastung an den Verbraucher um die beiden Seiten ein und derselben Medaille. Aus diesem Grund ist Letsch[170] zuzustimmen, der die Abwälzbarkeit als conditio sine qua non einer echten Verbrauchsteuer bezeichnet. In diesem Zusammenhang ist insbesondere auf das in das deutsche Verbrauchsteuerrecht neu eingeführte Steueraussetzungsverfahren hinzuweisen. Nunmehr können alle verbrauchsteuerpflichtigen Waren in Steuerlagern mit der Folge unversteuert gelagert werden, daß die Steuerentstehung bis zur Abgabe an den Verbraucher aufgeschoben wird. Auch nach der Harmonisierung ist davon auszugehen, daß die Abwälzung der Steuerlast auf den Konsumenten weiterhin traditionelles Wesensmerkmal der Verbrauchsteuern ist.[171] Dem Ziel der Abwälzung der Steuer dienen auch die großzügig bemessenen Zahlungsfristen, die den Herstellern Gelegenheit geben, die Steuer im Preis der Ware an den Verbraucher weiterzugeben, ohne in Vorlage treten zu müssen.[172] Besonders hervorzuheben ist auch der erst 1991 in das Mineralölsteuerrecht eingeführte Entlastungsanspruch bei Zahlungsunfähigkeit des Abnehmers von versteuertem Mineralöl. Die dem Steuerschuldner in diesem Fall eingeräumte rechtliche Gewähr einer

---

rung von Leuchtmitteln, die bei der Produktion eingesetzt werden oder die Besteuerung von Mineralölen, die im produktiven Bereich eingesetzt werden.

[170] *Letsch*, Hauptprobleme der Verbrauchsbesteuerung, S. 3.

[171] *Schröer-Schallenberg*, Das Verbrauchsteuerrecht im Überblick, AW-Prax 1995, S. 221,224.

[172] *Rusch*, Einführung zum Gesetz über das Branntweinmonopol, in: Das Deutsche Bundesrecht, VII D 82, S. 54.

Verbrauchsteuerentlastung im Falle der Zahlungsunfähigkeit seines Abnehmers trägt dem Charakter der Abwälzbarkeit als essentiale der Verbrauchsteuer in besonderem Maße Rechnung. Da die Entlastungsmöglichkeit jedoch nur Mineralölhändlern zugute kommt und Herstellern und Händlern bei den anderen Verbrauchsteuern verwehrt wird, ist diese einseitige Begünstigung des Mineralölhandels unter Gleichbehandlungsgrundsätzen zu beanstanden.

Als Ergebnis ist festzustellen, daß die prinzipielle Abwälzbarkeit der Verbrauchsteuern auf den Verbraucher eine unabdingbare Voraussetzung für die Verwirklichung des steuertechnischen Prinzips ist, nach dem nicht der als Steuerschuldner in Anspruch genommene Hersteller oder Händler, sondern der Verbraucher belastet werden soll. Ihre zentrale Funktion rechtfertigt eine Einstufung der vom Gesetzgeber grundsätzlich zu gewährleistenden Abwälzbarkeit als Wesensmerkmal der Verbrauchsteuern.

3. Rechtliche Konsequenzen bei tatsächlicher oder rechtlicher Unmöglichkeit der Steuerabwälzung

a) Umfang der verfassungsrechtlich geforderten Abwälzbarkeit

Mit der höchstrichterlichen Rechtsprechung und der h.M. im Schrifttum ist davon auszugehen, daß zumindest die abstrakte Abwälzbarkeit zum Wesensmerkmal der Verbrauchsteuern gehört. Dabei kommt es für die Beurteilung des Charakters einer vom Gesetzgeber als Verbrauchsteuer ausgestalteten Abgabe nicht darauf an, ob die Abwälzung dem Steuerschuldner in jedem Einzelfall gelingt.[173] In der Regel vollzieht sich die Steuerabwälzung in der Form der Steuervor- oder fortwälzung, indem der Unternehmer die Steuer über den Preis der Ware an den Verbraucher weitergibt. Tritt er selbst am Markt als Nachfrager und Endverbraucher auf, kann er die Steuer durch Steuerrückwälzung in Form von niedrigeren Einkaufspreisen auf seine Lieferanten oder Beschäftigten abwälzen.[174]

Grundsätzlich hängt die Weitergabe der steuerlichen Belastung von den verschiedensten wirtschaftlichen Faktoren, insbesondere von der Nachfrage und der Marktakzeptanz des Produkts, von der allgemeinen konjunkturellen Lage und von der konkreten Geschäftslage ab.[175] Diese Umstände veranlaßten

---

[173] Vgl. *Maunz*, in: *Maunz/Dürig/Herzog/Scholz*, Kommentar zum GG, Art. 105 Rdnr. 49 und *Klein*, in: *Schmidt-Bleibtreu/Klein*, Kommentar zum GG, Art. 105 Rdnr. 15; BVerfGE 27, 375 (384).

[174] *Zimmermann* (Die Tabaksteuer, S. 58) spricht von einer schrägen Überwälzung, wenn es mit Hilfe einer sog. Mischkalkulation gelingt, die durch die Steuererhöhung notwendig gewordene Preisheraufsetzung bei einem bestimmten Gut nicht bei diesem, sondern bei einem oder mehreren anderen Gütern am Markt durchzusetzen.

[175] *Hesse*, Grundfragen des Verbrauchsteuerrechts, ZfZ 1959, S. 129,131.

den BFH zu der Aussage, daß sich die Überwälzung außerhalb des steuerlich geregelten Bereichs in der Form vollziehe, daß der Gegenwert der beim Übergang in den freien Verkehr erhobenen Steuer kalkulatorisch in den Preis der Ware eingehe und beim Weiterverkauf als Preisbestandteil weitergegeben werde.[176] In einer Entscheidung aus dem Jahre 1968 vertrat das Finanzgericht Freiburg sogar die Auffassung, daß die Überwälzung der Mineralölsteuer keineswegs vom Gesetzgeber angestrebtes Ziel sei, da ihm nicht verborgen geblieben sein könne, daß das Gelingen der Überwälzung von vielfältigen Faktoren, insbesondere von der Marktmacht des Produzenten dem Abnehmer gegenüber abhinge. Der Umstand, daß der Gesetzgeber hiergegen nicht eingeschritten sei, beweise, daß es ihm gar nicht darum gehe, wer die Steuer letztlich tragen müsse.[177]

Völlige Ignoranz in der Frage der Überwälzung kann man dem Gesetzgeber jedoch nicht unterstellen. Auch nach seinem Willen gehört zum verfassungsrechtlich geschützten Kernbereich eine Ausgestaltung der Verbrauchsteuergesetze, die es dem Steuerschuldner zumindest ermöglicht, die Steuer auf den Verbraucher abzuwälzen. Dabei genügt zunächst die abstrakte Abwälzbarkeit; sie muß nicht konkret eintreten und nicht für jede Lieferung oder zu jeder Zeit gewährleistet sein.[178] Nach einer Entscheidung des Bundesverfassungsgerichts zur Spielautomatensteuer genügt die Möglichkeit einer kalkulatorischen Überwälzung in dem Sinne, daß der Steuerpflichtige den von ihm gezahlten Betrag in die Kalkulation seiner Selbstkosten einsetzen und hiernach die zur Aufrechterhaltung der Wirtschaftlichkeit seines Unternehmens geeigneten Maßnahmen treffen kann. Nach Ansicht des Gerichts ist diese Voraussetzung zumindest so lange gegeben, wie der Spielereinsatz nicht nur den Steuerbetrag und die sonstigen notwendigen Unkosten für den Betrieb des Spielgerätes deckt, sondern in der Regel noch Gewinn abwirft.

b) Rechtliche Folgen einer Unmöglichkeit der Abwälzung

Geht man davon aus, daß die Abwälzbarkeit ein wesentliches Merkmal einer Verbrauchsteuer darstellt, gelangt man zwangsläufig zu dem Schluß, daß eine Steuer, die dieses Wesensmerkmal nicht erfüllt, keine Verbrauchsteuer im Sinne von Art.106 Abs.1 Nr. 2 GG ist und dem Bund aufgrund der insoweit eindeutigen Regelung in Art.105 GG keine ausschließliche Gesetzgebungskompetenz zusteht.

---

[176] BFHE 115, 2 (4).

[177] Urteil des Finanzgerichts Freiburg vom 29.10.1968 II 7148/66 Z, EFG 1969, S. 144f.

[178] *Teichner*, in: *Teichner/Alexander/Reiche*, Mineralölsteuer, Mineralölzoll, Vorbem. Rdnr. 7.

Nach der überwiegenden Meinung in der finanzwissenschaftlichen Literatur verliert eine vom Gesetzgeber als Verbrauchsteuer ausgestaltete Verbrauchsabgabe ihren Charakter als Verbrauchsteuer, wenn eine Überwälzung der Steuer auf den Verbraucher rechtlich unmöglich ist.[179] Über die Rechtsnatur der "Nicht-Verbrauchsteuer" besteht indes keine Einigkeit. Nach Gotterbarm[180] wandelt sich die Steuer zur Ertrag- oder Vermögensteuer. Auch Borggräfe[181] stuft die nicht abwälzbare Verbraucher-Nachsteuer unter finanzverfassungsrechtlichen Gesichtspunkten materiell als Vermögensteuer ein. Voß[182] tritt dieser Qualifizierung mit dem Argument entgegen, daß das Besteuerungsobjekt der Vermögensteuer die wirtschaftliche Leistungsfähigkeit sei, die durch das Vermögen repräsentiert werde. Auch Birk[183] verneint den Charakter einer nicht abwälzbaren Verbrauchsteuer als Vermögensteuer, da die Vermögensteuer als Personalsteuer an das Vermögen als Ganzes und nicht an einzelne Vermögensgegenstände anknüpfe. Ohne eine nähere Qualifizierung vorzunehmen ist Birk der Ansicht, daß sowohl reine Produktionssteuern, die ausschließlich den Hersteller belasten als auch Nachsteuern, die an den Besitz der verbrauchsteuerpflichtigen Waren beim Endverbraucher anknüpfen, nicht unter den Begriff der Verbrauchsteuer i.S.d. Art.106 Abs.1 Nr.2 GG fallen, so daß dem Bund für derartige Steuern keine Gesetzgebungskompetenz zustehen würde. Auch Tipke stuft Verbrauchsteuern, die den betrieblichen Verbrauch belasten, als besondere Unternehmensteuern ein.[184] Der gleichen Meinung ist Ossenbühl[185], der eine Steuer, bei der sich eine Überwälzung aus rechtlichen oder tatsächlichen Gründen nicht realisieren läßt, als neuartige Produktionssteuer qualifiziert, die in Art.106 GG keine Erwähnung findet. Schmölders ist der Ansicht, daß sich die Steuer durch eine auf Dauer angelegte Unmöglichkeit der Überwälzung in eine spezielle Betriebs- oder Gewerbebelastung verwandeln würde, für die im modernen Steuersystem neben den allgemeinen

---

179 *Birk/Förster*, Kompetenzrechtliche Grenzen des Gesetzgebers bei der Regelung der Verbrauchsteuer, DB 1985, Beilage Nr. 17, S. 10; *Borggräfe*, DB 1981, S. 1060,1062; *Popitz*, Allgemeine Verbrauchsteuer, in: Handbuch der Finanzwissenschaft 1927, S. 185; *Ossenbühl/Di Fabio*, Verfassungsrechtliche Grenzen einer Erhöhung der Tabaksteuer, StuW 1988, S. 349, 353; *Teichner*, ebd., Vorbem. Rdnr. 7; *Förster*, Anmerkung zum Beschluß des BVerfG vom 2.5.1985, DB 1985, S. 1571.

180 *Teichner*, ebd., Vorbem. Rdnr. 7.

181 Nach *Borggräfe* (DB 1981, S. 1060,1062) belastet die Verbraucher-Nachsteuer den jeweiligen Warenvorrat als einen Teil des Vermögens des steuerpflichtigen Verbrauchers, da die Steuerbelastung den die Ware besitzenden Verbraucher selbst treffe und nicht auf Dritte abwälzbar sei.

182 *Voß*, Strukturelemente der Verbrauchsteuern, DStJG 11 (1988), S. 261,269.

183 Nach *Birk/Förster* (Kompetenzrechtliche Grenzen des Gesetzgebers bei der Regelung der Verbrauchsteuer, DB 1985, Beilage Nr. 17, S. 12) läßt sich die Endverbraucher-Nachsteuer nicht in den Katalog des Art. 106 GG einordnen.

184 *Tipke*, Die Steuerrechtsordnung, S. 971.

185 *Ossenbühl/Di Fabio*, StuW 1988, S. 349,354.

Ertrag- und Gewerbesteuern kein Raum sei.[186] Hinsichtlich der Biersteuer vertritt auch Huckemann[187] die Meinung, daß sich diese zu einer Produktionssteuer wandle, wenn die Steuerlast auf den Brauereien liegen bleibe.

Der h.M. im Schrifttum ist zuzustimmen. Die grundsätzliche Abwälzbarkeit der Verbrauchsteuern ist nicht nur erhebungstechnisches Prinzip, sondern ein Wesensmerkmal der Verbrauchsteuern, die als Steuern auf die Einkommensverwendung auf die Ausschöpfung der finanziellen Leistungsfähigkeit des Konsumenten und nicht auf die endgültige steuerliche Belastung des Produzenten oder Händlers angelegt sind. Vereitelt der Gesetzgeber durch eine entsprechende Ausgestaltung des Steuergesetzes von vornherein die verfassungsrechtlich geforderte Möglichkeit der Weitergabe der steuerlichen Belastung an den Verbraucher, entfernt er sich von dem historisch vorgegebenen Modell einer Verbrauchsteuer nach Art.106 Abs.1 Nr.2 GG und schafft eine neuartige Produktions- oder Unternehmensteuer, für die ihm eine ausschließliche Gesetzgebungskompetenz nur dann zusteht, wenn sie sich einer der in Art.106 Abs.1 GG genannten anderen Steuerarten zuordnen läßt.[188] Dieses Ergebnis deckt sich auch mit der Rechtsprechung des Bundesverfassungsgerichts, nach der zur Qualifizierung einer Steuer als Verbrauchsteuer zumindest die rechtliche Möglichkeit einer Abwälzung der Steuerlast auf den Verbraucher gegeben sein muß.

c) Zulässigkeit und rechtliche Grenzen von Nachsteuern

Nachsteuern, die bei Herstellern und Händlern erhoben werden, sind als Verbrauchsteuern zu qualifizieren, da eine Abwälzung der erhöhten Steuerbelastung durch eine entsprechende Preiskalkulation rechtlich und tatsächlich noch möglich ist. Bei einigen Nachsteuergesetzen hat der Gesetzgeber sogar besondere Vorkehrungen zur Gewährleistung der Abwälzbarkeit getroffen. So wurde im Rahmen der Tabaksteuererhöhung im Jahre 1982 das Verbot des § 17 TabStG aufgehoben und in § 27 Abs.3 TabStG eine Regelung aufgenommen, die es gestattete, für Zigaretten, die der Nachversteuerung unterlagen, den auf den Steuerzeichen angegebenen Packungspreis oder den sich daraus ergebenden Kleinverkaufspreis zu überschreiten, damit die Nachsteuer auf den Verbraucher abgewälzt werden konnte.[189] Auch vorkonstitutionelle Verbrauchsteuergesetze enthielten entsprechende Regelungen. Nach § 30

---

[186] *Schmölders*, Zur Begriffsbestimmung der Verbrauchsteuern, S. 92.

[187] *Huckemann*, Auswirkungen der Biersteuerharmonisierung auf die Ertragsfähigkeit der Biersteuer im Europäischen Binnenmarkt, S. 23.

[188] *Jatzke*, Disskussionsbericht zum 7.Zollrechtstag, ZfZ 1995, S. 288,290.

[189] *Caspers/Dittrich*, Tabaksteuererhöhung 1982 und weitere Änderungen des Tabaksteuerrechts, ZfZ 1982, S. 41,44.

BierStG[190], § 19 SpielkStG[191] und § 20 LeuchtmittelStG[192] war der Abnehmer der Waren verpflichtet, dem Lieferer einen um den Betrag der Steuererhöhung oder der Nachsteuer erhöhten Preis zu zahlen, soweit nicht eine andere Vereinbarung getroffen war.

Die Rechtsprechung hat die rechtliche Zulässigkeit von Nachsteuern sowohl bei Herstellern und Händlern als auch bei privaten Endverbrauchern bejaht. So begründete der BFH die Zulässigkeit der Nachsteuererhebung bei einem Hersteller von Riech- und Schönheitsmitteln mit dem Argument, daß das Kriterium der Belastung des Verbrauchers voll erfüllt sei, wenn ausnahmsweise der Konsument selbst Steuerschuldner sei; es wäre sinnwidrig dann noch die Abwälzbarkeit zu fordern. Im Grunde entspreche die Anknüpfung der Besteuerung unmittelbar an den Verbrauch oder den Gebrauch einer bestimmten Ware dem wesentlichen Ziel einer Verbrauchsteuer, den Konsumenten zu belasten.[193] Hinsichtlich der Händler-Nachsteuer hat das Bundesverfassungsgericht im Rahmen der Nachsteuerregelung im Haushaltssicherungsgesetz von 1965 deren Zulässigkeit mit dem Hinweis auf die Einmaligkeit des nach Dauer und Intensität begrenzten Eingriffes und auf die gewährten Zahlungsfristen bejaht. Bei den festgelegten Zahlungsterminen sei es möglich gewesen, die mit der Nachsteuer belasteten Erzeugnisse bei normalem Geschäftsgang abzusetzen und die überwälzte Steuer zu vereinnahmen; damit habe die Nachsteuerregelung die Überwälzung weder rechtlich noch tatsächlich unmöglich gemacht.[194] Unter den von der Rechtsprechung angeführten Gesichtspunkten ist die Erhebung von Nachsteuern auf der Stufe von Herstellern und Händlern nicht zu beanstanden. Da die bisherigen Nachsteuerregelungen eine Einbeziehung der erhöhten Steuerbelastung in die allgemeine Preiskalkulation zuließen und damit eine Steuerfortwälzung ermöglichten, haben sich die als Verbrauchsteuern ausgestalteten Nachsteuern weder zu Produktions- oder Unternehmensteuern noch zur Vermögensteuer gewandelt. Insofern ist Jarsombeck zuzustimmen, der die Annahme, die beim Endverbraucher erhobene Nachsteuer sei eine Vermögensteuer, als abwegig bezeichnet.[195]

Im Zusammenhang mit der Frage nach der rechtlichen Zulässigkeit von Nachsteuern darf das Ergebnis der Verbrauchsteuerharmonisierung nicht unberücksichtigt bleiben. Als einzige Verbrauchsteuerrichtlinie sieht die Mineralölstrukturrichtlinie in Art.7 vor, daß im Fall der Änderung eines oder mehrerer Verbrauchsteuersätze die Verbrauchsteuer für Lagerbestände von bereits zum Verbrauch abgegebenen Mineralölen erhöht oder gesenkt werden

---

190 Biersteuergesetz 1923, RGBl. I S. 557.

191 Spielkartensteuergesetz 1923, RGBl. I S. 564.

192 Leuchtmittelsteuergesetz 1923, RGBl. I S. 567.

193 BFHE 141, 369 (376).

194 BVerfGE 27, 375 (384f).

195 *Jarsombeck*, Die neuesten Änderungen des Branntweinmonopolgesetzes, DDZ 1981, F 79,80.

kann. Aus dem Sinnzusammenhang und der Entstehungsgeschichte der Vorschrift ergibt sich, daß die Nachsteuerregelung nur auf die steuerliche Erfassung von Mineralölvorräten im Groß- und Einzelhandel abzielt. Darauf deutet auch der Begriff „Lagerbestände" hin. Bereits der erste Richtlinienvorschlag über die Harmonisierung der Verbrauchsteuern auf Mineralöle aus dem Jahre 1973 eröffnete den Mitgliedstaaten im Falle von Steuersatzänderungen die Möglichkeit einer Nacherhebung oder Erstattung der Mineralölsteuer.[196] Eine im Wortlaut mit Art.7 RL 92/81/EWG identische Bestimmung enthielt auch der Richtlinienvorschlag von 1990. Zur Begründung führte die Kommission aus, daß Art. 7 Nr.2 des Vorschlages in Übereinstimmung mit der Handhabung in einigen Mitgliedstaaten den Steuerverwaltungen die Entscheidung darüber überlasse, ob der Steuerzahler im Falle einer Änderung der Steuersätze Ausgleichszahlungen leisten bzw. erhalten solle.[197] Aus der Begründung geht klar hervor, daß Normadressat ausschließlich der Steuerschuldner und nicht der private Endabnehmer ist. Daher soll im Falle einer Steuersenkung auch nur derjenige in den Genuß einer Erstattung kommen, der zuvor die Steuer entrichtet hat. Endverbraucher, die Mineralöle bereits versteuert erworben haben, gehören nach dem erklärten Willen der Mitgliedstaaten nicht zum Begünstigtenkreis. Deshalb können sie im Falle einer Steuererhöhung auch nicht zur Entrichtung einer Nachsteuer herangezogen werden. Infolge der EG-rechtlichen Beschränkung der Nachsteuererhebung auf den gewerblichen Bereich, können die vor der Verabschiedung der Mineralölstrukturrichtlinie ergangenen höchstrichterlichen Entscheidungen zur Zulässigkeit einer Nachsteuer bei privaten Endabnehmern, nicht mehr in vollem Umfang Geltung beanspruchen.

Hinsichtlich der beim privaten Endverbraucher erhobenen Nachsteuer hat das Bundesverfassungsgericht in einem Beschluß vom 2.5.1985[198] das Erfordernis der Abwälzbarkeit als Wesenmerkmal einer Verbrauchsteuer mit der lapidar anmutenden Begründung aufgegeben, die Nachsteuer teile den Charakter der Steuer, deren Vermeidung sie verhindern solle; rechtlich sei die Möglichkeit nicht ausgeschlossen, eine Verbrauchsteuer auch beim Endverbraucher zu erheben. Auf den ersten Blick erscheint der direkte steuerliche Zugriff auf den Endverbraucher dem Ziel der Verbrauchsbesteuerung, den Ver- und Gebrauch von speziellen Gütern zu besteuern, in besonderem Maße zu entsprechen. So kommt Peters[199] zu dem Schluß, bei einer direkt beim Verbraucher erhobenen Nachsteuer stelle sich das Problem der Abwälzbarkeit nicht,

---

[196] Begründung zu Art. 8 Nr.4 des Vorschlags einer Richtlinie des Rates über die Harmonisierung der Verbrauchsteuern auf Mineralöle, BT-Drs. 7/1042, S. 12.

[197] Begründung zu Art. 7 Nr.2 des Vorschlages für eine Richtlinie des Rates über die Harmonisierung der Struktur der Verbrauchsteuern auf Mineralöle, KOM (90) 434 endg., BT-Drs. 12/362, S. 9.

[198] Vgl. BVerfG Beschluß vom 2.5.1985 2 BvR 285/85, HFR 1987, S. 93.

[199] *Peters*, Das Verbrauchsteuerrecht, Rdnr. 33.

weil diese "Urform" der Verbrauchsbesteuerung das gesetzliche Belastungsziel unmittelbar verwirkliche. Diese Betrachtungsweise läßt jedoch den Umstand außer Acht, daß der Verbraucher die in seinem Besitz befindliche Ware bereits versteuert erworben hat und mit der im Kaufpreis enthaltenen Verbrauchsteuer belastet worden ist. Nach Voß[200] ist mit dem Erwerb der auf der Vorstufe des Wirtschaftsverkehrs besteuerten Ware das Steuerobjekt verbraucht und die wirtschaftliche Leistungsfähigkeit des privaten Endverbrauchers ausgeschöpft. Begreift man die Verbrauchsteuern mit der h.M. als Steuern auf die Einkommensverwendung, so ist Förster[201] zuzustimmen, daß sich die vom Gesetzgeber gewollte steuerliche Belastung des Verbrauchers im Zeitpunkt des Kaufes der verbrauchsteuerpflichtigen Ware vollzogen hat. Eine nachträgliche Erhebung einer Nachsteuer enttäuscht sein Vertrauen in eine abschließende steuerliche Belastung seines ihm zur Verfügung stehenden Einkommens. Durch den Verzicht auf die Überwälzung bei der Nachsteuer wird die Dispositionsfreiheit des Verbrauchers verletzt, da eine Vermeidung der Steuer durch Konsumverzicht nicht möglich ist. Voß[202] vertritt daher die Ansicht, daß sich die Nachsteuer beim privaten Endverbraucher als eine verfassungsrechtlich unzulässige, echte rückwirkende Steuererhebung darstellen würde.

Nach der Rechtsprechung des BVerfG[203] soll sich der Bürger grundsätzlich darauf verlassen können, daß der Gesetzgeber an abgeschlossene Tatbestände keine ungünstigeren Folgen knüpft, als im Zeitpunkt der Vollendung dieser Tatbestände voraussehbar war. Belastende Steuergesetze, die in bereits abgeschlossene Tatbestände eingreifen und dadurch die Rechtsposition des Bürgers mit Wirkung für die Vergangenheit verschlechtern, sind grundsätzlich mit dem Rechtsstaatsprinzip unvereinbar und daher verfassungswidrig.[204] Im Interesse der Rechtssicherheit ist der Steuerbürger in seinem Vertrauen und in seiner Dispositionsfreiheit vor einer rückwirkenden Belastung mit einem neu begründeten Steueranspruch zu schützen.[205]

Eine Ausnahme vom Verbot einer echten Rückwirkung besteht nur dann, wenn das Vertrauen des Bürgers nicht schutzwürdig ist. Dies ist nach der Rechtsprechung des BVerfG der Fall, wenn der Bürger in dem Zeitpunkt, auf den der Eintritt der Rechtsfolge zurückbezogen wird, mit dieser Regelung rechnen mußte und nicht auf den Fortbestand der alten Rechtslage vertrauen durfte[206], wenn die bestehende Rechtslage so unklar und verworren ist, daß

---

[200] *Voß*, Strukturelemente der Verbrauchsteuern, DStJG 11 (1988), S. 261,268.

[201] *Förster*, Anmerkung zum Beschluß des BVerfG vom 2.5.1985, DB 1985, S. 1569,1571.

[202] *Voß*, Strukturelemente der Verbrauchsteuern, DStJG 11 (1988), S. 261,269.

[203] BVerfGE 22, 330 (347); 30, 250 (267).

[204] BVerfGE 13, 261 (271); 15, 313 (324); 22, 241 (248); 27, 167 (173).

[205] BVerfGE 30, 272 (285f).

[206] BVerfGE 8, 274 (304); 22, 330 (347).

eine Klärung erwartet werden mußte[207] oder wenn zwingende, dem Gebot der Rechtssicherheit übergeordnete Gründe des Gemeinwohls die Rückwirkung rechtfertigen.[208]

Vom Vorliegen einer unklaren oder verworrenen Rechtslage kann man bei den Verbrauchsteuern nicht ausgehen. Auch gebieten es nicht übergeordnete Gründe des gemeinen Wohls, das Rechtsstatsprinzip in den Hintergrund treten zu lassen, um bei privaten Verbrauchern eine Nachsteuer mit niedrigem Ertrag zu erheben. Der Argumentation des Bundesverfassungsgerichts, der Steuerpflichtige könne im Hinblick auf die Erfordernisse der öffentlichen Finanzwirtschaft nicht darauf vertrauen, daß der bisherige Steuertarif und das bisherige Steuerverfahren unverändert bleibe, kann ebenfalls nicht gefolgt werden. Der steuerbare Tatbestand ist mit dem Erwerb der Ware und mit der erfolgten Einkommensverwendung beendet. Der Verbraucher rechnet in diesem Zeitpunkt nicht damit, daß ihn eine erneute finanzielle Belastung treffen könnte und disponiert seine Ausgaben entsprechend seiner Leistungsfähigkeit. Bei einer Steuererhöhung erwartet er steigende Preise im Handel, denen er durch Konsumverzicht ausweichen kann, nicht aber einen erneuten Zugriff auf seine beim Erwerb der Ware gezeigte Zahlungskraft, deren Fortbestand im Zeitpunkt der Nachsteuererhebung nicht mehr unterstellt werden kann. Auch das von Grünberg[209] zur Rechtfertigung einer Nachsteuer auf private Bestände bemühte traditionelle deutsche Verbrauchsteuerrecht läßt keine einheitliche Besteuerungspraxis erkennen. So sahen die vorkonstitutionellen Nachsteuerregelungen im Tabak-, Bier-, Leuchtmittel- und Zündwarensteuerrecht nur eine Erfassung der Bestände bei Herstellern und Händlern vor, während man bei Wein und Schaumwein auch private Bestände der Nachsteuer unterworfen hat.[210]

Als Ergebnis ist festzuhalten, daß die bei Produzenten und Händlern erhobene Nachsteuer eine unter verfassungsrechtlichen und EG-rechtlichen Gesichtspunkten zulässige Abgabe darstellt, die als Verbrauchsteuer zu qualifizieren ist. Demgegenüber ist die bei privaten Endverbrauchern erhobene Nachsteuer als rechtlich unzulässige Besteuerung des privaten Konsums einzustufen, die in einen abgeschlossenen Besteuerungstatbestand und in die Dispositionsfreiheit des Verbrauchers eingreift und deshalb eine verfassungsrechtlich unzulässige echte Rückwirkung entfaltet. Darüber hinaus besteht für die Erhebung einer Nachsteuer bei Endverbrauchern im EG-Verbrauchsteuerrecht keine Rechtsgrundlage.

---

[207] BVerfGE 88, 384 (404).

[208] BVerfGE 13, 261 (272).

[209] *Grünberg*, Die Weinsteuer und ihre Harmonisierung in den Europäischen Gemeinschaften, S. 189f.

[210] *Grünberg*, ebd., S. 188.

d) Exkurs: Rechtliche Grenzen der Nachsteuererhebung am Beispiel der am 1.7.1990 in der ehemaligen DDR eingeführten Nachsteuern

Die Frage nach der Rechtmäßigkeit der im Rahmen des Vereinigungsprozesses in der ehemaligen DDR erhobenen Nachsteuern beschäftigte mehrfach die Finanzgerichte in den neuen Bundesländern. In Art.30 i.V.m. der Anlage IV Abschnitt III Nr.2 des Staatsvertrages zwischen der Bundesrepublik Deutschland und der Deutschen Demokratischen Republik verpflichtete sich die DDR, das bisherige System der produktgebundenen Abgaben und Stützungen durch die in der Bundesrepublik geltenden Gesetze und Verordnungen über die besonderen Verbrauchsteuern zu ersetzen.[211] Als Gegenleistung für die Bereitschaft zur Übernahme bundesdeutschen Verbrauchsteuerrechts erhoffte sich die DDR die Einführung eines clearing-Verfahrens zwischen beiden Vertragsparteien, da das alte System der produktgebundenen Abgaben im Verhältnis zur Bundesrepublik zu höheren Einnahmen geführt hatte.[212] Als Ausgleich sollte jedem Vertragsteil das Aufkommen entsprechend dem Verbrauch im jeweiligen Vertragsgebiet zugeordnet werden. Da man davon ausging, daß die Jahresverbrauchsmengen in der Bundesrepublik stabil bleiben, in der DDR dagegen kräftig ansteigen würden, bestand die berechtigte Aussicht, daß der zusätzliche Konsum dem Staatshaushalt der DDR zugute kommen würde. Um Hortungskäufe zu verhindern, beschloß man die Einführung der bundesdeutschen Verbrauchsteuern durch eine Nachsteuer zu ergänzen.[213]

Am 22.6.1990 verabschiedete die Volkskammer der DDR das Gesetz über das Branntweinmonopol, das in § 83 Abs.1 eine Nachsteuerregelung enthielt. Das Gesetz wurde am 27.6.1990 im Gesetzblatt der DDR[214] veröffentlicht und trat gemäß § 85 bereits wenige Tage später am 1.7.1990 in Kraft. Das Thüringer Finanzgericht[215] hielt es aufgrund der kurzen Frist von 8 Tagen zwischen dem Volkskammerbeschluß und dem Inkrafttreten des Gesetzes für unmöglich, daß die betroffenen Steuerschuldner von der Nachsteuerregelung Kenntnis erlangen konnten. Aus der Kollision der Stichtagsbestimmung mit dem sich aus § 45 Abs.1 BranntwMonG ergebenden Charakter der Nachsteuer als einer auf Abwälzbarkeit angelegten Verbrauchsteuer leitete das Finanzgericht die Rechtswidrigkeit des auf § 83 BranntwMonG gestützten Nachsteuerbescheides ab. Eine verfassungsrechtliche Überprüfung fand jedoch nicht statt,

---

[211] Zu den Einzelheiten vgl. *Teichner*, Deutsch-deutscher Staatsvertrag und die Einführung der Verbrauchsteuern in der DDR, ZfZ 1990, S. 250ff. und *Wachenhausen*, StuW 1990, S. 268,269.

[212] *Wachenhausen*, StuW 1990, S. 268,269.

[213] *Wachenhausen*, StuW 1990, S. 268,269.

[214] Sonderdruck Nr. 1441 des Gesetzblattes der DDR; Hinweis auf diesen Sonderdruck erfolgte im Gesetzblatt der DDR Nr. 37 vom 30.6.1990.

[215] Urteil des Thüringer Finanzgerichts vom 7.4.1993, Az. II K 22/91 und Beschluß des Bezirksgerichts Erfurt, Senat für Finanzrecht, vom 25.2.1992 II V 3/91, EFG 1992, S. 390ff.

da die Gebiete, in denen die Nachsteuerregelung Anwendung fand, noch nicht zum Geltungsbereich des Grundgesetzes gehörten.

Der Rechtsansicht des Finanzgerichts Erfurt ist das Finanzgericht des Landes Brandenburg[216] im Rahmen der Überprüfung der Nachsteuerregelung in § 20 BierStG mit dem Argument entgegengetreten, daß sich die von der Nachsteuer Betroffenen auf die neuen gesetzlichen Regelungen hätten einstellen müssen, da mit dem Abschluß des Staatsvertrages am 18.5.1990 für sie erkennbar gewesen sei, welche Anforderungen auf sie zukommen würden. Bei der Nachsteuerregelung handle es sich um eine typische Regelung des Verbrauchsteuerrechts, die eine schnelle Umsetzung des gesetzgeberischen Willens garantieren und Mißbräuche durch Hortungskäufe verhindern solle. Darüber hinaus habe das Bundesverfassungsgericht in seinem Beschluß vom 28.1.1970[217] im Rahmen der Überprüfung der Nachsteuer auf Schaum- und Branntwein ebenfalls einen entsprechend kurzen Zeitraum vom 20.12.1965 bis zum 1.1.1966 zwischen der Verabschiedung des Gesetzes und dem Inkrafttreten als ausreichend angesehen.

Die Argumente des Finanzgerichts Brandenburg vermögen indes nicht zu überzeugen. Im Gegensatz zur Nachsteuererhebung im Rahmen des Haushaltssicherungsgesetzes von 1965, denen seit 1955 mehrere Nachsteuerregelungen[218] vorausgegangen waren, handelte es sich bei der Einführung des Verbrauchsteuerrechts in der ehemaligen DDR um die Einführung eines neuen Steuersystems, das die bis dahin erhobenen produktgebundenen Abgaben ablöste.[219] Es ist davon auszugehen, daß den von der Nachsteuerpflicht Betroffenen die Verbrauchsteuergesetze und die im Rahmen von Erhöhungsgesetzen üblichen Nachsteuern nicht bekannt waren, so daß sie sich keine konkreten Vorstellungen über das neue Recht machen konnten. Unabhängig davon befand sich die gesamte Wirtschaft der DDR in einer Umbruchphase, in der sich auch die Informationsstellen, wie z.B. die Industrie- und Handelskammern, noch im Aufbau befanden. Die besonderen Umstände der Vereinigung lassen es gerechtfertigt erscheinen, an die Bemessung der Umstellungsfristen erhöhte Anforderungen zu stellen. Unter Berücksichtigung der besonderen Situation kann eine Frist von nur wenigen Tagen zwischen der Verabschiedung der

---

216 Urteil des Finanzgerichts Brandenburg vom 26.5.1993, Az. 2 K 77/91 Fi, unveröffentlicht.

217 BVerfGE 27, 375 (384).

218 Übersicht bei *Birk/Förster*, Kompetenzrechtliche Grenzen des Gesetzgebers bei der Regelung der Verbrauchsteuer, DB Beilage Nr. 17, S. 8 und *Peters*, Das Verbrauchsteuerrecht, Rdnr. 385f.

219 Vgl. zur Regelung in der ehemaligen DDR *Lübberstedt*, in: *Rössler* Wörterbuch des Steuerrechts, V-S. 3; Die besonderen Verbrauchsteuern traten an die Stelle der bisherigen in der DDR erhobenen sog. produktgebundenen Abgaben, die damit ersatzlos weggefallen sind. Die eigentliche Verbrauchsbesteuerung begann in der DDR erst am 1.7.1990.

Verbrauchsteuergesetze und ihrem Inkrafttreten unter rechtsstaatlichen Gesichtspunkten nicht als ausreichend angesehen werden. Es ist davon auszugehen, daß die Verpflichtung zur Entrichtung einer Nachsteuer den Betroffenen nicht rechtzeitig bekannt war, so daß die erhöhte Steuerbelastung nicht in die Preiskalkulation mit einfließen konnte und die Abwälzung zumindest aus tatsächlichen Gründen unmöglich war. Die tatsächliche Unmöglichkeit der Weitergabe der steuerlichen Belastung nimmt der Nachsteuer den Charakter als besondere Verbrauchsteuer und führt zu einer vom Gesetzgeber nicht gewollten steuerlichen Belastung des Handels und damit zu einer Art Unternehmensteuer, für die dem Bundesgesetzgeber keine Gesetzgebungskompetenz zugestanden hätte. Daher wäre die von der Volkskammer der DDR beschlossene Nachsteuerregelung unter der Geltung des Grundgesetzes als verfassungswidrig einzustufen gewesen.

III. Das Steuergebiet

Allen Verbrauchsteuergesetzen ist eine Bestimmung über den örtlichen Anwendungsbereich des Gesetzes vorangestellt. Im Gegensatz zur bisherigen Diktion wird dieser nicht mehr als Erhebungsgebiet, sondern als Steuergebiet bezeichnet, da die Gründe, die 1953 zur Einführung der Bezeichnung „Erhebungsgebiet“ geführt hatten, mit der Wiedervereinigung entfallen sind. Vor 1945 wurde der Geltungsbereich der Verbrauchsteuergesetze als Inland oder Zollinland bezeichnet. Nach dem Zweiten Weltkrieg galt auch das Gebiet der ehemaligen DDR als Zollinland, so daß beim Eingang verbrauchsteuerpflichtiger Waren über die Interzonengrenze keine Verbrauchsteuerschuld entstehen konnte. Diese entstand bereits mit der Entfernung aus den Herstellungsbetrieben nach den bis zum 7.11.1955 in der ehemaligen DDR noch fortbestehenden Verbrauchsteuergesetzen des Deutschen Reiches. Da die Zonengrenze lediglich eine Währungsgrenze darstellte, befanden sich die nach den alten Verbrauchsteuergesetzen ordnungsgemäß versteuerten Waren ohne Rücksicht auf die in den beiden Teilen Deutschlands geltenden unterschiedlichen Steuersätze innerhalb des gesamten Zollgebietes im freien Verkehr.[220] Um den besonderen Verhältnissen im Interzonenhandel Rechnung zu tragen, wurde von 1953 bis 1957 in alle Verbrauchsteuergesetze der Begriff „Erhebungsgebiet“ eingeführt, der nunmehr durch das Verbrauchsteuer-Binnenmarktgesetz zum 1.1.1993 durch die Bezeichnung „Steuergebiet“ ersetzt worden ist.

Das Steuergebiet umfaßt das Gebiet der Bundesrepublik Deutschland ohne das Gebiet von Büsingen und ohne die Insel Helgoland. Die innerhalb der Schweizer Landesgrenze im Kanton Schaffhausen gelegene deutsche Exklave Büsingen wurde 1964 durch einen völkerrechtlichen Vertrag zwischen der

---

[220] *Teske*, DDZ 1954, F 101,102.

Bundesrepublik Deutschland und der Schweizer Eidgenossenschaft dem Schweizer Zollgebiet unterstellt.[221] In dem Zollausschlußgebiet findet das deutsche Verbrauchsteuerrecht keine Anwendung; verbrauchsteuerpflichtige Waren unterliegen daher den Verbrauchsteuergesetzen der Schweiz.

Die Insel Helgoland genießt seit dem deutsch-britischen Kolonialabkommen vom 1.7.1890 einen Sonderstatus. Auf ihr werden Tabakwaren, alkoholische Getränke, Kaffee und Tee nicht aufgrund der bundesgesetzlich geregelten Verbrauchsteuern erfaßt, sondern einer örtlichen Einfuhrverbrauchsteuer unterworfen. Nachdem das Bundesverfassungsgericht Art.I Ziff.3 und Art.II Satz 2 des sog. Helgoland-Gesetzes[222] mit Art.73 Nr.5 GG und mit dem Zollgesetz für unvereinbar und daher nichtig erklärt hatte[223], bedurfte es einer bundesgesetzlichen Ermächtigung an das Land Schleswig-Holstein, um auf Helgoland eine Gemeindeeinfuhrsteuer einzuführen. Mit Wirkung vom 20.11.1959 trat das Bundesgesetz über eine Gemeindeeinfuhrsteuer auf der Insel Helgoland in Kraft, mit dem der Bund auf seine Verbrauchsteuerhoheit verzichtete und das Land Schleswig- Holstein ermächtigte, verbrauchsteuerbare Waren, die nach Helgoland eingeführt werden, mit einer Einfuhrsteuer zu belegen.[224] Bier, Schaumwein, Branntwein, Tabakwaren, Tee und Kaffee unterliegen seit dem 1.12.1959 einer Gemeindeeinfuhrsteuer, deren Entstehung an die Abfertigung dieser Waren zum freien Verkehr der Insel oder an die erstmalige vorschriftswidrige Verfügung über diese Waren anknüpft.[225] Der besondere Status der Gemeinde Büsingen als Zollausschlußgebiet und die besondere rechtliche Stellung der Insel Helgoland finden ihre EG-rechtliche Berücksichtigung in Art.2 Abs.1 RL 92/12/EWG, der diese Gebiete vom Anwendungsbereich der Systemrichtlinie ausschließt.

Im Gegensatz zur Beibehaltung der Sonderstellung Helgolands ist der verbrauchsteuerrechtliche Sonderstatus der Freizonen und Freilager mit Inkrafttreten des Verbrauchsteuer-Binnenmarktgesetzes aufgehoben worden. Die Einbeziehung der Freihäfen in das EG-Verbrauchsteuergebiet entsprach einem deutschen Anliegen. Nach Ansicht der für die Verhandlungen zuständigen Referatsleiterin im BMF sei es angesichts der Zugehörigkeit der Freihäfen zum Zollgebiet der Gemeinschaft nicht mehr möglich gewesen, sie aus dem

---

[221] Vertrag zwischen der Bundesrepublik Deutschland und der Schweizerischen Eidgenossenschaft über die Einbeziehung der Gemeinde Büsingen am Hochrhein in das schweizer „Zollgebiet“ vom 23.11.1964, BGBl. 1967 II S. 2029ff.

[222] Schleswig-holsteinisches Landesgesetz zur Ergänzung und Änderung des Gesetzes über den Wiederaufbau und die Verwaltung der Gemeinde Helgoland vom 8.7.1953, GVBl. für Schleswig-Holstein 1953, S. 75ff.

[223] Beschluß des BVerfG vom 29.10.1958 2 BvL 19/56, BGBl. I S. 23.

[224] Gesetz über eine Gemeindeeinfuhrsteuer auf der Insel Helgoland vom 17.11.1959, BGBl. I S. 685ff.

[225] Gesetz zur Erhebung einer Einfuhrsteuer auf der Insel Helgoland vom 7.12.1959, GVBl. für Schleswig - Holstein 1959, S. 213ff.

Gesamtanwendungsbereich für die Verbrauchsteuern herauszunehmen.[226] Das Steuergebiet erstreckt sich nunmehr auch auf die Freihäfen.[227] Die neue Rechtslage entspricht der Regelung in Art.2 Abs.1 RL 92/12/EWG, nach der die Systemrichtlinie in dem in Art.227 EG-Vertrag für jeden Mitgliedstaat festgelegten Gebiet der Gemeinschaft gilt. Demgegenüber behandelt das Umsatzsteuergesetz die Freihäfen weiterhin als Ausland, mit der Folge, daß beim Verbringen von verbrauchsteuerpflichtigen Waren in eine Freizone umsatzsteuerrechtlich eine Ausfuhr und bei Warenbewegungen über die Freihafengrenze in Richtung Inland eine Einfuhr vorliegt. Die Regelung in § 1 Abs.2 Satz 1 UStG beruht auf Art.16 Abs.1 der 6. USt-Richtlinie, der den Mitgliedstaaten die Möglichkeit eröffnet, Lieferungen und Dienstleistungen, die in Freizonen bewirkt werden, nicht der Mehrwertsteuer zu unterwerfen oder diese Gebiete gemäß einer Protokollerklärung zu Art.16 der 6. USt-Richtlinie vom territorialen Anwendungsbereich der Mehrwertsteuer auszunehmen. Nach der gegenwärtigen Rechtslage sind daher Lieferungen oder Dienstleistungen, die innerhalb eines Freihafens oder vom Inland in einen Freihafen erbracht werden, grundsätzlich umsatzsteuerfrei. Die aus der Umsatzsteuerregelung resultierenden Unstimmigkeiten könnten nach Assmann[228] dadurch bereinigt werden, daß von Art.16 Abs.1a der USt-Vereinfachungsrichtlinie Gebrauch gemacht wird und Lieferungen aus dem Freihafen in das deutsche Inland wie Lieferungen im Inland behandelt werden und Lieferungen aus dem Freihafengebiet als Ausfuhrlieferungen weiterhin steuerfrei bleiben.

Um die Schwierigkeiten abzumildern, die sich daraus ergeben, daß auf die Freihafengebiete die Bestimmungen über das Steueraussetzungsverfahren in vollem Umfang Anwendung finden, wurde auf dem Verwaltungsweg durch Dienstanweisung zugelassen, daß Umschlagbetrieben, die von Steuerlagerinhabern oder im Anschluß an eine Beförderung unter Steueraussetzung gewerbsmäßig verbrauchsteuerpflichtige Waren übernehmen, ein Sondersteuerlager bewilligt werden kann, das sich auf das gesamte Freihafengebiet erstreckt. Diese Regelung ermöglicht die Lagerung und den Umschlag von unversteuerten Waren innerhalb des Freihafengebietes ohne das Erfordernis einer körperlichen Aufnahme in eine feste Lagerstätte.[229]

Ebenfalls nicht zum Steuergebiet gehören die in das deutsche Hoheitsgebiet eingebetteten österreichischen Gemeinden Jungholz und Mittelberg, denen

---

[226] *Sievert*, in: Diskussionsbericht des 4. Deutschen Zollrechtstages, ZfZ 1992, S. 227,228.

[227] *Beermann*, Das Verbrauchsteuer-Binnenmarktgesetz I.Teil, DStZ 1993, S. 257, 259.

[228] *Assmann*, UR 1993, S. 48ff.

[229] Vgl. zur Einrichtung von Steuerlagern in Freizonen *Jatzke*, Das neue Verbrauchsteuerrecht in der Bundesrepublik Deutschland, IFSt-Schrift Nr. 322, S. 25f.

aufgrund völkerrechtlicher Verträge[230] der Sonderstatus von Zollanschlußgebieten - und nach dem Beitritt Österreichs zur EU am 1.Januar 1995 der Status von Steueranschlußgebieten - zukommt.[231] Die Enklaven gehören deshalb nicht zum Steuergebiet, weil das deutsche Verbrauchsteuerrecht in ihnen nicht als deutsches, sondern als inhaltlich übereinstimmendes österreichisches Recht gilt. Nach ihrer Übermittlung an die österreichische Regierung werden die deutschen Verbrauchsteuergesetze von den Landesregierungen von Tirol und Vorarlberg in österreichisches Recht umgesetzt und in den Gemeinden Jungholz und Mittelberg ortsüblich bekannt gemacht. Diese Praxis entspricht dem Regelungsinhalt der im letzten Jahrhundert abgeschlossenen völkerrechtlichen Verträge, durch die dem Deutschen Reich keine originäre österreichische Hoheitsgewalt übertragen worden ist.[232] Wie Eckel[233] nachgewiesen hat, handelte es sich lediglich um eine Ausübungsübertragung von österreichischer Staatsgewalt. Bereits 1890 erlangten die deutschen Zollbestimmungen dadurch Gültigkeit, daß Österreich sie auf deutsches Ersuchen als österreichische Gesetze in Kraft setzte. Dem besonderen Status des Kleinen Walsertals trägt auch das EG-Verbrauchsteuerrecht Rechnung. Nach Art.2 Abs.4 RL 92/12/EWG ist die Bundesrepublik Deutschland verpflichtet, die von oder nach Jungholz und Mittelberg durchgeführten Geschäfte so zu behandeln, als befinde sich der Ausgangs- oder Bestimmungsort in der Bundesrepublik Deutschland. Vorbehaltlich einer Richtlinienänderung besteht diese Rechtslage auch nach dem Beitritt Österreichs zur Europäischen Union fort.

IV. Die verbrauchsteuerpflichtigen Waren

1. Auswahl der Steuergegenstände

Der Begriff „Steuergegenstand“, der in allen Verbrauchsteuergesetzen in den Überschriften der Eingangsparagraphen verwendet wird, bezeichnet nicht wie in anderen Steuergesetzen die sachliche Seite des Tatbestandes und dessen Merkmale, die eine Steuer von anderen Steuerarten abgrenzen[234], sondern den körperlichen Gegenstand, dessen Dislokation, Verwendung oder Besitz die Verbrauchsteuer entstehen läßt. Steuergegenstände des Verbrauchsteuerrechts

---

[230] Deutsch-bayerischer Vertrag vom 3.5.1868, Regierungsblatt für das Königreich Bayern 1868, S. 1242ff. und Vertrag zwischen dem Deutschen Reich und Österreich-Ungarn vom 2.12.1890, RGBl. 1891 S. 59.

[231] In diesem Zusammenhang weist *Teichner* (in: *Teichner/Alexander/Reiche*, Mineralölsteuer, Mineralölzoll) darauf hin, daß in den österreichischen Steueranschlußgebieten tatsächlich nur in Deutschland bereits versteuertes Mineralöl verbraucht werde.

[232] *Eckel*, Die Übertragung von Hoheitsrechten durch völkerrechtlichen Vertrag vor dem Montanunionsvertrag, S. 140.

[233] *Eckel*, ebd., S. 148,149.

[234] *Förster*, Die Verbrauchsteuern, S. 59; *Soyk*, Mineralölsteuerrecht, S. 19.

sind daher die einer Verbrauchsteuer unterliegenden, d.h. verbrauchsteuerpflichtigen Waren.

Während es der erhöhte Finanzbedarf der Nachkriegszeit erforderlich machte, fast sämtliche vor 1945 erhobenen Verbrauchsteuern beizubehalten und damit eine Vielzahl an Gütern mit Verbrauchsteuern zu belegen, hat der Gesetzgeber die der Verbrauchsbesteuerung unterworfenen Gegenstände in der Folgezeit auf ein überschaubares Maß reduziert. Als erste Steuern wurden 1965 die Kohlenabgabe[235] und die Süßstoffsteuer[236] abgeschafft; 1980 folgte dann die Aufhebung der Spielkarten-[237] Zündwaren-[238] und Essigsteuer[239]. Während die Beseitigung der Spielkartensteuer mit dem Bagatellcharakter dieser Abgabe begründet wurde, trug bei der Zündwarensteuer der steigende Absatz von konkurrierenden Billigfeuerzeugen zu ihrer Abschaffung bei.[240] Schließlich entschloß sich der Gesetzgeber im Rahmen der Verbrauchsteuerharmonisierung in der EU zur Abschaffung der Verbrauchsteuern auf Leuchtmittel[241], Salz[242], Zucker[243] und Tee[244]. Im Falle einer Beibehaltung dieser in der EU nicht harmonisierten Steuern befürchtete man Wettbewerbsverzerrungen zu Lasten der deutschen Wirtschaft.

Seit dem 1. Januar1993 unterliegen in der Bundesrepublik Deutschland nur noch Tabakwaren (Zigaretten, Zigarren, Zigarillos und Rauchtabak), Alkohol und alkoholische Getränke (Bier, Schaumwein und Zwischenprodukte), Mineralöle (einschließlich Erdgas) sowie Kaffee (löslicher Kaffee, Röstkaffee und in das Steuergebiet verbrachte kaffeehaltige Waren) einer besonderen Verbrauchsteuer.[245] Damit hat die harmonisierungsbedingte Umstrukturierung des deutschen Verbrauchsteuersystems dazu geführt, daß nunmehr ausschließlich Genußmittel des gehobenen Bedarfs und Mineralöle belastet werden. Wie bereits ausgeführt, trägt die Auswahl der Steuergegenstände der überwiegenden Meinung in der finanzverfassungsrechtlichen Literatur Rechnung, die neben dem reinen Fiskalzweck eine zusätzliche Rechtfertigung für die Erhebung von besonderen Verbrauchsteuern neben der allgemeinen Umsatzsteuer und in diesem Zusammenhang die Freistellung von lebensnotwendigen Gütern

---

[235] KohlenabgabeVO vom 14.2.1955, BGBl. I S. 75ff.

[236] SüßstG vom 1.7.1960, BZBl. 1960, S. 530ff.

[237] SpielkStG vom 3.6.1961, BGBl. I S. 681ff.

[238] ZündwStG vom 9.6.1961, BGBl. I S. 729ff.

[239] §§ 160-169 BranntwMonG i.V.m. Essigsäureordnung vom 8.4.1922, Zentralblatt für das Deutsche Reich 1922, S. 707,865.

[240] *Koch*, DB 1981, S. 707.

[241] LeuchtmStG vom 22.7.1959, BGBl. I S. 613ff.

[242] SalzStG vom 25.1.1960, BGBl. I S. 50ff.

[243] ZuckerStG vom 13.10.1983, BGBl. I S. 1245ff.

[244] Kaffee- und TeeStG vom 5.5.1980, BGBl. I S. 1562ff.

[245] Verbrauchsteuer-Binnenmarktgesetz vom 21.12.1992, BGBl. I S. 2150ff. sowie die Berichtigung vom 20.1.1993, BGBl. I S. 169.

fordert.[246] Die Rechtfertigung der Besteuerung von Tabakwaren, alkoholischen Getränken und Kaffee liegt in der Ausschöpfung der durch den Erwerb dieser nicht unbedingt lebensnotwendigen Verbrauchsgüter indizierten steuerlichen Leistungsfähigkeit des Konsumenten und in der Erzielung von gesundheitspolitischen Lenkungseffekten. Demgegenüber ließe sich die Mineralölsteuer als eine verwendungsorientierte Steuer auf Energieleistungen aus energie- und umweltpolitischen Zielsetzungen legitimieren. Nach wie vor dienen die besonderen Verbrauchsteuern jedoch in erster Linie der Erzielung von Einnahmen, so daß der Fiskalzweck dominiert.

2. Aufgabe der Rohstoffbesteuerung

Die Frage nach der Auswahl eines geeigneten Besteuerungsobjektes hängt eng mit dem Belastungsziel der Verbrauchsbesteuerung zusammen. Geht man davon aus, daß Verbrauchsteuern die in der Einkommensverwendung vermutete finanzielle Leistungsfähigkeit ausschöpfen wollen, sind diejenigen Güter von einer Zusatzbelastung auszunehmen, die ausschließlich als Rohstoffe oder Produktionsmittel Verwendung finden. Mit dieser Forderung haben sich insbesondere Tipke[247], Birk[248] und Förster[249] gegen die 1981 eingeführte Besteuerung der technischen Alkohole Propanol-1, Propanol-2 und Methanol durch § 103b BranntwMonG gewandt. Unter Hinweis auf die Rechtsprechung des BVerfG[250] hat der BFH die Besteuerung der Produktionsmittel jedoch für zulässig erachtet und die Branntweinsteuer als reine Fiskalzwecksteuer gerechtfertigt. Die vom BFH in der Entscheidung angeführten Beispiele für die Besteuerung von verbrauchsteuerpflichtigen Waren im produktiven Bereich sind durch die Abschaffung der Besteuerung von Leuchtmitteln, Schmierstoffen sowie Alkohol zur Verwendung in der Lebensmittel-, Pharma- und Kosmetikindustrie weitgehend gegenstandslos geworden. Infolgedessen haben die Steuerbefreiungen, die an eine gewerbliche Verwendung der betroffenen Erzeugnisse anknüpfen, den vom BFH hervorgehobenen Ausnahmecharakter verloren und bestätigen den Grundsatz, daß eine steuerliche Belastung des produktiven Bereichs nicht mehr stattfinden soll. Die Abkehr von der Produktionsmittelbesteuerung kommt auch in der harmonisierungsbedingten Aufgabe der Be-

---

[246] *F.Kirchhof*, Grundriß des Abgabenrechts, S. 74; *P.Kirchhof*, in: *Isensee/Kirchhof*, Handbuch des Staatsrechts, § 88 Rdnr. 121; *Tipke*, Die Steuerrechtsordnung, S. 965; *Klein*, Gleichheitssatz und Steuerrecht, S. 211 und *Arndt*, Gleichheit im Steuerrecht, NVwZ 1988, S. 787,788.

[247] *Tipke*, Die Steuerrechtsordnung, S. 993.

[248] *Birk/Förster*, Kompetenzrechtliche Grenzen des Gesetzgebers bei der Regelung der Verbrauchsteuern, DB 1985, Beilage Nr. 17, S. 4.

[249] *Förster*, Die Verbrauchsteuern, S. 101. Danach stellen Gegenstände, die nur produktiv nutzbar sind, kein geeignetes Besteuerungsgut dar.

[250] Beschluß des BVerfG in BStBl. II 1984, S. 72,77 und BVerfGE 3, 4,(11).

steuerung von Rohstoffen, wie Rohtabak, Tabakersatzstoffen, Zigarettenhüllen und Rohkaffee, deutlich zum Ausdruck. Nunmehr sind sämtliche Steuergegenstände des neuen Verbrauchsteuerrechts dazu bestimmt und geeignet, dem privaten Konsum zugeführt zu werden.

Auch die Mineralölsteuer ist nach der Anpassung an die EG-rechtlichen Vorgaben nicht als Rohstoffsteuer konzipiert.[251] Dennoch nimmt sie eine gewisse Sonderstellung ein. Da eine Unterscheidung zwischen konsumtiver und produktiver Verwendung nicht praktikabel ist, werden beide Bereiche steuerlich erfaßt.[252] Die finanzwissenschaftlich geforderte Beschränkung auf den konsumtiven Bereich würde das Steueraufkommen auf einen Bruchteil verringern und wäre erhebungstechnisch kaum durchführbar.[253] Der Gesetzgeber stand daher vor der Alternative, auch die produktive Verwendung steuerlich zu erfassen, oder auf das Steueraufkommen ganz zu verzichten. Aufgrund der hohen Ergiebigkeit der Mineralölsteuer hat er sich für die erste Alternative entschieden.[254]

Die Besteuerung des in der Produktion eingesetzten Mineralöls ist als Ausnahme anzusehen, deren Folgen durch das Herstellerprivileg und durch die Freistellung von Mineralöl, das nicht als Heiz- oder Kraftstoff verwendet wird, gemildert werden. Die im Gegensatz zu anderen Verbrauchsteuergesetzen erst sehr spät in das Mineralölsteuerrecht eingeführte Freistellung der gewerblichen Verwendung geht auf Art.4 des Straßenbaufinanzierungsgesetzes von 1960 zurück. Das Mineralölsteuergesetz von 1953 enthielt neben fünf einzelnen Befreiungstatbeständen eine Verordnungsermächtigung zu weiteren Steuervergünstigungen „wenn die Steuerbelastung für bestimmte Verwendungszwecke aus volkswirtschaftlichen Gründen nicht zumutbar“ war. Aufgrund dieser Ermächtigung enthielt die Anlage zu § 19 MinöStDV a.F. nicht weniger als 26 eng umrissene Befreiungstatbestände, die in der Praxis erhebliche Auslegungsschwierigkeiten bereiteten. Diese von Wurms[255] als „Sünde wider den Geist“ des Verbrauchsteuerrechts bezeichnete Regelung wurde 1960 aufgehoben und durch einen generalisierenden Befreiungstatbestand ersetzt, der auch in das Mineralölsteuergesetz von 1993 übernommen worden ist. In weiser Voraussicht bezeichnete Wurms die Änderung des Mineralölsteuergesetzes bereits 1960 als einen nicht zu unterschätzenden Fortschritt für die Verbrauchsteuersystematik und die Steuerpraxis, die darüber hinaus auch das

---

[251] *Wasmeier*, Umweltabgaben und Europarecht, S. 291.

[252] Daher bezeichnet *Kreke* (Die Harmonisierung der Mineralölsteuer innerhalb der Europäischen Wirtschaftsgemeinschaft, S. 25) die Mineralölsteuer als Produktionsmittelsteuer.

[253] *Teichner*, in: *Teichner/Alexander/Reiche*, Mineralölsteuer, Mineralölzoll, Vorbem. Rdnr. 6 und Hahn, Erläuterungen zum Mineralölsteuergesetz, in: Das Deutsche Bundesrecht, VII D 39, S. 14.

[254] *Förster*, Die Verbrauchsteuern, S. 62,63,84,85.

[255] *Wurms*, BB 1960, S. 359,360.

Problem der Verbrauchsteuerharmonisierung im Gemeinsamen Markt erleichtern würde.[256]

Bei der Entscheidung, welche Erzeugnisse einer EU-weiten Verbrauchsteuer unterworfen werden sollten, ließ sich die Kommission neben dem Gesichtspunkt der Ergiebigkeit von dem Grundsatz leiten, eine Besteuerung von Waren weitgehend zu vermeiden, die in der Industrie als Rohstoff, als Produktionsmittel oder als Produktionshilfsmittel verwendet werden.[257] In der Begründung zum ersten Entwurf für eine Mineralölstrukturrichtlinie führte die Kommission aus, daß eine Spezialverbrauchsteuer nicht die Wirkung einer Produktionsteuer haben sollte und die als Rohstoff oder Produktionshilfsstoff verwendeten Mineralöle daher nicht von der Verbrauchsteuer erfaßt werden sollten.[258] Folgerichtig trat die Kommission für eine EU-weite Abschaffung der Besteuerung von Schmierstoffen und Industrieheizölen ein. Auch bei der Abfassung der nachfolgenden Änderungsvorschläge hielt die Kommission gegen den Widerstand einiger Mitgliedstaaten an dem Grundsatz fest, Rohstoffe und industrielle Produktionshilfsstoffe von der Mineralölsteuer zu befreien.[259] Demgegenüber sprach sich Deutschland gegen eine Steuerfreiheit für Schmierstoffe und leichtes Heizöl aus.[260] In Anbetracht des Umstandes, daß auch Kraftstoffe und leichtes Heizöl als Fertigungshilfsstoffe Verwendung finden, befürchtete die Bundesregierung nachteilige Auswirkungen auf das Mineralölsteueraufkommen.[261] Im Laufe der Harmonisierungsverhandlungen erwies sich die EU-weite Einführung einer Schmierstoffsteuer jedoch nicht als konsensfähig. Schließlich stimmte auch Deutschland der in Art.8 Abs.1a RL 92/81/EWG festgelegten Steuerbefreiung für Mineralöle zu, die nicht als Kraftstoffe für Motoren oder zu Heizzwecken verwendet werden und erkannte damit den Charakter der Mineralölsteuer als verwendungsorientierte Steuer auf Energieleistungen an. Daneben trugen insbesondere wettbewerbspolitische Gründe dazu bei, daß auf eine theoretisch mögliche Beibehaltung der Schmierstoffbesteuerung im Rahmen einer rein nationalen Schmierstoffsteuer verzichtet wurde.[262]

Hinsichtlich der Besteuerung von Alkohol schlug die Kommission erst ab 1972 eine generelle Steuerbefreiung von nicht für den menschlichen Genuß

---

[256] *Wurms*, ebd., BB 1960, S. 359,361.

[257] Begründung der Vorschläge von Richtlinien des Rates auf dem Gebiet der Sonderverbrauchsteuern, Bulletin der Europäischen Gemeinschaften, Beilage 3/72, S. 8.

[258] Begründung zum Vorschlag einer Richtlinie des Rates über die Harmonisierung der Verbrauchsteuer auf Mineralöle, KOM (73) 1234 endg., BT-Drs. 7/1042, S. 1.

[259] Vgl. Begründung zu Art. 8 Nr.1a des Vorschlages für eine Richtlinie zur Harmonisierung der Struktur der Verbrauchsteuern auf Mineralöle, KOM (90) 434 endg., BT-Drs. 12/362, S. 7,8.

[260] *Wagner*, StuW 1974, S. 382.

[261] *Tamchina*, BB 1974, S. 1596,1598.

[262] Finanzbericht 1994, S. 121.

bestimmten Alkohol vor, da dieser als Produktions- oder Lösungsmittel Verwendung finden würde und die alkoholverarbeitende Industrie nicht mit Verbrauchsteuern belastet werden dürfe.[263] Ursprünglich beabsichtigte die Kommission auch technische Alkohole in die Besteuerung mit einzubeziehen. Daher erfaßte der Vorentwurf für eine Alkoholstrukturrichtlinie vom 13.6.1968 sowohl Propylalkohol als auch Isopropylalkohol, sofern diese Erzeugnisse als Substitutionsprodukte für Ethylalkohol eingesetzt würden.[264] Auf der Grundlage dieses Vorschlages empfahl die Steuerreformkommission 1971 die Besteuerung von Isopropylalkohol[265], die dann zehn Jahre später vom Gesetzgeber realisiert wurde. In der Erkenntnis, daß in den Mitgliedstaaten allgemein der Grundsatz gelte, keine Erzeugnisse mit Verbrauchsteuern zu belasten, die in der Industrie als Rohstoffe, Produktionsmittel oder Produktionshilfsmittel verwendet würden[266], änderte die Kommission 1972 den ursprünglichen Richtlinienentwurf und schlug eine Steuerbefreiung für Ethylalkohol vor, sofern dieser einen Rohstoff für die Industrie darstelle oder zu medizinischen Zwecken oder zur Essigerzeugung verwendet würde. Der neue Ansatz der Kommission verfolgte das Ziel, Alkohol für andere Zwecke als für den menschlichen Genuß, von der Steuer freizustellen.[267] In der Überzeugung, daß Propyl- und Isopropylalkohol kaum zur Herstellung von alkoholischen Getränken Verwendung finden würde, sah die Kommission auch von einer Besteuerung dieser Substitutionsprodukte ab.[268]

Die Vorschläge der Kommission stießen bei mehreren Mitgliedstaaten auf erheblichen Widerstand. Die Bundesregierung befürchtete nicht vertretbare Wettbewerbsverzerrungen und trat nicht zuletzt unter dem Druck des Bundesrates für eine Beibehaltung der Besteuerung von Alkohol zur Verwendung in der Pharma- und Kosmetikindustrie ein.[269] Aus fiskalischen Gründen sprach sich zunächst auch die Mehrheit der Mitgliedstaaten für die Besteuerung des Kosmetikalkohols, jedoch gegen die steuerliche Belastung von Heilmittelalkohol aus.[270] Die Gegner der Kosmetikalkohol-Besteuerung begründeten ihre

[263] Begründung zum Vorschlag einer Richtlinie des Rates über die Harmonisierung der Verbrauchsteuern auf Alkohol, Bulletin der Europäischen Gemeinschaften, Beilage 3/72, S. 28.

[264] Art. 2 des Vorentwurfes für eine Richtlinie zur Harmonisierung der Verbrauchsteuern auf Alkohol vom 13.6.1968, Dok. 9.375/XIV/68.

[265] Gutachten der Steuerreformkommission 1971, S. 843.

[266] Bulletin der Europäischen Gemeinschaften, Beilage 3/72, S. 8.

[267] Bulletin der Europäischen Gemeinschaften, Beilage 3/72, S. 28,33.

[268] Bulletin der Europäischen Gemeinschaften, Beilage 3/72, S. 26.

[269] *Schmidt*, Die Harmonisierung der Verbrauchsteuern im Gemeinsamen Markt, DStZ 1973, S. 425,429 und ders., Die Verbrauchsteuern aus nationaler Sicht und im Rahmen der Harmonisierung, Steuerberater-Kongress-Report 1973, S. 363,385.

[270] Nach *Jarsombeck* (Die Harmonisierung der Alkoholsteuer, ZfZ 1974, S. 284,286) hat sich die Mehrzahl der Delegationen gegen eine Steuerfreiheit für kos-

ablehnende Haltung damit, daß der eingesetzte Alkohol in diesem Bereich nicht dem Luxus diene, sondern als Rohstoff Verwendung finden würde.[271] Nach einer Phase des Stillstandes legte die Kommission im November 1990 einen geänderten Richtlinienvorschlag vor, der in Art. 17 Steuerbefreiungen für denaturierten Alkohol zur Herstellung von Parfüm, Toilettenartikeln und Kosmetika sowie für Mittel zur äußeren medizinischen Anwendung vorsah.[272] Auf das Erfordernis einer vollständigen Vergällung wurde verzichtet, da die hierzu in den einzelnen Mitgliedstaaten verwendeten Vergällungsmittel wegen ihrer Giftigkeit als für die begünstigten Verwendungszwecke ungeeignet erschienen. Der Wirtschafts- und Sozialausschuß begrüßte die vorgeschlagene Steuerbefreiung beim Einsatz von Alkohol im gewerblich-technischen Bereich.[273] Die vom Ausschuß gewählte Formulierung spiegelt noch den im Richtlinienentwurf von 1972 ursprünglich verfolgten Ansatz der Kommission wieder, Produktionsmittel und Rohstoffe von einer Verbrauchsbesteuerung auszunehmen.

Gegen den Widerstand einiger Mitgliedstaaten hielt die Kommission bis zur Verabschiedung der Strukturrichtlinien im Oktober 1992 an dem Grundsatz fest, Rohstoffe und Produktionsmittel als solche nicht zu belasten. Dieser Ansatz wurde schließlich auch von allen Mitgliedstaaten akzeptiert. In Deutschland hat das Ergebnis der Verbrauchsteuerharmonisierung zu einer wesentlichen Neuorientierung der Verbrauchsbesteuerung geführt. Die Abschaffung der Schmierstoffbesteuerung und die Einführung einer generellen Steuerbefreiung für Alkohol zur Verwendung in der Pharma- und Kosmetikindustrie unterstreichen die Abkehr von der im Schrifttum als systemwidrig empfundenen Rohstoffbesteuerung und damit den Charakter der Verbrauchsteuern als Steuern auf den konsumtiven Verbrauch spezieller Waren.

3. Bestimmung der Steuergegenstände

a) Bestimmung von Alkohol, alkoholischen Getränken und Mineralölen nach KN-Codes

Um die Steuerpflichtigen in die Lage zu versetzen, die mit dem Umgang mit verbrauchsteuerpflichtigen Waren verbundenen steuerlichen Pflichten zu

---

metischen Alkohol, jedoch für eine Steuerfreiheit des Heilmittelalkohols ausgesprochen.

[271] *Jarsombeck*, Das Steuerrecht des deutschen Branntweinmonopols, DDZ 1975, F 37, 40.

[272] Vorschlag für eine Richtlinie des Rates zur Harmonisierung der Struktur der Verbrauchsteuern auf Alkohol und auf in anderen Erzeugnissen enthaltenen Alkohol, KOM (90) 432 endg. und BT-Drs. 12/360, S. 10.

[273] Stellungnahme des Wirtschafts- und Sozialausschusses, ABl. EG Nr. C 69 vom 18.3.1991, S. 29.

erfüllen, ist es unabdingbar, die der Verbrauchsbesteuerung unterworfenen Erzeugnisse so präzise wie möglich zu umschreiben. Diesen auch aus Gründen der Rechtssicherheit an die Bestimmung der Steuergegenstände zu stellenden Anforderungen wurden die früheren Verbrauchsteuergesetze nicht in jedem Fall gerecht. So enthielt z.B. das Schaumweinsteuergesetz von 1952 und das Branntwein- und Biersteuerrecht überhaupt keine Definitionen der verbrauchsteuerpflichtigen Erzeugnisse. Nach der Rechtsprechung mußte der Begriff „Schaumwein" nach der Verkehrsanschauung und nach dem Sinn des gesamten Inhalts der gesetzlichen Bestimmungen ermittelt werden.[274] Erst 1971 gelang es dem Gesetzgeber Begriffsbestimmungen für Schaumwein und schaumweinähnliche Getränke in das Schaumweinsteuergesetz einzufügen. Auch zur Bestimmung der Steuergegenstände Branntwein[275] und Bier[276] griff der BFH unter Berücksichtigung der Verkehrsanschauung auf den Sinn und Zweck des jeweiligen Verbrauchsteuergesetzes zurück. Das Fehlen von präzisen Definitionen und die Ermächtigung an die Verwaltung, die einzelnen Steuergegenstände durch Verordnungen „näher zu bestimmen", ist im Schrifttum insbesondere unter dem Gesichtspunkt der Tatbestandsmäßigkeit der Besteuerung kritisiert worden. So weist Peters[277] zu Recht darauf hin, daß der Kreis der Steuergegenstände im engeren Sinne von einem förmlichen Gesetz zu bestimmen sei.

Im Gegensatz zu den alkoholischen Getränken hat der Gesetzgeber die Steuergegenstände des Mineralölsteuerrechts vor allem aus historischen Gründen stets nach den Positionen und Unterpositionen des Zolltarifs bestimmt. Die 1930 eingeführte Mineralölsteuer hatte die Funktion, die im Inland hergestellten Mineralöle gegenüber den mit Schutzzöllen belegten importierten Mineralölen einer ausgleichenden steuerlichen Belastung zu unterwerfen, da anderenfalls durch die Zollerhöhung vom 15.4.1930[278] ein wirtschaftlich nicht gerechtfertigter Vorsprung zu Gunsten des einheimischen Mineralöls entstanden wäre.[279] Um eine vollkommene Übereinstimmung zwischen den im Inland hergestellten Produkten mit den importierten Mineralölen zu erreichen, bestimmte man die Steuergegenstände durch eine Verweisung auf den Zolltarif. Aus Praktikabilitätsgründen wurde die bewährte Methode auch nach dem Wegfall der Ausgleichsfunktion der Mineralölsteuer beibehalten.

Vor dem Problem einer möglichst präzisen Beschreibung der einer harmonisierten Verbrauchsteuer zu unterwerfenden Steuergegenstände stand auch die Kommission, als sie Anfang der siebziger Jahre daran ging, ein konsens-

---

[274] *Schmidt*, Das Schaumweinsteuergesetz, S. 17 m.w.N.

[275] Urteil des BFH vom 22.3.1956, BStBl. I 1956, S. 231ff.

[276] *Baumgart*, Erläuterungen zum Biersteuergesetz, in: Das Deutsche Bundesrecht, VII D 74, S. 12 und BayObLGSt 27, 44 und 28, 176.

[277] *Peters*, Das Verbrauchsteuerrecht, Rdnr. 5a.

[278] Gesetz über Zolländerungen vom 15.4.1930, RGBl. I S. 131.

[279] *Schädel/Langer/Gotterbarm*, Mineralölsteuer, Mineralölzoll, Vorbem. Rdnr. 19.

fähiges Harmonisierungskonzept zu entwerfen. Um eine vollständige Erfassung der verbrauchsteuerpflichtigen Waren nach EU-weit einheitlichen Kriterien zu gewährleisten, schlug sie von Anfang an eine Bezugnahme auf die Tarifpositionen des Gemeinsamen Zolltarifs vor. Nach der Begründung der Kommission bot sich die Anwendung der Kombinierten Nomenklatur als Referenzsystem deshalb an, weil diese auf Gemeinschaftsebene die einzige vollständige Klassifizierung der verbrauchsteuerpflichtigen Waren darstellte, die auch für fiskalische Zwecke nutzbar gemacht werden konnte.[280] Die in einer EG-Verordnung festgelegte Kombinierte Nomenklatur[281] besteht aus einem Warenverzeichnis mit mehr als 9000 Positionen und dem Gemeinsamen Zolltarif, der die bei Einfuhren anzuwendenden autonomen und vertragsmäßigen Regelzollsätze festlegt. Völkerrechtliche Rechtsgrundlage bilden einerseits die Art.18 bis 29 EG-Vertrag, andererseits die Verträge der Mitgliedstaaten gemäß Art.234 EG-Vertrag und die Abkommen der Gemeinschaft, wie z.B. das GATT[282], der RZZ[283] und die ECE[284] sowie das Internationale Übereinkommen über das Harmonisierte System zur Bezeichnung und Codierung der Waren vom 14.6.1983.[285]

Die von der Kommission vorgeschlagene und von allen Mitgliedstaaten akzeptierte Methode zur Bestimmung der Steuergegenstände bietet den Vorteil, daß die einer harmonisierten Verbrauchsteuer zu unterwerfenden Waren sowohl bei der Einfuhr aus Drittländern als auch im Verkehr zwischen den Mitgliedstaaten und bei der Herstellung im Gebiet der Gemeinschaft nach den selben Kriterien definiert und besteuert werden. Im deutschen Branntweinsteuerrecht war der Gesetzgeber dagegen gezwungen, den inländischen Steuergegenstand „Branntwein" für Zwecke des früheren Monopolausgleichs, der bei der Einfuhr erhoben wurde, in § 151 Abs.1 BranntwMonG um

[280] Begründung zum Vorschlag für eine Richtlinie des Rates zur Harmonisierung der Struktur der Verbrauchsteuern auf alkoholische Getränke und auf in anderen Erzeugnissen enthaltenen Alkohl, KOM (90) 432 endg., BT-Drucksache 12/360, S. 8 und Begründung zu Art.2 des Vorschlages für eine Richtlinie des Rates zur Harmonisierung der Struktur der Verbrauchsteuern auf Mineralöle, KOM (90) 434 endg., BT-Drs. 12/362, S. 7f.

[281] Art.1 der Verordnung (EWG) Nr. 2658/87 des Rates vom 23.7.1987 über die zolltarifliche und statistische Nomenklatur sowie den Gemeinsamen Zolltarif - VO Kombinierte Nomenklatur - ABl. EG Nr. L 256 vom 7.9.1987, S. 1ff. i.d.F. des Anhangs zur VO (EWG) Nr. 2587/91 der Kommission vom 26.7.1991, ABl. EG Nr. L 259, S. 1 und die bis zum 19.10.1992 zu seiner Durchführung erlassenen Rechtsvorschriften.

[282] General Agreement on Tariffs and Trade, nach dem Inkrafttreten des Welt-Handels-Vertrages nunmehr WTO.

[283] Rat für die Zusammenarbeit auf dem Gebiet des Zollwesens (Brüsseler Zollrat).

[284] Economic Commission for Europe, Wirtschaftskommission der Vereinten Nationen für Europa.

[285] Internationales Abkommen über das Harmonisierte System zur Bezeichnung und Codierung der Waren, BGBl. 1986 II S. 1067ff.

„branntweinhaltige Erzeugnisse“ zu erweitern.[286] Nunmehr lassen sich auch die Steuergegenstände des Branntwein-, Schaumwein- und Biersteuerrechts nach den Tarifpositionen des Zolltarifs bestimmen. Von der Einordnung eines alkoholischen Getränkes in die Kombinierte Nomenklatur hängt es künftig ab, ob das Erzeugnis als alkoholfreies Bier oder als Stillwein von der Verbrauchsbesteuerung ausgenommen ist, oder ob es als aromatisierter Wein als sog. „anderes gegorenes Getränk“ oder als Zwischenerzeugnis der Verbrauchsteuer unterliegt.[287] Nachteilig wirkt sich dabei aus, daß sich die Eigenschaft eines Produktes als Steuergegenstand nicht mehr unmittelbar dem Gesetz entnehmen läßt. Obwohl § 1 Abs.1 BierStG Bier generell der Biersteuer unterwirft, verrät erst ein Blick in die Erläuterungen zu Position 2203 der Kombinierten Nomenklatur, daß ein nach der Verkehrsanschauung noch als Bier anzusehendes Brauerzeugnis aus Malz, dessen Alkoholgehalt jedoch 0,5 % oder weniger beträgt, kein Steuergegenstand ist und daher auch nicht besteuert wird. Insgesamt gesehen bedeutet die Bezugnahme auf die Positionen der Kombinierten Nomenklatur jedoch einen großen Fortschritt gegenüber der bisherigen Rechtslage, so daß die Vorteile der neuen Klassifizierungsmethode ihre Nachteile bei weitem überwiegen. Hervorzuheben ist, daß es sich bei den verbrauchsteuerrechtlichen Verweisungen auf die Positionen des Zolltarifs im Gegensatz zum Zollrecht[288] um statische Verweisungen handelt. Änderungen der KN führen damit nicht automatisch auch zu einer Änderung der Steuergegenstände. Für Alkohol und alkoholische Getränke, einschließlich Bier, Wein und Schaumwein, ist die KN mit den bis zum 19.10.1992 zu ihrer Durchführung erlassenen Rechtsvorschriften maßgebend. Diese ursprünglich auch für Mineralöle geltende Regelung wurde durch die Zweite Änderungsrichtlinie aufgehoben. Für Mineralöle ist nunmehr auf die KN in der am 1.10.1994 geltenden Fassung abzustellen.[289]

b) Unzulänglichkeit der Begriffsbestimmung für Tabakwaren

Im Gegensatz zu den anderen Verbrauchsteuern werden Tabakwaren nicht unter Bezugnahme auf die Tarifpositionen der Kombinierten Nomenklatur, sondern durch eine Beschreibung der produktspezifischen Merkmale bestimmt. Der Unterschied in der formalen Technik der Umschreibung geht auf die ersten Verbrauchsteuerrichtlinien aus den Jahren 1972 und 1978 zurück. Nachdem der ursprüngliche Ansatz einer positiven Definition der Zigarette

---

[286] *Jarsombeck*, Das Steuerrecht des deutschen Branntweinmonopols, DDZ 1975, F 37,38.

[287] Vgl. zur Abgrenzung von Wein und Zwischenerzeugnissen die Übersicht von *Wegener*, in: *Jatzke/Neumann/Wegener*, Das neue Verbrauchsteuerrecht - Grundlagen, Schaubilder -, IFSt-Schrift Nr. 327, S. 64f.

[288] Art. 20 Abs.3 a ZK.

[289] *Soyk*, Mineralölsteuerrecht, S. 21.

gescheitert war, begnügte man sich mit einer negativen Abgrenzung zu anderen Tabakwaren.[290] Aufgrund der Vielfalt der zu erfassenden Erzeugnisse erachtete man es dabei als notwendig, zumindest Zigarren und Zigarillos unter Aufzählung der produktspezifischen Merkmale eingehend zu beschreiben.[291] Demgegenüber werden Zigaretten in Art.4 Abs.1a RL 95/59/EWG als Tabakstränge bestimmt, die sich unmittelbar zum Rauchen eignen und nicht Zigarren und Zigarillos sind. Um einer Innovation der Tabakindustrie zu begegnen, die durch eine Trennung des Tabakstranges von der Zigarettenhülse der Besteuerung des Produkts als Zigarette zu entgehen suchte, wurde der Zigarettenbegriff gemäß den EG-rechtlichen Vorgaben auch auf Tabakstränge ausgedehnt, die durch einen einfachen nicht industriellen Vorgang in eine Zigarettenhülse geschoben oder mit einem Zigarettenpapierblättchen umhüllt werden.

Um den Herstellern der zum Feinschnittsteuersatz besteuerten Steckzigaretten die Amortisation ihrer Investitionen zu ermöglichen, wurde Deutschland eine Übergangsfrist bis Ende 1998 eingeräumt. Die Umsetzung dieser EG-rechtlichen Vorgaben erfolgte schrittweise. Zunächst wurde gegen den heftigen Widerstand von Kommunal- und Bundespolitikern für Steckzigaretten bis zum 31.12.1995 ein Zwischensteuersatz festgelegt, der den Unterschied in der Tabaksteuerbelastung zwischen der Fabrikzigarette und der Steckzigarette auf 3 Pf. pro Stück reduzierte.[292] Mit dieser Maßnahme des Gesetzgebers wurde ein „Schlupfloch" im Tabaksteuerrecht geschlossen und der enorme Absatzerfolg der Steckzigarette, den Faltlhauser[293] allein auf die steuerliche Subvention zurückführt, aus fiskal- und wettbewerbspolitischen Gründen gestoppt. Vor Ablauf der Übergangsfrist wurde auf Drängen der Zigarettenindustrie in das Jahressteuergesetz 1996 eine Regelung aufgenommen, die die Anwendung des Zwischensteuersatzes um drei weitere Jahre verlängerte und damit die von der Gemeinschaft gesetzte Frist bis Ende 1998 voll ausschöpfte.[294]

---

[290] Zur Diskussion um den Zigarettenbegriff vgl. *Dittrich*, Gemeinschaftliche Begriffsbestimmungen für Tabakwaren, ZfZ 1979, S. 98,99.

[291] *Benkwitz*, Erläuterungen zum Tabaksteuergesetz, in: Das Deutsche Bundesrecht, VII D 31, S. 17.

[292] Vgl. zur Diskussion um die Besteuerung der Steckzigarette und zu den Motiven des Gesetzgebers: *Faltlhauser*, Was ist eine Zigarette?, ZfZ 1993, S. 34ff. Danach war die steuerliche Gleichstellung der Steckzigarette mit der Fabrikzigarette nicht nur aus fiskalischer, sondern auch aus wettbewerbspolitischer Sicht notwendig; eine großzügig bemessene Übergangsregelung bis Ende 1998 hätte eine tiefgreifende Umstrukturierung des deutschen Zigarettenmarktes zur Folge gehabt, für die es keine realwirtschaftliche Begründung gegeben hätte.

[293] *Faltlhauser*, ebd., ZfZ 1993, S. 34,38.

[294] Nach Art.37 des Jahressteuergesetzes 1996 (BGBl. I 1995, S. 1250,1412) beträgt die Steuer bis zum 31.12.1998 96,65 DM je kg und 26,65 vom Hundert des Kleinverkaufspreises, mindestens 114 DM je kg.

Das Vorgehen des Gesetzgebers ist von der Tabakindustrie und teilweise auch im Schrifttum heftig kritisiert worden. Dittrich und Fenzl[295] bezeichnen die Ausweitung des Zigarettenbegriffs als sinnwidrig und stufen sie als gezielte wettbewerbsverzerrende Maßnahme gegen das nur in Deutschland hergestellte neue Tabakerzeugnis ein. Nach ihrer Ansicht rechtfertigt der Umstand, daß bei der Steckzigarette der Feinschnitt in Tabakrollen vorportioniert wird, keine unterschiedliche steuerliche Behandlung gegenüber dem losen Feinschnitt, den der Verbraucher zum „Selberdrehen" von Zigaretten verwendet. Die Tabakindustrie monierte insbesondere das Fehlen einer zumutbaren Übergangsregelung, die es ihr ermöglichte, die Produktion auf andere Produkte umzustellen und erblickte in diesem Umstand einen Verstoß gegen Art. 12 Abs. 1 und Art. 14 GG. Die Anrufung des Bundesverfassungsgerichtes hatte indes keinen Erfolg. Unter Hinweis auf das Gebot der steuerlichen Belastungsgleichheit versagte das BVerfG in seinem Beschluß vom 19.1.1993[296] dem Vertrauen der Tabakindustrie auf den Fortbestand der für sie vorteilhaften Regelung den grundrechtlichen Schutz und bestätigte damit das Vorgehen des Gesetzgebers.

Auch nach dieser Entscheidung hielt die Diskussion um die Steckzigarette an. Dabei ging es insbesondere um die Auslegung von § 2 Abs. 2 TabStG, dessen ursprüngliche Fassung[297] nicht geeignet war, die Innovationsfreude der Tabakindustrie zu bremsen. So versuchte ein Hersteller eine „superlange" Zigarette mit je einem Filter an beiden Enden auf den Markt zu bringen, die dazu bestimmt war, in der Mitte durchgeschnitten und als zwei Zigaretten geraucht zu werden. Obwohl der Tabakstrang die Länge von 9 cm nicht erreichte, vertrat das BMF die Auffassung, daß sich das Produkt für den Verbraucher als zwei Zigaretten darstellen würde und daher auch als zwei Zigaretten zu besteuern sei.[298]

In einem anderen Fall verweigerte die Finanzverwaltung die Auslieferung und Bereitstellung von Feinschnitt-Steuerzeichen, mit denen überlange Tabakstränge auf den Markt gebracht werden sollten, aus denen der Verbraucher durch Einschieben in Zigarettenhülsen mehrere Steckzigaretten hätte herstellen können. Das FG Düsseldorf[299] bestätigte die Haltung der Finanzverwaltung mit der Begründung, eine nach Sinn und Zweck des § 2 Abs. 2 TabStG vorgenommene Auslegung könne nicht zu dem Ergebnis kommen, daß ein Tabakstrang, aus dem drei Steckzigaretten hergestellt werden, Feinschnitt sein soll, obwohl eine kürzere Tabakrolle, die nur für eine Steckzigarette ausreichen würde, als Zigarette zu besteuern sei. Das Hineinstecken des selbst nicht

[295] *Dittrich/Fenzl*, Was wird als Cigarette besteuert?, ZfZ 1993, S. 139.

[296] Beschluß des BVerfG vom 19.1.1993, 2 BvR 2240/92, HFR 1993, S. 331f.

[297] Durch Art. 1 Nr. 2 des Verbrauchsteueränderungsgesetzes vom 18.7.1996 (BGBl. I S. 962) ist der Wortlaut der Vorschrift an den der RL 92/78/EWG angepaßt worden.

[298] Kein Tabaksteuervorteil für „superlange" Zigaretten, ZfZ 1994, S. 223.

[299] Beschluß des FG Düsseldorf vom 4.7.1994, 4 V 3811/94, ZfZ 1994, S. 280ff.

rauchfähigen Tabakstrangs in eine Hülse und das Abschneiden des überstehenden Endes sei als einfacher nicht industrieller Vorgang i.S.v. § 2 Abs.2 TabStG anzusehen. Demgegenüber vertritt Wewel[300] die Auffassung, daß sich der vorportionierte Tabakstrang selbst unmittelbar zum Rauchen eignen muß, um als Zigarette besteuert zu werden. Dies ergebe sich aus der Formulierung „Zigaretten sind auch..." in § 2 Abs.2 Satz 2 TabStG, die sich auf den ersten Satz von § 2 Abs.2 TabStG beziehen würde. Aufgrund des luftdurchlässigen Papiervlieses seien die Tabakstränge nicht rauchfähig und daher nicht als Zigarette, sondern als Feinschnitt zu besteuern. Der überzogenen Verwaltungs- und Urteilsschelte ist Geuenich[301] entgegengetreten. Zu Recht weist er darauf hin, daß das Erfordernis der unmittelbaren Rauchbarkeit bei den in § 2 Abs.2 Satz 2 TabStG aufgeführten Tabaksträngen zu einem unsinnigen Ergebnis führen würde. Nur der nicht rauchfähige Tabakstrang, der zur Herstellung der Rauchbarkeit einer Umhüllung durch eine Zigarettenpapierhülse bedarf, wird von der als Auffangtatbestand angelegten Vorschrift erfaßt. Auch Wewel[302] muß schließlich zugeben, daß Art.3 Abs.1 RL 79/32/EWG, der wörtlich in nationales Recht umgesetzt worden ist, bei isolierter Betrachtungsweise die Auslegung des Finanzgerichts und der Verwaltung rechtfertigt. Auch deshalb hat der BFH[303] die Entscheidung des Finanzgerichts Düsseldorf bestätigt und ausgeführt, daß dem Wort „auch" in § 2 Abs.2 Satz 2 TabStG nur eine rein formale Bedeutung i.S. von „ferner" zukomme. Darüber hinaus ergäbe das von Wewel geforderte Tatbestandsmerkmal der unmittelbaren Rauchbarkeit der Tabakstränge keinen Sinn.

Die aufgezeigten Auslegungsschwierigkeiten bei der Anwendung von § 2 Abs.2 TabStG belegen die Unzulänglichkeit des Harmonisierungsergebnisses. Auch der BFH hält eine „genauere Ansprache" für wünschenswert.[304] Es ist dem Gesetzgeber zu empfehlen, in Brüssel auf Nachbesserung zu drängen. Dabei sollte man sich von der Art der Herstellung und den dazu verwendeten Hilfsmitteln lösen und eine Definition wählen, die neben der objektiven Beschaffenheit insbesondere auf die Verkehrsauffassung des Verbrauchers und darauf abstellt, wie das Produkt von der Tabakindustrie beworben und dem Konsumenten angeboten wird. Inzwischen hat der Gesetzgeber den Versuch unternommen, der Zigarettendefinition in § 2 Abs.2 TabStG durch die Übernahme des Wortlautes von Art. 4 Abs.1 a RL 95/59/EG schärfere Konturen zu verleihen. Es sind jedoch erhebliche Zweifel angebracht, ob diese Maßnahme zur Beseitigung der aufgezeigten Auslegungsschwierigkeiten und Anwendungsprobleme beitragen wird.

---

300 *Wewel*, ZfZ 1994, S. 282,283.
301 *Geuenich*, ZfZ 1994, S. 365,366.
302 *Wewel*, ZfZ 1994, S. 282,283.
303 BFHE 178, 500 (503).
304 BFHE 178, 500 (504).

V. Die Steuerbemessungsgrundlagen

1. Wert- und mengenabhängige Verbrauchsteuern im deutschen Verbrauchsteuerrecht

Als notwendiges Tatbestandselement des Steuerentstehungstatbestandes bestimmt die Steuerbemessungsgrundlage die zahlenmäßige Größe des Steuergegenstandes und ermöglicht damit eine Quantifizierung des Steueranspruchs.[305] Die geltenden Steuertarife stimmen darin überein, daß sie eine Besteuerung der verbrauchsteuerpflichtigen Waren nach Mengeneinheiten vorsehen. Lediglich der Tabaksteuertarif bildet eine Ausnahme, denn er setzt sich aus einem spezifischen, d.h. mengenbezogenen, und einem ad-valorem, d.h. wertbezogenen, Anteil zusammen. Ein Wesensmerkmal der Verbrauchsteuern läßt sich aus dem Umstand, daß alle Verbrauchsteuern zumindest einen mengenbezogenen Anteil aufweisen, jedoch nicht ableiten. In der Geschichte der Verbrauchsbesteuerung finden sich sowohl wertabhängig als auch mengenabhängig ausgestaltete Verbrauchsteuern. Als reine Wertsteuern wurden z.B. 1917 die Kohlensteuer und 1918 die Weinsteuer eingeführt. Bei diesen Verbrauchsteuern richtete sich die Bemessungsgrundlage nach einem prozentualen Anteil des Herstellerverkaufswertes. Durch den massiven Geldverfall infolge der Inflation sah sich die Reichsregierung im Jahre 1923 veranlaßt, auch die Zündwaren-, Leuchtmittel-, Zucker-, Salz- und Schaumweinsteuer auf wertabhängige Steuern umzustellen.[306] Nach der Festigung der Währung wurden die Steuertarife wieder auf eine mengenabhängige Grundlage zurückgeführt. Neben der Leuchtmittelsteuer wurde bis 1968 lediglich die Zigarettensteuer als rein wertabhängige Steuer beibehalten. Die Aufhebung der Preisbindung der zweiten Hand[307] und zunehmende Schwierigkeiten bei der Bemessung der Wertsteuer bei Einfuhren und in den Fällen, in denen Hersteller keine listenmäßige Kleinverkaufspreise festgesetzt hatten oder Leuchtmittel unter Umgehung des Handels direkt an Endverbraucher abgaben, zwangen den Gesetzgeber 1974 auch die Leuchtmittelsteuer auf eine mengenabhängige Verbrauchsteuer umzustellen.[308] Der Wechsel zwischen wert- und mengenabhängiger Ausgestaltung der Steuerbemessungsgrundlage läßt eine systemprägende Übung des traditionellen deutschen Verbrauchsteuerrechts nicht erkennen. Während allgemeine Umsatzsteuern nur als Wertsteuern ausgestaltet sein können, hat der Gesetzgeber bei den besonderen Verbrauchsteuern grundsätzlich die Wahl zwischen einer Wert- oder Mengenbesteuerung.[309]

---

[305] *Lang*, Systematisierung der Steuervergünstigungen, S. 54f. und *Förster*, Die Verbrauchsteuern, S. 77.

[306] *Senckpiehl*, Strukturwandlungen des Verbrauchsteuerrechts, S. 71.

[307] Zweites Gesetz zur Änderung des Gesetzes über Wettbewerbsbeschränkungen vom 3.8.1973, BGBl. I S. 917ff.

[308] *Winkler*, Die Änderung der Leuchtmittelbesteuerung, ZfZ 1974, S. 130.

[309] *Hansmeyer*, Steuern auf spezielle Güter, S. 714.

Durch die EG-rechtlichen Vorgaben in den Struktur- und Satzrichtlinien ist dieser theoretische Gestaltungsspielraum jedoch auf die in der EU nicht harmonisierten Verbrauchsteuern eingeengt worden. Der Gesetzgeber wäre z.B. nicht gehindert, die Kaffeesteuer oder die Erdgassteuer auf einen wertabhängigen Steuertarif umzustellen oder eine rein wertbezogene Verbrauchsteuer auf elektrische Energie einzuführen, solange er die Steuerentstehungstatbestände an Realakte anknüpft und die Steuern unter Ausschluß des Vorsteuerabzugs auf nur einer Stufe erhebt und damit die in Art.33 der 6. USt-RL aufgestellten Forderungen erfüllt.

2. Ablehnung der Wertsteuer auf EG-Ebene

Im Rahmen der Konzipierung der 1972 vorgelegten Richtlinienvorschläge stellte die Kommission auch eine wertabhängige Ausgestaltung der zu harmonisierenden Verbrauchsteuern zur Diskussion. Während die Niederlande den Vorteil einer ad-valorem Verbrauchsteuer in der Möglichkeit einer gemeinsamen Erhebung mit der Mehrwertsteuer sah, lehnten die anderen Mitgliedstaaten einen wertabhängigen Ansatz entschieden ab. Auch die Kommission stand der Einführung von wertabhängigen Verbrauchsteuern eher skeptisch gegenüber. Man erkannte, daß eine Wertsteuer auf der Basis von Einzelhandelspreisen eine Preisbindung der zweiten Hand und eine umfangreiche Kontrolle und Marktbeobachtung der Kleinverkaufspreise erforderlich machen würde.[310] Aufgrund der schlechten Erfahrungen mit der Leuchtmittelsteuer, bei der die Überwachung von ca. 10.000 listenmäßigen Kleinverkaufspreisen auf zunehmende Schwierigkeiten stieß, sprach sich auch Deutschland gegen eine wertabhängige Ausgestaltung der Alkohol- und Mineralölsteuersätze aus. In einer umfassenden Arbeit über die Harmonisierung der Mineralölsteuer kam Kreke[311] bereits 1965 zu dem Ergebnis, daß eine auf dem Wert der Erzeugnisse basierende Bemessungsgrundlage nicht zu empfehlen sei, da der Wert der Produkte durch die anzunehmende oligopolistische Preisadministration der Mineralölkonzerne zu leicht manipuliert werden könnte. Aus Wettbewerbsgründen sprach sich auch die Wirtschaft gegen eine proportionale Wertbesteuerung aus.[312] Das Ergebnis der Verbrauchsteuerharmonisierung

---

[310] Zu dem selben Ergebnis kommt *Hassbach* (Die Branntweinsteuer als Verbrauchsteuer, S. 111f.), der nachweist, daß eine wertabhängige Branntweinsteuer nur bei einer Preisbindung der zweiten Hand funktionieren würde, da der Hersteller in Extremfällen überhaupt nicht wisse, zu welchem Endverkaufspreis sein Fabrikat dem Letztverbraucher angeboten würde.

[311] *Kreke*, Die Harmonisierung der Mineralölsteuern innerhalb der Europäischen Wirtschaftsgemeinschaft, S. 72.

[312] Nach *Ritter* (Steuerharmonisierung als Voraussetzung eines EG-Binnenmarktes, BB 1989, S. 77,81) würde eine proportionale Wertbesteuerung etwaige Wettbewerbs-

trägt den von allen Seiten vorgebrachten Bedenken in vollem Umfang Rechnung, indem bis auf die Tabaksteuer alle anderen Verbrauchsteuern als rein mengenabhängige Steuern ausgestaltet worden sind. So bemißt sich die Alkoholsteuer nach der in dem Erzeugnis enthaltenen Menge an reinem Alkohol und die Schaumwein-, Zwischenerzeugnis- und Biersteuer nach dem Gesamtvolumen des jeweiligen Getränkes. Bei der Biersteuer wird die in einem festen ECU-Betrag ausgewiesene Rechnungsgröße noch um ein weiteres Element ergänzt. Nach dem Verhandlungsergebnis, das auf die besonderen Gegebenheiten und Traditionen in den verschiedenen Mitgliedstaaten Rücksicht nimmt, können die Mitgliedstaaten zwischen einer Besteuerung nach dem Alkoholgehalt oder dem in Grad Plato[313] gemessenen Stammwürzegehalt wählen. Bei der Mineralölsteuer wurden die mengenmäßigen Bezugsgrößen bei Benzin, Diesel und Kerosin auf 1000 l und bei schwerem Heizöl, Flüssiggas und Methan auf 1000 kg festgelegt.

Anders stellt sich die Situation bei der Tabaksteuer dar. Bereits 1972 einigten sich die Mitgliedstaaten auf einen gemischten Zigarettensteuersatz, der sich aus einem spezifischen und einem ad-valorem Anteil zusammensetzt.[314] Erst sechs Jahre später gelang es im Rahmen der 2. Harmonisierungsstufe den mengenbezogenen Anteil gemäß Art.10b Nr.2 RL 72/464/EWG auf 5-55 % der Gesamtsteuerbelastung festzusetzen.[315] Der Mindeststeuersatz (spezifischer Anteil und ad-valorem Anteil ohne Mehrwertsteuer) beträgt nach Art.2 RL 92/79/EWG 57 % des Kleinverkaufspreises für Zigaretten der gängigsten Preisklasse.

3. Auswirkungen der Harmonisierungsergebnisse auf die nationalen Bemessungsgrundlagen

Entscheidende Änderungen haben sich lediglich bei der Bier- und Branntweinsteuer ergeben. Der Mindestsatz von 0,748 ECU je hl/Grad Plato zwang den Gesetzgeber die Einteilung des Bieres in vier verschiedene Biergattungen[316] und die für alle Brauereien durchgängige Staffellung der ermäßigten Steuersätze aufzugeben. Im Gegenzug wurde jedoch die Ausstoßgrenze der

---

nachteile, die zu höheren Preisen führen, verschärfen; sie sei daher keine wünschenswerte Lösung.

[313] Die Bezeichnung geht auf den deutschen Physiker Dr. F. Plato zurück. Plato war Geheimer Regierungsrat der „Kaiserlichen Normal-Aichungskommission".

[314] Zur Begründung der gemischten Struktur vgl. die Ausführungen von *F.Kirchhof*, Die steuerliche Doppelbelastung der Zigaretten, S. 16f.

[315] Zur Harmonisierung der Zigarettenbesteuerung in der EG vgl. *Caesar/ Goetzke/ Mackscheidt*, Finanzwissenschaftliche Analyse der Tabaksteuerharmonisierung in der Europäischen Gemeinschaft, S. 16ff. und *Zimmermann*, Die Tabaksteuer, S. 32ff.

[316] Einfach-, Schank-, Voll- und Starkbier.

Biersteuermengenstaffel von 120.000 hl auf 200.000 hl heraufgesetzt, so daß eine wesentliche Mehrbelastung der Brauereien vermieden werden konnte.

Bei der Branntweinsteuer wurde für die in § 103a BranntwMonG geregelten Erzeugnisse eine neue Steuerart geschaffen, die den EG-rechtlichen Vorgaben in Art.17 RL 92/83/EWG Rechnung trägt.[317] Es handelt sich dabei um solche Erzeugnisse, die nach der Kombinierten Nomenklatur den Trauben- und Fruchtweinen zuzuordnen sind, in ihrer steuerlichen Definition jedoch weder dem Wein, noch anderen gegorenen Getränken zugerechnet werden können.[318] Während diese Getränke nach der bisherigen Rechtslage lediglich mit dem 14 % vol bzw. 10,5 % vol übersteigenden Alkoholgehalt der Branntweinsteuer unterworfen wurden[319], wird gemäß § 24 SchaumwZwStG nicht mehr der zugesetzte Alkohol, sondern die gesamte Menge des Getränkes mit 300 DM je hl bzw. bei einem vorhandenen Alkoholgehalt von nicht mehr als 15% vol mit 200 DM je hl besteuert. Der ursprünglich zum 1.1.1993 festgelegte Steuersatz von 100 DM je hl wurde mit dem Verbrauchsteueränderungsgesetz vom 18.7.1996 verdreifacht! Mit dieser drastischen Steuererhöhung sollte der Abstand zur steuerlichen Belastung der Spirituose verringert und Umgehungsversuchen entgegengewirkt werden.[320]

Bei der Mineralölsteuer mußten die nationalen Bezugsgrößen für Benzin, Gasöl und Kerosin gemäß Art.3,4,5 und 8 RL 92/82/EWG von hl auf 1000 l umgestellt werden. Um der Abrechnungspraxis des Handels entgegenzukommen, erfolgte zum 1.1.1993 auch eine Änderung des Erdgas-Tarifes von kg auf Mwh.

Hinsichtlich der Tabaksteuer hat sich ein Anpassungsbedarf lediglich bei den sog. Steckzigaretten ergeben, auf die bei der Darstellung über die Steuergegenstände bereits ausführlich eingegangen worden ist. Erwähnenswert ist jedoch, daß der Steuersatz für Zigarren und Zigarillos von 13 % des Kleinverkaufspreises auf den EG-Mindeststeuersatz von 5 % gesenkt wurde. Die Maßnahme dient dem Erhalt der Wettbewerbsfähigkeit der mittelständisch geprägten deutschen Zigarrenindustrie. Auf die verfassungsrechtlichen Problemstellungen, die sich aus der Einbeziehung des Umsatzsteueranteils des Kleinverkaufspreises in die Bemessungsgrundlage der Zigarettensteuer und der da-

---

[317] *Jatzke*, Das neue Verbrauchsteuerrecht in der Bundesrepublik Deutschland, IFSt-Schrift Nr. 322, S. 84f.

[318] *Knudsen/Schwitalla*, Harmonisierung der Verbrauchsteuern, ZfZ 1992, S. 220, 223.

[319] Die Besteuerungsgrundlagen sind erst 1981 in das Branntweinsteuerrecht eingefügt worden, um die nach Art.95 EWG-Vertrag gebotene Gleichbehandlung von eingeführten und im Inland hergestellten Erzeugnissen zu gewährleisten. Bis dahin konnte Wein im Inland einer Spirituose zugesetzt werden, ohne daß der im Wein enthaltene Gärungsalkohol versteuert werden mußte, jedoch wurde bei eingeführten Erzeugnissen der gesamte Alkohol des Produktes besteuert.

[320] Zur Begründung der Steuererhöhung vgl. VSF-Nachrichten vom 5.2.1996, S. 12.

durch herbeigeführten teilweisen Selbstbesteuerung der Tabaksteuer ergeben, kann an dieser Stelle nicht ausführlich eingegangen werden, da eine vertiefte Auseinandersetzung mit diesem komplexen Thema den Umfang der Arbeit sprengen würde. Das verfassungsrechtliche Problem liegt insbesondere darin, daß die gegenseitige Beeinflussung der Bemessungsgrundlagen durch Addition des jeweils anderen Steuerbetrags zu einem Rückkopplungseffekt und zu einem gegenseitigen Aufschaukeln der durch die jeweils andere Steuer bedingten Mehrbelastung führt. Gegen die Wanderung der Steuerbeträge in die Bemessungsgrundlage der jeweils anderen Steuer hat F.Kirchhof in einer umfassenden Studie verfassungsrechtliche Bedenken erhoben. Die Untersuchung kommt zu dem Ergebnis, daß die Tabaksteuer in ihrer Bemessungsgrundlage nicht die auf den Zigaretten lastende Umsatzsteuer erfassen dürfe, weil diese Mehrbelastung weder mit einer größeren Leistungsfähigkeit des Endverbrauchers noch mit Praktikabilitätsgründen zu rechtfertigen sei. Für die als Kaskadenwirkung bezeichnete Erhöhung der Gesamtsteuerlast durch permanente Übernahme des Betrages der einen Steuer in die andere und die damit verbundene Selbstbesteuerung der Tabaksteuer bestünde daher kein verfassungsrechtlicher Legitimationsgrund.[321] Obwohl die verfassungsrechtlichen Schlußfolgerungen von F.Kirchhof in der Finanzverwaltung und im Finanzausschuß des Bundestages Beachtung gefunden haben, hat der Gesetzgeber bisher keine Veranlassung gesehen, das Problem in Brüssel zur Sprache zu bringen oder eine Änderung der Zigarettenbesteuerung herbeizuführen.

VI. Die Steuervergünstigungen

1. Begriffsbestimmung

Eine für alle Verbrauchsteuern geltende Bestimmung des Begriffes „Steuervergünstigung" fehlt im deutschen Verbrauchsteuerrecht. Die Verwendung des Begriffes in den einzelnen Verbrauchsteuergesetzen läßt eine klare Systematik nicht erkennen; so stehen bei den Paragraphen, die den Begriff Steuervergünstigung bzw. Steuerbegünstigung enthalten, die Überschriften im Widerspruch zum Inhalt der Vorschrift. Obwohl § 3 MinöStG die Überschrift „Steuerermäßigungen, Begriffsbestimmungen" trägt, ermächtigt § 3 Abs.5 MinöStG das zuständige HZA zur Gewährung einer Steuerbegünstigung zu Versuchszwecken, die nach dem Klammerzusatz sowohl in einer Steuerfreiheit als auch in einer Steuerermäßigung bestehen kann. § 21 BierStG ist mit dem Titel „Ermächtigung zu Steuervergünstigungen" überschrieben, obwohl die Vorschrift ausschließlich Steuerbefreiungen regelt. Auch bei der konkreten Ausgestaltung der Steuervergünstigungen ist eine einheitliche Sprachregelung nicht festzustellen. Die Verbrauchsteuergesetze ordnen mit unterschiedlichen

---

321 *F.Kirchhof*, Die steuerliche Doppelbelastung der Zigaretten, S. 70.

Formulierungen Steuerbefreiungen[322] oder Steuerermäßigungen[323] an. Während bei Tabakwaren, Alkohol und alkoholischen Getränken die Formulierung „ist von der Steuer befreit“ verwendet wird, erlaubt § 4 MinöStG die steuerfreie Verwendung von Mineralölen zu bestimmten begünstigten Zwecken. Auch die Terminologie bei den Steuerermäßigungen ist nicht einheitlich. § 2 Abs.2 BierStG ordnet für Brauereien bis zu einer Gesamtjahreserzeugung von 200.000 hl Bier eine stufenweise Ermäßigung des Steuersatzes an, während § 131 Abs.2 BranntwMonG von einer Verminderung des Regelsatzes ausgeht. In § 3 MinöStG wird schließlich die Verwendung von Mineralölen zu ermäßigten Steuersätzen gestattet.

Nach § 3 Abs.5 MinöStG und § 21 BierStG wird der Begriff der Steuervergünstigung im neuen Verbrauchsteuerrecht als Oberbegriff verwendet, der sowohl Steuerbefreiungen als auch Steuerermäßigungen erfaßt. Im Gegensatz zu den anderen Verbrauchsteuergesetzen enthält das neue Tabaksteuergesetz den Begriff der Steuervergünstigung nicht mehr, obwohl das Tabaksteuergesetz 1980 in § 11 TabStG Steuerbefreiungen und in § 12 TabStG Steuervergünstigungen unterschiedlich regelte. Der Gesetzgeber begründete diese Unterscheidung mit der unterschiedlichen Anwendbarkeit von § 50 Abs.1 AO. Dabei vertrat er die Auffassung, daß von den beiden Ausnahmen der Steuerbefreiung für Ansichtsmuster und Deputate abgesehen, die Steuer für Tabakwaren und Zigarettenhüllen im Rahmen einer steuerbegünstigten Verwendung mit der Entfernung aus dem Herstellungsbetrieb oder der Entnahme zum Verbrauch im Herstellungsbetrieb bedingt entstünde und mit der zweckbestimmten Verwendung nach § 50 Abs.1 AO wieder entfallen würde.[324] Bei Ansichtsmustern und Deputatwaren wurde dagegen eine originäre Steuerfreiheit angenommen, die das Entstehen einer bedingten Steuer verhinderte. Schröter bezeichnete sie daher als „echte“ Steuerbefreiungen.[325] Nach diesen Abgrenzungskriterien hätte eine Steuerbefreiung nach dem bisherigen Verbrauchsteuerrecht stets dazu führen müssen, das eine Steuer nicht entsteht. Die einengende Verwendung des Begriffes „Steuervergünstigung“ unter Ausschluß von originären Steuerbefreiungen vermag indes nicht zu überzeugen, zumal in § 11 TabStG 1980 unter der Paragraphenüberschrift „Steuerbefreiung“ neben den beiden „echten Steuerbefreiungen“ auch vier Steuerbefreiungen geregelt waren, bei denen nach dem Willen des Gesetzgebers eine bedingte Steuer entstehen sollte. Die Differenzierung der Steuerbefreiungen des Tabaksteuer-

---

[322] § 6 TabStG, § 3 BierStG, § 132 Abs.1 BranntwMonG, § 3 SchaumwZwStG und § 4 MinöStG.

[323] § 2 Abs.2 BierStG, § 131 Abs.2 BranntwMonG und § 3 MinöStG.

[324] *Caspers-Dittrich*, Das neue Tabaksteuerrecht, ZfZ 1980, S. 136 und *Benkwitz*, Erläuterungen zum Tabaksteuergesetz 1980, in: Das Deutsche Bundesrecht, VII D 31, S. 24.

[325] *Schröter*, Das Tabaksteuergesetz, S. 194; im Tabaksteuergesetz vom 6.5.1953 (BGBl. I S. 169) fand der Begriff Steuervergünstigung keine Verwendung, § 77 und § 78 TabStG regelten lediglich Steuerbefreiungen.

rechts nach echten Steuerbefreiungstatbeständen und Steuervergünstigungen fand darüber hinaus auch keine Entsprechung in den anderen Verbrauchsteuergesetzen.

Auch die Literatur grenzt echte Steuerbefreiungen nicht vom Begriff der Steuervergünstigung aus; vielmehr wird der Begriff „Steuervergünstigung" als Ober- und Sammelbegriff angesehen, der alle Steuerbefreiungen- und ermäßigungen erfaßt.[326] Allen verbrauchsteuerrechtlichen Regelungen über Steuerbefreiungen und Steuerermäßigungen ist gemeinsam, daß sie eine Entstehung der Steuer ganz oder bei den Steuerermäßigungen des Mineralölsteuerrechts zumindest in Höhe des Differenzbetrages zum Regelsteuersatz verhindern. Darin unterscheidet sich das neue System der Steuervergünstigungen von dem System der bedingten Steuer nach altem Recht, das zwar nicht die Entstehung der Steuerschuld verhinderte, jedoch im Ergebnis auch dazu führte, daß die Steuer nicht gezahlt zu werden brauchte.[327]

Obwohl die Verbrauchsteuergesetze den Begriff Steuervergünstigung ausschließlich als Oberbegriff für Steuerbefreiungen und -ermäßigungen verwenden, wird er in der finanzwissenschaftlichen Literatur auch auf die Fälle der Steuererstattung und -vergütung ausgedehnt. Nach Beermann ermöglicht die Steuervergünstigung, daß die Steuer nicht gezahlt zu werden braucht oder zurückgezahlt wird.[328]Auch Schröer-Schallenberg bezeichnet die Rückgängigmachung der Versteuerung als Form der Steuervergünstigung.[329] Förster ist dagegen der Auffassung, daß sich die Erstattung durch ihre formale Behandlung von der Vergünstigung unterscheidet und nur im Ergebnis zur Steuerbefreiung führt.[330] Dieser Ansicht ist zuzustimmen. Obwohl die Steuerbefreiung und die Steuererstattung im Ergebnis dazu führen, daß die Folgen einer Steuerbelastung nicht eintreten, unterscheiden sich die Rechtsinstitute durch formale Kriterien, die eine begriffliche Unterscheidung erforderlich machen. Peters spricht degegen in Zusammenhang mit der Rückgängigmachung der Versteuerung durch Erlaß, Erstattung oder Vergütung von materiellen Vergünstigungsvoraussetzungen und von der Beanspruchung einer Vergünstigung[331] und verwischt damit die tatbestandsmäßigen Grenzen zwischen einer nachträglichen Steuerentlastung und einer Verdrängung des Entstehungstatbestandes. Diesen Unterschied hat auch der Gesetzgeber bei der Formulierung des § 178 Abs.2 Nr.3a AO unberücksichtigt gelassen. Nach Ansicht von Tipke

[326] *Lang*, Systematisierung der Steuervergünstigungen, S. 26; *Förster*, Die Verbrauchsteuern, S. 80; *Peters*, Das Verbrauchsteuerrecht, Rdnr. 26; *Soyk*, Mineralölsteuerrecht, S. 123.

[327] *Beermann*, in: Klein, Lexikon des Rechts, Steuer- und Finanzrecht, S. 482.

[328] *Beermann*, ebd., S. 482.

[329] *Schröer-Schallenberg*, Die Auswirkungen der Verbrauchsteuerharmonisierung, ZfZ 1993, S. 303.

[330] *Förster*, Die Verbrauchsteuern, S. 83.

[331] *Peters*, Das Verbrauchsteuerrecht, Rdnr. 420.

erscheint die Einordnung der Steuervergütungen als Steuervergünstigungen in § 178 Abs.2 Nr.3a AO als verfehlt.[332]

Der Subventionsbericht der Bundesregierung definiert Steuervergünstigungen als spezielle steuerliche Ausnahmeregelungen, die für die öffentliche Hand zu Mindereinnahmen führen.[333] Die lediglich auf die haushaltsrechtlichen Folgen abgestellte Begriffsbestimmung gibt keinen Aufschluß über die tatbestandsmäßigen Voraussetzungen der Vergünstigungen; insbesondere nicht darüber, ob es sich um eine nachträgliche Rückgängigmachung der Steuerentstehung oder um eine tatbestandsverdrängende Steuerbefreiung- oder ermäßigung handelt.

Nach der verbrauchsteuerrechtlichen Zielsetzung und der rechtstechnischen Ausgestaltung verhindern Steuervergünstigungen das Entstehen einer Verbrauchsteuer und bewirken damit, daß eine Steuerbelastung nicht eintritt. Aufgrund dieser tatbestandsverdrängenden Wirkung bilden sie den negativen Entstehungstatbestand der Steuerschuld.[334] Das neue Verbrauchsteuerrecht gewährt verwendungsorientierte Steuervergünstigungen in Form von Steuerbefreiungen oder Steuerermäßigungen.[335] Von den Steuervergünstigungen zu unterscheiden sind die Fälle einer nachträglichen Steuerentlastung durch Erstattung, Vergütung oder Erlaß der Steuer. Da den Entlastungsnormen keine den Entstehungstatbestand verdrängende Wirkung zukommt, ist eine an formalen Kriterien ausgerichtete Abgrenzung zu den Steuerbefreiungen und Steuerermäßigungen geboten.[336]

Das Nebeneinander von Vergünstigungs- und Entlastungsnormen und deren begriffliche Unterscheidung kommt in § 132 BranntwMonG besonders deutlich zum Ausdruck. Unter der Überschrift "Steuerbefreiungen und -entlastungen" werden sowohl Vergünstigungen in Form von Steuerbefreiungen als auch Entlastungen in Form von Erstattung, Vergütung und Erlaß geregelt. Auch alle anderen Verbrauchsteuergesetze grenzen das Entlastungsverfahren begrifflich und rechtstechnisch von den Steuervergünstigungen ab.[337] Nur im Ergebnis führen beide Ausnahmeregelungen zur Vermeidung einer Steuerbelastung.

---

[332] *Tipke/Lang*, Steuerrecht, S. 144.

[333] 15. Subventionsbericht der Bundesregierung, BT-Drs. 13/2230, S. 9.

[334] *Lang*, Systematisierung der Steuervergünstigungen, S. 63. Nach *Lang* wird der negative Entstehungstatbestand der Steuerschuld durch die Gesamtheit solcher negativen Geltungsanordnungen gebildet, die als Steuervergünstigungen anzusehen sind.

[335] Unsere Steuern von A-Z, *BMF* 1993, S. 146; *Schröer-Schallenberg*, Die Auswirkungen der Verbrauchsteuerharmonisierung, ZfZ 1993, S. 302.

[336] Vgl. die begriffliche Unterscheidung zwischen Steuervergünstigungen und Steuererstattungen bei der Tabaksteuer, in: Unsere Steuern von A-Z, *BMF* 1993, S. 133.

[337] Vgl. § 22 TabStG, §§ 19,20 BierStG, §§ 132,148,149 BranntwMonG, §§ 18,19 SchaumwZwStG und §§ 24 und 25 MinöStG.

Als Steuervergünstigungen im verbrauchsteuerrechtlichen Sinne sind diejenigen Ausnahmeregelungen anzusehen, die in Form einer den Steuerentstehungstatbestand verdrängenden Steuerbefreiung oder in Form einer den Regelsteuersatz herabsetzenden Steuerermäßigung den Eintritt einer Steuerbelastung verhindern. Steuerbegünstigte Erzeugnisse sind danach Erzeugnisse, die aufgrund einer Steuerbefreiung entweder überhaupt nicht oder aufgrund einer Steuerermäßigung nur zu einem ermäßigten Steuersatz besteuert werden. Davon zu unterscheiden sind die Steuerentlastungen, die das Ergebnis einer bereits eingetretenen Besteuerung durch Erstattung, Vergütung oder Erlaß nachträglich korrigieren und dadurch die steuerliche Belastung rückgängig machen.

Die Definition der steuerbegünstigten Erzeugnisse ist insbesondere für den Verwenderverkehr von großer Bedeutung, da die steuerbegünstigte Verwendung in allen Verbrauchsteuergesetzen einem Erlaubnisvorbehalt unterliegt. Darüber hinaus enthalten alle Verbrauchsteuergesetze besondere Steuerentstehungstatbestände für den Fall, daß verbrauchsteuerpflichtige Erzeugnisse, für die eine Steuerbefreiung oder Steuerermäßigung gewährt wird, entgegen der in der Verwendererlaubnis genannten Zweckbestimmung zu anderen Zwecken verwendet werden. Um die Normierung eines für alle Verbrauchsteuern geltenden Entstehungstatbestandes zu erleichtern, empfiehlt es sich daher in den Allgemeinen Teil eine Definition der steuerbegünstigten Erzeugnisse aufzunehmen, die eine eindeutige Abgrenzung von den verbrauchsteuerrechtlichen Entlastungsverfahren gewährleistet. Eine solche Definition könnte wie folgt lauten:

Steuerbegünstigte Erzeugnisse sind verbrauchsteuerpflichtige Erzeugnisse, die steuerfrei oder zu ermäßigten Steuersätzen verwendet werden dürfen.

2. Das neue System der Steuervergünstigungen

a) Aufgabe der bedingten Steuer

Das bisherige System der Gewährung von Steuervergünstigungen bediente sich zwei verschiedener Gestaltungsformen. Das erste Verfahren war durch die Entstehung einer bedingten Steuer gekennzeichnet. So entstand die Steuer für Mineralöl, das zu einem begünstigten Zweck an einen Erlaubnisinhaber abgegeben wurde, nach § 23 Abs.1 Nr.1 MinöStDV a.F. mit der Entfernung aus dem Herstellungsbetrieb auflösend bedingt. Mit der Inbesitznahme des Mineralöls durch den berechtigten Bezieher ging die bedingte Steuer auf diesen über und erlosch schließlich nach § 50 Abs.1 AO durch den Verbrauch des Mineralöls im Rahmen der begünstigten Zweckbestimmung.[338] Im Falle der Verwendung des Mineralöls zu einem von der Erlaubnis nicht erfaßten Zweck

[338] *Kettnaker/Frank*, Das Mineralölsteuerrecht, S. 133ff.

oder bei Abgabe an einen Nichtberechtigten, wurde die Steuer in Höhe der Differenz zwischen dem ermäßigten Steuersatz und dem Regelsteuersatz unbedingt.[339] Im Gegensatz zur „vorläufig“ bedingten Steuer, die eine Weitergabe von unversteuerten Waren im Handel über Steuer- und Verteilerlager ermöglichte, bezog sich die endgültig bedingte Steuer auf das steuerliche Schicksal der Ware, die im Rahmen der erteilten Verwendererlaubnis steuerbegünstigt verwendet werden sollte.[340] Peters bezeichnet die mit dem Vorbehalt späteren Erlöschens behaftete bedingte Verbrauchsteuerschuld als "defekte" Steuerschuld, die nicht fällig wird und damit auch nicht zur Grundlage von Beitreibungsmaßnahmen gemacht werden kann.[341]

Die Konstruktion des Übergangs einer bedingten Steuer auf den beziehenden Erlaubnisinhaber führte insbesondere bei den sog. Streckengeschäften zu erheblichen praktischen und dogmatischen Problemen.[342] Im Streit stand, ob der Übergang der bedingten Steuerschuld auf einen Zwischenhändler im Rahmen eines sog. Geheißerwerbs erfolgen könne[343], oder ob eine Ausübung der Sachherrschaft durch unmittelbaren oder zumindest mittelbaren Besitz erforderlich sei. Der BFH beendete schließlich den Streit und verweigerte dem Geheißerwerb die mineralölsteuerliche Anerkennung. In mehreren Entscheidungen brachte er deutlich zum Ausdruck, daß für den Übergang der bedingten Steuerschuld auf einen Zwischenerwerber die unmittelbare oder zumindest mittelbare Besitzverschaffung erforderlich sei[344]. In Anbetracht der komplizierten Regelung wurde in der Literatur die Ansicht vertreten, daß die bedingte Steuer zur Sicherung und Einhaltung der begünstigten Zwecke rechtstechnisch nicht notwendig sei und die Steueraufsicht, ergänzt durch eine vermutete Steuerentstehung bei Unaufklärbarkeit, den selben Zweck erfüllen könne.[345]

---

[339] *Hahn*, Erläuterungen zum Mineralölsteuergesetz, in: Das Deutsche Bundesrecht, VII D 39, S. 44.

[340] Zur „vorläufigen“ und „endgültigen“ Bedingung vgl. ausführlich *Schrömbges*, Steuerfolgen bei „Unterbrechung der Steueraufsicht“?, ZfZ 1986, S. 162ff, 226ff, 322ff.

[341] *Peters*, Das Verbrauchsteuerrecht, Rdnr. 310 und 346.

[342] Vgl. zur Problematik *Columbus*, ZfZ 1982, S. 262ff; *Schrömbges*, Der Übergang der bedingten Mineralölsteuer bei Besitzdienerschaft und mittelbarem Besitz, ZfZ 1988, S. 203ff und *Peters*, Zum Streckengeschäft im Heizölhandel, ZfZ 1983, S. 70ff.

[343] Nach *Peters* (Zum Streckengeschäft im Heizölhandel, ZfZ 1983, S.70,73) steht es der zur Eigentumsübertragung gem. § 929 Satz 1 BGB notwendigen Besitzverschaffung gleich, wenn der jeweilige Veräußerer den unmittelbaren Besitzer anweist, seinen Besitz auf den Letztkäufer bzw. dessen Transportperson zu übertragen, und daß der Käufer sich mit einer derartigen Form der Besitzübertragung einverstanden erklärt und den Letztkäufer entsprechend zur Inbesitznahme anweist bzw. anweisen läßt (Besitzverschaffung durch Geheiß).

[344] BFHE 135, 252; Urteile vom 25.10.1988 VII R 17/85, BFH/NV 1989, 464 und vom 8.11.1988 VII R 55/85, BFH/NV 1989, 467.

[345] *Peters*, Das Verbrauchsteuerrecht, Rdnr. 346.

Neben dem System der bedingten Steuerschuld kannte das bisherige Verbrauchsteuerrecht auch Steuervergünstigungen, bei denen eine Steuer von vornherein nicht entstand. Bei diesen Steuervergünstigungen wurde der Steuerentstehungstatbestand durch die Anordnung einer „echten" Steuerfreiheit verdrängt.[346] Da in diesen Fällen § 50 Abs.3 AO keine Anwendung fand, konnte eine zweckwidrige Verwendung nur dann zur Steuerentstehung führen, wenn dies in einem besonderen Steuerentstehungstatbestand ausdrücklich angeordnet war. So wurde die entgeltliche Abgabe von Deputatware durch den begünstigten Arbeitnehmer als der Zweckbestimmung entgegenstehende Verwendung angesehen und in § 11 Abs.2 TabStG 1980 mit der Entstehung der Tabaksteuer sanktioniert. Neben der Steuerfreiheit von Deputaten war im Tabaksteuerrecht auch die Steuerbefreiung für Ansichtsmuster als „echte", den Entstehungstatbestand verdrängende Steuerbefreiung ausgestaltet.[347] Im Biersteuerrecht stellten die Steuerbefreiung des Haustrunks[348] und die durch die Biersteuermengenstaffel gewährten Steuerermäßigungen tatbestandsverdrängende Steuervergünstigungen dar. Im Mineralölsteuerrecht führte die Entnahme von amtlichen Proben nach § 16 Abs.3 MinöStDV a.F. und die Entnahme von Proben im Rahmen des Herstellerprivilegs nach § 3 Abs.1 MinöStG a.F. nicht zur Steuerentstehung.[349] Auch bei den anderen Verbrauchsteuergesetzen kam der Entnahme von amtlichen Proben und der Vernichtung in der Praxis tatbestandsverdrängende Wirkung zu.[350]

Im neuen Verbrauchsteuerrecht hat die bedingte Steuer ihre Bedeutung fast vollständig verloren.[351] Da das Steueraussetzungsverfahren den Versand von unversteuerten Waren ermöglicht, bleibt für die Entstehung einer bedingten Steuer kein Raum.[352] Mit dem Inkrafttreten des Verbrauchsteuer-Binnenmarktgesetzes ist das bisherige System der bedingten Steuer aufgeho-

---

[346] *Förster* (Die Verbrauchsteuern, S. 80) nennt diese Ausnahmevorschriften tatbestandsausgrenzende oder technische Befreiungen, ohne jedoch zwischen den echten Steuerbefreiungen und dem Entstehen einer bedingten Steuerschuld zu unterscheiden.

[347] *Benkwitz*, Erläuterungen zum Tabaksteuerrecht 1980, in: Das Deutsche Bundesrecht, VII D 31, S. 24.

[348] Diese Rechtsfolge ergibt sich aus der ausdrücklichen Anordnung einer bedingten Steuer in § 7 Abs.2 BierStG, während § 7 Abs.1 BierStG den Haustrunk unter Verzicht auf eine Bedingung von der Steuer befreit.

[349] *Kettnaker/Frank*, Das Mineralölsteuerrecht, S. 99, 100.

[350] *Schröter*, Das Tabaksteuergesetz, S. 194; *Peters*, Das Verbrauchsteuerrecht, Rdnr. 311.

[351] Nach *Schröer-Schallenberg* (Die Auswirkungen der Verbrauchsteuerharmonisierung, ZfZ 1993, S. 300,302) ist die "bedingte Steuerentstehung" durch die Möglichkeit des Versandes von unversteuerten Waren weggefallen.

[352] Zur Aufgabe der bedingten Steuer vgl. *Jatzke*, Das neue Verbrauchsteuerrecht in der Bundesrepublik Deutschland, IFSt-Schrift Nr. 322, S.20; *Beermann*, Das Verbrauchsteuer-Binnenmarktgesetz, DStZ 1993, S. 257,259 und *Boeker*, in: *Hübschmann/Hepp/Spitaler*, Kommentar zur AO und FGO, § 50 Rdnr. 4.

ben und auf das EG-einheitliche Verfahren der Steueraussetzung umgestellt worden.[353] Dies gilt auch für den Bezug von steuerbegünstigten Erzeugnissen nach § 140 Abs.1 Nr.2 BranntwMonG. Entgegen der Ansicht von Hofbur[354] entsteht bei der Abgabe von Branntwein aus einem Steuerlager an zur steuerfreien Verwendung Berechtigte keine nach § 139 Abs.2 BranntwMonG auflösend bedingte Steuer. Vielmehr befinden sich die Erzeugnisse im Verfahren der Steueraussetzung, das erst mit der zweckgerechten Verwendung beendet wird. Einzige Ausnahme von diesem Grundsatz bildet das Mineralölsteuerrecht. Bei Mineralölen, die zu ermäßigten Steuersätzen verwendet werden sollen, entsteht die Steuer unbedingt in Höhe des ermäßigten Satzes. Eine zweckwidrige Verwendung führt zur Entstehung einer neuen Steuer in Höhe des Differenzbetrages zwischen dem ermäßigten Steuersatz und dem Regelsteuersatz.[355] Im Ergebnis führt auch diese Konstruktion zur Aufgabe des Instituts der bedingten Steuer.

Als Folge der grundsätzlichen Unanwendbarkeit von § 50 AO wurde die Schaffung von eigenständigen Steuerentstehungstatbeständen[356] für den Fall einer zweckwidrigen Verwendung der steuerbegünstigten Erzeugnisse erforderlich. Durch die Normierung der neuen Tatbestände ist das Institut der bedingten Steuer und der Anwendungsbereich von § 50 AO jedoch nicht vollständig verdrängt worden. Der Gesetzgeber hat bewußt davon abgesehen, die verbrauchsteuerrechtliche Spezialvorschrift des § 50 AO ersatzlos aufzuheben, da er davon ausging, daß insbesondere auf dem Gebiet der örtlichen Verbrauchsteuern Anwendungsbereiche verbleiben würden. Zumindest konnte im Zeitpunkt der Konzipierung des Verbrauchsteuer-Binnenmarktgesetzes nicht abgesehen werden, ob und in welchem Umfang sich die kommunalen Getränkesteuern des Systems der bedingten Steuer bedienten. Darüber hinaus sollte § 50 AO auch weiterhin für die nicht harmonisierten Verbrauchsteuern, wie z.B. die Kaffeesteuer, zur Verfügung stehen. Dagegen ist bei den harmonisierten Verbrauchsteuern ein Rückgriff auf § 50 AO in keinem Fall möglich, da das Steueraussetzungsverfahren das alte System der bedingten Steuer vollständig verdrängt hat. In diesem Zusammenhang kann der Ansicht Schröer-Schallenbergs[357] nicht gefolgt werden, nach der Regelungslücken bei der Anwendung von § 136 Abs.2 BranntwMonG durch einen Rückgriff auf § 50 AO geschlossen werden könnten. Der Gesetzgeber hat sich auch bei der Umgestaltung des Branntweinsteuerrechts für die Aufgabe der bedingten Steuer und für

---

[353] Finanzbericht 1994, S. 121.

[354] *Hofbur*, Die Auswirkungen des Binnenmarktes auf den Bezug und die Verwendung von Branntwein in Apotheken, DDZ 1993, F 91.

[355] Vgl. *Jatzke*, Das neue Verbrauchsteuerrecht im EG-Binnenmarkt, BB 1993, S. 41,48.

[356] Vgl. § 7 Abs.2 TabStG, § 10 Abs.2 BierStG, § 139 Abs.2 BranntwMonG, § 3 Abs.2 SchaumwZwStG und § 13 Abs.2 MinöStG.

[357] *Schröer-Schallenberg*, Steueraussetzung im Branntweinmonopol- und Branntweinsteuerrecht, ZfZ 1995, S. 162,167f.

das System der Steueraussetzung entschieden. Folgerichtig können Regelungslücken systemimmanent nur durch eine Auslegung oder analoge Anwendung von Steueraussetzungsvorschriften geschlossen werden. Ohne eine ausdrückliche gesetzliche Regelung, die in Ausnahmefällen die Geltung von § 50 AO ausdrücklich anordnet, kann es ein Nebeneinander von § 50 AO und den Bestimmungen über das Steueraussetzungsverfahren bei den harmonisierten Verbrauchsteuern nicht geben.

b) Das System der Steuerermäßigungen

aa) Vorbemerkung

Im Gegensatz zu den Steuerbefreiungen, die zu einem vollständigen Wegfall der Steuerbelastung führen, wird der in den Verbrauchsteuergesetzen als "Regelsteuersatz"[358] bezeichnete normale Steuersatz bei den Steuerermäßigungen unter bestimmten Voraussetzungen herabgesetzt. Entsprechend den finanzpolitischen Zielsetzungen sollen mit der Senkung der steuerlichen Belastung spezifische Lenkungswirkungen erzielt werden, die oft außerhalb der ursprünglichen Steuerbelastungsentscheidung des Gesetzgebers liegen.[359]

Die auf der Grundlage des EG-Rechts beruhenden Steuerermäßigungen lassen sich von ihrer Zielsetzung her in zwei Gruppen aufteilen. Die Steuerermäßigungen für kleine und mittlere Brauereien und für kleine Abfindungsbrennereien verfolgen das Ziel, wirtschaftliche Nachteile gegenüber den Großbetrieben auszugleichen und damit die Wettbewerbsfähigkeit der mittelständisch geprägten Betriebe zu erhalten. Nach ihrer wirtschafts- und strukturpolitischen Zielsetzung bezweckt insbesondere die Biersteuermengenstaffel[360]

---

[358] § 131 Abs.2 BranntwMonG, § 2 MinöStG und *Sievert*, Die Harmonisierung der besonderen Verbrauchsteuern - und sie bewegt sich doch!, ZfZ 1992, S.98: " Für größere Brauereien gilt der Regelsteuersatz“.

[359] *Förster*, Die Verbrauchsteuern, S. 81; *Lang* (Systematisierung der Steuervergünstigungen, S. 128) unterscheidet zwischen aptiven und subventiven Steuervergünstigungen. Der systematische Unterschied zwischen der aptiven und subventiven Steuervergünstigung besteht darin, daß die subventive Steuervergünstigung nicht von Grundwertungen der Besteuerung abgeleitet ist, sondern in einer aufgrund einer tagespolitischen Grundsatzentscheidung getroffenen Einzelwertung begründet wird.

[360] Nach *Faltlhauser* (Die Harmonisierung der speziellen Verbrauchsteuern in der EG am Beispiel der Biersteuer, DStZ 1993, S. 17f.) ist es Ziel der Mengenstaffel, den Erhalt der vielen mittelständischen Brauereien in Deutschland zu sichern. Höhere Kostenbelastungen kleinerer Brauereien aufgrund von Personal und Investitionskosten sollen über die Mengenstaffel bei der Biersteuer ausgeglichen werden.; ebenso *Hansmeyer*, Steuern auf spezielle Güter, S. 810 und Gutachten der Steuerreformkommission 1971, S. 855.

eine Subventionierung der kleinen und mittleren Brauereien.[361] Nach langwierigen Verhandlungen gelang es Deutschland, die in der finanzwissenschaftlichen Literatur[362] nicht unumstrittene Staffelung der Steuersätze nach der Menge des hergestellten Bieres auch im EG-Verbrauchsteuerrecht festzuschreiben. Neben der Biersteuermengenstaffel verfolgt auch der ermäßigte Steuersatz für Kleinbrennereien den Zweck, die erhöhten Herstellungskosten der Kleinbetriebe auszugleichen.[363] In beiden Fällen hängt die Steuervergünstigung nicht von einer bestimmten Verwendung der verbrauchsteuerpflichtigen Waren, sondern von der Menge der hergestellten Erzeugnisse ab. Bei rechtlich und wirtschaftlich unabhängigen Herstellungsbetrieben entscheidet somit die Betriebsgröße über die Anwendung eines ermäßigten Steuersatzes.

Die andere Form der Steuerermäßigung ist dadurch gekennzeichnet, daß die gewährte Steuerreduzierung an einen bestimmten Ge- oder Verbrauch (Verwendung) der verbrauchsteuerpflichtigen Waren geknüpft ist. Dabei setzen die verwendungsorientierten Steuervergünstigungen eine besondere Berechtigung des Verwenders voraus, die in Form einer Einzelerlaubnis oder einer allgemeinen Erlaubnis erteilt wird.

bb) Steuerermäßigungen für kleine und mittlere Brauereien und Kleinbrennereien

(1) Die Biersteuermengenstaffel

Die Steuerermäßigung für kleine und mittlere Brauereien in § 2 Abs.2 BierStG findet ihre EG-rechtliche Legitimation in Art.4 Abs.1 RL 92/83/EWG. Nach dieser Bestimmung kann das von kleinen unabhängigen Brauereien mit einer Jahreserzeugung von bis zu 200.000 hl hergestellte Bier zu ermäßigten und nach dem jeweiligen Jahresausstoß gestaffelten Steuersät-

---

[361] *Schrömbges*, Auf dem Weg zur Beseitigung der Steuerschranken in der EG - Teil 2, ZfZ 1990, S. 140.

[362] *Hansmeyer*, Steuern auf spezielle Güter, S. 735,804 und *Jahr*, ZfZ 1939, S. 141,146. Bei der Neufassung des Tabaksteuergesetzes im Jahre 1939 entschied sich der Gesetzgeber zur Förderung kleiner Betriebe gegen die Einführung einer gestaffelten Steuer und führte statt dessen eine direkte Betriebsbeihilfe ein. Zur Begründung führt *Jahr* an, daß eine Staffelsteuer dem Verbrauchsteuersystem wesensfremd sei. Bei den Verbrauchsteuern werde die Ware mit einer gleichmäßigen Steuer besteuert, für eine Steuer nach der Leistungsfähigkeit der Betriebe sei daher kein Raum. In der neueren Verbrauchsteuerliteratur wird diese Auffassung jedoch nicht mehr vertreten. Nach *Tipke* (Steuergerechtigkeit in Theorie und Praxis, S. 108) wäre der Gesetzgeber theoretisch nicht gehindert, adäquat zur progressiven Einkommensbesteuerung auch eine Verbrauchsbesteuerung einzuführen, die gewissermaßen progressiv wäre.

[363] *Rusch*, Einführung zum Gesetz über das Branntweinmonopol, in: Das Deutsche Bundesrecht, VII D 82, S. 53 und *Hansmeyer*, Steuern auf spezielle Güter, S. 804.

zen besteuert werden, die den Mindeststeuersatz um nicht mehr als 50 % unterschreiten dürfen. Bei den Verhandlungen in Brüssel hat sich insbesondere Deutschland für den Erhalt der Biersteuermengenstaffel als wichtiges Element zur Förderung der mittelständischen Unternehmensstruktur in der Brauwirtschaft eingesetzt.[364] Unterstützt wurde dieses Anliegen lediglich von den Beneluxstaaten. Der von der Kommission 1972 vorgelegte Richtlinienvorschlag über die Harmonisierung der Verbrauchsteuern auf Bier sah in Art.17 die Aufhebung der in Deutschland und in den Beneluxstaaten angewendeten Staffelsätze spätestens 5 Jahre nach Inkrafttreten der Richtlinie vor.[365] Zur Begründung für ihre restriktive Haltung führte die Kommission an, daß es vom Standpunkt der wirtschaftlichen und steuerlichen Neutralität nicht gerechtfertigt sei, ein Erzeugnis unterschiedlich mit einer Verbrauchsteuer zu belasten, deren Höhe sich nach der Größe des Herstellungsbetriebes richte. Demgegenüber vertrat das Europäische Parlament die Ansicht, daß für die gesamte Gemeinschaft eine Steuerregelung gefunden werden müsse, die der besonderen Lage der kleinen Brauereien Rechnung trage und den existenziellen Bedürfnissen dieser Unternehmen entgegenkomme.[366]

Erst im November 1990 legte die Kommission einen Vorschlag für eine Alkohol-Struktur-Richtlinie vor, der in Art.4 ermäßigte Verbrauchsteuersätze für das von kleinen, unabhängigen Unternehmen gebraute Bier vorsah; dabei durfte der Regelsteuersatz um bis zu 20 % unterschritten werden.[367] Die Steuervergünstigung sollte jedoch nur den Brauereien zugute kommen, deren Jahresproduktion 60.000 hl nicht überschritt. Nach der Begründung der Kommission sollte die Beschränkung Unternehmen von der Vergünstigung ausschließen, deren Produktion über der eines echten unabhängigen Kleinbetriebes liegen würde.[368] Der Vorschlag wurde insbesondere von Bayern als unzureichend kritisiert. Auf Antrag des Freistaates Bayern faßte der Bundesrat am 7.6.1991 einen Beschluß, in dem er die Bundesregierung aufforderte, sich bei den Verhandlungen in Brüssel für eine Ausstoßgrenze von 300.000 hl einzusetzen.[369] Auf dem ECOFIN-Rat vom 24.6.1991 gelang es der Bundesregierung der Forderung des Bundesrates zumindest teilweise Geltung zu verschaf-

---

[364] *Jatzke*, Das neue Verbrauchsteuerrecht in der Bundesrepublik Deutschland, IFSt-Schrift Nr. 322, S. 65.

[365] Vgl. Art. 13a und 17 des Vorschlages einer Richtlinie des Rates über die Harmonisierung der Verbrauchsteuern auf Bier, Bulletin der Europäischen Gemeinschaften, Beilage 3/72, S. 69 und ABl. EG Nr. C 43 vom 29.4.1972, S. 37.

[366] Bericht des Haushaltsausschusses des Europäischen Parlaments, Dokument 378/73 vom 28.2.1974 (PE 31.252/endg.), S. 6 und 12.

[367] Vgl. Art. 5 des Vorschlages für eine Richtlinie des Rates zur Harmonisierung der Struktur der Verbrauchsteuern auf alkoholische Getränke und auf in anderen Erzeugnissen enthaltenen Alkohol, ABl. EG Nr. C 322 vom 21.12.1990, S. 11.

[368] Begründung zu Art. 5 des Vorschlages für eine Strukturrichtlinie, Dokument KOM (90) 432 endg. vom 7.11.1990, S. 9.

[369] Beschluß des Bundesrates vom 7.6.1991, BR-Drs. 280/1/91 und 280/2/91.

fen und die Ausstoßgrenze auf 200.000 hl festzulegen.[370] Überraschend stimmten die Mitgliedstaaten auch einer Regelung zu, die es erlaubt, den jeweiligen nationalen Regelsteuersatz um bis zu 50 % zu unterschreiten. Der Preis für das Erreichte war die Aufgabe der Durchstaffelung. Entgegen der Stellungnahme des Wirtschafts- und Sozialausschusses zu Art.4 des Richtlinienvorschlages[371], in der eine Regelung gefordert wurde, die alle Brauereien unabhängig von ihrer Größenordnung durch eine durchgestaffelte Mengenstaffel begünstigen sollte, wurden die Großbrauereien von der Vergünstigung ausgeschlossen. Nach dem Willen der Mitgliedstaaten sollten nur diejenigen Kleinbrauereien in den Genuß eines ermäßigten Steuersatzes kommen, die rechtlich und wirtschaftlich von einer anderen Brauerei unabhängig sind. Mit der Beschränkung der Vorteilsgewährung auf einen eng umrissenen Begünstigtenkreis ist eine sachgerechte Regelung getroffen worden, die der subventiven Zielsetzung der in Art.4 RL 92/83/EWG festgelegten Steuerermäßigung gerecht wird.

Obwohl die Bundesregierung die Beibehaltung der Biersteuermengenstaffel als einen der großen Harmonisierungserfolge herausgestellt hat, dürfen die kritischen Stimmen gegen eine derartige steuerliche Förderung nicht übersehen werden. Insbesondere Hansmeyer, Haller und Grohmann haben die Förderung von kleinen und mittleren Betrieben durch verbrauchsteuerrechtliche Vergünstigungen in Frage gestellt. Nach der Ansicht von Hansmeyer[372] ist die Zielgenauigkeit derartiger Maßnahmen überaus gering, da die beabsichtigte Mittelstandsförderung, die sich spezieller Verbrauchsteuern bediene, nur den kleinen und mittleren Betrieben zugute komme, nicht aber den mittelständischen Produzenten solcher Güter, die nicht den besonderen Verbrauchsteuern unterliegen würden. Damit werde die Steuersatzminderung für Klein- und Mittelbetriebe zu einer im Umfang willkürlichen Vergünstigung einzelner Unternehmen, die zudem infolge der Durchstaffelung bei der Biersteuer auch Großbrauereien zugute komme.[373] Da die Kosten der Klein- und Mittelbetriebsförderung zu Lasten des Bierkonsumenten und damit zu Lasten einer willkürlich ausgewählten Bevölkerungsgruppe gehen, erachtet auch Haller[374] die Biersteuer als Förderungselement zur Durchführung einer allgemeinpolitischen Zielsetzung für ungeeignet und spricht sich für eine Lastentragung der Allgemeinheit durch direkte Subventionen aus. Auch Grohmann[375] wendet sich dagegen, die Kosten der Mittelstandspolitik von den jeweiligen Konsu-

---

[370] *Sievert*, Die Harmonisierung der besonderen Verbrauchsteuern in der EG - und sie bewegt sich doch!, ZfZ 1992, S. 98.

[371] Stellungnahme des Wirtschafts- und Sozialausschusses, ABl. EG Nr. C 69 vom 18.3.1991, S. 29.

[372] *Hansmeyer*, Steuern auf spezielle Güter, S. 735,804.

[373] *Hansmeyer*, ebd., S. 810.

[374] *Haller*, Die sogenannte Mengenstaffel im Biersteuergesetz, S. 30,32,40f.

[375] *Grohmann*, Die Förderung gewerblicher Klein- und Mittelbetriebe durch besondere Verbrauchsteuern, S. 102f.

menten des betreffenden Gutes tragen zu lassen. Darüber hinaus wirft er dem Gesetzgeber vor, durch Steuervergünstigungen den technischen Fortschritt zu hemmen und kostenungünstig arbeitende Betriebe künstlich am Leben zu erhalten. Im Ergebnis befürwortet auch Grohmann die Ablösung der indirekten Subventionen in Form von ermäßigten Biersteuersätzen durch eine offene Subventionierung.[376]

Im Gegensatz dazu leugnet Klein[377] den Subventionscharakter der Mengenstaffel. Diese sei vielmehr als eine progressive Gestaltung der Biersteuer anzusehen und bezwecke nicht so sehr eine Entlastung der kleinen und mittleren Braubetriebe, als vielmehr eine Belastung der großen Brauereien und schaffe damit einen Ausgleich dafür, daß die kleinen und mittleren Betriebe nicht aus eigener Kraft die nicht von ihnen zu vertretende geringere Wirtschaftlichkeit beseitigen könnten. Gegen die Auffassung von Klein spricht bereits der Umstand, daß die Biersteuermengenstaffel alljährlich im Subventionsbericht der Bundesregierung ausgewiesen wird.[378] Darüber hinaus weist Faltlhauser[379] im Zusammenhang mit den Auswirkungen der Biersteuerharmonisierung darauf hin, daß Deutschland auch nach den EG-rechtlichen Vorgaben weiterhin die Möglichkeit hat, Brauereien mit einer Jahreserzeugung von bis zu 200.000 hl steuerlich zu entlasten und spricht von einer gezielten Förderung der kleinen Brauereien. Schließlich spricht auch die harmonisierungsbedingte Aufgabe der von der finanzwissenschaftlichen Literatur[380] heftig kritisierten Durchstaffelung gegen die Annahme, es handle sich bei der Biersteuermengenstaffel lediglich um einen progressiv ausgestalteten Steuertarif. Die Kritik an der bis zum 1.1.1993 aufrechterhaltenen Durchstaffelung wurde auch von der Steuerreformkommission geteilt. Im Hinblick auf die innerhalb der EG-Kommission bestehenden Tendenz zu einem einheitlichen Steuersatz, empfahl sie bereits 1971, den Staffelsteuersatz durch einen einheitlichen Steuersatz zu ersetzen.[381]

[376] *Grohmann*, ebd., S. 104.

[377] *Klein*, Die Biersteuer - Mengenstaffel, S. 20.

[378] Nach der Begründung des Subventionsberichtes (15. Subventionsbericht der Bundesregierung, BT-Drs. 13/2230, S. 180) dient die Biersteuermengenstaffel der Erhaltung der in der Bundesrepublik Deutschland gegenüber anderen Staaten noch zahlreichen kleineren und mittleren Brauereien.

[379] *Faltlhauser*, Die Harmonisierung der speziellen Verbrauchsteuern in der EG am Beispiel der Biersteuer, DStZ 1993, S. 17,19f.

[380] *Huckemann*, Auswirkungen der Biersteuerharmonisierung auf die Ertragsfähigkeit der Biersteuer im Europäischen Binnenmarkt, S. 36.

[381] Die Steuerreformkommission (Gutachten der Steuerreformkommission 1971, S. 855) kritisierte die Staffelsteuer als nicht sachgerecht, da sie nicht nur die kleinen und mittleren Betriebe erreichen würde, sondern alle Betriebe unabhängig von ihrer Größe und Konzernzugehörigkeit.

Aufgrund der Durchstaffelung und der damit verbundenen Begünstigung der Großbrauereien wurden die Chancen für die Einführung einer EG-weiten Mengenstaffel auch von den deutschen Verbrauchsteuerexperten als gering eingeschätzt.[382] Erst die Aufgabe der Durchstaffelung verlieh der Steuerermäßigung für kleine und mittlere Brauereien den Charakter einer existenzunterstützenden Subvention, die schließlich aufgrund der Einschränkung des Begünstigtenkreises auch von den anderen Mitgliedstaaten akzeptiert wurde.

(2) Die Steuerermäßigungen für kleine Brennereien

Auch die Steuerermäßigungen für kleine Brennereien nach § 131 Abs.2 BranntwMonG sind der Kategorie der subventiven Steuervergünstigungen zuzurechnen. Die monopol- und steuerrechtlichen Vorteile für Abfindungsbrennereien bestehen im Verzicht auf amtliche Verschlüsse und andere Sicherungsmaßnahmen sowie in der Anwendung eines pauschalierten Besteuerungsverfahrens, nach dem sich die zu versteuernde Alkoholmenge aus der eingesetzten Rohstoffmenge, der Rohstoffart und dem für diese Rohstoffart besonders festgelegten Ausbeutesatz errechnet.[383] Nach § 131 Abs.2 BranntwMonG unterliegt der von Abfindungsbrennereien oder Stoffbesitzern erzeugte Alkohol einem ermäßigten Steuersatz von 2175 DM je 100 l Alkohol für Branntwein aus Kernobst und 2000 DM je 100 l Alkohol für Branntwein aus Steinobst, Beeren und Enzianwurzeln. In einem Urteil vom 28.11.1995 bezeichnet der BFH die Ausnahmeform des Abfindungsbrennens - gegenüber der Regelform des Verschlußbrennens - zutreffend als Konglomerat von steuertechnischen, steuerverfahrensrechtlichen und materiellen monopol- und steuerrechtlichen Vergünstigungen.[384] Die Steuervergünstigung ist auf eine Menge von 4 hl begrenzt und davon abhängig, daß der unter Abfindung hergestellte Branntwein im Steuergebiet verwendet und nicht in andere Mitgliedstaaten geliefert wird. Mit dieser Beschränkung sollte den Bedenken anderer Mitgliedstaaten Rechnung getragen werden, die Wettbewerbsvorteile für den ermäßigt besteuerten Trinkbranntwein befürchteten.

In seiner steuertechnischen Ausgestaltung stellt die Besteuerung des unter Abfindung hergestellten Branntweins eine Rohstoffbesteuerung dar, die aufgrund der ermäßigten Steuersätze und der Möglichkeit von „steuerfreien“ Überausbeuten zu erheblichen Mindereinnahmen führt und daher als subven-

---

[382] *Schrömbges* (Auf dem Weg zur Beseitigung der Steuerschranken in der EG - Teil 2, ZfZ 1990, S. 140) erachtete die Chancen für die Einführung einer EG-weiten Mengenstaffel als sehr gering, da durch die Durchstaffelung alle Brauereien, bis auf die größte, steuerlich begünstigt würden.

[383] *Hofbur*, Das Gesetz über das Branntweinmonopol wird 70 Jahre alt, Die Branntweinwirtschaft 1992, S. 90,95.

[384] BFHE 179, 491.

tive Steuervergünstigung eingestuft werden kann. Die Erzielung von Überausbeuten wird dadurch ermöglicht, daß die durch amtliche Schätzung aus den angemeldeten Rohstoffen errechnete Alkoholmenge in der Regel erheblich niedriger ist, als die tatsächlich erzeugte Branntweinausbeute. Dennoch ist Jarsombeck[385] der Ansicht, daß von einer „steuerfreien" Überausbeute im eigentlichen Sinne nicht gesprochen werden könne. Das pauschalierte Besteuerungssystem könne nicht so verstanden werden, daß die Besteuerung des Abfindungsbrenners nur die dem Ausbeutesatz entsprechende Branntweinmenge zum Gegenstand habe, vielmehr würde die Brennerei für die jeweils erzeugte Menge auf einen bestimmten Abgabenbetrag abgefunden. Da sich die in einem ordnungsgemäßen Verfahren produzierte Überausbeute nicht innerhalb der Gesamtproduktion des Abfindungsbrenners konkretisieren ließe, stelle sie eine besteuerte Ware dar, die im Falle einer Steuererhöhung auch der Nachsteuer unterliegen würde.

In der finanzwissenschaftlichen Literatur ist die steuerliche Förderung der Kleinbrennereien stark kritisiert worden. Nach Hassbach[386] verzichtet der Staat durch die gewählte Besteuerungsform auf einen Teil der Branntweinsteuer und begibt sich dadurch selbst der Möglichkeit einer vollständigen Ausschöpfung der vorhandenen Steuerquellen. Der Anreiz zu einer immerwährenden Steigerung der unversteuerten Mehrausbeute trage dazu bei, diesen Steuerausfall nicht nur zu stabilisieren, sondern darüber hinaus je nach dem fachlichen Können der Abfindungsbrenner und dem Stand der Produktionstechnik noch zu vergrößern. Die steuertechnische Konzession an die Struktur der Branntweinwirtschaft verfälsche die eigentliche Steueridee, den Verbrauch nach Maßgabe der steuerlichen Leistungsfähigkeit des Verbrauchers zu erfassen und werde daher den an eine echte Verbrauchsteuer zu stellenden Anforderungen nicht gerecht. Hansmeyer[387] weist darauf hin, daß die Branntweinsteuer mit diesen Steuervergünstigungen in den Dienst gewerbepolitischer Zielsetzungen gestellt wird, so daß das grundsätzliche Problem aufgeworfen werde, ob die Förderung über Steuersatzvergünstigungen dem angestrebten Ziel der Förderung von kleinen und mittleren Betrieben adäquat sei. Auch Grohmann[388] steht den verbrauchsteuerrechtlichen Förderelementen skeptisch gegenüber. Aus seiner Sicht erscheint es nicht gerechtfertigt, die Kosten einer Maßnahme, die der Staat vor allem aus gesellschafts- und wirtschaftspolitischen Gründen vornehme, einer kleinen Gruppe von Witschaftssubjekten aufzubürden, die zufällig die Produkte der geschützten Unternehmen nachfra-

---

[385] *Jarsombeck*, Branntweinsteuer für sog. „steuerfreie" Überausbeuten?, ZfZ 1977, S. 95.

[386] *Hassbach*, Die Branntweinsteuer als Verbrauchsteuer, S. 25,46.

[387] *Hansmeyer*, Steuern auf spezielle Güter, S. 804.

[388] *Grohmann*, Die Förderung gewerblicher Klein- und Mittelbetriebe durch besondere Verbrauchsteuern, S. 26ff. Die Darstellung bezieht sich auf die Steuerbegünstigungen der Abfindungsbrauereien. Die entwickelten Grundsätze lassen sich jedoch auf die Verhältnisse bei den Abfindungsbrennereien übertragen.

gen bzw. ihre rationell arbeitenden Konkurrenten sind. Als Lösung dieses Konflikts schlägt Grohmann vor, die innovationshemmenden Steuervergünstigungen aufzuheben oder die versteckten Subventionen durch offene zu ersetzen.[389]

Entgegen den kritischen Stimmen in der finanz- und wirtschaftswissenschaftlichen Literatur hat sich der Gesetzgeber für eine Beibehaltung der subventiven Steuervergünstigungen für Kleinbrenner entschieden. Ihre Verankerung im EG-Verbrauchsteuerrecht konnte jedoch erst mit Hilfestellung des Europäischen Parlaments durchgesetzt werden. Während der Richtlinienvorschlag von 1972 in Art. 29 die Beibehaltung der Regelungen für Abfindungsbrennereien vorsah,[390] fehlte eine entsprechende Vorschrift im geänderten Richtlinienvorschlag vom 7.11.1990.[391] Schließlich sprach sich der Wirtschafts- und Sozialausschuß dafür aus, daß die Klein- und Abfindungsbrenner, ebenso wie die kleinen Brauereien, in der Weise berücksichtigt werden sollten, daß nach einzelstaatlichen Vorschriften bestehende Sonderrechte vorerst beibehalten werden könnten.[392] Zunächst war die Kommission nicht bereit, dieser Forderung nachzugeben und ermäßigte Steuersätze für Abfindungsbrenner in den Richtlinienvorschlag aufzunehmen.[393] Erst nachdem Deutschland Zugeständnisse beim Mindeststeuersatz signalisiert hatte, wurden in Art. 22 RL 92/83/EWG detaillierte Bestimmungen aufgenommen, die die Beibehaltung des Brennens unter Abfindung und die pauschalierte Besteuerung zu ermäßigten Sätzen ermöglichten.[394] Wie bei der Biersteuer drängte die Kommission jedoch auf eine Einschränkung des Begünstigtenkreises, um Wettbewerbsverzerrungen im gemeinsamen Markt auszuschließen. In den Genuß der Steuervergünstigung sollten nur kleine Brennereien kommen, die rechtlich und wirtschaftlich von anderen Brennereien unabhängig sind und nicht unter Lizenz brennen. Die restriktive Regelung unterstreicht den wirtschaftspolitischen Lenkungseffekt und den subventiven Charakter der Steuerermäßigung für

---

[389] *Grohmann*, Die Förderung gewerblicher Klein- und Mittelbetriebe durch besondere Verbrauchsteuern, S. 104.

[390] Zur Begründung führte die *Kommission* (Bulletin der Europäischen Gemeinschaften, Beilage 3/72, S. 31) an, daß in einigen Mitgliedstaaten (Deutschland, Frankreich, Luxemburg) bestimmte Sonderregelungen für die nur eigene Rohstoffe verwendenden Brennereien und die "Abfindungsbrennereien" bestehen würden, die nur schwer abgeschafft und plötzlich geändert werden könnten.

[391] Vorschlag für eine Richtlinie des Rates zur Harmonisierung der Struktur der Verbrauchsteuern auf Alkohol und alkoholische Getränke, KOM (90) 432 endg., BT-Drs. 12/360.

[392] Stellungnahme des Wirtschafts- und Sozialausschusses vom 31.1.1991, ABl. EG Nr. C 69 vom 18.3.1991, S. 30.

[393] *Treu*, Harmonisierung der Alkoholsteuer in der EG, DDZ 1992, F 112,113.

[394] *Jatzke*, Das Neue Verbrauchsteuerrecht im EG-Binnenmarkt, BB 1993, S. 41,43; *Rendels*, DStR 1993, S. 114,115.

Kleinbrennereien. Nach Knudsen[395] ist damit ähnlich wie bei der Biersteuer eine für Deutschland besonders günstige Regelung getroffen worden.

Die Entstehungsgeschichte von Art.4 und Art.22 RL 92/83/EWG belegt die wirtschafts- und strukturpolitische Zielsetzung der steuerlichen Förderung von Kleinbetrieben durch ermäßigte Steuersätze. Zugunsten einer strukturfördernden Lenkungsfunktion wurde das normative Besteuerungsprinzip der gleichmäßigen steuerlichen Belastung von alkoholischen Getränken durchbrochen und damit einer wirtschaftspolitischen Grundentscheidung untergeordnet. Daher handelt es sich bei der Biersteuermengenstaffel und den ermäßigten Steuersätzen für Abfindungsbrennereien um subventive Steuervergünstigungen[396], die aufgrund ihrer Zielrichtung nicht unbedingt als systemwidrig angesehen werden können und deren Verankerung im EG-Verbrauchsteuerrecht nur durch eine Rückführung des Begünstigtenkreises gelungen ist.

cc) Verwendungsorientierte Steuerermäßigungen im Mineralölsteuerrecht

Verwendungsorientierte Steuervergünstigungen sind dadurch gekennzeichnet, daß der Steuervorteil von einem bestimmten Ge- oder Verbrauch der einer ermäßigten Besteuerung unterworfenen Erzeugnisse abhängt. Da der Charakter der Steuer in diesen Fällen durch die beabsichtigte Verwendung des steuerbaren Gutes bestimmt wird, werden die speziellen Verbrauchsteuern im Gegensatz zu den Objektsteuern auch als Verwendungssteuern[397] oder als verwendungsorientierte Verbrauchsteuern[398] bezeichnet.

Während in den anderen Verbrauchsteuergesetzen ausschließlich verwendungsorientierte Steuerbefreiungen normiert sind, enthält das Mineralölsteuergesetz in § 3 MinöStG einen Katalog von Steuerermäßigungen, die eine bestimmte Verwendung des Mineralöls voraussetzen.[399] Von besonderer wirtschaftlicher Bedeutung ist die vom Regelsteuersatz des § 2 Abs.1 Nr. 4 MinöStG abweichende, ermäßigte Besteuerung von gekennzeichneten Gasölen, die zu Heizzwecken verwendet werden.

Die steuertechnische Ausgestaltung der Steuerermäßigungen im Mineralölsteuerrecht unterscheidet sich in wesentlichen Punkten von dem früheren

[395] *Knudsen/Schwitalla*, Harmonisierung der Verbrauchsteuern, ZfZ 1992, S. 220, 223.

[396] *Lang*, Systematisierung der Steuervergünstigungen, S. 124ff.

[397] Nach *Peters* (Das Verbrauchsteuerrecht, Rdnr. 26) werden Charakter und Bestand der Verbrauchsteuern durch den zunächst beabsichtigten und späteren tatsächlichen Umgang mit den Waren geprägt, so daß sie keine Objektsteuern, sondern Verwendungssteuern sind.

[398] *Schrömbges*, Steuerfolgen bei „Unterbrechung der Steueraufsicht"?, ZfZ 1986, S. 162,227.

[399] Vgl. ausführlich *Soyk*, Mineralölsteuerrecht, S. 127ff.

System der bedingten Steuer und von dem System der verwendungsorientierten Steuerbefreiungen bei den anderen Verbrauchsteuern. Grundsätzlich entsteht die Mineralölsteuer nach § 9 Abs.1 MinöStG im Zeitpunkt der Entfernung des Mineralöls aus dem Steuerlager oder im Zeitpunkt der Entnahme im Steuerlager. Dies gilt auch für Mineralöle, die einem ermäßigten Steuersatz unterliegen. Mit der körperlichen Entfernung aus dem Steuerlager entsteht die Mineralölsteuer in Höhe des ermäßigten Satzes unbedingt. Die bisherige Regelung in § 23 Abs.1 MinöStDV, nach der bei Entfernung des Mineralöls aus dem Herstellungsbetrieb die Steuer bedingt in Höhe des Differenzbetrages zwischen dem Regelsteuersatz und dem ermäßigten Satz entstand, hat keine Entsprechung in den neuen Mineralölsteuervorschriften gefunden.[400] Die steuertechnische Ausgestaltung führt zu dem zwingenden Schluß, daß sich das Mineralöl mit der Entfernung aus dem Steuerlager im freien Verkehr befindet und nicht mehr dem Steueraussetzungsverfahren unterliegt.[401]

Sofern mit der Entfernung aus dem Steuerlager die Mineralölsteuer zu einem ermäßigten Satz entsteht, hält sich die mineralölsteuerliche Konstruktion in den Grenzen der den anderen Verbrauchsteuergesetzen zugrundeliegenden Systematik. In Bedrängnis gerät der Gesetzgeber jedoch bei den Steuerbefreiungen, die nach § 4 MinöStG eine bestimmte Verwendung des Mineralöls voraussetzen. Die dort genannten Befreiungstatbestände stellen nämlich nicht auf die Abgabe zur steuerfreien Verwendung ab, sondern auf den Verbrauch des Mineralöls zu dem jeweiligen begünstigten Zweck. Daher ist die von Soyk[402] gezogene Schlußfolgerung, es handle sich bei den in § 4 MinöStG aufgeführten Steuerbefreiungen um Tatbestandsmerkmale des in § 9 Abs.1 MinöStG normierten allgemeinen Entstehungstatbestandes, bei deren Vorliegen eine Steuer nicht entstünde, nicht zwingend. Auch der Vergleich mit § 3 Abs.1 MinöStG a.F. liefert keinen Beweis für die Richtigkeit seiner These, denn dort ist die Verwendung von Mineralöl zur Aufrechterhaltung des Betriebes in den Entstehungstatbestand als negatives Tatbestandsmerkmal integriert. Aus der vom Gesetzgeber in § 4 MinöStG gewählten Formulierung: „Mineralöl darf...steuerfrei verwendet werden..." kann indes nicht auf ein negatives Tatbestandsmerkmal geschlossen werden, das bereits mit der Abgabe des Mineralöls zu begünstigten Zwecken erfüllt ist. Selbst der Gesetzgeber unterscheidet in § 12 MinöStG zwischen der Verwendung und der Abgabe (Verteilung) von Mineralöl zu steuerbegünstigten Zwecken und schreibt für beide Fälle eine Erlaubnis vor. Die aufgezeigten Schwierigkeiten sollten den

---

[400] Vgl. Finanzbericht 1994, S. 121. Mit dem Gesetz wird das bisherige System der bedingten Steuer aufgehoben. Mineralöle befinden sich nunmehr entweder unter Steueraussetzung (unversteuertes Mineralöl im Steuerlager oder während der Beförderung) oder im freien Verkehr (steuerfreie, teil- oder vollversteuerte Mineralöle).

[401] *Jatzke*, Das neue Verbrauchsteuerrecht in der Bundesrepublik Deutschland, IFSt-Schrift Nr. 322, S. 21,36.

[402] *Soyk*, Mineralölsteuerrecht, S. 111f.

Gesetzgeber dazu veranlassen, die steuerrechtliche Ausgestaltung der Mineralölsteuervergünstigungen zu überprüfen.

Das Mineralölsteuergesetz enthält auch Regelungen für die Aufhebung einer gewährten Vergünstigung. Eine spätere bestimmungswidrige Verwendung des Mineralöls zu nichtbegünstigten Zwecken führt nach § 13 Abs.2 MinöStG zur Entstehung der Steuer in Höhe des Differenzbetrages zum Regelsteuersatz. Darüber hinaus enthält § 13 Abs.2 Nr.3 MinöStG einen den anderen Verbrauchsteuergesetzen unbekannten Entstehungstatbestand. Danach entsteht bei Verwendern und Verteilern die Mineralölsteuer bereits mit der Abgabe von Mineralöl zu einem anderen als dem in der Erlaubnis genannten Zweck. In den anderen Verbrauchsteuergesetzen wurden die mit einem neuen Entstehungstatbestand verbundenen Erhebungsschwierigkeiten dadurch umgangen, daß man die Verteilerlager aufgehoben hat[403] und es den Verwendern nicht erlaubt, steuerbegünstigte Erzeugnisse unter Steueraussetzung abzugeben. Die Möglichkeit zur unversteuerten Abgabe besteht nur für Steuerlagerinhaber. Aufgrund der restriktiven Ausgestaltung der Verwenderverkehre konnte bei den anderen Verbrauchsteuern auf die Aufnahme eines dem Mineralölsteuerrechts entsprechenden Entstehungstatbestandes verzichtet werden.

Dem Grundsatz entsprechend, daß Waren des freien Verkehrs im Steuergebiet ohne Begleitdokumente und ohne Formalitäten befördert werden können, wäre es systemimmanent gewesen, auch beim Versand von steuerbegünstigtem Mineralöl innerhalb des Steuergebietes auf jegliche Papiere zu verzichten. Aus Gründen der steuerlichen Überwachung schreibt § 23 Abs.2 MinöStV jedoch für den Bezug und die Abgabe von bestimmten Gasölen an Verteiler mit förmlicher Einzelerlaubnis die Verwendung einer Versendungsanmeldung vor. Die Versendungsanmeldung dient dabei der Unterrichtung der für den Empfänger zuständigen Zollstelle und damit der steuerlichen Kontrolle des Verwenderverkehrs. Im Gegensatz dazu erfolgt bei den anderen Verbrauchsteuern die Abgabe von steuerbegünstigten Erzeugnissen an berechtigte Verwender oder Steuerlagerinhaber im Rahmen eines Steueraussetzungsverfahrens. Die Waren befinden sich mit der Entfernung aus dem Steuerlager nicht im freien Verkehr, sondern unterliegen bis zur zweckgerechten Verwendung einer steuerlichen Überwachung, die sich des Steueraussetzungsverfahrens einschließlich der dafür vorgeschriebenen Dokumente bedient. Folgerichtig können Erzeugnisse, die einer steuerbegünstigten Verwendung zugeführt werden sollen, unter Steueraussetzung aus einem Steuerlager in andere Steuerlager und in Betriebe von Erlaubnisinhabern versandt werden.[404] Diese Konstruktion führt zu einem Aufschub der Entlassung der Waren in den freien Verkehr bis zu deren bestimmungsgemäßen Verwendung in den Betrieben von Erlaubnisinhabern.

---

[403] Begründung zu § 134 BranntwMonG, BT-Drs. 12/3432, S. 79.

[404] § 15 Abs.1 Nr.2 TabStG, § 11 Abs.1 Nr.2 BierStG, § 140 Abs.1 Nr.2 BranntwMonG, § 10 Abs.1 Nr.2 SchaumwZwStG.

Demgegenüber sind die Verwender und Verteiler von anderem Mineralöl als Heizöl und Flüssiggase nach § 14 Abs.1 MinöStG von der Möglichkeit ausgeschlossen, im Steuergebiet Mineralöl unter Steueraussetzung zu beziehen. Lediglich für Verteiler von Heizöl und Flüssiggasen hat der Gesetzgeber in § 12a MinöStV eine Ausnahme vorgesehen und zugelassen, daß diese Händler eine Erlaubnis zur Einrichtung und zum Betrieb eines Steuerlagers auch dann erhalten können, wenn sie über keine Lagerstätten verfügen.

Die unterschiedliche Konstruktion wirkt sich auch bei der Beförderung von steuerbegünstigten Waren im innergemeinschaftlichen Verkehr aus. Während Alkohol und alkoholische Erzeugnisse, die in einem anderen Mitgliedstaat einer steuerbegünstigten Verwendung zugeführt werden sollen und im Steuergebiet nicht versteuert worden sind, im Verfahren der Steueraussetzung befördert werden müssen, schreibt § 23 Abs.15 MinöStV die Verwendung des kleinen Begleitdokumentes vor, das für den Transport von Waren des freien Verkehrs vorgesehen ist. Die verschiedenen nationalen Verfahrensvorschriften behindern den Warenverkehr und schaffen insbesondere in den Fällen Rechtsunsicherheit, in denen ein Mitgliedstaat für den Versand von steuerbegünstigten Mineralölen das Steueraussetzungsverfahren vorgeschrieben hat.

Die unterschiedliche Ausgestaltung der steuerbegünstigten Verwendung bei der Mineralölsteuer einerseits und bei den übrigen Verbrauchsteuern andererseits ist weder durch EG-rechtliche Vorgaben noch durch Gründe des nationalen Verbrauchsteuersystems gerechtfertigt. Die einschlägigen Ausnahmeregelungen in den Struktur-Richtlinien bestimmen lediglich den Umfang der Steuervergünstigungen und überlassen es in Anwendung des Subsidiaritätsprinzips den einzelnen Mitgliedstaaten, die Anforderungen und Formvorschriften festzulegen, die für die Gewährung dieser Vergünstigungen erfüllt bzw. eingehalten werden müssen.[405] Für die Frage, welches System den EG-rechtlichen Anforderungen gerecht wird, ist der Zeitpunkt entscheidend, in dem die tatbestandsmäßigen Voraussetzungen erfüllt sind, die zur Steuerbefreiung führen. Nach dem Wortlaut von Art.27 RL 92/83/EWG hängt die Steuerfreiheit eines Erzeugnisses von einer bestimmten Verwendung ab. Erst die zweckgerechte Verwendung führt zu einer Verdrängung des Entstehungstatbestandes. Nach dem insoweit eindeutigen Wortlaut der Bestimmung ist es nicht ausreichend, daß das Erzeugnis lediglich dazu bestimmt oder abgegeben wird, einer steuerbegünstigten Verwendung zugeführt zu werden. Folgerichtig sind im Steuergebiet die Erlaubnisinhaber mit in das Steueraussetzungsverfahren einbezogen worden.[406] Auch Art.8 RL 92/81/EWG geht davon aus, daß die Steuerver-

[405] Art. 6a RL 72/464/EWG, Art. 8 Abs.1 RL 92/81/EWG, Art. 27 Abs.1 RL 92/83/EWG und *Beermann*, Das Verbrauchsteuer-Binnenmarktgesetz, DStZ 1993, S. 291,293.

[406] *Schröer-Schallenberg*, Die Auswirkungen der Verbrauchsteuerharmonisierung, ZfZ 1993, S. 300,302.

günstigungen erst mit der Verwendung des Mineralöls wirksam werden.[407] Eine Abgabe von Mineralölen mit der Bestimmung zur steuerbegünstigten Verwendung reicht danach nicht aus. Das gleiche Prinzip liegt den in Art.8 Abs.2 RL 92/81/EWG normierten fakultativen Steuervergünstigungen zugrunde. Auch die Entstehungsgeschichte der Richtlinienbestimmungen belegt, daß eine Konstruktion, nach der die steuerbegünstigten Mineralöle bereits mit ihrer Abgabe an einen Verwender in den freien Verkehr treten, nicht gewollt war. Der erste Richtlinienvorschlag von 1973 übernahm das deutsche System der bedingten Steuerschuld und ließ eine Steuer bei Abgabe von Mineralölen zu begünstigten Zwecken auflösend bedingt entstehen.[408] Demgegenüber enthielt der geänderte Richtlinienvorschlag aus dem Jahr 1990 keine Bestimmungen über die verfahrenstechnische Ausgestaltung der Verwenderverkehre. Diese sollte dem Vorschlag für eine gesonderte Richtlinie vorbehalten bleiben.[409] Mit der Verabschiedung der System-Richtlinie haben sich die Mitgliedstaaten für die Aufgabe der bedingten Steuer und für die Einführung des Steueraussetzungsverfahrens entschieden. Danach sollte die notwendige steuerliche Überwachung von steuerbegünstigten Erzeugnissen durch eine Beförderung und Lagerung im Verfahren der Steueraussetzung sichergestellt werden.

Zusammenfassend kann festgestellt werden, daß die verfahrenstechnische Ausgestaltung der Verwenderverkehre im Mineralölsteuerrecht weder mit den EG-rechtlichen Vorgaben noch mit den Bestimmungen in den anderen Verbrauchsteuergesetzen übereinstimmt. Aus systematischen Gründen wäre es geboten gewesen, das Verfahren der Steueraussetzung auch bei dem Verwenderverkehr des Mineralölsteuerrechts umzusetzen.[410] Die Gründe für die Aufrechterhaltung der im Mineralölsteuerrecht gewählten Konstruktion sind bereits mit dem Abschluß des Gesetzgebungsverfahrens zum Verbrauchsteuer-Binnenmarktgesetz entfallen. In den ursprünglichen Referentenentwürfen war bei allen Verbrauchsteuern eine obligatorische Sicherheitsleistung für die Beförderung unter Steueraussetzung im Steuergebiet vorgesehen. Durch die

---

[407] Eine Ausnahme bilden Luftfahrt- und Schiffsbetriebsstoffe. Nach dem Wortlaut von Art.8 Abs.1 b und c RL 92/81/EWG werden bereits die Mineralöllieferungen zur Verwendung als Kraftstoff von der Steuer befreit.

[408] Vgl. Art.8 des Vorschlages einer Richtlinie des Rates über die Harmonisierung der Verbrauchsteuern auf Mineralöle, BT-Drs. 7/1042 vom 27.9.1973, S. 4 und 11. Nach der Begründung sollten sich die Erzeugnisse unter Entstehung einer bedingten Steuer in einem " Steueraufschubverkehr " befinden, der eine Verwendung zu steuerbefreiten Zwecken ermöglichte.

[409] Begründungen zu Art.4 und 8 des Vorschlages für eine Richtlinie des Rates zur Harmonisierung der Struktur der Verbrauchsteuern auf Mineralöle, KOM (90) 434 endg., BT-Drs. 12/362 vom 11.4.1991, S. 8 und 9.

[410] Nach *Schröer-Schallenberg* (Auswirkungen der Verbrauchsteuerharmonisierung, ZfZ 1993, S. 300,302) hätten systematische Gründe dafür gesprochen, alle Fälle der Steuerbegünstigung nach den gleichen Regeln zu beurteilen.

Behandlung von steuerbegünstigten Mineralölen als Waren des freien Verkehrs versuchten die Verfasser des Referentenentwurfes diesem Erfordernis zu entgehen. Die Beratungen in den parlamentarischen Gremien führten jedoch zu einer Beschränkung der Pflicht zur Sicherheitsleistung auf die Fälle einer konkreten Gefährdung der Steuern[411], so daß keine Notwendigkeit bestand, den im Mineralölsteuergesetz gewählten Ansatz aufrechtzuerhalten.

c) Das System der Steuerbefreiungen

aa) Grundstrukturen der Steuerbefreiungen für Tabakwaren

Die Steuerbefreiungen des Tabaksteuerrechts haben durch die Verbrauchsteuerharmonisierung keine wesentlichen Änderungen erfahren. Mit Ausnahme der Steuerfreiheit für Deputate[412] finden fast alle Steuerbefreiungen ihre EG-rechtliche Legitimation in Art.11 RL 95/59/EG. In Übereinstimmung mit den EG-rechtlichen Vorgaben und dem bisherigen nationalen Recht[413], ist die Besteuerung von Tabakwaren dadurch gekennzeichnet, daß nur der konsumtive Verbrauch steuerlich belastet werden soll. Dieser Grundsatz kommt in der Beschreibung der Steuergegenstände in § 2 TabStG deutlich zum Ausdruck. Danach kommt einem Tabakerzeugnis nur dann die Qualität eines Steuergegenstandes zu, wenn das Produkt sich unmittelbar ohne weitere industrielle Bearbeitung zum Rauchen eignet. Dagegen sind Tabakwaren, die nicht zum menschlichen Genuß bestimmt sind und einer gewerblichen Verwendung zugeführt werden sollen, nach § 6 Abs.1 Nr.1 e TabStG von der Steuer befreit. Eine gewerbliche Verwendung liegt auch vor, wenn Tabakwaren so hergerichtet werden, daß sie nur als Ansichtsmuster verwendet werden können. Die ursprüngliche Fassung dieses Befreiungstatbestandes brachte gegenüber der heutigen Fassung deutlicher zum Ausdruck, daß die Steuerfreiheit die Genußuntauglichkeit der Tabakwaren voraussetzt. Nach § 2 TabStG 1919[414] und § 78 Nr. 6 TabStG 1953[415] waren Muster von Tabakwaren von der Tabaksteuer befreit, deren Verwendung zum Genuß durch besondere Vorkehrungen, z.B. durch Aufkleben, unmöglich gemacht wurde. Da der Begriff „Ansichtsmuster" nach der Entstehungsgeschichte des Befreiungstatbestandes die Genußuntauglichkeit des Erzeugnisses voraussetzt, ist die Ausnahmerege-

---

[411] *Rendels*, Schwerpunkte des Verbrauchsteuer-Binnenmarksgesetzes, DStR 1993, S. 115.

[412] Die Steuerfreiheit für Deputate findet ihre EG-rechtliche Legitimation in einer Protokollerklärung des Rates " Wirtschafts- und Finanzfragen " zu Art.1 Nr.6 RL 92/78/EWG.

[413] *Schmölders*, Zur Begriffsbestimmung der Verbrauchsteuern, S. 51 und Peters, Das Verbrauchsteuerrecht, Rdnr. 28.

[414] *Goetzeler*, Das deutsche Tabaksteuerrecht, S. 118.

[415] *Schröter*, Das Tabaksteuergesetz, S. 192,194.

lung für diese Art der gewerblichen Verwendung in § 6 Abs.1 Nr.1 c TabStG überflüssig.

Im Gegensatz zur Regelung bei Alkohol und alkoholischen Getränken sieht das EG-Verbrauchsteuerrecht für Tabakwaren, die als Arzneimittel verwendet werden, keine Steuerbefreiung vor. Offensichtlich wurden die Einsatzmöglichkeiten von Tabak bei der Arzneimittelherstellung als so gering angesehen, daß die Aufnahme einer Befreiungsvorschrift in Art.6 a RL 72/464/EWG entbehrlich erschien. Demgegenüber bestand im deutschen Verbrauchsteuerrecht bis 1979 eine Steuerbefreiung für Tabak zur Linderung von Asthmabeschwerden, die jedoch mit der durch die Umsetzung der RL 79/32/EWG veranlaßten Neufassung des Tabaksteuergesetzes im Jahre 1980 aufgehoben werden mußte.[416] Nach den Bestimmungen dieser Richtlinie sind Erzeugnisse, die Tabak enthalten, auch dann zu versteuern, wenn sie ausschließlich medizinischen Zwecken dienen. In Anbetracht der Ausnahmeregelung für Heilmittel-Alkohol ist die Besteuerung von Tabakwaren, die als Arzneimittel verwendet werden, zu beanstanden. Sie verstößt gegen das Grundprinzip der Besteuerung von alkoholischen Getränken und Tabakwaren, nur dem menschlichen Genuß dienende Erzeugnisse mit einer Verbrauchsteuer zu belasten. Dies ist bei Arzneimitteln nicht der Fall, da hier nicht die Genußverschaffung, sondern die heilende Wirkung im Vordergrund steht. Darüber hinaus ist die verbrauchsteuerliche Belastung von Arzneimitteln unter dem Gesichtspunkt der Besteuerung nach der persönlichen Leistungsfähigkeit zu beanstanden, da die Verwendung des Einkommens für die Beschaffung von Arzneimitteln nicht der freien Disposition unterliegt, sondern krankheitsbedingt durch Konsumverzicht nicht vermieden werden kann. Darüber hinaus entfalten Tabakwaren in Medikamenten eine sozialnützliche Wirkung, deren Beeinträchtigung durch eine Lenkungsabgabe nicht gerechtfertigt ist.[417]

Einen weiteren Systembruch stellt der Verzicht auf die Besteuerung von Kau- und Schnupftabak dar. Nach der auf deutsches Betreiben erfolgten Streichung des Kau- und Schnupftabaks aus dem Katalog der Steuergegenstände in Art.3 RL 72/464/EWG und Art.1 RL 79/32/EWG, wäre eine Aufrechterhaltung der Besteuerung nur unter Beachtung der Anforderungen in Art.3 RL 92/12/EWG möglich gewesen. Nicht der von Bongartz[418] angeführte erhöhte Verwaltungsaufwand bei einer Beibehaltung, sondern wirtschaftspolitische Gründe veranlaßten den Gesetzgeber die Besteuerung von Kau- und Schnupftabak aufzugeben. Im Vordergrund stand insbesondere die Existenzsicherung der vorwiegend in Bayern ansässigen Schnupftabakindustrie.[419] Die Festlegung des von der Kommission ursprünglich vorgesehenen Mindeststeuersatzes

---

[416] Begründung zu § 11 und § 12 TabStG 1980, BT-Drs. 8/3114, S. 14.

[417] So *Tipke* (Die Steuerrechtsordnung, S. 992) gegen die steuerliche Belastung von Alkohol in Arzneimitteln.

[418] Vgl. *Bongartz*, ZfZ 1993, S. 370.

[419] *Zeitler*, ZfZ 1993, S. 338,340.

hätte zu drastischen Steuererhöhungen geführt.[420] Aufgrund der strukturpolitischen und mittelstandsfördernden Wirkung handelt es sich bei der Aufgabe der Besteuerung von Kau- und Schnupftabak um eine indirekte Steuerentlastung mit subventivem Charakter.

bb) Grundstrukturen der Steuerbefreiungen für Alkohol und alkoholische Getränke

Gegenüber dem bisherigen Recht ist der Katalog der Steuerbefreiungen bei Alkohol und alkoholischen Getränken wesentlich erweitert worden. Dabei mußte das nationale Recht an die Besteuerungsgrundsätze des EG-Verbrauchsteuerrechts angepaßt werden, die eine Besteuerung des Alkohols zur Verwendung im technischen und gewerblichen Bereich nicht mehr vorsehen. Hervorzuheben ist in diesem Zusammenhang die Aufgabe der Besteuerung des vorwiegend in der Kosmetikindustrie verwendeten Isopropylalkohols. Wie bereits ausführlich dargestellt konnte der Gesetzgeber nicht umhin, die erst 1981 eingeführte Besteuerung des Isopropylalkohols[421] aufzugeben und in § 132 Abs.1 Nr.4 BranntwMonG eine generelle Steuerfreiheit für vergällten Branntwein anzuordnen, der zur Herstellung von Waren Verwendung findet, die weder Arznei- noch Lebensmittel sind.

Die in Art.27 RL 92/83/EWG von allen Mitgliedstaaten akzeptierten Steuerbefreiungen bringen deutlich den Grundsatz zum Ausdruck, daß Alkohol nicht als Rohstoff, sondern nur dann der Besteuerung unterworfen werden soll, wenn er als genußfähiges und zum menschlichen Verzehr geeignetes Erzeugnis in den freien Verkehr tritt. Folgerichtig sieht Art.25 RL 92/83/EWG die Möglichkeit einer Erstattung der Verbrauchsteuer vor, wenn die bereits versteuerten Erzeugnisse wegen eingetretener Genußuntauglichkeit aus dem Handel genommen werden. Im deutschen Verbrauchsteuerrecht ist die Umsetzung dieser Bestimmung durch die Rückwarenregelungen der §§ 20 BierStG, 149 BranntwMonG und 19 SchaumwZwStG erfolgt. Die Idee einer Einschränkung des steuerlichen Zugriffs auf den Verbrauch von Branntwein in der Form des menschlichen Verzehrs geht bereits auf das Jahr 1879 zurück. Nach Senckpiehl[422] wurde die Steuerbefreiung für gewerbliche Zwecke eingeführt, um die Absatzmöglichkeiten zu erleichtern und die Konkurrenzfähigkeit der betroffenen Industriezweige auf dem Weltmarkt zu erhalten. Dieses Ziel steht heute jedoch nicht mehr im Vordergrund. Die Steuerbefreiung trägt vielmehr dem Umstand Rechnung, daß Verbrauchsteuern die konsumtive und nicht die produktive Verwendung belasten wollen. Lange vor der Einführung

---

[420] *Jatzke*, Das neue Verbrauchsteuerrecht in der Bundesrepublik Deutschland, IFSt-Schrift Nr. 322, S. 54.

[421] Branntwein- und Mineralöländerungsgesetz vom 20.3.1981, BGBl. I S. 301.

[422] *Senckpiehl*, Strukturwandlungen des Verbrauchsteuerrechts, S. 50f.

der Isopropylalkoholbesteuerung hat Hassbach[423] darauf hingewiesen, daß es mit dem Sinn einer Verbrauchsteuer nicht zu vereinbaren sei, Verwendungszwecke eines Verbrauchsgutes, das nicht dem unmittelbaren Konsum diene, sondern eine Ausgangsbasis zur Herstellung anderer Erzeugnisse darstelle, ebenfalls aus Gründen der Steuertechnik zu belasten. Mit der Aufnahme von wortgleichen Befreiungstatbeständen für alle Fälle der gewerblichen Verwendung ist diesem Anliegen Rechnung getragen worden.

Einzige erhebungstechnisch bedingte Ausnahme von dem Grundsatz der Genußmittelbesteuerung bildet die Steuerbefreiung von Alkohol zur Herstellung von Lebensmitteln in Art.27 Abs.1 f RL 92/83/EWG. Da die steuerliche Überwachung jeglicher Produktion von alkoholhaltigen Lebensmitteln aus verwaltungsökonomischen Gründen nicht praktikabel erschien, wurde auf eine steuerliche Erfassung des in der Lebensmittelindustrie eingesetzten Alkohols verzichtet. Der Wirtschafts- und Sozialausschuß hingegen begründete die Steuerfreiheit für Alkohol zur Herstellung von Lebensmitteln mit den Argumenten, alkoholhaltige feste Lebensmittel würden keinerlei Gesundheitsrisiko darstellen und die Einführung einer Besteuerung hätte ungünstige Auswirkungen auf den Wettbewerb.[424] Nach Ansicht des für die Umsetzung der Alkoholrichtlinien verantwortlichen Referatsleiters im BMF hat sich dem Gesetzgeber diese gesundheitspolitisch motivierte Philosophie der Nichtbesteuerung des Alkohols in Pralinen und anderen Lebensmitteln bei der Gesetzgebung nicht erschlossen; daher habe er eine gesundheitspolitische Zielsetzung auch nicht bewußt und gewollt in die Gesetzgebung aufgenommen, sondern dieses Gedankengut über die Alkoholrichtlinien aus anderen entsprechend differenzierenden Mitgliedstaaten „importiert".[425]

Entgegen der Steuerbefreiung für Alkohol, der zur Herstellung von Lebensmitteln verwendet wird, stellt der Verzicht auf die Besteuerung von Arzneimitteln und Aromen keinen Widerspruch zum allgemeinen Besteuerungsprinzip dar, da konzentrierte Aromen zum unmittelbaren Verzehr weder geeignet noch bestimmt sind und Arzneimittel nach ihrer Bestimmung nicht dem menschlichen Genuß dienen. Nach Tipke besteht kein Grund, Alkohol zur Herstellung von Arzneimitteln lediglich wegen seiner chemischen Beschaffenheit einer Sondersteuer zu unterwerfen, zumal er in Medikamenten eine sozialnützliche Wirkung entfalte, deren Vermeidung durch eine Lenkungsabgabe nicht gerechtfertigt sei.[426] Auch Hassbach[427] hält eine Besteue-

---

[423] *Hassbach*, Die Branntweinsteuer als Verbrauchsteuer, S. 76.

[424] Stellungnahme des Wirtschafts- und Sozialausschusses, ABl. EG Nr. C 69 vom 18.3.1991, S. 29.

[425] *Jarsombeck*, Zur Philosophie der Nichtbesteuerung des Alkohols in Pralinen und anderen Lebensmitteln, ZfZ 1995, S. 61. Zu Recht weist Jarsombeck darauf hin, daß die Steuerbefreiung mit einer geringeren Belastbarkeit der Pralinen nichts zu tun hat.

[426] *Tipke*, Die Steuerrechtsordnung, S. 992.

[427] *Hassbach*, Die Branntweinsteuer als Verbrauchsteuer, S. 86.

rung von Heilmittelalkohol aus verbrauchsteuerrechtlichen Gründen für unzulässig.

Hervorzuheben ist die verfahrenstechnische Ausgestaltung der Steuerfreiheit von Alkohol, der zur Herstellung von Aromen oder von Lebensmitteln verwendet wird. Um der hohen Mißbrauchsgefahr zu begegnen und zur Erleichterung der Steueraufsicht wurde ein Entlastungsverfahren eingeführt, das die Verwendung von unversteuerten Erzeugnissen ausschließt.[428] In den Genuß der Steuervergünstigung können nur diejenigen Verwender gelangen, die bereit sind, gegenüber der Steuerverwaltung den Nachweis der zweckgerechten Verwendung und der ordnungsgemäßen Versteuerung der verarbeiteten Erzeugnisse zu führen.[429] Im Biersteuerrecht wurde von vornherein von der Einführung eines für die Wirtschaft unpraktikablen und für die Verwaltung aufwendigen Entlastungsverfahrens abgesehen. Auch bei Branntwein und den anderen alkoholischen Getränken könnte der Gesetzgeber auf das umständliche Verfahren verzichten und sich mit der steuerlichen Kontrolle im Rahmen der Verwenderverkehre begnügen. Unter diesen Voraussetzungen wäre es auch möglich, die Befreiungstatbestände für jede Form der Verwendung von Alkohol und alkoholischen Erzeugnissen in einer Vorschrift zusammenzufassen, die sich an den EG-rechtlichen Vorgaben in Art.27 RL 92/83/EWG orientiert. Eine entsprechende Bestimmung könnte wie folgt lauten:

Branntwein, branntweinhaltige Waren, Bier, Schaumwein und Zwischenerzeugnisse sind von der Steuer befreit, wenn sie gewerblich verwendet werden:

(a) zur Herstellung von Arzneimitteln (ausgenommen reine Alkohol-Wasser-Mischungen) durch dazu nach Arzneimittelrecht Befugte,
(b) zur Herstellung von Essig,
(c) vergällt zur Herstellung von Lebensmitteln, die keinen Alkohol mehr enthalten, weil dieser während des Produktionsprozesses entzogen oder umgewandelt worden ist,
(d) vergällt zur Herstellung von Waren, die weder Arznei- noch Lebensmittel sind oder zu sonstigen Zwecken, die nicht der Herstellung von Waren dienen,
(e) zur Herstellung von Aromen zur Aromatisierung von Lebensmitteln und nichtalkoholischen Getränken mit einem Alkoholgehalt von nicht mehr als 1,2 % vol,
(f) zur Herstellung von anderen Lebensmitteln als Branntwein und alkoholischen Getränken, sofern der Alkoholgehalt 5 l reinen Alkohol je 100 kg des Erzeugnisses nicht übersteigt und Pralinen mit einem Alkoholgehalt von nicht mehr als 8,5 l reinen Alkohol je 100 kg des Erzeugnisses.

---

[428] Begründung zu § 132 BranntwMonG, BT-Drs. 12/3432 vom 14.10.1992, S. 79.

[429] Für die durch § 132 Abs.3 Nr.2 BranntwMonG begünstigten Lebensmittelhersteller wurde inzwischen eine Erleichterung dadurch geschaffen, daß nach § 33 Abs.6 BrStV in einem Steuerlager hergestellte und mit Dickungsmittel oder Salz oder Pfeffer „vergällte“ Branntweine (sog. modifizierte Branntweine) Lebensmittelaromen gleichgestellt wurden. Die begünstigten Hersteller benötigen somit keine Verwendererlaubnis nach § 139 BranntwMonG mehr. Vgl. Erlaß zu § 33 Abs.6 BrStV in VSF-Nachrichten vom 24.7.1996, N 4196, S. 2.

cc) Grundstrukturen der Steuerbefreiungen für Mineralöle

Die in § 4 MinöStG geregelten Steuerbefreiungen entsprechen in ihrem Regelungsgehalt weitgehend den bisher in § 8 Abs.3 MinöStG a.F. angeordneten Steuervergünstigungen. Dabei unterstreichen die Ausnahmeregelungen den Charakter der Mineralölsteuer als eine verwendungsorientierte Verbrauchsteuer auf Energieleistungen.[430] Grundsätzlich sollen nur die Mineralöle der Steuer unterliegen, die als Kraft- oder Heizstoffe verwendet werden. Da die Eigenart des besteuerten Gutes eine Abgrenzung zwischen dem produktiven und dem konsumtiven Verbrauch nicht ohne das Erfordernis eines erheblichen Überwachungsaufwandes gestattet, haben sich die Mitgliedstaaten im Rahmen der Harmonisierung der Mineralölsteuer darauf geeinigt, jegliche Nutzung von Mineralölen zu motorischen Zwecken und zur Wärmegewinnung der Besteuerung zu unterwerfen. Daher ordnet Art. 2 Abs.2 RL 92/81/EWG die Besteuerung für alle Mineralöle an, die zum Verbrauch als Kraft- oder Heizstoff bestimmt sind oder als solche zum Verkauf angeboten werden.

Wettbewerbspolitische Erwägungen haben allerdings dazu geführt, daß das innere Besteuerungsprinzip der Mineralölsteuer durch eine Vielzahl von systemwidrigen Steuerbefreiungen durchbrochen worden ist. Ein Einfallstor von unübersehbarem Ausmaß bildet dabei die Ausnahmeregelung des Art.8 Abs.4 RL 92/81/EWG, nach der der Rat einen Mitgliedstaat ermächtigen kann, im EG-Verbrauchsteuerrecht bisher nicht verankerte Steuervergünstigungen oder Steuerentlastungen beizubehalten oder sogar neu einzuführen. Auf der Grundlage dieser Bestimmung sind bereits mehrere Entscheidungen ergangen, die ein breites Spektrum an Steuerbefreiungen für die verschiedensten Verwendungszwecke enthalten.[431] Im Gegensatz zu Deutschland gewährt die Mehrzahl der Mitgliedstaaten Steuerbefreiungen für den öffentlichen Personennahverkehr und für privat genutzte Boote und Schiffe. Daneben existieren Steuerbefreiungen für den Betrieb von Leuchttürmen, Kraftfahrzeuge für Behinderte, Entsalzungsanlagen, Krankenwagen und für Motoren, die bei der Trockenlegung von überschwemmten Flächen eingesetzt werden. In Deutschland beruhen die Steuerbefreiungen für die Verwendung von Abfallgasen und Altölen zu Heizzwecken und für die Verwendung von Mineralölen als Proben zu Untersuchungszwecken auf Entscheidungen nach Art.8 Abs.4 RL 92/81/EWG. Unter Harmonisierungsaspekten ist die verstärkte Inanspruchnahme des Verfahrens nach Art.8 Abs.4 RL 92/81/EWG zu beanstanden. Die

---

[430] *Schädel/Langer/Gotterbarm*, Mineralölsteuer Mineralölzoll, Vorbem. Rdnr.1 und *Schrömbges*, Auf dem Weg zur Beseitigung der Steuerschranken in der EG ?- Teil 2, ZfZ 1990, S. 130,137.

[431] Entscheidung des Rates vom 19.10.1992 zur Ermächtigung der Mitgliedstaaten, gemäß dem Verfahren in Artikel 8 Abs.4 der Richtlinie 92/81/EWG ermäßigte Verbrauchsteuersätze oder Verbrauchsteuerbefreiungen auf Mineralöle, die zu bestimmten Zwecken verwendet werden,beizubehalten. ABl. EG Nr. L 316 vom 31.10.1992, S. 16.

ursprünglich zur Sicherung des Besitzstandes konzipierte Ausnahmeregelung erweist sich zunehmend als schwere Hypothek eines unzulänglichen Kompromisses.[432]

Neben den vorgenannten fakultativen Steuerbefreiungen enthält das EG-Verbrauchsteuerrecht in Art.8 Abs.1 b und c RL 92/81/EWG für alle Mitgliedstaaten verbindliche Steuerbefreiungen für Mineralöl, das in der gewerblichen Luftfahrt und Hochseeschiffahrt verwendet wird. Mit der Freistellung des gewerblichen Luftverkehrs wird den Verpflichtungen Rechnung getragen, die die Mitgliedstaaten im Rahmen des am 7.12.1944 unterzeichneten Washingtoner Luftfahrtabkommens[433] eingegangen sind.[434] Um Wettbewerbsverzerrungen innerhalb der EG auszuschließen, ist die Begünstigung des interkontinentalen Flugverkehrs auch auf den binnenstaatlichen Flugverkehr ausgedehnt worden.[435] Zur Umsetzung der EG-rechtlichen Vorgaben enthält § 4 Abs.1 Nr.3 und 4 MinöStG eine nicht mehr an die Zollvorschriften gekoppelte Steuerbefreiung für Luftfahrt- und Schiffsbetriebsstoffe, die durch die Erstattungs- und Vergütungsvorschriften für im Steuergebiet versteuert bezogene und für steuerfreie Flüge verwendete Luftfahrtbetriebsstoffe in § 50 MinöStV ergänzt wird.[436] Hervorzuheben ist, daß die Beschränkung der Steuervergünstigung auf die gewerbsmäßige Beförderung von Personen oder Sachen nicht in Einklang mit den EG-rechtlichen Vorgaben steht, denn der in Art.8 Abs.1 b RL 92/81/EWG normierte Befreiungstatbestand sieht eine solche Einschränkung der Begünstigungsvoraussetzungen nicht vor. Da es sich um eine obligatorische Steuerbefreiung handelt, ist auch Deutschland zu einer uneingeschränkten Gewährung des Steuervorteils verpflichtet.

Von besonderer Bedeutung für die Mineralölwirtschaft ist das in § 4 Abs.1 MinöStG festgelegte Herstellerprivileg. Nach dieser Vorschrift darf Mineralöl von Inhabern von Mineralölherstellungs- oder Gasgewinnungsbetrieben zur Aufrechterhaltung des Betriebes steuerfrei verwendet werden. Von der Steuerfreiheit ausdrücklich ausgeschlossen ist jedoch die Verwendung von Mineralöl

---

[432] Zur Problematik vgl. *Jatzke*, Aktueller Stand und Perspektiven der Verbrauchsteuerharmonisierung, ZfZ 1995, S. 278,281.

[433] Nach Art. 24 des Abkommens über die Internationale Zivilluftfahrt vom 7.12.1944, dem die Bundesrepublik erst 1956 beigetreten ist (BGBl. II S. 411), sind Treibstoffe, die sich bei Ankunft in dem Hoheitsgebiet eines anderen Vertragsstaates an Bord eines Luftfahrzeuges eines Vertragstaates befinden und beim Verlassen des Hoheitsgebietes des anderen Staates an Bord geblieben sind, von Zollabgaben oder ähnlichen staatlichen oder örtlichen Abgaben befreit.

[434] Begründung zu Art. 10 des Vorschlages einer Richtlinie des Rates über die Harmonisierung der Verbrauchsteuern auf Mineralöle, KOM (73) 1234 endg., BT-Drs. 7/1042, S. 12.

[435] Begründung zu Art.8 Nr.1 d des Vorschlages für eine Richtlinie des Rates zur Harmonisierung der Struktur der Verbrauchsteuern auf Mineralöle, KOM (90) 434 endg., BT-Drs. 12/362, S. 10.

[436] Vgl. *Soyk*, Mineralölsteuerrecht, S. 144ff.

als Kraftstoff in Beförderungsmitteln. Das Herstellerprivileg hat Tradition im deutschen Verbrauchsteuerrecht. Seine Wurzeln liegen in der steuerlichen Behandlung der Herstellungsbetriebe vor dem 2.Weltkrieg als sog. "inländische Betriebstätten", in denen der Eigenverbrauch nicht steuerlich erfaßt wurde.[437] Ursprünglich hatte die 1930 eingeführte Regelung nur Bedeutung für den Freihafen Hamburg, da nur in den dort gelegenen Freihafenbetrieben Mineralölerzeugnisse hergestellt wurden.[438] Seit der grundlegenden Änderung des Mineralölsteuergesetzes im Jahre 1951[439] bis zum Inkrafttreten des Verbrauchsteuer-Binnenmarktgesetzes wurde die Freistellung des Eigenverbrauchs durch eine Verdrängung des Steuerentstehungstatbestandes erreicht. Nach den wortgleichen Formulierungen in sämtlichen Nachkriegsfassungen des Mineralölsteuergesetzes entstand die Mineralölsteuer dadurch, daß Mineralöl zum Verbrauch innerhalb des Betriebes zu anderen Zwecken als zur Aufrechterhaltung des Betriebes entnommen wurde. Da der Gesetzgeber davon ausging, daß die Begünstigung im Zuge der Verbrauchsteuerharmonisierung in der EG beseitigt werden würde, sollte das Privileg bereits 1967 abgeschafft werden.[440] Hierzu kam es jedoch nicht, da die anderen Mitgliedstaaten nicht bereit waren, ihre entsprechenden Steuervergünstigungen aufzuheben.[441] Der Besteuerungspraxis innerhalb der EG trug die Kommission 1973 Rechnung und nahm in den ersten Richtlinienvorschlag zur Harmonisierung der Mineralölsteuer eine der deutschen Konstruktion entsprechende Regelung auf.[442] Auch die folgenden Vorschläge behielten diesen Ansatz bei, der schließlich in Art.4 Abs.3 RL 92/81/EWG festgeschrieben wurde.

Im Gegensatz zur verfahrenstechnischen Ausgestaltung des Herstellerprivilegs im EG-Verbrauchsteuerrecht, nach der der Verbrauch von Mineralölen zu Herstellungszwecken innerhalb des Betriebsgeländes eines Mineralölherstellungsbetriebes nicht als den Steueranspruch begründender Steuertatbestand gilt, geht das deutsche Verbrauchsteuerrecht in § 4 Abs.1 Nr.1 MinöStG davon aus, daß der Eigenverbrauch grundsätzlich steuerbar ist und lediglich im Rahmen einer besonderen Erlaubnis zur steuerfreien Verwendung von der

---

437 *Teichner*, in: *Teichner/Alexander/Reiche*, Mineralölsteuer, Mineralölzoll, § 4 Rdnr. 4. Da Mineralöl erst beim Ausgang aus dieser Exklave versteuert werden mußte, blieb der Eigenverbrauch unbelastet.

438 Vgl. 15. Subventionsbericht der Bundesregierung, BT-Drs., S. 182.

439 Gesetz zur Änderung des Mineralölsteuergesetzes vom 19.1.1951, BGBl. I S. 73.

440 Nach Art.4 Abs.1 Nr.1 des Steueränderungsgesetzes 1967 (BGBl. I S. 385) sollte das Privileg mit Wirkung ab dem 1.1.1968 beseitigt werden. Durch Art.8 Nr.1 des Zweiten Steueränderungsgesetzes 1967 (BGBl. I S. 1254) ist diese Bestimmung jedoch wieder aufgehoben worden.

441 *Hahn*, Erläuterungen zum Mineralölsteuergesetz, in: Das Deutsche Bundesrecht, VII D 39, S. 29.

442 Vgl. Art.4 Nr.1 b des Vorschlages einer Richtlinie des Rates über die Harmonisierung der Verbrauchsteuern auf Mineralöle, KOM (73) 1234 endg., BT-Drs. 7/1042 vom 27.9.1973, S. 3.

Mineralölsteuer befreit wird.[443] Die Einführung eines Erlaubnisvorbehaltes steht damit im Widerspruch zu den EG-rechtlichen Bestimmungen. Eine Notwendigkeit, den im deutschen Mineralölsteuerrecht bewährten Ausschluß des Steuerentstehungstatbestandes aufzugeben, ist nicht erkennbar. Nach der Streichung der Worte "unter Steueraussetzung" in § 6 Abs.2 MinöStG[444] besteht nunmehr für alle Mineralölherstellungsbetriebe und damit auch für den gesamten Begünstigtenkreis des Herstellerprivilegs ein genereller Erlaubnisvorbehalt. Eine besondere Erlaubnis für die steuerfreie Verwendung von Mineralöl, das zu Herstellungszwecken eingesetzt wird, ist daher auch aus Gründen der Steueraufsicht nicht erforderlich, zumal sich die Kriterien und Voraussetzungen für die Erteilung der jeweiligen Erlaubnis gemäß § 4 und § 18 MinöStV weitgehend entsprechen.

Die Beibehaltung des Herstellerprivilegs ist unter dem Gesichtspunkt der Gleichmäßigkeit der Besteuerung zu beanstanden. Es ist kein die Ungleichbehandlung rechtfertigender Grund erkennbar, warum Mineralölherstellungsbetriebe das zur Produktion verwendete Mineralöl nicht zu versteuern brauchen, während Brennereien und Brauereien, die ebenfalls Heizöl im Rahmen der Produktion einsetzen, nicht in den Genuß dieses Steuervorteiles kommen. Die einseitige Bevorzugung der Mineralölherstellungsbetriebe läßt sich auch nicht mit der Eigenart des hergestellten Produktes rechtfertigen.[445] Aus diesen Gründen sprach sich die Steuerreformkommission bereits 1971 für eine Abschaffung des Steuervorteils aus und forderte die Bundesregierung auf, sich bei den Harmonisierungsverhandlungen für die EG-weite Abschaffung des Herstellerprivilegs einzusetzen.[446] Der Widerstand der Industrie, die das Herstellerprivileg mit der Begründung, die Mineralölsteuer solle nur den öffentlichen Straßenverkehr belasten, auch auf Mineralöle ausdehnen wollte, die nicht im engeren Produktionsprozeß verbraucht werden[447], veranlaßte die Bundesregierung jedoch an der Steuervergünstigung festzuhalten.

Nach der von Lang vorgeschlagenen Einteilung der Steuervergünstigungen[448] handelt es sich beim Herstellerprivileg um eine subventive Steuervergünstigung, die nicht mit den Grundwertungen des inneren Besteuerungsprinzips der Mineralölsteuer übereinstimmt. Die Bevorzugung eines ausgewählten Begünstigtenkreises, die im Subventionsbericht der Bundesre-

---

443 Begründung zu § 4 Abs.1 Nr.1 MinöStG, BT-Drs. 12/3432, S. 87.

444 Art.7 des Ersten Gesetzes zur Umsetzung des Spar-, Konsolidierungs- und Wachstumsprogramms vom 21.12.1993 (BGBl. I S. 2353).

445 *Teichner*, in: *Teichner/Alexander/Reiche*, Mineralölsteuer, Mineralölzoll, § 4 Rdnr. 5.

446 Gutachten der Steuerreformkommission 1971, S. 840.

447 *Weiser*, Der Stand der Harmonisierung der Mineralölsteuer in der EG, ZfZ 1989, S. 197,199.

448 *Lang*, Systematisierung der Steuervergünstigungen, S. 127,128.

gierung[449] sogar als Begründung für den Steuervorteil angegeben wird, verleiht der Steuerbefreiung den Charakter eines unvollständigen Steuerprivilegs[450] und stellt damit innerhalb der Verbrauchsbesteuerung einen Systembruch dar. Unter diesen Gesichtspunkten ist es bedauerlich, daß die systemwidrige Steuervergünstigung in Art.4 RL 92/81/EWG eine für alle Mitgliedstaaten verbindliche Legitimation erfahren hat. Unter Gleichbehandlungsgesichtspunkten läßt sich das Herstellerprivileg allenfalls mit integrations- und wettbewerbspolitischen Gründen rechtfertigen, da eine Aufhebung der Steuervergünstigung gegen EG-Recht verstieße und darüber hinaus die deutschen Betriebe gegenüber der Konkurrenz in anderen Mitgliedstaaten empfindlich benachteiligen würde. Da sich die nicht begünstigten Herstellungsbetriebe, wie z.B. Brauereien oder Brennereien, nicht in einem unmittelbaren Wettbewerb mit den Mineralölherstellungsbetrieben befinden, ist die Durchbrechung des verbrauchsteuerrechtlichen Systemgedankens auch in seinem Ausmaß zu rechtfertigen.

Zusammenfassend läßt sich feststellen, daß die Steuerbefreiungen im Mineralölsteuerrecht nach wie vor durch eine fehlende Systematik gekennzeichnet sind. Das Gesamtbild der Steuerbefreiungen läßt sich wohl nur unter historischen Gesichtspunkten erklären. Auch das Ergebnis der Verbrauchsteuerharmonisierung ist enttäuschend. Hervorzuheben ist allerdings, daß es dem Gesetzgeber durch die Abschaffung der Schmierstoffbesteuerung gelungen ist, das innere Besteuerungsprinzip der Mineralölsteuer auf seinen Kernbereich zurückzuführen. In Einklang mit den EG-rechtlichen Vorgaben hat die Mineralölsteuer den Charakter einer reinen Verbrauchsteuer auf Energieleistungen angenommen, die sowohl den privaten als auch den gewerblichen Verbrauch von Mineralöl als Kraft- oder Heizstoff belastet und daneben über die Definition der Steuergegenstände in § 1 Abs.2 Nr.13 MinöStG auch Ersatzkraft- oder Ersatzheizstoffe erfaßt. Neben Steuervergünstigungen, denen man eine gewisse Systemhaftigkeit nicht absprechen kann, da sie, wie z.B. die Steuerbefreiung für Mineralölproben, dem Wesen einer Verbrauchsteuer entsprechen, nur Güter zu belasten, die auch in den Wirtschaftskreislauf gelangen, sind auf der Grundlage des EG-Verbrauchsteuerrechts auch Steuerbefreiungen mit subventivem Charakter beibehalten worden, die wie das Herstellerprivileg den Grundwertungen der Besteuerung widersprechen und damit das Prinzip der Gleichmäßigkeit der Besteuerung durchbrechen. Daneben sind einige Steuerbefreiungen, wie die Steuerbefreiungen für Luftfahrtbetriebsstoffe und Schiffs-

---

[449] 15. Subventionsbericht der Bundesregierung, BT-Drs. 13/2230, S. 182. Danach verschafft die Befreiung der in Betrieben der Mineralölerzeugung verwendeten Mineralöle von der Mineralölsteuer den Betrieben der Mineralölwirtschaft und der Petrochemie einen Vorteil gegenüber anderen mineralölverbrauchenden Industriezweigen.

[450] Nach *Lang* (Systematisierung der Steuervergünstigungen, S. 157) zeichnet sich das unvollständige Steuerprivileg dadurch aus, daß ihm eine konkrete Wertung des Gesetzgebers zugrunde liegt, die jedoch im Verhältnis der begünstigten zu den nicht begünstigten Fällen von sachfremden Erwägungen geleitet wird.

betriebsstoffe, auf völkerrechtliche Verträge zurückzuführen, so daß ihre EG-weite Beibehaltung aus verkehrs- und wettbewerbspolitischen Gründen zwingend erforderlich war.

dd) Den Verbrauchsteuern gemeinsame Steuerbefreiungen

(1) Steuerbefreiungen für Proben

Nicht in den Wirtschaftskreislauf gelangen auch Proben, die zu amtlichen Untersuchungen oder Prüfungen entnommen oder zum Zweck der Qualitätskontrolle für betriebliche Untersuchungen verbraucht werden.[451] In Übereinstimmung mit den EG-rechtlichen Vorgaben enthalten alle Verbrauchsteuergesetze Regelungen, die entsprechende Steuerbefreiungen für Proben vorsehen.[452] Dabei weisen die einzelnen Befreiungsvorschriften starke inhaltliche Abweichungen auf, obwohl sie den gleichen Regelungszweck verfolgen.

Während die anderen Verbrauchsteuergesetze die Entnahme von steuerfreien Proben zu betrieblich bedingten Untersuchungen auch außerhalb eines Steuerlagers zulassen, beschränkt § 6 Abs.1 b TabStG die Vergünstigung auf Prüfungen in einem Steuerlager. Diese Einschränkung erscheint nicht sachgerecht, da sich auch außerhalb eines Steuerlagers, z.B. während eines Transportes, die Notwendigkeit einer Qualitätskontrolle ergeben kann. Darüber hinaus zwingt auch das EG-Verbrauchsteuerrecht nicht zu einer restriktiven Handhabung. Art. 6 a RL 72/464/EWG in der durch Art.1 Nr.6 RL 92/78/EWG geänderten Fassung (nunmehr Art.11 c RL 95/59/EG) eröffnet den Mitgliedstaaten generell die Möglichkeit, eine Steuerbefreiung für Tabakwaren vorzusehen, die ausschließlich für Untersuchungen und Tests im Zusammenhang mit der Qualität der Erzeugnisse bestimmt sind.

Auch die Differenzierung zwischen amtlichen Proben und Proben, die vom Steuerlagerinhaber oder von dessen Betriebsangehörigen entnommen werden, findet keine Stütze in den EG-rechtlichen Bestimmungen. Nach der Konstruktion in allen Verbrauchsteuergesetzen tritt der Befreiungstatbestand bei amtlichen Proben bereits mit der Entnahme der Erzeugnisse ein, während der Eintritt der Steuerfreiheit für Proben, die für betriebliche Untersuchungszwekke entnommen werden, auf den Zeitpunkt des Verbrauches im Rahmen der begünstigten Zweckbestimmung hinausgeschoben wird. Durch die unterschiedliche Ausgestaltung des Befreiungstatbestandes treten in den Fällen Besteuerungslücken auf, in denen die zu amtlichen Untersuchungen im Be-

---

[451] Nach *Förster* (Die Verbrauchsteuern, S. 87) regeln die Vorschriften über die Steuerbefreiung für amtliche Proben einen Fall des fehlgeschlagenen " In-den-Verkehr-Bringens ".

[452] Vgl. § 6 Abs.1 a,b und f TabStG, § 3 Abs.2 Nr.2 BierStG, § 132 Abs.2 Nr.2 und 3 BranntwMonG, § 3 Abs.1 SchaumwZwStG und § 4 Abs.1 Nr.5 MinöStG.

trieb des von der Steueraufsichtsmaßnahme Betroffenen entnommen Proben nach ihrer Entnahme nicht der begünstigten Verwendung zugeführt werden. Während das Schaumweinsteuergesetz von 1952[453] und § 84 Abs.2 Nr.4c des alten Branntweinmonopolgesetzes[454] diese Folgen vermieden, nahm das neuere Tabak- und Schaumweinsteuerrecht diese Unzulänglichkeiten in Kauf. Im Gegensatz zum Eintritt einer echten Steuerbefreiung bei der Entnahme von amtlichen Proben, entstand bei der Entfernung von zu betrieblichen Zwecken entnommenen Proben eine bedingte Steuer, die erst mit der bestimmungsgemäßen Verwendung entfiel.[455] Die nach wie vor bestehenden Besteuerungslücken könnten dadurch geschlossen werden, daß die tatbestandsverdrängende Wirkung der Steuerbefreiung für Proben - unabhängig vom Anlaß der Entnahme - an die zweckgerechte Verwendung geknüpft wird.

Da die Steuerfreiheit für Proben auf dem Umstand beruht, daß die als Probe entnommenen Erzeugnisse nicht in den freien Verkehr gelangen und daher nicht für den menschlichen Genuß oder bei Mineralölen zur Erzeugung von Energie bestimmt sind, ist es ohne Belang, ob die Proben von Vertretern der Steuerbehörde oder auf Veranlassung der Steuerbehörde durch den Steuerpflichtigen selbst entnommen werden. Unter diesem Gesichtspunkt sind die Regelungen in § 6 Abs.1 Nr.1 TabStG und in § 132 Abs.2 Nr.3 BranntwMonG zu beanstanden. Obwohl das alte BranntwMonG eine entsprechende Bestimmung nicht enthielt, wurde der Wortlaut des § 8 Abs.2 Nr.2 des alten Schaumweinsteuergesetzes buchstabengetreu in das neue BranntwMonG und SchaumwZwStG übernommen. Hervorzuheben ist, daß die Bestimmung keine Entsprechung im Biersteuergesetz gefunden hat.

Da bei den genußtauglichen Erzeugnissen das Erfordernis anerkannt werden sollte, auch Geschmacksproben von der Verbrauchsteuer zu befreien, ist die Beschränkung auf technische Untersuchungen und Prüfungen in § 3 Abs.2 Nr.2 BierStG zu eng gefaßt. Um Mißbrauchsfälle auszuschließen, ist es ausreichend, die Steuerbefreiung auf die betrieblich erforderlichen Untersuchungen und Prüfungen zu beschränken. Diese Formulierung würde auch die chemisch-technischen Untersuchungen bei Mineralölen erfassen. Im Gegen-

---

[453] § 7 Abs.1c SchaumwStG 1952 (BGBl. I S. 730) ordnete an, daß Schaumwein unversteuert für im Herstellungsbetrieb erforderliche technische Proben entnommen werden durfte.

[454] Nach § 8 Abs.2 Nr.2 VwO i.V.m. § 84 Abs.2 Nr.4c BranntwMonG stellte die Verwendung von Branntwein zu chemischen oder physikalischen Untersuchungen aller Art eine steuerfreie Verwendung zu besonderen gewerblichen Zwecken dar. Eine Unterscheidung zwischen der Entnahme durch Aufsichtsbeamte und der Entnahme durch den Steuerpflichtigen selbst, fand nicht statt.

[455] *Caspers/Dittrich*, Das neue Tabaksteuerrecht, ZfZ 1980, S. 136f und *Peters*, Das Verbrauchsteuerrecht, Rdnr. 311.

satz zur Steuerbefreiung für Kostproben[456], läßt das EG-Verbrauchsteuerrecht eine Steuerbefreiung für Geschmacksproben im Rahmen der Qualitätskontrolle zu. Diese betrieblich erforderlichen Geschmacksproben können als Proben für Analysen und notwendige Produktionstests i.S.v. Art. 27 Abs.2a RL 92/83/EWG und als Proben für Tests im Zusammenhang mit der Qualität der Erzeugnisse i.S.v. Art. 11 c RL 95/59/EW angesehen werden.

Ein für alle Verbrauchsteuern geltender Befreiungstatbestand für Proben könnte wie folgt lauten:

Verbrauchsteuerpflichtige Erzeugnisse sind von der Steuer befreit, die als Proben innerhalb oder außerhalb eines Steuerlagers zu amtlichen oder zu den betrieblich erforderlichen Untersuchungen und Prüfungen verwendet werden.

(2) Steuerbefreiungen bei Vernichtung oder Vergällung

Als Vernichtung wird im Verbrauchsteuerrecht jede auf eine menschliche Willensbetätigung zurückzuführende Einwirkung auf ein verbrauchsteuerpflichtiges Erzeugnis angesehen, die zu einer vollständigen Substanzminderung oder zu einer Substanzveränderung führt und im Ergebnis bewirkt, daß das Erzeugnis dem Verbrauch und damit dem eigentlichen Belastungsziel nicht mehr zugeführt werden kann.[457] Mit der Vernichtung entfällt zugleich die Legitimation für eine Besteuerung des vernichteten Erzeugnisses. Diesem Umstand trug lediglich das Tabaksteuerrecht hinreichend Rechnung. Nach § 6 Abs.1 Nr.1d TabStG sind Tabakwaren von der Steuer befreit, die unter Steueraufsicht vernichtet oder vergällt werden. In den anderen Verbrauchsteuergesetzen fehlte bis zum Inkrafttreten des Verbrauchsteueränderungsgesetzes eine entsprechende Befreiungsvorschrift, obwohl in § 19 Abs.3 BrStV und § 15 Abs.3 SchaumwZwStV die buchmäßige Erfassung von vernichteten Erzeugnissen dahingehend geregelt war, daß der Lagerinhaber diese Erzeugnisse als steuerfreie Abgänge in der Lagerbuchführung aufzuzeichnen hatte. Mit dieser Regelung setzte der Verordnungsgeber eine Steuerbefreiung für vernichtete Erzeugnisse zumindest stillschweigend voraus. Inzwischen hat der Gesetzgeber die Regelungslücke erkannt. Abhilfe wurde nun dadurch geschaffen, daß mit dem Verbrauchsteueränderungsgesetz entsprechende Befreiungsvorschrif-

---

[456] Die in § 8 Abs.2 Nr.3 SchaumwStG geregelte Steuerbefreiung für Kostproben, die im Herstellungsbetrieb unentgeltlich abgegeben werden, ist durch das Verbrauchsteuer-Binnenmarktgesetz aufgehoben worden.

[457] *Schädel/Langer/Gotterbarm*, Mineralölsteuer, Mineralölzoll, § 8 Rdnr. 295 (gezielte Zerstörung der Substanz); *Schmidt*, Das Schaumweinsteuergesetz, S. 44 (gezielte Minderung der Menge oder der Beschaffenheit, so daß das Erzeugnis nicht wiederhergestellt werden kann) und *Soyk*, Mineralölsteuerrecht, S. 109 (planmäßige Beseitigung, ohne daß mit diesem Vorgang ein weiterer Nutzen erzielt werden soll).

ten in § 3 Abs.2 Nr.3 BierStG, § 132 Abs.2 Nr.5 BranntwMonG und § 3 Abs.1 Nr.3 SchaumwZwStG eingefügt worden sind.

Nach wie vor enthält jedoch das Mineralölsteuergesetz als einziges Verbrauchsteuergesetz keine spezielle Befreiungsvorschrift für die Fälle der Vernichtung von Mineralöl. Offensichtlich sah der Verfasser des Mineralölsteuergesetzes die Vernichtung als einen Unterfall der gewerblichen Verwendung nach § 4 Abs.1 Nr.2 MinöStG zu anderen Zwecken als zur Verwendung als Kraftstoff oder zur Herstellung von Kraftstoff oder zum Verheizen an. Damit wird die Vernichtung als steuerbegünstigte Verwendung unter Erlaubnisvorbehalt gestellt. Die gewählte Konstruktion weicht erheblich von der verbrauchsteuerrechtlichen Behandlung der Vernichtung in den anderen Verbrauchsteuergesetzen und vom herkömmlichen Verwendungsbegriff ab. Nach Peters[458] liegt eine Verwendung nur dann vor, wenn mit der Behandlung der steuerfreien oder steuerbegünstigten Erzeugnisse irgend ein wirtschaftlicher Nutzen angestrebt wird. Dies ist bei der gezielten Beseitigung der wirtschaftlichen Nutzungsmöglichkeit durch Vernichtung eines Erzeugnisses gerade nicht der Fall. Der Verbrauchsteuersystematik würde es daher besser entsprechen, wenn auch im Mineralölsteuerrecht ein eigenständiger Befreiungstatbestand für die Fälle der Vernichtung eingeführt würde.

Neben der Vernichtung sollte ein für alle Verbrauchsteuern geltender Befreiungstatbestand auch die Fälle der vollständigen Vergällung mit einbeziehen. Sowohl bei Tabakwaren als auch bei alkoholischen Getränken bewirkt die vollständige Denaturierung den Eintritt der absoluten Genußuntauglichkeit[459] und verhindert somit auf Dauer die Verwirklichung des eigentlichen Belastungsziels. Dieser Umstand rechtfertigt es, die vollständige Vergällung in ihrer Wirkung der Vernichtung eines verbrauchsteuerpflichtigen Erzeugnisses gleichzusetzen. Ein allgemeiner Befreiungstatbestand könnte wie folgt lauten:

Verbrauchsteuerpflichtige Erzeugnisse sind von der Steuer befreit, die unter Steueraufsicht vernichtet oder vollständig vergällt werden.

(3) Deputatregelungen im Bier- und Tabaksteuerrecht

Nach § 6 Abs.2 TabStG sind Tabakwaren von der Steuer befreit, die der Tabakwarenhersteller an seine Arbeitnehmer als Deputat unentgeltlich abgibt. Eine entsprechende Deputatregelung enthält § 3 Abs.2 Nr.1 BierStG. Danach ist Bier von der Steuer befreit, wenn es von Brauereien an ihre Angestellten und Arbeiter als Haustrunk unentgeltlich abgegeben wird. Nach dem Subventionsbericht der Bundesregierung führen diese Steuervorteile zu jährlichen

458 *Peters*, Das Verbrauchsteuerrecht, Rdnr. 333,432.

459 Nach *Goetzeler* (Das deutsche Tabaksteuerrecht, S. 118) bedeutet Vergällung das Unbrauchbarmachen für den menschlichen Genuß.

Mindereinnahmen in Höhe von 6 Mio DM an Biersteuer und 12 Mio DM an Tabaksteuer.[460] Obwohl die Verbrauchsteuerrichtlinien keine Befreiungstatbestände für Tabakwaren oder alkoholische Getränke enthalten, die in Herstellungsbetrieben beschäftigten Arbeitnehmern unentgeltlich überlassen werden, hat der Gesetzgeber die bereits vor dem 1.1.1993 bestehenden Deputatregelungen in das neue Tabak- und Biersteuerrecht übernommen. Hinsichtlich der „Haustrunkregelung" weist Schröer-Schallenberg[461] darauf hin, daß sie zwar keine ausdrückliche Grundlage in der Richtlinie 92/83/EWG findet, jedoch auf einer Protokollerklärung vom 23.10.1992 beruht. Diese Anmerkung wirft die Frage auf, ob Protokollerklärungen eine ausreichende Legitimation für die Beibehaltung oder Einführung von Steuervergünstigungen darstellen können, die in einen Rechtsakt der Gemeinschaft nicht aufgenommen worden sind.

Nach Art.9 Abs.1 Satz 2 der Geschäftsordnung des Rates[462] können im Protokoll der Ratstagung auch die vom Rat zu einem Tagungsordnungspunkt abgegebenen Erklärungen aufgenommen werden. Da die bei der Abstimmung zu Protokoll gegebenen Erklärungen Bestandteile der Beratungen sind, unterliegen sie wie die gesamte Beratung gemäß Art.5 Abs.1 der Ratsgeschäftsordnung der Geheimhaltungspflicht. Eine Veröffentlichung ihres Wortlautes ist nur dann möglich, wenn der Rat darüber einstimmig beschließt.[463] Selbst die Vorlage von Protokollerklärungen vor dem EuGH oder einem nationalen Gericht, bedarf der Genehmigung des Rates.[464] Dieses grundsätzliche Publikationsverbot hat sich in der Praxis jedoch als nicht sehr wirksam erwiesen. Dreher[465] belegt, daß die Bundesregierung das Publikationsverbot in zunehmendem Maße dadurch umgeht, daß in Gesetzesbegründungen und Schriftsätzen an die nationalen Gerichte auf Protokollerklärungen Bezug genommen wird. Die Praxis berücksichtigt damit die Interessen der Normadressaten und trägt dem Bedürfnis der Wirtschaft nach möglichst umfassender Information und der berechtigten Forderung nach Transparenz der legislativen Entscheidungsprozesse Rechnung. Als Sachwalter der Mineralölwirtschaft beanstandet zum Beispiel Kleiner[466], daß die Steuerbefreiung für Biokraftstoffe auf einer geheimen Absprache im Rat der Europäischen Union beruhe und mahnt in diesem Zusammenhang, daß der Bereich der Verbrauchsteuerharmonisierung für eine Geheimdiplomatie nicht geeignet sei.

---

460 15.Subventionsbericht der Bundesregierung, BT-Drs. 13/2230, S. 179f.

461 *Schröer-Schallenberg*, Das neue Biersteuerrecht, ZfZ 1994, S. 290,296, Fn. 62a.

462 Geschäftsordnung des Rates vom 6.12.1993, ABl. EG Nr. L 304 vom 10.12.1993, S. 1,8.

463 *Pechstein*, EuR 1990, S. 249,254.

464 Art.5 Abs.3 der Geschäftsordnung des Rates. Der EuGH kann jedoch nach Art.21 seiner Satzung die Vorlage beantragen.

465 *Dreher*, EuZW 1994, S. 743.

466 *Kleiner*, ZfZ 1995, S. 284,286.

Hinsichtlich der rechtlichen Bedeutung von Protokollerklärungen ist in der Rechtsprechung des EuGH[467] und im Schrifttum[468] anerkannt, daß Protokollerklärungen des Rates zur Interpretation von Bestimmungen in Gemeinschaftsrechtsakten herangezogen werden können, sofern sie mit dem für den jeweiligen Rechtsakt vorgeschriebenen Quorum verabschiedet worden sind und nicht im Widerspruch zum Inhalt des interpretierten Rechtsaktes stehen.

Anders sind dagegen Protokollerklärungen zu beurteilen, die nicht der Klarstellung oder Erläuterung von Richtlinienbestimmungen dienen, sondern einen eigenständigen Regelungsgehalt in Bereichen aufweisen, in denen die Richtlinien als abschließend angesehen werden müssen. Um einen solchen abgeschlossenen Regelungsbereich handelt es sich bei den in den Verbrauchsteuerrichtlinien festgelegten Steuervergünstigungen. Die nach Art.99 EG-Vertrag verabschiedeten Richtlinien und damit auch die darin enthaltenen steuerlichen Ausnahmeregelungen sind nach Art.191 Abs.2 EG-Vertrag im Amtsblatt der Gemeinschaft zu veröffentlichen. Mit der Verkündung der Rechtsakte im Amtsblatt der Gemeinschaft wird die für eine Außenwirkung erforderliche Öffentlichkeit hergestellt. Das Publizitätserfordernis dient der Rechtssicherheit und dem Schutz der von den Regelungen Betroffenen und steht daher der Anerkennung einer Außenwirkung von Protokollerklärungen, die der Öffentlichkeit nicht bekanntgegeben werden, entgegen.[469]

Zu berücksichtigen ist auch, daß die Protokollerklärungen nicht nach dem im EG-Vertrag für den Erlaß von Gemeinschaftsrechtsakten festgelegten Verfahren unter Mitwirkung des Europäischen Parlaments und des Wirtschafts- und Sozialausschusses zustandekommen. Würde man den in das Ratsprotokoll aufgenommenen Erklärungen eine den Regelungsgehalt der zugrundeliegenden Rechtsakte überschreitende Außenwirkung und damit eine an die Mitgliedstaaten gerichtete Verpflichtung zur Umsetzung des Inhalts der jeweiligen Protokollerklärung zuerkennen, wäre der Umgehung der gemeinschaftlichen Normsetzungsverfahren Tür und Tor geöffnet. Über ihre Funktion als Auslegungshilfe bei der Anwendung von Bestimmungen des Gemeinschaftsrechts kommt den Protokollerklärungen daher keine kompetenzerweiternde Wirkung zu, die den nationalen Gesetzgeber zu entsprechenden Umsetzungsmaßnahmen legitimieren könnte. Auch nach der Rechtsprechung des EuGH[470] kann die objektive Bedeutung einer Bestimmung des Gemeinschaftsrechts durch eine Erklärung für das Ratsprotokoll nicht in ihrem materiell rechtlichen Gehalt abgeändert werden.

---

[467] Vgl. EuGHE 1991, S. 745,778. Danach kann eine Erklärung nicht zur Auslegung abgeleiteten Rechts herangezogen werden, wenn ihr Inhalt in der fraglichen Bestimmung keinen Ausdruck gefunden hat.

[468] *Pechstein*, EuR 1990, S. 249,256 und *Dreher*, EuZW 1994, S. 743,744.

[469] *Dreher*, EuZW 1994, S. 743,744.

[470] EuGHE 1986, 1247 (1256).

Unter dem Gesichtspunkt der Selbstbindung und des Vertrauensschutzes wird Protokollerklärungen im Schrifttum[471] lediglich eine eingeschränkte Bindungswirkung zwischen den unmittelbar am Rechtsetzungsprozeß Beteiligten zugesprochen. Pechstein[472] bezeichnet sie zu Recht als nichtjustiziable politische Verpflichtungen mit Selbstbindungscharakter, die jedoch keine Wirkung zugunsten Privater entfalten könnten. Da ihnen keine Außenwirkung zukommt, sind Protokollerklärungen als rechtlich unverbindliche politische Willens- und Absichtserklärungen anzusehen, die eine bestimmte Ansicht der Beteiligten wiedergeben oder ein bestimmtes Verhalten der Erklärenden in Aussicht stellen und deren Beachtung oder Nichtbeachtung nur mit politischen Mitteln durchgesetzt werden kann. Daher bildet die Aufnahme einer Steuervergünstigung in einer kompetenzerweiternden Protokollerklärung keine mit der Festlegung in einer Richtlinienbestimmung gleichzusetzende EG-rechtliche Grundlage, mit der die Mitgliedstaaten zur Einführung oder Beibehaltung einer Steuerermäßigung oder Steuerbefreiung ermächtigt werden können. Die von Schröer-Schallenberg angeführte Protokollerklärung ist daher nicht geeignet, den vom Gesetzgeber eingeführten Befreiungstatbestand zur Beibehaltung des steuerfreien Haustrunks gemeinschaftsrechtlich zu legitimieren.

Neben diesem Mangel an EG-rechtlicher Legitimation leiden die Deputatregelungen auch unter dem Gesichtspunkt der Besteuerung nach der finanziellen Leistungsfähigkeit und unter Berücksichtigung des Gebotes der Belastungsgleichheit an einem Rechtfertigungsdefizit. Nach Schröter[473] liegt der Deputatregelung für Tabakwaren der Gedanke zugrunde, daß es zweckmäßig sei, den in einem Herstellungsbetrieb beschäftigten Arbeitnehmern freiwillig bestimmte Mengen der darin hergestellten Tabakerzeugnisse zu überlassen, um sie davon abzuhalten, sich diese eigenmächtig anzueignen und der steuerlichen Überwachung zu entziehen. Diese Begründung vermag jedoch nicht zu überzeugen, da der Gesetzgeber steuerfreie Deputate nur den in Brauereien und Tabakwarenherstellungsbetrieben beschäftigten Arbeitnehmern zugesteht, nicht aber den Arbeitnehmern in Schaumweinherstellungsbetrieben und Brennereien. Die überkommenen Deputatregelungen des Tabak- und Biersteuerrechts stellen heute vielmehr einen Gegenstand der Tarifpolitik dar. Als der Gesetzgeber das Steuerprivileg im Rahmen der Umsetzung der Verbrauchsteuerrichtlinien aus gesundheitspolitischen und EG-rechtlichen Gründen abschaffen wollte, setzten sich insbesondere die Gewerkschaften für eine Beibehaltung ein.[474] Dabei hatte sich bereits 1971 die Steuerreformkommission[475] für eine

---

[471] *Pechstein*, EuR 1990, S. 249,258f. m.w.N.

[472] *Pechstein*, EuR 1990, S. 249,257,259.

[473] *Schröter*, Kommentar zum Tabaksteuergesetz, S. 190.

[474] Nach *Zeitler* (ZfZ 1993, S. 338,340) haben sich insbesondere die Arbeitnehmer und die Gewerkschaften nachdrücklich dafür ausgesprochen, die Steuerbefreiung der Deputate im Tabak- und Brauereibereich beizubehalten.

Aufhebung der Steuervergünstigungen ausgesprochen, da sie keine Gründe zu erkennen vermochte, die eine derartige steuerliche Sonderbehandlung der Arbeitnehmer der Tabakindustrie und der Brauwirtschaft hätten rechtfertigen können. Auch der Bundesrechnungshof tritt seit langem für die Abschaffung der Depuatatregelung im Tabaksteuerrecht ein.[476]

Zu Recht weist Förster[477] darauf hin, daß die verwaltungsökonomischen und sozialpolitischen Gründe für die subventiven Steuerbefreiungen nicht auf den Primärwertungen der Verbrauchsbesteuerung beruhen, sondern einen außersteuerlichen Ursprung haben. Es ist kein plausibler Grund ersichtlich, der die steuerliche Bevorzugung eines bestimmten Arbeitnehmerkreises gegenüber allen anderen Verbrauchern, insbesondere aber gegenüber den Arbeitnehmern in nicht begünstigten Produktionsbereichen, legitimieren könnte. Arbeiter und Angestellte in Brauereien und Tabakwarenherstellungsbetrieben sind sicher nicht weniger steuerlich leistungsfähig als die Beschäftigten in anderen Branchen. Das Leistungsfähigkeitsprinzip und das Gebot der Belastungsgleichheit erfordern vielmehr eine gleichmäßige Besteuerung aller Konsumenten von alkoholischen Getränken und Tabakwaren.

Zwar ist der Gesetzgeber nach der Rechtsprechung des Bundesverfassungsgerichtes bei der Auswahl der Steuergegenstände und bei der Erschließung neuer Steuerquellen weitgehend frei, die einmal getroffene Belastungsentscheidung hat er dann aber folgerichtig im Sinne der Belastungsgleichheit umzusetzen.[478] Mit diesem Grundsatz ist es nicht zu vereinbaren, einem ausgewählten Konsumentenkreis weiterhin Steuervorteile zu gewähren, für deren Beibehaltung keine Gründe angeführt werden können, die nach ihrer Art und nach ihrem Gewicht geeignet sind, eine Durchbrechung des Leistungsfähigkeitsprinzips zu legitimieren. Für eine Aufrechterhaltung der Deputatregelungen sprechen lediglich traditionelle Erwägungen und die Interessen der Tarifparteien. Allein diese außerfiskalischen Gründe vermögen ihrem Gewicht nach ein Absehen von der Durchsetzung des Leistungsfähigkeitsprinzips nicht zu rechtfertigen. In diesem Zusammenhang ist auch darauf hinzuweisen, daß es sich um eine Steuervergünstigung handelt, die bei der Mehrwertsteuer, als allgemeiner Verbrauchsteuer, keine Entsprechung findet.

Zusammenfassend kann festgestellt werden, daß die Deputatregelungen im Tabak- und Biersteuerrecht einer ausreichenden EG-rechtlichen Grundlage entbehren und darüber hinaus dem Grundsatz der Besteuerung nach der fi-

---

[475] Gutachten der Steuerreformkommission 1971, S. 833,856.

[476] 15. Subventionbericht der Bundesregierung, BT-Drs. 13/2230, S. 179. Danach tritt der Rechnungsprüfungsausschuß aufgrund der Bemerkung des Bundesrechnungshofes - 1989 - zu diesem Punkt für die Abschaffung der Steuerfreiheit ein.

[477] *Förster*, Die Verbrauchsteuern, S. 87.

[478] BVerfGE 84, 239 (271).

nanziellen Leistungsfähigkeit widersprechen. Diese Gründe sprechen für eine Abschaffung der ungerechtfertigten Steuervergünstigungen.

VII. Das Steueraussetzungsverfahren

1. Begriffsbestimmung

Wie bereits bei der Abhandlung der Steuervergünstigungen dargestellt, ersetzt das Steueraussetzungsverfahren das bisherige System der bedingten Steuer.[479] Der Gesetzgeber hat den Begriff aus der System-Richtlinie übernommen, ohne ihn jedoch näher zu definieren. Das Verfahren der Steueraussetzung wird in Art.4 c RL 92/12/EWG als die steuerliche Regelung beschrieben, die auf die Herstellung, die Verarbeitung, die Lagerung sowie die Beförderung der Waren unter Steueraussetzung Anwendung findet. Zu Recht weist Reiche[480] darauf hin, daß die Begriffsbestimmung den zu definierenden Begriff „Steueraussetzung" in der Definition selbst verwendet und im Ergebnis den Begriff mit sich selbst definiert.

Nach der Begündung dient das Verfahren für die Warenbewegung unter Steueraussetzung der ordnungsgemäßen Steuererhebung auf verbrauchsteuerpflichtige Waren und damit der steuerlichen Kontrolle. Die EU-weite Einführung eines für alle harmonisierten Verbrauchsteuern geltenden Überwachungsverfahrens geht auf die Schlußfolgerungen des ECOFIN-Rates vom 13.11.1989 zurück, auf dem festgelegt wurde, daß der Handelsverkehr mit verbrauchsteuerpflichtigen Waren zwischen von den Behörden der Mitgliedstaaten zugelassenen Lagerhaltern erfolgen sollte.[481] Der daraufhin vorgelegte Vorschlag für eine System-Richtlinie enthielt jedoch verfahrenstechnische Regelungen, die von den Mitgliedstaaten nicht akzeptiert wurden. Danach sollten die verbrauchsteuerpflichtigen Waren zusammen mit Begleitdokumenten und durch Raum- oder Packstückverschlüsse gesichert ausschließlich zwischen amtlich zugelassenen Steuerlagern in einem Verfahren der bedingten Abgabenbefreiung befördert werden. Neben dem Verfahren der bedingten Abgabenbefreiung wurde ein Verfahren der Steueraussetzung vorgesehen, in das die Waren unter Beendigung des Lagerverfahrens überführt werden konnten. Als die Steuer aussetzende Verfahren wurden u.a. das 1977 für den Warenverkehr innerhalb der Gemeinschaft eingeführte gemeinschaftliche

---

[479] *Teichner*,in: *Koch/Scholtz*, Abgabenordnung, § 50 Rdnr. 2.

[480] *Reiche*, in: *Teichner/Alexander/Reiche*, Mineralölsteuer, Mineralölzoll, § 5 Rdnr. 10.

[481] Vorschlag für eine Richtlinie des Rates über das allgemeine Verbrauchsteuersystem sowie über den Besitz und die Beförderung verbrauchsteuerpflichtiger Waren, KOM (90) 431 endg. vom 7.11.1990, S. 4.

Versandverfahren[482], das auf weltweite Geltung angelegte internationale Versandverfahren TIR[483] und die Beförderung im Rahmen des Rhein-Manifestes[484] angesehen.[485] Während es sich bei den erstgenannten Verfahren um besondere Zollverfahren handelt, geht das Rheinmanifest auf einen am 17.10.1868 zwischen Preußen, Frankreich, den Niederlanden, Baden, Bayern und Hessen abgeschlossenen Vertrag zurück, der als „Mannheimer Akte" bezeichnet wird und allen Nationen den freien Transport von Personen und Waren auf dem Rhein gestattet.[486] Nach den Bestimmungen der „Mannheimer Akte" dürfen die Vertragsparteien den Schiffsverkehr auf dem Rhein nicht behindern und keine Abgaben erheben, die sich lediglich auf die Tatsache der Beschiffung gründen. Als Gremium zur Beratung aller anstehenden Fragen im Zusammenhang mit der Rheinschiffahrt wurde eine Zentralkommission mit Sitz in Mannheim eingerichtet. In dieses Gremium wurden nach dem ersten Weltkrieg auch die Nichtuferstaaten England, Italien und Belgien aufgenommen. Am 14.11.1936 trat Deutschland aus Protest gegen den Versailler Vertrag aus der Zentralkommission aus. Nachdem Adenauer durch eine Note vom 15.4.1950 erklärt hatte, daß die Bundesregierung sich verpflichtet, alle sich aus der Mannheimer Akte ergebenden Rechte und Pflichten auf sich zu nehmen, trat die Bundesrepublik Deutschland der Zentralkommission wieder bei und ist seit Juli 1950 wieder voll- und gleichberechtigtes Mitglied.[487] Auch nach der Verwirklichung des Binnenmarktes ist die Mannheimer Akte Grundlage für den freien Schiffsverkehr auf dem Rhein unter Verwendung des Rhein-Manifestes als internationalem Zollpapier.

Da sich das Verfahren der Steueraussetzung auf bekannte Zollverfahren und auf das Rhein-Manifest stützte, wurde es von den Mitgliedstaaten grundsätzlich akzeptiert. Demgegenüber warf das Verfahren der bedingten Abgabenbefreiung erhebliche Probleme auf. Im Streit stand das Erfordernis eines Steuersatzwechsels bei Grenzübertritt. Das vorgeschlagene System erforderte

---

[482] Verordnung (EWG) Nr. 222/77 des Rates über das gemeinschaftliche Versandverfahren, ABl. EG Nr. 38 vom 9.2.1977, S. 1 sowie Verordnung (EWG) Nr. 2726/90 des Rates zur Änderung der Verordnung (EWG) Nr. 222/77, ABl. EG Nr. L 262 vom 26.9.1990, S. 1.

[483] Das TIR-Verfahren (**T**ransport **I**nternational des Marchandises par la **R**oute) beruht auf dem Zollübereinkommen über den internationalen Warentransport mit Carnets TIR vom 14.11.1975 (BGBl. II 1979, S. 445ff.).

[484] Bekanntmachung der Neufassung des deutschen Wortlautes der am 17.10.1868 in Mannheim unterzeichneten Revidierten Rheinschiffahrtsakte (Mannheimer Akte) vom 11.3.1969, BGBl. II 1969, S. 597ff. sowie die Verordnung über die Einführung des Rhein-Manifestes vom 15.12.1953, BGBl. II 1953, S. 595.

[485] Begründung zu Art.12 Abs.2 und Art.9 KOM (90) 431 endg. vom 7.11.1990, S. 16,22 und 24.

[486] *Kausche*, ZfZ 1954, S. 33.

[487] *Kausche*, ebd., S. 33,34.

eine punktgenaue Harmonisierung der Steuersätze[488], da die Steuer mit der Entfernung aus dem versendenden Steuerlager in Höhe des Steuersatzes des Abgangsstaates auflösend bedingt entstehen sollte. Ein Diebstahl der Ware während der Beförderung im Bestimmungsland hätte damit zur Entstehung einer "fremden" Steuer geführt. Auch der deutsche Vorschlag, die Steuer nur dem Grunde nach entstehen zu lassen, erwies sich als nicht konsensfähig. Nach langen Verhandlungen und Klärung einiger Mißverständnisse, die zum Teil auf Übersetzungsfehlern beruhten[489], einigte man sich schließlich auf ein Verfahren, das jegliche Steuerentstehung vermied.

Im Verfahren der Steueraussetzung können demnach verbrauchsteuerpflichtige Waren ohne eine Steuerentstehung und damit unversteuert hergestellt, gelagert oder befördert werden.[490] Allerdings steht nicht jede unversteuerte Ware unter Steueraussetzung. So gelten auch Waren des freien Verkehrs eines anderen Mitgliedstaates, die im vorgeschriebenen Versandverfahren in das Steuergebiet befördert werden und Waren, die im Rahmen einer steuerbegünstigten Verwendung von der Steuer befreit sind, im Steuergebiet als unversteuert. Diese weitergehende Bedeutung des Begriffes "unversteuert" hat den Gesetzgeber dazu veranlaßt, den für die Lager- und Beförderungsverfahren präziseren Begriff der Steueraussetzung aus der System-Richtlinie in das deutsche Verbrauchsteuerrecht zu übernehmen. Zutreffend weist Mick[491] darauf hin, daß das Steueraussetzungsverfahren die Zuteilung der Steuererträge an das jeweilige Verbrauchsland sicherstellt und zugleich eine besondere Form der Steuererhebung im grenzüberschreitenden Warenverkehr darstellt, die aber letztendlich zur Aufrechterhaltung der Steuergrenzen beiträgt. Der damit verbundene Widerspruch zum Binnenmarktkonzept hätte nur durch den Mut zur Umsetzung des Ursprungslandprinzips beseitigt werden können.

Das Verfahren der Steueraussetzung setzt stets die Verbrauchsteuerpflichtigkeit der ihm unterworfenen Ware voraus.[492] Demgegenüber ist der Eintritt der Verbrauchsteuerpflichtigkeit nicht an das Verfahren der Steueraussetzung gebunden. So kann bereits die Herstellung einer verbrauchsteuerpflichtigen

---

[488] *Jarsombeck*, Harmonisierung der indirekten Steuern, Die Branntweinwirtschaft 1989, S. 246,250.

[489] So wurde das in der französischen Sprachfassung verwendete Wort „exigible" in Art.4 Abs.2 der Systemrichtlinie zunächst irrtümlich mit „fällig" übersetzt. Für besondere Zahlungsfristen wäre danach kein Raum gewesen, da der Entstehungstatbestand mit der Pflicht zur Entrichtung der Steuer zusammengefallen wäre. Erst ein bilaterales Gespräch mit der französischen Delegation brachte darüber Klarheit, daß das Wort „exigible" keine unverzügliche Zahlungsverpflichtung beinhaltet, sondern die Verbrauchsteuer lediglich „grundsätzlich forderbar" stellt.

[490] *Schröer-Schallenberg*, Die Auswirkungen der Verbrauchsteuerharmonisierung, ZfZ 1993, S. 300,302; Finanzbericht 1994, S. 120 und *Jatzke*, Das neue Verbrauchsteuerrecht in der Bundesrepublik Deutschland, IFSt-Schrift Nr. 322, S. 20.

[491] *Mick*, Die Steuerkonzeption der Europäischen Union, S. 121f.

[492] *Bongartz*, ZfZ, 1993, S. 370,372.

Ware außerhalb eines zugelassenen Steurlagers zur Entstehung der Steuer führen, ohne daß sich die Ware jemals in einem Aussetzungsverfahren befunden hat.[493] Der Zustand einer Ware im Verfahren der Steueraussetzung entspricht dem Zustand, der in der finanzwissenschaftlichen Literatur und in der Finanzrechtsprechung als steuerliche Verstrickung[494] oder steuerliche Gebundenheit[495] bezeichnet wird. Dieser steuerliche Nexus[496] bildet die juristische Verknüpfung der Verbrauchsteuer mit dem steuerbaren Gut, die nach Schmölders[497] aus erhebungstechnischen Notwendigkeiten zu erklären ist und dazu dient, den Steuerentstehungstatbestand rechtlich von dem der Verkehrsteuern abzugrenzen. Die eigentliche Bedeutung der Aussetzung der Steuerentstehung liegt in der Gewährung eines unbefristeten Zahlungsaufschubes. Dem Verfahrensbeteiligten soll die Möglichkeit gegeben werden, den Zeitpunkt der Steuerentstehung möglichst nahe an die Abgabe der Ware an Verbraucher oder Zwischenhändler heranzuführen, damit ihm die Überwälzung der Steuer noch vor Entrichtung der Steuer gelingt.[498]

2. Die Abwicklung von Streckengeschäften

Zur Abwicklung von Streckengeschäften[499] im Mineralölhandel kann das HZA nach § 26 Abs.3 und § 33 Abs.8 MinöStV zulassen, daß der Steuerlagerinhaber oder der berechtigte Empfänger das unversteuerte Mineralöl lediglich durch Inbesitznahme in seinen Betrieb aufnimmt. Ermächtigungen zu entsprechenden Regelungen enthalten auch § 141 Abs.8 BranntwMonG und §§ 10

[493] Nach *Beermann* (in: *Klein*, Lexikon des Rechts, Steuer- und Finanzrecht, S. 472,473) können Verbrauchsteuern schon bereits durch die Herstellung verbrauchsteuerpflichtiger Erzeugnisse entstehen, ohne daß sie in einen steuerlichen Nexus gelangen. Vgl. § 11 Abs.3 TabStG, § 7 Abs.2 BierStG, § 136 Abs.3 BranntwMonG, § 7 Abs.2 SchaumwZwStG und § 9 Abs.2 MinöStG.

[494] Zum Begriff vgl. *Hesse*, Grundfragen des Verbrauchsteuerrechts, ZfZ 1959, S. 129,131 sowie RFHE 3, 161 und RFHE 7, 266.

[495] Zum Begriff vgl. BFHE 57, 473 (489).

[496] Vgl. RFHE 3, 160; *Förster*, Die Verbrauchsteuern, S. 49 und *Jatzke*, Das neue Verbrauchsteuerrecht im EG-Binnenmarkt, BB 1993, S. 41,47.

[497] *Schmölders*, Zur Begriffsbestimmung der Verbrauchsteuern, S. 12f.

[498] *Stobbe*, Die Harmonisierung der besonderen Verbrauchsteuern in der Europäischen Gemeinschaft (Teil 2), ZfZ 1993, S. 194,197.

[499] Vgl. die ausführliche Erläuterung bei *Columbus*, ZfZ 1982, S. 262,263. Danach versteht man unter einem Streckengeschäft, daß ein Heizölhändler, der seinem Kunden Heizöl liefert, diese Ware als letzter in einer Handelskette bei einem Zwischenhändler kauft, der sie über andere Zwischenhändler erworben hat. Das Heizöl wird vom Lieferer in der Regel direkt an den letzten Händler oder an dessen Kunden ausgeliefert. Die Beteiligten bedienen sich dabei häufig auch beauftragter Spediteure, wobei als Auftraggeber dieser Spediteure häufig der empfangende letzte Händler, seltener der Lieferant auftritt.

Abs.4 und § 11 Abs.8 SchaumwZwStG. Die Fiktion der Aufnahme in den Betrieb des berechtigten Empfängers führt zugleich zu einer Vorverlegung der Steuerentstehung auf den Zeitpunkt der Inbesitznahme im Steuergebiet. In den sog. Selbstabholerfällen fällt der Zeitpunkt der Besitzerlangung im Steuergebiet regelmäßig mit dem Zeitpunkt des Grenzübertritts zusammen, so daß dem Steuerlagerinhaber oder berechtigten Empfänger abweichend von der Grundkonstellation bereits mit der Besitzerlangung im Steuergebiet eine steuerliche Garantenstellung in Bezug auf das Schicksal der verbrauchsteuerpflichtigen Ware zukommt. Dies hat auch Konsequenzen für die steuerlichen Folgen bei Unregelmäßigkeiten. Werden die Waren im Steuergebiet dem Steueraussetzungsverfahren entzogen, wird neben dem abgebenden Steuerlagerinhaber auch der empfangende Steuerlagerinhaber Steuerschuldner. Voraussetzung ist lediglich, daß ihm durch ein Besitzkonstitut zumindest der mittelbare Besitz an der Ware vermittelt wird.

Nicht ausreichend ist jedoch die im Zivilrecht anerkannte Übergabe durch „Geheiß", bei der es der Besitzverschaffung gleichsteht, wenn die Sache auf Geheiß des Erwerbers für ihn vom Eigentümer an einen vom Erwerber benannten Dritten ausgehändigt wird, der weder Besitzdiener noch Besitzmittler des Erwerbers ist.[500] Da in diesen Fällen der Erwerber weder unmittelbaren noch mittelbaren Besitz erlangt, hat die Rechtsprechung[501] dieser besonderen Form der Übergabe nach § 929 Abs.2 BGB die verbrauchsteuerrechtliche Anerkennung versagt. Der Geheißerwerb würde die Feststellung des jeweiligen Steuerschuldners und damit die Steueraufsicht wesentlich erschweren, da die Finanzverwaltung gezwungen wäre, die Auftragsverhältnisse und die getroffenen Nebenabreden nachzuweisen. Dagegen stellt der Besitz eine nach außen leichter festzustellende Beziehung zu der unversteuerten Ware dar und trägt damit dem Erfordernis Rechnung, daß sich der Steueranspruch aus Gründen der Rechtssicherheit und Rechtsklarheit gegen denjenigen richten soll, dem die Ware verhältnismäßig leicht zugerechnet werden kann. In gesetzeskonformer Auslegung von § 26 Abs.3 und § 33 Abs.8 MinöStV ist daher zu fordern, daß der berechtigte Empfänger zum tatsächlichen Gewaltinhaber ein vertraglich begründetes Besitzkonstitut unterhalten muß, durch das er zumindest den mittelbaren Besitz an der unter Steueraussetzung stehenden Ware erlangt. Nur in diesem Fall kann die Ausübung der zumindest mittelbaren Sachherrschaft der Aufnahme der Ware in das Steuerlager oder den Betrieb des berechtigten Empfängers gleichgestellt werden und zur Entstehung der Steuer führen. Zur Begründung des mittelbaren Besitzes ist es erforderlich,

---

[500] Urteil des BFH vom 30.10.1961, NJW 1962, S. 299 und Entscheidung des BFH vom 22.3.1982, BB 1982, S. 1197 sowie *Peters*, Das Verbrauchsteuerrecht, Rdnr. 329a.

[501] BFHE 135, 252, Urteile vom 25.10.1988 VII R 17/85, BFH/NV 1989, 464 und vom 8.11.1988 VII R 55/85, BFH/NV 1989, 467 und Urteil des FG Münster vom 27.11.1975, EFG 1976, S. 414.

daß der Besitzmittlungswille, d.h. der Wille, für einen anderen zu besitzen, aufgrund der konkreten Umstände des Einzelfalles objektiv erkennbar ist und daß der unmittelbare Besitzer die Gewalt über das ihm anvertraute Mineralöl in Anerkennung eines Herausgabeanspruches des mittelbaren Besitzers ausübt.[502] Nach der Rechtsprechung des BFH muß sich der Besitzmittlungswille auf die gesamte transportierte Warenmenge beziehen. Eine lediglich anteilmäßig bezeichnete Menge kann nicht Gegenstand eines Besitzmittlingsverhältnisses sein.[503]

3. Steueraussetzung und Verbrauchsteuerpflichtigkeit

Nach wortgleichen Bestimmungen in allen deutschen Verbrauchsteuergesetzen ist die Steuer für das jeweilige Erzeugnis ausgesetzt, das sich in einem Steuerlager befindet oder im Steuergebiet oder zwischen den Mitgliedstaaten im vorgeschriebenen Steuerversandverfahren befördert wird. In das Steueraussetzungsverfahren können jedoch nur die Erzeugnisse einbezogen werden, die einer in der EU harmonisierten Verbrauchsteuer unterliegen und damit steuerbar sind. Dies entspricht den Vorgaben in Art.11 Abs.2 und 15 Abs.1 RL 92/12/EWG. Dabei setzen sowohl die nationalen Vorschriften[504] als auch die Richtlinienbestimmungen den Begriff der "Verbrauchsteuerpflichtigkeit" voraus, ohne ihn zu definieren.

Der in der finanzrechtlichen Literatur geführte Streit, ob eine Ware überhaupt steuerpflichtig und damit Träger von Rechten und Pflichten sein kann[505], soll an dieser Stelle nicht vertieft werden. Insbesondere Tipke[506] und Peters[507] halten den Begriff für antiquiert. Obwohl der Begriff dem Sprachgebrauch in der Praxis entspricht[508] und nun auch Einzug in das EG-Verbrauchsteuerrecht gefunden hat, ist er sprachlich mißglückt und hätte

[502] Urteil des BFH vom 25.10.1988 - VII R 17/85, BFH/NV 1989, 464 (465).

[503] Urteil des BFH vom 8.11.1988 - VII R 55/85, BFH/NV 1989, 467 (469).

[504] Vgl. § 6 Abs.1 Nr.2 BierStG.

[505] Nach *Mösbauer* (DStZ 1987, S. 397,398) ist der Streit rein akademischer Natur. Er verliert seinen Sinn, wenn man die verbrauchsteuerpflichtigen Waren als Waren versteht, die einer Verbrauchsteuer unterliegen.

[506] Nach *Tipke* (in: *Tipke/Kruse*, Abgabenordnung, Finanzgerichtsordnung, § 76 Rdnr. 1) können Waren nicht Träger von Rechten und Pflichten und somit auch nicht steuerpflichtig sein.

[507] Vgl. *Peters*, Das Verbrauchsteuerrecht, Rdnr. 101. Mit der Bezeichnung der Verbrauchsteuerobjekte als steuerpflichtige Erzeugnisse knüpft die AO in den §§ 50,76,209 und 215 an die Sprachregelung der RAO 1919 und alter Zoll- und Verbrauchsteuergesetze an, die zwischenzeitlich beseitigt oder richtigerweise durch den Begriff "steuerbare Erzeugnisse" ersetzt worden war. Nur Personen, nicht (auch) körperliche Gegenstände können Träger von Rechten und Pflichten sein.

[508] *Halaczinsky*, in: *Koch/Scholtz*, Abgabenordnung, § 76 Rdnr. 1.

besser durch den Begriff "steuerbar" ersetzt werden sollen[509], der in den deutschen Verbrauchsteuergesetzen seit 1923[510] bis zur Anpassung an das 1961 geänderte Zollrecht verwendet worden ist.[511] Nach Goetzeler[512] bezeichnet der Ausdruck „steuerpflichtige Erzeugnisse", der durch die Verbrauchsteuergesetzgebung des Jahres 1923 vielfach durch die Worte „steuerbare Gegenstände" ersetzt worden ist[513], nach dem Sprachgebrauch der Steuergesetze nicht, wie man erwarten sollte, nur diejenigen Gegenstände, bei denen bereits eine Steuerschuld entstanden ist, sondern er bezieht sich ganz allgemein ohne Rücksicht auf den Eintritt der Steuerschuld auf die Gattung der Gegenstände, deren Verbrauch besteuert werden soll. Aus diesem Grund begrüßt Goetzeler die Korrektur des ungenauen Sprachgebrauchs im Rahmen der Erzbergerschen Finanzreform. Es ist bedauerlich, daß der Gesetzgeber diesen Ansatz 1961 im Rahmen der Anpassung der Verbrauchsteuergesetze an das geänderte Zollrecht wieder rückgängig gemacht hat.

Die EG-rechtlichen Bestimmungen enthalten lediglich eine Regelung über den Zeitpunkt des Entstehens der Verbrauchsteuerpflichtigkeit. Nach Art.5 Abs.1 RL 92/12/EWG tritt die Verbrauchsteuerpflichtigkeit mit der Herstellung der Ware im Gebiet der Gemeinschaft oder mit ihrer Einfuhr in dieses Gebiet ein. Dagegen unterschied die ursprüngliche Fassung der Vorschrift zwischen dem Eintritt des Steuertatbestandes und dem Eintritt des Steueranspruches. Während der Steuertatbestand im gesamten Gemeinschaftsgebiet begründet wurde, sollte der Steueranspruch in dem Mitgliedstaat entstehen, in dem die betreffende Ware in den freien Verkehr gelangte.[514] Da die Formulierung den für das deutsche Verbrauchsteuerrecht fremden Begriff des Steuertatbestandes nicht hinreichend vom Entstehungstatbestand abgrenzte, verweigerte Deutschland dieser Formulierung die Zustimmung. Erst die revidierte

---

509 Vgl. *Jatzke*, Das neue Verbrauchsteuerrecht in der Bundesrepublik Deutschland, IFSt-Schrift Nr. 322, S. 20.

510 Nach *Siegert* (in:*Zapf/Siegert*, Das Biersteuergesetz, S. 61) wurden in vielen Verbrauchsteuergesetzen aus der Zeit vor 1923 als "steuerpflichtige" Gegenstände sowohl Gegenstände bezeichnet, für die eine Steuerschuld bereits entstanden ist, als auch die Gattung der Gegenstände, auf die nur das Steuergesetz Anwendung findet. Die letzteren, die steuerunterworfenen Gegenstände, werden in der Verbrauchsteuergesetzgebung seit 1923 als "steuerbare" Gegenstände bezeichnet.

511 *Schädel/Langer/Gotterbarm*, Mineralölsteuer, Mineralölzoll, § 1 Rdnr. 1 und 13. Danach deutet der Begriff der Steuerpflichtigkeit zu intensiv auf einen Steueranspruch hin; die frühere Bezeichnung "steuerbare Mineralöle" war insoweit klarer.

512 *Goetzeler*, Das deutsche Tabaksteuerrecht, S. 31.

513 Eine Ausnahme bildet z.B. § 52 der Ausführungsbestimmungen zum Weinsteuergesetz, in dem Wein als verbrauchsteuerpflichtiges Erzeugnis bezeichnet wird. Nach *Stock* (Das Weinsteuergesetz vom 10.8.1925 mit Erläuterungen, S. 16) wäre die Formulierung „steuerbares Erzeugnis" dem Regelungsgehalt besser gerecht geworden.

514 Vgl. Begründung zum Vorschlag für eine Richtlinie des Rates über das allgemeine Verbrauchsteuersystem sowie über den Besitz und die Beförderung verbrauchsteuerpflichtiger Waren, KOM (90) 431 endg. vom 7.11.1990, S. 6.

Fassung der Bestimmung vom 21.5.1991 entsprach den deutschen Vorstellungen, indem sie die in Art.3 Abs.1 RL 92/12/EWG genannten Erzeugnisse mit ihrer Herstellung im Gemeinschaftsgebiet oder mit ihrer Einfuhr in das Gebiet der Gemeinschaft der Verbrauchsteuer unterwarf. Da in der finanzwissenschaftlichen Literatur verbrauchsteuerpflichtige Waren als Waren bezeichnet werden, die einer Verbrauchsteuer unterliegen[515], trägt auch die endgültige Fassung der deutschen Verbrauchsteuersystematik Rechnung.

Die Verbrauchsteuerpflichtigkeit tritt mit der Beendigung der Herstellungshandlung oder mit der Gewinnung eines der Verbrauchsteuer unterworfenen Erzeugnisses ein, da erst in diesem Zeitpunkt ein Gegenstand vorliegt, der den Definitionen des Tabaksteuergesetzes oder bei den anderen Verbrauchsteuern den Tarifpositionen des Zolltarifs entspricht. Gleichgültig ist dabei, ob die Ware im Steuergebiet oder in einem anderen Mitgliedstaat hergestellt oder in das Steuergebiet oder in einen anderen Mitgliedstaat eingeführt worden ist. Bereits die Existenz der Ware im Gebiet der Gemeinschaft begründet ihre Steuerpflichtigkeit.[516] Durch diese Konstruktion hat auch der durch das deutsche Verbrauchsteuerrecht geprägte Begriff der Verbrauchsteuerpflichtigkeit eine inhaltliche Erweiterung erfahren. Nach der bisherigen Begriffsbestimmung galten als verbrauchsteuerpflichtig nur die Waren, die einer nationalen Verbrauchsteuer unterlagen.[517] So waren z.B. Bananen aus Italien oder Autoreifen aus Irland, die in diesen Ländern mit Verbrauchsteuern belegt wurden, in Deutschland nicht verbrauchsteuerpflichtig und unterlagen daher auch nicht den Verbrauchsteuerbestimmungen der AO. Würde man an diesem Rechtszustand festhalten, wäre Wein, der in Deutschland keiner Verbrauchsteuer unterliegt und daher auch kein Steuergegenstand ist[518], keine verbrauchsteuerpflichtige Ware. Da er jedoch im Handelsverkehr mit anderen Mitgliedstaaten in das innergemeinschaftliche Beförderungsverfahren einbezogen wird, finden auf ihn die Vorschriften über das Steueraussetzungsverfahren Anwendung. Nach dem erklärten Willen des Gesetzgebers ist Wein in diesen Fällen Gegenstand der Steueraufsicht. Daher besteht die Notwendigkeit, auf ihn die Verbrauchsteuer-Vorschriften der AO anzuwenden. Darüber hinaus haben die

---

[515] *Boeker*, in: *Hübschmann/Hepp/Spitaler*, Kommentar zur AO und FGO, § 76 Rdnr. 3; *Mösbauer*, DStZ 1987, S. 397f und *Halaczinsky*, in: *Koch/Scholtz*, Abgabenordnung, § 76 Rdnr. 3.

[516] *Beermann* (Das Verbrauchsteuer-Binnenmarktgesetz I.Teil, DStZ 1993, S. 257, 259) erblickt einen Widerspruch in dem Umstand, daß die Ware schon von Beginn ihrer Existenz im Gemeinschaftsgebiet an erfaßt wird und nicht etwa erst mit dem Beginn des Verbrauchs. Mit einer Verbrauchsteuer solle letztlich der Verbrauch bestimmter Waren belastet werden.

[517] *Kruse*, in: *Tipke/Kruse*, Abgabenordnung, Finanzgerichtsordnung, § 76 Rdnr. 2. Danach sind verbrauchsteuerpflichtige Waren und damit Gegenstand der Sachhaftung, Waren, auf denen nach den Verbrauchsteuergesetzen Verbrauchsteuern ruhen.

[518] Begründung zu den §§ 26 SchaumwZwStG, BT-Drs. 12/3432, S. 85 und *F.Kirchhof*, Weinsteuer? - Schein-Steuer!, StuW 1993, S. 326,327.

den Wein besteuernden Mitgliedstaaten ein besonderes fiskalisches Interesse, daß Wein im gesamten Gebiet der Gemeinschaft als verbrauchsteuerpflichtige Ware behandelt wird und können sich auf den insoweit eindeutigen Wortlaut von Art.5 Abs.1 RL 92/12/EWG berufen.

Auch die Entstehungsgeschichte dieser Vorschrift belegt, daß der Begriff der Verbrauchsteuerpflichtigkeit keine andere Interpretation zuläßt, als daß er Waren erfaßt, die den harmonisierten Verbrauchsteuern unterworfen sind. Aufgrund der eindeutigen Zielsetzung ist für eine abweichende nationale Umsetzung dieses Begriffes weder eine Notwendigkeit noch ein ausreichender Spielraum erkennbar. Demnach sind auch nach deutschem Verbrauchsteuerrecht als verbrauchsteuerpflichtige Waren alle Waren anzusehen, die einer in der EU harmonisierten Verbrauchsteuer unterliegen und denen zumindest in einem Mitgliedstaat der Gemeinschaft die Eigenschaft eines Steuergegenstandes zukommt. Die Verbrauchsteuerpflichtigkeit entsteht mit der Existenz der Ware im Gemeinschaftsgebiet, gleichgültig, ob diese Existenz auf einer Herstellung, Gewinnung oder Einfuhr beruht.[519] Unter diesen Gesichtspunkten hätte es der ausdrücklichen Verweisung auf die §§ 210 bis 217 AO in § 27 Abs.1 SchaumwZwStG nicht bedurft.

Eine Unterscheidung zwischen den Waren, die im Steuergebiet einer nationalen Verbrauchsteuer unterliegen und tatsächlich besteuert werden und Wein, der lediglich im Verkehr mit den anderen Mitgliedstaaten der Steueraufsicht unterworfen wird, ohne selbst Steuergegenstand zu sein, könnte durch die Aufnahme einer Fiktion getroffen werden. In einem Allgemeinen Teil könnte der besonderen steuerrechtlichen Stellung des Weines dadurch Rechnung getragen werden, daß er den verbrauchsteuerpflichtigen Waren ausdrücklich gleichgestellt wird. Auch den für alle Mitgliedstaaten verbindlichen Zielen der Systemrichtlinie und dem berechtigten Interesse der den Wein besteuernden Mitgliedstaaten an der Sicherung ihres Weinsteueraufkommens wäre damit in vollem Umfang genüge getan. Eine Begriffsbestimmung für verbrauchsteuerpflichtige Waren könnte wie folgt lauten:

Verbrauchsteuerpflichtige Waren sind Waren, die einer besonderen Verbrauchsteuer unterliegen. Wein gilt als verbrauchsteuerpflichtige Ware.

---

[519] *Stobbe*, Die Harmonisierung der besonderen Verbrauchsteuern (Teil 2), ZfZ 1993, S. 194,197.

VIII. Steuerentstehungstatbestände und Steuerschuldner bei Waren im Steueraussetzungsverfahren

1. Die Steuerentstehungstatbestände

a) Vorbemerkung

Allen Entstehungstatbeständen des Steueraussetzungsverfahrens ist der Übergang der verbrauchsteuerpflichtigen Ware aus der steuerlichen Bindung in den freien Verkehr gemeinsam. Durch diesen wirtschaftlichen Vorgang wird der Tatbestand verwirklicht, an den die gesetzlichen Bestimmungen die Entstehung der Steuer knüpfen.[520] Voraussetzung für jegliche Steuerentstehung ist jedoch die Verbrauchsteuerpflichtigkeit der Ware.[521] Nach wortgleichen Bestimmungen in allen Verbrauchsteuergesetzen entsteht die Steuer dadurch, daß ein Steuergegenstand aus dem Steuerlager entfernt oder im Steuerlager zum Verbrauch[522] entnommen wird, ohne daß sich ein weiteres Steueraussetzungsverfahren oder ein Zollverfahren anschließt. Dabei zeichnet sich das Verbrauchsteuerrecht durch die Besonderheit aus, daß der Entstehungszeitpunkt der Steuer mit der Vollendung des die Steuerschuld begründenden Tatbestandes zusammenfällt, so daß bei jedem einzelnen Entnahmevorgang für die jeweils entnommene Menge eine rechtlich selbständige Verbrauchsteuer entsteht.[523]

Der für die beiden Entstehungstatbestände verwendete Oberbegriff der Entnahme in den freien Verkehr beruht auf Art.6 Abs.1a RL 92/12/EWG. Um den verbrauchsteuerrechtlichen Entstehungstatbestand von den Entstehungstatbeständen des Zollrechts abzugrenzen, wurde in den Verbrauchsteuergesetzen die Formulierung Überführung in den freien Verkehr vermieden.[524] Wie bisher bezeichnet der Begriff „Entnahme" nicht den Lagerabgang schlechthin, sondern die abgabenbegründende oder die steuerfreie Auslagerung in den freien Verkehr.[525]

---

[520] Zum Grundsatz der Tatbestandsmäßigkeit vgl. BFHE 145, 99 (102f). *Bühler* (Steuerrecht, Band II, Einzel-Steuerrecht, S. 342) bezeichnet das „In-den-Verkehr-Bringen" als Haupttatbestand für die Entstehung der Steuerpflicht; demgegenüber stellt die Entnahme zum Verbrauch lediglich einen Nebentatbestand dar.

[521] *Stobbe*, Die Harmonisierung der besonderen Verbrauchsteuern (Teil 2), ZfZ 1993, S. 194,196.

[522] Nach § 9 Abs.1 MinöStG zur Verwendung.

[523] Nach *Friedl* (ZfZ 1973, S. 102,103) ist diese Regelung nicht zwingend, sondern wie das UStG zeigt, auch eine Gestaltung denkbar, bei der die Steuerschuld zu einem anderen Zeitpunkt entsteht.

[524] *Jatzke*, Das neue Verbrauchsteuerrecht in der Bundesrepublik Deutschland, IFSt-Schrift Nr. 322, S. 29.

[525] Zum Begriff der Entnahme in § 42 Abs.1 VwO vgl. Urteil des BFH vom 26.5.1992, VII R 32/91, BFH/R 1992, 57.

Hervorzuheben ist, daß die Mitgliedstaaten in der verfahrenstechnischen Ausgestaltung der Steuerentstehungstatbestände frei sind. Nach dem in Art.6 Abs.2 RL 92/12/EWG festgelegten Subsidiaritätsprinzip richten sich die Voraussetzungen für das Entstehen des Steueranspruches nach den von den Mitgliedstaaten festzulegenden Bestimmungen. Beermann weist jedoch zu Recht darauf hin, daß die in den Verbrauchsteuergesetzen enthaltenen besonderen Entstehungstatbestände in Zweifelsfällen unter Berücksichtigung des Gemeinschaftsrechts auszulegen und anzuwenden seien, da davon ausgegangen werden könne, daß durch die neu geschaffenen Verbrauchsteuergesetze die jeweils maßgebenden gemeinschaftsrechtlichen Bestimmungen in nationales Recht umgesetzt werden sollten.[526] Dabei sind jedoch die Grenzen zu beachten, die einer am Gemeinschaftsrecht orientierten Sinnermittlung gezogen sind, denn durch eine richtlinienkonforme Auslegung kann den nationalen Bestimmungen kein vom objektivierten Willen des Gesetzgebers abweichender normativer Gehalt zuerkannt werden. Dies käme nach Dänzer-Vanotti[527] einer Gesetzgebung und damit einer Sinngebung statt Sinnermittlung durch Auslegung gleich. Daher kann erst beim Bilanzieren von nach der juristischen Methodenlehre in zulässiger Weise ermittelten entgegengesetzten Auslegungsergebnissen die Entscheidung zugunsten des Ergebnisses einer richtlinienkonformen Auslegung getroffen werden.

b) Entfernung aus dem Steuerlager und Entnahme zum Verbrauch im Steuerlager

Der Entstehungstatbestand der Entfernung aus dem Steuerlager ist aus den bestehenden Verbrauchsteuergesetzen übernommen worden. Die Formulierung, daß die Steuer dadurch entsteht, daß die verbrauchsteuerpflichtigen Erzeugnisse aus dem als Steuerlager eingerichteten Herstellungsbetrieb oder Warenlager entfernt werden, geht auf die Neufassung der Verbrauchsteuergesetze im Jahre 1939 zurück.[528] Nach den Verbrauchsteuergesetzen in ihrer Fassung bis 1939 entstand die Steuer nicht mit der Entfernung, sondern mit dem Übertritt der Ware in den freien Verkehr. Steuerschuldner war, wer die Ware in den freien Verkehr des Inlandes überführte. Die Tatbestandsformulierung führte insbesondere in Fällen von Diebstahl zu Auslegungsschwierigkeiten. Entgegen der ständigen Rechtsprechung des RFH[529] und der Ansicht im

---

[526] *Beermann*, Das Verbrauchsteuer-Binnenmarktgesetz I.Teil, DStZ 1993, S. 257,261.

[527] *Dänzer-Vanotti*, Methodenstreit um die den EG-Richtlinien konforme Auslegung, DB 1994, S. 1052, 1053,1055.

[528] *Jahr*, ZfZ 1939, S. 141,143f.

[529] RFHE 33, 135.

Schrifttum[530] entschied der RGH in Strafsachen[531], daß nicht jede Überführung in den freien Verkehr, sondern nur ein auf die Überführung in den freien Verkehr gerichtetes Handeln des Herstellers geeignet sei, die Steuerschuld auszulösen. Es könne nicht angenommen werden, daß der Gesetzgeber einen Hersteller die Steuer für Ware habe aufbürden wollen, die ihm entzogen oder gestohlen worden sei. Da aber gerade diese Folge vom Gesetzgeber gewollt war, sah er sich durch das Urteil veranlaßt, die Verbrauchsteuergesetze zu ändern und eine Formulierung zu wählen, die unmißverständlich zum Ausdruck brachte, daß die Steuer mit dem körperlichen Verbringen der Ware aus dem Herstellungsbetrieb entsteht, unabhängig davon, ob dies mit oder ohne Wissen und Willen des Herstellers geschieht.[532] Am Grundsatz der Besteuerung von gestohlenen Waren ist auch bei der Neufassung der Verbrauchsteuergesetze im Rahmen der Verbrauchsteuerharmonisierung festgehalten worden. Wie bisher ist allein der körperliche Vorgang des Überschreitens der Betriebsgrenze für die Entstehung der Steuer maßgebend, mit der Folge, daß die Steuer auch bei Diebstahl entsteht.[533] Nach dem 1995 neu gefaßten Anwendungserlaß zu § 227 AO rechtfertigt das Abhandenkommen von verbrauchsteuerpflichtigen Waren durch Diebstahl auch keine Billigkeitsmaßnahmen.[534]

Steuerschuldner ist stets der Steuerlagerinhaber. Unter Umständen kann der Dieb nach § 71 AO als Haftender in Anspruch genommen werden.[535] Die verbrauchsteuerrechtlichen Folgen des Diebstahls sind in der Literatur wiederholt kritisiert worden. So widerspricht es nach Ansicht Schönbergers der Gerechtigkeit, daß der bestohlene Brauereiinhaber außer seinem Schaden noch zusätzlich die Biersteuer zahlen soll. Als Ergebnis seiner Untersuchung schlägt er deshalb die Aufnahme einer Bestimmung in das Biersteuergesetz

---

530 Nach Ansicht von *Goetzeler* (Das Tabaksteuerrecht, S. 45,48f) erforderte der Begriff „Übergang in den freien Inlandsverkehr“ nicht unbedingt das Überlassen von verbrauchsteuerpflichtigen Waren an andere im Inland befindliche Personen, da er auf eine rein objektive Basis gestellt und damit unabhängig von subjektiven Merkmalen sei; infolgedessen müsse der Hersteller die Steuer auch im Falle des Diebstahls tragen.

531 RGSt 66, 299 (307). Als Übergang in den freien Inlandsverkehr und damit als steuerbegründender Tatbestand wurde jede räumliche Entfernung der Ware angesehen, die nicht unter steuerlicher Überwachung erfolgte.

532 Nach *Jahr* (Neufassung des Tabaksteuergesetzes, ZfZ 1939, S. 141,144) haben die Zigarettendiebstähle der ersten Nachkriegszeit den Gesetzgeber dazu veranlaßt, eine Formulierung zu wählen, die den Rückgriff auf den Hersteller ermöglichte. Dem Fiskus sei es nicht zuzumuten, bei hohen Steuerwerten das Nachsehen zu haben. Weitere Beispiele bei *v. Bonin*, Praktischer Führer durch das Zoll- und Verbrauchsteuerrecht, S. 215f.

533 *Schmidt*, Das Schaumweinsteuergesetz, S. 29f.

534 AEAO-Zoll zu § 227 AO, Ziff. 13.16.

535 *Schröter*, Das Tabaksteuergesetz, S. 26f und *Schmidt*, Das Schaumweinsteuergesetz, S. 36.

vor, nach der nachweislich gestohlenes Bier bei den Brauereien keine Biersteuerpflicht auslöst.[536]

Folgt man dem Grundsatz, daß Verbrauchsteuern auf Abwälzung angelegte Steuern auf die Einkommensverwendung sind, die die im Konsum der verbrauchsteuerpflichtigen Waren zu Tage tretende finanzielle Leistungsfähigkeit des Verbrauchers erfassen sollen, erscheint eine Entlastung des bestohlenen Steuerlagerinhabers aus steuerdogmatischen Gesichtspunkten geboten. Indes hat sich der Gesetzgeber dafür entschieden, die Steuerentstehung allein an das Überschreiten der Steuerlagergrenze zu knüpfen und den Grund für die Entfernung der Waren unberücksichtigt zu lassen. Da davon auszugehen ist, daß die gestohlenen Waren entweder vom Dieb selbst oder durch andere Personen im Steuergebiet verbraucht werden, besteht auch für die Annahme eines Unterganges, der einen Erstattungsanspruch auslösen könnte, kein Raum. Durch die überwiegende Wahrscheinlichkeit, daß die Waren dem Konsum und damit dem eigentlichen Belastungsziel zugeführt werden, ist die steuerliche Erfassung von Fehlmengen, die auf Diebstahl oder Unterschlagung zurückzuführen sind, auch aus steuersystematischen Gründen zu rechtfertigen. Dabei ist zu berücksichtigen, daß ein Diebstahl im Warenverkehr kein untypisches Ereignis darstellt und der Verlust infolgedessen für den Steuerlagerinhaber vorhersehbar ist, so daß er die für ihn nachteiligen Folgen durch entsprechende technische Sicherungsmaßnahmen oder den Abschluß von Versicherungen abmildern kann. Darüber hinaus wird ein vorausschauend handelnder Kaufmann einen Warenverlust durch Diebstahl oder die Uneinbringlichkeit von Forderungen in die allgemeine Preiskalkulation einstellen, so daß eine Überwälzung der durch den Diebstahl entstandenen Verbrauchsteuer grundsätzlich gewährleistet werden kann. Damit ist jedoch dem verfassungsrechtlichen Grundsatz genüge getan, nach dem zumindest die generelle Möglichkeit bestehen muß, die Verbrauchsteuer auf den eigentlichen Belastungsträger abzuwälzen, auch wenn sich die Abwälzung nicht in jedem Einzelfall realisieren läßt. Nach einer Entscheidung des Bundesverfassungsgerichts zur Spielautomatensteuer genügt zur Gewährleistung der Abwälzbarkeit, daß dem Steuerpflichtigen die Möglichkeit einer kalkulatorischen Überwälzung in dem Sinne eröffnet wird, daß er den von ihm gezahlten Betrag in die Kalkulation seiner Selbstkosten einsetzen und hiernach die zur Aufrechterhaltung der Wirtschaftlichkeit seines Unternehmens geeigneten Maßnahmen treffen kann.[537] Bei dieser Betrachtung kann es keinen Unterschied machen, ob sich der Kaufpreis und damit die Verbrauchsteuer im Einzelfall aufgrund der Zahlungsunfähigkeit des Abnehmers oder in den Fällen des Diebstahls infolge der Zahlungsunwilligkeit des Täters nicht realisieren läßt.

---

[536] *Schönberger*, Beiträge zur Bierbesteuerung, S. 176f.

[537] BVerfGE 31, 8, (20); 14, 76 (97).

Selbst wenn man in der Inanspruchnahme des bestohlenen Steuerlagerinhabers eine Durchbrechung des inneren Systems der Verbrauchsbesteuerung erblicken würde, ließe sich diese Abweichung aus Praktikabilitätsgründen rechtfertigen. Zur möglichst einfachen und ohne Schwierigkeiten nachvollziehbaren Erfassung der steuerbaren Vorgänge und zur Sicherung des Steueraufkommens hat der Gesetzgeber den Steuerentstehungstatbestand entsprechend den Gegebenheiten des Massenverkehrs typisiert und als Anknüpfungspunkt den Realakt der körperlichen Entfernung aus dem Steuerlager gewählt und dabei als Steuerschuldner stets den Inhaber des Steuerlagers bestimmt. Nach ständiger Rechtsprechung des Bundesverfassungsgerichts[538] ist es nicht zu beanstanden, wenn sich der Gesetzgeber zur Ordnung von Massenerscheinungen im Steuerrecht generalisierender und typisierender Regelungen bedient, sofern sich die durch die Typisierung eintretenden Härten und Ungerechtigkeiten gemessen an der Anzahl der Regelfälle nur auf eine verhältnismäßig kleine Zahl beschränken und der Systemverstoß nicht sehr intensiv ist. Da das Abhandenkommen von verbrauchsteuerpflichtigen Waren durch Diebstahl oder Unterschlagung einen Fall darstellt, der gegenüber den ordnungsgemäß durchgeführten Steuerverfahren Ausnahmecharakter besitzt, wäre der Verstoß gegen den Abwälzungsgrundsatz auf Einzelfälle beschränkt und von solch geringer Intensität, daß der generalisierende Entstehungstatbestand und die Inanspruchnahme des Steuerlagerinhabers auch nach den vom Bundesverfassungsgericht entwickelten Grundsätzen nicht zu beanstanden wäre. Ergänzend ist anzumerken, daß die Besteuerungspraxis in Deutschland der steuerlichen Praxis in allen anderen Mitgliedstaaten entspricht. In nahezu allen Mitgliedstaaten hat der Steuerlagerinhaber für die steuerlichen Folgen eines Diebstahls seiner Waren einzustehen. Lediglich Frankreich und Italien sehen von einer Steuererhebung ab, wenn der Lagerinhaber ausreichende Sicherungsmaßnahmen getroffen hat und ihm keine Fahrlässigkeit im Umgang mit den unversteuerten Waren vorgeworfen werden kann.

Da ein Handlungswille nicht erforderlich ist, entsteht die Steuer auch in den Fällen, in denen die Ware ohne menschliches Zutun aus dem Steuerlager gelangt. Entscheidend ist allein das Passieren jener Grenze, die das Steuerlager in seiner räumlichen Ausdehnung definiert. Daher steht die Bestimmung in § 14 MinöStV, die den Zeitpunkt der Entfernung aus dem Steuerlager auf den Zeitpunkt der Entnahme des Mineralöls aus den zugelassenen Lagerstätten oder Zapfstellen innerhalb des Betriebes vorverlegt, nicht in Einklang mit dem Wortlaut des Gesetzes.[539] Inzwischen ist die von Peters[540] zu Recht als

[538] BVerfGE 11, 245 (254); 63, 119 (128); 71, 146 (157); 78, 214 (227); 84, 348 (360f).

[539] Ähnliche Regelungen enthielten das Bier- und Schaumweinsteuerrecht. So galt Bier nach § 1 Abs.1 BierStDB bereits als aus der Brauerei entfernt, sobald es aus den für die Abgabe von Bier zugelassenen Räumen fortgebracht wurde, selbst wenn es dabei noch nicht aus der Brauerei hinausgelangte. Vgl. *Zapf/Siegert*, Das Biersteuergesetz, Anm.3 zu § 2 BierStG.

nicht gesetzeskonform bezeichnete Regelung durch die erste Änderungsverordnung zur MinöStV[541] auf die Entnahme aus den zugelassenen Lagerstätten reduziert worden. In der Praxis ergaben sich häufig Schwierigkeiten, da sich der steuerrechtliche Status von in Tankfahrzeugen befindlichem Mineralöl innerhalb des Betriebsgeländes nicht einwandfrei klären ließ. Die unter dem Druck der Praxis herbeigeführte Änderung ist zu begrüßen; bedauerlich ist jedoch, daß der Verordnungsgeber den Weg nicht konsequent zu Ende gegangen ist. Die Fiktion der Entfernung aus dem Steuerlager durch Entnahme aus den zugelassenen Lagerstätten findet keine Rechtsgrundlage in den gesetzlichen Bestimmungen und erfordert eine genaue räumliche Abgrenzung der Lagerstätten innerhalb des Betriebes, die nicht immer zweifelsfrei vorzunehmen ist.

Wie bereits dargestellt wird zur verfahrenstechnischen Abwicklung von Streckengeschäften[542] die Entfernung aus dem Steuerlager durch die Inbesitznahme der Ware im Steuergebiet fingiert. In diesen Fällen gilt die unmittelbare oder mittelbare Inbesitznahme als Aufnahme in das Steuerlager und zugleich als Entfernung aus diesem.[543] Die Konstruktion kommt insbesondere den wirtschaftlichen Bedürfnissen des Mineralölhandels entgegen und ermöglicht Zwischenhändlern die Belieferung eines Endabnehmers, ohne die Ware körperlich in das Steuerlager aufzunehmen.

Im Gegensatz zu den bisherigen Fassungen wurde bei der Neufassung der Verbrauchsteuergesetze auf eine Regelung über den Zeitpunkt der Steuerentstehung verzichtet, da es dem Gesetzgeber selbstverständlich erschien, daß die Steuer im Zeitpunkt der Entfernung der Ware aus dem Steuerlager entsteht.

Auch der Entstehungstatbestand der Entnahme zum Verbrauch im Steuerlager entspricht der bisherigen Rechtslage. Die Besonderheit des Entstehungstatbestandes besteht darin, daß bereits die Entnahme aus den Lagerstätten und nicht erst der Verbrauch selbst zur Entstehung der Steuer führt.[544] Eine Entnahme zum Verbrauch liegt z.B. vor, wenn Mineralöle den innerbetrieblichen Verbrauchsstellen über Rohrleitungen zugeführt[545] oder Tabakwaren oder alkoholische Getränke für Genußzwecke den der Lagerung dienenden Teilen des Steuerlagers[546] oder der laufenden Produktion entnommen werden.

---

[540] *Peters*, Das Verbrauchsteuerrecht, Rdnr. 364.

[541] Erste Verordnung zur Änderung der Mineralölsteuer-Durchführungsverordnung vom 30.12.1993, (BGBl. I S. 2488).

[542] Zum Streckengeschäft vgl. *Kettnaker/Frank*, Das Mineralölsteuerrecht, S. 122 und *Hofbur*, Der Handel mit steuerfreiem Äthylalkohol für gewerbliche Zwecke, DDZ 1979, F 7,9.

[543] § 26 Abs.3 MinöStV und § 4 MinöStV i.V.m. § 12a MinöStV.

[544] Nach *Schmidt* (Das Schaumweinsteuergesetz, S. 30) besteht die Eigenart des Entstehungstatbestandes in der Vorverlegung der Steuergrenze.

[545] *Schädel/Langer/Gotterbarm*, Mineralölsteuer, Mineralölzoll, § 3 Rdnr. 9.

[546] *Schröter*, Das Tabaksteuergesetz, S. 26.

Dabei ist es unerheblich, ob dies mit Wissen und Willen des Steuerlagerinhabers geschieht.[547] Die Entnahme von Deputatwaren und Proben zu amtlichen Untersuchungszwecken führt jedoch nicht zur Steuerentstehung, da den entsprechenden Steuerbefreiungsvorschriften tatbestandsverdrängende Wirkung zukommt. Darüber hinaus liegt kein die Verbrauchsteuer begründender Tatbestand vor, wenn verbrauchsteuerpflichtige Erzeugnisse in einem Steuerlager zu anderen verbrauchsteuerpflichtigen Erzeugnissen verarbeitet und zu diesem Zweck den Lagerstätten entnommen werden. Nach § 6 Abs.1 Nr.2 BierStG, § 6 Abs.1 Nr.2 SchaumwZwStG und § 134 Abs.2 Nr.2 BranntwMonG erfolgt die Verarbeitung der Erzeugnisse unter Steueraussetzung, so daß die Steuer für das hergestellte Produkt erst mit seiner Entfernung aus dem Steuerlager oder mit dessen Verbrauch entsteht.[548] Darin unterscheidet sich das neue Recht von der bisherigen Rechtslage. Nach ihr entstand die Steuer z.B. bei der Herstellung von schaumweinhaltigen Getränken in einem Schaumweinherstellungsbetrieb mit der Entnahme des Schaumweins zum Verbrauch (Mischen mit Wein) innerhalb des Herstellungsbetriebes.[549]

Im Gegensatz zum Entstehungstatbestand der Entfernung aus dem Steuerlager erfordert der Entstehungstatbestand der Entnahme zum Verbrauch eine nach außen erkennbare Willensbetätigung, die auf die Verwendung des Erzeugnisses innerhalb des Steuerlagers gerichtet ist. Aus den Umständen der Entnahme muß sich die Absicht ergeben, die Ware zu verbrauchen.[550] Die gegenteilige Auffassung von Peters[551] setzt sich über den Wortlaut des Gesetzes hinweg und vermag daher nicht zu überzeugen. Nicht vom menschlichen Willen getragene Ereignisse führen innerhalb des Steuerlagers nicht zur Steuerentstehung. Ältere Fassungen des Bier- und Mineralwassersteuergesetzes[552] brachten den entgegenstehenden Willen des Gesetzgebers deutlich zum Ausdruck, indem sie die Erzeugnisse nur dann der Steuer unterwarfen, wenn sie innerhalb des Herstellungsbetriebes getrunken wurden. In der Praxis wird sich die Besteuerungslücke jedoch nicht auswirken, da der Vorgang der Ent-

---

[547] *Schmidt*, Das Schaumweinsteuergesetz, S. 30 und Peters, Das Verbrauchsteuerrecht, Rdnr. 370.

[548] *Jatzke*, Das neue Verbrauchsteuerrecht in der Bundesrepublik Deutschland, IFSt-Schrift Nr. 322, S. 80.

[549] *Ehrig*, Erläuterungen zum Schaumweinsteuergesetz, in: Das Deutsche Bundesrecht, VII D 76, S. 10 und Dienstanweisung zu § 3 SchaumwStG, VSF, V 5250 sowie *Kuehn*, Schaumweinsteuer, ZfZ 1953, S. 39,41.

[550] *Schröter*, Das Tabaksteuergesetz, S. 26.

[551] Nach *Peters* (Das Verbrauchsteuerrecht, Rdnr. 370) muß analog zur Entfernung aus dem Betrieb bei wirtschaftlicher Betrachtungsweise eine „Entnahme" auch bei nicht vom menschlichen Willen getragenen Ereignissen angenommen werden, durch die Steuergüter konsumiert werden.

[552] § 2 Abs.1 BierStG 1957 (BGBl. I S. 1712) und § 5 Abs.2 MineralwasserStG 1930 (RGBl. I S. 139).

nahme begriffsnotwendig einen auf einen natürlichen Handlungswillen beruhenden Zugriff erfordert.

Besondere Beachtung verdient der Umstand, daß im Mineralölsteuergesetz entgegen der bisherigen Fassung der Begriff "Verbrauch" durch den Begriff "Verwendung" ersetzt worden ist. Nach der Terminologie des Verbrauchsteuerrechts erfaßt die Verwendung sowohl den Verbrauch als auch den Gebrauch einer verbrauchsteuerpflichtigen Ware. Der Unterschied besteht darin, daß die Ware beim Gebrauch ihre Eigenschaft als Steuergegenstand nicht verliert.[553] Dagegen führt der substanzielle[554] und individuelle[555] Verbrauch sowie der Verbrauch im Rechtssinne[556] stets zum Verlust der Eigenschaft als Steuergegenstand. Eine Änderung der Rechtslage ist mit der neuen Formulierung jedoch nicht verbunden, da die Praxis den Begriff des Verbrauchs auch bisher weit auslegte und den Gebrauch mit einbezog.[557] Aus steuersystematischen Gründen ist es jedoch bedauerlich, daß der Begriff der Verwendung nicht in alle Verbrauchsteuergesetze aufgenommen worden ist. Die damit verbundene Präzisierung hätte einen weiteren Beitrag zur Systematisierung und Vereinheitlichung des Verbrauchsteuerrechts leisten können.

c) Erlöschen der Berechtigung

Die steuerlichen Folgen des Erlöschens einer Berechtigung, d.h. der Verlust einer Erlaubnis oder einer Zulassung, waren bisher nur im Mineralölsteuerrecht ausdrücklich geregelt. Hierzu enthielt § 7 Abs.1 MinöStDV eine Fiktion, nach der ein Verlust der Eigenschaft eines Betriebes als Herstellungsbetrieb oder Steuerlager dazu führte, daß alles Mineralöl in diesem Zeitpunkt als aus dem Herstellungsbetrieb entfernt galt. Die fingierte Entnahme in den freien Verkehr führte zur Steuerentstehung und löste eine Anmeldepflicht in bezug auf den nunmehr zur Versteuerung anstehenden Warenbestand aus. Darüber hinaus wurde die Steuer nach § 36 Abs.8 MinöStDV für Mineralöl unbedingt, das sich beim Ablauf des Lagerverfahrens noch im Lager befand. Die Regelungen gaben die Ansicht der h. M. wieder, nach der es einer Entfernung aus dem Herstellungsbetrieb gleichzusetzen war, wenn ein Betriebsinhaber seine

---

553 *Peters*, Das Verbrauchsteuerrecht, Rdnr. 47.

554 Der substanzielle Verbrauch führt dazu, daß eine Ware aufgebraucht wird und nach dem Verbrauch nicht mehr körperlich vorhanden ist.

555 Beim individuellen Verbrauch ist das Erzeugnis als solches zwar noch vorhanden, es wurde jedoch mit einem anderen nicht steuerbaren Erzeugnis derart verbunden, daß es seine eigenständige Existenz verloren hat.

556 Der Verbrauch im Rechtssinne führt dazu, daß das verbrauchsteuerpflichtige Gut noch vorhanden ist, jedoch dem Rechtssinne nach seine Eigenschaft als Steuergegenstand verloren hat. Dies ist z.B. der Fall, wenn Benzin in Feuerzeuge gefüllt wird. Vgl. *Kettnaker/Frank*, Das Mineralölsteuerrecht, S. 71.

557 *Schädel/Langer/Gotterbarm*, Mineralölsteuer, Mineralölzoll, § 3 Rdnr. 10.

Berechtigung verlor, verbrauchsteuerpflichtige Waren weiterhin unversteuert zu lagern.[558]

Obwohl der Gesetzgeber im Rahmen der Neufassung der Verbrauchsteuergesetze ein Regelungsbedürfnis für diese Fälle der Steuerentstehung erkannt hat, ist lediglich in § 8 Abs.2 KaffeeStG[559] ein entsprechender Entstehungstatbestand normiert worden.[560] Bei den anderen Verbrauchsteuern wurden entsprechende Regelungen in den Durchführungsverordnungen getroffen.

Nach § 10 Abs.4 TabStV, § 7 Abs.5 BierStV, § 23 Abs.5 BrStV und § 7 Abs.5 SchaumwZwStV hat der Betriebsinhaber bei Erlöschen der Erlaubnis über die dann vorhandenen nunmehr in den freien Verkehr getretenen Bestände eine Steueranmeldung abzugeben. Die Regelung in § 14 Satz 2 MinöStV ist in ihrem Wortlaut der alten Fassung des § 7 MinöStDV nachgebildet. Bei Durchsicht der gesetzlichen Ermächtigungsgrundlagen[561] stellt man fest, daß eine ausdrückliche Ermächtigung zur Regelung eines besonderen Entstehungstatbestandes in keinem Verbrauchsteuergesetz enthalten ist. Die Ermächtigungen, das Erlaubnis- und Steuerlagerverfahren zu regeln, beziehen sich auf die Voraussetzungen für die Erteilung einer Erlaubnis zum Betrieb eines Steuerlagers und auf verfahrenstechnische Regelungen der Lagerhaltung. Elementare Grundbestimmungen, wie die Festlegung von Entstehungstatbeständen, bedürfen aus Gründen des aus dem Rechtsstaatsprinzip abgeleiteten Grundsatzes der Gesetzmäßigkeit und Tatbestandsmäßigkeit der Besteuerung einer eindeutigen Rechtsgrundlage. In der finanzwissenschaftlichen Literatur ist es darüber hinaus umstritten, ob Rechtsverordnungen überhaupt selbständige Steuerentstehungstatbestände schaffen können.[562] Unter diesen Gesichtspunkten ist die gegenwärtige Rechtslage unsystematisch und wenig zufriedenstellend. Aus Gründen der Rechtsklarheit sollte in alle Verbrauchsteuergesetze ein gleichlautender Steuerentstehungstatbestand aufgenommen werden, der sowohl die Steuerlager als auch die Betriebe von berechtigten Empfängern und Verwendern erfaßt. Denn neben Steuerlagerinhabern und berechtigten Empfängern sind auch Inhaber einer Erlaubnis zur steuerbegünstigten Verwendung berechtigt, verbrauchsteuerpflichtige Waren unter

---

[558] *Caspers/Dittrich*, Das neue Tabaksteuerrecht, ZfZ 1980, S. 106 und *Peters*, Das Verbrauchsteuerrecht, Rdnr. 366.

[559] Im ursprünglichen Referentenentwurf sollte der besondere Entstehungstatbestand in Zusammenhang mit den Anforderungen an die Erlaubnis für einen Herstellungsbetrieb in § 6 Abs.6 KaffeeStG geregelt werden. Aus systematischen Gründen wurde er dann in § 8 Abs.2 KaffeeStG aufgenommen. Vgl. Beschlußempfehlung und Bericht des Finanzausschusses, BT-Drs. 12/3893, S. 164.

[560] *Neumann*, DDZ 1993, F 56,57.

[561] § 31 TabStG, § 25 BierStG, § 135 BranntwMonG, § 5 Abs.3 SchaumwZwStG und § 31 MinöStG.

[562] *Papier*, Die finanzrechtlichen Gesetzesvorbehalte und das grundgesetzliche Demokratieprinzip, S. 93ff. sowie *Tipke*, in: *Tipke/Kruse*, Abgabenordnung, Finanzgerichtsordnung, § 3 Rdnr. 26.

Steueraussetzung zu lagern, so daß sich auch hier ein Regelungsbedürfnis für die Fälle des Erlöschens der Erlaubnis ergibt.

Mit dem Verlust der Berechtigung zum Betrieb eines Steuerlagers entfallen auch die Voraussetzungen, die das EG-Verbrauchsteuerrecht in Art.11 Abs. 2 RL 92/12/EWG an den Besitz unversteuerter Ware knüpft. Das Steueraussetzungsverfahren kann daher nicht mehr fortbestehen[563] und ist durch eine fiktive Entnahme der Ware in den freien Verkehr zu beenden. Ein gesetzlicher Steuerentstehungstatbestand könnte wie folgt formuliert werden:

Für verbrauchsteuerpflichtige Waren, die sich beim Erlöschen der Erlaubnis in einem Steuerlager oder im Betrieb eines Verwenders befinden, entsteht die Steuer im Zeitpunkt des Erlöschens der Erlaubnis. Steuerschuldner ist der Inhaber des Steuerlagers oder bei Verwenderbetrieben der Verwender.

d) Steuerentstehung durch Fristablauf

In bestimmten Fällen kann der Ablauf einer Frist zur Entstehung der Steuer führen. Gesetzliche Entstehungstatbestände, die ausdrücklich an den Ablauf einer Frist geknüpft waren, enthielt § 64 TabStG 1953. Danach entstand die Tabaksteuerausgleichsschuld, die verhindern sollte, daß Rohtabak zur heimischen Herstellung von Tabakwaren verwendet wurde[564], mit Ablauf des letzten Verwiegungstages oder mit Ablauf der Frist für den Nachweis der ordnungsgemäßen Räumung[565] des Rohtabaks. Nach Förster stellte die Fiktion der Steuerentstehung eine Sanktion für das Unterlassen einer gesetzlich geforderten Handlung und damit für das Vorenthalten der amtlichen Kontrolle dar[566].

Auch das neue Verbrauchsteuerrecht enthält Tatbestände, die mit dem Ablauf einer Frist verbunden sind. Insbesondere beim Wechsel von Steuerlagerinhabern und Inhabern von Verwenderbetrieben, sowie bei Tod oder Konkurs von Erlaubnisinhabern ergibt sich ein Bedürfnis, die Rechtsnachfolge unter Gewährung angemessener Übergangs- und Umstellungsfristen zu regeln. Nach § 10 Abs.3 TabStV erlischt die bisherige Erlaubnis zur Herstellung und Lagerung von Tabakwaren unter Steueraussetzung, wenn die Rechtsnachfolger den Antrag auf Erteilung einer neuen Erlaubnis nicht binnen 2 Monaten stellen. Ähnliche Regelungen enthalten § 7 BierStV, § 23 BrStV, § 7

[563] Nach *Beermann* (Das Verbrauchsteuer-Binnenmarktgesetz, I. Teil, DStZ 1993, S. 257,262) bewirkt die Abhängigkeit der Herstellung und Lagerung von einer Erlaubnis, daß die Steueraussetzung nicht eintritt oder nicht mehr fortbesteht, wenn die Erlaubnis nicht erteilt ist oder widerrufen wird.

[564] *Schröter*, Das Tabaksteuergesetz, S. 181 und *Jahr*, ZfZ 1939, S. 141,145.

[565] Unter Räumung ist nach § 58 TabStG 1953 die Ablieferung an Bezugsberechtigte, die Ausfuhr oder die Einlagerung in einer Tabakniederlage oder einem Tabaklager zu verstehen.

[566] *Förster*, Die Verbrauchsteuern, S. 73.

SchaumwZwStV und § 20 MinöStV mit der Maßgabe, daß die Frist 3 Monate beträgt. Mit dem Erlöschen der Erlaubnis gilt der noch vorhandene Lagerbestand als in den freien Verkehr entnommen, so daß der Fristablauf zur Steuerentstehung führt.

Einen weiteren Fall der Steuerentstehung durch Fristablauf enthalten die Bestimmungen über Unregelmäßigkeiten im Verkehr unter Steueraussetzung. Führt der Versender nicht innerhalb einer Frist von vier Monaten ab Versandbeginn den Nachweis, daß die Waren am Bestimmungsort angelangt, untergegangen oder außerhalb des Steuergebietes in den freien Verkehr getreten sind, gelten sie mit der Folge der Steuerentstehung als im Steuergebiet dem Steueraussetzungsverfahren entzogen. Hinsichtlich des Zeitraumes von vier Monaten handelt es sich um eine Ausschlußfrist, die nicht durch Verwaltungsanordnung verlängert werden kann. Sie beruht auf der Regelung in Art.20 Abs.3 RL 92/12/EWG, nach der dem Abgangsmitgliedstaat die Erhebungskompetenz zusteht, wenn die Waren am Bestimmungsort nicht ankommen und der Versender nicht innerhalb von vier Monaten nach dem Versand den Nachweis führt, daß das Steuerversandverfahren ordnungsgemäß beendet oder die Unregelmäßigkeit im Bestimmungsland begangen worden ist. Der Fristablauf ist in diesem Fall auch mit einer Beweislastumkehr zu Lasten des Steuerpflichtigen verbunden. Das Verfahren dient der Vereinfachung der Steuererhebung und schafft Klarheit über das steuerliche Schicksal der Ware, auch wenn deren Verbleib nicht festgestellt werden kann.

Ab dem Tag der Ausfertigung des Begleitdokuments beginnt eine weitere Frist von drei Jahren zu laufen, innerhalb derer eine Rückabwicklung der Versteuerung durch Erstattung der entrichteten Steuer noch möglich ist. Voraussetzung ist jedoch die Feststellung, daß die Unregelmäßigkeit, die zur Steuerentstehung geführt hat, in einem anderen Mitgliedstaat eingetreten ist. Nach Ablauf dieser letzten Frist kann eine Korrektur der steuerlichen Folgen nur noch im Billigkeitswege erfolgen.

e) Steuerentstehung bei Unregelmäßigkeiten

Bei der Beförderung verbrauchsteuerpflichtiger Waren unter Steueraussetzung kann es zu Störungen im Verfahrensablauf kommen, die zu einem Übergang der Ware aus der steuerlichen Bindung in den freien Verkehr führen. Dabei kann der Fall eintreten, daß die Ware entweder nur zum Teil oder überhaupt nicht am Bestimmungsort eintrifft und weder im Abgangsmitgliedstaat noch im Bestimmungsmitgliedstaat festgestellt werden kann, in welchem Mitgliedstaat das Ereignis eingetreten ist, das den Verlust der Ware herbeigeführt hat.

Vor der Vollendung des Binnenmarktes wurden diese Fälle nach den zollrechtlichen Bestimmungen des gemeinschaftlichen Versandverfahrens geregelt.[567] Da nach dem erklärten Willen der Kommission mit dem Wegfall der Grenzkontrollen zum 1.1.1993 das 1977 für die innergemeinschaftliche Beförderung von Gemeinschaftswaren eingeführte gemeinschaftliche Versandverfahren[568] unter Verwendung der Versandanmeldung T 2[569] abgeschafft werden sollte, bestand die Notwendigkeit, das Zollrecht durch entsprechende verbrauchsteuerrechtliche Regelungen zu ersetzen.[570] Zu diesem Zweck schlug die Kommission in Art.14 des ersten Entwurfes für eine System-Richtlinie die Übernahme der Bestimmungen über das interne gemeinschaftliche Versandverfahren vor.[571] Dieser Ansatz wurde dann bis zur Verabschiedung der System-Richtlinie beibehalten und in Art.20 RL 92/12/EWG eine Regelung aufgenommen, die fast wörtlich Art.34 der VO (EWG) Nr. 2726/90[572] entspricht. Soweit ersichtlich, ist dies der einzige Bereich des Steuerversandverfahrens, in dem Regelungen des internen gemeinschaftlichen Versandverfahrens, das von der Kommission aufgrund seines zollrechtlichen Charakters strikt abgelehnt worden ist, in begrenztem Umfang überlebt haben.[573]

Die Umsetzung des Regelungsgehaltes von Art.20 RL 92/12/EWG[574] in das nationale Verbrauchsteuerrecht erwies sich als besonders schwierig, da die Bestimmung mehrere Fiktionen enthält und neben Steuerentstehungstatbeständen auch die Erhebungskompetenzen der Mitgliedstaaten in Fällen von

---

[567] Art. 36 der VO (EWG) Nr. 222/77.

[568] Verordnung (EWG) Nr. 222/77 über das gemeinschaftliche Versandverfahren, ABl. EG Nr. L 38 vom 9.2.1977, S. 1.

[569] Die Versandanmeldung T 2 ist ein Vordruck, mit dem Gemeinschaftswaren zur Beförderung im internen gemeinschaftlichen Versandverfahren angemeldet werden. Als Versandanmeldung und Versandschein T 2 findet grundsätzlich das Einheitspapier (Exemplare Nr. 1,4,5 und 7) Anwendung.

[570] Vgl. Esser, Gemeinschaftliches Versandverfahren und Einheitspapier im Binnenmarkt, S. 88f.

[571] Nach der Begründung zu Art.14 entsprechen die Bestimmungen den vergleichbaren Bestimmungen des gemeinschaftlichen Versandrechts. Vgl. KOM (90) 431 endg. vom 7.11.1990, S. 12.

[572] Verordnung des Rates über das innergemeinschaftliche Versandverfahren, ABl. EG Nr. L 262 vom 26.9.1990, S. 1.

[573] Nach *Sievert* (Die Harmonisierung der besonderen Verbrauchsteuern in der EG- und sie bewegt sich doch!, ZfZ 1992, S. 98,100) durfte das interne gemeinschaftliche Versandverfahren aus ideologischen Gründen wegen seiner Verwandtschaft zum Zollrecht im Binnenmarkt nur sehr begrenzt überleben.

[574] *Stobbe* (Die Harmonisierung der besonderen Verbrauchsteuern (Teil 2), ZfZ 1993, S. 194,201) vertritt die Ansicht, daß die Regelung in Art.20 RL 92/12/EWG mit Sicherheit zu erheblichen Unsicherheiten und Schwierigkeiten führen wird, zumal sie erkennen läßt, daß die zur Erhebung und Sicherung des Steueraufkommens für den Verkehr mit verbrauchsteuerpflichtigen Waren getroffenen Regelungen der Systemrichtlinie nicht nur Lücken aufweisen, sondern auch mannigfaltige Möglichkeiten des Mißbrauches und der Steuerflucht enthalten.

Unregelmäßigkeiten im innergemeinschaftlichen Steuerversandverfahren regelt.

Nach wortgleichen Bestimmungen in allen Verbrauchsteuergesetzen[575] entsteht die Steuer dadurch, daß verbrauchsteuerpflichtige Waren dem Steueraussetzungsverfahren entzogen werden oder durch eine sonstige Unregelmäßigkeit in den freien Verkehr treten. Als Entzug kommt jede zweckgerichtete Handlung in Betracht, durch die Waren in den freien Verkehr entnommen werden. Erforderlich ist eine von einem entsprechenden Willen getragene Tathandlung; das Wissen um die Rechtsfolgen dieser Handlung wird nicht vorausgesetzt.[576] Unzutreffend ist daher die Ansicht von Reiche[577], nach der es für ein Entziehen unerheblich ist, ob ein gewolltes bzw. zweckgerichtetes Verhalten vorliegt.

Beruht der Verlust der Ware dagegen nicht auf einem menschlichen Verhalten, so entsteht die Steuer, wenn das Ereignis auf eine sonstige Unregelmäßigkeit zurückzuführen ist, die einem Entziehen aus dem Verfahren der Steueraussetzung gleichsteht. Die Differenzierung zwischen Unregelmäßigkeiten, die eine Willensbetätigung erfordern und sonstigen Unregelmäßigkeiten, die den unwissentlich herbeigeführten Erfolg erfassen, ist zwar sachgerecht, sie findet jedoch keine Stütze in den EG-rechtlichen Bestimmungen. Art.20 Abs.1 RL 92/12/EWG knüpft die Steuerentstehung an die Begehung einer Zuwiderhandlung oder an das Vorliegen einer Unregelmäßigkeit. Dabei setzt eine Unregelmäßigkeit begriffsnotwendig einen Regelverstoß und damit die Verletzung von Verfahrensvorschriften voraus. Sowohl die Begehung einer Zuwiderhandlung als auch ein Regelverstoß erfordern zumindest das Vorliegen eines natürlichen Handlungswillens. Auch Art.34 der Verordnung über das gemeinschaftliche Versandverfahren, der als Vorbild für Art.20 RL 92/12/EWG diente, erfaßt nur Fälle, in denen im Verlauf oder anläßlich eines Versandverfahrens Zuwiderhandlungen begangen worden sind und fordert von den Mitgliedstaaten notwendige Vorkehrungen zur Bekämpfung jeglicher Zuwiderhandlungen und deren wirksame Ahndung.[578]

Aus dem Nebeneinander von Zuwiderhandlungen und Unregelmäßigkeiten in Art.20 RL 92/12/EWG folgert Beermann[579], daß eine Verletzung von steuerlichen Regelungen i.S.v. Art.4c RL 92/12/EWG vorliegen muß, die zu einer Situation geführt hat, nach der die betroffenen Waren infolge der Regelungs-

---

[575] § 18 TabStG, § 15 BierStG, § 143 BranntwMonG, § 13 SchaumwZwStG und § 18 MinöStG.

[576] Urteil des BFH vom 25.10.1988 - VII R 190/85, BFH/NV 1989, 601 (602).

[577] *Reiche*, in: *Teichner/Alexander/Reiche*, Mineralölsteuer, Mineralölzoll, § 5 Rdnr. 27.

[578] Art. 34 mit Erläuterungen bei *Esser*, Gemeinschaftliches Versandverfahren und Einheitspapier im Binnenmarkt, S. 34f.

[579] *Beermann*, Das Verbrauchsteuer-Binnenmarktgesetz, II.Teil, DStZ 1993, S. 291,292.

verletzung als in einem steuerlich freien Verkehr befindlich anzusehen sind. Damit erhält die Bestimmung den Charakter einer Vorschrift über die Besteuerung von Fehlmengen in Fällen der Unterbrechung der Steueraufsicht. Nach der Begründung zu § 15 BierStG[580] hat sich der Gesetzgeber für eine Lösung entschieden, die jede Form der Unterbrechung der Steueraufsicht erfaßt, unabhängig davon, ob sie durch eine zielgerichtete bestimmungswidrige Verfügung über die Ware herbeigeführt wird oder auf einem unwissentlich eingetretenen Erfolg beruht. Auch wenn ein gewisser Überhang im Vergleich zu Art.20 RL 92/12/EWG festgestellt werden kann, ist der gewählte Ansatz in bezug auf die Systematik der Steuerentstehungstatbestände konsequent, denn er vermeidet unterschiedliche steuerliche Folgen bei der Entfernung einer Ware aus dem Steuerlager und dem Entziehen einer Ware aus dem Beförderungsverfahren. In beiden Fällen reicht es aus, daß die Ware aus der steuerlichen Überwachung gelangt, unabhängig davon, ob der körperliche Vorgang auf ein menschliches Verhalten zurückzuführen ist. In jedem Fall führt das Ereignis zu einer Unterbrechung des Steueraussetzungsverfahrens und damit zu einer Unterbrechung der Steueraufsicht.

Ein wesentlicher Unterschied zwischen den beiden Entstehungstatbeständen besteht jedoch darin, daß die Entstehung der Steuer bei einem im Steuergebiet festgestellten Entzug der Ware aus dem Beförderungsverfahren lediglich vermutet wird.[581] Der Verfahrensbeteiligte kann diese Vermutung jederzeit durch den Nachweis des Unterganges, des Schwundes oder der Abgabe an Steuerlagerinhaber oder Verwender widerlegen. Die dem Zollrecht entlehnte „Heilungsmöglichkeit" der Abgabe an zum unversteuerten Bezug Berechtigte wurde vom Verfasser des Biersteuergesetzes als für das Verbrauchsteuerrecht nicht praktikabel angesehen und daher 1992 in § 15 BierStG nicht aufgenommen. Bei den betroffenen Wirtschaftsbeteiligten ist diese Entscheidung auf Unverständnis gestoßen, zumal sich die „Heilungsmöglichkeit" von Verfahrensverstößen im Zollrecht bewährt hat. Zudem entspricht die Entsteuerungsmöglichkeit für Waren des freien Verkehrs der in allen Verbrauchsteuergesetzen enthaltenen Rückwarenregelung. Auch der BFH[582] geht davon aus, daß Verbrauchsteuern, die allein auf die Verletzung eines verfahrensrechtlichen Gebotes zurückzuführen sind, ohne daß dadurch die eigentlichen Ziele der Steuer verletzt werden, möglichst nicht entstehen sollen. Inzwischen hat der Gesetzgeber die Systemwidrigkeit des Biersteuergesetzes im Rahmen der

---

[580] Begründung zu § 15 BierStG, BT-Drs. 12/3432, S. 75. Danach ist unter dem Begriff der Entziehung sowohl die zielgerichtete bestimmungswidrige Verfügung über die Ware als auch der unwissentlich eingetretene Erfolg (z.B. Verlust der Ware durch Herabfallen von der Ladefläche während des Transports) zu verstehen.

[581] Darauf deutet die Formulierung "es sei denn..." hin, die in gesetzlichen Bestimmungen (z.B. §§ 405-407,932 BGB) Vermutungen zum Ausdruck bringt. Im Gegensatz zur Fiktion, die rechtstechnisch eine Unterstellung darstellt, können Vermutungen i.d.R. widerlegt werden.

[582] Urteil des BFH vom 12.9.1989, BFH/R 1989, 53.

Umsetzung der Änderungsrichtlinie 94/74/EG beseitigt und § 15 BierStG dem Wortlaut der entsprechenden Bestimmungen in den anderen Verbrauchsteuergesetzen angepaßt.

Wird bei der Ankunft der Ware im Steuergebiet festgestellt, daß ein Teil der Ware während der Beförderung dem Steueraussetzungsverfahren entzogen worden ist und kann der Ort nicht ermittelt werden, an dem die Ware abhanden gekommen ist, so gilt die Ware mit der Folge der Steuerentstehung als im Steuergebiet entzogen. Hierbei handelt es sich um eine unwiderlegbare Fiktion der Steuerentstehung, deren Folgen jedoch innerhalb einer Frist von drei Jahren durch ein steuerliches Entlastungsverfahren rückgängig gemacht werden können. Die Rückgewähr der im Steuergebiet erhobenen Steuer setzt allerdings den Nachweis voraus, daß die Ware in einem anderen Mitgliedstaat entzogen und dort die Steuer entrichtet worden ist. Bei der Frist von vier Monaten handelt es sich um eine Ausschlußfrist, die eine endgültige Klärung des steuerlichen Schicksals der Ware herbeiführen soll und daher im Interesse aller Beteiligten dem Rechtsfrieden dient.

Schließlich enthalten alle Verbrauchsteuergesetze Regelungen für den Fall, daß der im Steuergebiet ansässige Versender nicht in der Lage ist, die ordnungsgemäße Erledigung des Steuerversandverfahrens (i.d.R. durch Vorlage des Rückscheines) nachzuweisen. Kann der Nachweis nicht innerhalb von vier Monaten ab dem Tag des Versandbeginns geführt werden, gilt die Ware als im Steuergebiet dem Aussetzungsverfahren entzogen. Entgegen der Ansicht von Friedrich[583] enthält Art.20 Abs.3 RL 92/12/EWG keine widerlegbare Vermutung der Steuerentstehung im Abgangsstaat, sondern eine Fiktion, die durch Fristablauf eintritt und zur Steuerentstehung führt. Daher ist es den Mitgliedstaaten nach der EG-rechtlichen Bestimmung auch verwehrt, die Steuer vor Fristablauf zu erheben. Die im Steuergebiet entrichtete Steuer wird jedoch erstattet, wenn es dem Steuerschuldner gelingt, innerhalb einer Frist von drei Jahren ab dem Tag der Ausfertigung des Begleitdokuments nachzuweisen, daß die Unregelmäßigkeit in einem anderen Mitgliedstaat eingetreten und demzufolge die Steuer auch in einem anderen Mitgliedstaat entstanden ist. Da Deutschland in diesem Fall keine Erhebungskompetenz zusteht, sind die Folgen der fingierten Steuerentstehung durch eine Entlastung rückgängig zu machen.

Zusammenfassend ist festzustellen, daß die Steuerentstehungstatbestände bei Unregelmäßigkeiten im Steueraussetzungsverfahren dem Grundsatz entsprechen, daß jeder Übergang der Ware aus dem Verfahren der Steueraussetzung in den nicht gebundenen Verkehr zur Entstehung der Steuer führt. Dabei kommt es nicht darauf an, ob die Unregelmäßigkeiten auf ein zweckgerichte-

---

[583] Nach *Friedrich* (Das neue Verbrauchsteuerrecht ab 1993, DB 1992, S. 2000,2004) handelt es sich um eine Vermutung, die innerhalb von vier Monaten widerlegt werden kann.

tes Verhalten zurückzuführen sind. Diese Grundsätzen entsprechen dem Entstehungstatbestand der Entfernung aus dem Steuerlager. Die dem Zollrecht entlehnte "Heilungsmöglichkeit" eines Verfahrensverstoßes durch Abgabe an zum unversteuerten Bezug Berechtigte stellt in diesem Zusammenhang eine sachgerechte Regelung dar, die Verwaltungsaufwand und eine Doppelbesteuerung bei erneuter Entfernung aus dem Steuerlager vermeidet.

f) Steuerentstehung bei Feststellung von Fehlmengen

Sowohl bei der Beförderung, als auch bei der Lagerung von verbrauchsteuerpflichtigen Waren können Mengendifferenzen auftreten, die nach der herkömmlichen Terminologie des Verbrauchsteuerrechts als Fehlmengen bezeichnet werden. Da eine Legaldefinition des Begriffes der Fehlmenge in den Verbrauchsteuergesetzen und in der Abgabenordnung fehlt, ist zur Begriffsbestimmung die Rechtsprechung zur Fehlmengenregelung des § 161 AO heranzuziehen. Darüber hinaus enthalten die Durchführungsverordnungen zu den Verbrauchsteuergesetzen einige Bestimmungen, die die steuerliche Behandlung von Fehlmengen betreffen. So entsteht nach § 18 BrStV für Fehlmengen im Branntweinlager, die auf Verarbeitungs-, Abfüll- und Lagerverluste zurückzuführen sind, keine Steuer, sofern der Lagerinhaber den Schwund glaubhaft macht. Nach § 44 BrStV kann das Hauptzollamt bei Fehlmengen bis zu 0,5 vom Hundert unterstellen, daß sie auf üblichen Transportschwund oder auf Fehler bei der Mengenermittlung beruhen und von einer Steuererhebung absehen.

Die Vorschriften belegen, daß der Fehlmengenbegriff umfassend auszulegen ist und sämtliche festgestellten Mengendifferenzen erfaßt, ohne den Grund für die Abweichungen zu berücksichtigen. Der Begriff der Fehlmenge erfaßt damit auch Verluste, die auf Schwund, Untergang oder auf Ungenauigkeiten beim Zählen, Messen oder Wiegen zurückzuführen sind. Dieses Ergebnis wird auch von der Rechtsprechung zu § 161 AO bestätigt. Nach der Rechtsprechung des BFH liegt eine Fehlmenge dann vor, wenn der bei einer Bestandsaufnahme vorgefundene Istbestand an verbrauchsteuerpflichtigen Waren geringer ist, als der Sollbetrag, der sich rein rechnerisch durch Abzug des Gesamtabgangs von dem Gesamtzugang nach dem Inhalt der in den Betriebsbüchern enthaltenen Anschreibungen ergibt.[584] Das bedeutet, daß zur Ermittlung der nach § 161 AO zu versteuernden Fehlmenge grundsätzlich der Ist-Bestand der Soll-Menge gegenüberzustellen ist, die sich zum Zeitpunkt der Bestandsaufnahme aus der Saldierung der dem Lager tatsächlich zugeführten und der dem Lager tatsächlich entnommenen Menge ergibt.[585] Im Gegensatz

---

[584] BFHE 162, 191 (193) und *v. Wallis*, in: *Hübschmann/Hepp/Spitaler*, Kommentar zur AO und FGO, § 161 Rdnr. 4.

[585] Vgl. Urteil des BFH vom 26.9.1989 VII R 57/86, BFH/R 1989, 53.

zum Eichrecht, das für Zähler bei der Eichung und Nacheichung eine Abweichung vom Eichnormal bis zu 0,5% und für den praktischen Betrieb eine Abweichung vom Eichnormal bis zu 1% zuläßt, können nach der Finanzrechtsprechung[586] Eichtoleranzen bei der Feststellung der Bestände grundsätzlich nicht berücksichtigt werden. Bemessungsgrundlage für die zu erhebende Steuer ist die ohne eichrechtliche Korrektur errechnete Fehlmenge. Eine Korrektur der Zählerergebnisse um die hypothetischen Eich- und Verkehrsfehlergrenzen ist somit nicht zulässig.[587]

Auch bei der Feststellung von Fehlmengen, die während einer Beförderung außerhalb eines Steuerlagers entstanden sind, ist die sich aus den Angaben im Begleitdokument ergebende Soll-Menge der tatsächlich festgestellten Ist-Menge gegenüberzustellen. Unabhängig von den Ursachen ist als Fehlmenge jede Mengenabweichung anzusehen, die zu einer Mindermenge führt. Demgegenüber geht das EG-Recht in Art. 6 Abs.1 und Art. 14 RL 92/12/EWG von einem anderen Fehlmengenbegriff aus. Der Fehlmengenbegriff des Art. 6 Abs.1, auf den sich der Steuerentstehungstatbestand bezieht, erfaßt lediglich Mengendifferenzen, die nicht auf Untergang, höhere Gewalt oder Schwund zurückzuführen sind, da diese Verluste gemäß Art. 14 Abs.1 RL 92/12/EWG von der Steuer befreit sind. Daher wurde mit der Zweiten Verbrauchsteueränderungsrichtlinie in Art. 14 Abs.4 eine Regelung eingeführt, nach der auf dem Rückschein lediglich die einer Besteuerung zugrunde gelegten Fehlmengen anzugeben sind.[588]

Die steuerliche Behandlung der während oder nach Abschluß eines Beförderungsvorganges oder anläßlich einer Bestandsaufnahme festgestellten Mengendifferenzen ist in den Verbrauchsteuergesetzen nur unvollständig geregelt. Wie bereits dargestellt, enthalten alle Verbrauchsteuergesetze besondere Bestimmungen für den Fall, daß Fehlmengen auf Unregelmäßigkeiten während des Transports zurückzuführen sind. Werden die unter Steueraussetzung aus einem Steuerlager im Steuergebiet an ein anderes Steuerlager abgegebenen Waren nicht in den Betrieb des Empfängers aufgenommen, gelten sie als dem Steueraussetzungsverfahren entzogen. Da der Gesetzgeber die Feststellung von Fehlmengen nicht als Anknüpfungspunkt für die Entstehung der Steuer gewählt hat, konnte er die steuerliche Erfassung der Mengendifferenzen nur

---

[586] Vgl. Urteil des Finanzgerichts Baden-Württemberg, Außensenate Freiburg, vom 26.1.1993 11 K 43/89 Z, EFG 1993, S. 498f.

[587] *Kleiner* (ZfZ 1995, S. 284,287f) beanstandet die Nichtberücksichtigung von Eichtoleranzen durch die Steuerbehörden unter Verweis auf die eichrechtlichen Vorschriften. Es dürfe nicht zweifelhaft sein, daß eine technisch bedingte Meßabweichung, die keine „echte“ Fehlmenge sei, zu keiner Versteuerung führen dürfe.

[588] Im Widerspruch zum Regelungsgehalt der Vorschrift führen die Erwägungsgründe aus, daß zur korrekten Erledigung des Begleitdokuments auf diesem alle bei der innergemeinschaftlichen Beförderung aufgetretenen Verluste unter Darlegung des Verlusthergangs zu spezifizieren und zu vermerken sind.

durch die Fiktion eines die Steuerschuld begründenden Tatbestandes sicherstellen. Auch im Verkehr mit anderen Mitgliedstaaten ist die Feststellung eines auf eine Unregelmäßigkeit zurückzuführenden Verlustes von verbrauchsteuerpflichtigen Waren nicht als Steuerentstehungstatbestand ausgestaltet worden.[589] Steuerentstehungstatbestand ist stets das konkrete Ereignis, durch das die Waren aus der steuerlichen Bindung in den freien Verkehr treten, unabhängig davon, ob dieser Vorgang auf ein menschliches Verhalten oder auf andere Umstände zurückzuführen ist.[590]

Im Gegensatz zu den Bestimmungen über die steuerliche Behandlung von Transportverlusten ist die steuerliche Erfassung von Fehlmengen, die als Ergebnis einer betrieblichen oder amtlichen Bestandsaufnahme festgestellt werden, in den Verbrauchsteuergesetzen nicht ausdrücklich geregelt. Deshalb ist es erforderlich, auf die Spezialvorschrift des § 161 der Abgabenordnung zurückzugreifen. Werden in Steuerlagern oder Betrieben von Verwendern Fehlmengen an verbrauchsteuerpflichtigen Waren festgestellt, wird nach § 161 Satz 1 AO vermutet, daß hinsichtlich dieser Fehlmengen eine Verbrauchsteuer entstanden ist, sofern der Steuerschuldner nicht glaubhaft macht, daß die Fehlmengen auf Umstände zurückzuführen sind, die eine Steuer nicht begründen. Läßt sich der Zeitpunkt der Entnahme in den freien Verkehr nicht ermitteln, gilt die Steuer im Zeitpunkt der Bestandsaufnahme als entstanden. Nach dem Wortlaut von § 161 Satz 2 AO bezieht sich die gesetzliche Vermutung lediglich auf den Entstehungszeitpunkt und nicht auf die tatbestandsbegründenden Merkmale der Steuerentstehung. Eine entsprechende Regelung enthielt § 10 c der Verordung über die Erhebung der Verbrauchsabgaben in der ehemaligen DDR. Danach entstand die Abgabenschuld, wenn verbrauchsteuerpflichtige Erzeugnisse auf sonstige Weise aus dem Betrieb des Abgabenschuldners entfernt wurden in Zweifelsfällen im Zeitpunkt der Feststellung des Tatbestandes.[591]

Zu Recht weist Dewitz[592] darauf hin, daß § 161 AO keinen selbständigen Steuerentstehungstatbestand, sondern lediglich eine Beweislastregelung enthält, nach der eine etwaige Unaufklärbarkeit des Sachverhaltes zu Lasten des Steuerpflichtigen geht. Deshalb müssen nach Tipke[593] prinzipiell alle eine Steuerschuld auslösenden Tatbestandsmerkmale nach dem einschlägigen Einzelsteuergesetz erfüllt sein. Würde § 161 AO einen eigenständigen steuerbegründenden Tatbestand darstellen, hätte es der Aufnahme einer gesetzlichen Vermutung für den Zeitpunkt der Steuerentstehung in § 161 Satz 2 AO nicht

---

589 § 18 TabStG, § 15 BierStG, § 143 BranntwMonG, § 13 SchaumwZwStG und § 18 MinöStG.

590 *Jatzke*, Das neue Verbrauchsteuerrecht im EG-Binnenmarkt, BB 1993, S. 41,48.

591 § 10 c der Verordnung über die Erhebung der Verbrauchsabgaben (VAVO) vom 14.10.1955, Gesetzblatt der DDR, Teil I, Nr.95 vom 7.11.1955, S. 769f.

592 *Dewitz*, ZfZ 1984, S. 205f.

593 *Tipke*, in: *Tipke/Kruse*, Abgabenordnung, Finanzgerichtsordnung, § 161 Rdnr. 2.

bedurft. Entgegen von Wallis[594] handelt es sich nicht um die Regelung eines fiktiven Entstehungszeitpunktes. Obwohl die Formulierung, daß die Steuer im Zeitpunkt der Bestandsaufnahme als entstanden gilt, auf eine unwiderlegbare Fiktion hindeutet, wird man mit Tipke[595] davon ausgehen müssen, daß der Gesetzgeber die Widerlegungsmöglichkeit auch auf den Zeitpunkt der Steuerentstehung erstrecken wollte. Es ist kein plausibler Grund ersichtlich, an die tatbestandsbegründenden Umstände und den Zeitpunkt der Steuerentstehung unterschiedliche Beweislastanforderungen zu stellen. Die praktische Bedeutung des Problems ist jedoch gering, da § 161 Satz 2 AO erst dann eingreift, wenn es dem Steuerpflichtigen nicht gelingt, die Vermutung der Steuerentstehung zu widerlegen. Entziehen sich die Umstände, die zur festgestellten Fehlmenge geführt haben, der Kenntnis des Steuerpflichtigen, wird er in der Regel auch nicht in der Lage sein, konkrete Angaben über den Zeitpunkt des Eintritts dieser Umstände zu machen.

Da § 161 AO nicht zu einer vollständigen Beweislastumkehr zu Lasten des Steuerschuldners führt, hat die Finanzbehörde die Entstehung der Steuer zu beweisen, wenn es dem Steuerschuldner gelingt, die gesetzliche Vermutung durch Glaubhaftmachung von Umständen zu entkräften, die einer Steuerentstehung entgegenstehen. Dabei verlangt das Erfordernis der Glaubhaftmachung keinen Strengbeweis. Nach ständiger Rechtsprechung[596] müssen die Ausführungen des Steuerpflichtigen die Verursachung der Fehlmengen durch bestimmte Umstände darlegen und durch ihre überwiegende Wahrscheinlichkeit der Zollbehörde die Überzeugung verschaffen, daß sie zutreffen. Hinsichtlich der Umstände ist dabei zu fordern, daß es sich um konkrete, das Steuerlager betreffende Tatsachen handeln muß.[597] Nicht ausreichend sind bloße Vermutungen aufgrund von typischen Fehlerquellen wie Wiege- und Peilfehler, Verarbeitungs- und Leckageverluste oder Eichfehler.[598] Selbst wenn der Steuerpflichtige Tatsachen vorträgt, die geeignet sind, die gesetzliche Vermutung der Steuerentstehung zu widerlegen, bleibt die Pflicht der Finanzbehörde, ihrerseits den Sachverhalt von Amts wegen aufzuklären.[599] § 161 AO

---

594 *v. Wallis*, in: Hübschmann/Hepp/Spitaler, Kommentar zur AO, § 161 Rdnr. 10.

595 *Tipke*, in: *Tipke/Kruse*, Abgabenordnung, Finanzgerichtsordnung, § 161 Rdnr. 1 und 7.

596 BFHE 133, 158 (162) und 162, 191 (196). Danach ist eine Tatsache glaubhaft gemacht, wenn sie überwiegend wahrscheinlich ist.

597 *v. Wallis*, in: *Hübschmann/Hepp/Spitaler*, Kommentar zur AO und FGO, § 161 Rdnr. 11.

598 Urteil des Finanzgerichts Baden-Württemberg vom 26.1.1993 11 K 43/89 Z, EFG 1993, S. 498f. und Urteil des Finanzgerichts München vom 16.9.1970 III 82/67 bei Rüther, ZfZ 1975, S. 38,42f.

599 Vgl. die Übersicht über die ständige Rechtsprechung des RFH bei *Rüther*, ZfZ 1975, S. 38,41f. Nach *Tipke* (*Tipke/Kruse*, Abgabenordnung, Finanzgerichtsordnung, § 161 Rdnr. 7) entbindet § 161 AO die Finanzbehörde nicht von der Verpflichtung des § 88 AO, den Sachverhalt von Amts wegen zu ermitteln.

bringt daher nur eine bedingte Erleichterung, indem sich die Unmöglichkeit, rechtliche Zweifel zu beseitigen, zu Lasten des Steuerpflichtigen auswirkt.[600] Damit gerät der Anwendungsbereich von § 161 AO in das Spannungsfeld zwischen der Amtspflicht zur Sachaufklärung nach § 88 AO und den Mitwirkungspflichten des Steuerpflichtigen nach den §§ 200 und 211 AO. In diesem Zusammenhang weist Rüther[601] darauf hin, daß die Mitwirkungspflicht des Steuerpflichtigen nicht überspannt werden sollte; es sei keineswegs zulässig, die amtliche Aufklärungslast in irgendeiner Form auf den Steuerpflichtigen abzuschieben.[602] Daher dürfe sich auch die amtliche Erforschungspflicht bei der Feststellung von Fehlmengen nicht in der Aufforderung an den Steuerpflichtigen erschöpfen, zur Aufklärung des Sachverhalts beizutragen. In Anbetracht dieser Umstände ist es schwer verständlich, warum der Gesetzgeber nicht von der durch die Verbrauchsteuerharmonisierung eröffneten Möglichkeit Gebrauch gemacht hat, die Feststellung von Fehlmengen als Entstehungstatbestand auszugestalten. Damit entfiele die Beweislast hinsichtlich eines außerhalb der Feststellung liegenden Entstehungstatbestandes, wie z.B. Diebstahl oder Verwendung der Ware im Steuerlager.

Nach Art.6 Abs.1 RL 92/12/EWG entsteht die Verbrauchsteuer mit der Überführung der Ware in den steuerrechtlich freien Verkehr oder mit der Feststellung von Fehlmengen. Sowohl Tipke[603] als auch Friedrich[604] haben bereits 1992 darauf hingewiesen, daß das EG-Verbrauchsteuerrecht die Feststellung von Fehlmengen als Steuerentstehungstatbestand behandelt und die Erwartung geäußert, daß der Gesetzgeber § 161 AO dieser Vorgabe anpassen werde. Tatsächlich hat der Gesetzgeber in das Mineralölsteuergesetz keine Art.6 Abs.1 RL 92/12/EWG entsprechende Bestimmung aufgenommen. Auch Schröer-Schallenberg[605] weist in diesem Zusammenhang darauf hin, daß eine Umsetzung von Art.6 Abs.1 RL 92/12/EWG durch Schaffung entsprechender Steuerentstehungstatbestände nicht erfolgt sei und bedauert, daß für die bedeutsame Regelung der Fehlmengenbesteuerung von der sich angebotenen Möglichkeit, eine eindeutige Rechtsgrundlage zu schaffen, nicht Gebrauch

---

[600] *Kühn/Hofmann*, Abgabenordnung, Finanzgerichtsordnung, § 161 Rdnr.2.

[601] *Rüther*, ZfZ 1975, S. 38,43.

[602] Dazu hat der RFH in einer Entscheidung vom 26.11.1930 (ZfZ 1931, S. 36) ausgeführt, daß es nicht angängig sei, dem Steuerpflichtigen den Nachweis über den Entstehungsgrund der Fehlmengen zu überlassen, denn ihn treffe keine Beweislast nach Art des Verfahrens in bürgerlichen Rechtsstreitigkeiten.

[603] *Tipke*, in: *Tipke/Kruse*, Abgabenordnung, Finanzgerichtsordnung, § 161 Rdnr. 9.

[604] Nach *Friedrich* (Das neue Verbrauchsteuerrecht ab 1993, DB 1992, S. 2000,2002) behandelt die Richtlinie Fehlmengen als Steuerentstehungstatbestand, nicht aber, wie das deutsche Recht als Verfahrensregel; daher bleibt es abzuwarten, wie der deutsche Gesetzgeber diese in der Praxis nicht unwichtige Frage abschließend regeln wird und ob noch Raum für § 161 AO bleibt.

[605] *Schröer-Schallenberg*, Die Auswirkungen der Verbrauchsteuerharmonisierung, ZfZ 1993, S. 300,303.

gemacht worden ist. Dagegen vertrat Jarsombeck[606] zu Art.19 des Entwurfs für eine Alkoholstrukturrichtlinie aus dem Jahre 1972 die Auffasung, daß die Regelung, daß die Steuer bei der Feststellung von Fehlmengen fällig werde, im Grundsatz der Regelung des § 196 AO a.F.[607] entsprechen würde. Da § 161 AO als fast wortgleiche Nachfolgeregelung zu § 196 AO a.F. keinen Steuerentstehungstatbestand, sondern lediglich eine Beweislastregelung enthält, kann von einer grundsätzlichen Entsprechung jedoch nicht ausgegangen werden. Insoweit gebe ich meine bisherige Meinung auf, die der Ansicht von Jarsombeck entsprach.[608]

Die Regelung in Art.6 Abs.1 RL 92/12/EWG geht auf die ersten Richtlinienvorschläge zur Harmonisierung der Verbrauchsteuern auf Alkohol und Wein zurück. Danach sollte die Verbrauchsteuer bei der Abgabe zum Verbrauch oder bei der Feststellung von Fehlmengen fällig werden.[609] Demgegenüber lehnte sich der erste Vorschlag für eine Mineralölstrukturrichtlinie im Wortlaut an § 161 AO an und bestimmte in Art.8[610], daß die Verbrauchsteuerschuld entsteht, wenn Fehlmengen festgestellt werden, für die keine Rechtfertigung nach den von den Mitgliedstaaten aufgestellten Bedingungen gegeben werden kann. Dieser Ansatz wurde jedoch bei der Übernahme der Vorschriften über die Steuerentstehung, Lagerung und Beförderung aus den einzelnen Strukturrichtlinien in die allgemeine Systemrichtlinie aufgegeben. Der erste Entwurf der Systemrichtlinie maß der Feststellung von Fehlmengen kaum Bedeutung bei und zog in Art.10 Abs.2 den Zeitpunkt der Feststellung von Fehlmengen lediglich zur Bestimmung des anzuwendenden Steuersatzes heran. Erst in die aufgrund der Stellungnahme des Europäischen Parlaments vom 12.6.1991 revidierte Fassung der Systemrichtlinie wurde auf Drängen Großbritanniens in Art.4 Abs.2 die Feststellung von Fehlmengen als eigenständiger Entstehungstatbestand aufgenommen und auf Mengendifferenzen beschränkt, die nicht auf Untergang oder Schwund zurückzuführen sind. Inhaltsgleiche

---

[606] *Jarsombeck*, Das Steuerrecht des deutschen Branntweinmonopols, DDZ 1975, F 37,41.

[607] Die Vorschrift des § 196 AO a.F. geht auf § 11 SpielkartenStG, § 17 BierStG und § 11 LeuchtmittelStG von 1923 zurück. Zu § 17 BierStG vgl. *Koppe/Lubcke*, Kommentar zum Biersteuergesetz, S. 124f. Nach den wortgleichen Bestimmungen in den Verbrauchsteuergesetzen von 1923 sind die bei Bestandsaufnahmen festgestellten Fehlmengen zu versteuern, soweit nicht dargetan wird, daß sie auf Umstände zurückzuführen sind, die eine Steuerschuld nicht begründen. Die Steuer gilt als entstanden im Zeitpunkt der Bestandsaufnahme.

[608] *Jatzke*, Das neue Verbrauchsteuerrecht im EG-Binnenmarkt, BB 1993, S. 41,48.

[609] Art.19 des Vorschlages einer Richtlinie des Rates über die Harmonisierung der Verbrauchsteuern auf Alkohol, Bulletin der Europäischen Gemeinschaften, Beilage 3/72, S. 40: „Die Verbrauchsteuer auf Äthylalkohol wird bei der Abgabe zum Verbrauch oder bei der Feststellung von Fehlmengen fällig und bezahlt."

[610] Art.8 des Vorschlages einer Richtlinie des Rates über die Harmonisierung der Verbrauchsteuern auf Mineralöle, BT-Drs. 7/1042, S. 4.

Bestimmungen finden sich nunmehr in Art. 6 Abs.1 und Art.14 RL 92/12/EWG. Wie bereits ausgeführt erfaßt der Fehlmengenbegriff, auf den sich der Entstehungstatbestand bezieht, lediglich Lagerverluste, die nicht auf Untergang, höhere Gewalt oder Schwund zurückzuführen sind. Bei der Normierung eines eigenständigen Entstehungstatbestandes, der an die Feststellung von Fehlmengen anknüpft, ist dieser Einschränkung Rechnung zu tragen. Daher sollte die Widerlegungsmöglichkeit des § 161 AO beibehalten werden. Eine Beschränkung auf Fehlmengen, die auf Untergang oder Schwund zurückzuführen sind, wäre jedoch nicht sachgerecht, da auch andere Umstände, wie z.B. die Glaubhaftmachung der ordnungsgemäßen Vernichtung oder der Abgabe als steuerfreie Deputatware oder die Entnahme und Verwendung als steuerfreie Probe, eine Verdrängung des Entstehungstatbestandes und damit eine Beibehaltung der Widerlegungsmöglichkeit rechtfertigen. Die Ausgestaltung der Feststellung von Fehlmengen als Steuerentstehungstatbestand brächte mehrere Vorteile. Zum einen entfiele die der Zollbehörde obliegende Verpflichtung zum Nachweis der begründenden Merkmale eines besonderen Entstehungstatbestandes, zum anderen würde die Verjährung regelmäßig mit dem Ablauf des Kalenderjahres beginnen, in dem die Fehlmengen festgestellt worden sind. Ein für alle Verbrauchsteuern geltender Entstehungstatbestand könnte wie folgt lauten:

Werden bei einer vorgeschriebenen oder amtlich durchgeführten Bestandsaufnahme Fehlmengen an verbrauchsteuerpflichtigen Waren festgestellt, entsteht mit der Feststellung die Steuer, es sei denn, es wird glaubhaft gemacht, daß die Fehlmengen auf Umstände zurückzuführen sind, die eine Steuer nicht begründen. Für steuerbegünstigte Waren, bei denen die Steuerbegünstigung in einer Steuerermäßigung besteht, entsteht die Steuer in Höhe des ermäßigten Teils. Bei Feststellungen in einem Steuerlager, ist Steuerschuldner der Inhaber des Steuerlagers. Bei Feststellungen im Betrieb eines Verwenders, ist Steuerschuldner der Verwender.

2. Die Steuerschuldner

a) Steuerschuldnerschaft und Rechtsfähigkeit

Das deutsche Verbrauchsteuerrecht trifft keine Unterscheidung zwischen Personen, die eine Verbrauchsteuer schulden, und Personen, die eine Verbrauchsteuer lediglich zu entrichten haben, ohne selbst Steuerschuldner zu sein. Regelmäßig treffen Steuerschuld und Steuerzahlungspflicht in ein und derselben Person zusammen.[611] Steuerschuldner ist somit diejenige Person, der die Merkmale zugerechnet werden können, an die das Gesetz die Entstehung einer Steuer knüpft und gegen die sich der Anspruch des Staates auf Entrichtung der Verbrauchsteuer richtet. Als Steuerschuldner kommen grundsätzlich alle Personen in Betracht, die gemäß § 33 Abs.1 AO Träger von steuerrechtli-

[611] *Zapf/Siegert*, Das Biersteuergesetz, S. 67.

chen Rechten und Pflichten und damit Beteiligte an einem Steuerrechtsverhältnis sein können und denen aufgrund dieser Stellung eine steuerrechtliche Rechtsfähigkeit[612] zukommt. In erster Linie sind dies natürliche oder juristische Personen. Daneben können jedoch auch nicht rechtsfähige Personenvereinigungen wie Gesellschaften des bürgerlichen Rechts, nichtrechtsfähige Vereine, Anstalten und Stiftungen, offene Handelsgesellschaften oder Kommanditgesellschaften Verbrauchsteuerschuldner sein.[613] Im Branntweinsteuerrecht kommt dies insbesondere in § 25 Abs.1 BranntwMonG zum Ausdruck, nach dem landwirtschaftliche Brennereien als Einzelbrennereien oder als Gemeinschaftsbrennereien betrieben werden können. Nach Hoppe und Heinricht[614] soll mit dieser Bestimmung klargestellt werden, daß jede Personenvereinigung eine Gemeinschaftsbrennerei betreiben kann.

Auch die neuen deutschen Verbrauchsteuergesetze schließen nicht rechtsfähige Personenvereinigungen oder Sonder- und Zweckvermögen nicht generell von der Steuerschuldnerschaft aus. Nach den gesetzlichen Bestimmungen kann grundsätzlich jeder Person eine Erlaubnis zum Betrieb eines Steuerlagers oder eine Zulassung als berechtigter Empfänger oder Beauftragter erteilt werden. Der Begriff „Person“ wird in den entsprechenden Vorschriften nicht näher definiert. Lediglich in § 5 Abs.5 TabStV wird der Inhaber des Tabakwarenherstellungsbetriebes als natürliche oder juristische Person bezeichnet, die selbst oder durch von ihr abhängiges Personal die unmittelbare Herrschaftsgewalt in der Betriebstätte ausübt und die Betriebsvorgänge steuert. Mit dieser Begriffsbestimmung wollte der Gesetzgeber jedoch den Berechtigtenkreis nicht auf rechtsfähige Personen oder Personenvereinigungen beschränken. Die Vorschrift entspricht in ihrem Wortlaut § 3 Abs.5 TabStDV a.F., mit dem 1980 erstmals eine Definition des Herstellers in das Tabaksteuerrecht eingeführt worden ist. Nach Caspers und Dittrich[615] sollte damit aus Gründen der Sicherung des Steueraufkommens eine Lücke geschlossen werden, da die fehlende Herstellerdefinition in der Praxis zu Schwierigkeiten geführt hatte. Das Ziel der Änderung lag jedoch nicht im Ausschluß von bestimmten Rechtsformen, sondern im Ausschluß von Personen, die als Hersteller auftraten, ohne jedoch persönlich oder durch von ihnen abhängiges Personal entscheidend in der Betriebstätte tätig zu sein.

---

[612] Vgl. zum Begriff der „steuerlichen Rechtsfähigkeit“ *Offerhaus*, in: *Hübschmann/Hepp/Spitaler*, Kommentar zur AO und FGO, § 33 Rdnr. 28; *Kruse*, in: *Tipke/Kruse*, Abgabenordnung, Finanzgerichtsordnung, § 33 Rdnr. 12; *Tipke/Lang*, Steuerrecht, S. 131f. und *Lang*, Systematisierung der Steuervergünstigungen, S. 46.

[613] *Schmidt*, Das Schaumweinsteuergesetz, S. 37; *Schröter*, Das Tabaksteuergesetz, S. 37; *Zapf/Siegert*, Das Biersteuergesetz, § 2 Anm. 12; *Peters*, Das Verbrauchsteuerrecht, Rdnr. 350 und *Förster*, Die Verbrauchsteuern, S. 75.

[614] Nach *Hoppe/Heinricht* (Kommentar zum Gesetz über das Branntweinmonopol, § 25 Anm.4) kann eine Gemeinschaftsbrennerei in der Rechtsform der Genossenschaft, der GmbH, der OHG und der Gesellschaft des bürgerlichen Rechts betrieben werden.

[615] *Caspers/Dittrich*, Das neue Tabaksteuerrecht, ZfZ 1980, S. 66,106.

Nichtrechtsfähigen Personen oder Personenvereinigungen wurde in der Vergangenheit lediglich in Einzelfällen die verbrauchsteuerrechtliche Anerkennung versagt. So wurden in der Rechtsform der Gesellschaft des bürgerlichen Rechts gegründete Zweckgemeinschaften nicht als begünstigte Verwender nach § 8 Abs.6 MinöStG a.F. oder als Vergütungsberechtigte nach § 1 ZuckStVO zugelassen. Begründet wurde die Ablehnung im Mineralölsteuerrecht mit dem entgegenstehenden Wortlaut des Mineralölsteuergesetzes, das nach Auffassung der Finanzverwaltung eine steuerliche Rechtsfähigkeit der BGB-Gesellschaft nicht vorsehen würde. Im Zuckersteuerrecht konnte eine als BGB-Gesellschaft ausgestaltete Zweckgemeinschaft zwischen dem Hersteller der zuckerhaltigen Ware und dem die Ware ausführenden Unternehmen keine Vergütungsberechtigung erlangen, da § 1 ZuckStVO die Vergütung von der Ausfuhr durch den Hersteller abhängig machte. Danach hätten alle Gesellschafter der BGB-Gesellschaft in ihrer gesamthänderischen Verbundenheit Inhaber des Herstellungsbetriebes sein müssen. Abgesehen von diesen Einzelfällen erkannte die Finanzverwaltung in ständiger Praxis Gesellschaften des bürgerlichen Rechts als Steuerschuldner an. In diesem Zusammenhang weist Schröter[616] ausdrücklich darauf hin, daß Inhaber eines Tabakwarenherstellungsbetriebes nach § 5 Abs.3 TabStG 1953 auch eine offene Handelsgesellschaft oder eine Gesellschaft des bürgerlichen Rechts sein könne. Nach Schmidt[617] kommen als Inhaber eines Schaumweinherstellungsbetriebes und damit als Steuerschuldner auch Vermögensmassen und Personenvereinigungen in Betracht, die wie eine Gesellschaft nach bürgerlichem Recht oder eine OHG oder KG als solche nicht rechtsfähig sind.

Von dieser Rechtslage ist auch nach der umfassenden Neugestaltung des Verbrauchsteuerrechts durch das Verbrauchsteuer-Binnenmarktgesetz auszugehen. Die Voraussetzungen für die Erteilung einer Erlaubnis zur Einrichtung eines Mineralölherstellungsbetriebes und die entsprechenden Formulierungen in den gesetzlichen Bestimmungen sind nicht verändert worden.[618] Nach wie vor bestimmt das Mineralölsteuerrecht, daß die Erlaubnis zum Betrieb eines Steuerlagers Personen erteilt wird, die ordnungsgemäß kaufmännische Bücher führen, rechtzeitig Jahresabschlüsse aufstellen und gegen deren steuerliche Zuverlässigkeit keine Bedenken bestehen. Der mineralölsteuerliche Erlaubnisvorbehalt diente als Vorbild für die Einführung einer wortgleichen Vorschrift auch im Bier-, Schaumwein- und Tabaksteuerrecht. Eine Einengung auf natürliche oder juristische Personen unter Ausschluß von nichtrechtsfähigen Personen ist in allen Verbrauchsteuergesetzen ausdrücklich nicht erfolgt. Auch aus Gründen der Sicherung des Steueraufkommens wäre es nicht sinnvoll, Gesellschaften mit beschränkter Haftung, bei denen den Gläubigern nach

---

616 *Schröter*, Das Tabaksteuergesetz, § 5 Anm. 5 unter Hinweis auf die Rechtsprechung des RFH.

617 *Schmidt*, Das Schaumweinsteuergesetz, S. 37.

618 § 3 Abs.4 MinöStG a.F. und § 6 Abs.2 MinöStG vom 21.12.1992.

§ 13 Abs.2 GmbHG nur das Gesellschaftsvermögen haftet, als Erlaubnisinhaber zu akzeptieren und offene Handelsgesellschaften, deren Gesellschafter nach § 128 HGB für die Verbindlichkeiten der Gesellschaft mit ihrem Privatvermögen persönlich einzustehen haben, von vornherein als Steuerschuldner auszuschließen. Darüber hinaus ist auch § 25 BranntwMonG, der Gemeinschaftsbrennereien in jeder Gesellschaftsform zuläßt, nicht geändert worden. Als Steuerrechtssubjekte sind danach sowohl natürliche und juristische Personen als auch nicht rechtsfähige Personenvereinigungen und Sonder- oder Zweckvermögen anzuerkennen. Im Gegensatz zu den Regelungen in anderen Steuergesetzen, wie z.B. in § 1 Nr.5 KStG, § 2 Abs.3 GewStG oder § 2 Abs.1 UStG oder in den neu gefaßten österreichischen Verbrauchsteuergesetzen[619], findet diese Rechtslage jedoch keine ausreichende Stütze in den gesetzlichen Bestimmungen. Daher sollte auch im deutschen Verbrauchsteuerrecht durch die Aufnahme des Begriffes „Personenvereinigungen" neben dem Begriff der „Personen" in den die Berechtigungen regelnden Vorschriften ausdrücklich klargestellt werden, daß die zur Teilnahme am Steueraussetzungsverfahren berechtigten Erlaubnis[620]- oder Zulassungsinhaber[621] sowohl natürliche oder juristische Personen als auch nichtrechtsfähige Personen oder Personenvereinigungen sein können.

b) Die Steurlagerinhaber

Inhaber eines Steuerlagers kann nach den gesetzlichen Bestimmungen sowohl der Inhaber eines Herstellungsbetriebes als auch der Inhaber eines Warenlagers sein, in dem verbrauchsteuerpflichtige Waren lediglich gelagert und den üblichen Lagerbehandlungen unterworfen werden. Der Begriff „Inhaber des Steuerlagers" wird allerdings nicht näher definiert, so daß die von der Rechtsprechung zum Begriff „Inhaber des Herstellungsbetriebes" aufgeworfenen Auslegungsfragen weiterhin bestehen. Nach der Rechtspre-

---

[619] Nach § 32 Abs.2 Mineralölsteuergesetz 1995, § 14 Abs.2 Schaumweinsteuergesetz 1995 und § 17 Abs.2 Biersteuergesetz 1995 können Bewilligungen zum Bezug von unversteuerten Waren sowohl Personen als auch Personenvereinigungen erteilt werden. Gemäß § 11 Abs.3 Alkohol- Steuer und Monopolgesetz 1995 und § 14 Abs.8 Tabaksteuergesetz 1995 gelten als Inhaber eines Alkoholverwenderbetriebes oder als Inhaber eines Tabakwarenherstellungsbetriebes die Personen oder Personenvereinigungen, auf deren Namen oder Firma die Bewilligung lautet.

[620] Vgl. zur Verwendererlaubnis § 7 Abs.1 TabStG, § 10 Abs.2 BierStG, § 139 Abs.1 BranntwMonG und § 12 MinöStG sowie zur Steuerlagererlaubnis §§ 9 Abs.2, 10 TabStG, § 5 Abs.2 BierStG, § 135 Abs.2 BranntwMonG, § 5 Abs.2 SchaumwZwStG und §§ 6 Abs.2, 7 Abs.2 MinöStG.

[621] Vgl. zur Zulassung als berechtigter Empfänger § 16 Abs.3 TabStG, § 12 Abs.3 BierStG, § 141 Abs.3 BranntwMonG, § 11 Abs.3 SchaumwZwStG und § 15 Abs.3 MinöStG.

chung des BFH[622] läßt der Begriff „Inhaber des Herstellungsbetriebes" mehrere Interpretationsmöglichkeiten zu. Mit ihm könnte derjenige gemeint sein, der selbst oder durch von ihm abhängiges Personal in einem von ihm beherrschten räumlichen Bereich den Vorgang steuert, durch den eine verbrauchsteuerpflichtige Ware entsteht. Allerdings hält es der BFH auch für denkbar, daß der Gesetzgeber als Inhaber des Herstellungsbetriebes denjenigen bestimmen wollte, in dessen Auftrag, nach dessen Weisung oder auf dessen Rechnung und Risiko der Herstellungsvorgang abläuft.

Auch durch die Neufassung der Verbrauchsteuergesetze sind diese Auslegungsschwierigkeiten nicht vollständig beseitigt worden. Entscheidende Bedeutung wird man dem Kriterium der Betriebsnähe beimessen müssen. Aus Gründen der Rechtssicherheit erfordert die sachgerechte Zuordnung der Steuerschuldnerschaft Kriterien, die mit den Mitteln der Steueraufsicht leicht nachvollziehbar sind. Dies verbietet es, Personen verbrauchsteuerrechtlich als Inhaber von Herstellungsbetrieben anzuerkennen, die lediglich Aufträge oder Weisungen erteilen, ohne die betrieblichen Vorgänge selbst zu steuern und vor Ort tätig zu sein. Auch nach dem Willen des Gesetzgebers wird man nur diejenigen Personen und Personenvereinigungen als Inhaber eines Steuerlagers ansehen können, die die unmittelbare tatsächliche Herrschaftsgewalt über die das Steuerlager bildende räumliche Einheit ausüben und die selbständig entweder eigenhändig oder mit weisungsgebundenem Personal verbrauchsteuerpflichtige Waren lagern oder herstellen.[623] Nicht ausschlaggebend sind dabei die Eigentumsverhältnisse. Entscheidend ist vielmehr die wirtschaftliche Stellung durch die der im Betrieb tätige Steuerschuldner einen herrschenden Einfluß auf das Unternehmen ausübt und dessen Geschicke lenkt.

Bei gesellschaftsrechtlichen Beteiligungsverhältnissen und wirtschaftlichen Verflechtungen ist darauf abzustellen, ob der Einfluß eines Beteiligten so stark ist, daß er die wirtschaftliche Handlungsfreiheit der anderen Beteiligten in einem Maße einschränkt, daß er durch seine Stellung ein organisatorisches Abhängigkeitsverhältnis begründet. Danach ist Inhaber des Steuerlagers bei Pacht- und Nießbrauchverhältnissen der Pächter[624] oder Nießbraucher[625] und bei Werk- oder Werklieferungsverträgen der Werkunternehmer.[626] Werden verbrauchsteuerpflichtige Waren im Lohn hergestellt, ist grundsätzlich der herstellende Auftragnehmer Steuerschuldner.[627] In Abweichung von der bis-

[622] Beschluß des BFH vom 21.2.1979 VII B 28/78 zu § 3 Abs.2 MinöStG a.F., ZfZ 1979, S. 209f.

[623] *Peters*, Das Verbrauchsteuerrecht, Rdnr. 351; Förster, Die Verbrauchsteuern, S. 75.

[624] *Schröter*, Das Tabaksteuerrecht, S. 27.

[625] *Koppe/Lubcke*, Kommentar zum Biersteuergesetz, S. 37.

[626] *Peters*, Das Verbrauchsteuerrecht, Rdnr. 352.

[627] *Schmidt*, Das Schaumweinsteuergesetz, S. 36 und *Schröter*, Das Tabaksteuergesetz, S. 27.

herigen Rechtslage, nach der nicht der Lohnbrauer, sondern derjenige, auf dessen Rechnung die Braustoffe beschafft wurden, biersteuerrechtlich als Steuerschuldner angesehen wurde[628], gilt dieser Grundsatz auch für das neue Biersteuerrecht, da die Formulierung in § 2 Abs.1 BierStG a.F. an den Wortlaut der anderen Verbrauchsteuergesetze angepaßt worden ist.[629] Auch die durch das Änderungsgesetz vom 21.12.1938 in § 2 Abs.2 BierStG a.F. eingefügte Bestimmung, nach der der Inhaber einer Brauerei auch für das eingebrachte fremde Bier Steuerschuldner ist[630], wurde durch die Neufassung des Biersteuergesetzes als überflüssig erachtete und daher gestrichen.

Die Steuerschuldnerschaft des Steuerlagerinhabers beschränkt sich jedoch nicht nur auf die Fälle, in denen er unversteuerte Waren aus seinem Steuerlager in den freien Verkehr entnimmt. Vielmehr treffen ihn auch die steuerlichen Folgen, wenn die von ihm unter Steueraussetzung in ein anderes Steuerlager im Steuergebiet oder in einen anderen Mitgliedstaat versandten Waren dem Steuerversandverfahren entzogen werden. Dies gilt auch für die Fälle, in denen er die unter Steueraussetzung stehenden Waren selbst aus einem anderen Mitgliedstaat in den Geltungsbereich der Verbrauchsteuergesetze verbringt. In ihrer Ausgestaltung und ihren steuerlichen Konsequenzen kommen die neuen Steuerentstehungstatbestände bei Unregelmäßigkeiten im Verkehr unter Steueraussetzung einer steuerlichen Gefährdungshaftung gleich. Als Verfahrensinhaber hat der Steuerlagerinhaber für das Schicksal der Waren einzustehen, unabhängig davon, ob er den Übertritt der Waren in den freien Verkehr selbst gesteuert und bewirkt hat, oder ob die Waren ohne sein Wissen oder sogar gegen seinen Willen in den freien Inlandsverkehr gelangt sind. Eine Ausnahme besteht jedoch bei den sog. Selbstabholerfällen im Steuergebiet, bei denen die Gefahr auf den Beförderer übergeht, sobald dieser Besitz an den Waren erlangt hat, und bei der Übernahme von verbrauchsteuerpflichtigen Waren durch die Eisenbahn- oder Postverwaltung oder durch ein Luftfahrtunternehmen, sofern die Waren zur Ausfuhr aus dem Gebiet der Gemeinschaft bestimmt sind.[631]

---

[628] *Zapf/Siegert*, Das Biersteuergesetz, S. 68.

[629] *Schröer-Schallenberg*, Das neue Biersteuerrecht, ZfZ 1994, S. 290,292.

[630] Nach *Koppe/Lubcke* (Kommentar zum Biersteuergesetz, S. 37) erfaßte die ursprüngliche Fassung nicht das in die Brauerei eingebrachte fremde Bier. Die Biersteuerpraxis war jedoch eine andere, so daß die 1938 vorgenommene Ergänzung nur eine Ungenauigkeit des Gesetzes beseitigte, ohne eine rechtliche Änderung herbeizuführen.

[631] § 21 Abs.2 TabStV, § 25 Abs.3 BierStV, § 43 Abs.3 BrStV, § 29 Abs.3 SchaumwZwStV und § 36 Abs.3 MinöStV.

c) Die berechtigten Empfänger

Der ursprüngliche Entwurf der Systemrichtlinie vom 7.11.1990 beschränkte die Teilnahme am Verkehr mit unversteuerten verbrauchsteuerpflichtigen Waren ausschließlich auf Steuerlagerinhaber. Das starre Steuerlagerverbundsystem wurde jedoch von der Mehrzahl der Mitgliedstaaten als eine Behinderung des freien Warenverkehrs empfunden und daher abgelehnt. Daraufhin entwickelte die Ad-hoc-Arbeitsgruppe „Beseitigung der Steuergrenzen" neue Lösungsansätze, die den Bezug von unversteuerten Waren zu gewerblichen Zwecken auch durch Personen vorsah, die über keine Steuerlager verfügen. Das Ergebnis der Beratungen wurde dem Rat der Wirtschafts- und Finanzminister am 17.12.1990 vorgelegt. In den Schlußfolgerungen brachte der Rat zum Ausdruck, daß im Rahmen der neuen Verbrauchsteuerregelungen auch „nicht zugelassene Marktteilnehmer" die Möglichkeit erhalten sollten, unversteuerte Waren von zugelassenen Marktteilnehmern anderer Mitgliedstaaten regelmäßig oder nur gelegentlich zu beziehen. Allerdings sollte die Steuer mit dem Empfang der Ware entstehen, so daß eine Lagerung oder ein weiterer Versand unter Steueraussetzung ausgeschlossen wurde.

Auf der Grundlage der Schlußfolgerungen vom 17.12.1990 erstellte die Kommission einen neuen Richtlinienvorschlag, dessen Änderungen gegenüber dem ursprünglichen Text vom Ausschuß für Wirtschaft, Währung und Industriepolitik als eigene Änderungsanträge übernommen und als Stellungnahme des Europäischen Parlamentes am 12.6.1991 verabschiedet wurden. Als unerwartet schwierig erwies sich die Benennung des neuen Steuerschuldners. In den Schlußfolgerungen des Rates wird er als „nicht zugelassener Marktteilnehmer" bezeichnet. Das Europäische Parlament[632] wählte den irreführenden Begriff „nicht zugelassener berufsmäßiger Lagerinhaber", während die Kommission die Bezeichnung „gewerblicher Empfänger" bevorzugte. Schließlich sprach sich die deutsche Delegation in der Sitzung der Sprachjuristen für die von Knudsen[633] zu Recht als etwas umständlich empfundene Bezeichnung „registrierter und nicht registrierter Wirtschaftsbeteiligter" aus, um sowohl Gewerbetreibende als auch freiberuflich Tätige zu erfassen.[634]

Die Verbrauchsteuergesetze unterscheiden zwischen berechtigten Empfängern, die mit einer gewissen Regelmäßigkeit verbrauchsteuerpflichtige Waren zu gewerblichen Zwecken aus anderen Mitgliedstaaten beziehen, und berech-

---

[632] In der Begründung zum Bericht des Ausschusses für Wirtschaft, Währung und Industriepolitik wird ausgeführt: „Diese registrierten oder nicht registrierten Lagerinhaber sind wahrscheinlich große oder kleine Geschäfte, die möglicherweise wünschen, Waren direkt von einem anderen Mitgliedstaat zu kaufen, ohne dabei ein amtlich zugelassenes Lager in ihrem Land einzuschalten."

[633] *Knudsen/Schwitalla*, Harmonisierung der Verbrauchsteuern, ZfZ 1992, S. 220,221.

[634] *Jatzke*, Das neue Verbrauchsteuerrecht im EG-Binnenmarkt, BB 1993, S. 41,47.

tigten Empfängern, die nur im Einzelfall, d.h. gelegentlich am innergemeinschaftlichen Verkehr mit unversteuerten Waren teilnehmen. Diese Unterscheidung entspricht den EG-rechtlichen Vorgaben in Art.16 RL 92/12/EWG, der für den regelmäßigen Bezug eine Registrierungspflicht und für den Einzelbezug lediglich die Abgabe einer Erklärung vorsieht. Entgegen der Annahme von Stobbe[635] wird der durch die Registrierung den Steuerbehörden des Bestimmungslandes bekannte Wirtschaftsbeteiligte in seinen steuerlichen Pflichten nicht günstiger gestellt als der nicht registrierte Wirtschaftsbeteiligte. Beide Empfänger haben eine Erklärungspflicht gegenüber den Steuerbehörden, steuerliche Überwachungsmaßnahmen zu dulden und für die empfangenen Waren Sicherheit zu leisten. Entgegen der Differenzierung in Art.16 RL 92/12/EWG setzt nach den deutschen Bestimmungen sowohl der Einzelbezug als auch der regelmäßige Bezug von unversteuerten Waren eine antragsgebundene Zulassung voraus. Nach Knudsen[636] steht der registrierte Wirtschaftsbeteiligte als Dauerempfänger einem Steuerlagerinhaber gleich und hat in diesem Rahmen die gleichen steuerlichen Verpflichtungen; dagegen ist der nicht registrierte Wirtschaftsbeteiligte als gelegentlicher Warenempfänger einzustufen, der jedoch vor dem Bezug der Ware jede einzelne Sendung vor ihrer Auslieferung den zuständigen Behörden anmelden muß. Der einzige Unterschied besteht demnach im konkreten Inhalt der steuerlichen Berechtigung. Während sich die Zulassung für den gelegentlichen Bezug nur auf eine einzelne Sendung bezieht, erstreckt sich die Zulassung in den anderen Fällen auf eine unbestimmte Anzahl von Warenlieferungen und entfaltet damit Dauerwirkung.

Als berechtigte Empfänger kommen grundsätzlich alle Personen in Betracht, die gewerblich tätig sind oder einen freien Beruf ausüben. Die Zulassung kann grundsätzlich auch nichtrechtsfähigen Personen oder Personenvereinigungen erteilt werden. Insoweit gelten die für Steuerlagerinhaber aufgestellten Grundsätze. Über den Wortlaut von Art.16 RL 92/12/EWG hinaus hat der Gesetzgeber auch Einrichtungen des öffentlichen Rechts in den Kreis der berechtigten Empfänger mit einbezogen. Zu diesem Zweck ist der Bezug durch eine Einrichtung des öffentlichen Rechts dem Bezug zu gewerblichen Zwecken gleichgesetzt worden. Mit dieser Bestimmung wurde eine Regelungslücke in der Systemrichtlinie geschlossen, die öffentlich-rechtlichen Einrichtungen lediglich den Bezug von Waren des freien Verkehrs ermöglicht.

Aufgrund der Einbindung in das öffentliche Recht und der damit verbundenen staatlichen Aufsicht konnte auf die besonderen Zulassungsvoraussetzun-

---

[635] *Stobbe*, Die Harmonisierung der besonderen Verbrauchsteuern in der Europäischen Gemeinschaft (Teil 2), ZfZ 1993, S. 194,198.

[636] *Knudsen/Schwitalla*, Harmonisierung der Verbrauchsteuern, ZfZ 1992, S. 220,221.

gen, wie die Sicherheitsleistung, verzichtet werden.[637] Der Begriff „Einrichtung des öffentlichen Rechts“ wurde in Anlehnung an die „öffentlich-rechtliche Einrichtung“ in Art.7 Abs.2 RL 92/12/EWG in das deutsche Verbrauchsteuerrecht übernommen. Im Gegensatz zum Verwaltungsrecht, nach dem zu den öffentlichen Einrichtungen insbesondere die in der kommunalen Leistungsverwaltung gebräuchliche Organisationsform der nichtrechtsfähigen öffentlichen Anstalt zählt, umfaßt der verbrauchsteuerrechtliche Begriff der Einrichtung des öffentlichen Rechts sowohl juristische Personen[638] als auch teilrechtsfähige Anstalten und nichtrechtsfähige Stiftungen, Körperschaften und Anstalten des öffentlichen Rechts. Mit dieser flexiblen Regelung wird z.B. kommunalen Eigenbetrieben oder Hochschulinstituten, die in der Form einer nichtrechtsfähigen Anstalt betrieben werden, die Möglichkeit eröffnet, unversteuerte Waren aus anderen Mitgliedstaaten zu beziehen.

Nach dem Willen des Gesetzgebers sollen grundsätzlich alle Personen und Personenvereinigungen als berechtigte Empfänger am Steueraussetzungsverfahren teilnehmen können, die ein berechtigtes Interesse am Bezug von unversteuerten Waren haben. Dieser Intention entspricht auch die Einbeziehung von Spediteuren in den Kreis der Zulassungsberechtigten. Nach Zeitler[639] rechtfertigt sich diese Handhabung aus dem praktischen Bedürfnis der Wirtschaft, im innergemeinschaftlichen Handel wie bisher Streckengeschäfte abwickeln zu können. Der gewerbliche Zweck des Bezuges von verbrauchsteuerpflichtigen Waren aus anderen Mitgliedstaaten liegt in diesen Fällen nicht im Handel mit diesen Erzeugnisssen, sondern in der Erfüllung eines Dienstleistungs- oder Werkvertrages gegenüber dem jeweiligen Auftraggeber. Durch die Vertriebsform des Streckengeschäftes unter Einschaltung von Spediteuren soll erreicht werden, daß die einzelnen Lieferbeziehungen innerhalb der Zwischenhändlerkette verdeckt bleiben und getrennt abgewickelt werden können.[640] Zudem ermöglicht das Verfahren, die Beförderungs- und Lagerkosten so gering wie möglich zu halten.

d) Die Beauftragten

Das EG-Verbrauchsteuerrecht sieht die Einschaltung eines Beauftragten im innergemeinschaftlichen Verkehr mit verbrauchsteuerpflichtigen Waren bei der Belieferung von gewerblichen Empfängern, die über keine Steuerlager verfügen, und bei der Belieferung von Privatpersonen im Versandhandel vor.

---

[637] Begründungen zu § 12 BierStG und § 141 BranntwMonG, BT-Drs. 12/3432, S. 75 und 80.

[638] Z.B. Bund, Länder, Gemeinden, Zweckverbände des öffentlichen Rechts, Religionsgesellschaften, Innungen und öffentlich-rechtliche Genossenschaften.

[639] *Zeitler*, ZfZ 1993, S. 338,341.

[640] *Columbus*, ZfZ 1982, S. 262,263.

Die Regelungen in Art.17 RL 92/12/EWG gehen auf die Schlußfolgerungen des ECOFIN-Rates vom 17.12.1990 zurück, in denen festgelegt wurde, daß die im Bestimmungsland geschuldete Verbrauchsteuer auch von einem in diesem Staat niedergelassenen und vom Versender benannten Steuervertreter gezahlt werden kann.[641] Insbesondere Frankreich hatte sich nach dem Vorbild von Artikel 289 A des Code General des Impots, nach dem im Ausland ansässige Steuerpflichtige in Frankreich zur Bestellung eines Steuervertreters verpflichtet sind, für die Aufnahme einer entsprechenden Regelung in die Systemrichtlinie ausgesprochen. Unter Berücksichtigung der vom ECOFIN-Rat getroffenen Grundsatzentscheidung schlug das Europäische Parlament auf Anregung eines Berichtes des Ausschusses für Wirtschaft, Währung und Industriepolitik in seiner Stellungnahme vom 12.6.1991 eine Ergänzung der Systemrichtlinie und die Zulassung eines vom Lagerinhaber zu benennenden steuerlichen Vertreters vor.[642] Daraufhin änderte die Kommission ihren Richtlinienvorschlag und übernahm die vom Europäischen Parlament angeregten Ergänzungen des allgemeinen Verbrauchsteuersystems. Es ist bedauerlich, daß der ursprüngliche Begriff „steuerlicher Vertreter", der dem in der französischen Originalfassung verwendeten Begriff „representant fiscaux" besser entspricht, im deutschen Richtlinientext nicht beibehalten, sondern durch den irreführenden Ausdruck „steuerlicher Beauftragter" ersetzt worden ist.

Die Figur des Beauftragten hat kein Vorbild im deutschen Verbrauchsteuerrecht. Insbesondere entspricht sie nicht dem Beauftragten in § 44 Abs.1 BranntwMonG oder in § 214 AO, der als Angehöriger eines Betriebes oder Unternehmens mit Zustimmung der Finanzverwaltung mit der Wahrnehmung von steuerlichen Pflichten beauftragt werden kann, die eigentlich dem Betriebsinhaber obliegen. Der wirtschaftliche Nutzen und die Zweckmäßigkeit der Einschaltung eines Beauftragten bei der Belieferung von berechtigten Empfängern erschließen sich weder aus den Richtlinienbestimmungen noch aus den nationalen Vorschriften. Grundsätzlich ist davon auszugehen, daß der berechtigte Empfänger mit dem Empfang der Ware Steuerschuldner wird. Sofern kein Beauftragter für ihn tätig wird, hat er neben anderen steuerlichen Pflichten Sicherheit zu leisten, ein Belegheft sowie Aufzeichnungen über die in seinen Betrieb aufgenommenen Erzeugnisse zu führen, Steueranmeldungen abzugeben und die Steuern zu entrichten. Die Zulassung eines Beauftragten erfolgt lediglich auf Antrag des ausländischen Steuerlagerinhabers, so daß der berechtigte Empfänger keinen Einfluß auf die Person hat, die neben ihm Steuerschuldner wird und für die unter Steueraussetzung bezogenen Waren Si-

---

[641] Ziff. I Nr.5 der Schlußfolgerungen des Rates vom 17.12.1990 zur neuen Verbrauchsteuerregelung, FISC 134, 10973/90 vom 18.12.1990.

[642] Vgl. Legislative Entschließung des Europäischen Parlaments zum Vorschlag für eine Richtlinie KOM (90) 431 vom 12.6.1991, ABl. EG Nr. C 183 vom 15.7.1991, S. 122,127.

cherheit leistet. In der Regel besteht zwischen dem Beauftragten und dem berechtigten Empfänger auch kein Vertragsverhältnis.

Nach Schröer-Schallenberg[643] entfaltet die Zulassung als Beauftragter doppelte Wirkung. Zum einen übernimmt der Beauftragte Aufgaben und Pflichten gegenüber dem Steuerlagerinhaber in dessen Auftrag er tätig wird, zugleich treffen ihn jedoch auch eigene Pflichten, indem er zum Steuerschuldner wird, Steueranmeldungen abgeben und Bücher führen muß. Im Rahmen eines Auftragverhältnisses wird der im Steuergebiet ansässige Beauftragte für einen ausländischen Unternehmer tätig, der als versendender Steuerlagerinhaber selbst nicht Steuerschuldner wird. Die gesetzliche Regelung läßt offen, auf wen der Beauftragte die eigentlich für den berechtigten Empfänger entrichtete Steuer abwälzt. Obwohl die Verbrauchsteuergesetze keine Gesamtschuldnerschaft anordnen, läßt die Zahlung der Steuer durch den Beauftragten nach §§ 47 und 48 Abs.1 AO die Steuerschuld auch gegenüber dem berechtigten Empfänger erlöschen. Zur Vermeidung von Überzahlungen ist daher eine Unterrichtung des berechtigten Empfängers über die Bestellung eines Beauftragten und eine Mitteilung über eine Freistellung von der Sicherheitsleistung erforderlich. Da der berechtigte Empfänger gegenüber dem Beauftragten weder gesetzlich noch vertraglich zur Erstattung der von diesem gezahlten Steuer verpflichtet ist, kann der Beauftragte die entrichtete Verbrauchsteuer nur auf den Steuerlagerinhaber abwälzen, auf dessen Antrag er im Steuergebiet zugelassen und tätig geworden ist. Die Bestellung eines Beauftragten wird daher nur in den Fällen in Betracht kommen, in denen es der Steuerlagerinhaber für zweckmäßig erachtet, den berechtigten Empfänger von der Pflicht zur Sicherheitsleistung und von den mit der Steuererhebung verbundenen Formalitäten und finanziellen Belastungen freizustellen.

Die Praxis hat gezeigt, daß ausländische Unternehmer von der Möglichkeit der Bestellung eines Beauftragten fast keinen Gebrauch machen, da sie die damit verbundenen Kosten scheuen und kein echtes wirtschaftliches Bedürfnis besteht, den berechtigten Empfänger von der Pflicht zur Zahlung der mit dem Empfang entstandenen Steuer zu entlasten. Auch vom Speditionsgewerbe, dem die Einführung des Beauftragten ein neues Betätigungsfeld eröffnen sollte, ist die Figur des Beauftragten nicht angenommen worden.[644] Da für die Spediteure die Möglichkeit besteht, selbst als berechtigte Empfänger aufzutreten und die aus anderen Mitgliedstaaten gelieferten Waren zu versteuern, ohne auf einen Zulassungsantrag durch einen ausländischen Steuerlagerinhaber angewiesen zu sein, besteht für sie kein wirtschaftliches Interesse an einer Zulassung als Beauftragter. Der Umstand, daß 1995 im gesamten Bundesge-

---

[643] *Schröer-Schallenberg*, Die Auswirkungen der Verbrauchsteuerharmonisierung, ZfZ 1993, S. 300,306.

[644] In der Zentralen Datenbank für die Betriebsprüfungsdienste (Datei-Prüf) waren 1995 im gesamten Bundesgebiet lediglich 23 Beauftragte erfaßt. Im Vergleich dazu lag die Anzahl der zugelassenen berechtigten Empfänger bei 6878.

biet für die Belieferung von Privatpersonen im Versandhandel und von berechtigten Empfängern lediglich 23 Beauftragte zugelassen waren, belegt, daß sich die Figur des Beauftragten in der Praxis nicht bewährt hat.

IX. Doppelbesteuerung durch mehrfache Steuerentstehung

1. Rechtliche Ausgangslage

Sofern die tatbestandlichen Voraussetzungen erfüllt sind, an die das Verbrauchsteuerrecht die Entstehung der Steuer knüpft, kann nach der herrschenden Meinung in der finanzwissenschaftlichen Literatur[645] und in der Rechtsprechung[646] eine Steuer für ein und dasselbe Erzeugnis beliebig oft entstehen. Das deutsche Verbrauchsteuerrecht nimmt damit die Möglichkeit einer Doppelbesteuerung bewußt in Kauf. Im Gegensatz zu den Regelungen in anderen Staaten und zu den Regelungen über die Verbrauchsabgaben in der ehemaligen DDR ist der Grundsatz der einmaligen steuerlichen Belastung einer verbrauchsteuerpflichtigen Ware nicht einschränkend in die Verbrauchsteuergesetze aufgenommen worden. Begründet wird diese restriktive Haltung mit der Sicherung der Steueraufsicht und der Vermeidung von Mißbräuchen.[647] So ordnete § 36 Abs.2 MinöStDV a.F. zur Sicherung der Steuerbelange selbst für bereits versteuerte Mineralöle die Entstehung einer (neuen) bedingten Steuer mit der Aufnahme in ein Steuerlager an. Mit der Bestimmung sollte den Bedenken des Gesetzgebers Rechnung getragen werden, daß ein Steuerlager steuertechnisch nur schwer und umständlich sowie unter Inkaufnahme erheblicher Unsicherheiten zu handhaben wäre, wenn dabei zwischen versteuert und unversteuert eingelagerten Mineralölen unterschieden werden müßte.[648]

Der BFH billigte die Doppelbesteuerung nach § 36 Abs.2 MinöStDV a.F. mit den Argumenten, daß sie der Rechtssicherheit diene, die ebenso wie das Prinzip der Gerechtigkeit wesentlicher Bestandteil des Rechtsstaatsprinzips sei und dem sogar gegenüber dem Prinzip der Gerechtigkeit vom Gesetzgeber der

---

645 *Winkler*, Steuerschuldrechtliche Behandlung bereits versteuerter verbrauchsteuerpflichtiger Waren bei Entfernung aus einem Herstellungsbetrieb, ZfZ 1973, S. 301,304; *Schädel/Langer/Gotterbarm*, Mineralölsteuer, Mineralölzoll, § 3 Rdnr. 6; *Goetzeler*, Das deutsche Tabaksteuerrecht, S. 45, Fn.2; *Caspers/Dittrich*, Das neue Tabaksteuerrecht, ZfZ 1980, S. 66,205; *Schmidt*, Das Schaumweinsteuergesetz, S. 46; *Zapf/Siegert*, Das Biersteuergesetz, § 8 Anm. 1.

646 BFHE 93, 114 (116); 119, 84 (89); 129, 433 (438) sowie RFHE 13, 163 (165); 48, 236 (238 m.w.N.) Danach ist auf dem Gebiet der Verbrauchsteuern die mehrmalige Besteuerung desselben Erzeugnisses grundsätzlich zulässig und geboten, so oft der Tatbestand, an den das Gesetz die Steuerschuld knüpft, verwiklicht wird.

647 *Schädel/Langer/Gotterbarm*, Mineralölsteuer, Mineralölzoll, § 3 Rdnr. 6.

648 Urteil des BFH vom 14.2.1989 VII R 189/85, BFH/NV 1989, 551.

Vorrang eingeräumt werden könne.[649] Schädel/Langer/Gotterbarm[650] verteidigen die nach dem deutschen Verbrauchsteuerrecht eröffnete Möglichkeit der Doppelbesteuerung mit dem Argument, daß im Verbrauchsteuerrecht kein allgemeiner Grundsatz bestünde, der die mehrfache Entstehung von Steueransprüchen ausschließen würde.

Auch das neue Verbrauchsteuerrecht eröffnet die Möglichkeit zur mehrfachen steuerlichen Belastung von ein und derselben verbrauchsteuerpflichtigen Ware. Mit der Entfernung aus einem Steuerlager entsteht die Steuer ohne Rücksicht darauf, ob es sich dabei um eine im Steuerlager hergestellte Ware oder aber um eine in den Betrieb aufgenommene Fremdware handelt und ob die Ware bereits versteuert ist oder erstmals in den freien Verkehr gelangt. Nach dem in allen Verbrauchsteuergesetzen gleichlautenden allgemeinen Steuerentstehungstatbestand wird auch eine bereits versteuerte Ware mit der Entfernung aus dem Steuerlager erneut der Besteuerung unterworfen. Es ist fraglich, ob diese Besteuerungspraxis mit den Wesensmerkmalen einer Verbrauchsteuer und mit den Grundsätzen der Verbrauchsbesteuerung vereinbar ist. In der finanzwissenschaftlichen Literatur und selbst in der Finanzrechtsprechung ist es seit langem anerkannt, daß die mehrfache Besteuerung in bestimmten Fällen zu Härten führen kann, die als vom Gesetzgeber nicht beabsichtigt angesehen werden müssen. Die in diesem Zusammenhang vorgeschlagene Beseitigung der als systemwidrig empfundenen steuerlichen Folgen durch die Gewährung von Billigkeitserweisen oder durch eine einschränkende Interpretation der Entstehungstatbestände vermag jedoch keine zufriedenstellende Korrektur der bestehenden Rechtslage herbeizuführen. Es ist daher erforderlich neue Lösungsansätze zu entwickeln, die eine Doppelbesteuerung vermeiden und damit den Grundsätzen der Verbrauchsbesteuerung besser Rechnung tragen.

2. Kritik am Grundsatz der Doppelbesteuerung

Im Gegensatz zu den anderen Entscheidungen, die sich mit der rechtlichen Zulässigkeit einer mehrfachen Steuerentstehung befassen und diese bestätigen, hat der BFH in einem Urteil über die Auslegung von § 3 LeuchtmStG die Ansicht vertreten, daß eine Doppelbesteuerung mit dem eigentlichen Wesen einer Verbrauchsteuer unvereinbar sei. Aufgrund einer fehlenden Regelung über die steuerliche Behandlung von bereits versteuert bezogenen Leuchtmitteln beim Ausgang aus dem beziehenden Betrieb kommt der BFH zu dem Schluß, daß die Leuchtmittelsteuer für die gleiche Ware grundsätzlich nur einmal entrichtet werden soll. Dem allgemeinen Entstehungstatbestand der Entfernung aus dem Herstellungsbetrieb sei nicht zu entnehmen, daß bereits

---

[649] BFHE 93, 114 (116).

[650] *Schädel/Langer/Gotterbarm*, Mineralölsteuer, Mineralölzoll, § 3 Rdnr. 6.

versteuerte Waren, die in einen fremden Herstellungsbetrieb gelangten, beim Wiederausgang noch einmal besteuert werden müßten. Das Urteil ist insbesondere von Winkler[651] heftig kritisiert worden. Unter Hinweis auf die 1971 geänderte Fassung des § 5 Abs.1 TabStG a.F.[652] weist er nach, daß der Gesetzgeber an eine Abkehr von dem Grundsatz, daß mit jeder Entfernung bereits versteuerter Ware aus einem Herstellungsbetrieb eine neue Steuerschuld entsteht, nicht gedacht hat. Allerdings hält auch Winkler eine doppelte Besteuerung mit dem Wesen einer Verbrauchsteuer für nicht vereinbar und damit für grundsätzlich unerwünscht. Daher sei zur Vermeidung von Härten, die sich aus der zweimaligen Versteuerung ergeben könnten, zumindest die Möglichkeit eines Billigkeitserweises erforderlich. Auch Schädel/Langer/Gotterbarm[653] halten unter bestimmten Voraussetzungen eine Milderung von Härtefällen, die sich als Folge der mehrfachen Entstehung von Steueransprüchen ergeben könnten, durch Billigkeitserlasse für gerechtfertigt. Der gleichen Ansicht ist Schmidt[654], der zum Ausgleich einer eingetretenen Doppelbesteuerung ebenfalls auf den Billigkeitsweg verweist.

In einem Beschluß vom 13.12.1994 hat das BVerfG[655] in der Versagung eines Billigkeitserweises sogar einen Verstoß gegen Art.3 Abs.1 GG festgestellt. In diesem Fall hatte ein Mineralölhändler den Steuertatbestand des § 15 Abs.1 MinöStDV a.F. dadurch erfüllt, daß er Kerosin in einen Tank gelöscht hatte, der nicht als Steuerlager seines Abnehmers zugelassen war. Später wurde das Mineralöl in einen zum Steuerlager seines Kunden gehörenden Tank umgepumpt und dort mit anderem Gasöl vermischt. Durch die Entnahme des Mineralöls entstand dann nach § 36 Abs.8 MinöStDV a.F. erneut eine Steuer, die vom Steuerlagerinhaber auch entrichtet worden ist. In der nochmaligen Inanspruchnahme des Lieferanten sah das BVerfG einen Verstoß gegen den Gleichheitssatz. Die doppelte Erfüllung der Steuerschuld verfehlt nach Ansicht des BVerfG die gesetzgeberischen Planvorstellungen. Eine mehrmalige Vollziehung der auf den Verbrauch desselben Mineralöls bezogenen Steuerbescheide im Falle eines nicht entschuldbaren Verhaltens und die darin liegende Ungleichbehandlung im Vergleich zu entschuldbaren Fällen käme einer strafähnlichen Sanktion für ein ordnungswidriges Verhalten gleich, die aber nicht

---

[651] *Winkler*, Steuerschuldrechtliche Behandlung bereits versteuerter verbrauchsteuerpflichtiger Waren bei Entfernung aus einem Herstellungsbetrieb, ZfZ 1973, S. 301ff.

[652] Durch das Zehnte Gesetz zur Änderung des Tabaksteuergesetzes vom 23.7.1971 (BGBl. I S. 1051) wurde die Formulierung „aus dem bei der Zollstelle angemeldeten Herstellungsbetrieb entfernt" in § 5 Abs.1 TabStG in „aus einem bei der Zollstelle angemeldeten Herstellungsbetrieb entfernt" geändert. Die Neufassung sollte deutlicher als bisher klarstellen, daß die Steuerschuld auch für Erzeugnisse entsteht, die nicht in dem Betrieb hergestellt worden sind.

[653] *Schädel/Langer/Gotterbarm*, Mineralölsteuer, Mineralölzoll, § 3 Rdnr. 6.

[654] *Schmidt*, Das Schaumweinsteuergesetz, S. 46.

[655] Beschluß des BVerfG vom 13.12.1994, 2 BvR 89/91, HFR 1995, S. 220ff.

mehr durch das Anliegen, das Steueraufkommen zu sichern, gerechtfertigt werden könne, wenn die Steuerschuld schon erfüllt worden sei.

Die Versuche, die in bestimmten Fällen als ungerecht empfundenen Folgen einer mehrfachen Besteueung ein und desselben Erzeugnisses durch Billigkeitsmaßnahmen zu korrigieren, belegen die Unzulänglichkeit der bestehenden Rechtslage. In einer Entscheidung über die doppelte steuerliche Belastung von Rückbier durch Nichteintragung der aufgenommenen Biermengen in das Rückwarenbuch erkennt auch der BFH[656] einen Überhang des gesetzlichen Tatbestandes gegenüber den Wertungen des Gesetzgebers in den Fällen an, in denen die Anschreibungen im Rückwarenbuch aus entschuldbaren Gründen unterblieben sind.

Insgesamt ist die Rechtslage auch nach der umfassenden Neugestaltung des deutschen Verbrauchsteuerrechts durch das Verbrauchsteuer-Binnenmarktgesetz als wenig zufriedenstellend zu bezeichnen. Da der Gesetzgeber insbesondere im Mineralölsteuerrecht der Sicherung der Steuerbelange den Vorrang vor einer dogmatisch systemgerechten Lösung gegeben hat, ist er zum Ausgleich von Härten und Verzerrungen auf Hilfskonstruktionen angewiesen, um auf dem Billigkeitswege[657] einen Interessenausgleich zwischen der Finanzverwaltung und den betroffenen Steuerpflichtigen herbeizuführen.

3. Lösungsansätze zur Vermeidung der systemwidrigen Doppelbesteuerung

Wie bereits ausführlich dargestellt, besteht das Ziel der Verbrauchsbesteuerung darin, die in der Einkommensverwendung für den persönlichen Lebensbedarf zum Ausdruck kommende wirtschaftliche Leistungsfähigkeit des Verbrauchers zu erfassen. Gegenstand der Besteuerung ist letztlich der Verbrauch von bestimmten Gütern, auf die besondere Verbrauchsteuern erhoben werden. Da Verbrauchsgüter grundsätzlich nur einmal verbraucht werden können, sind Peters[658] und Förster[659] zu Recht der Ansicht, daß sie auch nur einmal der Besteuerung unterliegen sollen. Eine Doppelbesteuerung in der Sphäre des

---

[656] BFHE 129, 433 (438).

[657] Vgl. Teil C Abs.3 Nr.12 b der inzwischen aufgehobenen Billigkeitsrichtlinien 1974. Danach konnte die Mineralölsteuer ganz oder teilweise erlassen werden, wenn versteuertes Mineralöl in ein Steuerlager verbracht worden ist, sofern besondere Umstände dies erfordert haben oder entschuldbar erscheinen lassen. Nach dem neuen AEAO-Zoll (VSF-Nachrichten vom 4.8.1995, N 3295) kann eine Billigkeitsmaßnahme in Betracht kommen, wenn die Ablehnung des Antrags zu einer Doppelbesteuerung führen würde, deren Ursachen aus besonderen Gründen unvermeidbar waren.

[658] *Peters*, Das Verbrauchsteuerrecht, Rdnr. 358.

[659] *Förster*, Die Verbrauchsteuern, S. 88. Nach *Förster* soll die steuerliche Belastung nur einmal auftreten und nur dann, wenn der Vorgang des „In den Verkehr Bringens“ erfolgreich verlaufen ist.

Steuerschuldners wird diesem finanzpolitisch erwünschten Ziel jedoch nicht gerecht. Die mehrfache steuerliche Belastung von Herstellern und Händlern verhindert die vollständige Abwälzung der Verbrauchsteuern auf den eigentlichen Belastungsträger und wird damit zu einer systemwidrigen Unternehmensbesteuerung. Der Gesetzgeber hat diesen Systemwiderspruch zwar erkannt, jedoch zur Vermeidung von Härten nur unzulänglich Vorsorge getroffen. In diesem Zusammenhang sind insbesondere die in allen Verbrauchsteuergesetzen enthaltenen Rückwarenregelungen zu nennen, die eine Entlastung der in ein Steuerlager aufgenommenen Waren des freien Verkehrs ermöglichen, sofern die entsprechenden Verfahrensvorschriften eingehalten worden sind. Während die Entsteuerung von Waren, die in das ursprüngliche Steuerlager zurückgenommen werden, ohne jede Einschränkung möglich ist, fordern das Bier-, Branntwein- und Schaumweinsteuerrecht als Voraussetzung für eine steuerliche Entlastung von Fremdwaren das Vorliegen eines wirtschaftlichen Bedürfnisses[660] und erschweren damit den Ausgleich einer Doppelbesteuerung. Auch die den Hauptzollämtern zugestandene Befugnis, einzelne Räume und Flächen, die an sich Bestandteile des Steuerlagers wären, aus diesem auszunehmen, löst nur einen Teil der mit der Doppelbesteuerung zusammenhängenden Problemstellungen.

Einen interessanten Ansatz zur Vermeidung einer mehrfachen Steuerentstehung enthält § 35 BrStV. Danach wird derjenige, der steuerbegünstigte Aromen oder Lebensmittel entgegen der begünstigten Zweckbestimmung gewerblich abgibt oder verwendet, entsprechend § 139 Abs.2 BranntwMonG besteuert, soweit nicht mit der Steuerentstehung eine Doppelbesteuerung einträte. Durch diese Einschränkung wird jegliche steuerliche Mehrbelastung des dem Verbrauch zugeführten Erzeugnisses ausgeschlossen. Eine vergleichbare Regelung enthält § 136 Abs.3 Satz 5 BranntwMonG, der die Verminderung der durch die Herstellung von Branntwein außerhalb eines Steuerlagers entstandenen Steuer um eine nachgewiesene Branntweinsteuervorbelastung anordnet und damit die einmalige steuerliche Belastung des hergestellten Erzeugnisses sicherstellt. Soweit ersichtlich wurde mit diesen Bestimmungen zum ersten Mal der Versuch unternommen, die Folgen einer mehrfachen Steuerentstehung durch Einschränkungen des gesetzlichen Tatbestandes zu korrigieren und einen Rückgriff auf Billigkeitserweise entbehrlich zu machen.

Zur Vermeidung einer Doppelbesteuerung wäre auch ein besonderer Befreiungstatbestand denkbar, mit dem bereits versteuerte Waren trotz erneuter Verwirklichung eines Entstehungstatbestandes von der Besteuerung ausgenommen werden könnten.[661] Eine entsprechende Regelung enthielt § 2 Nr.1

[660] Im Biersteuerrecht liegt ein wirtschaftliches Bedürfnis z.B. dann vor, wenn der Rücktransport von genußuntauglich gewordenem Bier in die Ausgangsbrauerei aus Kostengründen unzumutbar ist.

[661] Auch das in Anlehnung an das deutsche und österreichische Steuerrecht vollständig neu gefaßte Verbrauchsteuerrecht der Tschechischen Republik enthält einen

des Weinsteuergesetzes von 1925, der die Lieferung von Wein von der Besteuerung ausnahm, für den bereits früher eine Steuerschuld entstanden war. Der Grundsatz, daß die der Verbrauchsbesteuerung unterliegenden Waren nur einmal besteuert werden sollen, war im Verbrauchsteuerrecht der ehemaligen DDR ebenfalls ausdrücklich normiert. Als Programmsatz bestimmte § 6 der Verordnung über die Erhebung der Verbrauchsabgaben, daß Verbrauchsabgaben grundsätzlich für jedes verbrauchsabgabenpflichtige Erzeugnis nur einmal erhoben werden.[662]

Eine entsprechende Einschränkung der gesetzlichen Entstehungstatbestände sollte aus steuersystematischen Gründen auch in das deutsche Verbrauchsteuerrecht aufgenommen werden, obwohl nicht zu verkennen ist, daß die mehrfache Entstehung der Steuer in bestimmten Fällen geboten und daher vom Gesetzgeber ausdrücklich gewollt ist. In diesem Zusammenhang ist insbesondere auf § 26 Abs.6 MinöStG hinzuweisen, der die steuerlichen Folgen des Heizölmißbrauchs regelt. Um jeden Mißbrauch von Heizöl von der Vorbereitung bis zur Durchführung steuerlich zu erfassen, ordnet § 26 Abs.6 MinöStG neben der Steuerentstehung für das als Kraftstoff bereitgehaltene, abgegebene oder verwendete Heizöl ausdrücklich an, daß die auf Grund anderer Vorschriften für das Mineralöl entstandene Steuer unberührt bleibt. Auch der generalklauselartige Auffangentstehungstatbestand des § 9 Abs.4 MinöStG läßt nach dem Willen des Gesetzgebers eine mehrfache Entstehung der Mineralölsteuer zu. Sinn und Zweck dieser Regelungen ist es, der Zollverwaltung die Möglichkeit zu verschaffen, jede Person, die die gesetzlichen Tatbestände verwirklicht, unabhängig von der Erfassung anderer Vorgänge und anderer Handelnder steuerlich belangen zu können.[663] Nach Schädel/Langer/Gotterbarm[664] würde jede Abhängigkeit der Steuerentstehung für einen Beteiligten von der Entstehung der Steuer für einen anderen Beteiligten die Versteuerung verzögern oder sogar gänzlich vereiteln, da sich bei Annahme einer einmaligen Steuerentstehung jeder Beteiligte auf Vormänner berufen könne, die er nicht kennen würde. Auch nach Ansicht des BVerfG[665] ist eine doppelte Steuerfestsetzung in der Funktion, Steuerverkürzungen entgegenzuwirken, aus verfassungsrechtlichen Gründen nicht zu beanstanden.

---

allgemeinen Befreiungstatbestand für bereits versteuerte Waren. Nach § 4 Abs.2 des tschechischen Verbrauchsteuergesetzes werden verbrauchsteuerpflichtige Erzeugnisse der Besteuerung nicht unterworfen, die schon einmal besteuert worden sind. Vgl. hierzu *Jatzke*, Das neue Verbrauchsteuerrecht der Tschechischen Republik, WiRO 1994, S. 284,285.

[662] § 6 der Verordnung über die Erhebung der Verbrauchsabgaben (VAVO) vom 14.10.1955, Gesetzblatt der DDR 1955 Teil I S. 769.

[663] Begründung zu § 12 Abs.9 MinöStG, BT-Drs. 7/1944, S. 11.

[664] *Schädel/Langer/Gotterbarm*, Mineralölsteuer, Mineralölzoll, § 12 Rdnr. 81.

[665] Beschluß des BVerfG vom 13.12.1994, 2 BvR 89/91, HFR 1995, S. 220,222.

Von diesen speziellen Fällen ist der allgemeine Steuerentstehungstatbestand der Entfernung aus einem Steuerlager zu unterscheiden. Soweit ersichtlich hat gerade dieser Entstehungstatbestand die Literatur und Rechtsprechung am meisten beschäftigt und zu besonderen Härten geführt, so daß eine Gesetzesänderung geboten ist. Eine solche könnte darin bestehen, daß in das Verbrauchsteuerrecht eine von einem wirtschaftlichen Bedürfnis oder einem entschuldbaren Verhalten unabhängige Entlastungsvorschrift für die Fälle aufgenommen wird, in denen nachweislich nicht verwendete aber bereits versteuerte Waren in ein Steuerlager aufgenommen und damit in das Steueraussetzungsverfahren rücküberführt worden sind. Darüber hinaus könnte in einen Allgemeinen Teil des Verbrauchsteuerrechts ein Programmsatz aufgenommen werden, der klarstellt, daß verbrauchsteuerpflichtige Waren lediglich einmal der Besteuerung unterliegen. Eine allgemeine Entlastungsregelung könnte wie folgt lauten:

Die Steuer wird auf Antrag für nachweislich versteuerte und nicht verwendete Waren erstattet, vergütet oder erlassen, die in ein Steuerlager aufgenommen worden sind.

X. Steuerentstehung durch Herstellung ohne Erlaubnis und durch Gewinnung von Branntwein

1. Rechtliche Ausgangslage

Für die Entstehung einer Verbrauchsteuer ist es nicht unbedingt erforderlich, daß sich die der Verbrauchsbesteuerung unterliegenden Erzeugnisse vor dem Zeitpunkt der Steuerentstehung in einem steuerlichen Nexus bzw. in einem besonderen Besteuerungsverfahren befunden haben.[666] In einigen Sonderfällen entsteht die Steuer bereits mit der Beendigung eines menschlich beeinflußten Vorganges, durch den die Entstehung eines steuerbaren Erzeugnisses bewirkt wird. Der Eintritt des körperlichen Ergebnisses und damit der Beginn der Steuerbarkeit fällt in diesen Fällen mit dem Übergang in den steuerrechtlich freien Verkehr zusammen, so daß für die Anwendung des Steueraussetzungsverfahrens kein Raum bleibt. Das deutsche Verbrauchsteuerrecht kennt zumindest zwei besondere Entstehungstatbestände, die die vorgenannten Kriterien erfüllen. Es handelt sich um die Herstellung von verbrauchsteuerpflichtigen Waren außerhalb des Steueraussetzungsverfahrens und um die Gewinnung von ablieferungsfähigem Branntwein. Diese Steuerentstehungstatbestände nehmen im System der Verbrauchsbesteuerung eine Zwitterstellung ein, da sie weder den Entstehungstatbeständen des Steueraussetzungsverfahrens, noch den Entstehungstatbeständen bei Waren des freien Verkehrs zuzuordnen sind. Die Anknüpfung der Steuerentstehung an die Herstellung ist als

---

[666] *Beermann*, in: *Klein*, Lexikon des Rechts, Steuer- und Finanzrecht, S. 472f.

Ausgleich für den Umstand anzusehen, daß die steuerliche Kontrolle durch das fehlende Erlaubnisverfahren wesentlich beeinträchtigt wird. Nach Förster[667] kann die für den Hersteller ungünstige Vorverlagerung der Steuerentstehung auf die Produktionsphase damit gerechtfertigt werden, daß nur die Anknüpfung an die Herstellung eine gleichmäßige Besteuerung gewährleisten kann. Nachfolgend sollen die besonderen Entstehungstatbestände näher untersucht und ein für alle Verbrauchsteuern geltender Entstehungstatbestand entworfen werden.

2. Steuerentstehung durch Herstellung ohne Erlaubnis

a) Erlaubnispflichtigkeit der Herstellung unter Steueraussetzung

In allen Verbrauchsteuergesetzen setzt die Herstellung und nachfolgende Lagerung von verbrauchsteuerpflichtigen Waren unter Steueraussetzung neben der Anmeldung des Herstellungsbetriebes nach § 139 AO eine besondere Erlaubnis voraus. Diese Erlaubnis wird grundsätzlich nur Personen erteilt, die ordnungsgemäß kaufmännische Bücher führen, rechtzeitig Jahresabschlüsse aufstellen und gegen deren steuerliche Zuverlässigkeit keine Bedenken bestehen. Insbesondere für Minderkaufleute sehen § 5 Abs.2 BierStG und § 5 Abs.2 SchaumwZwStG jedoch Ausnahmen von diesen strengen Anforderungen vor. Zweck der generellen Erlaubnispflicht ist es, eine Überprüfung der Steuerpflichtigen noch vor der Betriebsaufnahme zu ermöglichen und unzuverlässige Personen von den Vorteilen des Steueraussetzungsverfahrens auszuschließen. Erfüllt der Antragsteller die drei gesetzlich genannten Voraussetzungen, besteht ein Rechtsanspruch auf die Erteilung der Erlaubnis.[668]

Als begünstigender Verwaltungsakt steht die erteilte Erlaubnis unter Widerrufsvorbehalt. Von der Erlaubnis zu unterscheiden ist der Erlaubnisschein, der die Erlaubnis lediglich in einer öffentlichen Urkunde verbrieft und die Funktion einer amtlichen Beweisurkunde hat, die den Erlaubnisinhaber gegenüber der Finanzverwaltung und gegenüber den Handelspartnern legitimiert.[669] Hervorzuheben ist, daß der bei allen Verbrauchsteuern eingeführte Erlaubnisschein keine Rechtsgrundlage im EG-Verbrauchsteuerrecht findet und damit gegenüber den Wirtschaftsbeteiligten in anderen Mitgliedstaaten keine Bedeutung erlangen kann. Auch im Steuergebiet ist die Funktion des Erlaubnisscheins eingeschränkt. Nach höchstrichterlicher Rechtsprechung[670]

---

[667] *Förster*, Die Verbrauchsteuern, S. 70.

[668] *Gotterbarm*, Rechtsentwicklungen auf dem Gebiet der Mineralölsteuer, DDZ 1981, F 37,39.

[669] *Schrömbges*, Steuerfolgen bei „Unterbrechung der Steueraufsicht"?, ZfZ 1986, S. 162, 234 Fn. 26.

[670] BFHE 99, 439 (442); 135, 369 (371) sowie weitere Nachweise bei *Peters*, Das Verbrauchsteuerrecht, Rdnr. 322.

begründet die Vorlage eines Erlaubnisscheins durch einen Bezieher beim Lieferer keinen Schutz des guten Glaubens an die Echtheit des Dokuments und an das Fortbestehen der Berechtigung zum Bezug von unversteuerten Waren. Dies hat zur Folge, daß der Lieferer das volle Risiko einer Belieferung eines Nichtberechtigten zu tragen hat. Im innergemeinschaftlichen Verkehr ist der Empfang der Ware durch den Nichtberechtigten einem Entzug der Ware aus dem Steueraussetzungsverfahren gleichzusetzen, unabhängig davon, ob der Steuerlagerinhaber von der Nichtberechtigung seines Handelspartners Kenntnis hat oder im guten Glauben und im Vertrauen auf dessen Bewilligung handelt. Daher kann im Falle der Uneinbringlichkeit der Steuerforderung auf die Sicherheitsleistung des Versenders zurückgegriffen werden.

Ursprünglich ging das neue Verbrauchsteuerrecht davon aus, daß kein Hersteller gezwungen werden sollte, unter Steueraussetzung zu produzieren und hierzu eine Erlaubnis zu beantragen. Daher wurde eine Erlaubnispflicht nur für die Herstellung unter Steueraussetzung eingeführt. Für andere Betriebe sollte die Pflicht zur Anmeldung nach § 139 AO für die Zwecke der Steueraufsicht ausreichen. Mit der Änderung von § 6 Abs.2 MinöStG und der Streichung der Worte „unter Steueraussetzung“ durch Art.7 des Ersten Gesetzes zur Umsetzung des Spar-, Konsolidierungs- und Wachstumsprogramms[671] wurde dieser gemeinsame Ansatz ohne zwingenden Grund wieder aufgegeben. Damit wurde für das Mineralölsteuerrecht die bisherige Rechtslage wieder hergestellt, nach der jede Herstellung von Mineralölen unter Erlaubnisvorbehalt stand. Im Gegensatz dazu können andere verbrauchsteuerpflichtige Waren auch ohne Erlaubnis außerhalb eines Steuerlagers hergestellt werden. Es ist jedoch zu erwarten, daß von der eingeräumten Gestaltungsfreiheit aus wirtschaftlichen Gründen kaum Gebrauch gemacht wird, da in diesen Fällen die Steuer bereits mit der Herstellung entsteht und sofort zu entrichten ist.

b) Unzulänglichkeiten der Rechtslage vor 1993

Eine Erlaubnispflicht für Herstellungsbetriebe bestand nach der Rechtslage vor dem 1.1.1993 nur für Mineralölherstellungsbetriebe. Nach § 33 Abs.1 BierStG a.F., § 12 Abs.1 SchaumwStDB a.F. und § 22 Abs.2 TabStG a.F. war für Brauereien sowie für Schaumwein- und Tabakwarenherstellungsbetriebe lediglich eine Anmeldung nach § 139 AO erforderlich. Vor dem Inkrafttreten des Ersten Gesetzes zur Änderung des MinöStG vom 4.8.1980[672] unterlag auch die Herstellung von Mineralölen nur einer deklaratorischen Anmelde-

[671] Erstes Gesetz zur Umsetzung des Spar-, Konsolidierungs- und Wachstumsprogramms vom 21.12.1993, BGBl. I S. 2353.

[672] Erstes Gesetz zur Änderung des Mineralölsteuergesetzes vom 4.8.1980, BGBl. I S. 1157.

pflicht.[673] Einige Mineralölhändler umgingen durch unbedeutende Herstellungshandlungen und einer Anmeldung der Lager als Herstellungsbetriebe die strengen Vorschriften zur Bewilligung eines Steuerlagers und gelangten somit in den Besitz von großen Mengen unversteuerten Mineralöls, das sie zu Schleuderpreisen veräußerten und damit innerhalb kürzester Frist vorsätzlich Insolvenzen herbeiführten.[674]

Um eine strengere Kontrolle sicherzustellen, zog die Finanzverwaltung mit der Einführung eines generellen Erlaubnisvorbehalts insbesondere die Konsequenzen aus dem „Fall Goldbach", der aufgrund des hohen Steuerausfalls großes Aufsehen erregt hatte und dazu führte, daß sich der Bundesrechnungshof mit den Vorgängen und der Arbeitsweise der Verwaltung beschäftigte.[675] Gleichzeitig mit der Erlaubnispflicht wurde in § 3 Abs.1 MinöStG a.F. ein neuer Entstehungstatbestand in das Mineralölsteuerrecht eingefügt, nach dem die Steuer bereits mit der Herstellung entstand, wenn Mineralöl ohne Erlaubnis hergestellt wurde. Nach Gotterbarm[676] sollte dieser neue Entstehungstatbestand die nicht erlaubte Herstellung steuerlich blockieren, da die Produktion als Realakt durch eine nicht erteilte Herstellererlaubnis juristisch nicht verhindert werden konnte.

Der 1980 in das Mineralölsteuerrecht eingeführte Entstehungstatbestand ist nunmehr in alle Verbrauchsteuergesetze übernommen worden. Damit wurden die Schwierigkeiten beseitigt, die sich nach Ansicht Peters aus der bisherigen Rechtslage bei den anderen Verbrauchsteuergesetzen ergaben. Zu Recht weist Peters[677] darauf hin, daß der Betriebsbegriff im funktionalen und räumlichen Sinne häufig überstrapaziert werden mußte, um illegale Produktionsstätten unter den Gesetzestext zu zwängen. Da in anderen Verbrauchsteuergesetzen ein eigenständiger Entstehungstatbestand fehlte, mußte auf den Entstehungstatbestand der Entfernung aus dem Herstellungsbetrieb bzw. bei den meisten aus der Erzbergerschen Finanzreform hervorgegangenen Verbrauchsteuergesetzen des Jahres 1923[678] auf den Entstehungstatbestand des Übergangs der Ware in den freien Inlandsverkehr zurückgegriffen werden. Nach der Rechtsprechung des RFH[679] erfaßte der Übergang der Ware in den freien Inlandsverkehr auch die Fälle der Herstellung in einem nicht angemeldeten Herstellungsbetrieb. So entstand die Steuerschuld für einen Tabakverarbeiter, der in einem nicht angemeldeten Betrieb Tabakerzeugnisse herstellte, bereits

---

[673] *Kettnaker/Frank*, Das Mineralölsteuerrecht, S. 57.

[674] *Hahn*, Erläuterungen zum Mineralölsteuergesetz, in: Das Deutsche Bundesrecht, VII D 39, S. 30 und *Kettnaker/Frank*, Das Mineralölsteuerrecht, S. 57f.

[675] *Gotterbarm*, Rechtsentwicklung auf dem Gebiet der Mineralölsteuer, DDZ 1981, F 37,38.

[676] *Gotterbarm*, ebd., DDZ 1981, F 37,38.

[677] *Peters*, Das Verbrauchsteuerrecht, Rdnr. 401.

[678] § 3 ZuckerStG, § 4 LeuchtmStG und § 3 ZündwarenStG vom 9.7.1923.

[679] RFHE, 11, 79.

im Zeitpunkt der Vollendung der Herstellung der steuerbaren Erzeugnisse. Für den Übergang in den freien Inlandsverkehr erachtet es Goetzeler[680] als allein entscheidend, daß die Tabakerzeugnisse aus der steuerlichen Überwachung entfernt oder von Anfang an außerhalb der steuerlichen Überwachung hergestellt werden. Die Rechtsprechung des RFH wurde auch noch zur Auslegung des Schaumweinsteuergesetzes von 1952 herangezogen, das im Gegensatz zu § 5 Abs.2 TabStG 1953[681] für den Fall der Herstellung von Schaumwein außerhalb eines angemeldeten Herstellungsbetriebes keine besondere Bestimmung enthielt. Wie Goetzeler erblickt auch Schmidt[682] in der Beendigung der steuerlichen Überwachung das entscheidende Kriterium und heilt den Mangel eines eigenständigen Entstehungstatbestandes dadurch, daß er im Zeitpunkt der Herstellung außerhalb eines angemeldeten Betriebes eine Entziehung aus der steuerlichen Überwachung annimmt. Während im Tabak-, Mineralölsteuer-, Leuchtmittel- und Zuckersteuerrecht bis 1980 eigenständige Entstehungstatbestände aufgenommen wurden, versäumte der Gesetzgeber eine entsprechende Anpassung der Bier- und Schaumweinsteuergesetze. Es ist zu begrüßen, daß die harmonisierungsbedingte Neufassung aller Verbrauchsteuergesetze nunmehr zu einer einheitlichen Regelung geführt hat.

c) Steuerentstehung mit Vollendung der Herstellung

Im Gegensatz zur Rechtslage vor 1993 enthalten nunmehr alle Verbrauchsteuergesetze einen eigenständigen Steuerentstehungstatbestand. Werden Mineralöle, Bier oder Schaumwein ohne Erlaubnis oder Tabakwaren nicht in einem zugelassenen Herstellungsbetrieb hergestellt, entsteht die Steuer mit der Herstellung. Darüber hinaus entsteht nach § 136 Abs.3 BranntwMonG die Branntweinsteuer für außerhalb eines Steuerlagers hergestellte Erzeugnisse dadurch, daß Branntwein gewonnen oder Trinkbranntwein zu gewerblichen Zwecken hergestellt oder unversteuerte Erzeugnisse ohne amtliche Genehmigung gereinigt werden. Durch die Formulierungen „nicht in einem zugelassenen Herstellungsbetrieb" bzw. „außerhalb eines Steuerlagers" wird zum Ausdruck gebracht, daß entscheidendes Kriterium die Herstellung außerhalb des Verfahrens der Steueraussetzung ist. Die fehlende Erlaubnis zur Herstellung unter Steueraussetzung ist damit negatives Tatbestandsmerkmal des Entstehungstatbestandes.

---

[680] *Goetzeler*, Das deutsche Tabaksteuerrecht, S. 48.

[681] § 5 Abs.2 TabStG: „Die Steuerschuld entsteht mit Beginn der Herstellung, wenn Tabakerzeugnisse in einem nicht zollamtlich angemeldeten Herstellungsbetrieb zur Abgabe an andere Personen oder unter Verletzung weiterer tabaksteuerrechtlicher Vorschriften für den Eigenbedarf hergestellt werden."

[682] *Schmidt*, Kommentar zum Schaumweinsteuergesetz, S. 30.

Der Zeitpunkt der Steuerentstehung wird mit der Formulierung „mit der Herstellung“ nur unzureichend beschrieben, da zweifelhaft ist, ob bereits der Beginn der Herstellung oder erst deren Vollendung zur Entstehung der Steuer führt. In früheren Verbrauchsteuergesetzen hat der Gesetzgeber nach dem Vorbild der Regelung über die Sachhaftung in § 76 AO den Beginn der Herstellung als Anknüpfungspunkt gewählt. So entstand nach § 5 Abs.2 TabStG 1953 die Steuerschuld mit Beginn der Herstellung, wenn Tabakwaren in einem zollamtlich nicht angemeldeten Betrieb zur Abgabe an andere Personen hergestellt wurden. Insbesondere Schröter[683] hat diese Vorschrift kritisiert, da nach seiner Ansicht die Steuer nicht mit dem Beginn der Herstellung, sondern erst dann entstehen könne, wenn ein fertiges Erzeugnis vorliegen würde, das die an einen Steuergegenstand zu stellenden Kriterien erfüllt. Diese Auffassung läßt sich auch auf die bestehende Rechtslage übertragen. Die Verbrauchsteuerpflichtigkeit eines Erzeugnisses kann erst mit der Vollendung der Herstellung eintreten, da erst in diesem Zeitpunkt ein Erzeugnis vorliegt, das den gesetzlichen Definitionen des Tabaksteuergesetzes oder den in den anderen Verbrauchsteuergesetzen vorgegebenen Tarifpositionen des Zolltarifs entspricht und daher als Steuergegenstand eindeutig bestimmt werden kann.[684] Zur Klarstellung sollte in einem allgemeinen Entstehungstatbestand ausdrücklich auf die Vollendung der Herstellung abgestellt werden.

Unerheblich für die Steuerentstehung ist der Zweck der Produktion. Es kommt nicht darauf an, ob die hergestellten Erzeugnisse zu gewerblichen Zwecken verwendet werden sollen, oder ob es sich um eine Herstellung für den eigenen oder häuslichen Verbrauch handelt. Die Rechtslage entspricht den EG-rechtlichen Vorgaben in Art.6 Abs.1 b RL 92/12/EWG nach dem jede - auch die unrechtmäßige - Herstellung außerhalb eines Steueraussetzungsverfahrens als Überführung in den freien Verkehr gilt. Es kann daher nicht angenommen werden, daß die Mitgliedstaaten die Produktion für private Zwecke von vornherein von der Besteuerung ausnehmen wollten, da es anderenfalls besonderer Steuerbefreiungstatbestände für Hausbrauer und für den von Privatpersonen zur Abgabe an Familienangehörige oder Gäste erzeugten Wein in Art.6 und Art.10 RL 92/83/EWG nicht bedurft hätte. Eine Einschränkung des Entstehungstatbestandes auf die gewerbliche Erzeugung würde daher gegen EG-Recht verstoßen.[685] Darüber hinaus würde die Steueraufsicht erheblich erschwert, da der Steuerpflichtige die steuerlichen Folgen mit dem Nachweis

---

683 *Schröter*, Das Tabaksteuergesetz, S. 26.

684 *Jatzke*, Das neue Verbrauchsteuerrecht der Bundesrepublik Deutschland, IFSt-Schrift Nr. 322, S. 20,30.

685 Unter diesen Gesichtspunkten verwundert es, daß nach gleichlautenden Entstehungstatbeständen in allen österreichischen Verbrauchsteuergesetzen (vgl. § 21 Abs.3 Mineralölsteuergesetz 1995, § 7 Abs.2 Biersteuergesetz 1995, § 6 Abs.2 Schaumweinsteuergesetz 1995, § 8 Nr.4 Alkohol- Steuer und Monopolgesetz 1995 und § 9 Abs.2 Tabaksteuergesetz 1995) die Steuer entsteht, wenn die Erzeugnisse ohne Bewilligung gewerblich hergestellt werden.

der Herstellung für private Zwecke abwenden könnte. Eine allgemeine Freistellung der Produktion für private Zwecke wäre schließlich mit dem Grundprinzip der Verbrauchsbesteuerung unvereinbar, jeglichen konsumtiven Ge- oder Verbrauch von verbrauchsteuerpflichtigen Waren steuerlich zu erfassen. Das deutsche System der Verbrauchsbesteuerung zielt auf die steuerliche Erfassung jeglicher eliminierenden Nutzung eines konsumfähigen Erzeugnisses ab, unabhängig davon, ob das steuerbare Gut käuflich erworben oder selbst hergestellt worden ist. Damit stellt z.B. auch die steuerliche Belastung des für private Zwecke hergestellten Schwarzbrandes eine systemimmanente Folge der vom Gesetzgeber getroffenen Belastungsentscheidung dar. Dabei ist allerdings zu berücksichtigen, daß die Aufnahme einer Eigenproduktion nur sehr eingeschränkt Rückschlüsse auf die steuerliche Leistungsfähigkeit des Herstellers zuläßt. Sofern selbst erzeugte Rohstoffe, wie z.B. eigenes Obst, eingesetzt werden, kann der Grund für die eigene Herstellung in einer verminderten steuerlichen Leistungsfähigkeit liegen, die durch Vermeidung finanziellen Aufwands für den Erwerb des Fertigerzeugnisses kompensiert werden soll. Anders werden jedoch die Fälle zu beurteilen sein, bei denen die Ausgangsstoffe erst käuflich erworben werden müssen. In bezug auf die Gewinnung von Branntwein indiziert bereits der Erwerb der Rohstoffe und die Anschaffung des Brenngeräts steuerliche Leistungsfähigkeit, denn die Verwendung des Einkommens ist notwendige Voraussetzung für die Gewinnung und den nachfolgenden Genuß des selbst gebrannten Alkohols. Bei dieser Sachlage ist kein Grund ersichtlich, die Eigenerzeuger gegenüber denjenigen Konsumenten zu privilegieren, die nicht über Produktionsmittel verfügen und ihr Einkommen für den Kauf des Genußmittels verwenden. Darüber hinaus ist im Branntweinsteuerrecht zu berücksichtigen, daß monopolrechtliche Vorschriften einer generellen Freistellung der Gewinnung von Branntwein zu privaten Zwecken entgegenstehen.

Bei der Anknüpfung der Steuerentstehung an den Realakt der Herstellung außerhalb eines Steuerlagers handelt es sich um eine typisierende und generalisierende Regelung, die eine unvollkommene Durchsetzung des Leistungsfähigkeitsprinzips bewußt in Kauf nimmt. Zur Sicherung des Steueraufkommens und aus Gründen der Praktikabilität ist diese Typisierung jedoch geboten und verfassungsrechtlich nicht zu beanstanden, da der Verstoß gegen den Grundsatz der Belastungsgleichheit nicht sehr intensiv ist und davon ausgegangen werden kann, daß Härten und Ungerechtigkeiten nur bei einer verhältnismäßig kleinen Anzahl von Steuerschuldnern entstehen.

An einen allgemeinen Entstehungstatbestand ist daher die Anforderung zu stellen, daß er jegliche Produktion von verbrauchsteuerpflichtigen Waren außerhalb des Verfahrens der Steueraussetzung erfaßt, unabhängig davon, ob es sich um Gewinnung oder um eine Be- oder Verarbeitung von Erzeugnissen handelt, deren Ergebnis ein neuer Steuergegenstand ist. Der Begriff der Herstellung wird dieser Anforderung gerecht, denn er erfaßt als Oberbegriff jeden durch menschliches Handeln beeinflußten Vorgang, durch den ein bestimmtes Erzeugnis hervorgebracht wird, das die Eigenschaften eines Steuergegenstandes erfüllt. Bereits der RFH[686] faßte als Herstellung alles von Menschen unmittelbar oder mittelbar bewirkte Geschehen auf, das ohne weiteres oder in fortschreitender Entwicklung ein bestimmtes körperliches Ergebnis zustande bringt. Nach Hoppe/Heinricht[687] umfaßt der Herstellungsbegriff daher auch das Gewinnen von Branntwein. Auch Peters[688] bezeichnet die originäre Schaffung eines steuerbaren Erzeugnisses einschließlich der Urproduktion als Unterfall der Herstellung. Ein auf die Herstellung abstellender allgemeiner Entstehungstatbestand könnte neben den herkömmlichen Fällen auch den Sonderfall der Gewinnung von Branntwein in § 136 Abs.3 BranntwMonG erfassen. Auch die Reinigung oder Entgällung von Branntwein stellt einen Bearbeitungsvorgang und damit eine Herstellung dar, weil aus steuerbefreiten Ausgangsstoffen ein Erzeugnis hervorgebracht wird, das für den menschlichen Genuß geeignet ist und damit als Steuergegenstand der Besteuerung unterliegt. Steuerschuldner ist der Reiniger, der die technischen Vorgänge steuert und gleich einem Hersteller ein genußfähiges alkoholhaltiges Produkt erzeugt.

Ein allgemeiner Entstehungstatbestand für die Fälle der Herstellung ohne eine Erlaubnis zur Produktion und Lagerung unter Steueraussetzung könnte wie folgt lauten:

Werden verbrauchsteuerpflichtige Waren außerhalb eines Steuerlagers ohne Erlaubnis hergestellt, entsteht die Steuer mit der Vollendung der Herstellung. Steuerschuldner ist der Hersteller.

3. Steuerentstehung durch Gewinnung von Branntwein

Grundsätzlich ermöglicht das Branntweinsteuerrecht die Herstellung von Branntwein und branntweinhaltigen Waren unter Steueraussetzung. Wie in den anderen Verbrauchsteuergesetzen entsteht die Steuer nach § 136 Abs.1 BranntwMonG mit der Entfernung der Erzeugnisse aus dem Steuerlager oder mit dem Verbrauch der Erzeugnisse im Steuerlager. Die Besonderheit des Branntweinsteuerrechts besteht jedoch darin, daß nicht jede Einrichtung oder Anlage, die der Gewinnung von Branntwein oder der Herstellung von branntweinhaltigen Waren dient, als Steuerlager betrieben werden kann. Vielmehr kommt die Eigenschaft als Steuerlager nach § 133 Abs.2 BranntwMonG nur den verschlußsicher eingerichteten Brennereien und den Branntweinlagern zu. Dagegen können Inhaber von Abfindungsbrennereien keine Erlaubnis zur Einrichtung und zum Betrieb eines Steuerlagers erhalten. Durch diese Rege-

---

686 RFHE 34, 298.

687 *Hoppe/Heinricht*, Kommentar zum Gesetz über das Branntweinmonopol, § 120 Anm.3b.

688 *Peters*, Das Verbrauchsteuerrecht, Rdnr. 647.

lung sind Abfindungsbrennereien von den Vorteilen des Steueraussetzungsverfahrens ausgeschlossen. Für Branntwein, der unter Abfindung erzeugt wird, entsteht die Steuer nach § 136 Abs.2 BranntwMonG bereits mit dessen Gewinnung.

Nach der Rechtslage vor dem 1.1.1993 entstand auch für den nicht unter Abfindung gewonnenen ablieferungspflichtigen Branntwein mit der Gewinnung eine auflösend bedingte Steuer, die mit der Ablieferung des Branntweins an die Bundesmonopolverwaltung wieder entfiel.[689] Das Verfahren der Steueraussetzung hat dieses System jedoch vollständig abgelöst. Lediglich bei dem von Kleinbrennereien zu pauschalierten und ermäßigten Steuersätzen erzeugten Branntwein hat der Gesetzgeber die bisherige Rechtslage aufrechterhalten und die Gewinnung als Steuerentstehungstatbestand ausgestaltet, so daß den Abfindungsbrennern eine Lagerung des gewonnenen Branntweins unter Steueraussetzung verwehrt wird.

Der Steuerentstehungstatbestand der Gewinnung knüpft an einen Vorgang an, der im Ergebnis zu einem Erzeugnis führt, das den in § 130 Abs.2 BranntwMonG genannten Tarifpositionen des Zolltarifs entspricht. Dabei entsteht die Steuer nach Hoppe/Heinricht[690] in dem Zeitpunkt, in dem das Verfahren zur Erzeugung von Rohbranntwein in der Brennerei beendet ist; d.h. bei Branntwein, der im Abtriebsverfahren durch einen Destillationsprozeß[691] gewonnen wird, in dem Zeitpunkt, in dem der Rohbranntwein die Rohbrennvorlage oder in Abfindungsbrennereien, in denen eine Vorlage nicht vorhanden ist, den Kühler durchflossen hat.

Da die Gewinnung einen Unterfall der Herstellung darstellt, hätte es eines eigenständigen Steuerentstehungstatbestandes nicht bedurft. Wie bereits ausgeführt erfolgt das Brennen unter Abfindung stets außerhalb eines Steuerlagers, so daß in diesem Fall auf den allgemeinen Entstehungstatbestand der Herstellung ohne Erlaubnis zurückgegriffen werden könnte. Auch die anderen Verbrauchsteuergesetze gehen davon aus, daß der Begriff der Herstellung die Gewinnung und damit die Urproduktion von verbrauchsteuerpflichtigen Erzeugnissen mit umfaßt. Im Mineralölsteuerrecht wird als Gewinnung jeder

---

[689] *Rusch*, Einführung zum Gesetz über das Branntweinmonopol, in: Das deutsche Bundesrecht, VII D 82, S. 53.

[690] *Hoppe/Heinricht*, Kommentar zum Gesetz über das Branntweinmonopol, § 80 Anm. 1.

[691] Nach *Hassbach* (Die Branntweinsteuer als Verbrauchsteuer, S. 20f.) dient der Destillationsprozeß dazu, den Äthylalkohol von mit ihm verbundenen, den Geschmack beeinträchtigenden und gesundheitsschädlichen Nebenbestandteilen wie Fuselöl und Essigsäure, zu trennen. Die Trennung des Alkohols von diesen Bestandteilen sowie einem Teil des sich in der Maische absetzenden Wassers geschieht durch einen Verdampfungsprozeß durch Brennen und Destillieren in einer Brennblase. Da der Äthylalkohol seinen Siedepunkt schon bei 78,4 °C erreicht, verdampft er bei dieser Destillation und sammelt sich in der Vorlage.

technische Vorgang angesehen, durch den aus Rohstoffen, wie z.B. Erdöl, erstmals ein steuerpflichtiges Mineralöl erzeugt wird.[692] Eine Gewinnung von Mineralöl kann aber auch darin bestehen, daß wie bei der Entnahme von unversteuertem Transformatorenöl aus Transformatoren oder sonstigen Geräten, in denen das Mineralöl als Isoliermittel Verwendung findet, ein rechtlich noch nicht vorhandenes Mineralöl als selbständiges Erzeugnis hervorgebracht wird.[693] Darüber hinaus gilt nach § 2 Abs.2 MinöStV auch das Bestimmen von Waren nach § 1 Abs.2 Nr.13 MinöStG zur Verwendung als Kraft- oder Heizstoff als Gewinnen von Mineralöl.[694] Mit diesen Sonderregelungen wird der Begriff der Gewinnung im Mineralölsteuerrecht erheblich ausgeweitet, während er im Branntweinsteuerrecht auf die Urproduktion[695] beschränkt ist.

Der Verbrauchsteuersystematik hätte es besser entsprochen, wenn auch die Gewinnung von Branntwein unter Abfindung in Steuerlagern ermöglicht worden wäre. Die Entstehung der Steuer bereits im Zeitpunkt der Gewinnung führt insbesondere in den Fällen zu Schwierigkeiten, in denen Abfindungsbrennereien ablieferungsfähigen Branntwein nach § 76 Abs.2 BranntwMonG nicht selbst vermarkten, sondern ihn nach vorheriger Anmeldung gegen einen günstigen Übernahmepreis an die Bundesmonopolverwaltung abliefern. In der Regel stellt die Bundesmonopolverwaltung die für die Übernahme notwendigen Versandgefäße und trägt die Transportkosten zu der von ihr bestimmten Reinigungsanstalt oder holt den Branntwein mit eigenen Tankfahrzeugen bei den Abfindungsbrennereien ab.[696] Das bisherige System vermied ein aufwendiges Entlastungsverfahren, indem die Steuer sowohl bei ablieferungspflichtigem als auch bei ablieferungsfähigem Branntwein lediglich auflösend bedingt entstand und durch die Ablieferung bzw. Übernahme durch die Bundesmonopolverwaltung wieder entfiel.

Im Rahmen der Umgestaltung des Branntweinmonopolgesetzes zum 1.1.1993 wurde die Bundesmonopolverwaltung nach § 84 BranntwMonG einem Steuerlager gleichgestellt. Ablieferungspflichtiger Branntwein, den die Bundesmonopolverwaltung übernimmt, gilt nach dieser Vorschrift mit der Beendigung der Branntweinabnahme in der als Steuerlager ausgestalteten Verschlußbrennerei als im Branntweinlager der Bundesmonopolverwaltung

---

[692] *Kettnaker/Frank*, Das Mineralölsteuerrecht, S. 60.

[693] *Schädel/Langer/Gotterbarm*, Mineralölsteuer, Mineralölzoll, § 3 Rdnr. 35,53.

[694] Während § 2 Abs.2 MinöStV das Gewinnen von Mineralölen in bestimmten Fällen nicht als Herstellungshandlung ansieht, unterscheidet § 6 Abs.1 MinöStG zwischen der Gewinnung und der Bearbeitung von Mineralölen Beide Handlungen werden jedoch durch einen Klammerzusatz als Herstellung definiert.

[695] Beispiele für die Entstehung einer Verbrauchsteuer durch Urproduktion in früheren Verbrauchsteuerbestimmungen sind das Zutagebringen von Steinsalz nach § 1 Abs.3 SalzStDB und die Förderung von Kohle nach § 2 Abs.1 KohlenStG.

[696] *Hofbur*, Das Gesetz über das Branntweinmonopol wird 70 Jahre alt, Die Branntweinwirtschaft 1992, S. 90,94.

befindlich. Diese Konstruktion führt dazu, daß der unter Steueraussetzung stehende ablieferungspflichtige Branntwein mit der Abnahme in das Branntweinlager der Bundesmonopolverwaltung übergeht, obwohl er sich körperlich noch in der Verschlußbrennerei befindet. Im Gegensatz zu den Verschlußbrennereien besitzen Abfindungsbrennereien keine Steuerlagereigenschaft. Nach § 136 Abs.2 BranntwMonG entsteht die Steuer mit der Gewinnung, so daß ein Steueraussetzungsverfahren nicht möglich ist. Entscheidet sich der Brennereibesitzer den ablieferungsfreien Branntwein unter den Voraussetzungen des § 76 BranntwMonG zur Ablieferung an die Bundesmonopolverwaltung anzumelden, besteht für eine Besteuerung des ablieferungsfähigen Branntweins keine Notwendigkeit. Da jedoch für den ablieferungsfähigen Branntwein eine Entlastungsvorschrift fehlt, ist Schröer-Schallenberg[697] der Ansicht, daß zwischen Gewinnung und Ablieferung eine Regelungslücke besteht, die durch einen Rückgriff auf § 50 AO geschlossen werden müßte. Danach würde für Abfindungsbranntwein, den der Brennereiinhaber selbst vermarktet, die Branntweinsteuer mit der Gewinnung unbedingt entstehen; dagegen entstünde bei ablieferungsfähigem und angemeldetem Branntwein die Steuer gemäß § 50 AO unter der auflösenden Bedingung der ordnungsgemäßen Ablieferung bzw. Abnahme durch die Bundesmonopolverwaltung.[698] Mit Eintritt der Bedingung würde die bedingt entstandene Steuer wieder erlöschen und der ablieferungsfähige Branntwein würde sich unter Steueraussetzung im Steuerlager der Monopolverwaltung befinden. Durch die Anwendung von § 50 AO soll eine Regelungslücke geschlossen werden, die dadurch entstanden ist, daß der Gesetzgeber bei der Anpassung des Branntweinmonopolgesetzes an die EG-rechtlichen Vorgaben die steuerlichen und verwaltungsökonomischen Folgen der in § 136 BranntwMonG angeordneten Steuerentstehung bei ablieferungsfähigem Branntwein übersehen hat.

Der Rückgriff auf die bedingte Steuer zur Regelung von Sachverhalten bei den harmonisierten Verbrauchsteuern ist jedoch unzulässig. Eine Aufhebung des § 50 AO ist zum 1.1.1993 nur deshalb nicht erfolgt, weil zum damaligen Zeitpunkt nicht zu übersehen war, ob und in welchem Maße die Vorschrift künftig auf die bundesgesetzlich geregelten nicht harmonisierten Verbrauchsteuern und auf die von den Gemeinden erhobenen örtlichen Verbrauchsteuern Anwendung finden würde. Bei den harmonisierten Verbrauchsteuern hat sich der Gesetzgeber für die vollständige Übernahme des durch die Systemrichtlinie vorgegebenen Steueraussetzungsverfahrens und damit eindeutig für die Aufgabe des bisherigen Systems der bedingten Steuer entschieden. Nach der Absicht des Gesetzgebers sollte das neue System in vollem Umfang an die Stelle des alten Systems treten und dessen Funktion in allen Bereichen übernehmen. Bei den harmonisierten Verbrauchsteuern auftretende Regelungslük-

---

[697] *Schröer-Schallenberg*, Steueraussetzung im Branntweinmonopol- und Branntweinsteuerrecht, ZfZ 1995, S. 162,167.

[698] *Schröer-Schallenberg*, ebd., ZfZ 1995, S. 162,168.

ken sind daher innerhalb des neuen Systems durch analoge Anwendung der Vorschriften über das Steueraussetzungsverfahren zu schließen, da der Rückgriff auf das abgelöste Institut der bedingten Steuer verwehrt ist. Die Begründung Schröer-Schallenbergs für die unmittelbare Anwendung von § 50 AO auf § 136 Abs.2 BranntwMonG vermag nicht zu überzeugen. Die Umstände, daß auch nach der Harmonisierung eine Vielzahl von nationalen Besonderheiten beibehalten worden sind und daß § 50 AO nicht aufgehoben worden ist, rechtfertigen eine Anwendung von § 50 AO als Auffangtatbestand nicht. Bloße Zweckdienlichkeit kann keinen Systembruch legitimieren. Alle nationalen Besonderheiten, wie das Brennen unter Abfindung oder die Biersteuermengenstaffel, deren Beibehaltung von den anderen Mitgliedstaaten zugestanden worden ist, sind systemimmanent an das Steueraussetzungsverfahren angepaßt worden. Wie bereits ausgeführt hat der Gesetzgeber von einer Aufhebung des § 50 AO nur deshalb abgesehen, weil er Auswirkungen auf die von den Gemeinden erhobenen örtlichen Verbrauchsteuern befürchtete und nicht, weil er die Vorschrift als Auffangtatbestand für die harmonisierten Verbrauchsteuern beibehalten wollte. Für eine Anwendung von § 50 AO auf § 136 Abs.2 BranntwMonG bleibt daher kein Raum. Auch Kruse[699] wendet sich gegen die von Schröer-Schallenberg vertretene Ansicht und weist zutreffend darauf hin, daß das BranntwMonG in seiner neuen Fassung keine bedingten Verbrauchsteuerschulden mehr kennen würde, diese könnten auch nicht „durch die Hintertür des § 50 AO in das Verbrauchsteuerrecht wieder eingeschmuggelt werden." Sofern es der Gesetzgeber aus bestimmten Gründen für erforderlich hält, auf einzelne Ausnahmefälle in Abweichung von den Verfahrensbestimmungen des Steueraussetzungsverfahrens § 50 AO anzuwenden, sind diese Ausnahmen ausdrücklich gesetzlich zu regeln.

XI. Steuerentstehungstatbestände und Steuerschuldner bei Waren des freien Verkehrs

1. Vorbemerkung

Um eine größere Flexibilität des Warenverkehrs auch außerhalb des Verfahrens der Steueraussetzung zu erreichen[700], wurden in die System-Richtlinie Regelungen aufgenommen, die es ermöglichen, die in einem Mitgliedstaat bereits versteuerten Waren auch in andere Mitgliedstaaten zu versenden. Demgegenüber sah das ursprüngliche Harmonisierungskonzept den innergemeinschaftlichen Versand von verbrauchsteuerpflichtigen Waren ausschließlich innerhalb eines EG-weiten Steuerlagerverbundsystems vor. Von der Wirtschaft wurde das starre System als Einengung des freien Warenverkehrs

---

[699] *Kruse*, in: *Tipke/Kruse*, Abgabenordnung, Finanzgerichtsordnung, § 50 Rdnr. 1.

[700] *Knudsen/Schwitalla*, Harmonisierung der Verbrauchsteuern, ZfZ 1992, S. 220,221.

empfunden. So erblickte Ritter[701] im Steuerlagersystem eine Behinderung der notwendigen Rationalisierung der Vertriebswege vor allem bei Waren des Massenkonsums. Auch Misch[702] bemängelte, daß versteuerte Waren zur Lieferung in einen anderen Mitgliedstaat zunächst wieder in ein inländisches Steuerlager verbracht und entsteuert werden müßten. Nachdem die damit verbundene Kanalisierung des Handels von mehreren Mitgliedstaaten beanstandet worden war, nahm die Kommission in Art.5 des ersten Vorschlages für eine Systemrichtlinie rudimentäre Bestimmungen für einen weiteren Warenkreislauf neben dem des Steueraussetzungsverfahrens auf, die sich an das Mehrwertsteuersystem anlehnten und den Grundsätzen des Bestimmungslandprinzips entsprachen.[703] Danach sollte die Steuer im Bestimmungsland beim Verkauf der Ware, bei der Beschaffung durch einen Steuerpflichtigen und im Rahmen von Versandhandelsgeschäften beim Eintreffen der Ware beim Erwerber entstehen. Insbesondere die Verknüpfung der Steuerentstehung mit dem Abschluß eines Rechtsgeschäftes und die Auslegung des Begriffes der Beschaffung lösten unter den Mitgliedstaaten heftige Diskussionen aus. Auch die deutsche Delegation wehrte sich gegen die Tatbestandsformulierungen. Sie widersprachen dem im deutschen Verbrauchsteuerrecht geltenden Grundsatz, nach dem für die Steuerentstehung nicht die Erfüllung eines Handelsgeschäftes, sondern allein der körperliche Vorgang des Übertritts einer Ware aus der steuerlichen Überwachung in den nicht gebundenen Verkehr maßgeblich ist. Im Oktober 1991 schlug die deutsche Delegation daher vor, die Steuer mit dem erstmaligen Inverkehrbringen im Bestimmungsland, d.h. mit jeder Abgabe oder Lagerung sowie mit jedem Ver- oder Gebrauch, entstehen zu lassen.

Schließlich änderte die Kommission ihren Vorschlag und ersetzte den Verkauf durch den rein körperlichen Vorgang der Lieferung und der Bereitstellung von verbrauchsteuerpflichtigen Waren zu gewerblichen Zwecken. Es bedurfte noch mühevoller Kleinarbeit, den Ansatz der Kommission zu einem zweiten Beförderungsverfahren zu entwickeln, das größtmögliche Dispositionsfreiheit im innergemeinschaftlichen Warenverkehr gewährleistete und dabei die Folgen einer Doppelbesteuerung vermied.[704] In erster Linie ging es um die Einführung eines funktionsfähigen Entlastungsverfahrens in Art.22 RL 92/12/EWG, da das bei der Umsatzsteuer diskutierte Clearingsystem aufgrund der unterschiedlichen Steuersätze ohne das Institut des Vorsteuerabzugs von

---

[701] *Ritter*, Steuerharmonisierung als Voraussetzung eines EG-Binnenmarktes, BB 1989, S. 77,81.

[702] *Misch*, Verbrauchsteuern in Europa - Die Beseitigung der Steuerschranken zur Vollendung des Binnenmarktes, Spirituosen-Jahrbuch 1989, S. 404,449.

[703] Art. 5 des Vorschlages für eine Richtlinie des Rates über das allgemeine Verbrauchsteuersystem sowie über den Besitz und die Beförderung verbrauchsteuerpflichtiger Waren, KOM (90) 431 endg., S. 20f.

[704] Zum Ergebnis vgl. *Sievert*, Die Harmonisierung der besonderen Verbrauchsteuern in der EG - und bewegt sie sich noch?, ZfZ 1991, S. 162,163.

vornherein ausschied.[705] In Anbetracht der mit einer Erstattungsregelung verbundenen Überwachungsschwierigkeiten vertrat Treu[706] sogar die Ansicht, daß eine Versteuerung sowohl im Ausfuhrland als auch im Verbrauchsland nicht ausgeschlossen werden könne. Dagegen hatten sich die Mitgliedstaaten auf dem ECOFIN-Rat vom 17.12.1990[707] bereits darauf verständigt, für bestimmte Fälle besondere Bestimmungen zu erlassen, damit für die in einem Mitgliedstaat versteuerten und in einem anderen Mitgliedstaat noch zu versteuernden Waren eine Doppelbesteuerung vermieden werden konnte. Zur Verhinderung von Steuerumgehungen wurde die Einführung eines allgemeinen gemeinschaftsweiten Kontrollsystems beschlossen. Am Ende einigten sich die Mitgliedstaaten auf das in den Artikeln 7, 10 und 22 RL 92/12/EWG festgelegte Beförderungs- und Erhebungsverfahren, das den freien Warenverkehr auch mit bereits versteuerten Waren ermöglicht. Zur Sicherung des Steueraufkommens wurde dabei auch die Möglichkeit einer Doppelbesteuerung bewußt in Kauf genommen. Die Steuer im Bestimmungsmitgliedstaat entsteht grundsätzlich unabhängig davon, ob es dem Versender gelingt, die Voraussetzungen für das Entlastungsverfahren im Abgangsstaat zu erfüllen. Das Bestreben der Mitgliedstaaten nach einer möglichst lückenlosen steuerlichen Erfassung der in ihr Hoheitsgebiet verbrachten Waren, veranlaßte sie, in Art.9 RL 92/12/EWG einen Auffangtatbestand aufzunehmen, der allein an den Besitz einer Ware zu gewerblichen Zwecken anknüpft. Dagegen hatte der deutsche Gesetzgeber von dieser Möglichkeit der Steuerentstehung vor dem Binnenmarkt nur im Rahmen von Nachsteuerregelungen bei Steuererhöhungen Gebrauch gemacht.

Nach dem Anlaß und den Umständen der Beförderung von Waren des freien Verkehrs anderer Mitgliedstaaten unterscheiden die Verbrauchsteuergesetze zwischen dem Verbringen zu gewerblichen Zwecken, dem Verbringen im Rahmen eines Versandhandelsgeschäftes und dem Verbringen zu privaten Zwecken. Je nach der konkreten Fallkonstellation kommen unterschiedliche Steuerentstehungstatbestände zur Anwendung, die eine möglichst lückenlose Erfassung der in das Steuergebiet verbrachten Waren gewährleisten sollen. Da im Reiseverkehr das Ursprungslandprinzip gilt und die zu privaten Zwecken in das Steuergebiet verbrachten Waren von der Steuer befreit sind, kommt der Unterscheidung des gewerblichen Warenverkehrs vom privaten Reiseverkehr eine entscheidende Bedeutung zu. Zu diesem Zweck haben die Mitgliedstaaten in Art.9 Abs.2 RL 92/12/EWG bestimmte Kriterien, wie z.B. die handelsübli-

---

[705] Nach *Jarsombeck* (Harmonisierung der indirekten Steuern, Die Branntweinwirtschaft 1989, S. 246,250) mußte sichergestellt werden, daß im Ausfuhrland versteuerte Waren nochmals beim Einführer besteuert werden (Zwang zur prohibitiven Doppelbesteuerung) oder aber alternativ die Möglichkeit erwogen werden, die Steuer im Ausfuhrland zu erstatten, wenn die Ware im Verbrauchsland steuerlich erfaßt wird.

[706] *Treu*, Harmonisierung der Alkoholsteuer in der EG, DDZ 1992, F 112,113.

[707] Schlußfolgerungen des Rates vom 17.12.1990, Dok. 10973/90 vom 18.12.1990, S. 5.

che Stellung des Besitzers, die verwendete Beförderungsart oder die Beschaffenheit der Ware, festgelegt und die Möglichkeit eröffnet, Richtmengen einzuführen, deren Überschreitung als Anhaltspunkt für eine Bestimmung der Waren zu gewerblichen Zwecken gewertet werden kann.[708] Da sich Deutschland in den Verhandlungen stets gegen den als überflüssig und mißverständlich empfundenen Richtmengenkatalog ausgesprochen hatte, wurde er in die 1992 konzipierten Verbrauchsteuergesetze und Durchführungsverordnungen nicht aufgenommen.[709] Der Gesetzgeber beschränkte sich vielmehr darauf, die in Art.9 Abs.2 RL 92/12/EWG genannten Kriterien in den gesetzlichen Bestimmungen[710] zu wiederholen und anzuordnen, daß diese Umstände bei der Beurteilung der Zweckbestimmung der in das Steuergebiet verbrachten Waren zu berücksichtigen sind. Eine Beweislast des Steuerpflichtigen für die private Verwendung der verbrauchsteuerpflichtigen Erzeugnisse ist mit der zur Umsetzung von Art.9 Abs.2 RL 92/12/EWG getroffenen Regelung jedoch nicht verbunden.

Bei der Durchführung von Kontrollen durch die Zollverwaltung[711] hat sich diese Rechtslage in der Praxis als unzureichend erwiesen, da die Behauptung der kontrollierten Personen, die in großen Mengen vorgefundenen Waren dienten dem eigenen Verbrauch, oftmals nicht widerlegt werden konnte, obwohl der begründete Verdacht bestand, daß die Waren einer gewerblichen Verwendung zugeführt werden sollten. Daher hat sich der Gesetzgeber 1996 bei der Konzipierung des Verbreauchsteueränderungsgesetzes entschlossen, die Verbrauchsteuergesetze um eine Ermächtigung zu ergänzen, mit der auf dem Verordnungswege Richtmengen vorgeschrieben werden können, bei deren Überschreitung widerleglich vermutet wird, daß die Waren zu gewerblichen Zwecken bezogen, in Besitz gehalten oder verwendet werden. Die damit verbundene Beweislast des durch die Steuerfreiheit im Reiseverkehr Begünstigten ist sachgerecht, denn sie entspricht dem im Steuerrecht geltenden allgemeinen Grundsatz, daß derjenige, der einen Steuervorteil in Anspruch nehmen will, auch die eine Steuervergünstigung begründenden Tatbestandsmerkmale zu beweisen hat.

---

[708] *Jatzke*, Das neue Verbrauchsteuerrecht im EG-Binnenmarkt, BB 1993, S. 41,49.

[709] *Sievert*, Die Harmonisierung der besonderen Verbrauchsteuern in der EG - und sie bewegt sich doch!, ZfZ 1992, S. 98,99.

[710] § 20 Abs.2 TabStG; § 17 Abs.2 BierStG; § 145 Abs.2 BranntwMonG, § 15 Abs.2 SchaumwZwStG.

[711] Als Ausgleich für den Wegfall der Grenzkontrollen werden im Bundesgebiet mobile Kontrollgruppen der Zollverwaltung eingesetzt, die gemäß § 210 Abs.3 AO berechtigt sind, Fahrzeuge anzuhalten, um zu überprüfen, ob mit ihnen verbrauchsteuerpflichtige Waren befördert werden und um Feststellungen zu treffen, die für die Besteuerung dieser Waren erheblich sein können.

2. Steuerentstehung durch Empfang im Steuergebiet oder beim Verbringen in das Steuergebiet

Durch die Normierung von neuen Entstehungstatbeständen, die an den Empfang und an das Verbringen der Ware in das Steuergebiet anknüpfen[712], wurde der bisherige Einfuhrtatbestand abgelöst, der mit den Grundprinzipien des freien Warenverkehrs im Binnenmarkt nicht mehr vereinbar war[713]. Im Gegensatz zur Versandhandelsregelung ist für die Steuerentstehung nicht der Vorgang der Auslieferung maßgebend, sondern der tatsächliche Empfang der Ware. Empfang bedeutet die körperliche Inbesitznahme durch den Steuerpflichtigen selbst oder durch einen von ihm bestellten Vertreter. Eine eng am Wortlaut von Art.7 Abs.2 RL 92/12/EWG ausgerichtete Umsetzung des Begriffes der Lieferung, die in jedem Fall an das Verbringen bzw. an den Übergang der Ware in das Steuergebiet anknüpft, erschien als nicht sachgerecht, da sie die Steuerentstehung auf einen Zeitpunkt vorverlegt hätte, in dem der Steuerschuldner noch gar keine Verfügungsmacht über den Steuergegenstand erlangt haben kann. Daher wurde eine Konstruktion gewählt, die auf die körperliche Inbesitznahme der Ware durch den Steuerpflichtigen im Steuergebiet abstellt und es im Regelfall ermöglicht, das Beförderungsverfahren erst mit der Entstehung der Steuer im Betrieb des Empfängers enden zu lassen.

Anders sind dagegen die Fälle zu beurteilen, in denen der im Steuergebiet ansässige Unternehmer die Ware aus einem anderen Mitgliedstaat abholt und selbst in das Steuergebiet verbringt. Der Umstand, daß der sog. Selbstabholer die Verfügungsmacht über die Ware bereits im Zeitpunkt des Grenzübertritts innehat, rechtfertigt eine Vorverlegung der Steuerentstehung auf diesen Zeitpunkt. Das gleiche gilt, wenn der Empfänger eine andere Person mit der Beförderung der Ware beauftragt. Daher entsteht die Steuer auch dann, wenn der Bezieher die außerhalb des Steuergebietes in Empfang genommene Ware in das Steuergebiet verbringen läßt. Dabei ist es ohne Belang, ob der Beförderungsleistung des Dritten ein Dienst- oder Werkvertrag oder ein Gefälligkeitsverhältnis zugrunde liegt. Entscheidend ist die durch ein Besitzmittlungsverhältnis verschaffte Verfügungsmacht über die Ware und die damit verbundene Dispositionsfreiheit des Beziehers noch vor der unmittelbaren Besitzerlangung im Steuergebiet.

Voraussetzung für die Steuerentstehung ist in allen Fällen, daß die Waren zu gewerblichen Zwecken bezogen werden. Mit diesem subjektiven Merkmal ist das Erfordernis einer nach außen erkennbaren Bestimmung verbunden. Aus den Gesamtumständen der Lieferung oder des Verbringens in das Steuergebiet muß sich die gewerbliche Bestimmung der Waren ergeben. Neben Inhabern von Gewerbebetrieben können Bezieher auch freiberuflich Tätige und Inhaber

---

[712] § 16 BierStG, § 144 BranntwMonG, § 14 SchaumwZwStG und § 19 MinöStG.

[713] Begründung zu § 16 BierStG, BT-Drs. 12/3432, S. 76.

von landwirtschaftlichen Betrieben sein.[714] Darüber hinaus steht nach den gesetzlichen Bestimmungen auch der Bezug durch eine Einrichtung des öffentlichen Rechts dem Bezug zu gewerblichen Zwecken gleich.

Als Steuerschuldner im Bestimmungsland kommen nach Art.7 Abs.3 RL 92/12/EWG verschiedene Personen in Betracht. Nach dieser Vorschrift ist Steuerschuldner, wer die Lieferung der Waren innerhalb des Bestimmungslandes vornimmt oder die zur Lieferung bestimmten Waren besitzt. Darüber hinaus wird die Verbrauchsteuer von den Personen, den gewerblichen Wirtschaftsbeteiligten oder den öffentlich-rechtlichen Einrichtungen geschuldet, bei denen die Waren bereitgestellt werden. Die etwas umständliche Formulierung besagt im Klartext, daß der Bezug durch eine öffentlich-rechtliche Einrichtung einem Bezug zu gewerblichen Zwecken gleichsteht und daß als Schuldner der Verbrauchsteuer regelmäßig der im Bestimmungsland ansässige Empfänger der Ware in Betracht kommt. Demgemäß bestimmen alle Verbrauchsteuergesetze den Bezieher der Ware zum Steuerschuldner. Der Begriff des Beziehers wurde als Oberbegriff in das deutsche Verbrauchsteuerrecht eingeführt. Er umfaßt neben den Gewerbetreibenden und freiberuflich Tätigen auch Einrichtungen des öffentlichen Rechts. Der Steuerschuldnerschaft des Beziehers liegt der Gedanke zugrunde, daß die Steuer von demjenigen entrichtet werden soll, der die Ware im Steuergebiet einer gewerblichen Verwendung zuführt und sie damit in den freien Verkehr des Inlandes entnimmt.

3. Steuerentstehung durch Inbesitzhalten oder Verwenden zu gewerblichen Zwecken

Sofern die Steuer nicht bereits aufgrund eines anderen Entstehungstatbestandes entstanden ist, entsteht sie nach wortgleichen Bestimmungen in allen Verbrauchsteuergesetzen, wenn verbrauchsteuerpflichtige Waren, die in einem anderen Mitgliedstaat versteuert worden sind, im Steuergebiet zu gewerblichen Zwecken erstmals in Besitz gehalten oder verwendet werden. Als Vorbild für diesen Auffangtatbestand diente § 57 ZollG, der ebenfalls an den Besitz zollbarer Waren anknüpfte. Der auf der Grundlage von Art.9 RL 92/12/EWG[715] in das Verbrauchsteuerrecht neu eingeführte Entstehungstatbestand findet keine Entsprechung in den alten Verbrauchsteuergesetzen. Zwar enthielt § 3 Abs.3 MinöStG a.F. eine ähnliche Generalklausel, die jedoch nicht auf den Besitz, sondern ausschließlich auf die Entnahme oder die Abgabe von

---

[714] Auch im bisherigen Verbrauchsteuerrecht wurde der Begriff des Gewerbebetriebes weit ausgelegt und darunter auch landwirtschaftliche Betriebe verstanden. Vgl. *Kettnaker/Frank*, Das Mineralölsteuerrecht, S. 101.

[715] Nach Friedrich (Das neue Verbrauchsteuerrecht ab 1993, DB 1992, S. 2000,2003) handelt es sich um einen Auffangtatbestand, der lediglich Restfälle abdecken will. Darunter dürften die bisherigen Schmuggel und Hehlertaten fallen. Daher gäbe es auch keine Rückerstattungspflicht wie bei Art.7 RL 92/12/EWG.

Mineralöl zur Verwendung als Kraftstoff abstellte. Eine Anknüpfung an die tatsächliche Sachherrschaft über eine verbrauchsteuerpflichtige Ware als den Steuerentstehungstatbestand begründendes Merkmal findet sich lediglich in einigen Verbrauchsteueränderungsgesetzen, die den Besitzer von Warenbeständen zur Vermeidung von Hortungskäufen bei Steuersatzerhöhungen mit einer Nachsteuer belegten.[716]

Die Anknüpfung an den Besitz einer verbrauchsteuerpflichtigen Ware verlegt die Steuerentstehung in die Nähe des tatsächlichen Ge- oder Verbrauchs und ermöglicht eine eindeutige Zuordnung des Steuerobjekts im Rahmen der durch die unmittelbare Sachherrschaft begründeten Schuldnerstellung des Besitzers.

Um eine Doppelbesteuerung einer Ware auszuschließen, wurde der Entstehungstatbestand auf das erstmalige Inbesitzhalten oder Verwenden der Ware zu gewerblichen Zwecken beschränkt. Beim Handel in der Strecke löst damit nur die erste Verfügung über die Ware die Steuerpflicht aus. Ein Ergebnis, das der Gesetzgeber bei der Ausgestaltung des ähnlichen Auffangtatbestandes in § 9 Abs.4 MinöStG bewußt vermieden hat, da dem Betroffenen die Berufung auf einen vorhergehenden oder nachfolgenden Besitzer abgeschnitten werden sollte; daher haften alle Verwender als Gesamtschuldner.[717] Bei Anerkennung des allgemeinen Grundsatzes, daß der Verbrauch einer steuerbaren Ware lediglich einmal steuerlich belastet werden soll, erscheint dieses Ergebnis unbillig. Daher ist die Einschränkung auf die erstmalige Verwendung systemgerecht und vermeidet Härten, die durch die Inanspruchnahme eines Getäuschten entstehen könnten. Es ist jedoch auch zu berücksichtigen, daß die Beschränkung auf den Erstbesitzer mit einem Effektivitätsverlust der Steuererhebung erkauft werden muß, da der von einer Steueraufsichtsmaßnahme Betroffene die steuerliche Inanspruchnahme durch die Berufung auf einen gewerblichen Vorbesitzer vereiteln kann. In diesen Fällen ist die Steuerverwaltung in Beweisnot, da es ihr obliegt, die tatbestandsmäßigen Voraussetzungen für die Steuerentstehung und damit auch für das Tatbestandsmerkmal "erstmalig" zu beweisen. Aus Gründen der Steuergerechtigkeit im Einzelfall und aus steuersystematischen Gründen sind diese Beschwernisse jedoch hinzunehmen.

Steuerschuldner ist in den vorgenannten Fällen nicht der Bezieher, sondern der Besitzer oder der Verwender. Mit dieser Regelung sollen insbesondere im Steuergebiet nicht ansässige Händler steuerlich erfaßt werden, die ihre Waren von Fahrzeugen oder „fliegenden Ständen“ aus verkaufen. Anknüpfungspunkt für die Steuerschuldnerschaft des Besitzers ist dessen mittelbare oder unmittelbare Sachherrschaft, durch die er in die Lage versetzt wird, die Ware jederzeit dem gewerblichen Eigenverbrauch oder einer anderen gewerblichen Ver-

---

[716] Vgl. die ausführliche Übersicht über die bisherigen Nachsteuergesetze bei *Förster*, Die Verbrauchsteuern, S. 70ff.

[717] *Schädel/Langer/Gotterbarm*, Mineralölsteuer, Mineralölzoll, § 3 Rdnr. 18.

wendung zuzuführen. Der Besitz zu gewerblichen Zwecken steht dabei einem Übertritt in den freien Inlandsverkehr gleich, der sich spätestens mit der Verwendung der Ware auch körperlich vollzieht.

4. Steuerentstehung durch Auslieferung im Versandhandel

a) Voraussetzungen für das Vorliegen eines Versandhandels

Die gesetzlichen Bestimmungen über die steuerliche Behandlung von Versandhandelsgeschäften[718] beruhen auf Art.10 RL 92/12/EWG. Nach dieser Vorschrift stellen gewerbliche Warensendungen, denen ein Versandhandelsgeschäft[719] zugrunde liegt, einen Unterfall der innergemeinschaftlichen Lieferung von Waren des freien Verkehrs dar. Die Besonderheit liegt jedoch darin, daß nicht der Empfänger der Ware, sondern der Versandhändler im Zeitpunkt der Auslieferung der Ware Steuerschuldner wird. Aus der Umschreibung des Empfängerkreises in Art.10 Abs.1 RL 92/12/EWG, nach der es sich beim Empfänger weder um einen zugelassenen Lagerinhaber noch um einen registrierten oder nicht registrierten Wirtschaftsbeteiligten handeln darf, hat der Gesetzgeber geschlossen, daß die Vorschrift nur bei der Belieferung von Privatpersonen Anwendung findet. Demzufolge ist die Auslieferung an eine Privatperson eine der beiden wesentlichen Voraussetzungen, die den Versandhandel von anderen Handelsgeschäften abgrenzen.

Weitere Voraussetzung ist, daß der Verkäufer den Versand der Ware entweder selbst durchführt oder durch andere durchführen läßt. Mit dieser Formulierung soll zum Ausdruck gebracht werden, daß der Verkäufer die Verpflichtung übernommen haben muß, für den Transport der Ware zu sorgen und die Transportkosten zu übernehmen. Nach dem Wortlaut des Gesetzes ist es in diesem Zusammenhang zweifelhaft, ob die Entstehung der Steuer in der Person des Versandhändlers auch davon abhängt, ob eine Nebenabrede getroffen worden ist, nach der der Versandhändler die Gefahr für Transportschäden oder für den Verlust der Ware während des Transportes übernommen hat. Auf das Erfordernis einer Gefahrtragung durch den Verkäufer deutet Art.10 Abs.2 RL 92/12/EWG hin, nach dem das Bestimmungslandprinzip auf Waren des freien Verkehrs Anwendung findet, die vom Verkäufer selbst oder auf dessen Gefahr direkt oder indirekt versandt oder befördert werden. Im Widerspruch dazu läßt die Begründung zu Art.10 RL 92/12/EWG eine Beförderung auf Rechnung des Verkäufers ausreichen. Verfolgt man die Entstehungsgeschichte

---

[718] § 19 TabStG, § 18 BierStG, § 146 BranntwMonG, § 16 SchaumwZwStG und § 21 MinöStG.

[719] Im Gegensatz zu Art.10 RL 92/12/EWG fand der Begriff des Versandhandelsverkaufs in Art.5 Abs.1 c des Vorentwurfes ausdrückliche Erwähnung; in die Endfassung wurde er jedoch nicht mehr aufgenommen.

der Vorschrift, gelangt man zu dem Schluß, daß das Erfordernis einer Gefahrtragung durch den Versandhändler ursprünglich nicht beabsichtigt war. Darauf deutet Art.5 Abs.1c des ersten Vorschlages für eine Systemrichtlinie hin, der zur Definition des Versandhandelsverkaufs auf Art.28 der Sechsten Mehrwertsteuer-Richtlinie verwies.[720] Die Verweisung auf Bestimmungen des EG-Mehrwertsteuerrechts wurde jedoch nicht nur von Deutschland als für das Verbrauchsteuersystem unpraktikabel abgelehnt. Der von der deutschen Delegation eingebrachte Änderungsvorschlag zu Art.5, unter Versandkauf jeden Verkauf zu verstehen, bei dem die Versendung oder Beförderung der Ware im Auftrag des Verkäufers erfolgt, vermied die Bezugnahme auf Vorschriften der Mehrwertsteuer-Richtlinie und enthielt darüber hinaus auch keine Regelung über die Gefahrtragung. Die Formulierung ließ insbesondere Gefahrtragungsregelungen im Rahmen von Versendungskäufen nach § 447 BGB zu, bei denen den Verkäufer die Nebenpflicht trifft, das Versendungsverlangen des Käufers durch Abschluß eines Beförderungsvertrages und Übergabe der Ware an einen Spediteur oder Frachtführer zu erfüllen.[721]

In dem Bemühen, den Versandhandel von privat veranlaßten Verbringungsfällen des Art.8 RL 92/12/EWG abzugrenzen, einigten sich die Mitgliedstaaten schließlich auf eine Definition, die als wesentliches Abgrenzungskriterium auf die Übernahme der Beförderung durch den Verkäufer abstellt. Die Anwendung des Ursprungslandprinzips sollte grundsätzlich den Fällen vorbehalten bleiben, in denen die in einem anderen Mitgliedstaat zu privaten Zwecken erworbenen Waren vom Käufer selbst in den Heimatstaat verbracht werden. Mit der Beschränkung des Ursprungslandprinzips auf den privaten Reiseverkehr sollte ein Ausnutzen des zwischen den Mitgliedstaaten bestehenden Steuersatzgefälles durch Fernkäufe verhindert und damit das Steueraufkommen der Mitgliedstaaten geschützt werden. Sinn und Zweck der Versandhandelsregelung lassen deutlich erkennen, daß der Gefahrtragung keine wesenliche Bedeutung beigemessen wurde. Entscheidend ist, daß sich der Käufer eines Dritten und damit eines im Reiseverkehr atypischen "Beförderungsmittels" bedient, um in den unmittelbaren Besitz der Ware zu gelangen. Zur Erfüllung dieser Voraussetzung hat es der Gesetzgeber bei der Umsetzung von Art.10 RL 92/12/EWG als ausreichend erachtet, daß der Versandhändler das Versendungsverlangen des Käufers dadurch erfüllt, daß er den Versand der Waren selbst durchführt oder durch andere durchführen läßt.

Liegen danach die tatbestandsmäßigen Voraussetzungen für ein Versandhandelsgeschäft vor, entsteht die Steuer mit der Auslieferung der Ware an den privaten Endabnehmer. Im Gegensatz zur Steuerentstehung durch den Empfang der Ware bei den übrigen gewerblichen Warenlieferungen, ist das

---

[720] Begründung zu Art.5 des Vorschlages für eine Richtlinie des Rates über das allgemeine Verbrauchsteuersystem sowie über den Besitz und die Beförderung verbrauchsteuerpflichtiger Waren, KOM (90) 431 endg. vom 7.11.1990, S. 6.

[721] *Palandt*, Kommentar zum BGB, § 447 Rdnr. 5.

Tatbestandsmerkmal der Auslieferung bereits erfüllt, sobald die Ware in den Herrschaftsbereich des Käufers gelangt, so daß er dadurch die Möglichkeit des direkten Zugriffs erhält. Die Steuerentstehung im Zeitpunkt der Auslieferung ist sachgerecht, da dem Empfänger erst in diesem Zeitpunkt die Möglichkeit verschafft wird, die verbrauchsteuerpflichtige Ware einer konsumtiven Verwendung zuzuführen.

b) Versandhändler und Beauftragte als Steuerschuldner

Die Regelung der Steuerschuldnerschaft im Versandhandel stellt eine Ausnahme von dem Grundsatz dar, daß stets die im Bestimmungsland ansässige Person, die den Übertritt der Ware in den freien Inlandsverkehr bewirkt, als Steuerschuldner in Anspruch genommen wird. Bei Versandhandelsgeschäften wird nicht die im Steuergebiet belieferte Privatperson, sondern der im Ausland ansässige Versandhändler oder dessen Beauftragter Steuerschuldner. Diese Regelung erleichtert für Privatpersonen den Kauf von verbrauchsteuerpflichtigen Erzeugnissen in einem anderen Mitgliedstaat im Wege des Versandhandels dadurch, daß die Versteuerung der bestellten und ausgelieferten Waren durch den Versandhändler oder in dessen Auftrag von einem Beauftragten vorgenommen wird.[722] Die Abweichung vom Grundprinzip läßt sich mit den besonderen Verkaufsbedingungen des Versandhandels rechtfertigen, der zum Erliegen käme, wenn man den beziehenden Privatkunden die Erfüllung steuerlicher Pflichten und die Entrichtung von Steuern auferlegen würde.

Nach Art.10 Abs.3 RL 92/12/EWG können die Mitgliedstaaten zulassen, daß die im Rahmen von Versandhandelslieferungen entstandenen Verbrauchsteuern von einem im Bestimmungsmitgliedstaat niedergelassenen Beauftragten geschuldet werden, der nicht mit dem Empfänger der Ware identisch sein darf. Mit dieser Regelung soll eine Freistellung des Versandhändlers von der Erfüllung steuerlicher Pflichten im Bestimmungsland erreicht werden. Die Steuerschuldnerschaft des in einem anderen Mitgliedstaat ansässigen Versandhändlers stellt diesen nämlich vor das Problem, gemäß den verbrauchsteuerrechtlichen Vorschriften des Bestimmungslandes Steueranmeldungen abgeben und die Steuer entrichten zu müssen. Durch die Einschaltung eines Beauftragten kann sich der Versandhändler der Hilfe eines sachkundigen Vertreters bedienen, der stellvertretend für ihn die steuerliche Abwicklung der Warenlieferung übernimmt und damit Detailkenntnisse des Verbrauchsteuerrechts anderer Mitgliedstaaten entbehrlich macht. Auch für die Verwaltung ist die Einschaltung eines Beauftragten von Vorteil. In diesem Zusammenhang weist Schröer-Schallenberg[723] darauf hin, daß dadurch im wesentlichen die

---

[722] Begründung zu § 146 BranntwMonG, BT-Drs. 12/3432, S. 81.

[723] *Schröer-Schallenberg*, Die Auswirkungen der Verbrauchsteuerharmonisierung, ZfZ 1993, S. 300,305.

Probleme entfallen, die mit der Einforderung einer Steuer von einem ausländischen Steuerpflichtigen verbunden sein können.

Da nähere Bestimmungen über die Bestellung des Beauftragten in Art.10 RL 92/12/EWG fehlen, hat der Gesetzgeber auf die Regelung des Beauftragten in Art.17 RL 92/12/EWG zurückgegriffen und für beide steuerlichen Vertreter identische Zulassungsvoraussetzungen normiert. Danach bedarf es in jedem Fall eines Antrages des Versandhändlers auf Zulassung des Beauftragten. Darüber hinaus ist eine schriftliche Erklärung des Beauftragten erforderlich, daß er mit der Antragstellung und damit konkludent auch mit der Übernahme der ihm durch die Zulassung auferlegten steuerlichen Pflichten einverstanden ist. Um Zustellungsschwierigkeiten zu vermeiden, schreiben die Durchführungsverordnungen vor, daß der Versandhändler den Beauftragten als Empfangsbevollmächtigten nach § 123 AO für die Zulassung und weitere die Zulassung betreffende Verwaltungsakte zu bestellen hat. Die Zulassung, die aufgrund dieser Vorschrift regelmäßig dem im Steuergebiet ansässigen Beauftragten zugestellt wird, stellt einen Verwaltungsakt mit Doppelwirkung dar.[724] Zum einen begünstigt die Zulassung den Versandhändler, indem die von ihm benannte Person von der Zollverwaltung als Vertreter und Steuerschuldner akzeptiert wird, zum anderen belastet die Zulassung den Beauftragten, indem sie ein neues Steuerrechtsverhältnis begründet, durch das der Beauftragte neben dem Versandhändler Steuerschuldner wird und dessen sonstige Pflichten zu erfüllen hat. Durch die Zulassung und die mit ihr verbundene Überprüfungsmöglichkeit der Zollverwaltung wird sichergestellt, daß die Vertretung des Versandhändlers nur durch steuerlich zuverlässige Personen erfolgt, die auch Gewähr für die Entrichtung der Steuer bieten.

In ihrer Wirkung geht die Zulassung eines Beauftragten über die Zulassung nach § 214 AO hinaus, die abweichend von § 80 AO ebenfalls eine Vertretungsbefugnis von einer amtlichen Zustimmung abhängig macht. Im Gegensatz zum steuerlichen Beauftragten nach § 214 AO, der aufgrund eines Arbeitsverhältnisses den Steuerpflichtigen vertritt und in dieser Eigenschaft selbst nicht zum Steuerschuldner wird[725], ist der Beauftragte durch die angeordnete Steuerschuldnerschaft beschwert, so daß er die Zulassung gemäß § 347 AO mit dem Rechtsbehelf des Einspruchs selbständig anfechten kann. Ist der Rechtsbehelf erfolgreich, kann die Beschwerdeentscheidung zu einem Wegfall der Geschäftsgrundlage des Innenverhältnisses führen, das in einem Werk- oder Dienstleistungsvertrag bestehen kann und selbst nicht der Zulassungspflicht unterliegt.

Seiner Funktion nach kommt der Beauftragte einem ständigen Vertreter nach § 13 AO recht nahe. Nach der Definition in § 13 Abs.1 AO ist ein ständiger Vertreter eine Person, die nachhaltig die Geschäfte eines Unternehmens

[724] *Jatzke*, Das neue Verbrauchsteuerrecht im EG-Binnenmarkt, BB 1993, S. 41,47.
[725] *Tipke*, in: *Tipke/Kruse*, Abgabenordnung, Finanzgerichtsordnung, § 214 Rdnr. 4.

besorgt und dabei dessen Sachweisungen unterliegt. Nach der neueren Rechtsprechung des BFH[726] ist es nicht erforderlich, daß zwischen dem ausländischen Unternehmer und dem ständigen Vertreter ein persönliches Abhängigkeitsverhältnis besteht, das über den Rahmen einer sachlichen Weisungsgebundenheit hinausgeht. Auch kann der ständige Vertreter seine Tätigkeit im Rahmen eines eigenen Gewerbebetriebes ausüben. Somit kommen für die Person des ständigen Vertreters sowohl Angestellte des ausländischen Unternehmens als auch selbständige Gewerbetreibende, wie Generalagenten, Kommissionäre oder Spediteure, in Betracht.[727] Die Tätigkeit des ständigen Vertreters dient in einigen Einzelsteuergesetzen, wie z.B. in § 49 Abs.1 Nr.2 EStG, als Anknüpfungspunkt für die beschränkte Steuerpflicht. Darüber hinaus stellen die meisten Doppelbesteuerungsabkommen den ständigen Vertreter einer Betriebstätte gleich.[728] Auch der in den Verbrauchsteuergesetzen geregelte steuerliche Beauftragte dient der Verlagerung des Anknüpfungspunktes für die Steuerentstehung in das Inland. Seiner Funktion nach steht auch der Beauftragte einer Betriebstätte des ausländischen Versandhändlers im Steuergebiet gleich. Dieser Umstand erleichtert die Steuererhebung und die Ausübung der Steueraufsicht, da Verwaltungsakte, die an einen im Ausland ansässigen Versandhändler gerichtet sind, mit Wirkung für diesen an eine im Steuergebiet ansässige Person zugestellt werden können und der im Geltungsbereich des deutschen Steuerrechts ansässige Steuerschuldner mit geringerem Verwaltungsaufwand in Anspruch genommen werden kann.

c) Transport auf Veranlassung und Rechnung der Privatpersonen

Erfolgt der Transport der Ware nicht durch den Versandhändler, sondern auf Veranlassung und Rechnung der Privatperson, liegen die tatbestandsmäßigen Voraussetzungen für einen Versandhandelskauf nicht vor. Für die Anwendung des Ursprungslandprinzips und damit für die Steuerfreiheit im privaten Reiseverkehr ist in diesen Fällen ebenfalls kein Raum, da der Käufer die Ware nicht selbst in das Steuergebiet verbringt. Eine Ausweitung des Anwendungsbereiches von Art.8 RL 92/12/EWG und der zu seiner Umsetzung in nationales Recht erlassenen Steuerbefreiungsvorschriften auf Fälle, in denen die Privatperson den Transport der Ware nicht selbst durchführt, sondern durch Dritte durchführen läßt, würde das bei Versandhandelsgeschäften geltende Bestimmungslandprinzip unterlaufen. Dem Käufer würde die Möglichkeit eröffnet, das Maß der steuerlichen Belastung der von ihm erworbenen Waren durch vertragliche Nebenabreden selbst zu bestimmen, da je nach dem

---

[726] Urteil des BFH vom 28.6.1972 I R 35/70, BStBl. II 1972, S. 785,787.

[727] *Scholtz*, in: *Koch/Scholtz*, Kommentar zur AO, § 13 Rdnr. 4 und Urteil des BFH vom 28.6.1972, BStBl. II 1972, S. 785,788.

[728] Art.5 Abs.4 des Musterabkommens der OECD 1977.

Träger der Beförderungsleistung entweder das Bestimmungslandprinzip oder das Ursprungslandprinzip zur Anwendung käme.

Für die Anwendung des Ursprungslandprinzips im Reiseverkehr sprechen vor allem Praktikabilitätserwägungen. Grundsätzlich liegt dem gemeinschaftlichen Verbrauchsteuersystem der Gedanke zugrunde, daß jedem Mitgliedstaat der Ertrag der Verbrauchsteuern für diejenigen Waren zustehen soll, die in seinem Hoheitsgebiet verbraucht werden. Unabhängig vom Ort der Entstehung der Verbrauchsteuer bildet der Verbrauchsakt den entscheidenden Anknüpfungspunkt für die endgültige Aufkommensverteilung zwischen den Mitgliedstaaten. Die Anwendung des Ursprungslandprinzips im Reiseverkehr durchbricht das innere System der Ertragszuweisung, indem es dem Bestimmungsland die Erhebungskompetenz verweigert. Eine Erhebung der Verbrauchsteuer im Bestimmungsland würde den Reisenden erheblich belasten, da dieser die aus einem anderen Mitgliedstaat eingeführten Waren in seinem Heimatland zur Versteuerung anmelden müßte. Darüber hinaus stünde der Verwaltungsaufwand für die Bearbeitung der Steueranmeldungen in keinem Verhältnis zu den Verbrauchsteuereinnahmen im Einzelfall, abgesehen davon, daß sich die Erfüllung der Anmeldepflicht einer effektiven Steuerkontrolle entziehen würde. Unter Berücksichtigung dieser Umstände einigten sich die Mitgliedstaaten auf eine steuertechnisch motivierte Ausnahmeregelung für den privaten Reiseverkehr. Um die Steuerausfälle auf ein Mindestmaß zu beschränken, wurde in Art.8 RL 92/12/EWG eine Regelung getroffen, nach der nur die Waren von einer steuerlichen Erfassung im Bestimmungsland ausgenommen bleiben, die der Reisende persönlich in sein Heimatland verbringt. Der Sinn und Zweck der Vorschrift erfordert eine restriktive Auslegung, die es nicht zuläßt, die Beförderung durch eine beauftragte Person dem Merkmal des „Selbst-Verbringens“ gleichzustellen.[729]

Auch Schröer-Schallenberg[730] vertritt die Ansicht, daß die Einschaltung eines Dritten auf Veranlassung und Rechnung der Privatperson die Pflicht zur Versteuerung im Empfangs- oder Verbrauchsland bewirke, da von einem "selbst befördern" nur dann auszugehen sei, wenn die Privatperson die Waren selbst körperlich transportiere. Der von Schröer-Schallenberg gezogenen Schlußfolgerung, daß es sich auch hier um die typische Konstellation des Versandhandels handelt[731], vermag ich mich indes nicht anzuschließen. Eine für den Versandhandel typische Konstellation liegt vielmehr nur dann vor,

---

[729] *Jatzke*, Aktueller Stand und Perspektiven der Verbrauchsteuerharmonisierung, ZfZ 1995, S. 278,283.

[730] Nach *Schröer-Schallenberg* (Die Auswirkungen der Verbrauchsteuerharmonisierung, ZfZ 1993, S. 300,305) könnte bei Anwendung der Grundsätze des Reiseverkehrs der Versandhandel und damit das Bestimmungslandprinzip umgangen werden, indem formal die Privatperson anstelle des Versandhändlers den Spediteur oder einen sonstigen Dritten beauftragt.

[731] Vgl. *Schröer-Schallenberg*, ebd., S. 300,305.

wenn der Versandhändler den Versand der Ware an den Erwerber selbst durchführt oder durchführen läßt. Händigt der Verkäufer in einem anderen Mitgliedstaat die Ware am Ort seines Geschäftssitzes einem Spediteur oder Frachtführer aus, der die Ware im Auftrag einer im Steuergebiet ansässigen Privatperson in Besitz nimmt und in das Steuergebiet verbringt, besteht weder ein rechtlicher noch ein sachlicher Grund, einen Versandhandel anzunehmen und dem Verkäufer die Anmeldepflicht und die Steuerlast aufzubürden. Aufgrund der Übernahme des Transportes durch den Käufer stellt sich der "Selbstabholerfall" dem Verkäufer gerade nicht als typisches Versandhandelsgeschäft dar. Durch die Beauftragung eines Spediteurs mit dem Transport der Ware bedient sich der Käufer eines im Reiseverkehr atypischen Beförderungsmittels, so daß von einem Verbringen zu gewerblichen Zwecken auszugehen ist. Schließen sich mehrere Privatpersonen zu einer sog. Einkaufsgemeinschaft zusammen und beauftragen ein Mitglied der BGB-Gesellschaft mit dem Transport der Ware, liegt ebenfalls ein Verbringen zu gewerblichen Zwecken vor, da die Beförderung durch einen Dritten als im Reiseverkehr atypische Beförderung anzusehen ist, die eine Anwendung des Ursprungslandprinzips ausschließt.[732] Ebenso sind Gefälligkeitsverhältnisse zu beurteilen, bei denen eine Partei den Transport für die andere übernimmt. Entscheidend ist, daß die Beförderung der Waren nicht durch die begünstigte Privatperson selbst erfolgt. Sofern sich die vom Beförderer für seinen Eigenbedarf erworbenen Waren nicht eindeutig von den anderen mitgeführten Waren unterscheiden und mit ihnen eine Gesamtmenge bilden, wird die Steuerfreiheit auch für diese Waren verwirkt, da sich die Annahme der gewerblichen Verwendung auf die gesamte Warenmenge erstreckt und insoweit eine Abspaltung einzelner Teilmengen verbietet.

Zur Schaffung einer klaren Rechtslage hat der Gesetzgeber die Befreiungsvorschriften für den privaten Reiseverkehr 1996 durch eine Bestimmung ergänzt, nach der Alkohol und alkoholische Getränke (einschließlich Bier und Schaumwein), die Privatpersonen aus anderen Mitgliedstaaten in das Steuergebiet verbringen lassen, als zu gewerblichen Zwecken bezogen, in Besitz gehalten oder verwendet gelten. Tabakwaren, die Privatpersonen in das Steuergebiet verbringen lassen, gelten als zu gewerblichen Zwecken verbracht.[733] Die unterschiedliche Diktion ist unnötig und unsystematisch. In Anlehnung an die Entstehungstatbestände beim Verbringen von verbrauchsteuerpflichtigen Waren aus anderen Mitgliedstaaten hätte für alle Ver-

---

[732] *Jatzke*, Das neue Verbrauchsteuerrecht in der Bundesrepublik Deutschland, IFSt-Schrift Nr. 322, S. 50f.

[733] Art.1 Nr.12, Art.2 Nr.13, Art.3 Nr.20 und Art.4 Nr.9 des Verbrauchsteueränderungsgesetzes (BGBl. I 1996, S. 962). Nach Soyk (Mineralölsteuerrecht, S. 199) wird die Auffassung, daß es sich bei den vorgenannten Fällen um ein Verbringen zu gewerblichen Zwecken handelt, durch die Neufassung der §§ 145 Abs.3 BranntwMonG, 20 Abs.3 TabStG, 17 Abs.3 BierStG und 15 Abs.3 SchaumwZwStG gestützt.

brauchsteuergesetze die Formulierung „gelten diese als zu gewerblichen Zwecken bezogen“ gewählt werden sollen.

Die Fiktion läßt offen, ob im konkreten Fall von einem Versandhandel auszugehen ist, bei dem der Versandhändler Steuerschuldner wird, oder ob ein Fall nach Art.7 RL 92/12/EWG vorliegt. Liegt kein Versandhandel vor, weil der Verkäufer den Transport nicht selbst durchführt oder auf seine Gefahr durchführen läßt, entsteht die Steuer mit dem Empfang der Ware im Steuergebiet. Steuerschuldner ist nicht der Beförderer, sondern stets die Privatperson, die den Transport veranlaßt. Eine steuerliche Inanspruchnahme des Transporteurs würde dem Systemgedanken der Verbrauchsbesteuerung widersprechen, da der Transporteur nicht als Verkäufer tätig wird und es ihm demzufolge nicht möglich ist, die Verbrauchsteuer auf den Auftraggeber abzuwälzen. Aber auch eine Inanspruchnahme des nicht als Versandhändler auftretenden Verkäufers scheidet aus, da es bei diesem durch die Unanwendbarkeit des für den Versandhandel vorgesehenen Entlastungsverfahrens zu einer Doppelbesteuerung käme. Daher stellt die vom Gesetzgeber angeordnete Steuerpflicht des privaten Beziehers eine sachgerechte Lösung dar, die zu einer Inanspruchnahme des eigentlichen Belastungsträgers führt, bei dem aufgrund des Erwerbs einer Ware des gehobenen Bedarfs finanzielle Leistungsfähigkeit vermutet werden kann.

d) Beschränkung des Versandhandels im Tabaksteuerrecht

Nach der Begründung zu § 19 TabStG[734] ist der Versandhandel zwischen den Mitgliedstaaten mit Tabakwaren des steuerrechtlich freien Verkehrs unzulässig, da nur Hersteller und Importeure den Kleinverkaufspreis bestimmen können und damit berechtigt sind, die zur ordnungsgemäßen Versteuerung notwendigen Steuerzeichen zu beziehen. Da nach § 12 Abs.1 TabStG die Tabakwaren im Zeitpunkt der Steuerentstehung mit Steuerzeichen versehen sein müssen, können Unternehmer mit Sitz in einem anderen Mitgliedstaat, die weder Hersteller noch Einführer sind, keine Versandhandelsgeschäfte tätigen. Versenden sie dennoch Tabakwaren des freien Verkehrs in das Steuergebiet, entsteht nach § 19 Satz 1 TabStG die Steuer mit dem Versenden. Da ein deutsches Steuergesetz keine Steuerentstehung in einem fremden Hoheitsgebiet regeln kann, entsteht die Tabaksteuer de facto erst im Zeitpunkt des Überschreitens der Grenze.

Zu Recht weist Bongartz[735] darauf hin, daß der Verbringer oder Lieferer nicht kraft seiner Handelsstellung zum Bezug von Steuerzeichen berechtigt ist. Ein Hersteller mit Sitz in einem anderen Mitgliedstaat kann sich jedoch zur

---

[734] Begründung zu § 19 TabStG, BT-Drs. 12/3432, S. 72.

[735] *Bongartz*, ZfZ 1993, S. 370,372.

Bestimmung des Kleinverkaufspreises nach § 5 Abs.2 TabStG einer im Steuergebiet ansässigen Person bedienen, die eine Berechtigung besitzt, Tabakwaren unter Steueraussetzung aus anderen Mitgliedstaaten zu beziehen. Die Regelung geht auf Art.5 Abs.1 RL 72/464/EWG zurück, nach dem neben den in der Gemeinschaft niedergelassenen Herstellern auch ihre Vertreter oder Beauftragten den Kleinverkaufspreis bestimmen können. Sofern ein Händler von dieser Möglichkeit Gebrauch macht und die Waren des freien Verkehrs in seinem Mitgliedstaat mit deutschen Steuerzeichen versieht, kann er in das Steuergebiet Versandhandelslieferungen durchführen. Während die Steuerzeichenschuld bereits mit dem Bezug der Steuerzeichen entsteht, fehlt es im Tabaksteuergesetz allerdings an einem Art.7 RL 92/12/EWG entsprechenden Entstehungstatbestand.

5. Besondere Steuerentstehungstatbestände des Tabaksteuerrechts

a) Steuerentstehung durch entgeltliche Abgabe von Deputatwaren

Neben dem Biersteuergesetz enthält auch das Tabaksteuergesetz in § 6 Abs.2 TabStG eine Deputatregelung, nach der Tabakwaren von der Steuer befreit sind, die der Hersteller an seine Arbeitnehmer als Deputat unentgeltlich abgibt. Wie bereits ausgeführt entbehrt diese Steuervergünstigung einer ausdrücklichen Rechtsgrundlage in den einschlägigen Richtlinienbestimmungen, insbesondere in Art.6a RL 72/464/EWG (bzw. Art. 11 RL 95/59/EG).

Im Gegensatz zu den Deputatvorschriften des Biersteuerrechts verbietet § 6 Abs.2 Satz 2 TabStG den Deputatberechtigten die entgeltliche Abgabe der steuerfrei erhaltenen Tabakwaren. Das Verbot soll den unerwünschten Handel mit Deputatwaren verhindern und gewährleisten, daß über die Freimengen nur durch Eigenverbrauch verfügt werden kann. Dadurch nehmen die Deputate mehr den Charakter einer Annehmlichkeit oder einer Arbeitsbedingung, als den einer geltwerten Sachleistung aus dem Arbeitsverhältnis an. Obwohl das Biersteuerrecht die entgeltliche Abgabe des Haustrunks nicht verbietet, wird der Verkauf zumeist in Tarifverträgen und Betriebsordnungen untersagt. Werden Tabakwaren verbotswidrig gegen Entgelt abgegeben, entsteht nach § 6 Abs.2 Satz 3 TabStG im Zeitpunkt der Abgabe die Tabaksteuer. Steuerschuldner ist nicht nur der Arbeitnehmer, sondern jeder, der in einer Veräußerungskette die Verfügungsmacht über die Deputatwaren erlangt und die Tabakerzeugnisse entgeltlich weitergibt. Nach Benkwitz[736] können Steuerschuldner daher auch Personen sein, die Deputatwaren verkaufen, die sie selbst von einem deputatberechtigten Arbeitnehmer als Geschenk erhalten haben. Entge-

---

[736] *Benkwitz*, Erläuterungen zum Tabaksteuergesetz, in: Das Deutsche Bundesrecht, VII D 31, S. 24.

gen der Ansicht von Förster[737] läßt sich die Steuerschuldnerschaft in diesen Fällen nicht damit begründen, daß eine bis dahin noch nicht verbrauchsteuerbelastete Ware in den freien Verkehr gebracht wird. Bei der verbotswidrigen Abgabe von Deputatwaren handelt es sich vielmehr um einen steuerrechtlich unerwünschten Umgang mit steuerbefreiten Waren, die mit der Besitzerlangung durch den Deputatberechtigten in den freien Verkehr getreten sind. Die Steuerentstehung ist hier eine Folge der Nichtbeachtung eines steuerlichen Verbotes; daher wird derjenige zum Steuerschuldner bestimmt, der die vom Gesetzgeber unerwünschte Verwendung der Erzeugnisse selbst herbeiführt oder zumindest durch die Abgabe ermöglicht hat.

Da die Steuer mit jeder entgeltlichen Abgabe neu entsteht, kann die gesetzliche Konstruktion zu einer mehrmaligen Entstehung der Tabaksteuer für ein und dieselbe Ware führen. Dabei ist die Berufung auf eine befreiende Leistung durch einen vorherigen Steuerschuldner ausgeschlossen, weil der Gesetzgeber von der Anordnung einer Gesamtschuldnerschaft abgesehen hat.[738] Die durch § 6 Abs.2 TabStG ermöglichte Mehrfachbelastung eines Steuergegenstandes widerspricht dem finanzpolitischen Ziel der Verbrauchsbesteuerung, das steuerbare Gut nur einmal zu belasten und auch die individuelle steuerliche Leistungsfähigkeit des Belastungsträgers nur einmal auszuschöpfen. Der Gesetzgeber hat diese Zielsetzung jedoch nirgends normiert und damit der Sicherung der Steuerbelange den Vorrang vor möglichen Verzerrungen und Härten gegeben, die sich aus der mehrfachen Entstehung der Steuer ergeben können.[739]

In bezug auf die Deputatregelung könnte diesem Systemwiderspruch dadurch begegnet werden, daß die Entstehung der Steuer auf die erstmalige vorschriftswidrige Abgabe von Tabakwaren beschränkt wird. Mit dieser Einschränkung wäre sowohl dem Erfordernis der Sicherung des Steueraufkommens, als auch dem eigentlichen Ziel der Verbrauchsbesteuerung genüge getan. Aufgrund der insoweit deckungsgleichen Interessenlage hätte es der Systematik der Verbrauchsteuergesetze besser entsprochen, auch im Biersteuerrecht ein Verbot der entgeltlichen Abgabe von Deputatwaren und einen § 6 Abs.2 Satz 3 TabStG entsprechenden Steuerentstehungstatbestand aufzunehmen. Durch eine Abschaffung der gleichheitswidrigen Steuervergünstigungen, die bereits 1971 von der Steuerreformkommission[740] gefordert wurde, könnten sich die aufgezeigten Probleme jedoch einfacher und überzeugender lösen lassen. Wie bereits bei den Steuerbefreiungen dargestellt, widersprechen die Deputatregelungen dem Grundsatz der Gleichmäßigkeit der Besteuerung und dem Leistungsfähigkeitsprinzip. Darüber hinaus besteht für ihre Beibehaltung

---

[737] *Förster*, Die Verbrauchsteuern, S. 75.

[738] Anders jedoch in § 9 Abs.4 MinöStG, der ebenfalls die mehrfache Steuerentstehung für ein und dieselbe Ware ermöglicht.

[739] *Schädel/Langer/Gotterbarm*, Mineralölsteuer, Mineralölzoll, § 3 Rdnr. 6.

[740] Gutachten der Steuerreformkommission 1971, S. 833,856.

keine gesicherte EG-rechtliche Grundlage. Daher sprechen gewichtige Gründe dafür, die systemwidrigen Steuerbefreiungen aufzuheben.

b) Steuerentstehung durch entgeltliche Abgabe über dem Kleinverkaufspreis

Die besondere Steuerstruktur und die Art der Erhebung der Tabaksteuer durch den Zwang zur Verwendung von Steuerzeichen bedingen eine Einschränkung der Dispositionsfreiheit des Handels. Da der Kleinverkaufspreis[741] nach § 4 Abs. 1 TabStG fester Bestandteil der Bemessungsgrundlage ist, würde seine nachträgliche Änderung auch zu einer Veränderung der Steuerbelastung führen. Der vom Hersteller oder Importeur nach § 5 Abs. 1 TabStG zu bestimmende Kleinverkaufspreis ist daher für den Handel bindend und darf weder unter- noch überschritten werden.[742] Nach Birk und Förster[743] entspricht das Verbot der Preisänderung dem Grundgedanken, daß der tatsächlich gezahlte Einzelhandelspreis nicht mehr mit dem der Besteuerung zugrunde gelegten Kleinverkaufspreis übereinstimmen würde. Deshalb verstieße eine in das Belieben des Steuerschuldners gestellte Bemessungsgrundlage gegen den Grundsatz der Gleichmäßigkeit der Besteuerung[744] und würde auch das Steueraufkommen gefährden, da der Wert der Packungen nicht mehr objektiv feststellbar und auf Dauer berechenbar sei.[745] Um zu verhindern, daß der Kleinverkaufspreis zu einer leicht manipulierbaren Rechnungsgröße wird, ordnet § 26 Satz 1 TabStG an, daß der auf den Steuerzeichen angegebene Packungspreis oder der sich daraus ergebende Kleinverkaufspreis vom Händler bei der Abgabe der Tabakwaren nicht überschritten werden darf. Grundsätzlich sind damit

---

[741] Nach *Schröter* (Die tabaksteuerrechtliche Rechtslage bei Kopplungsangeboten von Tabakerzeugnissen mit anderen Waren, ZfZ 1979, S. 199,200) ist der Begriff Kleinverkaufspreis ein überkommener tabaksteuerrechtlicher Begriff. Der Begriffsbestandteil „Klein“ weist dabei auf den Einzelhandel hin, der früher in den tabaksteuerrechtlichen Regelungen als „Kleinhandel“ definiert war.

[742] *Benkwitz*, Erläuterungen zum Tabaksteuergesetz, in: Das Deutsche Bundesrecht, VII D 31, S. 27.

[743] *Birk/Förster*, Verpackungszwang und Beipackverbot nach dem Tabaksteuergesetz, ZfZ 1988, S. 34,36f.

[744] Vgl. Urteil des AG Nürnberg vom 10.3.1987 46 Owi 157 Js 1376/85, ZfZ 1987, S. 249f.

[745] Nach dem Beschluß des Bayerischen Obersten Landesgerichts vom 28.10.1987 (in ZfZ 1988, S. 18,19) könnte das Besteuerungssystem, nämlich die Erhebung der Steuer beim Hersteller, obwohl Bemessungsgrundlage ganz oder teilweise der Kleinverkaufspreis ist, nicht mehr aufrechterhalten werden, wenn der Händler bei der Abgabe an den Verbraucher den Preis selbst bestimmen könnte. Eine Preisfestsetzung, die nur abstrakte Steuerbemessungsgröße ist und nicht durch eine entsprechende tatsächliche Zahlung durch den Verbraucher verifiziert werden müßte, würde niemals Bemessungsgrundlage einer Verbrauchsteuer sein können, die den Sinn hat, den effektiven Aufwand der Verbraucher steuerlich zu erfassen.

auch Kopplungsangebote untersagt, bei denen zur Erhöhung des Kaufpreises bestimmte Artikel zusammen mit den Tabakwaren zu einem Gesamtpreis angeboten werden.[746] Eine Ausnahme bildet der früher gesetzlich[747] und danach nur in einer Dienstanweisung[748] geregelte sog. Bedienungszuschlag. Da das Aufgeld als Entgelt für die Bedienung und damit für eine Dienstleistung und nicht als Preis für die Tabakwaren angesehen werden kann, stellen Bedienungszuschläge dann keinen Bestandteil des Kleinverkaufspreises dar, wenn die Tabakwaren von einer anderen Person als dem Händler an den Verbraucher herangebracht werden und der Zuschlag dem Bedienenden zufließt.[749]

Vor der harmonisierungsbedingten Neufassung des Tabaksteuergesetzes im Jahre 1980 bestand für Kleinhändler[750] die Möglichkeit, den Kleinverkaufspreis nachträglich zu erhöhen und die im Zeitpunkt der Preiserhöhung entstandene Tabaksteuer unter Verwendung von Zuschlagsteuerzeichen zu entrichten.[751] Da von dieser Möglichkeit jedoch nur wenig Gebrauch gemacht wurde, nahm der Gesetzgeber die Anpassung des Tabaksteuerrechts an die Definitionsrichtlinie 79/32/EWG zum Anlaß, die äußerst umständliche Zuschlagversteuerung mit Wirkung zum 1.1.1980 abzuschaffen.[752] Daher läßt § 26 TabStG auch keine Ausnahmen vom Verbot der Preisüberschreitung zu. Erhöht ein Klein- oder Großhändler dennoch den Verkaufspreis, entsteht nach § 26 Satz 2 TabStG die Steuer in Höhe des Unterschiedes der Steuerbelastung vor und nach der Preiserhöhung. Das Tatbestandsmerkmal des Überschreitens des Kleinverkaufspreises liegt bereits dann vor, wenn der Händler seinen Entschluß zur Preiserhöhung nach außen bekannt gibt und die Tabakwaren für Dritte erkennbar zu einem höheren Preis anbietet. Die Steuer kann daher bereits vor der eigentlichen Abgabe an den Verbraucher entstanden sein. Da ein effektiver Schutz des tabaksteuerrechtlichen Preisbindungssystems nur durch eine möglichst lückenlose Erfassung aller Verstöße gewährleistet werden kann, ist der Begriff des Verbrauchers weit auszulegen. Er umfaßt sowohl

---

[746] Zur Rechtslage bei Kopplungsangeboten vor der Abschaffung der nachträglichen Versteuerungsmöglichkeit durch Zuschlagsteuerzeichen vgl. *Schröter*, Die tabaksteuerrechtliche Rechtslage bei Kopplungsangeboten von Tabakerzeugnissen mit anderen Waren, ZfZ 1979, S. 199ff.

[747] Nach § 9 Abs.8 TabStG vom 6.5.1953 rechnete der übliche Bedienungszuschlag nicht zum Kleinverkaufspreis, wenn Tabakerzeugnisse in Gaststätten oder im Auftrag eines Tabakwarenhändlers bei geschlossenen Veranstaltungen, wie z.B. Festspielen und sportlichen Wettkämpfen, verkauft wurden und der Zuschlag ganz dem Bedienenden zufloß.

[748] Dienstanweisung V 1265 Abs.10 zu § 17 TabStG vom 13.12.1979.

[749] *Caspers/Dittrich*, Das neue Tabaksteuerrecht, ZfZ 1980, S. 66,208.

[750] Urteil des BGH vom 25.9.1959, 4 StR 337/58 in ZfZ 1960, S. 112f. Danach erfaßt der Begriff Kleinhandel die gewerbsmäßige Abgabe von Tabakwaren unmittelbar an den Verbraucher.

[751] *Schröter*, Kommentar zum Tabaksteuergesetz, S. 126f.

[752] Begründung zu § 17 TabStG 1980, BT-Drs. 8/3114, S. 14.

private als auch gewerbliche Abnehmer und selbst das Personal des Händlers.[753]

Die Entstehung der Tabaksteuer als Folge des verbotswidrigen Überschreitens des Kleinverkaufspreises stellt keine eigentliche Sanktion für einen Regelverstoß, sondern vielmehr eine durch die Tabaksteuerstruktur bedingte Notwendigkeit des Erhebungssystems dar. Dabei ist die Differenzbesteuerung nach Peters[754] systemgerecht, da eine Wertsteuer den gesamten finanziellen Aufwand des Verbrauchers erfassen soll. Das Verbot, den Kleinverkaufspreis zu überschreiten, wirkt sich allerdings bei Steuererhöhungen und den damit verbundenen Nachsteuerregelungen zum Nachteil des Steuerschuldners aus, da ihm die Abwälzung der erhöhten Steuerlast auf den Endverbraucher durch eine angemessene Preiserhöhung unmöglich gemacht wird. Aus diesem Grund hat der Gesetzgeber bei den letzten Steuererhöhungen Vorsorge getroffen und Übergangsvorschriften in das Tabaksteuergesetz aufgenommen, nach denen der auf den Steuerzeichen angegebene Packungspreis oder der sich daraus ergebende Kleinverkaufspreis für nachsteuerpflichtige Tabakwaren überschritten werden durfte.[755] Die bei den letzten Steuererhöhungen gemachten Erfahrungen haben jedoch gezeigt, daß der Verbraucher nicht in jedem Fall bereit ist, einen höheren als den auf den Steuerzeichen angegebenen Preis zu akzeptieren.[756] Darin liegt für den Steuerschuldner eine Härte, die aufgrund des besonderen Erhebungssystems der Tabaksteuer nicht vermieden werden kann und daher von den Betroffenen hingenommen werden muß. Besondere Härten im Einzelfall können durch Billigkeitserweise ausgeglichen werden.

c) Steuerentstehung durch Verbringen oder Versenden von Tabakwaren des freien Verkehrs in das Steuergebiet

Im Gegensatz zu den Verfahrensbestimmungen über den Bezug von Waren des freien Verkehrs in den anderen Verbrauchsteuergesetzen untersagt § 19 TabStG das Verbringen oder Versenden von in anderen Mitgliedstaaten versteuerten Tabakwaren in das Steuergebiet, sofern die deutsche Tabaksteuer nicht durch Verwendung von Steuerzeichen entrichtet worden ist. Nach der Grundkonzeption des Tabaksteuergesetzes sollen in den freien Verkehr und damit in den Handel nur mit Steuerzeichen versehene Tabakwaren gelangen. Die Bezugsmöglichkeit für Steuerzeichen ist jedoch auf natürliche oder juristi-

---

[753] Beschluß des Bayerischen Obersten Landesgerichtes vom 28.10.1987, ZfZ 1988, S. 18ff.

[754] *Peters*, Das Verbrauchsteuerrecht, Rdnr. 403.

[755] Z.B. § 27 Abs.3 Nr.6 TabStG im Verbrauchsteueränderungsgesetz vom 22.12.1981 (BGBl. I S. 1562).

[756] *Caspers/Dittrich*, Tabaksteuererhöhung 1982 und weitere Änderungen des Tabaksteuerrechts, ZfZ 1982, S. 41,44.

sche Personen beschränkt[757], die zur Bestimmung des Kleinverkaufspreises berechtigt sind. Nach § 12 Abs.1 TabStG kommt diese Eigenschaft nur Herstellern und Einführern sowie deren Vertretern nach § 5 Abs.2 TabStG zu.

Die Beschränkung der Bezugsberechtigung findet ihre EG-rechtliche Legitimation in Art.5 Abs.1 RL 72/464/EWG in der durch Art.1 Nr.4 RL 92/78/EWG geänderten Fassung. Danach sind zur Bestimmung des Kleinverkaufspreises nur die in der Gemeinschaft niedergelassenen Hersteller bzw. ihre Vertreter oder Beauftragten sowie die Einführer zugelassen. Bei der Umsetzung der Richtlinienbestimmungen ging der deutsche Gesetzgeber davon aus, daß infolge der Beschränkung des Berechtigtenkreises und des besonderen Erhebungsverfahrens ein freier Handel mit versteuerten Tabakwaren in der Gemeinschaft nicht möglich sei.[758] Wie bereits dargestellt, entsteht die Steuer beim Handel mit Waren des freien Verkehrs mit dem Empfang der Ware oder in Selbstabholerfällen mit der Inbesitznahme der Ware im Steuergebiet. Da § 12 Abs.1 TabStG anordnet, daß die Steuerzeichen im Zeitpunkt der Steuerentstehung verwendet sein müssen, ist ein Bezug von nicht mit deutschen Steuerzeichen versehenen Tabakwaren aus dem freien Verkehr anderer Mitgliedstaaten für Personen unmöglich, die rechtlich nicht in der Lage sind, den Kleinverkaufspreis zu bestimmen. Werden Tabakwaren dennoch ohne deutsche Steuerzeichen in das Steuergebiet verbracht oder versendet, entsteht nach § 19 TabStG die Steuer mit dem Verbringen oder Versenden. Steuerschuldner ist derjenige, der die Tabakwaren in das Steuergebiet verbringt oder versendet sowie der Empfänger, sobald er Besitz an den Tabakwaren erlangt hat. Nach Bongartz[759] ist § 19 TabStG die logische Konsequenz aus der Regelung, wonach nur Hersteller und Einführer den Kleinverkaufspreis bestimmen können und damit zum Bezug von Steuerzeichen berechtigt sind. Aus diesem Grund findet der Entstehungstatbestand auch keine Entsprechung in den anderen Verbrauchsteuergesetzen.

---

[757] Nach § 5 Abs.5 TabStG gilt als Inhaber des Tabakwarenherstellungsbetriebes die natürliche oder juristische Person, die selbst oder durch von ihr abhängiges Personal die unmittelbare Herrschaftsgewalt in der Betriebstätte ausübt und die Betriebsvorgänge steuert.

[758] Begründung zu § 19 TabStG, BT-Drs. 12/3432, S. 72. Danach ist ausgehend von der auch heute schon geltenden Regelung, daß nur Hersteller und Einführer den Kleinverkaufspreis bestimmen können und damit zum Bezug von Steuerzeichen berechtigt sind, der Handel (auch Versandhandel) zwischen den Mitgliedstaaten mit Tabakwaren des steuerrechtlich freien Verkehrs unzulässig, da o.g. Voraussetzung von Personen, die nicht Hersteller oder Importeure sind, nicht erfüllt werden kann.

[759] *Bongartz*, ZfZ 1993, S. 370,375.

6. Besondere Steuerentstehungstatbestände des Mineralölsteuerrechts

a) Auffangtatbestand des § 9 Abs.4 MinöStG und neuer Kraftstoffbegriff

Als verwendungsorientierte Steuer auf Energieleistungen erfaßt die Mineralölsteuer in § 1 Abs.2 Nr.13 MinöStG alle in § 1 Abs.2 Nr.1 bis 12 MinöStG nicht bereits kraft Gesetzes als steuerbare Mineralöle definierten Waren, die ganz oder teilweise aus Kohlenwasserstoffen bestehen und zur Verwendung als Kraft- oder Heizstoff bestimmt sind. Zweck der Generalklausel ist die Sicherstellung der steuerlichen Erfassung aller denkbaren Substitutionserzeugnisse, die der Gesetzgeber nicht von vornherein aufgrund ihrer stofflichen Beschaffenheit unter steuerliche Überwachung gestellt hat. Im Erfordernis der Kohlenwasserstoffhaltigkeit kommt auch nach der Anpassung des Mineralölsteuergesetzes an das EG-Verbrauchsteuerrecht die traditionelle Herkunft der als Kraft- oder Heizstoffe geeigneten und verwendeten Produkte zum Ausdruck. Nicht erfaßt werden vom deutschen Mineralölbegriff reine Biokraftstoffe, wie z.B. reines Rapsöl, Rapsölmethylester oder Bioethanol, die keine Kohlenwasserstoffanteile enthalten.[760] Damit setzt sich das deutsche Mineralölsteuerrecht in Widerspruch zu Art.2 Abs.3 RL 92/81/EWG, nach dem alle zur Verwendung als Kraftstoff bestimmten, zum Verkauf angebotenen oder verwendeten Erzeugnisse als Kraftstoff zu besteuern sind.[761] Die gegenwärtige Besteuerungspraxis findet jedoch ihre Legitimation in der stillschweigenden Übereinkunft der Mitgliedstaaten, ihre nationalen Bestimmungen solange aufrecht zu erhalten, bis über die Besteuerung von reinen Biokraftstoffen und Biokraftstoffgemischen im Rahmen der seit März 1992 in den europäischen Gremien beratenen Richtlinie über den Verbrauchsteuersatz auf Kraftstoffe aus landwirtschaftlichen Rohstoffen[762] endgültig entschieden worden ist.[763]

---

[760] Nach BFHE 154, 295 (296f) hat die Einschränkung auf Kraftstoffe mit Anteilen an Kohlenwasserstoffen nur Sinn, wenn diese Anteile von Relevanz für die Verwendung als Kraftstoff sind. Daher würden Spuren an Kohlenwasserstoffen, die lediglich Verunreinigungen seien, diesen Anforderungen nicht genügen. Auch die Entstehungsgeschichte der Vorschrift würde belegen, daß der Gesetzgeber Kraftstoffe mit wirtschaftlich unbedeutenden Verunreinigungen an Kohlenwasserstoffen nicht der Mineralölsteuer unterwerfen wollte. Daher sei Methyltertiärbutyläther mit geringen Verunreinigungen an Kohlenwasserstoffen kein steuerpflichtiges Mineralöl.

[761] *Kleiner*, ZfZ 1995, S. 284, 286. *Kleiner* weist darauf hin, daß die Auffangklausel auch in bezug auf Heizstoffe nicht richtliniengenau umgesetzt worden sei. So erfülle das in Deutschland besteuerte Synthesegas nicht die in Art.2 Abs.3 RL 92/81/EWG aufgestellten Voraussetzungen, da Synthesegas nicht vom Kohlenwasserstoffgehalt, sondern vom Wasserstoffgehalt geprägt sei.

[762] Vorschlag für eine Richtlinie des Rates über den Verbrauchsteuersatz auf Kraftstoffe aus landwirtschaftlichen Rohstoffen, KOM (92) 36 endg. vom 28.2.1992, ABl. EG Nr. C 73 vom 24.3.1992, S. 6.

[763] Zur Besteuerungspraxis und zur Problematik der steuerlichen Förderung von nachwachsenden Rohstoffen ausführlich *Jatzke*, Möglichkeiten und Grenzen der steu-

Als erhebungstechnisch notwendige Ergänzung zur Definition der Steuergegenstände in § 1 MinöStG enthält § 9 Abs.4 MinöStG besondere Entstehungstatbestände, die eine lückenlose Besteuerung aller Ersatzkraft- oder Heizstoffe gewährleisten sollen. Falls eine Steuerentstehung nicht auf eine speziellere Vorschrift des Mineralölsteuergesetzes zurückgeführt werden kann, entsteht die Steuer dadurch, daß die in § 1 Abs.2 Nr.13 MinöStG genannten Erzeugnisse zur Verwendung als Kraft- oder Heizstoff entnommen, abgegeben oder als Kraft- oder Heizstoff verwendet werden. Die Vorschrift wurde dem erst 1975 in das Mineralölsteuerrecht eingefügten Auffangtatbestand des § 3 Abs.3 MinöStG a.F.[764] nachgebildet und um den Entstehungstatbestand der Entnahme, Abgabe oder Verwendung von Mineralölerzeugnissen als Heizstoff erweitert. Darüber hinaus ist der Begriff des Verbrauchs durch den umfassenderen Begriff der Verwendung ersetzt worden. Damit wird zum Ausdruck gebracht, daß sowohl der Verbrauch als auch der Gebrauch von Mineralölen als Kraft- oder Heizstoff steuerlich erfaßt werden.[765] Sowohl § 1 Abs.2 Nr.13 MinöStG als auch § 9 Abs.4 MinöStG gehen nunmehr von einem subjektiven und nicht von einem objektiven Kraftstoffbegriff aus. Der Unterschied beider Auffassungen besteht darin, daß es bei Zugrundelegung des objektiven Kraftstoffbegriffs allein auf die Eignung des Mineralölproduktes zum Antrieb von Verbrennungsmotoren und nicht auf die konkrete Verwendungsabsicht im Einzelfall ankommt. Geht man dagegen von einem subjektiven Kraftstoffbegriff aus, werden nur diejenigen Mineralöle der steuerlichen Kontrolle unterworfen, die durch einen nach außen erkennbaren Widmungsakt dazu bestimmt sind, tatsächlich als Kraftstoffe verwendet zu werden. Der objektive Kraftstoffbegriff führt zu einem erheblich höheren Verwaltungsaufwand, da sämtliche chemischen Stoffe zur Feststellung ihrer Eigenschaft als Steuergegenstand daraufhin überprüft werden müßten, ob sie als Kraftstoffe eingesetzt werden können.[766] Der Kreis der überwachungsbedürftigen Erzeugnisse wird dagegen auf ein überschaubares Maß reduziert, wenn man neben der objektiven Eignung als Kraftstoff eine konkrete Verwendungsabsicht des Steuerpflichtigen fordert. Entgegen der ständigen Rechtsprechung hat sich der Gesetzgeber im Rahmen der harmonisierungsbedingten Neufassung des Mineralölsteuergesetzes für den subjektiven Kraftstoffbegriff entschieden. Damit ist ein jahrzehnte-

---

erlichen Förderung von Biokraftstoffen, ZfZ 1994, S. 104ff sowie zum Verhandlungsstand bis Oktober 1995 ders.: Aktueller Stand und Perspektiven der Verbrauchsteuerharmonisierung, ZfZ 1995, S. 278,281f.

764 Gesetz zur Änderung des Mineralölsteuergesetzes vom 19.3.1975, BGBl. I S. 721.

765 Während ein Verbrauch stets zum Verlust der Eigenschaft als Steuergegenstand führt, geht der Status als Steuergegenstand durch den Gebrauch nicht verloren. Nach *Peters* (Das Verbrauchsteuerrecht, Rdnr. 47) liegt ein Gebrauch von Mineralölen z.B. dann vor, wenn diese solange wiederholt im Produktionsprozeß eingesetzt werden, bis der zu große Fremdstoffanteil sie ungeeignet macht.

766 *Schädel/Langer/Gotterbarm*, Mineralölsteuer, Mineralölzoll, § 1 Rdnr. 37.

langer Streit um die Auslegung des Kraftstoffbegriffes endlich beendet worden.

In einem Grundsatzurteil zur Auslegung von § 1 Abs.2 Nr.6 MinöStG a.F. hat der BFH 1982 entschieden, daß die rechtliche Eigenschaft als steuerbares Mineralöl allein von der stofflichen Beschaffenheit abhängt und nicht davon, daß ein Erzeugnis dazu bestimmt ist, als Betriebsstoff für Verbrennungskraftmaschinen verwendet zu werden.[767] Da ein § 9 Abs.4 MinöStG entsprechender Auffangtatbestand noch nicht existierte, kam die Finanzverwaltung mit der Konstruktion eines aus § 3 Abs.1 MinöStG a.F. abgeleiteten Entstehungstatbestandes in große Bedrängnis. Zu Recht hat der BFH einen Rückgriff auf den Entstehungstatbestand der Entfernung aus einem Herstellungsbetrieb abgelehnt, da als Mineralölherstellungsbetrieb nur eine der Mineralölherstellung dienende produktionstechnische räumliche Einheit und nicht ein Ort angesehen werden könne, an dem ein Erzeugnis lediglich die Bestimmung erhalte, als Kraftstoff verwendet zu werden.[768] Dagegen vertrat die Finanzverwaltung die Auffassung, daß auch ein nichttechnischer, gedanklicher Vorgang, wie die Zweckbestimmung eines Stoffes, einen Herstellungsvorgang darstellen könne. Die Einsicht, daß sich die üblichen Steuerentstehungstatbestände des § 3 MinöStG a.F. für die steuerbaren Mineralöle „kraft Zweckbestimmung" nicht eignen würden, veranlaßte den Gesetzgeber 1975 zur Aufnahme eines generalklauselartigen Entstehungstatbestandes für Ersatzkraftstoffe[769], dessen Wortlaut weitgehend in § 9 Abs.4 MinöStG übernommen worden ist.

Entgegen der in der Gesetzesänderung von 1975 zum Ausdruck kommenden Intention des Gesetzgebers, hielt die Rechtsprechung am objektiven Kraftstoffbegriff fest. Hierzu führte das Finanzgericht Düsseldorf in einem Urteil vom 13.4.1988[770] aus, daß die subjektive Auffassung, wonach ein objektiv als Kraftstoff geeignetes Erzeugnis auch zur Verwendung als Kraftstoff bestimmt sein müsse, zwar rechtspolitisch überzeugend sei, jedoch keine Stütze im Gesetz finden würde.

Das Meinungsbild in der finanzwissenschaftlichen Literatur ist nicht einheitlich. Während Kettnaker und Frank[771] die Meinung vertreten, daß der Auffangtatbestand aufgrund der Rechtsprechung des BFH als Steuerentstehungstatbestand nicht mehr in Frage komme, treten Schädel/Langer/Gotterbarm und Peters der objektiven Auslegung entgegen. Schädel/Langer/Gotter-

[767] BFHE 136, 319.

[768] BFHE 136, 319 (325).

[769] Begründung zu § 3 Abs.3 MinöStG a.F., BT-Drs. 7/1944, S. 9. Danach sollten die Ersatzkraftstoffe nach dem Gesetz nur im Fall der Zweckbestimmung als Kraftstoff überhaupt als steuerpflichtige Mineralöle angesehen werden.

[770] Urteil des Finanzgerichts Düsseldorf vom 13.4.1988 4 K 151/84, ZfZ 1988, S. 312.

[771] *Kettnaker /Frank*, Das Mineralölsteuerrecht, S. 73.

barm[772] weisen darauf hin, daß der objektive Kraftstoffbegriff zu kaum überwindbaren Überwachungsschwierigkeiten führen würde, da 99% der objektiv als Steuergegenstand in Frage kommenden Waren unter Steueraufsicht steuerfrei verwendet werden dürften. Peters[773] ist der Meinung, daß der in das Mineralölsteuergesetz 1975 neu aufgenommene Entstehungstatbestand des § 3 Abs.3 MinöStG a.F. und der Zweck der Regelung den subjektiven Kraftstoffbegriff belegen würden. Im Rahmen der Verbrauchsteuerharmonisierung ist der Gesetzgeber nunmehr der Anregung des Finanzgerichts Düsseldorf gefolgt, eine Klarstellung in den Katalog der Steuergegenstände aufzunehmen.[774] Nach Teichner[775] ist damit eine Rückwendung zur subjektiven Betrachtungsweise vollzogen worden.

Die in § 1 Abs.2 Nr.13 MinöStG aufgenommene Einschränkung „die zur Verwendung als Kraft- oder Heizstoff bestimmt sind" stellt auf den konkreten Verwendungszweck ab und läßt für die Anwendung eines objektiven Kraftstoffbegriffs keinen Raum mehr. Ein Festhalten am objektiven Kraftstoffbegriff würde den EG-rechtlichen Vorgaben in Art.2 Abs.2 und 3 und Art.2a RL 92/81/EWG widersprechen. In dem Bestreben, den Überwachungsaufwand so gering wie möglich zu halten, haben sich die Mitgliedstaaten darauf geeinigt, nur die Erzeugnisse den innergemeinschaftlichen Steuerversandverfahren und damit der steuerlichen Überwachung zu unterstellen, die durch einen nach außen erkennbaren Widmungsakt zur Verwendung als Kraftstoff bestimmt oder als Kraftstoff zum Verkauf angeboten oder verwendet werden. Dieser Ansatz findet sich bereits in den Richtlinienvorschlägen von 1973[776] und 1990.[777] Über den Katalog der als überwachungsbedürftig eingestuften steuerbaren Mineralöle hinaus sollten nur solche Erzeugnisse als Mineralöle gelten, die zur Verwendung als Kraftstoff zum Antrieb von Motorfahrzeugen bestimmt oder als solcher verkauft oder verwendet würden.

Das Bemühen der Mitgliedstaaten, den Überwachungsaufwand so gering wie möglich zu halten, kommt auch in der 1995 unter deutscher Präsidentschaft vorgenommenen Änderung der RL 92/81/EWG zum Ausdruck.[778] Ins-

---

[772] *Schädel/Langer/Gotterbarm*, Mineralölsteuer, Mineralölzoll, § 1 Rdnr. 37, 38,38a und § 3 Rdnr. 43,44.

[773] *Peters*, Das Verbrauchsteuerrecht, Rdnr. 262.

[774] Nach dem Urteil des Finanzgerichts Düsseldorf vom 13.4.1988 (in ZfZ 1988, S. 312) hätte es gerade bei der Einfügung des § 3 Abs.3 MinöStG a.F. nahegelegen, eine Klarstellung bei § 1 Abs.2 Nr.6 MinöStG a.F. einzufügen.

[775] *Teichner*, in: *Teichner/Alexander/Reiche*, Mineralölsteuer, Mineralölzoll, § 1 Rdnr. 36.

[776] Art.2 Nr.2 des Vorschlages einer Richtlinie des Rates über die Harmonisierung der Verbrauchsteuern auf Mineralöle, BT-Drs. 7/1042, S. 3,10.

[777] Art.2 Nr.3 des Vorschlages für eine Richtlinie des Rates zur Harmonisierung der Struktur der Verbrauchsteuern auf Mineralöle, BT-Drs. 12/362, S. 2,8.

[778] *Jatzke*, Aktueller Stand und Perspektiven der Verbrauchsteuerharmonisierung, ZfZ 1995, S. 278,279.

besondere die Mineralölwirtschaft hatte darauf gedrängt, den Katalog der überwachungspflichtigen Mineralöle auf das unbedingt notwendige Maß zu beschränken. Nach schwierigen Verhandlungen beschlossen die Mitgliedstaaten mit Art. 2a Abs.1 RL 92/81/EWG einen neuen Katalog einzuführen, in dem diejenigen Mineralöle zusammengefaßt sind, die den Kontrollen und den Beförderungsverfahren nach den Bestimmungen der RL 92/12/EWG unterliegen. Damit wurde der Kreis der ursprünglich als besonders überwachungsbedürftig eingestuften Mineralöle auf einen Kernbereich zurückgeführt und der Mineralölhandel wesentlich entlastet. Mit dem Verbrauchsteueränderungsgesetz wurden die EG-rechtlichen Vorgaben in nationales Recht umgesetzt und in § 1 Abs.3 MinöStG diejenigen Mineralöle benannt, auf die künftig die steuerschuld- und damit zusammenhängenden verfahrensrechtlichen Bestimmungen des MinöStG Anwendung finden. Die in § 1 Abs.3 MinöStG nicht genannten, jedoch in § 1 Abs.2 aufgeführten Mineralöle, können frei gehandelt werden (d.h. ohne Begleitdokumente) und unterliegen nur noch der Steueraufsicht und bestimmten Verkehrs- und Verwendungsbeschränkungen.[779]

Nachdem die EG-rechtlichen Vorgaben in Art.2 Abs.3 RL 92/81/EWG dazu geführt haben, daß der Gesetzgeber das Vorliegen eines überwachungspflichtigen Ersatzkraftstoffes in § 1 Abs.2 Nr.13 MinöStG von einer Verwendungsabsicht abhängig gemacht hat, ist auch den Entstehungstatbeständen des § 9 Abs.4 MinöStG der subjektive Kraftstoffbegriff zugrunde zu legen. Da eine Abgabe als Kraft- oder Heizstoff einem Verbrauch nicht unbedingt vorhergehen muß und § 9 Abs.4 MinöStG jeden zum Steuerschuldner bestimmt, der die Mineralöle entnimmt, abgibt oder verwendet, läßt die gesetzliche Konstruktion eine mehrmalige Entstehung der Mineralölsteuer durch Abgabe und zusätzlich durch die Verwendung der steuerbaren Erzeugnisse zu. Durch diese Regelung wird erreicht, daß sich der Endverwender nicht auf eine vorherige Steuerentstehung durch die Abgabe des Lieferanten berufen kann. Eine mehrmalige Abgabe im Streckenhandel läßt die Steuer auf jeder Handelsstufe erneut entstehen. Aufgrund der angeordneten Gesamtschuldnerschaft werden die Folgen der mehrfachen Steuerentstehung jedoch gemildert, da sich ein gutgläubiger Endverwender nach § 44 Abs.2 AO auf eine befreiende Leistung des Abgebenden berufen kann, sofern dieser im Rahmen des der Finanzverwaltung zukommenden Auswahlermessens vorrangig in Anspruch genommen worden ist.[780]

---

[779] VSF-Nachrichten vom 28.6.1996, Nr. 280, S. 4.

[780] Nach der Begründung zu § 3 Abs.3 MinöStG a.F. (BT-Drs. 7/1944, S.9) sollte es durch das Gesamtschuldverhältnis ermöglicht werden, gutgläubige Verbraucher außer Anspruch zu lassen und nur den Lieferer in Anspruch zu nehmen.

b) Steuerentstehung durch Verbringen auf atypische Weise

Einer der deutlichsten Errungenschaften des Binnenmarktes ist die Anwendung des Ursprungslandprinzips im privaten Reiseverkehr. Verbrauchsteuerpflichtige Waren, die Privatpersonen in einem anderen Mitgliedstaat für ihren Eigenbedarf erwerben und selbst befördern, werden nach Art.8 RL 92/12/EWG im Erwerbsland abschließend besteuert und im Bestimmungsland nicht mehr steuerlich erfaßt. Dieses Grundprinzip erfährt jedoch in Art.9 RL 92/12/EWG eine wesentliche Einschränkung. Sind die im freien Verkehr des Abgangsmitgliedstaats erworbenen Waren für gewerbliche Zwecke bestimmt, werden die Waren im Zeitpunkt der Besitzausübung im Bestimmungsmitgliedstaat erneut steuerlich belastet. Wie bereits ausgeführt enthält Art.9 Abs.2 RL 92/12/EWG zur Abgrenzung des privaten Reiseverkehrs vom gewerblichen Verkehr für alkoholische Getränke und Tabakwaren einen Indizmengenkatalog, dessen Richtmengen Anhaltspunkte für die Annahme einer gewerblichen Zweckbestimmung liefern.

Dagegen wurde bei Mineralölen auf die Festlegung von Richtmengen verzichtet und in Art.9 Abs.3 RL 92/12/EWG eine fakultative Regelung aufgenommen, die es den Mitgliedstaaten ermöglicht, die auf eine für den Reiseverkehr atypischen Weise in das Hoheitsgebiet verbrachten Mineralöle der Besteuerung zu unterwerfen. Als atypische Beförderungsart gelten die Beförderung von Kraftstoffen in anderen Behältnissen als dem Fahrzeugtank oder einem geeigneten Reservebehälter sowie die Beförderung von flüssigen Heizstoffen auf andere Weise als in Tankwagen, die auf Rechnung eines gewerblichen Unternehmens eingesetzt werden. Im Gegensatz zu den anderen verbrauchsteuerpflichtigen Waren handelt es sich bei Mineralölen um eine echte Durchbrechung des Ursprungslandprinzips im Reiseverkehr, da auch Heiz- oder Kraftstoffe steuerlich erfaßt werden, die eine Privatperson nachweislich für den eigenen Bedarf in den Heimatstaat verbringt. Nach Ansicht der Kommission[781] sollen mit der Anwendung des Bestimmungslandprinzips allzu krasse Marktverschiebungen zu Ungunsten von Mitgliedstaaten mit zur Zeit noch hoher Mineralölbesteuerung vermieden werden. Aufgrund der Nullsatz-Regelung bei leichtem Heizöl und des nach wie vor bestehenden Steuersatzgefälles im Verhältnis zu Belgien und Luxemburg hat sich insbesondere Deutschland für die Einschränkung des Ursprungslandprinzips eingesetzt.[782] Man befürchtete vor allem, daß sich im grenznahen Raum ansässige Privat-

---

[781] *Knudsen/Schwitalla*, Harmonisierung der Verbrauchsteuern, ZfZ 1992, S. 220,221.

[782] Nach der Begründung zu § 20 Abs.2 und 3 MonöStG (BT-Drs. 12/3432, S. 89) soll mit den Ausnahmen insbesondere die mißbräuchliche Ausnutzung von fortbestehenden Steuersatzgefällen zwischen Nachbarstaaten im Heiz- und Kraftstoffbereich verhindert werden.

personen mit von ihnen gemieteten Tankfahrzeugen mit billigem Heizöl eindecken und dadurch die deutsche Mineralölsteuer umgehen könnten.

Zur Umsetzung von Art.9 Abs.3 RL 92/12/EWG wurde in § 20 MinöStG ein neuer Entstehungstatbestand in das deutsche Mineralölsteuerrecht eingeführt. Nach § 20 Abs.2 MinöStG entsteht die Steuer, wenn Privatpersonen flüssige Heizstoffe oder Kraftstoffe, die in anderen Behältnissen als dem Hauptbehälter des Fahrzeugs oder dem Reservekanister befördert werden, in das Steuergebiet verbringen. Von einer Steuerentstehung ist danach bei privaten Transporten von Kraftstoffen oder Heizöl in Fässern oder Kannen in Kombis oder Lieferwagen auszugehen.[783] Auch bei einer privat veranlaßten Beförderung von Mineralölen in Tankwagen handelt es sich um eine Warenbewegung, die einer gewerblichen Beförderung gleichgestellt werden kann und daher mit dem Ursprungslandprinzip nicht mehr vereinbar ist. Steuerschuldner ist in allen Fällen die Privatperson, in deren unmittelbarem Besitz sich die Mineralöle im Zeitpunkt der Steuerentsteheung befinden. Während das Verbringen von Heizstoffen in jedem Fall zur Steuerentstehung führt, gewährt § 20 Abs.1 MinöStG zumindest für den Inhalt des serienmäßigen Fahrzeugtanks und für einen üblichen Reservekanister Steuerfreiheit. Schwierigkeiten in der praktischen Anwendung ergeben sich jedoch dadurch, daß § 20 Abs.1 Nr.2 MinöStG ebenso wie dessen EG-rechtliche Grundlage in Art.9 Abs.3 RL 92/12/EWG keine Definition des Fahrzeugtanks enthält. Diese Unzulänglichkeit führte dazu, daß Transportunternehmen ihre Fahrzeuge mit größeren bzw. zusätzlichen Kraftstofftanks ausrüsten ließen, um die bestehenden Steuersatzgefälle optimal nutzen zu können. Ende 1994 haben die Mitgliedstaaten die unzulängliche Rechtslage durch die Übernahme der zollrechtlichen Definition des Hauptbehälters in Art.112 Abs.2c der Zollbefreiungsverordnung (EWG) 918/83[784] in die Mineralölstrukturrichtlinie bereinigt. Gleichzeitig wurde in Ergänzung zu Art.9 RL 92/12/EWG ein neuer Befreiungstatbestand aufgenommen, nach dem bereits in einem Mitgliedstaat in den freien Verkehr überführte Mineralöle von der Steuer in einem anderen Mitgliedstaat befreit sind, wenn sie sich in Hauptbehältern von Nutzfahrzeugen oder in Spezialcontainern befinden.[785]

---

[783] Vgl. *Stobbe*, Die Harmonisierung der besonderen Verbrauchsteuern in der Europäischen Gemeinschaft (Teil 2), ZfZ 1993, S. 194,195. Ebenso *Knudsen/Schwitalla*, Harmonisierung der Verbrauchsteuern, ZfZ 1992, S. 220,221.

[784] Verordnung (EWG) Nr.918/83 des Rates über das gemeinschaftliche System der Zollbefreiungen vom 28.3.1983, ABl. EG Nr. L 105 vom 23.4.1983, S. 1.

[785] Art.2 Nr.5 der Richtlinie 94/74/EG des Rates vom 22.12.1994, ABl. EG Nr. L 365 vom 31.12.1994, S. 50f.

XII. Besondere Steuerentstehungstatbestände bei steuerbegünstigter Verwendung

1. Unanwendbarkeit von § 50 AO

Auch nach der umfassenden Neugestaltung des nationalen Verbrauchsteuerrechts gewähren alle Verbrauchsteuergesetze für bestimmte begünstigte Verwendungszwecke Steuerbefreiungen oder Steuerermäßigungen. Voraussetzung für eine Steuervergünstigung ist die Verwendung des verbrauchsteuerpflichtigen Erzeugnisses im Rahmen der gesetzlich vorgesehenen Zweckbestimmung, die durch die jeweilige Verwendererlaubnis konkretisiert wird. Zur Gewährleistung der Gleichmäßigkeit der Besteuerung hat der Gesetzgeber dafür Sorge getragen, daß die mit einer bestimmten Verwendung verbundenen Steuervorteile nicht mißbräuchlich ausgenutzt werden. Als steuerliche Folge einer zweckwidrigen Verwendung ordnen daher alle Verbrauchsteuergesetze die Entstehung der Steuer an. Dabei entsteht bei Steuerbefreiungen die Steuer in Höhe des Regelsteuersatzes, bei Steuerermäßigungen in Höhe des ermäßigten Teils der Steuer. Als zweckwidrig ist jeder Ge- oder Verbrauch anzusehen, der vom Inhalt der Verwendererlaubnis nicht mehr gedeckt ist, gleichgültig ob die Einwirkung auf das steuerbegünstigte Erzeugnis mit Wissen oder gegen den Willen des Berechtigten erfolgt.[786] Nach Kruse[787] ist daher die Absicht der zweckwidrigen Verwendung ebenso irrelevant wie ihre Entschuldbarkeit.

Die Normierung von eigenständigen Entstehungstatbeständen in den Verbrauchsteuergesetzen[788] wurde erforderlich, weil aufgrund der Aufgabe der bedingten Steuer auf die zentrale Vorschrift des § 50 AO nicht mehr zurückgegriffen werden konnte.[789] Wie bereits ausgeführt befinden sich steuerbegünstigte Mineralöle bereits mit ihrer Entfernung aus dem Steuerlager im steuerrechtlich freien Verkehr und sind daher nicht mehr mit einer bedingten Steuer belastet.[790] Bei Tabakwaren, Alkohol und alkoholischen Getränken wurde das bisherige System der bedingten Steuer durch das neue Verfahren der Steueraussetzung ersetzt. Mit der rechtlichen Neuorientierung kann der Streit um den Anwendungsbereich von § 50 AO nunmehr endgültig als been-

---

786 *Schädel/Langer/Gotterbarm*, Mineralölsteuer, Mineralölzoll, § 8 Rdnr. 272.

787 *Kruse*, in: *Tipke/Kruse*, Abgabenordnung, Finanzgerichtsordnung, § 50 Rdnr. 8.

788 § 7 Abs.2 TabStG, § 10 Abs.2 BierStG, § 139 Abs.2 BranntwMonG, § 3 Abs.2 SchaumwZwStG und § 13 Abs.2 MinöStG.

789 Nach *Boeker* (in: *Hübschmann/Hepp/Spitaler*, Kommentar zur AO und FGO, § 50 Rdnr. 4) sehen die neuen Verbrauchsteuergesetze bedingte Steuerschulden nicht mehr vor. § 50 AO hat daher nur noch Bedeutung für Verbrauchsteuern, auf die die vor dem 1.1.1993 geltenden Verbrauchsteuergesetze anzuwenden sind. Der gleichen Ansicht ist *Kruse*, in: *Tipke/Kruse*, Abgabenordnung, Finanzgerichtsordnung, § 50 Rdnr. 1.

790 Finanzbericht 1994, S. 121 und *Jatzke*, Das neue Verbrauchsteuerrecht in der Bundesrepublik Deutschland, IFSt-Schrift Nr. 322, S. 21,36.

det angesehen werden. Die zu § 50 AO ergangene Rechtsprechung und die inzwischen als gefestigt anzusehende Lehre von der „vorläufigen" und „endgültigen" Zweckbestimmung[791], nach der die Unterbrechung der Steueraufsicht nicht zur Entstehung der Steuer führt, können jedoch auf die neuen Entstehungstatbestände übertragen werden, da sich insoweit vergleichbare Problemstellungen ergeben.

2. Ergänzungsbedürftigkeit von § 13 Abs.2 MinöStG

Die unterschiedlichen Regelungen der steuerbegünstigten Verwendung von Tabakwaren, Alkohol und alkoholischen Getränken einerseits und Mineralölen andererseits, haben auch zu inhaltlich abweichenden Ausgestaltungen der besonderen Entstehungstatbestände geführt. Da sich begünstigte Mineralöle nicht im Verfahren der Steueraussetzung befinden, kann bei einer Unterbrechung der Steueraufsicht nicht auf die Entstehungstatbestände bei Unregelmäßigkeiten im Verkehr unter Steueraussetzung zurückgegriffen werden. Der Gesetzgeber war daher gezwungen in § 13 Abs.2 Nr.1 und 2 MinöStG zusätzliche Entstehungstatbestände für die Fälle aufzunehmen, in denen steuerbegünstigtes Mineralöl nicht in den Betrieb des Verwenders aufgenommen oder nicht in ein Drittland ausgeführt oder in einen anderen Mitgliedstaat verbracht wird. In diesen Fällen wird die Steuerentstehung widerlegbar vermutet. Der Steuerschuldner kann die gesetzliche Vermutung jedoch durch den Nachweis entkräften, daß das Mineralöl untergegangen oder an Steuerlagerinhaber oder Verwender abgegeben worden ist.

Im Gegensatz zu den anderen Verbrauchsteuergesetzen enthält § 13 Abs.2 MinöStG den besonderen Entstehungstatbestand der Abgabe von steuerbegünstigtem Mineralöl zu einem anderen als den in der Erlaubnis genannten

---

[791] Nach *Schrömbges* (Steuerfolgen bei „Unterbrechung der Steueraufsicht"?, ZfZ 1986, S. 162ff, 226ff und 322ff) wird das Verbrauchsteuerrecht durch zwei Grundtypen von Steuervergünstigungen geprägt. Der eine Typ ist unmittelbar auf einen bestimmten Verbrauch bezogen, der andere regelt das Verbringen der Ware aus einer steuerfreien Zone in eine andere und spricht damit in erster Linie den Handel über Steuerlager und Verteiler an. Folgerichtig kennen die Verbrauchsteuergesetze zwei Bedingungen. Die vorläufige Bedingung hat nur die Abgabe an einen Bezugsberechtigten zum Inhalt, ohne über das endgültige Schicksal der Ware zu entscheiden. Die endgültige Bestimmung bezieht sich auf die Fälle der Ausfuhr und der steuerbegünstigten Verwendung. Dabei wird die besondere Zweckbestimmung durch den Inhalt der Verwendererlaubnis konkretisiert und individualisiert. Da die Erlaubnis in verbindlicher Weise die gesetzliche Steuervergünstigung konkretisiert, ist sie zugleich Tatbestandsmerkmal. Bloße Ordnungsverstöße, die zu einer „Unterbrechung der Steueraufsicht" führen, stellen keine Verwendung entgegen der in der Erlaubnis vorgesehenen Zweckbestimmung dar, da das Merkmal „unter Steueraufsicht" lediglich deklatorischen Charakter hat und nicht Bestandteil der steuerschuldrechtlichen Bedingung ist.

Zweck. Zu dieser Fallkonstellation gehört auch die Abgabe an eine Person, die aufgrund der fehlenden Verwendererlaubnis nicht in der Lage ist, das Mineralöl der vorgesehenen Zweckbestimmung zuzuführen. Selbst wenn der Nichtberechtigte die Ware zu dem in der Erlaubnis genannten Zweck verwendet, entsteht die Steuer, da der Nichtberechtigte die Ware nicht im Rahmen der durch die Verwendererlaubnis individualisierten Zweckbestimmung verwenden kann.[792] Die Abgabe an einen Nichtberechtigten stellt nach Schrömbges[793] einen gesetzlich normierten Fall der „Unterbrechung der Steueraufsicht" dar. In seiner Ausgestaltung entspricht der Entstehungstatbestand des § 13 Abs.2 Nr.3 MinöStG der Regelung in § 23 Abs.3 MinöStDV a.F., der das Unbedingtwerden der Steuer für Mineralöl anordnete, das zu einem anderen als dem erlaubten Zweck verwendet oder an nicht zum Bezug unversteuerten oder ermäßigt versteuerten Mineralöls Berechtigte abgegeben wurde. Durch den erweiterten Anwendungsbereich der ersten Alternative, die auch in der Neufassung der Vorschrift zum Ausdruck kommt, wird die zweite Alternative entbehrlich.

In Zusammenhang mit der Normierung von neuen Entstehungstatbeständen im Rahmen der Ausgestaltung der neuen Verwenderverkehre verwundert es, daß der in § 50 Abs.3 Nr.1 AO und in den neuen Verbrauchsteuergesetzen enthaltene Entstehungstatbestand der Unmöglichkeit der Verwendung zu den in der Erlaubnis vorgesehenen Zwecken in den Katalog des § 13 MinöStG nicht aufgenommen worden ist. Die amtliche Begründung zu § 13 MinöStG[794] ist insoweit irreführend, da sie den Eindruck erweckt, die neue Rechtslage stimme mit der alten überein. Über den Anwendungsbereich der zweiten Alternative von § 50 Abs.3 Nr.1 AO bestehen in der Literatur unterschiedliche Meinungen. Peters[795] ist der Ansicht, daß sich die bloße Negation der begünstigten Zweckzuführung als Tatbestand nicht eignen würde. Sie liefere nur dann eine den Denkgesetzen genügende Alternative, wenn das Moment „Zeit" mit einbezogen würde. Kruse[796] hat den Gedanken aufgegriffen und das Unterlassen einer begünstigten Verwendung innerhalb einer bestimmten Frist als Anwendungsfall der Unmöglichkeit der Zweckzuführung eingestuft. Als weitere Anwendungsfälle kommen nach Schrömbges[797] die Vernichtung und die gesetzliche Aufhebung einer Steuervergünstigung vor dem Verbrauch der

---

[792] So *Boeker*, in: *Hübschmann/Hepp/Spitaler*, Kommentar zur AO und FGO, § 50 Rdnr. 14.

[793] *Schrömbges*, Steuerfolgen bei „Unterbrechung der Steueraufsicht"?, ZfZ 1986, S. 162,328.

[794] Nach der Begründung zu § 13 MinöStG (BT-Drs. 12/3432, S. 88) behandelt die Vorschrift die Pflichten des Erlaubnisinhabers und die Steuerfolgen bei Verletzung dieser Pflichten entsprechend dem alten Recht und Artikel 4 Abs.2 RL 92/81/EWG.

[795] *Peters*, Zur bedingten Steuerschuld, ZfZ 1971, S. 33,37.

[796] *Kruse*, in: *Tipke/Kruse*, Kommentar zur AO und FGO, § 50 Rdnr. 9.

[797] *Schrömbges*, Steuerfolgen bei „Unterbrechung der Steueraufsicht"?, ZfZ 1986, S. 162,235, Fn.55; ebenso *Peters*, Das Verbrauchsteuerrecht, Rdnr. 341.

Ware in Betracht. Als weiteres Beispiel führt Teichner[798] den Fall der Betriebsaufgabe an. Gemeint ist wohl das Erlöschen der Berechtigtenstellung durch Widerruf der Erlaubnis. Eine Unmöglichkeit der Zweckzuführung kann auch in den Fällen eintreten, in denen die Ware dem Verwendungsberechtigten durch Diebstahl oder Unterschlagung entzogen wird. Die Erhebung der Steuer ist in diesen Fällen gerechtfertigt, da kein Grund besteht, den Verwender besser zu stellen, als den Inhaber eines Steuerlagers, der ebenfalls für Diebstahl steuerlich einstehen muß.

Die angeführten Beispiele widerlegen die These von Peters, es ließen sich kaum einschlägige Sachverhalte vorstellen. Unter diesem Gesichtspunkt erscheint eine Ergänzung des Mineralölsteuerrechts nicht nur aus steuersystematischen Gründen geboten. Im neuen Mineralölsteuerrecht fehlt es zum Beispiel an speziellen Verfahrensvorschriften über die Vernichtung von Mineralöl. Offenbar geht der Gesetzgeber davon aus, daß die Vernichtung von Mineralöl eine erlaubnispflichtige steuerfreie Verwendung zu anderen als den in § 4 Abs.1 Nr.2 MinöStG aufgeführten Zwecken darstellt. Damit wird der Begriff der Verwendung jedoch über das zulässige Maß hinaus auf Sachverhalte ausgedehnt, die vom herkömmlichen Begriffsinhalt nicht mehr gedeckt sind. Im Steuerschuldrecht umfaßt der Begriff der Verwendung den Ge- oder Verbrauch von verbrauchsteuerpflichtigen Waren mit dem irgend ein wirtschaftlicher Nutzen angestrebt wird.[799] Entgegen Boeker[800] stellt die gezielte Vernichtung keinen wirtschaftlich nutzbringenden Verwertungsakt und damit auch keine Verwendung dar. Auch der Verlust der Berechtigtenstellung des Verwenders wird von § 13 Abs.2 MinöStG nicht erfaßt. Da Verwenderbetriebe gemäß § 12 MinöStG nicht als Steuerlager ausgestaltet sind, findet der spezielle Entstehungstatbestand des § 14 MinöStV keine Anwendung. Wie § 23 Abs.3 MinöStDV a.F. beweist, sind im Mineralölsteuerrecht auch Fälle denkbar, in denen ein Erzeugnis innerhalb einer bestimmten Frist der vorgesehenen Verwendung zugeführt werden muß. So entstand nach § 23 Abs.3 MinöStDV a.F. die Mineralölsteuer bei Fällen des ungewissen Verkaufs unbedingt, wenn das Mineralöl nicht innerhalb von 4 Tagen in den Herstellungsbetrieb zurückgenommen wurde.

Die angeführten Beispiele belegen, daß auch im Mineralölsteuerrecht ein praktisches Bedürfnis für die Regelung der steuerlichen Folgen in den Fällen besteht, in denen das steuerbegünstigte Mineralöl der in der Erlaubnis genannten Zweckbestimmung nicht mehr zugeführt werden kann. Insoweit sollte § 13 MinöStG um einen weiteren Entstehungstatbestand ergänzt werden.

---

[798] *Teichner*, in: *Koch/Scholtz*, Kommentar zur AO, § 50 Rdnr. 9.

[799] *Schädel/Langer/Gotterbarm*, Mineralölsteuer, Mineralölzoll, § 3 Rdnr. 11; *Teichner*, in: *Koch/Scholtz*, Kommentar zur AO, § 50 Rdnr. 10 und *Schrömbges*, Steuerfolgen bei „Unterbrechung der Steueraufsicht"?, ZfZ 1986, S. 162,329.

[800] *Boeker*, in: *Hübschmann/Hepp/Spitaler*, Kommentar zur AO und FGO, § 50 Rdnr. 20.

3. Steuerentstehung durch Unaufklärbarkeit des Verbleibs der Ware

In Übereinstimmung mit § 50 Abs.3 Nr.1 Satz 2 AO sehen sowohl das Mineralölsteuergesetz als auch die anderen Verbrauchsteuergesetze die Entstehung der Steuer vor, wenn der Verbleib des steuerbegünstigten Erzeugnisses nicht mehr festgestellt werden kann. Nach Teichner[801] findet die Vorschrift ihre Rechtfertigung darin, daß der Steuerschuldner eher als die Finanzbehörde in der Lage ist, die Zweckerreichung sicherzustellen und sie durch die Beachtung der Buchführungs- und Aufzeichnungspflichten nachzuweisen. Nach § 50 Abs.3 Nr.1 Satz 2 AO wird die Entstehung der Steuer bei Unaufklärbarkeit des Verbleibs der Ware lediglich vermutet. Der Steuerschuldner kann diese Vermutung durch den Nachweis der steuerbegünstigten Verwendung widerlegen. Diese Möglichkeit besteht nach den neuen Entstehungstatbeständen nicht mehr. Der Gesetzgeber ist damit der in der finanzwissenschaftlichen Literatur geäußerten Kritik gefolgt. Schrömbges[802] bezeichnet die Formulierung in § 50 Abs.3 Nr.1 Satz 2 AO als logisch widersprüchlich, da der Begünstigte bei festgestellter Unaufklärbarkeit des Verbleibs der Ware logischerweise auch nicht in der Lage ist, den Nachweis einer steuerbegünstigten Verwendung zu erbringen. Durch die nunmehr fingierte Steuerentstehung geht die Unaufklärbarkeit endgültig zu Lasten des Steuerpflichtigen. Der spätere Verbleib der Ware ist grundsätzlich irrelevant[803] und kann allenfalls im Rahmen eines Billigkeitserweises Berücksichtigung finden.

Die Fälle der Unaufklärbarkeit des Verbleibs von steuerbegünstigten Waren entsprechen im Grundsatz der Feststellung von Fehlmengen, deren steuerliche Folgen in § 161 AO geregelt werden. Als spezialgesetzliche Regelungen gehen die besonderen Entstehungstatbestände der einzelnen Verbrauchsteuergesetze § 161 AO jedoch vor. Die strengeren Folgen der Fiktion der Steuerentstehung und die damit verbundene Bedeutungslosigkeit einer Glaubhaftmachung i.S.v. § 161 AO finden ihre Rechtfertigung in dem Umstand, daß der Verwender steuerliche Überwachungs- und Kontrollvorschriften nicht eingehalten und damit auch die Überprüfung der bestimmungsgemäßen Verwendung erschwert oder sogar unmöglich gemacht hat.

Kann der Verbleib von Tabakwaren, Alkohol oder alkoholischen Getränken nicht festgestellt werden, gelten die begünstigten Erzeugnisse nach den gesetzlichen Bestimmungen als nicht der Zweckbestimmung zugeführt. Steuerentstehung ist die Nichtzuführung zu einer begünstigten Verwendung. Im Gegensatz dazu kommt die Fiktion der Steuerentstehung im Mineralölsteuerrecht nicht klar zum Ausdruck. § 13 Abs.2 Nr.5 MinöStG ordnet ledig-

---

801 *Teichner*, in: *Koch/Scholtz*, Kommentar zur AO, § 50 Rdnr. 10.

802 *Schrömbges*, Steuerfolgen bei „Unterbrechung der Steueraufsicht"?, ZfZ 1986, S. 162,232.

803 Zu § 50 Abs.3 Nr.1 Satz 2 AO vgl. *Kruse*, in: *Tipke/Kruse*, Abgabenordnung, Finanzgerichtsordnung, § 50 Rdnr. 9.

lich die Steuerentstehung für Mineralöl an, dessen Verbleib nicht festgestellt werden kann. Die Vorschrift läßt die Auslegung zu, daß bereits die Feststellung der Fehlmengen zur Steuerentstehung führt. Diese Auslegung würde sich auch mit den EG-rechtlichen Vorgaben in Art.4 Abs.2 RL 92/81/EWG dekken. Danach können die Mitgliedstaaten vorsehen, daß die Verbrauchsteuer auf Mineralöle entsteht, wenn festgestellt wird, daß eine Voraussetzung für den steuerbegünstigten Endverbrauch nicht oder nicht mehr erfüllt wird. Der erste Vorschlag für eine Mineralölstrukturrichtlinie ging dagegen noch von der Entstehung einer bedingten Steuer aus und ließ die Steuer unbedingt werden, wenn eine für die Inanspruchnahme einer Steuervergünstigung vorgeschriebene Verwendungsbeschränkung nicht oder nicht mehr eingehalten wurde.[804] Im geänderten Richtlinienvorschlag von 1990 wurde dieser Ansatz jedoch wieder aufgegeben und die Steuerentstehung an die Nichteinhaltung einer Verwendungsbeschränkung geknüpft.[805] Die Entstehungsgeschichte von Art.4 Abs.2 RL 92/81/EWG zeigt deutlich die Abkehr vom System der bedingten Steuer und die Entwicklung zu einem Entstehungstatbestand, bei dem aufgrund der besonderen Kontrollfunktion[806] der Feststellung des steuerlich relevanten Sachverhalts eine entscheidende Bedeutung zukommt. Das Tatbestandsmerkmal der Feststellung findet sich auch in Art.6 Abs.1 Satz 1 RL 92/12/EWG nach dem die Verbrauchsteuer mit der Feststellung von Fehlmengen entsteht. Bei der Verabschiedung der Richtlinien gingen die Mitgliedstaaten erkennbar davon aus, daß sich eine amtliche Feststellung von bestimmten Umständen in besonderem Maße als Anknüpfungspunkt für die Entstehung einer Steuer eignet. Unter diesem Gesichtspunkt sollte § 13 Abs.2 Nr.5 MinöStG klarer gefaßt werden. Da im Grundsatz eine steuerliche Regelung für den Fall einer unaufklärbaren Fehlmenge getroffen werden soll, bietet sich eine Formulierung an, die auf die Feststellung einer Fehlmenge abstellt.

4. Vorschlag für einen allgemeinen Entstehungstatbestand

Aus steuersystematischen Gründen empfiehlt es sich, einen gleichlautenden Entstehungstatbestand in alle Verbrauchsteuergesetze zu übernehmen, um den

---

[804] Art.8 Nr.1 des Vorschlages einer Richtlinie des Rates über die Harmonisierung der Verbrauchsteuern auf Mineralöle: „Die Verbrauchsteuerschuld entsteht oder wird unbedingt, wenn eine für die Inanspruchnahme einer Steuerbefreiung oder eines ermäßigten Steuersatzes vorgeschriebene Verwendungsbeschränkung nicht oder nicht mehr eingehalten ist." Nach der Begründung (BT-Drs. 7/1042, S. 4) entsteht zunächst eine bedingte Steuerschuld, die durch Zahlung getilgt werden muß, wenn die Voraussetzungen für eine Steuerbefreiung nicht mehr vorliegen.

[805] Art.7 Nr.1 des Vorschlages für eine Richtlinie des Rates zur Harmonisierung der Struktur der Verbrauchsteuern auf Mineralöle, BT-Drs. 12/362, S. 3.

[806] Nach der Begründung zu Art.7 Nr.1 des Richtlinienvorschlages von 1990 (BT-Drs. 12/362, S. 9) handelt es sich um eine Kontrollvorschrift für Bedingungen, die einen ermäßigten Steuersatz hervorrufen.

jeweiligen Verwenderverkehr gleichen Verfahrensregeln zu unterwerfen. Dieser Entstehungstatbestand könnte auch in einen Allgemeinen Teil des Verbrauchsteuerrechts übernommen werden.

Wie bereits ausgeführt umfaßt der Entstehungstatbestand der Abgabe zu einem anderen als dem begünstigten Zweck auch den in § 23 Abs.3 MinöStDV a.F. ausdrücklich geregelten Entstehungstatbestand der Abgabe an einen Nichtberechtigten und damit sowohl die Fallkonstellationen, bei denen ein steuerbegünstigtes Erzeugnis an einen Verwender abgegeben wird, dessen Verwendererlaubnis sich nicht auf die begünstigte Zweckbestimmung bezieht, als auch die Fälle, in denen die Abgabe an eine Person erfolgt, die überhaupt keine Erlaubnis für eine steuerbegünstigte Verwendung besitzt. Die Abgabe an einen Nichtberechtigten ist jedoch keine Verwendung im eigentlichen Sinne, da im Wechsel des Besitzes und damit im Wechsel der Berechtigtenstellung weder ein Gebrauch noch ein Verbrauch der Ware liegt.

Ein allgemeiner Steuerentstehungstatbestand für steuerbegünstigte Waren könnte wie folgt gefaßt werden:

Für steuerbegünstigte Waren entsteht die Steuer, wenn sie
(a) entgegen der in der Erlaubnis zur steuerbegünstigten Verwendung genannten Zweckbestimmung verwendet werden,
(b) zu einer anderen als in der Erlaubnis zur steuerbegünstigten Verwendung genannten Zweckbestimmung abgegeben werden,
(c) der in der Erlaubnis zur steuerbegünstigten Verwendung genannten Zweckbestimmung nicht mehr zugeführt werden können,
es sei denn, die Waren sind untergegangen. Schwund steht dem Untergang gleich. Steuerschuldner ist der Verwender, wenn er vor der Entstehung der Steuer Besitz an den Waren erlangt hat, in anderen Fällen derjenige, der die steuerbegünstigten Waren abgibt.

XIII. Steuerentstehung durch Einfuhr

1. Der neue verbrauchsteuerrechtliche Einfuhrbegriff

Nach der harmonisierungsbedingten Umstrukturierung des deutschen Verbrauchsteuerrechts liegt eine Einfuhr nur noch dann vor, wenn verbrauchsteuerpflichtige Waren aus einem Drittland oder aus einem Gebiet eingeführt werden, das in Art.2 RL 92/12/EWG vom Anwendungsbereich der Systemrichtlinie ausgenommen ist.[807] Das Verbringen von Waren aus anderen Mitgliedstaaten in das Steuergebiet erfüllt grundsätzlich nicht mehr den zollrechtlichen Einfuhrtatbestand. Andererseits kann nicht davon ausgegangen

[807] Vgl. die Übersicht über das EG-Verbrauchsteuergebiet mit sämtlichen Ausnahmen bei *Jatzke*, in: *Jatzke/Neumann/Wegener*, Das neue Verbrauchsteuerrecht - Grundlagen, Schaubilder, IFSt-Schrift Nr. 327, S. 15f.

werden, daß jede Warenbewegung über eine Drittlandsgrenze in das Gebiet der Gemeinschaft auch verbrauchsteuerrechtlich eine Einfuhr darstellt.[808] Ausnahmen gelten z.B. für das Fürstentum Monaco, das seit 1963 in Zollunion mit Frankreich steht, und für die Republik San Marino, die seit 1939 durch eine Zollunion mit Italien verbunden ist. Obwohl diese Gebiete nicht zum Zollgebiet der Gemeinschaft gehören, werden die Warenbewegungen aus Monaco und San Marino gemäß Art.2 Abs.4 RL 92/12/EWG so behandelt, als würde der Abgangsort in der Gemeinschaft liegen. Umgekehr können sich Warenbewegungen innerhalb des Zollgebietes der Gemeinschaft verbrauchsteuerrechtlich als Einfuhr darstellen. Dies triff z.B. für das Einbringen von verbrauchsteuerpflichtigen Waren von den zum Königreich Spanien gehörenden Kanarischen Inseln in das Verbrauchsteuergebiet der Gemeinschaft zu. Nach Art.2 Abs.2 RL 92/12/EWG sind die Kanarischen Inseln vom Anwendungsbereich der Systemrichtlinie ausgeschlossen. Daher bestimmt Art.5 Abs.1 Satz 2 RL 92/12/EWG, daß als Einfuhr das Verbringen einer Ware in die Gemeinschaft einschließlich des Verbringens aus einem der gemäß Art.2 Abs.1 bis 3 ausgenommenen Gebiete gilt. Die verbrauchsteuerliche Berücksichtigung regionaler Besonderheiten hat zu einem vom Zollrecht abweichenden verbrauchsteuerrechtlichen Einfuhrbegriff geführt, der nicht zur Übersichtlichkeit des Gemeinschaftsrechts beiträgt und insbesondere zu Beginn des Binnenmarktes den Wirtschaftsbeteiligten und der Verwaltung Probleme bereitet hat.

2. Grundsätzliche Trennung von Zöllen und Verbrauchsteuern

Für die vorstehend genannten Fälle der Einfuhr enthalten alle Verbrauchsteuergesetze eine dynamische Verweisung[809] auf die sinngemäße Anwendung der Zollvorschriften in ihrer jeweils geltenden Fassung.[810] Dabei wird jedoch nicht pauschalierend auf das gesamte Zollrecht, sondern nur punktuell auf einzelne Teilbereiche verwiesen. Bewußt nicht erfaßt werden die Steuergegenstände, die Steuertarife und die Steuervergünstigungen. Von der sinngemäßen Anwendung des Zollrechts unberührt bleibt auch die Besteuerung als solche, da die Verweisung nur eine Zweckmäßigkeitslösung darstellt, die den Zoll- und Steuerschuldnern die Anwendung von zwei unterschiedlichen Rechtsgebieten ersparen soll.[811] Mit dieser Regelung setzt auch das neue Verbrauchsteuerrecht eine seit 1922 bestehende Übung fort. Bis 1922 wurden die Verbrauchsteuersätze in den Zoll mit einbezogen und die eingeführten Waren

---

[808] *Schröer-Schallenberg*, Das neue Biersteuerrecht, ZfZ 1994, S. 290,295.

[809] § 21 TabStG, § 13 Abs.1 BierStG, § 147 Abs.1 BranntwMonG, § 17 Abs.1 SchaumwZwStG und § 23 MinöStG.

[810] *Hohrmann*, DStZ 1994, S. 449,457.

[811] *Schädel/Langer/Gotterbarm*, Mineralölsteuer, Mineralölzoll, § 7 Rdnr. 3.

lediglich mit Zoll belegt.[812] Eine Trennung von Zöllen und Verbrauchsteuern erfolgte erst im April 1922[813], nachdem der Umstand, daß der Zollsatz auch die Verbrauchsteuer enthielt, heftige Proteste des Auslands ausgelöst hatte. Grund für die Beanstandungen war die Einbeziehung der Verbrauchsteuern in den durch das Gesetz über die Erhebung der Zölle in Gold vom 21.7.1919 angeordneten Valuta-Ausgleich.[814] Die damals vorgenommene Entkopplung der beiden Einfuhrabgaben ist bis heute beibehalten worden. Um den daraus resultierenden verwaltungstechnischen Aufwand für alle Beteiligten so gering wie möglich zu halten, hat der Gesetzgeber davon abgesehen, für die Verbrauchsteuern eigenständige Einfuhr-Regelungen zu schaffen. Stattdessen behilft er sich mit einer Verweisung auf die sinngemäße Anwendung der Zollvorschriften.

3. Die sinngemäße Anwendung der Zollvorschriften

Da die Verbrauchsteuergesetze die Zollvorschriften der aufgeführten Regelungsbereiche nur sinngemäß für anwendbar erklären, kann eine Zollvorschrift dann keine Geltung beanspruchen, wenn ihre Anwendung dem Sinn und Zweck der entsprechenden Verbrauchsteuerregelungen widersprechen und damit zu Ergebnissen führen würde, die aus verbrauchsteuerrechtlicher Sicht nicht hingenommen werden können.[815] Diesen Grundsatz hat der BFH wiederholt bestätigt.[816] Es ist daher nicht zwingend, daß die sinngemäße Anwendung der Zollvorschriften zu einer unmittelbaren Anwendung einer Regelung aus dem Zollkodex oder einer anderen Zollvorschrift führt; vielmehr ist in jedem Einzelfall zu prüfen, ob und inwieweit eine zollrechtliche Regelung mit dem Sinn und Zweck des Verbrauchsteuersystems in Einklang steht und verbrauchsteuerrechtliche Besonderheiten zu berücksichtigen sind.

In einigen Fällen hat der Gesetzgeber bereits in der Verweisungsnorm entsprechende Regelungen getroffen. Dies trifft z.B. auf die unmittelbare Anwendung der Zollvorschriften über das Erlöschen der Zollschuld in den Fällen der Einziehung von verbrauchsteuerpflichtigen Ware zu. Bei Schmuggelware würde das Erlöschen der Verbrauchsteuerschuld zu einer steuerlichen Entlastung des Täters und damit zu einer Herabsetzung des Tatrisikos führen. Da-

---

[812] *Koppe/Lubcke*, Kommentar zum Biersteuergesetz, S. 39.

[813] Art. III Nr.2 und 3a des Gesetzes betreffend Erhöhung einzelner Verbrauchsteuern vom 8.4.1922, RGBl. I S. 380ff.

[814] *Zapf/Siegert*, Das Biersteuergesetz, § 6a Anm. 8.

[815] Nach *Peters* (Das Verbrauchsteuerrecht, Rdnr. 76) wäre es unverständlich, wenn der Verbrauch von Mineralöl als Heiz- oder Treibstoff nur deshalb steuerfrei wäre, weil diese Verwendung nach der Regelung des Zollrechtsverkehrs, in dem sich die Ware befindet, nicht zu einer Zollschuld führt.

[816] Vgl. für die Einfuhrumsatzsteuer BFHE 60, 146 (148); 153, 463 (464); 158, 185 (188).

her verzichteten die früheren Verbrauchsteuergesetze auf eine Verweisung auf die Zollvorschriften über das Erlöschen, so daß die Bestimmungen der AO zur Anwendung kamen.[817] Das neue Verbrauchsteuerrecht löst den Konflikt mit einer Verweisung auf die sinngemäße Anwendung der Zollvorschriften über das Erlöschen in anderen Fällen als durch Einziehung.[818] Der mit dieser Regelung herbeigeführte Ausschluß der steuerlichen Entlastung von eingezogenen Waren, die nicht mehr dem Konsum zugeführt werden können, widerspricht dem Grundgedanken der Verbrauchsteuern, nur die inländische konsumtive Verwendung von steuerbaren Wirtschaftsgütern zu erfassen. Die Gründe für die Besteuerung trotz Verfehlens des Belastungsziels liegen in einer vom Gesetzgeber erhofften Sanktions- und Präventionswirkung und damit im außerfiskalischen Bereich.

Einen weiteren Problemfall bildet die Anwendung der Zollvorschriften über die aktive oder passive Veredelung unter Einbeziehung der Ersatzgutgestellung. Zur Gewährleistung der steuerlichen Erfassung von Nachholgut wurde in das Tabaksteuergesetz von 1980 ein eigenständiger Entstehungstatbestand eingeführt. Danach entstand bei aktiver Veredelung für Tabakwaren als Nachholgut gemäß § 50 ZG die Steuer mit der Abfertigung zum freien Verkehr.[819] Auch § 8 Abs.2 ZuckStG enthielt eine Regelung, nach der die Zuckersteuer entstand, wenn eine zollrechtliche Veredelung gleichzeitig eine zuckersteuerrechtlich nicht steuerfrei mögliche Verwendung darstellte und die Veredelungsprodukte nicht fristgemäß ausgeführt worden sind. Ein entsprechender Entstehungstatbestand fehlt im neuen Verbrauchsteuerrecht. Soweit im Rahmen eines Veredelungsverkehrs Waren unverzollt in den freien Inlandsverkehr überführt werden können, ist in jedem Einzelfall zu prüfen, ob auch eine Steuerbefreiung gerechtfertigt ist. Widerspricht eine Freistellung dem Sinn und Zweck der Verbrauchsbesteuerung, den inländischen Verbrauch von konsumfähigen Gütern zu belasten, stellt die Überführung in den zollrechtlich freien Verkehr zugleich eine Entnahme in den verbrauchsteuerrechtlich freien Verkehr mit der Folge der Steuerentstehung dar.

Bei der unmittelbaren Einfuhr von verbrauchsteuerpflichtigen Waren in das Steuergebiet fällt die Entstehung der Verbrauchsteuer mit der Entstehung der Zollschuld zusammen. Gemäß Art.201 ZK entsteht die Verbrauchsteuer mit der Überführung der einfuhrabgabenpflichtigen Ware in den zollrechtlich freien Verkehr im Zeitpunkt der Annahme der Zollanmeldung durch die Zollbehörde in der Person des Anmelders. In Fällen, in denen verbrauchsteuer-

---

[817] Vgl. zu § 3 KaffeeStG vom 30.7.1953, *Barnitzky*, Das Kaffee- und Teesteuergesetz, S. 81,117; zu § 3 Abs. 3 SchaumwStG vom 27.11.1952, *Schmidt*, Das Schaumweinsteuergesetz, S. 32 und zu § 14 Abs. 1 TabStG vom 6.5.1953, *Schröter*, Das Tabaksteuergesetz, S. 90f.

[818] *Jatzke*, Das neue Verbrauchsteuerrecht in der Bundesrepublik Deutschland, IFSt-Schrift Nr. 322, S. 52 und Begründung zu § 13 BierStG, BT-Drs. 12/3432, S. 75.

[819] Begründung zu § 10 Abs. 2 TabStG, BT-Drs. 8/3114, S. 13.

pflichtige Waren unter Umgehung der Zollformalitäten in das Steuergebiet verbracht werden, entsteht die Steuer nach Art.202 ZK oder 203 ZK im Zeitpunkt des vorschriftswidrigen Verbringens oder des Entziehens aus der zollamtlichen Überwachung.

Als Steuerschuldner kommen nach Art.202 Abs.3 ZK insbesondere der Anmelder und bei indirekter Vertretung der Vertreter in Betracht. Daneben enthält der Zollkodex eine Vielzahl weiterer Zollschuldner für die Fälle, in denen Waren vorschriftswidrig in das Zollgebiet verbracht oder einem Zollverfahren entzogen werden. Auch eine pflichtwidrige Verletzung von Verfahrensvorschriften kann nach Art.204 ZK die Zollschuld entstehen lassen. Zollschuldner und damit auch Schuldner der Verbrauchsteuern ist in diesen Fällen die Person, die die Pflichten in bezug auf die einfuhrabgabenpflichtigen Waren zu erfüllen hatte.

XIV. Steuerliche Entlastungsverfahren

1. Vorbemerkung

Geht man davon aus, daß Verbrauchsteuern ausschließlich den inländischen Konsum und damit den Ge- oder Verbrauch von speziellen Gütern steuerlich belasten sollen und darauf angelegt sind, auf den Endabnehmer abgewälzt zu werden, stellt sich die Frage, ob der Gesetzgeber durch Schaffung von systemimmanenten Entlastungsregelungen besondere Vorkehrungen für die Fälle zu treffen hat, in denen das angestrebte Belastungsziel nicht mehr erreicht werden kann oder von vornherein nicht erreicht werden soll. Zur ersten Fallgruppe gehören der Untergang und die Vernichtung von steuerbaren Waren mit der Folge des Eintritts einer auf Dauer bestehenden Verwendungsuntauglichkeit. Dabei kann das die Unmöglichkeit der bestimmungsgemäßen Verwendung herbeiführende Ereignis während des Verfahrens der Steueraussetzung oder nach dem Zeitpunkt der Entnahme in den freien Verkehr eintreten. Zur zweiten Fallgruppe gehören das Verbringen in andere Mitgliedstaaten der Europäischen Union und die Ausfuhr in Drittländer. Da die Waren in beiden Fällen dazu bestimmt sind, das Steuergebiet endgültig zu verlassen und nicht in den Wirtschaftskreislauf des Steuergebietes einzugehen, ist ihre steuerliche Erfassung nicht gerechtfertigt.

Schließlich wird neben den in der Substanzveränderung des verbrauchsfähigen und steuerbaren Gutes begründeten Fällen einer Unmöglichkeit der Steuerüberwälzung auf den Endverbraucher das eigentliche Belastungsziel auch in den Fällen nicht erreicht, in denen es dem Steuerschuldner aufgrund der Zahlungsunfähigkeit seines Abnehmers nicht gelingt, seine Kaufpreisforderung zu realisieren. Der insolvenzbedingte Zahlungsausfall führt zu einer Inanspruchnahme des Herstellers oder des Zwischenhändlers und damit zu einer steuerlichen Belastung im unternehmerischen Bereich. Trotz Kenntnis der Sach- und Rechtslage hat sich der Gesetzgeber bis zur Verabschiedung des Solidaritätsgesetzes im Jahre 1991 nicht dazu entschließen können, entsprechende Entlastungstatbestände in die Verbrauchsteuergesetze aufzunehmen und die mit den vorgenannten Fallkonstellationen verbundenen Problemstellungen einer überzeugenden und systemgerechten Lösung zuzuführen.[820] Es ist zwar zuzugeben, daß ein Verbrauchsteuersystem, das dem Schuldner bei jeder nur denkbaren Möglichkeit einer Nichtabwälzung die Gewähr einer Rückgängigmachung der steuerlichen Belastung bieten würde, aus verwaltungstechnischen Gründen nicht praktikabel und daher praktisch nicht durchführbar wäre, doch kann es dem Gesetzgeber nicht verwehrt werden, dem Grundgedanken der Verbrauchsteuern dadurch erhöhte Geltung zu verschaffen, daß er in einer generalisierenden Betrachtungsweise für bestimmte häufig auftretende Fallkonstellationen einen Entlastungsanspruch gewährt, wenn Herstellern oder Händlern eine Weitergabe der Verbrauchsteuerbelastung an den Verbraucher unmöglich geworden ist.

2. Steuerliche Entlastung bei Untergang

a) Rechtliche Ausgangslage und Regelungsbedarf

Das geltende Verbrauchsteuerrecht sieht nur in eingeschränktem Maße Entsteuerungsmöglichkeiten für Waren des freien Verkehrs vor, die aufgrund einer Substanzveränderung oder aufgrund des Substanzverlustes ihrer bestimmungsgemäßen Verwendung nicht mehr zugeführt werden können und damit noch vor der Abgabe an den Verbraucher und damit vor der Verwirklichung des eigentlichen Belastungsziels aus dem Witschaftskreislauf ausscheiden. Eine Entlastung von der Verbrauchsteuer kommt grundsätzlich nur im Rahmen der in allen Verbrauchsteuergesetzen enthaltenen Rückwarenregelungen in Betracht.[821] Voraussetzung für die Entsteuerung ist die Aufnahme der bereits versteuerten Ware in ein Steuerlager und die Rücküberführung in das Steueraussetzungsverfahren. Mit der Anschreibung im Rückwarenbuch verlieren die Rückwaren ihren Status als Waren des freien Verkehrs. Durch die Aufhebung der steuerlichen Vorbelastung wird eine Doppelbesteuerung für den Fall vermieden, daß die Waren nach erfolgter Aufnahme in das Steuerlager erneut aus diesem entfernt werden. Nicht einheitlich geregelt ist die steuerliche Behandlung von Rückwaren, die ursprünglich aus einem anderen Steuerlager in den freien Verkehr entnommen worden sind. Während die

---

[820] Aus dem Umstand, daß der Gesetzgeber keine Befreiungstatbestände bei Nichtabwälzbarkeit geschaffen hat, folgert *Janssen* (DStZ 1990, S. 35,40), daß es ihm gleichgültig war, wer die Steuer letztlich trägt und ob die Abwälzung gelingt.

[821] § 22 TabStG, § 20 BierStG, § 149 BranntwMonG, § 13 SchaumwZwStG, § 25 MinöStG und § 19 KaffeeStG.

Aufnahme von sog. Fremdwaren im Tabak-, Mineralöl- und Kaffeesteuerrecht ohne Einschränkungen zugelassen wird, setzt deren Entlastung nach § 149 Abs.2 BranntwMonG, § 13 SchaumwZwStV und § 31 BierStV den Nachweis eines wirtschaftlichen Bedürfnisses voraus. Mit diesen Beschränkungen werden die ohnehin unzureichenden Entlastungsmöglichkeiten zusätzlich erschwert. Wirtschaftsbeteiligte, die ein wirtschaftliches Bedürfnis nicht nachweisen können und denen zum Beispiel aus Kostengründen der Zugang zu einem Steuerlager verwehrt ist, werden von der Entsteuerungsmöglichkeit von vornherein ausgeschlossen.

Völlig unzureichend sind die Entlastungsmöglichkeiten bei Untergang von versteuerten Waren bei Herstellern oder Händlern geregelt. In Anlehnung an die bisherige Rechtslage verweigert der Gesetzgeber auch nach der Neufassung der Verbrauchsteuergesetze eine Rückabwicklung der Versteuerung bei zum Regelsteuersatz versteuerten Waren, die auf dem Transport oder während der Lagerung untergehen.[822] Der neue Anwendungserlaß zu § 227 AO läßt in diesen Fällen auch keine Billigkeitsmaßnahmen zu.[823] Nach Peters[824] liegen der Einschränkung des Entlastungsgedankens lediglich pragmatische und verfahrenstechnische Erwägungen zugrunde. Bei unversteuerten Waren hingegen führte der Untergang nach der Rechtslage vor dem 1.1.1993 gemäß § 50 Abs.1 AO zum Erlöschen der auflösend bedingt entstandenen Steuer.[825] Die Unterscheidung zwischen dem Untergang von versteuerten und unversteuerten Waren, für die eine Steuer lediglich bedingt entstanden war, führte in der Praxis oft zu Härten. In der finanzwissenschaftlichen Literatur wurde die Ent-

---

822 Nach *Kettnaker/Frank* (Das Mineralölsteuerrecht, S. 70), begründet der Untergang von Mineralöl für das die Steuer unbedingt entstanden ist, keinen Entlastungsanspruch aus Rechtsgründen. Auch *Koppe/Lubcke* (Kommentar zum Biersteuergesetz, S. 99) heben hervor, daß der durch Flaschenbruch oder infolge Leckwerdens der Fässer außerhalb der Brauerei eingetretene Verlust an Bier zu Lasten der Brauerei geht. Nach *Zapf /Siegert* (Das Biersteuergesetz, S. 100) kommt eine Erstattung der Steuer für Bier, das außerhalb der Brauerei zugrunde geht oder unbrauchbar gemacht wird, nur ausnahmsweise aus Billigkeit in Frage. Auch *Schmidt* (Das Schaumweinsteuergesetz, S. 47) betont, daß eine Erstattung beim Verlust von Schaumwein außerhalb des Herstellungsbetriebes, z.B. infolge Flaschenbruchs, nicht möglich ist. Zum Untergang von ablieferungspflichtigem Branntwein vor Abnahme durch die Bundesmonopolverwaltung vgl. *Hoppe/Heinricht*, Branntweinmonopolgesetz, § 61 Anm. 8b.

823 AEAO-Zoll zu § 227, Ziff. 13.17, VSF-Nachrichten vom 4.8.1995 N 3295.

824 *Peters*, Das Verbrauchsteuerrecht, Rdnr. 35.

825 *Boeker*, in: *Hübschmann/Hepp/Spitaler*, Kommentar zur AO und FGO, § 50 Rdnr. 9; *Kruse*, in: *Tipke/Kruse*, Abgabenordnung, Finanzgerichtsordnung, § 50 Rdnr. 12 sowie *Teichner*, in: *Koch/Scholtz*, Abgabenordnung, § 50 Rdnr. 4. Zur Rechtslage nach § 81 Abs.2 AO a.F. vgl. RFH 16, 156 (159). Der RFH leitet in dieser Entscheidung aus § 81 Abs.2 AO i.V.m. § 39 Abs.1 der Ausführungsbestimmungen zum TabStG den Rechtsgrundsatz ab, daß Tabakerzeugnisse, die vom Hersteller mit einer Versendungsanmeldung versandt werden, aber erweislich unterwegs durch einen Unglücksfall zugrunde gehen, nicht zu versteuern sind.

steuerungsregelung in § 50 Abs.1 AO daher als unvollständig kritisiert und ein Erlöschen der Steuer auch für versteuerte Waren gefordert.[826] Mit der Aufgabe der bedingten Steuer durch die Einführung des Steueraussetzungsverfahrens ist hinsichtlich der steuerlichen Folgen des Untergangs bereits versteuerter Waren keine Änderung der als unbefriedigend empfundenen Rechtslage eingetreten. Auch der Untergang von zu einem ermäßigten Steuersatz versteuerten Waren führt nicht zum Erlöschen der Steuer. Ohne jegliche Bedeutung ist dabei die Differenz zum Regelsteuersatz, da nach dem neuen System eine auflösend bedingte Steuer für diesen Differenzbetrag nicht mehr entsteht.

Die Verweigerung einer Entlastung für Waren, deren Ge- oder Verbrauch aufgrund ihres Unterganges tatsächlich unmöglich gemacht worden ist, verstößt gegen die Grundsätze der Verbrauchsbesteuerung. Dennoch versucht die Rechtsprechung den Ausschluß der Entlastung mit Praktikabilitätsgründen zu rechtfertigen. So erkannte das Finanzgericht Freiburg die Vernichtung von versteuertem Mineralöl durch Blitzschlag nicht als sachlichen Billigkeitsgrund an, der zu einer Erstattung der Steuer geführt hätte.[827] Zur Begründung führt das Finanzgericht aus: „Das Gesetz muß aus Gründen der Praktikabilität einen Zeitpunkt festsetzen, von dem aus das weitere Schicksal der Ware für die steuerliche Behandlung gleichgültig ist. Dies ist der Zeitpunkt des Austritts aus der steuerlichen Bindung, hier der Zeitpunkt der Entfernung des Mineralöls aus dem Herstellungsbetrieb. Die zusätzliche Berücksichtigung späterer Zeitpunkte wäre nicht praktikabel." Diese formale Begründung vermag nicht zu überzeugen, da § 9 Abs.1 LeuchtmStG und § 7 Abs.2 Kaffee/TeeStG eine Erstattung der bereits entrichteten Steuer bei Vernichtung von Waren unter zollamtlicher Überwachung vorsahen und damit auch das Schicksal der Ware zu einem späteren Zeitpunkt als dem der Entnahme in den freien Verkehr berücksichtigten. Auch vorkonstitutionelle Verbrauchsteuergesetze enthielten derartige Entlastungsregelungen. So konnte gemäß § 7 Nr.2 WeinStG[828] die Steuer für Wein erstattet werden, der nach der Lieferung bei der Beförderung nachweislich zugrunde gegangen war. In einer Entscheidung zur inhaltsgleichen Regelung in § 8 Nr.2 SchaumwStG[829] führte der RFH[830] aus: „Wie die Vorinstanz zutreffend ausführt, will die Vorschrift im Falle, daß der Schaumwein außerhalb der Betriebs- oder Lagerräume auf dem Transport zugrunde gegangen, also nicht in die Hände des Abnehmers gelangt ist, die Härte beseitigen, daß der Lieferer die verauslagte, nicht abwälzbare Steuer für den vernichteten Schaumwein zu tragen hat. Das entspricht auch dem Wesen der

[826] *Schädel/Langer/Gotterbarm*, Mineralölsteuer, Mineralölzoll, § 3 Rdnr. 19.

[827] Urteil des Finanzgerichtes Baden-Württemberg vom 29.10.1968 II 7148/66 Z, EFG 1969, S. 144f.

[828] Gesetz zur Änderung von Verbrauchsteuern vom 10.8.1925 (RGBl. I S. 248).

[829] Schaumweinsteuergesetz vom 26.7.1918 (RGBl. I S. 847).

[830] RFHE 29, 238 (239).

Schaumweinsteuer, als einer Verbrauchsabgabe, die letzten Endes nicht dem Hersteller, sondern dem Verbraucher zur Last fallen soll."

b) Kritik an der Rechtslage in der finanzwissenschaftlichen Literatur

Im Schrifttum wird das Fehlen eines Entlastungsanspruches für den Fall des Untergangs von bereits versteuerten Waren heftig kritisiert. Nach Schädel/Langer/Gotterbarm[831] bereichert sich der Fiskus durch die Verweigerung der Rückabwicklung der Versteuerung bei Untergang von bereits versteuertem Mineralöl ungerechtfertigt, da die gleiche Menge an Mineralöl zur Bedarfsdeckung erneut versteuert werden müsse und für das untergegangene Mineralöl kein Verbrauch und keine Abwälzung mehr stattfinden könne. Die offensichtliche Verletzung der Steuergerechtigkeit spreche für zusätzliche, genau abgegrenzte gesetzliche Regelungen. Auch Peters[832] ist der Ansicht, daß es die Billigkeit und damit die Gerechtigkeit des Einzelfalles erfordern könnte, nicht Produkte zu besteuern, die z.B. infolge eines Substanzverlustes dem Belastungsziel gar nicht mehr zugeführt werden können. Sofern die Abwälzung der vom Steuerschuldner verauslagten Steuer nicht möglich oder sogar ausgeschlossen ist, fordert auch Schmölders[833] eine Entlastung des mit dem Inkassso beauftragten Zwischenschuldners. Nach Schönberger[834] widerspricht die Besteuerung von Bier, das auf dem Transport untergegangen ist, dem Sinn der Verbrauchsteuer, nur den inländischen Verbrauch bestimmter Waren einer besonderen Steuer zu unterwerfen. Daher schlägt er eine generelle Freistellung des untergegangenen Bieres von der Biersteuer vor.[835] Schließlich hält es auch Kreke[836] für gerechtfertigt, daß die Steuer bei Untergang der Ware erlassen wird, sofern ein unanfechtbarer Nachweis der durch den Unfall verlorengegangenen Menge erbracht werden kann.

c) Verbrauchsteuerrechtliche Rechtfertigung eines Entlastungsanspruchs

Der in der Literatur geäußerten Kritik an der Rechtslage, die sich auch durch die Neufassung der Verbrauchsteuergesetze im Rahmen der Harmonisierung nicht verändert hat, ist zuzustimmen. Wie bereits ausgeführt, liegt die Legitimation der verbrauchsteuerlichen Belastung eines Konsumgutes in der

---

[831] *Schädel/Langer/Gotterbarm*, Mineralölsteuer, Mineralölzoll, § 3 Rdnr. 19 und § 6 Rdnr. 34.

[832] *Peters*, Das Verbrauchsteuerrecht, Rdnr. 35.

[833] *Schmölders*, Zur Begriffsbestimmung der Verbrauchsteuern, S. 30f und 93.

[834] *Schönberger*, Beiträge zur Bierbesteuerung, S. 194.

[835] *Schönberger*, ebd., S. 199.

[836] *Kreke*, Die Harmonisierung der Mineralölsteuer innerhalb der Europäischen Wirtschaftsgemeinschaft, S. 73.

Ausschöpfung der im Erwerbsakt zum Ausdruck kommenden finanziellen Leistungsfähigkeit des Konsumenten. Nur aus Praktikabilitätsgründen werden die Verbrauchsteuern bei Herstellern und Händlern erhoben, denen die Möglichkeit zur Weitergabe der Steuerlast an den Verbraucher gegeben werden muß. Obwohl das Erhebungssystem als Steuerschuldner den Unternehmer in Anspruch nimmt, ist das eigentliche Belastungsziel die vermutete Zahlungskraft des Verbrauchers. Dieses Ziel wird jedoch verfehlt, wenn bereits versteuerte Waren im unternehmerischen Bereich untergehen, bevor sie überhaupt an den Verbraucher abgegeben werden können. Eine steuerliche Inanspruchnahme der Hersteller oder Händler würde in diesen Fällen einer Unternehmensbesteuerung gleichkommen und dem Charakter der Verbrauchsteuern, als Steuern auf die Einkommensverwendung, widersprechen.

Tritt das Ereignis, das zur Verwendungsuntauglichkeit der Waren führt, dagegen beim Konsumenten ein, erfordert der Grundgedanke der Verbrauchsbesteuerung keine nachträgliche Entlastung, da sich der Erwerbsakt bereits vollzogen hat und die finanzielle Leistungsfähigkeit des Verbrauchers systemgerecht in Anspruch genommen worden ist. Im Zeitpunkt des Unterganges der verbrauchsteuerpflichtigen Ware ist der staatliche Zugriff auf die vermutete Zahlungskraft des Erwerbers abgeschlossen und damit das eigentliche Belastungsziel erreicht. Unter diesen Umständen besteht keine Notwendigkeit, den Konsumenten nachträglich von der Steuer zu entlasten. Eine Rückabwicklung der Besteuerung ist nur in den Fällen angezeigt, in denen der Untergang der Ware im unternehmerischen Bereich erfolgt ist und der eigentliche Belastungsträger nicht mehr erreicht werden kann.

Um die bestehenden Regelungslücken zu schließen und dem Systemgedanken der Verbrauchsteuern Geltung zu verschaffen, empfiehlt es sich daher einen allgemeinen Entlastungsanspruch bei Untergang bereits versteuerter Ware zu schaffen. Dabei ist im Rahmen der Anspruchsvoraussetzungen das Ereignis des Untergangs von der durch eine gezielte Handlung herbeigeführten Vernichtung und insbesondere vom Abhandenkommen der Ware, z.B. durch Diebstahl oder Unterschlagung, abzugrenzen.

d) Bestimmung des Begriffes „Untergang"

Weder in den einzelnen Verbrauchsteuergesetzen noch in der Abgabenordnung findet sich eine Definition des Begriffes „Untergang". Die Verbrauchsteuergesetze setzen den Begriff vielmehr voraus, ohne ihn näher zu umschreiben. In der Literatur und Rechtsprechung wird das Vorliegen eines Unterganges in den Fällen angenommen, in denen verbrauchsteuerpflichtige Waren ohne menschliches Zutun, d.h. ohne eine Willensbetätigung des Verbrauchsteuerpflichtigen, eine Substanzveränderung oder Substanzminderung erfahren haben, die eine wirtschaftliche Verwertung und damit den bestimmungsgemäßen Ge- oder Verbrauch auf Dauer unmöglich machen.[837] Typische Fälle von Untergang sind z.B. das Versickern im Erdreich[838], das Auslaufen infolge Flaschenbruchs oder Faßleckage[839], der Untergang eines Schiffes samt Ladung[840], die Vernichtung der Ware durch ein Eisenbahnunglück[841], das Verbrennen der Ware infolge Blitzschlags[842] oder Brandstiftung[843] sowie starke Verunreinigungen oder sonstige Substanzveränderungen, die zur vollständigen Verwendungsuntauglichkeit führen. Dabei ist zu fordern, daß die Verwendungsuntauglichkeit und der Substanzverlust auf Dauer eingetreten sein müssen, so daß die Ware nicht wiederhergestellt werden kann. Einem Untergang steht es jedoch gleich, wenn die Bergung einer gesunkenen Schiffsladung aus tatsächlichen oder wirtschaftlichen Gründen unmöglich ist, obwohl die Ware zumindest theoretisch wiedergewonnen werden könnte.[844] Darüber hinaus ist Untergang auch dann anzunehmen, wenn die Ware durch einen Dritten vollständig beseitigt oder unter Substanzerhalt in einen Zustand versetzt wird, in dem sie nicht mehr wirtschaftlich verwertet werden kann. Zu diesem Schluß gelangt auch das Finanzgericht Hamburg[845], das aus dem Systemgedanken des § 50 Abs.1 AO eine Begrenzung des steuerlichen Tatbestandes herleitet und die Fälle, in denen die Ware ohne eine Willensentschließung des Steuerpflichtigen durch Dritte vernichtet wird, den Fällen gleichstellt, in denen die Ware ohne eine willentliche Handlung eines Menschen untergeht. In beiden Fällen wird die Erhebung der Steuer als sinnwidrig und unangemessen erachtet. Teichner[846] und Boeker[847] sind dieser Ansicht gefolgt und erkennen zu Recht auch den durch Brandstiftung oder Sachbeschädigung

---

[837] *Boeker*, in: *Hübschmann/Hepp/Spitaler*, Kommentar zur AO und FGO, § 50 Rdnr. 9; *Teichner*, in: *Koch/Scholtz*, Abgabenordnung, § 50 Rdnr. 4; *Kruse*, in: *Tipke/Kruse*, Abgabenordnung, Finanzgerichtsordnung, § 50 Rdnr. 12, *Schröter*, Das Tabaksteuergesetz, S. 28 und *Krafft*, ZfZ 1962, S. 76,79.

[838] *Schädel/Langer/Gotterbarm*, Mineralölsteuer, Mineralölzoll, § 3 Rdnr. 12.

[839] *Schmidt*, Das Schaumweinsteuergesetz, S. 43; RFHE 47, 268 (272); *Hoppe/Heinricht*, Kommentar zum Gesetz über das Branntweinmonopol, § 58 Anm. 5.

[840] *Peters*, Das Verbrauchsteuerrecht, Rdnr. 333.

[841] RFHE 16, 156.

[842] *Teichner*, in: *Koch/Scholtz*, Abgabenordnung, § 50 Rdnr. 4 und die Entscheidung des Finanzgerichts Freiburg vom 29.10.1968 II 7148/66 Z, EFG 1969, S. 144f, das den Substanzverlust infolge Blitzschlags entgegen der h.M. als Vernichtung ansieht.

[843] *Kruse*, in: *Tipke/Kruse*, Abgabenordnung, Finanzgerichtsordnung, § 50 Rdnr. 14.

[844] Der Reichsfinanzhof (RFHE 41, 216) hat ein in der Elbe versunkenes Faß mit der Begründung als im Rechtssinne nicht untergegangen angesehen, daß es bei niedrigem Wasserstand wieder sichtbar werden oder durch Fischer oder bei Strombauarbeiten gehoben werden könne.

[845] Beschluß des Finanzgerichts Hamburg vom 14.12.1978 IV 46/78 H, EFG 1979, S. 319f.

[846] *Teichner*, in: *Koch/Scholtz*, Abgabenordnung, § 50 Rdnr. 4.

[847] *Boeker*, in: *Hübschmann/Hepp/Spitaler*, Kommentar zur AO und FGO, § 50 Rdnr. 9.

eines Dritten verursachten Verlust der Ware als Untergang an. Nach Hoppe/Heinricht[848] ist es beim Brand einer Brennerei zumindest zweifelhaft von einem Untergang auszugehen, da bei Vorliegen eines auf die Vernichtung gerichteten Willens des Brandstifters auch die Annahme einer Vernichtung gerechtfertigt sei.

Mit der Begründung, daß zumindest die Verfügbarkeit der Ware dem Berechtigten abhandengekommen sei, dehnt Kruse[849] den Begriff des Unterganges entgegen der h.M. auch auf das Abhandenkommen der Ware durch Diebstahl aus. Auch Kühn/Hofmann[850] sehen die Entwendung einer Ware als Fall des Unterganges an. Diese Rechtsmeinungen vermögen jedoch nicht zu überzeugen. Im Gegensatz zur Vernichtung durch Dritte wird die Ware in den Fällen von Diebstahl oder Unterschlagung dem Steuerpflichtigen mit der Absicht entzogen, diese einer bestimmungsgemäßen Verwendung zuzuführen. Es ist davon auszugehen, daß entweder der Dieb selbst oder seine Abnehmer die Waren verbrauchen. In Frage steht allerdings, ob die tatsächliche Unmöglichkeit eines Zugriffs auf die finanzielle Leistungsfähigkeit der Verbraucher, den bestohlenen Unternehmern steuerlich angelastet werden kann. Es ist jedoch kein Grund ersichtlich, Steuerpflichtige bei Diebstahl bereits versteuerter Ware besser zu stellen, als Steuerlagerinhaber, denen die Ware aus dem Steuerlager gestohlen wird. Wie bereits ausgeführt, entsteht die Steuer mit jeder körperlichen Entfernung aus einem Steuerlager mit der Folge, daß nicht der Dieb, sondern der Inhaber des Steuerlagers Steuerschuldner wird. Wie bereits ausgeführt, durchbricht die Besteuerungspraxis den Grundsatz der Besteuerung nach der persönlichen Leistungsfähigkeit und kann nur aus Praktikabilitätserwägungen zur Sicherung des Steueraufkommens hingenommen werden. Die Anknüpfung der Steuerentstehung an das Überschreiten der Steuerlagergrenze stellt eine generalisierende und typisierende Regelung[851] dar, die aus erhebungstechnischen Gründen gerechtfertigt werden kann. Dabei ist zu berücksichtigen, daß der Verstoß gegen das Leistungsfähigkeitsprinzip nicht sehr intensiv ist, da Diebstahlsfälle im Vergleich zum Regelfall seltene Ausnahmen darstellen. Daher ist es nicht zu beanstanden, daß der Gesetzgeber der Sicherung des Steueraufkommens den Vorzug vor der Steuergerechtigkeit im Einzelfall gegeben hat. Davon unberührt bleibt die Möglichkeit, in besonderen Härtefällen durch Billigkeitsentscheidungen Abhilfe zu schaffen.

Aus Gleichbehandlungsgrundsätzen verbietet sich eine Besserstellung von Betroffenen, denen versteuerte Waren gestohlen worden sind, gegenüber Steuerlagerinhabern und Verwendern, denen unter Steueraussetzung stehende

---

[848] *Hoppe/Heinricht*, Kommentar zum Gesetz über das Branntweinmonopol, § 58 Anm. 5.

[849] *Kruse*, in: *Tipke/Kruse*, Abgabenordnung, Finanzgerichtsordnung, § 50 Rdnr. 14.

[850] *Kühn/Hofmann*, Abgabenordnung, Finanzgerichtsordnung, § 50 Rdnr. 2.

[851] Zur Zulässigkeit von Typisierungen im Steuerrecht vgl. BVerfGE 78, 214 (227); 84, 348 (360).

Waren entwendet wurden. Das Abhandenkommen von versteuerten Waren durch Diebstahl oder Unterschlagung kann daher in seinen steuerlichen Folgen einem Untergang nicht gleichgesetzt werden.[852] Ausnahmen sind nur in den Fällen denkbar, in denen der Steuerpflichtige den Nachweis führen kann, daß die abhandengekommenen Waren vernichtet wurden oder ohne menschliches Zutun untergegangen sind.

Eine besondere Form des Unterganges ist der Schwund[853], für den es bislang an einer Legaldefinition fehlte. Im neuen Verbrauchsteuerrecht findet sich eine Begriffsbestimmung des Schwundes in § 18 Abs.1 BrStV. Danach handelt es sich um Fehlmengen, die auf Verarbeitungs-, Abfüll- und Lagerverluste zurückzuführen sind. Die Begrenzung auf Fehlmengen, die in Steuerlagern auftreten können, ist jedoch zu eng, da Schwund durch Verdunstung auch bei der Beförderung von verbrauchsteuerbaren Waren außerhalb des Steuerlagers auftreten kann. Die Definition in § 18 Abs.1 BrStV beruht auf Art. 14 Abs.1 RL 92/12/EWG, der eine Befreiung des Steuerlagerinhabers für Schwund anordnet, der während der Herstellung und Verarbeitung sowie der Lagerung und der Beförderung aus Gründen eintritt, die sich aus der Eigenart der Ware ergeben.[854] Als Schwund sind daher alle Fehlmengen anzusehen, die auf betrieblich bedingte Herstellungs-, Verarbeitungs-, Lagerungs- und Beförderungsverluste zurückzuführen sind.[855] Der Unterschied in den steuerlichen Folgen von Schwund und anderen Formen des Unterganges besteht in den konkreten Anforderungen an die Pflicht zur Glaubhaftmachung. Soweit Verbrauchsteuervorschriften nach Erfahrungswerten festgelegte Schwundsätze pauschal anerkennen, wird der Steuerpflichtige von der in § 161 AO geforderten Pflicht zur Glaubhaftmachung befreit. Daher geht § 18 Abs.4 BrStV als lex specialis der Fehlmengenregelung in § 161 AO vor, indem eine Glaubhaftmachung nur für den Teil der festgestellten Fehlmenge gefordert wird, der die in § 18 Abs.3 BrStV festgelegten Schwundsätze übersteigt. Bei der Abfassung eines allgemeinen Entlastungsanspruches bei Untergang von Waren des freien Verkehrs sollte indes auf die Festlegung von pauschalierten Schwundsätzen und auf die damit verbundenen Erleichterungen der Glaubhaftmachung

---

[852] *Hoppe/Heinricht*, Kommentar zum Gesetz über das Branntweinmonopol, § 84 Anm. 7 Nr.2.

[853] Nach *Schädel/Langer/Gotterbarm* (Mineralölsteuer, Mineralölzoll, § 8 Rdnr. 63) können Abfüllverluste und Verluste durch nachgewiesene Undichtigkeiten sowie nach Verkehrsauffassung vertretbarer Schwund als Untergang mit der Folge des Wegfalls der Steuer gelten.

[854] Die Vorschrift hat ihren Ursprung in Art.12 und 13 der Alkohol-Struktur-Richtlinie von 1972. Danach setzte die Abzugsfähigkeit von Schwundverlusten voraus, daß sie durch Rektifikation, Herstellung, Auffüllung, Abzug, Verdunstung und Behandlung entstanden waren.

[855] Vgl. § 22 Abs.8 MinöStV, der eine Anzeigepflicht für Verluste an steuerbegünstigtem Mineralöl anordnet, die die betriebsüblich unvermeidbaren Verluste übersteigen.

verzichtet werden. Im Gegensatz zu Verlusten, die im Steueraussetzungsverfahren auftreten, entstehen die Fehlmengen bei Waren des freien Verkehrs grundsätzlich außerhalb eines gebundenen Verfahrens. Dieser Umstand rechtfertigt es, an die Darlegungs- und Mitwirkungspflichten des Steuerpflichtigen strengere Anforderungen zu stellen. An die Stelle der Glaubhaftmachung sollte daher ausnahmslos das Erfordernis des Nachweises treten.

Sofern sich die Waren im Zeitpunkt des Untergangs noch im Besitz des Steuerschuldners befunden haben, ist ein Erstattungsanspruch vorzusehen. Gehen die Waren bei einem Entlastungsberechtigten unter, der selbst nicht Steuerschuldner ist und infolgedessen die Steuer nicht entrichtet, sondern lediglich über den Kaufpreis getragen hat, kommt ein Vergütungsanspruch in Betracht. Schließlich sind auch die Fälle zu berücksichtigen, in denen die Steuer zwar entstanden ist, jedoch noch nicht entrichtet wurde. In der Terminologie des Verbrauchsteuerrechts handelt es sich auch in diesem Fall um versteuerte Ware. Als versteuert werden in den Verbrauchsteuergesetzen diejenigen verbrauchsteuerpflichtigen Waren bezeichnet, für die eine Steuer besteht oder für die eine entstandene Steuer bereits entrichtet worden ist.[856] Sofern der Fiskus aufgrund der abgegebenen Steueranmeldung die Steuer noch nicht vereinnahmt hat, ist dem Entlastungsberechtigten ein Anspruch auf Erlaß der noch nicht gezahlten Steuer zu gewähren.[857]

e) Zulässigkeit eines Entlastungsanspruchs nach EG-Recht

Das EG-Verbrauchsteuerrecht steht einem Entlastungsanspruch nicht entgegen. Eine entsprechende Regelung enthält Art.25 RL 92/83/EWG. Danach können die Mitgliedstaaten die Verbrauchsteuern auf alkoholische Getränke zurückerstatten, wenn die betreffenden Erzeugnisse aus dem Handel genommen werden, weil sie aufgrund ihres Zustandes oder ihres Alters genußuntauglich geworden sind. Ergänzt wird diese Vorschrift durch Art.14 Abs.1 RL 92/12/EWG, der eine Steuerbefreiung für Verluste anordnet, die während des Verfahrens der Steueraussetzung durch Untergang oder infolge höherer Gewalt entstanden sind. Beiden Vorschriften liegt der erklärte Wille der Mitgliedstaaten zugrunde, Waren von der Besteuerung auszunehmen, die aufgrund einer Substanzveränderung dem eigentlichen Belastungsziel nicht mehr zugeführt werden können. Der Vorschlag Deutschlands, schwund- und untergangbedingte Verluste als den Entstehungstatbestand verdrängende Merkmale auszugestalten, erwies sich als nicht konsensfähig. Nach dem Vorschlag sollte

---

[856] *Schädel/Langer/Gotterbarm*, Mineralölsteuer, Mineralölzoll, § 10 Rdnr. 1. Danach handelt es sich bei versteuertem Mineralöl um Mineralöl, für das eine unbedingte Steuer besteht oder bereits entrichtet ist.

[857] Nach *Peters* (Das Verbrauchsteuerrecht, Rdnr. 420) kommt das Recht auf einen Erlaß der Verbrauchsteuer in Betracht, wenn diese noch nicht gezahlt worden ist.

die Steuer für Verluste nicht entstehen, die nachweislich durch höhere Gewalt, Untergang oder aus Gründen, die sich aus der Eigenart der Ware bei der Herstellung, der Lagerung oder dem Transport ergeben, eingetreten sind. Darüber hinaus schlug die deutsche Delegation die Aufnahme von Definitionen für die Begriffe „Höhere Gewalt“ und „Untergang“ in den durch das Europäische Parlament in die System-Richtlinie eingefügten Katalog in Art.4c RL 92/12/EWG vor. Danach sollte „Höhere Gewalt“ als ein unvorhersehbares von außen kommendes Ereignis definiert werden, das auch bei äußerster Sorgfalt nicht abzuwenden ist und den Ver- oder Gebrauch von Waren unmöglich macht. Mit dem letzten Zusatz sollte das Abhandenkommen der Ware durch Diebstahl oder Unterschlagung ausgenommen werden. Für den Begriff „Untergang“ wurde die Definition „Verlust von Waren ohne ein darauf gezieltes menschliches Handeln“ gewählt. Die sinnvollen und nützlichen Ergänzungen wurden jedoch von der Mehrzahl der Mitgliedstaaten abgelehnt. Der deutsche Vorschlag scheiterte nicht zuletzt an den verschiedenen Auffassungen über die an das Vorliegen eines Unterganges zu stellenden Anforderungen. So wurde z.B. von einem Mitgliedstaat der Verlust der Ware infolge eines Verkehrsunfalles dann nicht als Untergang angesehen, wenn der Unfall zumindest fahrlässig verursacht worden war. Eine mangelnde Wartung des Transportmittels konnte somit zur Versagung der Entsteuerung führen.

Insgesamt ist festzustellen, daß die 1992 verabschiedeten Richtlinien die steuerlichen Folgen des Unterganges von verbrauchsteuerpflichtigen Waren nur ansatzweise regeln. Dabei sahen bereits die Richtlinienvorschläge von 1972 zumindest für Alkohol und alkoholische Getränke eine entsprechende Entlastungsmöglichkeit vor. So ließen die Richtlinienvorschläge über die Harmonisierung der Verbrauchsteuern auf Alkohol[858] und eine harmonisierte Verbrauchsteuer auf Wein[859] eine Verrechnung der durch ein unvorhergesehenes Ereignis unabsichtlich oder durch höhere Gewalt verursachten Verlustmengen mit den unter Aufschub der Verbrauchsteuer in Steuerlagern gelagerten Mengen zu. Im Rahmen der 1990 geführten Flexibilisierungsdiskussion wurde dann das Steuerlagererfordernis aufgegeben. Allerdings ist eine entsprechende Entlastungsregelung in die Richtlinienvorschläge nur für Bier eingeführt worden. Zu diesem Zweck sah Art.5 des Vorschlages für eine Alkoholstrukturrichtlinie[860] eine Erstattung der Steuer für Bier vor, das aufgrund seiner Genußuntauglichkeit vom Markt genommen und vernichtet worden

[858] Art. 14 des Vorschlages einer Richtlinie des Rates über die Harmonisierung der Verbrauchsteuern auf Alkohol, Bulletin der Europäischen Gemeinschaft, Beilage 3/72, S. 23,39.

[859] Art. 14 Nr.3 des Vorschlages einer Richtlinie des Rates über eine harmonisierte Verbrauchsteuer auf Wein, Bulletin der Europäischen Gemeinschaft, Beilage 3/72, S. 47,60.

[860] Art.5 des Vorschlages für eine Richtlinie des Rates zur Harmonisierung der Verbrauchsteuern auf alkoholische Getränke und auf in anderen Erzeugnissen enthaltenen Alkohol, KOM (90) 423 endg., S. 10, 18.

war. Begründet wurde die Regelung mit der begrenzten Haltbarkeit von Bier und mit der bestehende Erstattungspraxis in den einzelnen Mitgliedstaaten. Im Laufe der weiteren Verhandlungen wurde die Entsteuerungsmöglichkeit schließlich auf alle alkoholischen Getränke ausgedehnt. Obwohl der Untergang in Art.25 RL 92/83/EWG nicht ausdrücklich erwähnt ist, besteht kein Zweifel, daß auch in diesem Fall der Unmöglichkeit des Verbrauchs eine Erstattung der Steuer gewährt werden kann. Entscheidend ist, daß die Erzeugnisse nicht in den Wirtschaftskreislauf eingehen und damit ihrer bestimmungsgemäßen Verwendung nicht mehr zugeführt werden können. Da sich die Erzeugnisse noch vor dem Eintritt der Verwendungsuntauglichkeit im Handel befunden haben müssen, ist eine Entlastung des privaten Endverbrauchers ausgeschlossen. Unter dem Zeitdruck der späten Verabschiedung der Struktur-Richtlinien wurde es indes versäumt, entsprechende Entlastungsvorschriften auch für Tabakwaren und Mineralöle vorzusehen. Die Beratungen im Verbrauchsteuerausschuß haben inzwischen ergeben, daß die Mitgliedstaaten das in Art. 25 RL 92/83/EWG für alkoholische Getränke festgelegte Grundprinzip auch für die anderen Steuerarten gelten lassen. So wurde eine entsprechende Entsteuerungsmöglichkeit auch für Mineralöle anerkannt und durch die Zweite Verbrauchsteueränderungsrichtlinie eine Entlastungsregelung in die Mineralölstrukturrichtlinie eingefügt.[861]

Da EG-rechtliche Vorschriften der Einführung eines allgemeinen Entlastungsanspruches für den Fall des Unterganges verbrauchsteuerpflichtiger Waren nicht entgegenstehen, sollte ein derartiger Anspruch mit folgendem Wortlaut in das deutsche Verbrauchsteuerrecht aufgenommen werden:

Die Steuer wird auf Antrag für nachweislich versteuerte und nicht verwendete Waren erstattet, vergütet oder erlassen, die bei Herstellern oder Händlern untergegangen sind. Entlastungsberechtigt ist derjenige, der die Waren im Zeitpunkt des Unterganges zu gewerblichen Zwecken in Besitz gehalten hat.

3. Steuerliche Entlastung bei Vernichtung

a) Rechtliche Ausgangslage und Begriffsbestimmung

Der Begriff „Vernichtung“ ist weder in den Verbrauchsteuergesetzen noch in der Abgabenordnung definiert. Herkömmlicherweise versteht man unter Vernichtung eine gezielte, d.h. auf eine menschliche Willensbetätigung zurückzuführende Einwirkung auf Waren, die zur Beseitigung jeglicher wirt-

[861] Art. 2 Nr.3 RL 94/74/EG des Rates vom 22.12.1994, ABl. EG Nr. L 365 vom 31.12.1994, S. 46,50.

schaftlichen Nutzungsmöglichkeit führt.[862] Die gezielt herbeigeführte Verwendungsuntauglichkeit kann dabei sowohl auf einer vollständigen Substanzminderung als auch auf einer Substanzveränderung beruhen. Daher stellt auch die bewußt herbeigeführte Genußuntauglichkeit von Tabakwaren, alkoholischen Getränken oder Kaffee eine Vernichtung im wirtschaftlichen und verbrauchsteuerrechtlichen Sinne dar. Die Vernichtung ist in ihren steuerlichen Folgen dem Untergang gleichzusetzen. Beide Ereignisse vereiteln das Erreichen des Belastungsziels.[863] Im Gegensatz zum Untergang wird die Vernichtung jedoch nicht durch ein zufälliges Ereignis, sondern durch ein zielgerichtetes menschliches Handeln herbeigeführt.[864] Gehen z.B. Tabakwaren durch einen durch Blitzschlag verursachten Brand der Lagerstätte zugrunde, liegt ein Fall des Unterganges vor. Werden dagegen Tabakwaren vom Steuerpflichtigen mit dem Ziel ihrer Beseitigung verbrannt, ist der Tatbestand der Vernichtung erfüllt. Durch die gezielte Vernichtung der Waren wird ihre Weitergabe an den Verbraucher und damit der Zugriff auf dessen vermutete Zahlungskraft vereitelt. Da das Belastungsziel nicht erreicht wird, besteht für eine Aufrechterhaltung der steuerlichen Belastung kein Grund. Diesem Umstand trägt lediglich das Tabaksteuerrecht Rechnung. Als einzige Verbrauchsteuervorschrift enthält § 22 Abs.1 TabStG eine auf Einführer und Empfänger[865] beschränkte Entlastungsregelung, nach der die Steuer für Tabakwaren erlassen oder erstattet wird, die unter Steueraufsicht vernichtet oder vergällt werden. Die ursprünglich auf durch Steuerzeichenverwendung versteuerte Tabakwaren beschränkte Entlastungsregelung wurde bei der Neufassung des Tabaksteuergesetzes im Jahre 1979 auch auf anders versteuerte Tabakwaren ausgedehnt. Damit sollte eine Gleichbehandlung aller Tabakwaren erreicht werden.[866]

Die anderen Verbrauchsteuergesetze enthalten keine § 22 Abs.1 TabStG vergleichbare Entlastungsmöglichkeit bei Vernichtung von Waren des freien Verkehrs. Obwohl die Vernichtung in Steuerlagern aufgrund des fehlenden wirtschaftlichen Nutzens der Handlung nicht zu einem Verbrauch und damit nicht zur Steuerentstehung führen kann, wird bei fast allen Verbrauchsteuern das Anzeigen der beabsichtigten Vernichtung und die amtliche Überwachung

---

[862] *Schmidt*, Das Schaumweinsteuergesetz, S. 44; *Peters*, Das Verbrauchsteuerrecht, Rdnr. 334; *Schädel/Langer/Gotterbarm*, Mineralölsteuer, Mineralölzoll, § 8 Rdnr. 295.

[863] *Förster*, Die Verbrauchsteuern, S. 87.

[864] Nach *Soyk* (Mineralölsteuerrecht, S. 109) liegt eine Vernichtung vor, wenn Mineralöl planmäßig beseitigt wird, ohne daß mit diesem Vorgang ein weiterer Nutzen erzielt werden soll.

[865] Dabei handelt es sich um den nach § 5 Abs.2 TabStG zum Bezug unter Steueraussetzung Berechtigten.

[866] Begründung zu § 13 Abs.1 TabStG 1979, BT-Drs. 8/3114, S. 14.

angeordnet.[867] Nicht geregelt sind die steuerlichen und nebenstrafrechtlichen Konsequenzen[868] bei einem Unterlassen der erforderlichen Anzeige und der Vernichtung ohne amtliche Überwachung. Da nur der Verbrauch einer Ware im Steuerlager zur Entstehung der Steuer führt, hätte es für eine Steuerentstehung eines eigenständigen Entstehungstatbestandes bedurft. Die Vernichtung stellt keinen Verbrauch dar, da mit der auf Beseitigung der verbrauchsteuerbaren Ware gerichteten Handlung kein wirtschaftlicher Nutzen angestrebt und die Weitergabe an den Verbraucher und damit die konsumtive Verwendung unmöglich gemacht wird. Untergang und Vernichtung während des Verfahrens der Steueraussetzung führen zu keiner steuerlichen Belastung. Unter diesen Gesichtspunkten ist die buchmäßige Erfassung der vernichteten Waren als steuerfreie Abgänge in § 19 Abs.3 BrStV und § 15 Abs.3 SchaumwZwStV ohne die Normierung eines entsprechenden Befreiungstatbestandes in den gesetzlichen Bestimmungen zu beanstanden. Eine Entnahme zum Verbrauch innerhalb des Steuerlagers liegt ebensowenig vor wie eine Entfernung aus dem Steuerlager. Die Vernichtung einer verbrauchsteuerpflichtigen Ware stellt auch keine steuerfreie Verwendung mit der Möglichkeit einer Abgabe zu einem steuerfreien Ge- oder Verbrauch dar. Allerdings stellte § 26 MinöStDV a.F. die steuerbegünstigte Verwendung einer Vernichtung gleich, indem das Entstehen einer bedingten Steuer angeordnet wurde, wenn Mineralöl zur Vernichtung aus dem Herstellungsbetrieb entfernt worden ist. Im neuen Mineralölsteuerrecht fehlt es an einer § 26 MinöStDV a.F. entsprechenden Vorschrift.

Die steuerlichen Folgen der Vernichtung von Mineralöl sind weder im Gesetz noch in der Durchführungsverordnung geregelt. Auf die Steuerbefreiung in § 4 Abs.1 MinöStG und auf das Erfordernis einer Erlaubnis zur steuerfreien Verwendung kann nicht zurückgegriffen werden. Wie bereits ausgeführt stellt die Vernichtung von Mineralöl keine steuerfreie Verwendung zu anderen als den in § 4 Abs.1 Nr.2 MinöStG aufgeführten Zwecken dar. Eine Verwendung liegt verbrauchsteuerrechtlich nur dann vor, wenn die steuerfreien oder steuerbegünstigten Waren einer bestimmungsgemäßen eliminierenden Nutzung zugeführt werden.[869] Dies ist bei der gezielten Vernichtung gerade nicht der Fall.

Um die bestehenden Regelungslücken zu schließen wird eine allgemeine Entlastungsvorschrift für Waren vorgeschlagen, die unter amtlicher Überwachung im Steuerlager oder im freien Verkehr vernichtet worden sind. Da die Waren mit ihrer Beseitigung dem Wirtschaftskreislauf entzogen werden, ist

---

[867] § 29 Abs.1 TabStV, § 9 Abs.2 BierStV, § 19 Abs.2 BrStV und § 15 Abs.2 SchaumwZwStV.

[868] Die Verletzung der Anzeigepflicht nach § 19 Abs.2 BrStV ist in die Bußgeldvorschrift des § 51 Abs.1 Nr.2 BrStV nicht aufgenommen worden.

[869] *Schädel/Langer/Gotterbarm*, Mineralölsteuer, Mineralölzoll, § 3 Rdnr. 11 und *Peters*, Das Verbrauchsteuerrecht, Rdnr. 333,432.

eine endgültige steuerliche Belastung mit dem Systemgedanken der Verbrauchsbesteuerung nicht vereinbar. Da eine Vernichtung im Gegensatz zum Untergang kein unvorhersehbares Ereignis darstellt, ist dem Steuerpflichtigen zuzumuten, die zielgerichtete Beseitigung von verbrauchsteuerpflichtigen Waren der Zollbehörde anzuzeigen und die Vernichtungshandlung unter Steueraufsicht zu stellen. Durch das Erfordernis der steuerlichen Überwachung können Manipulationen zur Erschleichung eines Steuervorteils ohne eine wesentliche wirtschaftliche Belastung ausgeschlossen werden. Darüber hinaus wird durch die Gewährung eines Entlastungsanspruches die theoretische, jedoch oftmals unwirtschaftliche Rücknahme in ein Steuerlager als Entlastungsvoraussetzung im Rahmen der Rückwaren-Regelungen entbehrlich. Ergänzend ist darauf hinzuweisen, daß auch frühere Verbrauchsteuergesetze entsprechende Entsteuerungsmöglichkeiten enthielten. Nach § 9 Abs.1 LeuchtmStG konnte der Hersteller von Leuchtmitteln eine Erstattung der Steuer für Leuchtmittel erhalten, die außerhalb des Betriebes unter zollamtlicher Überwachung vernichtet worden sind. Eine entsprechende auf Abfälle nicht gerösteten Kaffees und Teeabfälle beschränkte Regelung enthielt § 7 Abs.2 Kaffee- und TeeStG.

b) Zulässigkeit eines Entlastungsanspruchs nach EG-Recht

Auch EG-rechtliche Bestimmungen stehen der Einführung eines allgemeinen Entlastungsanspruches bei Vernichtung bereits versteuerter Waren nicht entgegen. Nach Art. 6a RL 72/464/EWG (bzw. Art.11b RL 95/59/EG) können die Mitgliedstaaten eine Erstattung der bereits entrichteten Verbrauchsteuer für unter behördlicher Aufsicht vernichtete Tabakwaren gewähren. Zusammen mit drei weiteren fakultativen Steuerbefreiungen wurde die Entlastungsmöglichkeit erst 1990 in den Richtlinienvorschlag aufgenommen. Nach der Begründung der Kommission sollten damit zumindest die wichtigsten und in den meisten Mitgliedstaaten geltenden Steuerbefreiungen einheitlich geregelt werden.[870] Die Umsetzung blieb den Mitgliedstaaten jedoch freigestellt. Für die anderen Verbrauchsteuern wurden keine entsprechenden Regelungen getroffen. Die Zulässigkeit einer Erstattung folgt jedoch aus dem allgemeinen Systemgedanken, Waren nicht endgültig mit einer Verbrauchsteuer zu belegen, deren bestimmungsgemäße Verwendung mit ihrer Vernichtung unmöglich gemacht wird. In bezug auf die Mineralölsteuer läßt sich dieses Grundprinzip aus der in Art.8 Abs.1a RL 92/81/EWG festgelegten obligatorischen Befreiung für Mineralöle ableiten, die nicht als Kraftstoff für Motoren und nicht zu Heizzwecken verwendet werden.

---

[870] Begründung zum Vorschlag für eine Richtlinie des Rates zur Änderung der Richtlinien 72/464/EWG und 79/32/EWG über die anderen Verbrauchsteuern auf Tabakwaren als die Umsatzsteuer, BT-Drs. 12/361, S. 6.

Ein für alle Verbrauchsteuern geltender Entlastungsanspruch für die Vernichtung und die vollständige Vergällung von Waren des freien Verkehrs könnte wie folgt lauten:

Die Steuer wird auf Antrag für nachweislich versteuerte und nicht verwendete Waren erstattet, vergütet oder erlassen, die unter Steueraufsicht vernichtet oder vollständig vergällt worden sind. Entlastungsberechtigt ist derjenige, der die Waren im Zeitpunkt der Vernichtung oder Vergällung zu gewerblichen Zwecken in Besitz gehalten hat.

4. Steuerliche Entlastung beim Verbringen in andere Mitgliedstaaten und bei der Ausfuhr in Drittländer

a) Verbringen in andere Mitgliedstaaten

Nach der Rechtslage vor dem 1.1.1993 wurde eine Besteuerung von ausgeführten Waren durch das System der bedingten Steuer vermieden.[871] Für die zur Ausfuhr bestimmten Waren entstand eine auflösend bedingte Steuer, die mit der direkten Ausfuhr der Waren oder mit der Ausfuhr über besondere Ausfuhrlager wieder entfiel.[872] Die Möglichkeit zur nachträglichen steuerlichen Entlastung durch Erstattung oder Vergütung der Steuer von im Erhebungsgebiet bereits versteuerten Waren bestand dagegen nur im Tabak-, Branntwein-, Kaffee- und Teesteuerrecht. Daneben bestanden Enlastungsregelungen für Anteilwaren, die unter Verwendung von Kaffe, Tee, Zucker, Salz, Branntwein oder Mineralölen hergestellt worden sind. Die Entlastungsvorschriften beruhten auf dem finanzpolitischen Grundgedanken, daß nur die dem inländischen Verbrauch zugeführten Erzeugnisse die Steuer tragen sollten.[873]

Das System der Ausfuhr von verbrauchsteuerpflichtigen Waren über Ausfuhrlager und die damit verbundene Vermeidung einer Besteuerung und nachträglichen Entlastung wurde erst Anfang des Jahrhunderts in das deutsche Verbrauchsteuerrecht eingeführt. Ursprünglich sahen die preußischen Accise-Vorschriften[874] für alle verbrauchsteuerpflichtigen Waren lediglich ein Entlastungsverfahren in Form einer Ausfuhr-Vergütung vor. Nach Senck-

---

[871] *Teske*, DDZ 1954, F 101,136. Danach konnte die Ausfuhr sowohl von Herstellungsbetrieben als auch von Ausfuhrlagern unter Verwendung eines Begleitscheinverfahrens erfolgen.

[872] *Hesse*, Grundfragen des Verbrauchsteuerrechts, ZfZ 1959, S. 129,133; *Ritter*, Zur Dogmatik der Verbrauchsteuerschuld, ZfZ 1950, S. 241,242 und Zapf/Siegert, Das Biersteuergesetz, § 7 Anm.13.

[873] *Teske*, DDZ 1954, F 101,103.

[874] Nach *Senckpiehl* (Strukturwandlungen des Verbrauchsteuerrechts, S. 44, Fn. 122) wurde für Bier die Ausfuhrvergütung im Jahre 1856, für Zucker im Jahre 1861 und für Tabak und Branntwein im Jahre 1868 eingeführt.

piehl[875] ging man erst mit dem Ausbau der Steueraufsicht dazu über, verbrauchsteuerbare Waren vor der Abgabenerhebung unter steuerlicher Überwachung auszuführen und auf diesem Wege die Belastung der Abgabenverwaltung mit der nicht einträglichen Mühe der Bereitstellung einer Steueraufsicht und dem Erfordernis einer Auszahlung bereits vereinnahmter Steuergelder zu vermeiden. Dieser Grundgedanke hat das deutsche Verbrauchsteuerrecht bis zur harmonisierungsbedingten Neustrukturierung geprägt. Mit der Einführung des aufwendigen Entsteuerungsverfahrens für Waren des freien Verkehrs, die in andere Mitgliedstaaten geliefert werden, hat man den Rechtszustand des vorigen Jahrhunderts wieder hergestellt.

Zur Vermeidung einer Doppelbesteuerung verfolgt das neue Verbrauchsteuersystem das Ziel, Waren von der Steuer freizustellen, die in andere Mitgliedstaaten verbracht oder in Drittstaaten ausgeführt werden. Dabei wird die steuerliche Freistellung grundsätzlich durch die Anwendung des Steueraussetzungsverfahrens bewirkt. Nach wortgleichen Bestimmungen in allen Verbrauchsteuergesetzen dürfen verbrauchsteuerpflichtige Waren unter Steueraussetzung im innergemeinschaftlichen Steuerversandverfahren aus Steuerlagern im Steuergebiet in Steuerlager oder Betriebe von berechtigten Empfängern in andere Mitgliedstaaten verbracht[876] oder aus dem Verbrauchsteuergebiet der Europäischen Gemeinschaft ausgeführt werden.[877] Solange sich die Waren im gebundenen Lagerverkehr oder in einem Steuerversandverfahren befinden, stellt sich die Frage nach einer steuerlichen Entlastung nicht. Unter verwaltungsökonomischen Gesichtspunkten bietet dieses Verfahren erhebliche Vorteile gegenüber einem Entsteuerungsverfahren, da ein zweiter Warenkreislauf vermieden wird. Indes empfand die Wirtschaft das ursprünglich geplante starre Steuerlagerverbundsystem als Kanalisierung des Handels, die für einen freien Warenverkehr eher hinderlich sei.[878] Zu Recht wies Misch[879] darauf hin, daß bereits versteuerte Waren zur Lieferung in einen anderen Mitgliedstaat zunächst wieder in ein inländisches Steuerlager gebracht und dort entsteuert werden müßten. Auch die Mitgliedstaaten sprachen sich für die Schaffung eines zweiten Beförderungsverfahrens aus, das den freien Handel mit bereits versteuerten Waren ohne eine doppelte Versteuerung ermöglichen

---

[875] *Senckpiehl*, Strukturwandlungen des Verbrauchsteuerrechts, S. 45. Eine Ausfuhr unter Steueraufsicht ohne Abgabenentrichtung wurde für Salz schon im Jahre 1867, für Spielkarten im Jahre 1878, für Schaumwein im Jahre 1902 und für Leuchtmittel und Zündwaren im Jahre 1909 vorgesehen.

[876] § 16 TabStG, § 12 BierStG, § 141 BranntwMonG, § 11 SchaumwZwStG und § 15 MinöStG.

[877] § 17 TabStG, § 14 BierStG, § 142 BranntwMonG, § 12 SchaumwZwStG und § 17 MinöStG.

[878] *Ritter*, Steuerharmonisierung als Voraussetzung eines EG-Binnenmarktes, BB 1989, S. 77,81.

[879] *Misch*, Verbrauchsteuern in Europa - Beseitigung der Steuerschranken zur Vollendung des Binnenmarktes, Spirituosen Jahrbuch 1989, S. 404,449.

sollte. Im Rahmen der 1990 geführten Flexibilisierungsdiskussion wurde ein entsprechendes Verfahren in Art.5 des ersten Entwurfes für eine allgemeine Systemrichtlinie aufgenommen.[880]

Bereits 1989 hatte Jarsombeck[881] vorausgesehen, daß eine Erstattung der Steuer im Ausfuhrland ein aufwendiges Dokumentationssystem über die Warenbewegungen erforderlich machen würde, da ein Clearingsystem bei den Verbrauchsteuern im Gegensatz zur Mehrwertsteuer aufgrund der unterschiedlichen Steuersätze und des fehlenden Vorsteuerabzuges nicht möglich sei. Schließlich einigten sich die Mitgliedstaaten auf ein zweites Beförderungsverfahren und auf ein vereinfachtes Begleitdokument, das die Ware bis zum Empfänger begleitet. Eine Ausfertigung dient als Rückschein und ist vom Empfänger mit einem Empfangsvermerk zu versehen und an den Versender zurückzuschicken, falls dieser einen Nachweis über die Lieferung zu Erstattungszwecken benötigt.[882] Sofern das vorgeschriebene Beförderungsverfahren eingehalten ist, sind die Mitgliedstaaten nach Art.7 RL 92/12/EWG verpflichtet, die bereits entrichtete Verbrauchsteuer zu erstatten. Zur Umsetzung dieser Bestimmung sehen alle Verbrauchsteuergesetze eine steuerliche Entlastung für nachweislich versteuerte Waren vor, die zu gewerblichen Zwecken in einen anderen Mitgliedstaat verbracht worden sind.[883] Nach der Begründung des Gesetzgebers[884] dient die Rückgängigmachung der Versteuerung der Beseitigung einer evtl. eingetretenen Doppelbesteuerung und damit der Vermeidung von Handelshemmnissen.

b) Ausfuhr in Drittländer

Im Gegensatz zur Lieferung von Waren des freien Verkehrs in andere Mitgliedstaaten ist die Ausfuhr von im Steuergebiet versteuerten Waren in Drittländer nicht einheitlich geregelt. Grundsätzlich findet in diesen Fällen eine Erstattung der Steuer nicht statt. Lediglich § 22 Abs.1 TabStG sieht einen Erlaß oder eine Erstattung für Tabakwaren vor, die unter Steueraufsicht ausgeführt werden. Die Entlastungsregelung entspricht der Rechtslage vor dem

---

[880] Art.5 des Vorschlages für eine Richtlinie des Rates über das allgemeine Verbrauchsteuersystem sowie über den Besitz und die Beförderung verbrauchsteuerpflichtiger Waren, KOM (90) 431 endg., S. 20f.

[881] *Jarsombeck*, Harmonisierung der indirekten Steuern, Die Branntweinwirtschaft 1989, S. 246, 250.

[882] Zum Verfahren im einzelnen vgl. *Jatzke*, Das neue Verbrauchsteuerrecht in der Bundesrepublik Deutschland, IFSt-Schrift Nr. 322, S. 47ff.

[883] § 22 TabStG, § 19 BierStG, § 148 BranntwMonG, § 18 SchaumwZwStG und § 24 MinöStG.

[884] Begründung zu § 19 BierStG, BT-Drs. 12/3432, S. 76.

1.1.1993.[885] Da die Vergütung ausgeschlossen ist, sind lediglich Hersteller und Einführer, nicht aber Händler oder Verbraucher anspruchsberechtigt. Entgegen Caspers, Dittrich[886] und Benkwitz[887] ist Peters der Ansicht, daß bereits der Wortlaut von § 13 TabStG 1980, der dem des § 22 TabStG 1993 entspricht, für eine derartige Begrenzung der Berechtigung auf den ursprünglichen Steuerschuldner nichts hergebe.[888] Da der Gesetzgeber die Vergütung und damit die Möglichkeit einer Rückgewähr der Steuer an eine andere Person als den Steuerschuldner[889] bewußt nicht in die Vorschriften aufgenommen hat, spricht jedoch gerade der Wortlaut der Entlastungsregelung für eine Beschränkung des Berechtigtenkreises. Im Gegensatz dazu lassen die anderen Verbrauchsteuergesetze eine Entlastung von der Steuer für in andere Mitgliedstaaten verbrachte Waren auch für Personen zu, die die Steuer nicht selbst entrichtet, sondern nur wirtschaftlich getragen haben.[890] Für den im Grundsatz gleichgelagerten Fall der Ausfuhr von Tabakwaren ist ein zwingender Grund für einen Ausschluß der Vergütung nicht ersichtlich.

Neben § 22 TabStG enthält nur noch § 20 KaffeeStV eine vergleichbare Entlastungsregelung. Allerdings ist die Erstattung der Kaffeesteuer auf den Kaffeeanteil in ausgeführten kaffeehaltigen Waren beschränkt. Da für die Lagerung von kaffeehaltige Waren keine Steuerlager bewilligt werden und somit eine Ausfuhr der Waren unter Steueraussetzung nicht möglich ist, bestand die Notwendigkeit zur Aufnahme einer Entsteuerungsmöglichkeit, um die unter Verwendung von versteuertem Kaffee hergestellten Waren wegen der auf ihnen ruhenden Kaffeesteuer im Wettbewerb außerhalb des Steuergebietes nicht unzumutbar zu benachteiligen.[891] Gerade diese Benachteiligung findet jedoch bei der Ausfuhr von anderen versteuerten Waren als Tabakwaren oder kaffeehaltigen Waren statt. Die Ausführer können die steuerliche Belastung nur durch eine Ausfuhr unter Steueraussetzung vermeiden. Dies bedarf jedoch einer Aufnahme der Waren in ein Steuerlager, die bei Fremdwaren insbesondere im Branntwein-, Schaumwein- und Biersteuerrecht aufgrund der Forderung nach einem wirtschaftlichen Bedürfnis auf Schwierigkeiten stoßen kann.

---

[885] Nach der Begründung zu § 22 TabStG (BT-Drs. 12/3432, S. 72) entspricht die Vorschrift dem bisherigen § 13 TabStG.

[886] *Caspers/Dittrich*, Das neue Tabaksteuerrecht, ZfZ 1980, S. 205.

[887] Nach *Benkwitz* (Erläuterungen zum Tabaksteuergesetz, in: Das Deutsche Bundesrecht, VII D 31, S. 25) ist eine Vergütung, also eine volle oder teilweise Entlastung einer Person von der Steuer, die sie nicht entrichtet, sondern nur wirtschaftlich getragen hat, ausgeschlossen. Sie kommt nur bei wirksamer Abtretung,Verpfändung oder Pfändung des Anspruches nach § 46 AO in Betracht.

[888] *Peters*, Das Verbrauchsteuerrecht, Rdnr. 422.

[889] Zur Definition des Vergütungsanspruchs vgl. *Tipke/Lang*, Steuerrecht, § 7 Nr. 8.

[890] § 19 Abs.1 BierStG, § 148 Abs.1 BranntwMonG, § 18 Abs.1 SchaumwZwStG und § 24 Abs.1 MinöStG.

[891] Begründung zu § 19 Nr.8 KaffeeStG, BT-Drs. 12/3432, S. 95.

Schröer-Schallenberg[892] versucht den Ausschluß einer Steuerentlastung bei der Ausfuhr von versteuertem Bier mit Gründen der Steueraufsicht, dem angeblich enormen Verwaltungsaufwand und Nachweisschwierigkeiten zu rechtfertigen. Vor diesen Problemen stand der Gesetzgeber jedoch auch bei der erheblich höheren Tabaksteuer. Dennoch hat er sich von der Aufnahme einer Entlastungsregelung nicht abhalten lassen. Es ist daher angezeigt, die wirtschaftlichen Erschwernisse durch Aufnahme einer allgemeinen Entlastungsregelung zu beseitigen. Damit würde zum Schutz der inländischen Wirtschaft eine Doppelbesteuerung vermieden und dem Grundgedanken der Verbrauchsbesteuerung Rechnung getragen, nur die inländische Verwendung von steuerbaren Waren zu belasten.[893] Sofern die Steuer für die ausgeführten Waren bereits entrichtet wurde, ist ein Erstattungs- bzw. Vergütungsanspruch zu gewähren. Daneben kommt ein Erlaß der Steuer in Betracht, wenn die Steuer zwar entstanden, jedoch im Zeitpunkt der Ausfuhr noch nicht entrichtet worden ist. Es entstünde unnötiger Verwaltungsaufwand, würde man in diesem Fall auf eine Entrichtung der Steuer bestehen, um sie danach an den Begünstigten wieder auszubezahlen.

Aus der Entlastungsregelung in Art.22 RL 92/12/EWG läßt sich der Gedanke der Inlandsbesteuerung und der Wettbewerbsneutralität[894] auch für das EG-Verbrauchsteuerrecht ableiten. Allerdings fehlt es an einer entsprechenden Vorschrift für das Verbringen von Waren des freien Verkehrs aus dem Gemeinschaftsgebiet. Art.19 Abs.4 RL 92/12/EWG regelt lediglich das Ausfuhrverfahren unter Steueraussetzung. Es kann jedoch nicht angenommen werden, daß die Mitgliedstaaten eine Entlastung von ausgeführten Waren des freien Verkehrs bewußt ausschließen und damit Wettbewerbsnachteile gegenüber exportierenden Drittstaaten, die eine solche Entlastung gewähren[895], in Kauf nehmen wollten. Gegen einen Ausschluß der Steuerentlastung sprechen auch die Regelungen in früheren Richtlinienvorschlägen. Art.9 der Mineralöl-Struktur-Richtlinie von 1973 ermächtigte die Mitgliedstaaten zur Festlegung der Voraussetzungen, unter denen die bereits entrichtete Verbrauchsteuer im Falle der Ausfuhr erstattet werden konnte. Die Kommission begründete diesen Vorschlag mit der in den Mitgliedstaaten geübten allgemeinen steuerlichen

---

[892] *Schröer-Schallenberg*, Das neue Biersteuerrecht, ZfZ 1994, S. 290,297.

[893] *Förster*, Die Verbrauchsteuern, S. 83 Fn. 396 und *Peters*, Das Verbrauchsteuerrecht, Rdnr. 422.

[894] Nach Arndt (Rechtsfragen einer deutschen CO_2-/ Energiesteuer, S. 65) belasten Verbrauchsteuern typischerweise nicht die Wettbewerbsfähigkeit inländischer Unternehmen gegenüber ausländischen Konkurrenten, da die gleiche Verbrauchsteuer auch auf importierte Waren anfällt und von Exporten nicht erhoben wird.

[895] So sieht z.B. § 12 Abs. 1a des nach deutschen und österreichischen Vorgaben entworfenen Verbrauchsteuergesetzes der Tschechischen Republik einen Anspruch auf Steuerrückerstattung im Falle der Ausfuhr besteuerter Erzeugnisse zu gewerblichen Zwecken vor. Vgl. *Jatzke*, Das neue Verbrauchsteuerrecht der Tschechischen Republik, WiRO 1994, S. 284,285.

Praxis, daß produktgebundene indirekte Steuern grundsätzlich nur im Bestimmungsland erhoben würden.[896] Auch Art.23 der Alkoholstrukturrichtlinie von 1972 enthielt eine Ausfuhrregelung. Danach konnten die Mitgliedstaaten bei der Ausfuhr von Äthylalkohol die hierauf entfallende Verbrauchsteuer zu dem im Zeitpunkt der Ausfuhr geltenden Steuersatz erstatten.

Leider hat es die Kommission verabsäumt, in die Systemrichtlinie eine entsprechende Regelung für alle Verbrauchsteuern aufzunehmen. Der große Regelungsbedarf hinsichtlich des innergemeinschaftlichen Beförderungsverfahrens für Waren des freien Verkehrs verstellte den Blick auf die notwendige Regelung der Ausfuhr. Es entstand eine Regelungslücke, die im Wege der ergänzenden Auslegung unter Berücksichtigung der Grundprinzipien des neuen Verbrauchsteuersystems geschlossen werden muß. Danach kann es den Mitgliedstaaten nicht verwehrt werden, neben der steuerlichen Entlastung für in andere Mitgliedstaaten verbrachte Waren des freien Verkehrs auch eine Steuerentlastung für Waren zu gewähren, die aus dem Gebiet der Gemeinschaft ausgeführt werden. § 22 TabStG verstößt somit nicht gegen EG-rechtliche Bestimmungen. Das Problem der Ausfuhrerstattung wurde inzwischen von mehreren Mitgliedstaaten erkannt und im Verbrauchsteuerausschuß eingehend erörtert. Auch die Kommission äußerte in diesem Gremium die Ansicht, daß eine Entlastung der Waren bei Ausfuhr aus dem Gebiet der Gemeinschaft EG-rechtlich zulässig sei. Aus den vorgenannten Gründen sollte in das deutsche Verbrauchsteuerrecht eine für alle Verbrauchsteuern geltende Entlastungsregelung eingeführt werden, die wie folgt lauten könnte:

Die Steuer wird auf Antrag erlassen, erstattet oder vergütet für nachweislich versteuerte und nicht verwendete Waren, die zu gewerblichen Zwecken aus dem Steuergebiet in andere Gebiete ausgeführt werden.

5. Steuerliche Entlastung bei Zahlungsausfall

a) Die Bevorzugung des Mineralölhandels in § 53 MinöStV

Bereits 1973 wiesen Vertreter der Mineralölwirtschaft auf dem Deutschen Steuerkongress darauf hin, daß es wünschenswert sei, die Kürzung der Mineralölsteuer in den Fällen zuzulassen, in denen sie z.B. wegen Konkurses des Abnehmers nicht auf den Steuerträger überwälzt werden könne; demgegenüber befürchtete die Finanzverwaltung hohe Steuerausfälle und trat den Forderungen der Mineralölwirtschaft mit dem Hinweis entgegen, daß eine Verlagerung des Steuerrisikos auf die Allgemeinheit nicht gerechtfertigt sei und dem Wesen der Verbrauchsteuer, schlechthin den Verbrauch zu belasten, wider-

[896] Begründung zu Art. 9 des Vorschlages einer Richtlinie des Rates über die Harmonisierung der Verbrauchsteuern auf Mineralöle, BT-Drs. 7/1042, S. 12.

sprechen würde.[897] Auch der Bundesfinanzhof lehnte die steuerliche Entlastung eines Mineralölhändlers im Wege eines Billigkeitserweises ab, dem die Überwälzung der Mineralölsteuer wegen der Zahlungsunfähigkeit des Abnehmers nicht gelungen war.[898] Zur Begründung führt der BFH an, daß das Risiko der Abwälzung der Steuer als Preisbestandteil aus dem steuerlichen Bereich ausgeschieden und in den Bereich des allgemeinen kaufmännischen Risikos einbezogen worden sei. Die Ausklammerung der Steuerüberwälzung aus dem steuerlichen Bereich entspräche dem System der indirekten Verbrauchsbesteuerung und rechtfertige auch keine Berücksichtigung der Nichtabwälzbarkeit im Billigkeitsverfahren. Nach den vorangegangenen Diskussionen mit der Mineralölwirtschaft wurde das Urteil des BFH von der Zollverwaltung mit großer Zustimmung und Erleichterung aufgenommen.[899]

Im Rahmen der Beratungen über das Solidaritätsgesetz[900], mit dem ab dem 1.1.1992 ein Solidaritätszuschlag auf die Einkommensteuer eingeführt und die Mineralölsteuer erhöht wurde, gelang der Mineralölwirtschaft schließlich der Durchbruch. In Abweichung vom ursprünglichen Referentenentwurf empfahl der Finanzausschuß des Deutschen Bundestages in das Mineralölsteuergesetz eine Verordnungsermächtigung zur Regelung der Erstattung oder Vergütung bei Forderungsausfällen im Handel mit versteuerten Mineralölen aufzunehmen.[901] Im Widerspruch zur Finanzrechtsprechung wurde die Einführung der Entlastungsregelung mit dem Wesen der Mineralölsteuer als Verbrauchsteuer begründet. Mit der Mineralölsteuer werde erhebungstechnisch der Mineralölhandel belastet, der die Steuer über den Verkaufspreis bis zum Verbraucher als dem eigentlichen Adressaten der Mineralölsteuer als Verbrauchsteuer weitergebe. Bei einem Ausfall der Forderung verbliebe eine Steuerbelastung beim Händler, deren teilweise Beseitigung mittels Vergütung oder Erstattung der Steuer durch den Fiskus erfolgen solle. Insgesamt ziele die Regelung darauf ab, das Risiko des Steuerausfalls sachentsprechend dem Steuergläubiger zuzuweisen. Mit Wirkung zum 1.7.1991 trat die auf die Ermächtigung in § 11 Abs.3 MinöStG a.F. gestützte Entlastungsregelung des § 39 b MinöStDV a.F. in Kraft und ersetzte für den Bereich der Mineralölsteuer die bis dahin gelten-

---

[897] *Schmidt*, Diskussionsbericht, in: Steuer-Kongress-Report 1973, Arbeitskreis III: Die Verbrauchsteuern aus nationaler Sicht und im Rahmen der Harmonisierung, S. 363,389.

[898] BFHE 115, 2.

[899] Vgl. die Urteilsanmerkungen in ZfZ 1975, S. 239: „Den Ausführungen, daß sich die Überwälzung der gezahlten Verbrauchsteuer durch Einkalkulation in den Preis außerhalb des steuerrechtlich geregelten Bereichs vollzieht, läßt sich nichts entgegenhalten. Daher erscheint auch das Ergebnis, daß das Mißlingen der Überwälzung im Billigkeitswege keine Berücksichtigung finden könne, gerechtfertigt."

[900] Gesetz zur Einführung eines befristeten Solidaritätszuschlags und zur Änderung von Verbrauchsteuer- und anderen Gesetzen (Solidaritätsgesetz) vom 24.6.1991, BGBl. I S. 1318ff.

[901] Beschlußempfehlung und Bericht des Finanzausschusses, BT-Drs. 12/561, S. 16.

de Billigkeitsregelung in Teil C Abs.3 Nr.4 der Billigkeitsrichtlinien von 1974.[902]

Mit der Einführung eines Entlastungsanspruches hat der Gesetzgeber der in der Literatur wiederholt vorgebrachten Kritik an der Besteuerungspraxis Rechnung getragen. So spricht sich Schmölders[903] für eine Erstattung der verauslagten Verbrauchsteuer für die Fälle aus, in denen eine Überwälzung der Steuer auf den Endverbraucher nicht möglich oder sogar ausgeschlossen sei. Bei einer idealen Verbrauchsteuer fordert auch Janssen[904] für die Fälle der Nichtabwälzbarkeit eine zwingende Erlaßvorschrift. Schließlich ist auch Tipke[905] der Ansicht, daß einem Unternehmer, dem die Überwälzung nicht gelungen sei, die geschuldete Steuer zumindest aus Billigkeitsgründen erlassen werden müsse.

Im Rahmen der durch die Verbrauchsteuerharmonisierung notwendigen Umgestaltung des gesamten Mineralölsteuerrechts wurde die vom Gesetzgeber getroffene Entscheidung nicht mehr in Frage gestellt und die Entlastungsregelung in § 53 MinöStV in das neue Mineralölsteuerrecht übernommen. Allerdings sah man sich nicht veranlaßt, die Steuerschuldner der Tabak-, Bier-, Branntwein,- Schaumwein-, Zwischenerzeugnis- und Kaffeesteuer in gleicher Weise zu entlasten, so daß der Schuldner bei diesen Steuern nach wie vor auf einen Billigkeitserweis angewiesen ist. Geht man nun davon aus, daß die Normierung eines Entlastungsanspruches bei erwiesener Unmöglichkeit der Abwälzung der Verbrauchsteuer dem inneren Systemgedanken der Verbrauchsbesteuerung entspricht, so ist kein hinreichender Grund ersichtlich, warum dieser Schutz nur den Schuldnern der Mineralölsteuer zugute kommen soll. Das Wesensmerkmal der Belastung des Endverbrauchers von verbrauchsteuerbaren Waren ist allen Verbrauchsteuern gemeinsam.[906] Weder die Eigenschaft des Steuergegenstandes Mineralöl noch die besonderen Handelsstrukturen rechtfertigen eine differenzierte Betrachtung der verschiedenen Verbrauchsteuerarten und eine unterschiedliche Behandlung der Steuerschuldner. Die Ungleichbehandlung der Steuerschuldner gibt Anlaß, die Vorschrift des § 53 MinöStV unter den Gesichtspunkten des in Art.3 Abs.1 GG enthaltenen Gleichbehandlungsgrundsatzes näher zu untersuchen.[907]

---

[902] Erläuterungen zu § 39 b MinöStDV in ZfZ 1991, S. 392f.

[903] *Schmölders*, Zur Begriffsbestimmung der Verbrauchsteuern, S. 30f.

[904] *Janssen*, DStZ 1990, S. 35,42.

[905] *Tipke*, Umsatzsteuer - Verkehrsteuer und/oder Verbrauchsteuer, DStR 1983, S. 595,597.

[906] *Beermann*, in: Klein, Lexikon des Rechts, Steuer- und Finanzrecht, S. 474 und BVerfGE 6, 247 (256f).

[907] *Jatzke*, Das neue Verbrauchsteuerrecht im EG-Binnenmarkt, BB 1993, S. 41,45 und ders. Das neue Verbrauchsteuerrecht in der Bundesrepublik Deutschland, IFSt-Schrift Nr. 322, S. 103.

b) Verstoß gegen den in Art.3 Abs.1 GG aufgestellten Gleichheitssatz

Aus dem allgemeinen Gleichheitssatz des Art.3 Abs.1 GG leitet die Verfassungsrechtsprechung für den Bereich des Steuerrechts die Grundsätze der Belastungsgleichheit und der Steuergerechtigkeit ab, an die der Gesetzgeber bei der Erschließung von Steuerquellen und bei der Ausgestaltung der Steuergesetze gebunden ist.[908] Dabei billigte die frühere Rechtsprechung des Bundesverfassungsgerichts dem Gesetzgeber eine weitgehende Gestaltungsfreiheit zu. Eine Steuervorschrift wurde bereits dann mit dem Gleichheitssatz für vereinbar gehalten, wenn die mit ihr herbeigeführte Differenzierung auf sachgerechte finanzpolitische, volkswirtschaftliche, sozialpolitische oder steuertechnische Erwägungen beruhte und deshalb ein Verstoß gegen das Willkürverbot nicht festgestellt werden konnte.[909] Die Gestaltungsfreiheit des Gesetzgebers endete erst dort, wo die gleiche oder ungleiche Behandlung der geregelten Sachverhalte nicht mehr mit einer am Gerechtigkeitsgedanken orientierten Betrachtungsweise vereinbar war und ein sachlicher Grund für die Gleichbehandlung oder Ungleichbehandlung fehlte.[910]

Ich den achtziger Jahren hat das Bundesverfassungsgericht das Willkürverbot präzisiert und für den Bereich der persönlichen Rechtsgleichheit durch eine „neue Formel" ersetzt, die dem Gleichheitsgedanken schärfere Konturen verleiht. Nach dem neuen Ansatz ist der Gleichheitssatz vor allem dann verletzt, wenn der Staat eine Gruppe von Normadressaten im Vergleich zu anderen Normadressaten anders behandelt, obwohl zwischen beiden Gruppen keine Unterschiede von solcher Art und solchem Gewicht bestehen, daß sie die ungleiche Behandlung rechtfertigen könnten.[911] Der materielle Unterschied zwischen dem Willkürverbot und der „neuen Formel" besteht darin, daß zwischen der sachlichen und der persönlichen Rechtsgleichheit unterschieden wird. Für die Ungleichbehandlung von Personen oder Personengruppen wird es nicht mehr als ausreichend erachtet, daß sich irgend ein sachlicher Grund für die Differenzierung finden läßt. Vielmehr ist die Ungleichbehandlung in eine Relation zu den zwischen den verglichenen Personengruppen bestehenden Unterschieden zu setzen.[912] Der Grund für die Differenzierung muß von solcher Art und solchem Gewicht sein, daß er imstande ist, das Vorgehen der Staatsorgane auch dem Ausmaß nach zu rechtfertigen.[913] Die „neue Formel" führt damit zu einem strengeren Prüfungsmaßstab, der dem personalen Bezug

---

[908] BVerfGE 26, 302 (391); 74, 182 (199).

[909] BVerfGE 26, 302 (310); 50, 386 (392); 74, 182 (200).

[910] BVerfGE 50, 386 (392).

[911] BVerfGE 55, 72 (88); 81, 228 (236); 83, 395 (401); 84, 348 (359); 85, 238 (244).

[912] *Hesse*, Der allgemeine Gleichheitssatz in der neueren Rechtsprechung des Bundesverfassungsgerichts zur Rechtsetzungsgleichheit, in: FS für *Lerche*, S. 121,124.

[913] *Herzog*, in: *Maunz/Dürig/Herzog/Scholz*, Kommentar zum Grundgesetz, Anh. zu Art.3 Rdnr. 6.

des Grundrechts durch die Anwendung des Verhältnismäßgkeitsprinzips Rechnung trägt.

Nach der Rechtsprechung des Bundesverfassungsgerichts ist der Gleichheitssatz des Art.3 Abs.1 GG - auch bei der Überprüfung einer Vorschrift im Rahmen der „neuen Formel" - bereichsspezifisch anzuwenden.[914] Der die Gleich- oder Ungleichbehandlung rechtfertigende Grund muß sich aus der Eigenart und den Besonderheiten des zu regelnden Sachverhalts und damit aus der vom Gesetzgeber statuierten Sachgesetzlichkeit ergeben.[915] Für den Sachbereich des Steuerrechts hat das Bundesverfassungsgericht festgestellt, daß weder der Zweck der Besteuerung, den staatlichen Haushalt mit Finanzmitteln auszustatten, noch die Verwendung des Steueraufkommens der Steuerbelastung Anknüpfungspunkte geben oder ihr Grenzen ziehen.[916] Deutliche Konturen gewinnt die Besteuerungsgleichheit erst aus der Eigenart der Steuer.[917] Die Legitimation für eine differenzierte Behandlung von steuerpflichtigen Personen oder Personengruppen ist daher aus der Gleichheit der Lastenzuteilung abzuleiten. Deshalb müssen im Steuerrecht sowohl die steuerbegründenden Vorschriften als auch die Regelungen ihrer Anwendung dem Prinzip einer möglichst gleichmäßigen Belastung der Steuerpflichtigen besonders sorgfältig Rechnung tragen.[918] Für die am Maßstab des Gleichheitssatzes vorzunehmende Prüfung kommt es insbesondere darauf an, ob eine Gruppe von Steuerpflichtigen ohne hinreichenden sachlichen Grund stärker belastet wird als andere und dadurch in eine empfindlich ungünstigere Wettbewerbslage gerät, so daß die gesetzlichen Auswirkungen weiter greifen, als es der die Verschiedenbehandlung legitimierende Zweck rechtfertigt, und schutzwürdige Belange der Nichtbegünstigten ohne hinreichenden sachlichen Grund vernachlässigt werden.[919]

In der Literatur ist der „neuen Formel" entgegengehalten worden, daß sich die Gleichheit von Personen oder Personengruppen, die zu einem strengeren Prüfungsmaßstab führt, und die Gleichheit von Sachverhalten, die am bisherigen Willkürverbot zu messen ist, nicht eindeutig voneinander abgrenzen ließen. Da an rechtlich normierten Sachverhalten in aller Regel auch Menschen beteiligt seien, handelt es sich nach Hesse[920] um die beiden Seiten ein und

---

[914] BVerfGE 75, 108 (157); 76, 256 (329); 78, 249 (287); 84, 239 (268).

[915] *Hesse*, Der allgemeine Gleichheitssatz in der neueren Rechtsprechung des Bundesverfassungsgerichts zur Rechtsetzungsgleichheit, in: FS für *Lerche*, S. 121,125; *F. Kirchhof*, Die steuerliche Doppelbelastung der Zigaretten, S. 20 und BVerfGE 88, 87 (97 m.w.N).

[916] BVerfGE 84, 239 (268f).

[917] BVerfGE 93, 121 (134).

[918] BVerfGE 84, 239 (269).

[919] BVerfGE 85, 238 (245 m.w.N).

[920] *Hesse*, Der allgemeine Gleichheitssatz in der neueren Rechtsprechung des Bundesverfassungsgerichts zur Rechtsetzungsgleichheit, in: FS für Lerche, S. 121,129.

derselben Medaille. Herzog[921] wirft die Frage auf, was unter einer Gruppe im Sinne der „neuen Formel" zu verstehen sei und zieht aus der Unabgrenzbarkeit des Gruppenbegriffs den Schluß, daß der aus sich heraus überzeugende Gedanke, daß die Gründe für eine Gleich- oder Ungleichbehandlung umso schwerwiegender sein müssen, je gravierender der Grad der Gleich- bzw. Ungleichbehandlung sei, für den gesamten Anwendungsbereich von Art.3 Abs.1 GG Geltung beanspruchen müsse.

In neueren Entscheidungen hat das Bundesverfassungsgericht[922] der Kritik an der Beschränkung des strengeren Prüfungsmaßstabes auf die perönliche Rechtsgleichheit zum Teil Rechnung getragen und hierzu ausgeführt, daß die engere Bindung nicht auf personenbezogene Differenzierungen beschränkt sei. Sie gelte vielmehr auch, wenn eine Ungleichbehandlung von Sachverhalten mittelbar eine Ungleichbehandlung von Personengruppen bewirke. Der Gestaltungsspielraum des Gesetzgebers sei um so enger, je stärker sich die Ungleichbehandlung von Personen oder Sachverhalten auf die Ausübung grundrechtlich geschützter Freiheiten nachteilig auswirken könne. Dieser unterschiedlichen Weite des gesetzgeberischen Gestaltungsspielraumes entspreche eine abgestufte Kontrolldichte bei der verfassungsgerichtlichen Prüfung.

Auch nach der neueren Rechtsprechung bleibt Ausgangspunkt für die Überprüfung einer Steuerrechtsnorm auf einen Verstoß gegen den bereichsspezifisch anzuwendenden Gleichheitssatz, die Suche nach dem sachgerechten Vergleichsmaßstab. Dieser tertium comparationis muß sich aus der vom Gesetzgeber statuierten Sachgesetzlichkeit und aus den das jeweilige Besteuerungssystem prägenden Wesensmerkmalen ergeben.[923]

In bezug auf die zur Überprüfung anstehende Entlastungsregelung in § 53 MinöStV ist als Vergleichsmaßstab der Systemgedanke der Verbrauchsbesteuerung heranzuziehen. Verbrauchsteuern sind Steuern, die die in der Einkommensverwendung liegende Leistungsfähigkeit desjenigen treffen wollen, der die steuerbare Ware ge- oder verbraucht. Nur aus Praktikabilitätsgründen werden die Verbrauchsteuern nicht beim eigentlichen Belastungsträger, sondern beim Hersteller oder Händler erhoben, da dies die zweckmäßigste und einträglichste Erhebungsform ist.[924] Der Idee nach richten sich die Ver-

---

[921] *Herzog*, in: *Maunz/Dürig/Herzog/Scholz*, Kommentar zum Grundgesetz, Anh. zu Art.3 GG Rdnr. 10.

[922] BVerfGE 88, 87 (96) und *Herzog*, in: *Maunz/Dürig/Herzog/Scholz*, Kommentar zum Grundgesetz, Anh. zu Art.3 GG, Rdnr. 10 und 69; *Herzog* prägt hier den Begriff der „neuesten Formel", die seinen persönlichen Überlegungen am nächsten kommt.

[923] *Tipke* (Die Steuerrechtsordnung, S. 983) ist der Ansicht, daß man den Eindruck gewinnen könnte, daß manche hohen Richter nichts mehr scheuten, als die Bejahung einer Verletzung des Gleichheitssatzes; die wirkungsvollste Möglichkeit, Konsequenzen aus dem Gleichheitssatz zu vermeiden, bestünde darin, nicht nach dem relevanten Vergleichsmaßstab zu suchen, sondern Gleichheit als Identität zu verstehen.

[924] *Schmölders*, Zur Begriffsbestimmung der Verbrauchsteuern, S. 30.

brauchsteuern nicht gegen den Steuerschuldner, sondern als indirekte Steuern gegen den Verbraucher.[925] Aus der Belastung des Endverbrauchers folgt spiegelbildlich, daß an eine Inanspruchnahme der eigenen wirtschaftlichen Leistungsfähigkeit der Produktionsbetriebe nicht gedacht ist.

Mit der erstmaligen Einführung eines Entlastungsanspruches bei erwiesener Zahlungsunfähigkeit des Abnehmers hat der Gesetzgeber dieser Zielvorgabe besonders umsichtig Rechnung getragen. Nach dem Systemgedanken der Verbrauchsbesteuerung ist das Risiko des Steuerausfalls in den Fällen des § 53 MinöStV dem Steuergläubiger und damit dem Fiskus zugewiesen worden, da der Mineralölhandel lediglich mit dem Inkasso beauftragt ist und nur der Verbraucher als eigentlicher Adressat mit der Mineralölsteuer belastet werden soll.[926] Zu beanstanden ist die ausschließlich den Mineralölhandel begünstigende Regelung jedoch unter dem Gesichtspunkt des Gleichheitsgedankens. Das Risiko eines Zahlungsausfalls besteht nicht nur im Handel mit versteuerten Mineralölen, sondern beim Handel mit verbrauchsteuerpflichtigen Waren schlechthin. Auch der Unternehmer, der mit Branntwein oder Tabakwaren handelt, wird durch die Zahlungsunfähigkeit seines Abnehmers mit der Verbrauchsteuer der veräußerten Ware belastet. Da jedoch auch die anderen Verbrauchsteuern auf Abwälzung angelegt sind und eine Inanspruchnahme der eigenen wirtschaftlichen Leistungsfähigkeit der Steuerschuldner auch bei diesen Verbrauchsteuern nicht erfolgen soll, führt der Entlastungsanspruch des § 53 MinöStV zu einer Ungleichbehandlung von gleichen Sachverhalten. Diese Ungleichbehandlung bewirkt mittelbar auch eine Ungleichbehandlung von zwei Gruppen von Steuerschuldnern. Mineralölsteuerschuldner erhalten durch den Gesetzgeber eine andere Behandlung, als die Schuldner von Tabak-, Branntwein-, Schaumwein-, Bier- oder Kaffeesteuer.

Da durch die differenzierende Steuervorschrift des § 53 MinöStV Personengruppen verschieden behandelt werden, läßt sich die Differenzierung unter dem Gesichtspunkt der Belastungsgleichheit und Steuergerechtigkeit nur dann rechtfertigen, wenn dafür ein hinreichender sachlicher Grund besteht, der sich aus dem System der Verbrauchsbesteuerung selbst ergibt. In seiner bereichsspezifischen Anwendung auf das gegenwärtige Verbrauchsteuerrecht verlangt Art.3 Abs.1 GG, daß allen Unternehmen, die verbrauchsteuerpflichtige Waren herstellen oder mit ihnen handeln, die Möglichkeit eingeräumt wird, die Steuer auf den Verbraucher abzuwälzen und falls der Gesetzgeber entsprechende Entlastungsregelungen vorsieht, unter gleichen Bedingungen von einer Inanspruchnahme der eigenen wirtschaftlichen Leistungsfähigkeit freigestellt zu werden. Mit der einseitigen Bevorzugung des Mineralölhandels hat der Gesetzgeber die von ihm selbst im Rahmen der Konzipierung der Verbrauchsteuergesetze statuierte Sachgesetzlichkeit zu Lasten der anderen Steuerschuldner

---

[925] *Maunz*, in: *Maunz/Dürig/Herzog/Scholz*, Kommentar zum Grundgesetz, Art.105 Rdnr. 49.

[926] Beschlußempfehlung und Bericht des Finanzausschusses, BT-Drs. 12/561, S. 16.

durchbrochen.[927] Durch den Verweis auf den Billigkeitsweg befinden sich die Hersteller und Händler bei den anderen Verbrauchsteuern als der Mineralölsteuer in einer ungesicherteren Rechtsposition, da die Finanzgerichte bei Fällen der Nichtabwälzbarkeit der Steuerbelastung einen Billigkeitserweis grundsätzlich abgelehnt haben. Demgegenüber gewährt § 53 MinöStV den Schuldnern von Mineralölsteuern einen Anspruch auf Steuerentlastung, wenn die in § 53 MinöStV aufgestellten Bedingungen erfüllt sind.

Mißt man diese Systemwidrigkeiten an den allen Verbrauchsteuern gemeinsamen Wesensmerkmalen, so ist kein im System der Verbrauchsbesteuerung angelegter Grund ersichtlich, der die Ungleichbehandlung der verschiedenen Steuerschuldner rechtfertigen könnte. Auch die Begründung des Gesetzgebers läßt keine mineralölspezifischen Gründe erkennen, die eine differenzierte Betrachtung erforderlich machen und rechtfertigen würden. Das Bedürfnis für eine steuerliche Entlastung bei erwiesener Unmöglichkeit der Abwälzung ist zwar unter wirtschaftlichen Gesichtspunkten grundsätzlich anzuerkennen, es besteht jedoch unabhängig von der jeweils betroffenen verbrauchsteuerpflichtigen Ware und den Handelsgepflogenheiten der jeweiligen Branche. Da der Gesetzgeber eine § 53 MinöStV entsprechende Regelung bei den anderen Verbrauchsteuern nicht eingeführt hat, werden die ebenfalls schutzwürdigen Belange der Nichtbegünstigten ohne hinreichenden sachlichen Grund und damit gleichheitswidrig vernachlässigt. Die Verweigerung einer steuerlichen Entlastung bei diesem Personenkreis führt zu einer ungünstigeren Wettbewerbslage, da zum Ausgleich von Forderungsausfällen in Höhe des darin enthaltenen Verbrauchsteueranteils gegen den Fiskus kein Entlastungsanspruch geltend gemacht werden kann.

Obwohl die nichtbegünstigten Verbrauchsteuerschuldner mit den begünstigten Mineralölsteuerschuldner nicht in einem unmittelbaren Wettbewerb stehen, führt die generelle Verweigerung einer steuerlichen Entlastung bei den Nichtbegünstigten zu einer wirtschaftlichen Belastung, die dem Grundsatz der gleichen Lastenzuteilung widerspricht und die Verfassungswidrigkeit des festgestellten Systemwiderspruchs indiziert. Wenn der Staat Unternehmer, die verbrauchsteuerpflichtige Waren herstellen oder mit diesen handeln, als mit Inkassobeauftragten vergleichbare Steuerschuldner in Anspruch nimmt, hat er unter dem Gesichtspunkt der Steuergerechtigkeit und gleicher Lastenzuteilung dafür Sorge zu tragen, daß die einmal getroffene Belastungsentscheidung folgerichtig umgesetzt wird und die Folgen einer unmöglichen Weitergabe der Steuerlast an den eigentlichen Belastungsträger alle Steuerschuldner gleich-

[927] Wiederholt hat der Verfasser darauf hingewiesen, daß die systemwidrige Sonderregelung zugunsten des Mineralölhandels unter dem Gesichtspunkt einer Verletzung des in Art.3 GG normierten Gleichheitssatzes zu beanstanden ist. Vgl. *Jatzke*, Das neue Verbrauchsteuerrecht im EG-Binnenmarkt, BB 1993, S. 41,45 und ders., Das neue Verbrauchsteuerrecht in der Bundesrepublik Deutschland, IFSt-Schrift Nr. 322, S. 103.

mäßig treffen. Mit dem 1991 in das Mineralölsteuergesetz eingeführten Entlastungsanspruch hat der Gesetzgeber das von ihm selbst gesetzte Regelungssystem durchbrochen und die Mineralölsteuerschuldner im Vergleich zu den Steuerschuldnern bei den anderen Verbrauchsteuern bevorzugt behandelt, obwohl zwischen beiden Personengruppen keine Unterschiede von solcher Art und solchem Gewicht bestehen, daß sie die ungleiche Behandlung rechtfertigen könnten. Daher ist im Ergebnis festzustellen, daß § 53 MinöStV gegen den allgemeinen Gleichheitssatz verstößt und daher mit Art.3 Abs.1 GG unvereinbar ist.

c) Folgen für den Gesetzgeber aus der Unvereinbarkeit des Entlastungsanspruches des § 53 MinöStV mit Art.3 Abs.1 GG

In ständiger Rechtsprechung verzichtet das Bundesverfassungsgericht bei verfassungswidrigen Steuervergünstigungen auf die Feststellung der Nichtigkeit der beanstandeten Norm und stellt statt dessen lediglich ihre Unvereinbarkeit mit Art.3 Abs.1 GG fest.[928] Da sich die Gleichheit sowohl durch die Beseitigung der unangemessenen Vergünstigung als auch durch die Ausweitung der Regelung auf die Gruppe der Nichtbegünstigten herstellen läßt, würde das Bundesverfassungsgericht im Falle einer eigenen Entscheidung dem Gesetzgeber vorgreifen und damit nicht nur in die Gesetzgebungshoheit, sondern auch in die Budgethoheit des Parlaments eingreifen.[929] Dagegen beläßt die Unvereinbarkeitserklärung dem Gesetzgeber die Gestaltungsfreiheit, mit welchen gesetzgeberischen Mitteln er den Verstoß gegen den Gleichheitssatz beseitigt. Auch im vorliegenden Fall bieten sich dem Gesetzgeber zur Beseitigung des verfassungswidrigen Zustandes zwei Möglichkeiten. Entweder er erkennt das Erfordernis einer steuerlichen Entlastung bei Forderungsausfällen auch bei den anderen Verbrauchsteuern an oder er hebt den Entlastungsanspruch in § 53 MinöStV wieder auf.

Unter verfassungsrechtlichen Gesichtspunkten besteht keine zwingende Notwendigkeit zur Gewährung eines steuerlichen Ausgleichs bei Nichtabwälzbarkeit der Verbrauchsteuern infolge einer Zahlungsunfähigkeit des Abnehmers. Die erhebungstechnische Ausgestaltung der durch das Verbrauchsteuer-Binnenmarktgesetz neu gefaßten Verbrauchsteuergesetze zielt grundsätzlich auf eine Weitergabe der steuerlichen Belastung auf den Endverbraucher ab. Lediglich in Ausnahmefällen kann eine Abwälzung mißlingen. Wie bereits ausgeführt, gehört zwar die generelle Abwälzbarkeit zum Wesensmerkmal der Verbrauchsteuern und damit zum verfassungsrechtlich geschützten Kernbereich der Verbrauchsbesteuerung, nicht jedoch die rechtliche Gewähr, daß der

---

928 BVerfGE 15, 46 (75); 33, 349.

929 *Herzog*, in: *Maunz/Dürig/Herzog/Scholz*, Kommentar zum Grundgesetz, Anh. zu Art.3 Rdnr. 30.

Schuldner in jedem Fall von der von ihm verauslagten Steuer entlastet wird.[930] Die Gewährung eines Entlastungsanspruches in § 53 MinöStV ist daher als verfassungsrechtlich nicht gebotenes Entgegenkommen des Gesetzgebers zu werten.

Bei der Entscheidung über eine Ausdehnung dieser Regelung auf das gesamte Verbrauchsteuerrecht ist zu berücksichtigen, daß es dem Steuerschuldner unbenommen bleibt, sich gegen Forderungsausfälle zu versichern oder in anderer Weise Vorsorge zu treffen. Es kann nicht Aufgabe des Gesetzgebers sein, einem privilegierten Kreis von Steuerpflichtigen bei der Senkung der Prämien für Warenkreditversicherungen behilflich zu sein. Darüber hinaus entspricht es der Sorgfaltspflicht eines ordentlichen Kaufmannes, den Verlust von Waren und die Uneinbringlichkeit von Forderungen in die allgemeine Preiskalkulation mit einzubeziehen und insoweit einen finanziellen Ausgleich zu schaffen. Nach der Rechtsprechung des Bundesverfassungsgerichts[931] genügt zur Gewährleistung der Abwälzbarkeit die Möglichkeit einer kalkulatorischen Überwälzung in dem Sinne, daß der Steuerpflichtige den von ihm gezahlten Betrag in die Kalkulation seiner Selbstkosten einsetzen und hiernach die zur Aufrechterhaltung der Wirtschaftlichkeit seines Unternehmens geeigneten Maßnahmen treffen kann. Schließlich ist darauf hinzuweisen, daß Forderungsausfälle im Einkommensteuerrecht gewinnmindernd geltend gemacht werden können. Soweit Versicherungen gegen Forderungsausfälle oder Sicherungs- oder Rückgriffsrechte gegenüber Dritten nicht bestehen, sind die am Bilanzstichtag endgültig ausgefallenen Forderungen nach den Grundsätzen der ordnungsgemäßen Buchführung in voller Höhe abzuschreiben. Auch bei den noch ausstehenden und unsicheren Forderungen kann den voraussichtlich zu erwartenden Forderungsausfällen durch Wertberichtigungen oder Rückstellungen Rechnung getragen werden.[932]

Offensichtlich hat der Bundesfinanzhof diese Umstände in seinem Urteil vom 17.11.1974 berücksichtigt und daher entschieden, daß die wegen der Zahlungsunfähigkeit eines Abnehmers mißlungene Überwälzung der Abgabenbelastung im Handel mit versteuertem Mineralöl einen Erlaß der Steuer aus Billigkeit nicht rechtfertigt.[933] Ebenso hat es die höchstrichterliche Recht-

---

[930] BVerfGE 27, 375 (384); BFHE 10, 213 (217); 115, 1 (4); 141, 369 (375).

[931] BVerfGE 31, 8 (20) und 14, 76 (97).

[932] *Schmidt*, Kommentar zum Einkommensteuergesetz, § 6 Nr. 87. Nach BFHE 67, 47 und 134, 27 sind bei einer großen Anzahl von gleichartigen Forderungen auch pauschale Wertberichtigungen zulässig.

[933] Nach Ansicht des BFH (BFHE 115, 4) macht zwar das Steuererhebungsverfahren eine Überwälzung der Steuer von dem Hersteller auf den Endabnehmer, der als Verbraucher die Steuer tragen soll, erforderlich; das Mineralölsteuerrecht läßt aber keinen Zweifel daran, daß sich diese Überwälzung der Steuer außerhalb des steuerrechtlich geregelten Bereichs vollzieht. Sie erfolgt in der Form, daß der Gegenwert der beim Übergang in den freien Verkehr erhobenen Steuer kalkulatorisch in den Preis der Ware eingeht und beim Weiterverkauf als Preisbestandteil weitergegeben wird. Damit

sprechung nicht für erforderlich gehalten, die Nichtabwälzbarkeit der Nachsteuer durch Gewährung eines Entlastungsanspruches auszugleichen. Um das Steueraufkommen nicht von der Zahlungswilligkeit und Zahlungsfähigkeit der jeweiligen Abnehmer abhängig zu machen, hat es der Gesetzgeber bewußt vermieden, die Abwälzbarkeit als Tatbestandsmerkmal der Steuerentstehungstatbestände festzuschreiben.[934]

In der Praxis hat sich die Abwicklung des Entlastungsverfahrens als sehr schwierig erwiesen und einen unerwartet hohen Verwaltungsaufwand verursacht.[935] Insbesondere die in § 53 MinöStV aufgestellten Anforderungen an die Beitreibungsbemühungen des Entlastungsberechtigten haben zahlreiche Zweifelsfragen aufgeworfen. Auch ist festzustellen, daß Antragsteller die Existenz von Warenkreditversicherungen oder anderen Sicherungsmitteln bewußt verschweigen und daß es dadurch zu ungerechtfertigten Erstattungen kommt.[936] Darüber hinaus ist die Mißbrauchsgefahr z.B. durch kollusives Zusammenwirken zwischen Abnehmer und Schuldner oder durch die bewußte Herbeiführung eines Konkurses nicht zu unterschätzen. Da der Gesetzgeber den Entlastungsanspruch nicht auf den eigentlichen Steuerschuldner beschränkt hat und damit theoretisch jeder Verkäufer in einer Veräußerungskette in den Genuß einer Steuerentlastung kommen kann, ist es nicht auszuschließen, daß mehrere Entlastungsansprüche entstehen, die gleichermaßen zu befriedigen sind. Zu berücksichtigen ist auch, daß die versteuerten Waren im Gegensatz zu einer Beseitigung durch Untergang oder Vernichtung in den Wirtschaftskreislauf eingehen und dem Verbrauch zugeführt werden. Unter Berücksichtigung dieser Gesichtspunkte erscheint eine Verweigerung der Entsteuerung und eine Aufhebung des ausschließlich im Mineralölsteuerrecht verankerten Entlastungsanspruches gerechtfertigt.

Abschließend ist auf einen weiteren entscheidenden Aspekt hinzuweisen. Die Beibehaltung der Entlastungsregelung in § 53 MinöStV verstößt gegen EG-Recht. Weder die Systemrichtlinie noch die Mineralölrichtlinien enthalten eine Rechtsgrundlage für die Gewährung einer Steuerentlastung bei Forde-

---

ist das Risiko der Abwälzung der Steuer als Preisbestandteil aus dem steuerrechtlichen Bereich ausgeschieden und in den Bereich des allgemeinen kaufmännischen Risikos einbezogen worden.

[934] *Schädel/Langer/Gotterbarm*, Mineralölsteuer,Mineralölzoll, Vorbem. Rdnr. 7.

[935] Vgl. den anschaulichen Fall in DDZ 1995, V 11. Der Einsender weist darauf hin, daß die Vereinbarung eines Eigentumsvorbehaltes zwischen einem Tankkarteninhaber und dem Tankstelleninhaber praktisch nicht möglich sei, so daß das in § 53 MinöStV aufgestellte Erfordernis eines Eigentumsvorbehaltes in der Regel nicht erfüllt werden könne. Die Abgabe an Endverbraucher sei offensichtlich bei der auf den Großhandel zugeschnittenen Regelung nicht berücksichtigt worden. Der Beitrag schließt mit der zutreffenden Bemerkung: „Es ist bekannt, daß die Regelung des § 53 MinöStV in der Praxis zu zum Teil nicht unerheblichen Problemen führt."

[936] Erlaß über die Behandlung von Warenkreditversicherungen, VSF-Nachrichten vom 26.7.1996, N 4296, S 2.

rungsausfällen. Während die Fälle von Untergang und Vernichtung in den früheren Richtlinienvorschlägen der siebziger und achtziger Jahre zumindest ansatzweise einer Regelung zugeführt worden sind, sucht man nach einer entsprechenden Entlastungsvorschrift für die Fälle der Nichtabwälzbarkeit durch Insolvenz des Abnehmers vergebens. Die Entlastungsregelungen der Verbrauchsteuerrichtlinien, auf die sich die Mitgliedstaaten im Rahmen der Verhandlungen über die Verbrauchsteuerharmonisierung geeinigt haben und die ihren Niederschlag auch in den Richtlinientexten finden, beziehen sich auf Fälle, in denen die Waren in einen anderen Mitgliedstaat verbracht werden, in denen die verbrauchsteuerpflichtigen Erzeugnisse dazu bestimmt sind, zu einem begünstigten Zweck verwendet zu werden oder in denen die Waren infolge technischer Unbrauchbarkeit oder eingetretener Genußuntauglichkeit nicht mehr dem eigentlichen Verbrauch zugeführt werden können.[937] Alle Entlastungsgründe finden ihre Legitimation in der Beschaffenheit oder in der konkreten Verwendung der verbrauchsteuerpflichtigen Waren. Dies läßt den Schluß zu, daß die Mitgliedstaaten von der Aufnahme einer Entsteuerungsmöglichkeit bewußt abgesehen haben, deren Grund in der Nichtrealisierung des Kaufpreises und damit außerhalb der vorgenannten Kriterien liegt. Da die Entlastungsregelung des deutschen Mineralölsteuerrechts die deutschen Mineralölhändler durch Verringerung des kaufmännischen Risikos gegenüber den Konkurrenten in anderen Mitgliedstaaten, für die eine der deutschen Regelung vergleichbare Möglichkeit der steuerlichen Entlastung nicht besteht, einseitig begünstigt, ist sie geeignet, den fairen Wettbewerb in der Gemeinschaft zu stören und durch die einseitige Vorteilsgewährung Wettbewerbsverzerrungen zu verursachen. Daher könnte auch unter EG-rechtlichen Gesichtspunkten mehr für eine ersatzlose Streichung von § 53 MinöStV sprechen.

Als Ergebnis kann festgestellt werden, daß dem Gesetzgeber zur Beseitigung der Unvereinbarkeit von § 53 MinöStV mit Art.3 Abs.1 GG grundsätzlich zwei Möglichkeiten verbleiben. Entweder er setzt sich in Brüssel für eine Änderung der Richtlinienbestimmungen ein und schafft eine EG-rechtliche Grundlage für die bestehende nationale Regelung, die danach auch bei den anderen Verbrauchsteuern als die Mineralölsteuer eingeführt werden müßte, oder er hebt den Entlastungsanspruch des § 53 MinöStV ersatzlos auf.

---

[937] Art.22 RL 92/12/EWG, Art.7a RL 92/81/EWG und Art.25 RL 92/83/EWG.

C. Die Harmonisierung der Weinsteuer in der EU und nationale Regelungen zur steuerlichen Überwachung des innergemeinschaftlichen Weinverkehrs

I. Vorbemerkung

Eines der wohl fragwürdigsten Harmonisierungsergebnisse ist der in Art.5 RL 92/84/EWG festgelegte Null-Steuersatz auf Wein. Da sich die Mitgliedstaaten selbst nach Jahrzehnten intensiver Verhandlungen nicht zur EG-weiten Einführung oder Ablehnung einer Weinsteuer entschließen konnten, einigte man sich auf dem ECOFIN-Rat am 24.6.1991 auf den kleinsten gemeinsamen Nenner. Von Anfang an sprach sich Deutschland nicht zuletzt aufgrund der schlechten Erfahrungen, die man in Deutschland mit der Erhebung einer Reichsweinsteuer in den Jahren 1918 bis 1926 gemacht hatte, gegen den Zwang zur Einführung einer allgemeinen Weinsteuer aus. Am Ende der Harmonisierungsverhandlungen gelang es zwar, eine steuerliche Belastung des Weines abzuwenden, jedoch mußten sich die den Wein nicht besteuernden Mitgliedstaaten verpflichten, Wein im Verkehr mit den Mitgliedstaaten in das innergemeinschaftliche Steuerversandverfahren mit einzubeziehen. Zur Umsetzung dieser Kompromißlösung ist in das Gesetz zur Besteuerung von Schaumwein und Zwischenerzeugnissen ein Teil 3 eingefügt worden, der besondere Regelungen zur Überwachung des innergemeinschaftlichen Verkehrs mit Wein enthält. Obwohl Wein nach den gesetzlichen Bestimmungen kein Steuergegenstand ist, wird er beim Versand in andere Mitgliedstaaten und beim Bezug aus anderen Mitgliedstaaten als solcher behandelt und im Steuergebiet der Steueraufsicht unterworfen. Zu Recht weist F.Kirchhof[1] auf die im deutschen Verbrauchsteuerrecht ungewöhnliche Situation hin, daß ein Steuergesetz Tatbestände regelt, die weder eine deutsche Steuer noch EG-Abgaben betreffen, sondern allein dem Funktionieren des Binnenmarktes und dem Schutz des Steueraufkommens anderer Mitgliedstaaten dienen.

Zum besseren Verständnis dieser besonderen Situation wird nachfolgend ein kurzer Überblick über die Geschichte der Weinbesteuerung in Deutschland und über das Zustandekommen der EG-rechtlichen Bestimmungen gegeben. Im Anschluß daran wird den Fragen nachgegangen, ob dem Bund die Gesetzgebungskompetenz zur Einführung einer Weinsteuer zustünde und ob die unterschiedliche steuerliche Belastung der alkoholischen Getränke Schaum-

[1] *F.Kirchhof*, Weinsteuer? - Schein-Steuer!, StuW 1993, S. 326,328.

wein, Bier und Wein mit dem Gleichheitssatz des Art.3 GG vereinbar ist. Schließlich erfolgt eine verfassungsrechtliche Untersuchung der bestehenden Vorschriften über den Weinverkehr unter besonderer Berücksichtigung der verfahrenstechnischen Ausgestaltung der angeordneten Steueraufsicht.

II. Die Geschichte der Weinbesteuerung in Deutschland

Bereits im Mittelalter erhob man in den Städten spezielle Abgaben auf den Ausschank und teilweise auf den Eigenverbrauch von Wein, die unvergolten, d.h. ohne Gegenleistung, zu erbringen waren und daher als „Ungelder" bezeichnet wurden.[2] Im 17.Jahrhundert führten dann insbesondere Kurbrandenburg und Kursachsen umfangreiche Akzisenordnungen ein, die neben zahlreichen anderen Waren auch den Wein erfaßten. Im 18.Jahrhundert führten die weinerzeugenden Länder Baden, Württemberg und Elsaß-Lothringen die Besteuerung von Wein durchgehend fort, während sie in Bayern bereits 1831, in den preußischen Provinzen 1865 und in Hessen 1891 endgültig aufgegeben wurde.[3] Die Einführung einer reichsweiten Weinsteuer wurde erstmals 1893 vorgeschlagen, um die Finanzierungslücken im Militärhaushalt zu schließen. Die Steuer sollte als Wertsteuer erhoben werden und 15 % des Verkaufspreises betragen. Für die Gesetzentwürfe von 1893 und 1909 fand sich jedoch im Reichstag keine Mehrheit. Begründet wurde die Ablehnung mit der ungünstigen Lage der Winzer, mit erhebungstechnischen Schwierigkeiten und mit dem geringen Weinverbrauch in Deutschland.[4] Nach Endres[5] bestand zudem Anlaß zu der Befürchtung, daß die Weinsteuer von den Winzern getragen werden müßte und deren Lage noch weiter verschlechtert würde.

Erst als der Finanzbedarf des Reiches infolge der hohen Kriegslasten am Ende des Ersten Weltkrieges durch die bestehenden Steuern nicht mehr zu decken war, griff man auf die Pläne zur Einführung einer Weinsteuer zurück.[6] Schließlich wurden mit der Verabschiedung des Weinsteuergesetzes[7] im Sommer 1918 die bis dahin in Baden, Württemberg, Hessen und Elsaß-

---

[2] *Grünberg*, Die Weinsteuer und ihre Harmonisierung in den Europäischen Gemeinschaften, S. 24.

[3] *Grünberg*, ebd., S. 52,69f.

[4] *Blaich*, Zeitschrift für Agrargeschichte und Agrarsoziologie 1985, S. 2,8f und *Arndt/Grünberg*, EG-Verbrauchsteuerharmonisierung und Grundgesetz - Das Beispiel der Weinsteuer, Steuer und Studium 1988, S. 41,42.

[5] *Endres*, Die steuerliche Behandlung der Dessertweine - eine Lücke im deutschen Verbrauchsteuersystem, S. 59.

[6] Nach *Stock* (Weinsteuergesetz vom 10.8.1925 mit Erläuterungen) gelang es Deutschland erst unter dem Druck des hohen Finanzbedarfs des Weltkrieges, ein Weinsteuergesetz zu schaffen, wobei die Gefahr vermieden werden mußte, Weinhersteller und Händler endgültig mit der Steuer zu belasten.

[7] Weinsteuergesetz vom 26.7.1918, RGBl. I S. 831.

Lothringen erhobenen Weinabgaben durch eine allgemeine Steuer auf Wein ersetzt.[8] Trotz aller Bedenken und Widerstände wurde das zunächst auf fünf Jahre befristete Gesetz bis zu seiner Aufhebung im Jahre 1926 insgesamt fünfmal verlängert. Erhoben wurde die Weinsteuer in Form einer Wertsteuer, die zuletzt 20 % des Verkaufspreises betrug. Die Steuer entstand dadurch, daß Wein an Endverbraucher geliefert, zum Eigenverbrauch aus den Lagerbeständen entnommen oder in das Erhebungsgebiet eingeführt wurde. Neben anderen Steuervergünstigungen war Wein von der Steuer befreit, der zu gottesdienstlichen Zwecken und zur Krankenpflege verwendet wurde.[9] Insbesondere die Ausgestaltung als Wertsteuer trug dazu bei, daß sich die Weinsteuer trotz der hohen Inflationsrate als beständige und ergiebige Einnahmequelle entwikkelte. So übertrafen die Einnahmen die Steuerschätzungen im Reichshaushalt bei weitem. Im Haushaltsjahr 1925 betrug das Weinsteueraufkommen 95,6 Mio RM gegenüber 13,6 Mio RM an Schaumweinsteuer und 339,8 Mio RM an Biersteuer.[10]

Ausgelöst durch eine allgemeine Absatzkrise des deutschen Weines und politische und strukturelle Besonderheiten der Moselregion kam es Anfang 1926 zu starken Winzerunruhen an der Mosel, die sich schließlich am 25.2.1926 in einer Erstürmung des Finanzamtes in Bernkastel entluden.[11] Der Protest und der bis dahin einmalige aktive Steuerwiderstand der Weinbauern richtete sich insbesondere gegen die Weinsteuer und gegen die als unzureichend empfundene Schutzpolitik gegen Weinimporte aus Spanien.[12] Durch die Unruhen an der Mosel wurde der Reichstag auf die Notlage der Winzer aufmerksam und setzte im März 1926 den sog. „Winzerausschuß" ein, der die wirtschaftliche Lage des Weinbaues näher untersuchen sollte. Als Ergebnis seiner Beratungen schlug der Ausschuß die Beseitigung der steuerlichen Belastung des Weines vor.

Mit Wirkung vom 1.4.1926 wurde die Weinsteuer daraufhin durch das Steuererleichterungsgesetz[13] abgeschafft. Dadurch entfielen nicht nur wesentliche Verbrauchsteuereinnahmen, sondern auch Subventionen an den Weinbau, die aus dem Ertrag der Weinsteuer finanziert wurden und 1925 die be-

---

[8] *Endres*, Die steuerliche Behandlung der Dessertweine, S. 59, Fn. 2.

[9] § 2 Nr.4 a und g Weinsteuergesetz vom 10.8.1925, RGBl. I S. 248.

[10] *Nahrgang*, Die deutsche Weinbesteuerung, S. 67.

[11] Dazu ausführlich *Blaich*, S. 2ff.

[12] In einem am 25.7.1924 zwischen dem Deutschen Reich und Spanien abgeschlossenen Handelsvertrag wurden die Einfuhrzölle für Weine drastisch gesenkt und damit der Zollschutz des inländischen Weinbaus vor ausländischer Konkurrenz aufgehoben. Auch der Friedensvertrag von Versailles begünstigte die Einfuhr von französischen Weinen durch Gewährung einer Zollbefreiung bis zum 10.1.1925.

[13] Art.7 des Gesetzes über Steuerminderungen zur Erleichterung der Wirtschaftslage vom 31.3.1926, RGBl. I S. 185.

achtliche Höhe von über 11 Mio RM erreicht hatten.[14] Nach Endres[15] ist es als besondere Eigenart der deutschen Weinsteuer anzusehen, daß seit dem 1.Juli 1925 ein Drittel ihres Aufkommens zur Milderung der Notlage des deutschen Weinbaus verwandt wurde. Mit der Abschaffung der Weinsteuer blieb diese Unterstützung aus. Darüber hinaus trug die Aufhebung der Weinbesteuerung zu einer Verschärfung der Wettbewerbssituation zwischen den Bierbrauern und den Produzenten einfacher Weine der niedrigeren Preisklassen bei und durchbrach das System der gleichmäßigen steuerlichen Belastung aller alkoholischen Getränke. In einer Studie über die Preisentwicklung des deutschen Weines in den Jahren 1923-1931 hat Schirmer[16] nachgewiesen, daß sich die Befürchtungen des Gesetzgebers bei der Einführung der Weinsteuer bestätigt haben und daß die deutschen Winzer die Folgen der Weinbesteuerung zu tragen hatten.

Nach der Aufhebung des Weinsteuergesetzes wurden in Deutschland nur noch regional begrenzte Weinabgaben mit besonderer Zweckbindung erhoben. Zu ihnen gehörte die am 3.12.1947 in Rheinland-Pfalz eingeführte Weinabgabe in Höhe von 0,40 RM/l, die insbesondere für Zwecke der Schädlingsbekämpfung verwendet werden sollte.[17] Vorläufer war die durch Anordnung Nr.55 vom 21.6.1943[18] zur Beseitigung von Notständen im deutschen Weinbau erhobene Weinabgabe, die 0,20 RM/l betrug, und durch Anordnungen des Oberregierungspräsidiums von Mittelrhein-Saar vom 30.6. und 10.7.1945 in eine Landesabgabe umgewandelt wurde.[19] In einem Urteil vom 30.4.1953 hat der BFH die in Rheinland-Pfalz eingeführte Weinabgabe als Verbrauchsteuer eingestuft und ihre Vereinbarkeit mit der konkurrierenden Gesetzgebung des Bundes damit begründet, daß Wein vom Bund nicht besteuert werde.[20] Dagegen erachtete das Bundesverfassungsgericht die am 19.10.1949 in Baden eingeführte Weinabgabe in Höhe von 3% des Preises der Weinbauerzeugnisse aufgrund der Bemessung nach dem vom Erzeuger erzielten Verkaufserlös als mit der allgemeinen Umsatzsteuer gleichartig und erklärte das Landesgesetz[21]

---

[14] *Blaich*, Zeitschrift für Agrargeschichte und Agrarsoziologie 1985, S. 2,11.

[15] *Endres*, Die steuerliche Behandlung der Dessertweine, S. 62 und Schirmer, Weinsteuer und Weinpreise, S. 31.

[16] *Schirmer*, ebd., S. 73.

[17] Gesetz über die Weinabgabe in Rheinland-Pfalz, GVBl. des Landes Rheinland-Pfalz 1947 Teil I Nr. 18, S. 246.

[18] Verkündungsblatt des Reichsnährstandes 1943, S. 248.

[19] *Arndt/Grünberg*, EG-Verbrauchsteuerharmonisierung und Grundgesetz, Steuer und Studium 1988, S. 41,42 und Urteil des BFH vom 30.4.1953, BStBl. III S. 183.

[20] BFHE 57, 473.

[21] Vgl. das badische Landesgesetz über die Aufbringung von Mitteln zur Reblausbekämpfung vom 19.10.1949, GVBl. S. 472 und die Durchführungsverordnung vom 30.1.1950, GVBl. S. 99.

mit Art.105 Abs.2 und Art.72 GG i.V.m. § 1 UStG für unvereinbar und daher für nichtig.[22]

Auf Bundesebene wurde die Wiedereinführung der Weinsteuer zwar oft diskutiert, jedoch nicht ernsthaft erwogen. Im Juli 1952 brachten 37 Abgeordnete des Deutschen Bundestages einen Entwurf für ein Schaumweinsteuergesetz ein, das den 1939 eingeführten Kriegszuschlag[23] ablösen sollte und eine Steuer in Höhe von 1 DM je Flasche vorsah. Durch das am 1.11.1952 verabschiedete Schaumweinsteuergesetz wurden lediglich zu Schaumwein veredelte Traubenweine und Fruchtschaumweine der Besteuerung unterworfen. Trotz erbitterter Widerstände der deutschen Schaumweinhersteller[24] hat der Gesetzgeber an seiner Grundsatzentscheidung festgehalten, Wein nicht mehr zu besteuern. Auch die Chance, die Einführung einer Weinsteuer mit den Erfordernissen des EG-Binnenmarktes und den Ergebnissen der Verbrauchsteuerharmonisierung zu begründen, hat er nicht genutzt.

III. Weinsteuer und EG-Verbrauchsteuerharmonisierung

Nach umfangreichen Vorarbeiten legte die Kommission bereits im Februar 1967 ein Arbeitsprogramm zur Harmonisierung der besonderen Verbrauchsteuern vor, das auch die Besteuerung des Weines mit einschloß. Während Frankreich, Belgien, die Niederlande und Luxemburg die Einführung einer Weinsteuer aus Gründen der Haushaltspolitik und der Stützung der Weinmarktordnung begrüßten, sprachen sich Deutschland und Italien gegen eine EG-weite Einführung aus. Auf Verlangen der Mitgliedstaaten[25] ließ die Kommission 1970 eine Studie über den Getränkemarkt in der Gemeinschaft erstellen. Die sog. CREDOC-Studie[26] stellte ein Substitutionsverhältnis zwischen allen alkoholischen und nichtalkoholischen Getränken fest und schlug daher die Erhebung einer Weinsteuer und einer Limonadensteuer vor. Auf der Grundlage der Ergebnisse dieser Studie erstellte die Kommisssion im April 1970 einen Vorentwurf für eine Weinsteuer-Richtlinie.[27] Dabei vertrat sie die Auffassung, daß Wein besteuert werden müsse, um einerseits ein steuerliches

---

[22] BVerfGE 7, 244.

[23] Kriegswirtschaftsverordnung vom 4.9.1939, RGBl. I S. 1609.

[24] Dazu im einzelnen *Arntz*, Hundert Jahre Verband Deutscher Sektkellereien, S. 101ff.

[25] Der Beschluß hierzu wurde am 12.9.1967 in der Sitzung des Ausschusses der Leiter der nationalen Steuerverwaltungen gefaßt.

[26] Studie des „Centre de recherches et de documentation sur la consommation“ über Auswirkungen des Preises und des Einkommens auf den Getränkeverbrauch in den Mitgliedstaaten der Europäischen Gemeinschaft, Kommission der EG, Kollektion Studien, Reihe Wettbewerbsangleichung Nr.19, 1972.

[27] Dok. 7237/XIV/70-D und Dok. 18.328/XIV/70 vom 28.10.1970.

Gleichgewicht mit Bier herzustellen und um andererseits eine wirksame Kontrolle im Rahmen der gemeinsamen Marktorganisation für Wein zu gewährleisten.[28] Schließlich übermittelte die Kommission dem Rat aufgrund der Entschließung über die Wirtschafts- und Währungsunion[29] Anfang 1972 ein Richtlinienpaket[30], das auch einen Vorschlag zur Weinsteuer beinhaltete. Auch diesen Ansatz lehnten Deutschland und Italien ab. Zur Begründung seiner restriktiven Haltung wies Italien darauf hin, daß es seit 1862 eine Weinsteuer auf Gemeindeebene gegeben habe, die im Rahmen des italienischen Steuerreformprogrammes zum 1.1.1972 abgeschafft worden sei.

Nachdem die Bundesregierung[31] bereits 1971 gegen die Einführung einer allgemeinen Weinsteuer Stellung genommen hatte, nahmen der Bundestag[32] und der Bundesrat[33] den Richtlinienvorschlag zum Anlaß, sich ebenfalls in förmlichen Beschlüssen gegen die Erhebung einer Weinsteuer auszusprechen. Durch diese Entscheidungen wurde der deutsche Verhandlungsspielraum schon in einem sehr frühen Verhandlungsstadium entscheidend eingeengt. Seit jeher begründet Deutschland seine ablehnende Haltung mit der geringen steuerlichen Belastbarkeit des Weines, den durch den Anbau an Hang- und Steillagen verursachten höheren Produktionskosten und dem im Verhältnis zum geringen Ertrag einer Weinsteuer zu hohen Verwaltungsaufwand, den die Überwachung von ca. 91000 Erwerbswinzern und ca. 3500 Weinhändlern erfordern würde.[34] Aus diesen Gründen empfahl auch die Steuerreformkommission[35] der Bundesregierung, sich bei den Verhandlungen innerhalb der EG mit Nachdruck gegen die Einführung einer Weinsteuer zu wenden.

In den folgenden Jahren bot die Kommisssion den Mitgliedstaaten mehrere Kompromißvorschläge an, die von einem zeitlich begrenzten Erlaß der Wein-

---

[28] Gutachten der Steuerreformkommission 1971, S. 827 Rdnr.32 und die Begründung zum Vorschlag einer Richtlinie des Rates über eine harmonisierte Verbrauchsteuer auf Wein, Bulletin der Europäischen Gemeinschaften, Beilage 3/72, S. 48f.

[29] Entschließung des Rates und der Vertreter der Regierungen der Mitgliedstaaten vom 22.3.1971 über die Wirtschafts- und Währungsunion , ABl. EG Nr. C 28 vom 27.3.1971, S. 1ff.

[30] Vorschläge für die Harmonisierung der Verbrauchsteuern außer der Mehrwertsteuer, Bulletin der Europäischen Gemeinschaften Beilage 3/72.

[31] Vgl. Beschluß der Bundesregierung vom 11.6.1971 und die Kommentierung von *Böhme*, Der Deutsche Weinbau 1980, S. 344f.

[32] BT-Drs. 7/455, S. 4.

[33] BR-Drs. 172/72, S. 1; dieser Beschluß wurde am 29.4.1988 erneuert, vgl. BR-Drs. 165/88, S. 1.

[34] *Schmidt*, Die Verbrauchsteuern aus nationaler Sicht und im Rahmen der Harmonisierung, Steuerberater-Kongress-Report 1973, S. 363,388; *v. Arnim*, Die Branntweinwirtschaft 1981, S. 19,21; *Matthöfer*, DStZ 1979, S. 203,205. Die Zahl der zu überwachenden Winzer wird hier mit 100.000 angegeben.

[35] Gutachten der Steuerreformkommission 1971, S. 827 Rdnr. 32.

steuer[36] bis zum Abschluß einer Stillhaltevereinbarung[37] reichten. Die Bundesregierung lehnte diese Ansätze jedoch entschieden ab.[38]

Auf der Grundlage des Weißbuches über die Vollendung des Binnenmarktes[39], das dem Europäischen Ministerrat am 28.6.1985 in Mailand vorgelegt wurde, erstellte die Kommission 1987 ein umfangreiches Richtlinienpaket, das alle zu harmonisierenden Verbrauchsteuern erfaßte und Regelungen sowohl über die Steuerstrukturen als auch über die Steuersätze enthielt. Für Stillwein wurde ein Steuersatz von 17 ECU/hl vorgeschlagen. Besondere Beachtung verdient dabei der Umstand, daß die Kommission bei der Festlegung des Steuersatzes nicht vom arithmetischen Mittel der Weinsteuersätze in der EG ausging, sondern sich an der durchschnittlichen Steuerbelastung des Bieres von 1,32 ECU/hl und Grad Plato orientierte. Der vorgeschlagene Weinsteuersatz sollte gleiche Flüssigkeitsmengen an Bier und Wein entsprechend dem Alkoholgehalt gleich hoch belasten.[40] Für den Fall des Inkrafttretens der Richtlinie ging das Deutsche Institut für Wirtschaftsforschung von einer Verbrauchsteuerbelastung von 0,25 DM je 0,7l Flasche Wein und von einer Abnahme des Weinverbrauchs um 3% aus.[41]

Aufgrund der großen Steuersatzunterschiede erwies sich der Ansatz einer punktgenauen Harmonisierung der Steuersätze insbesondere unter haushaltspolitischen Gesichtspunkten als nicht konsensfähig.[42] Unter dem Druck der Mitgliedstaaten führte die Kommission 1989 das Prinzip der Flexibilität ein. Für Stillwein wurde nunmehr ein Mindestsatz von 9,35 ECU/hl vorgeschlagen

---

[36] Auf dem Rat vom 26.6.1979 bot die Kommission an, Deutschland und anderen Mitgliedstaaten die Einführung einer Weinsteuer bis zur Beseitigung der Steuergrenzen zu erlassen. Auch der 1980/81 von der luxemburgischen Präsidentschaft unterbreitete Vorschlag, die Weinsteuer zunächst auszuklammern, wurde von den Mitgliedstaaten auf dem Rat am 21.10.1981 abgelehnt. Zur Diskussion ausführlich: *Jarsombeck*, Zum Stand der Harmonisierung der Verbrauchsteuern auf alkoholische Getränke, ZfZ 1982, S. 4ff.

[37] Vorschlag der Kommission über eine Richtlinie des Rates zur Einführung einer Stillhaltevereinbarung im Bereich der Mehrwertsteuer und der Verbrauchsteuern vom 21.11.1985, ABl. EG Nr. C 313 vom 4.12.1985, S. 5.

[38] *Beichelt*, StuW 1987, S. 83,87.

[39] Weißbuch über die Vollendung des Binnenmarktes KOM (85) 310 endg.

[40] Begründung zu Art.6 des Vorschlages für eine Richtlinie des Rates zur Annäherung der Verbrauchsteuersätze auf alkoholische Getränke und in anderen Erzeugnissen enthaltenen Alkohol, KOM (87) 328 endg. vom 20.7.1987, ABl. EG Nr. C 250 vom 18.9.1987, S. 3.

[41] *Misch*, Verbrauchsteuern in Europa, Spirituosen Jahrbuch 1989, S. 404,438.

[42] Nach *Jarsombeck* (Harmonisierung der indirekten Steuern, Die Branntweinwirtschaft 1989, S. 246,249) erwiesen sich die nationalen Beharrungskräfte als stärker als die Einsicht in die Notwendigkeit, den verbrauchsteuerlichen „idealen Binnenmarkt“ zu schaffen, der gleiche Steuerstrukturen und gleiche Steuersätze voraussetzt.

und ein Zielsatz von 18,7 ECU/hl festgelegt.[43] Nach wie vor wurde die Einbeziehung des Weines in das System der Alkoholbesteuerung aus Wettbewerbsgründen für erforderlich gehalten. Dagegen argumentierte der Finanzausschuß des Deutschen Bundestages[44], daß auf dem nationalen Markt der verbrauchsteuerlich unbelastete Wein mit dem verbrauchsteuerlich belasteten Bier konkurriere, ohne daß dadurch das Bier vom Markt verdrängt worden sei. Die Nichtbesteuerung des Weines finde eine Rechtfertigung nicht nur in der Vermeidung entbehrlichen Erhebungsaufwandes, sondern auch in der Schutzwürdigkeit der großen Zahl der Weinbautreibenden und dem Umstand, daß Weinerzeugung zu einem höheren Anteil landwirtschaftliche Produktion mit den für sie bestehenden erschwerten Produktionsbedingungen sei. Auch die anderen den Wein nicht besteuernden Mitgliedstaaten lehnten die Einführung einer allgemeinen Weinsteuer weiterhin ab.

Erst als die luxemburgische Präsidentschaft im Juni 1991 die Anwendung eines Null-Satzes für Wein und Schaumwein vorschlug, gelang auf dem ECOFIN-Rat am 24.6.1991 eine Einigung in der Frage der Weinbesteuerung.[45] Als Gegenleistung für die Einigung auf einen Steuersatz von 0 ECU mußten sich die Mitgliedstaaten verpflichten, Wein in das innergemeinschaftliche Beförderungs- und Lagerverfahren mit einzubeziehen.[46] Ein Zwang zur Erhebung einer Kontrollgebühr nach dem Vorbild der Regelungen für leichtes Heizöl konnte vermieden werden, indem alle innergemeinschaftlichen Weinsendungen in das Steuerversandverfahren mit einbezogen worden sind. Bis zuletzt hatte Frankreich die Erhebung einer solchen Kontrollgebühr in den Ländern ohne Weinbesteuerung gefordert. Begründet wurde diese Haltung mit der Notwendigkeit einer wirksamen Erzeugerkontrolle im Rahmen der Weinmarktordnung. In Anbetracht des Zeitdrucks gab sich Frankreich schließlich mit einer Erklärung zufrieden, nach der die Mitgliedstaaten gehalten sind, die Einführung einer Kontrollgebühr auf Wein zu überprüfen. Insgesamt ist die Weinbesteuerung in der Gemeinschaft dadurch gekennzeichnet, daß die Länder ohne bzw. mit einer geringen Weinerzeugung wie Großbritannien, Irland und Dänemark hohe Steuern auf den importierten Wein erheben, während die

---

[43] Geänderter Vorschlag für eine Richtlinie des Rates zur Annäherung der Verbrauchsteuersätze auf alkoholische Getränke und in anderen Erzeugnissen enthaltenen Alkohol, KOM (89) 527 endg., BT-Drs. 12/328.

[44] Bericht des Finanzausschusses des Deutschen Bundestages, BT-Drs. 8/4095, S. 11.

[45] *Sievert*, Die Harmonisierung der besonderen Verbrauchsteuern in der EG-und sie bewegt sich doch!, ZfZ 1992, S. 98ff.

[46] Nach *Knudsen/Schwitalla* (Harmonisierung der Verbrauchsteuern, ZfZ 1992, S. 220,223) sind auch die Mitgliedstaaten, die für den Nullsteuersatz optieren, gehalten, im Rahmen des durch die Systemrichtlinie vorgegebenen Instrumentariums für eine hinreichende steuerliche Überwachung des Transports und Verbleibs von Wein zumindest in den Fällen zu sorgen, in denen Interessen anderer Mitgliedstaaten berührt sind.

Mitgliedstaaten mit einer hohen Weinerzeugung den Wein überhaupt nicht oder wie Frankreich nur mit einer Bagatellsteuer belasten, die in erster Linie der Qualitätskontrolle dient.[47] Da der Finanzausschuß des Deutschen Bundestages eine umfassende Rohstoffüberwachung des Weines im Rahmen der Steueraufsicht ablehnte, erwies sich die Umsetzung der in letzter Minute gefundenen Kompromißlösung unter finanzverfassungsrechtlichen Gesichtspunkten als besonders problematisch.

IV. Die Null-Satz-Regelung für Wein im Lichte des Diskriminierungsverbotes in Art.95 EG-Vertrag

1. Die Anwendbarkeit von Art.95 EG-Vertrag auf einstimmig beschlossene Harmonisierungsmaßnahmen nach Art.99 EG-Vertrag

Die von den Mitgliedstaaten nach Art.99 EG-Vertrag getroffene Entscheidung, Wein im Gegensatz zu allen anderen alkoholischen Getränken nicht obligatorisch mit einer Verbrauchsteuer zu belasten, wirft die Frage auf, ob der Gemeinschaftsgesetzgeber in seiner Belastungsentscheidung völlig frei ist, oder ob auch er den Beschränkungen des Art.95 EG-Vertrag unterliegt. Grundsätzlich ist davon auszugehen, daß Art.95 und Art.99 EG-Vertrag unterschiedliche Ziele verfolgen. Art.99 EG-Vertrag zielt darauf ab, die durch die unterschiedlichen Steuersysteme geschaffenen paratarifären Handelshemmnisse abzubauen und damit die Steuergrenzen zwischen den Mitgliedstaaten zu beseitigen.[48] Da die handelshemmende Wirkung nicht auf der Existenz, sondern auf der Verschiedenheit der nationalen Verbrauchsteuerregelungen beruht, enthält Art.99 EG-Vertrag den Auftrag, den freien Warenverkehr nicht durch negative Rechtsetzung, d.h. durch Aufhebung von Normen, sondern durch Harmonisierung, d.h. durch Angleichung der Steuersysteme zu verwirklichen.[49] Zur Erfüllung dieses Auftrages ist der Rat sogar ermächtigt, über die bloße Anpassung von bestehenden nationalen Vorschriften hinaus, ein völlig neues Regelungssystem zu schaffen, das von den mit-

---

[47] Nach *Treu* (Eine Verbrauchsteuer auf Wein?, ZfZ 1993, S. 187) äußerten Fachleute den begründeten Verdacht, daß es Frankreich in erster Linie darum gehe, die spanische und die italienische Konkurrenz bei Weinen zu treffen. Nach *Arndt/Grünberg* (EG-Verbrauchsteuerharmonisierung und Grundgesetz, Steuer und Studium, 1988 S. 41,43) wurde die Einführung einer nivellierten Weinsteuer von den weinerzeugenden Ländern Frankreich und Italien in der Hoffnung unterstützt, durch die damit verbundene Ermäßigung der Weinsteuer in Großbritannien, Irland, Dänemark, den Niederlanden und Belgien ihre Export- und Absatzchancen zu verbessern.

[48] *Klein/Wolffgang*, in: *Lenz*, Kommentar zu dem Vertrag zur Gründung der Europäischen Gemeinschaften, Art.95 Rdnr. 11.

[49] *Schmeder*, Die Rechtsangleichung als Integrationsmittel der Europäischen Gemeinschaft, S. 66.

gliedstaatlichen Normen erheblich abweicht.[50] Dagegen ist es Ziel von Art.95 EG-Vertrag, diskriminierenden Besteuerungspraktiken entgegenzuwirken und die vollkommene Wettbewerbsneutralität zwischen inländischen und eingeführten Waren sicherzustellen. Adressat des Diskriminierungsverbotes ist in erster Linie der jeweilige Mitgliedstaat, der durch die Erhebung einer inländischen Abgabe Schutzmaßnahmen zugunsten seiner inländischen Produktion trifft.

Das Gebot zur steuerlichen Gleichbehandlung richtet sich jedoch auch an die Mitgliedstaaten, wenn diese in ihrer Gesamtheit durch den Rat der Wirtschafts- und Finanzminister gesetzgeberisch tätig werden. Daher bezeichnet Wägenbaur[51] Art.95 EG-Vertrag als Richtschnur für die Steuerharmonisierung, in deren Rahmen nach Art.99 EG-Vertrag keine Differenzierungen vorgenommen werden dürften, die mit den Vorgaben in Art.95 EG-Vertrag nicht zu vereinbaren wären. Auch Sedemund[52] ist der Ansicht, daß Art.95 EG-Vertrag der Gemeinschaft einen Mindeststandard vorgibt, der es den Mitgliedstaaten verbietet, Maßnahmen zu erlassen, die dem einzelstaatlichen Gesetzgeber nach Art.95 EG-Vertrag verboten wären. Dieser Ansicht ist zuzustimmen. Grundsätzlich ist davon auszugehen, daß auch die von den Mitgliedstaaten nach Art.99 EG-Vertrag erlassenen Harmonisierungsmaßnahmen den Anforderungen des Art.95 EG-Vertrag entsprechen müssen und keine diskriminierende Wirkung entfalten dürfen.

Demgegenüber vertritt das hessische Finanzgericht[53] die Meinung, daß das Diskriminierungsverbot auf einstimmig gefaßte Beschlüsse nach Art.99 EG-Vertrag keine Anwendung finden könne. In seinem Urteil über die EG-rechtliche Zulässigkeit der unterschiedlichen Besteuerung von Still- und Schaumwein führt es hierzu aus, daß der Gemeinschaftsgesetzgeber den Mitgliedstaaten mit der Festlegung eines Mindestsatzes von 0 ECU die freie Ausgestaltung der nationalen Steuersätze zugestanden habe. Damit werde zugleich deutlich, daß die EG es akzeptiere, wenn die Mitgliedstaaten Stillwein und Schaumwein im Bereich der inländischen Abgaben unterschiedlich behandeln würden. Bei dieser Sach- und Rechtslage bliebe für eine Anwendung des Art.95 EG-Vertrag kein Raum. Dem ist jedoch entgegenzuhalten, daß nicht nur der einzelne Mitgliedstaat, sondern auch die Mitgliedstaaten in ihrer gemeinschaftlichen Verbundenheit den systemimmanenten Schranken des Gemeinschaftsrechts unterliegen und Verbotsnormen des EG-Vertrages auch nicht durch einstimmig beschlossene Harmonisierungsmaßnahmen außer Kraft setzen können. Der Gemeinschaftsgesetzgeber darf sich mit seinen Ent-

---

[50] *Sedemund*, EuZW 1991, S. 658,659.

[51] *Wägenbaur*, in: *Grabitz/Hilf*, Kommentar zur Europäischen Union, Art. 95 Rdnr. 72.

[52] *Sedemund*, EuZW 1991, S. 658,660.

[53] Urteil des hessischen Finanzgerichts vom 10.12.1993 7 K 1184/93, EFG 1994, S. 766f.

scheidungen nicht in Widerspruch zu den grundlegenden Prinzipien des primären Gemeinschaftsrechts setzen. Zu diesen Grundprinzipien gehört auch das Diskriminierungsverbot des Art.95 EG-Vertrag, das wettbewerbsverzerrende Ungleichbehandlungen im steuerlichen Bereich verhindern soll.

Als Ergebnis ist daher festzustellen, daß die nach Art.99 EG-Vertrag getroffene Null-Satz-Regelung für Still- und Schaumwein einer Überprüfung nach Art.95 EG-Vertrag zugänglich ist und den dort aufgestellten Anforderungen entsprechen muß.

2. Vereinbarkeit der Null-Satz-Regelung mit Art.95 Abs.1 EG-Vertrag

Soweit es sich bei Wein und den anderen einer harmonisierten Verbrauchsteuer unterliegenden alkoholischen Getränken um gleichartige oder zumindest um konkurrierende Produkte handelt, könnte die Null-Satz-Regelung zu einer steuerlichen Bevorzugung des Weines führen, die die Wettbewerbschancen der anderen Konkurrenzprodukte beeinträchtigt und damit gegen das in Art.95 EG-Vertrag festgelegte Gebot der Wettbewerbsneutralität steuerlicher Maßnahmen verstößt.

Art.95 EG-Vertrag erfaßt zwei verschiedene Anwendungsbereiche. Handelt es sich um gleichartige Waren, kommt das Diskriminierungsverbot des Art.95 Abs.1 EG-Vertrag zur Anwendung. Stehen die Waren jedoch lediglich in einem Substitutions- oder Wettbewerbsverhältnis, ohne gleichartig zu sein, ist das Begünstigungsverbot des Art.95 Abs.2 EG-Vertrag zu beachten. Nachfolgend ist daher zunächst zu untersuchen, ob der von der Null-Satz-Regelung begünstigte Wein und die anderen alkoholischen Getränke als gleichartige Waren i.S.v. Art.95 Abs.1 EG-Vertrag angesehen werden können. Nach der Rechtsprechung des EuGH setzt die Anwendbarkeit dieser Vorschrift keine Identität der zu vergleichenden Produkte voraus. Vielmehr wird es als ausreichend erachtet, daß die Waren die gleichen Eigenschaften besitzen und in den Augen der Verbraucher dazu bestimmt sind, den selben Bedürfnissen zu dienen.[54] Zur Beantwortung der Frage, ob zwei verschiedene alkoholische Getränke die gleichen Eigenschaften besitzen, sind sämtliche objektiven Merkmale, wie die verwendeten Ausgangsstoffe, die Herstellungsverfahren und der Alkoholgehalt, zu berücksichtigen.[55] Entgegen der Ansicht von Wägenbaur[56] sind aber auch subjektive Maßstäbe, wie z.B. der Geschmack eines Erzeugnisses oder Trinkgewohnheiten, in die Beurteilung mit einzubeziehen, denn auch

[54] EuGHE 1976, 181 (193).

[55] *Reicherts*, in: *Groeben/Thiesing/Ehlermann*, Kommentar zum EWG-Vertrag, Art.95 Rdnr. 48 und *Wägenbaur*, in: *Grabitz/Hilf*, Kommentar zur Europäischen Union, Art.95 Rdnr.43.

[56] *Wägenbaur*, in: *Grabitz/Hilf*, Kommentar zur Europäischen Union, Art.95 Rdnr.43.

diese Kriterien bestimmen die Verkehrsanschauung.[57] Überträgt man diese Grundsätze auf die einer harmonisierten Verbrauchsteuer unterliegenden Warengruppen Wein, Bier und Spirituosen, läßt sich eine Gleichartigkeit i.S.v. Art.95 EG-Vertrag nicht feststellen. Dies gilt auch für Schaumwein im Vergleich zu Stillwein. Der BFH ist der Ansicht, daß eingeführter Schaumwein als eine dem deutschen Stillwein nicht gleichartige Ware i.S.v. Art. 95 Abs.2 EG-Vertrag anzusehen ist.[58] Bereits die Herstellungsverfahren der verschiedenen alkoholischen Getränke weisen erhebliche Unterschiede auf. Wein ist ein landwirtschaftliches Erzeugnis, das im Gegensatz zu Bier und zu Spirituosen, die unter Verwendung von landwirtschaftlichen Produkten in einem industriellen Verfahren hergestellt werden, hohen Anbau- und Ernterisiken unterliegt. Auch im Geschmack und im Alkoholgehalt unterscheiden sich die genannten Getränke erheblich. Der unterschiedlich hohe Alkoholgehalt wirkt sich auch auf die Trinkgewohnheiten aus. Wein wird überwiegend als Tafelgetränk genossen, Bier dagegen ist ein weit verbreitetes Volksgetränk, das in den Augen des Verbrauchers geeignet ist, zu erfrischen und den Durst zu löschen. Demgegenüber sind Spirituosen aufgrund ihres hohen Alkoholgehaltes für die vorgenannten Zwecke ungeeignet. Es kann daher nicht davon ausgegangen werden, daß Wein, Bier und Spirituosen in den Augen des Verbrauchers den selben Bedürfnissen dienen. Hinsichtlich der Trinkgewohnheiten des Verbrauchers kommt auch Sedemund[59] zu dem Schluß, daß Bier und Wein in bezug auf die Tageszeit, zu welcher die Getränke genossen werden, und in bezug auf die konsumierten Mengen unterschiedliche Merkmale aufweisen, die der Annahme einer Gleichartigkeit entgegenstehen.

Von diesem Ergebnis geht offensichtlich auch der EuGH aus. Im Rahmen eines von der Kommission gegen Großbritannien eingeleiteten Vertragsverletzungsverfahrens, in dem Großbritannien vorgeworfen wurde, es schütze durch eine erheblich höhere Besteuerung von Wein die inländische Bierproduktion, hat der EuGH in einem Zwischenurteil darauf hingewiesen, daß zwischen Wein und Bier im Hinblick auf die verschiedenen Herstellungsverfahren und die natürlichen Eigenschaften der Getränke erhebliche Unterschiede bestünden.[60] Als Ergebnis intensiver Anbaumethoden sei Wein ein landwirtschaftliches Erzeugnis, dessen Qualität entscheidend von den Eigenarten des Anbaugebietes und dem dort herrschenden Klima bestimmt würde. Demgegenüber werde Bier aus Rohstoffen hergestellt, die sich besser für die industrielle Herstellung eignen würden. Als Folge der Unterschiede in den Herstellungsver-

---

[57] *Reicherts*, in: *Groeben/Thiesing/Ehlermann*, Kommentar zum EWG-Vertrag, Art.95 Rdnr. 48 und EuGHE 1980, 447 (471). Als gleichartig stufte der EuGH Aquavit und die Getränke ein, die aus neutralem Alkohol hergestellt werden und ihre Geschmackseigenschaft dem Zusatz von Aromastoffen verdanken. Vgl. auch EuGHE 1995, 2229 (2231).

[58] BFH/NV 1995, 829.

[59] *Sedemund*, EuZW 1991, S. 658,660.

[60] EuGHE 1980, 417 (434).

fahren wiesen beide Erzeugnisse grundsätzlich andere Preisstrukturen auf, die einen Vergleich aus steuerlicher Sicht trotz des Wettbewerbs außergewöhnlich schwierig erscheinen ließen.[61] Entgegen der Ansicht von Grünberg[62], der aus der Rechtsprechung des EuGH den Schluß zieht, daß das Gericht in bestimmtem Umfang Bier und Wein als gleichartige Produkte ansieht, lassen die Ausführungen des EuGH und der Umstand, daß die Begründung des Endurteils[63] ausschließlich auf Art.95 Abs.2 EG-Vertrag gestützt wird, eher den Schluß zu, daß der EuGH Wein und Bier nicht als gleichartige Getränke i.S.v. Art.95 Abs.1 EG-Vertrag betrachtet.

Als Zwischenergebnis ist festzustellen, daß die Null-Satz-Regelung einer Überprüfung nach Art.95 Abs.1 EG-Vertrag nicht zugänglich ist, da Wein, Bier und Spirituosen nicht als gleichartige Getränke angesehen werden können.

3. Vereinbarkeit der Null-Satz-Regelung mit Art.95 Abs.2 EG-Vertrag

Nach der Rechtsprechung des EuGH[64] stellt Art.95 Abs.2 EG-Vertrag eine notwendige Ergänzung zu Art.95 Abs.1 EG-Vertrag dar und bildet einen Auffangtatbestand für Waren, die zwar nicht gleichartig sind, jedoch miteinander im Hinblick auf eine oder mehrere wirtschaftliche Verwendungsmöglichkeiten potentiell in einem Wettbewerbsverhältnis stehen.[65] Zur Feststellung eines derartigen Konkurrenz- oder Substitutionsverhältnisses ist nicht nur auf den augenblicklichen Zustand des Marktes abzustellen, sondern auch auf die Entwicklungsmöglichkeiten im Gemeinsamen Markt und auf neue Anreize für die Substitution von Erzeugnissen, die sich aus einem verstärkten Handel ergeben können.[66] Von der steuerlichen Bevorzugung eines Produktes muß eine protektionistische Wirkung ausgehen, die geeignet ist, den Markt durch eine Verminderung des potentiellen Verbrauchs des Konkurrenzproduktes nachhaltig zu beeinflussen. Nach diesen Kriterien würde die Null-Satz-Regelung für Wein dann gegen Art.95 Abs.2 EG-Vertrag verstoßen, wenn Wein mit den anderen alkoholischen Getränken in einem Wettbewerbsverhältnis stehen würde und die Nichtbesteuerung in den Null-Satz-Ländern geeignet wäre, eine Schutzwirkung zu entfalten, die unter keinem Gesichtspunkt gerechtfertigt werden könnte.

---

[61] EuGHE 1980, 417 (435).

[62] *Grünberg*, Die Weinsteuer und ihre Harmonisierung in den Europäischen Gemeinschaften, S. 197.

[63] EuGHE 1983, 2265.

[64] EuGHE 1968, 333 (347); 1980, 417 (441).

[65] *Wägenbaur*, in: *Grabitz/Hilf*, Kommentar zur Europäischen Union, Art.95 Rdnr. 9 und 54.

[66] EuGHE 1983, 2265 (2286).

Eine besondere Schwierigkeit besteht hinsichtlich der Bestimmung des anzuwendenden Vergleichsmaßstabes, mit dem festgestellt werden kann, ob zwischen bestimmten alkoholischen Getränken ein Substitutionsverhältnis besteht, das durch einseitige steuerliche Maßnahmen zugunsten eines Produktes beeinflußt werden kann. Zur Feststellung eines solchen Wettbewerbsverhältnisses sieht der EuGH eine Methode als geeignet an, nach der in einer Gesamtschau eine Bewertung der Steuerlast bezogen auf das Volumen, den Alkoholgehalt und den Preis der Erzeugnisse vorgenommen wird.[67] In mehreren Urteilen hat der EuGH aufgrund dieser Kriterien ein Substitutions- und Konkurrenzverhältnis zwischen den leichtesten und billigsten Weinen und Bier angenommen. Da Wein bei der Einfuhr aus anderen Mitgliedstaaten im Verhältnis zu Bier mehr als doppelt so hoch besteuert wurde, ging der EuGH von einer Schutzwirkung des britischen Steuersystems zugunsten der inländischen Bierproduktion aus und stellte einen Verstoß Großbritanniens gegen das Begünstigungsverbot des Art.95 Abs.2 EG-Vertrag fest.[68] In einem anderen Vertragsverletzungsverfahren gegen das Königreich Belgien gelang es der Kommission dagegen nicht aus dem Unterschied von 6% zwischen den Mehrwertsteuersätzen für Bier und Wein eine Schutzwirkung zugunsten des für den Hausverbrauch bestimmten Bieres durch eine Beeinflussung des Verbraucherverhaltens nachzuweisen.[69] Gleichwohl erkannte der EuGH an, daß die gängigsten und im allgemeinen billigen Weine ausreichend gemeinsame Merkmale mit Bier aufweisen, um in den Augen des Verbrauchers eine echte Alternative darzustellen, so daß sie i.S.v. Art.95 Abs.2 EG-Vertrag als im Wettbewerb mit Bier stehend angesehen werden können. Wie bereits ausgeführt hat sich die Kommission die Argumentation des EuGH in ihrer Begründung zum 1987 vorgelegten Richtlinienvorschlag zu eigen gemacht und nachdrücklich die gemeinschaftsweite Einführung einer Weinsteuer mit einem Mindestsatz von 17 ECU/hl gefordert.[70] Dabei hat die Kommission jedoch den Umstand unberücksichtigt gelassen, daß der EuGH nicht für alle Weine ein Konkurrenzverhältnis zu Bier bejaht hat. Jedoch auch in bezug auf das Marktsegment der Billigweine mit niedrigem Alkoholgehalt bestehen erhebliche Zweifel, ob die Schlußfolgerungen des Gerichtes zutreffend sind. Die Erfahrungen in Deutschland haben gezeigt, daß Wein in keinem unmittelbaren Konkurrenzverhältnis zu Bier steht und daß sich selbst eine Steigerung des Weinverbrauchs nicht nachteilig auf den Bierkonsum auswirkt.[71] Dabei ist zu berücksichtigen, daß das Verbraucherverhalten nicht allein von steuerindizier-

---

[67] EuGHE 1983, 2265 (2289).

[68] EuGHE 1983, 2265 (2292).

[69] EuGHE 1987, 3299 (3326).

[70] Vorschlag für eine Richtlinie des Rates zur Annäherung der Verbrauchsteuersätze auf alkoholische Getränke und in anderen Erzeugnissen enthaltenen Alkohol, KOM (87) 328 endg. vom 20.7.1987, ABl. EG Nr. C 250 vom 18.9.1987, S. 3.

[71] Vgl. den Bericht des Abgeordneten *Wagner* zum Richtlinienvorschlag von 1972, BT-Drs. 7/445, S. 4.

ten Preisunterschieden, sondern auch von anderen Faktoren, wie die Vorliebe für bestimmte Geschmacksrichtungen oder regionale Besonderheiten, bestimmt wird.

Selbst wenn man aber davon ausgeht, daß bestimmte Weine mit Bier konkurrieren, läßt sich die steuerliche Bevorzugung des Weines aus volkswirtschaftlichen und marktpolitischen Gründen rechtfertigen. Obwohl sich Sedemund[72] im Ergebnis seiner Untersuchung für eine gemeinschaftsweite Besteuerung des Weines ausspricht, zieht er als mögliche Rechtfertigung für eine Privilegierung von Wein in Erwägung, daß Wein nach der Nomenklatur des Vertrages ein landwirtschaftliches Erzeugnis darstellt, Bier dagegen als Industrieerzeugnis gilt. Als landwirtschaftliches Erzeugnis unterliegt Wein in der Gemeinschaft einer absatzfördernden Marktordnung. Insgesamt gesehen ist der Weinmarkt durch eine gewaltige Überproduktion gekennzeichnet. Einer jährlichen Erzeugung von ca. 185 Mio hl Wein steht eine Gesamtabsatzmöglichkeit zu Marktpreisen von ca. 154 Mio hl gegenüber. Der gewaltige Überschuß führt dazu, daß jährlich Hunderttausende Hektoliter Wein der Destillation zugeführt werden müssen. Da der Weinalkohol in den Mitgliedstaaten nicht absetzbar ist, wird er von der Gemeinschaft auf dem Weltmarkt angeboten und zu Schleuderpreisen verkauft. Zu Recht wies Deutschland bei den Verhandlungen über die Richtlinienvorschläge zur Weinbesteuerung darauf hin, daß es widersprüchlich sei, die gemeinschaftsweite Besteuerung eines Erzeugnisses zugunsten der nationalen Haushalte zu verlangen, dessen Erzeugung im Rahmen der EG-Marktordnung mit erheblichen Finanzmitteln der Gemeinschaft gestützt werde. Auch Grünberg[73] hält es für inkonsequent, einen Markt mit einer Verbrauchsteuer zu belasten, zu dessen Stützung jährlich Subventionen in Höhe von ca. 3 Mrd. DM allein für die Beseitigung des Überschusses aufgewendet werden. In seiner Stellungnahme vom 7.7.1988 sprach sich der Europäische Wirtschafts- und Sozialausschuß[74] mit der Begründung gegen eine Weinsteuer aus, daß es als eine Verkehrung der Tatsachen erscheine, wenn von allen Mitgliedstaaten die Erhebung einer Weinsteuer verlangt werde, nur um der Besteuerungspraxis in einem Teil der Gemeinschaft zu folgen, auf den nur 10% des Weinverbrauchs entfielen. Darüber hinaus wies der Ausschuß darauf hin, daß der Wein ein Agrarerzeugnis mit einer beträchtlichen Überproduktion sei und daß ein spürbarer steuerindizierter Verbrauchsrückgang die Situation zu Lasten des EG-Haushaltes noch verschärfen würde.

---

[72] *Sedemund*, EuZW 1991, S. 658,661.

[73] *Grünberg*, Die Weinsteuer und ihre Harmonisierung in den Europäischen Gemeinschaften, S. 167.

[74] Stellungnahme des Wirtschafts- und Sozialausschusses vom 7.7.1988 zum Vorschlag für eine Richtlinie des Rates zur Annäherung der Verbrauchsteuersätze auf alkoholische Getränke und in anderen Erzeugnissen enthaltenen Alkohol, ABl. EG Nr. C 237 vom 12.9.1988, S. 39.

Mit erheblicher Verspätung ist die Kommission im September 1995 ihrer in den Steuersatz-Richtlinien festgelegten Verpflichtung nachgekommen, dem Rat einen Bericht über die Mindeststeuersätze und über das Funktionieren des Binnenmarktes vorzulegen. In diesem Bericht weist die Kommission darauf hin, daß im Rahmen der Gemeinsamen Agrarpolitik die Marktordnung im Weinsektor reformiert werden soll, um den sinkenden Verbrauch an Tafelweinen bei unverändert hoher Überproduktion an Grundweinen auszugleichen. Daher würde die Einführung eines positiven Verbrauchsteuersatzes in den weinproduzierenden Mitgliedstaaten zur unrechten Zeit kommen oder sogar eine ungeeignete Maßnahme darstellen.[75] Mit dieser Stellungnahme rückt die Kommission erstmals von ihrer bisher eingenommenen Haltung ab und räumt ein, daß der Zwang zur Einführung einer EU-weiten Weinsteuer der Agrarpolitik und damit den Zielen der Gemeinschaft zuwiderlaufen könnte. In Anbetracht der Tatsache, daß lediglich 10% des Weinverbrauchs in der Gemeinschaft einer merklichen Weinsteuer unterliegen und 90% des Stillweines steuerfrei verwendet werden, ist auch unter dem Gesichtspunkt der Verhältnismäßigkeit und Geeignetheit einer steuerlichen Harmonisierungsmaßnahme in Frage zu stellen, ob eine Harmonisierung der Weinsteuer in der Gemeinschaft für das Funktionieren des Binnenmarktes i.S.v. Art.99 EG-Vertrag überhaupt erforderlich ist. Dabei ist zu berücksichtigen, daß die Kommission ursprünglich mit dem Ziel angetreten ist, nur die ergiebigsten und in allen Mitgliedstaaten bekannten Verbrauchsteuern zu harmonisieren. Unter Berücksichtigung dieser Umstände ist Zeitler[76] zuzustimmen, der zu dem Schluß kommt, daß im Zeitpunkt der Verabschiedung der Verbrauchsteuerrichtlinien mehr für eine generelle Abschaffung der Weinsteuer gesprochen hätte.

Als Ergebnis ist festzustellen, daß es keine gesicherte Erkenntnis gibt, daß Wein mit anderen alkoholischen Getränken in einem Substitutions- oder Wettbewerbsverhältnis steht. Eine solche Konkurrenz hat der EuGH nur für Bier und gängige Weine der niedrigsten Preisstufen angenommen. Falls von der steuerlichen Bevorzugung des Weines protektionistische Wirkungen ausgehen sollten, sind diese eher als gering einzustufen. Darüber hinaus erfordert die schwierige Lage des EG-Weinmarktes Maßnahmen zur Absatzförderung, die durch eine obligatorische Weinsteuer unterlaufen würden. Da sich die Null-Satz-Regelung durch wirtschaftliche und marktpolitische Gründe rechtfertigen läßt, liegt kein Verstoß gegen das Begünstigungsverbot des Art.95 Abs.2 EG-Vertrag vor. Umgekehrt entfaltet die Besteuerung von anderen alkoholischen Getränken als Stillwein auch keine unzulässige Schutzwirkung zugunsten des in einem Mitgliedstaat nicht besteuerten Weines. In bezug auf

[75] Bericht der Kommission an den Rat und das Europäische Parlament gemäß Art.4 RL 92/79/EWG, Art.4 RL 92/80/EWG, Art.8 RL 92/84/EWG und Art.10 RL 92/82/EWG vom 13.9.1995, KOM (95) 285 endg., S. 23 und ZHI Nr. 35, Gemeinschaftlich geregelte Verbrauchsteuern und Verwaltungsverfahren, S. 46.

[76] *Zeitler*, ZfZ 1993, S. 338,340.

die deutsche Schaumweinbesteuerung ist der BFH[77] der Ansicht, daß die steuerliche Belastung von eingeführtem Schaumwein mangels eines hinreichend gesicherten Kausalzusammenhangs zwischen der Erhebung der Schaumweinsteuer auf eingeführten Schaumwein und dem Absatz deutschen Stillweins nicht geeignet ist, eine auch nur mittelbare protektionistische Wirkung zugunsten des deutschen Stillweins zu entfalten.

V. Verpflichtung des Bundes zur Einführung einer Weinsteuer?

1. Gesetzgebungskompetenz des Bundes zur Einführung einer Weinsteuer

a) Grenzen des Steuerfindungsrechtes des Bundes und der Länder

Nach dem Wortlaut der instrumental orientierten Kompetenznorm des Art.105 Abs.2 GG hat der Bund die konkurrierende Gesetzgebung über die übrigen Steuern, wenn ihm das Aufkommen dieser Steuern ganz oder teilweise zusteht oder die Voraussetzungen des Art.72 Abs.2 GG vorliegen. Durch die Bezugnahme auf das Instrument der „Steuer" und die Beschränkung auf „die übrigen Steuern" werden der Regelungskompetenz des Bundes enge Grenzen gesetzt. Obwohl die Entstehungsgeschichte von Art.105 GG darauf hindeutet, daß dem Bund neben den Ländern ein umfassendes Steuerfindungsrecht in bezug auf die Einführung neuartiger Steuern zugestanden werden sollte[78], schränkt die h.M. das Steuerfindungsrecht unter Bezugnahme auf die abschließende und erschöpfende Regelung der Ertragshoheit in Art.106 GG auf die dort aufgeführten Steuern und Steuerarten ein.[79] Dagegen leitet Fischer-Menshausen[80] aus dem Hinweis auf „die übrigen Steuern" in Art.105 Abs.2 GG ein allgemeines Steuerfindungsrecht des Bundes auch für zukünftig einzuführende Steuern ab, die das deutsche Steuersystem nicht oder nicht mehr kennt. Auch Klein[81] ist der Ansicht, daß eine Beschränkung des Steuerfindungsrechts nach dem Wegfall des Steuerkatalogs in Art.105 Abs.2 GG nicht

---

[77] BFH/NV 1995, 829. Der BFH weist darauf hin, daß der Verbrauch inländischer und ausländischer Weine in Deutschland etwa gleich groß sei, daher käme eine etwaige protektionistische Wirkung der Schaumweinsteuer auch steuerfrei in das Inland eingeführten ausländischen Weinen zugute. Darüber hinaus sei zu berücksichtigen, daß Deutschland pro Kopf den weltweit größten Sektverbrauch habe und daß ein beträchtlicher Teil dieses Sektverbrauchs auf importierte Schaumweine entfalle.

[78] BT-Drs. V/2861 Tz. 128,131 und V/3605, S. 6f.

[79] *Maunz*, in: *Maunz/Dürig/Herzog/Scholz*, Kommentar zum Grundgesetz, Art. 105 Rdnr. 46; *Vogel/Walter*, Bonner Kommentar zum Grundgesetz, Art. 105 Rdnr. 66; *Birk*, Alternativkommentar zum Grundgesetz, Art. 105 Rdnr. 21.

[80] *Fischer-Menshausen*, in: *v. Münch*, Grundgesetz-Kommentar, Art. 105 Rdnr.16 und Art. 106 Rdnr. 14a.

[81] *Klein*, in: *Schmidt-Bleibtreu/Klein*, Kommentar zum Grundgesetz, Art. 105 Rdnr. 5.

auf dem Umweg über den Katalog des Art.106 GG wieder in Art.105 GG hineininterpretiert werden dürfe. Danach hätten auch die Länder aufgrund der Auffangzuständigkeit in Art.30 GG ein Steuerfindungsrecht für in Art.106 GG nicht genannte Steuern und Steuerarten, das lediglich durch Art.72 Abs.2 GG begrenzt werden könnte. Geht man davon aus, daß der nach der Rechtsprechung des Bundesverfassungsgerichts auf Formenklarheit und Formenbindung angelegten Finanzverfassung eine verfassungsrechtliche Ordnungsfunktion und eine rechtsstaatliche Garantiefunktion zukommt[82], kann einem uneingeschränkten Steuerfindungsrecht des Bundes und der Länder nicht zugestimmt werden.[83] Vielmehr ist davon auszugehen, daß die der ausschließlichen und der konkurrierenden Gesetzgebungszuständigkeit des Bundes zugewiesenen Steuern in Art. 105 GG abschließend aufgeführt sind.[84] Auch die Aufzählung der Steuern und Steuerarten in Art. 106 GG ist als abschließend anzusehen. Nach Birk[85] kann der Bund daher eine neue Steuer nur dann einführen, wenn es sich um eine Erhebungsform der in Art.106 genannten Steuern handelt. Neue Steuern, die keiner Steuerart des abschließenden Katalogs des Art.106 zugeordnet werden können, dürfen daher ohne eine Änderung des Grundgesetzes nicht eingeführt werden.[86]

Der Gesetzgeber käme bei der Einführung einer Weinsteuer jedoch nicht mit dem nach der h.M. begrenzten Steuerfindungsrecht in Konflikt, weil nicht in Zweifel gezogen werden kann, daß die in den einschlägigen Verbrauchsteuerrichtlinien konzipierte Abgabe auf Wein sowohl die in § 3 AO festgelegten und vom Grundgesetz aufgegriffenen Kriterien an eine Steuer[87] als auch die nach dem traditionellen deutschen Steuerrecht[88] an eine Verbrauchsteuer zu stellenden Anforderungen[89] erfüllen würde.[90]

---

[82] BVerfGE 67, 256 (288); 72, 330 (390).

[83] So auch *Förster*, Die Verbrauchsteuern, S. 39.

[84] *Piduch*, Finanzverfassung und Steuerreformen, S. 118.

[85] *Birk*, Alternativkommentar zum Grundgesetz, Art. 105 Rdnr. 21.

[86] *Piduch*, Finanzverfassung und Steuerreformen, S. 118.

[87] Nach der vom BVerfG in ständiger Rechtsprechung anerkannten Begriffsbestimmung sind Steuern einmalige oder laufende Geldleistungen, die nicht eine Gegenleistung für eine besondere Leistung darstellen und von einem öffentlich-rechtlichen Gemeinwesen zur Erzielung von Einkünften allen auferlegt werden, bei denen der Tatbestand zutrifft, an den das Gesetz die Leistungspflicht knüpft.

[88] In ständiger Rechtsprechung greift das BVerfG zur Qualifizierung von Steuern und Steuerarten und zur Einordnung in das Gefüge der Finanzverfassung auf das traditionelle deutsche Steuerrecht zurück. Vgl. BVerfGE 7, 244 (251); 14, 76 (91); 31, 314 (331) und 67, 256 (282).

[89] Vgl. die Begriffsbestimmung in der Begründung zum Finanzverfassungsgesetz vom 23.12.1955, BT-Drs. II/480, S. 170.

[90] *Grünberg*, Die Weinsteuer und ihre Harmonisierung in den Europäischen Gemeinschaften, S. 183.

b) Keine Gesetzgebungskompetenz der Länder nach Art. 105 Abs.2a GG

Die konkurrierende Gesetzgebungskompetenz des Bundes könnte nur dann durch die ausschließliche Gesetzgebungskompetenz der Länder verdrängt werden, wenn es sich bei der einzuführenden Weinsteuer um eine örtliche Verbrauchsteuer nach Art. 105 Abs. 2a GG handeln würde. Arndt und Grünberg[91] verwerfen diese Annahme, weisen jedoch darauf hin, daß man wegen der örtlichen Begrenzung der Weinerzeugung auf die bekannten Weinbaugebiete der Bundesrepublik[92] zunächst an eine örtliche Steuer denken könnte. Soweit ersichtlich wurde Wein jedoch von den Gemeinden und Kreisen in den herkömmlichen Weinbaugebieten nicht mit einer besonderen Abgabe belegt, da zum Teil landesweite Weinsteuern bestanden. Wie bereits ausgeführt haben die Länder Baden, Württemberg und Elsaß-Lothringen bereits vor der Einführung der Weinsteuer im Jahre 1918 eigene Abgaben auf Wein erhoben. Auch nach dem Zweiten Weltkrieg wurden in Baden und Rheinland-Pfalz Weinabgaben eingeführt.

Der Begriff der „örtlichen Steuer" ist in der Literatur umstritten.[93] Anknüpfungspunkt für eine örtliche Steuer ist in erster Linie die Belegenheit einer Sache oder ein bestimmter Vorgang mit örtlichem Bezug.[94] Dabei ist mit dem BVerfG[95] zu fordern, daß sich die steuerliche Belastungswirkung auf ein Gemeindegebiet, d.h. auf einen örtlich abgrenzbaren Bereich beschränkt. Davon kann jedoch bei einer harmonisierungsbedingten Einführung einer Weinsteuer im gesamten Gebiet der Bundesrepublik nicht die Rede sein. Allein die Größe der Anbaugebiete steht einer Beschränkung auf Gemeindeebene entgegen.[96] Unter Berücksichtigung der von 1918 bis 1926 auf Reichsebene erhobenen Weinsteuer und der davor erhobenen Landessteuern gehört die Weinsteuer auch unter historischen Gesichtspunkten nicht zum Bestand der traditionell von Gemeinden erhobenen Abgaben mit örtlich bedingtem Wirkungskreis. Eine ausschließliche Zuständigkeit der Länder nach Art.105 Abs.2a GG ist daher nicht gegeben.

---

[91] *Arndt/Grünberg*, EG-Verbrauchsteuerharmonisierung und Grundgesetz, Steuer und Studium 1988, S. 41,43.

[92] Als solche gelten Baden, Württemberg, Rheinpfalz, Rheinhessen, Nahe, Mosel-Saar-Ruwer, Mittelrhein, Rheingau, Ahr und Franken.

[93] *Blendermann*, Steuern mit örtlich bedingtem Wirkungskreis, IFSt-Schrift Nr. 54.

[94] *Bökelmann*, Die örtlichen Steuern und das Gleichartigkeitsverbot in Art. 105 Abs.2a GG, S. 19f.

[95] BVerfGE 7, 244 (258); 16, 306 (327) und 40, 56 (61). Der parlamentarische Rat ging bei der Abfassung von Art.105 Abs.1 Nr.1 GG a.F. neben den dort genannten Grunderwerb-, Wertzuwachs- und Feuerschutzsteuern nur von den kleinen Steuern aus, die von den Gemeinden und Kreisen erhoben werden.

[96] *Grünberg*, Die Weinsteuer und ihre Harmonisierung in den Europäischen Gemeinschaften, S. 184.

c) Ausschließliche Gesetzgebungskompetenz des Bundes nach Art. 105 Abs. 2 i. V. m. Art. 106 Abs. 1 Nr. 2 GG

Nach dem Wortlaut von Art.105 Abs.2 GG hat der Bund die konkurrierende Gesetzgebung über die übrigen Steuern, wenn ihm das Aufkommen ganz oder zum Teil zusteht. Da Art.106 Abs.1 Nr.2 GG das Aufkommen der Verbrauchsteuern mit Ausnahme der Bier- und Umsatzsteuer und den örtlichen Verbrauchsteuern dem Bund zuweist, könnte sich der Bund durch die Einführung einer Weinsteuer eine neue Einnahmequelle erschließen. Unter der Annahme, daß es sich bei Art.105 Abs.2 GG tatsächlich um eine konkurrierende Gesetzgebungskompetenz handelt und eine Weinsteuer auf Bundesebene bisher noch nicht besteht, kommt Grünberg[97] zu dem Schluß, daß auch die Länder eine Weinsteuer für ihr Gebiet einführen und den Bund insoweit von der Erhebung einer solchen Steuer ausschließen könnten. Piduch[98] ist dagegen der Meinung, daß den Ländern aufgrund der abschließenden Ertragszuweisung in Art.106 Abs.1 GG ein Gesetzgebungsrecht über die dort genannten Steuern in jedem Fall verwehrt sei; denn würde der Landesgesetzgeber eine als Verbrauchsteuer konzipierte Weinsteuer nach Art.72 Abs.1 i.V.m. Art.105 Abs.2 GG einführen, ergäbe sich die merkwürdige Rechtsfolge, daß das Aufkommen der landesgesetzlich eingeführten Weinsteuer nach Art.106 Abs.1 Nr.2 GG dem Bund zufließen würde.

Die gegensätzlichen Auffassungen Grünbergs und Piduchs in bezug auf die Kompetenz der Länder zur Einführung einer als Verbrauchsteuer ausgestalteten Weinsteuer werfen die Frage auf, ob dem Bund entgegen dem ausdrücklichen Wortlaut von Art.105 Abs.2 GG eine ausschließliche Gesetzgebungskompetenz zur Einführung einer Weinsteuer zusteht und die Länder von einer Inanspruchnahme dieser Steuerquelle a priori ausgeschlossen sind.

In der Literatur besteht Einigkeit darüber, daß die Kompetenznorm des Art.105 Abs.2 GG und die Ertragsverteilungsnorm des Art.106 GG widersprüchlich formuliert und nicht genau aufeinander abgestimmt sind.[99] Nach Art.106 Abs.1 Nr.2 GG steht dem Bund das Aufkommen der Verbrauchsteuern in voller Höhe zu, soweit es sich nicht um die in Art.106 Abs.2 Nr.5 GG ausdrücklich den Ländern zugewiesene Biersteuer, um die Bund und Ländern gemeinsam zustehende Umsatzsteuer oder um eine den Gemeinden zustehende örtliche Verbrauchsteuer handelt. Im Widerspruch zur Aufkommensverteilung wird dem Bund in Art.105 Abs.2 GG selbst für die Steuern, die ihm gemäß Art.106 Abs.1 GG ganz zustehen, lediglich eine konkurrierende Ge-

---

[97] *Grünberg*, Die Weinsteuer und ihre Harmonisierung in den Europäischen Gemeinschaften, S. 177, 184.

[98] *Piduch*, Finanzverfassung und Steuerreformen, S. 23,24.

[99] *Vogel*, Grundzüge des Finanzrechts, in: *Isensee/Kirchhof*, Handbuch des Staatsrechts, § 87 Rdnr. 39 und *Fischer-Menshausen*, in: *v. Münch*, Kommentar zum Grundgesetz, Art.105 Rdnr. 28.

setzgebungskompetenz eingeräumt. Soweit der Bund einen Gegenstand noch nicht mit einer Verbrauchsteuer belegt hat, könnten die Länder nach Art.105 Abs.2 i.V.m. Art.72 Abs.1 GG eine Verbrauchsteuer einführen, deren Aufkommen dem Bund zustehen würde.[100] Dieses merkwürdige Ergebnis würde es den Ländern ermöglichen, eine vom Bund bewußt nicht ausgeschöpfte Steuerquelle dennoch in Anspruch zu nehmen und damit das ausgewogene System der Finanzverfassung aus dem Gleichgewicht zu bringen. Dies kann vom Verfassungsgeber jedoch kaum gewollt sein.

Nach Maunz[101] und Klein[102] bestünde eine Lösung des offensichtlichen Widerspruches zwischen Art.105 GG und Art.106 GG darin, Art.106 GG bei der Steuerverteilung zwischen Bund und Ländern nur auf bundesgesetzlich geregelte Steuern zu beziehen. Sofern der Bund von seiner Gesetzgebungskompetenz noch keinen Gebrauch gemacht habe, stünde das Aufkommen der dann zulässigerweise nach Landesrecht erhobenen Steuer dem jeweiligen Land selbst dann zu, wenn die Steuer bei einer bundesgesetzlichen Regelung ganz oder zum Teil dem Bund zustehen würde. Zu Recht weist Vogel[103] darauf hin, daß dieser Lösungsansatz eine Auslegung gegen den Wortlaut von Art.71 und Art.72 GG um den Preis einer Auslegung gegen den Wortlaut des Art.106 Abs.1 GG vermeide und auch der Funktion der Finanzverfassung nicht gerecht werde.

Die Funktionsfähigkeit des vertikalen Finanzausgleichssystems erfordert eine Lösung, bei der ein Konkurrieren von Bund und Ländern bei der Einführung neuer Verbrauchsteuern ausgeschlossen ist. Wie bereits ausgeführt ist davon auszugehen, daß Art.106 GG die Verteilung der Steuererträge abschließend regelt und damit die Entscheidung über die Einführung bestimmter Steuerarten ausschließlich dem Bund überläßt. Mit dieser Zielsetzung wäre es unvereinbar, wenn die vom Bund nicht ausgeschöpften Verbrauchsteuern der Disposition der Länder unterliegen würden.[104] Verzichtet der Bund aus guten Gründen auf die Belastung eines Wirtschaftsgutes mit einer besonderen Ver-

---

[100] *Birk*, Alternativkommentar zum Grundgesetz, Art.105 Rdnr. 14.

[101] *Maunz*, in: *Maunz/Dürig/Herzog/Scholz*, Kommentar zum Grundgesetz, Art.105 Rdnr. 41.

[102] *Klein*, in: *Schmidt-Bleibtreu/Klein*, Kommentar zum Grundgesetz, Art.105 Rdnr. 13.

[103] *Vogel*, Grundzüge des Finanzrechts, in: *Isensee/Kirchhof*, Handbuch des Staatsrechts, § 87 Rdnr. 39.

[104] *Mußgnug* (Konkurrierende Gesetzgebungskompetenz der Länder für Bundessteuern?, in: FS für *Klein*, S. 654,656) weist darauf hin, daß die Liste der Konsumgüter, die der Bund nicht mit Verbrauchsteuern belegt habe, lang sei. Sie decke vom Parfüm über Kaviar, Einwegflaschen, Dosenbier, Autoreifen, Schallplatten und Computer ein weites Feld ab. Dem Steuerfindungsrecht der Länder wären so gut wie keine verfassungsrechtlichen Grenzen gesetzt. Daher könne den Ländern nicht gestattet werden, den vertikalen Finanzausgleich durch ein partikuläres Abschöpfen der vom Bund nicht beanspruchten Bundessteuern aus der Balance zu bringen.

brauchsteuer, darf es nicht zugelassen werden, daß die Länder die negative Belastungsentscheidung des Bundes durch Einführung einer Verbrauchsteuer auf Landesebene unterlaufen. Aufgrund der eindeutigen Ertragsverteilungsvorschrift des Art. 106 Abs. 1 GG ist den Ländern in jedem Fall die Gesetzgebungskompetenz über die dort genannten Steuern a priori entzogen, obwohl der Wortlaut des Art. 105 Abs. 2 GG auf eine konkurrierende Gesetzgebungszuständigkeit schließen läßt.[105] Entgegen dem Wortlaut von Art. 105 Abs. 2 GG ist daher von einer ausschließlichen Gesetzgebungskompetenz des Bundes für die Steuern auszugehen, deren Aufkommen ihm ganz oder zumindest teilweise zustehen.[106] Nur diese am Sinn und Zweck der Finanzverfassung orientierte Auslegung wird der Funktion der Verteilungsvorschrift des Art. 106 GG und den Erfordernissen des auf Ausgewogenheit angelegten Ertragsverteilungssystems gerecht. Bei diesem Ergebnis ist die Annahme berechtigt, daß dem Verfassungsgeber bei der Formulierung des Art. 105 Abs. 2 GG ein Redaktionsversehen unterlaufen ist.[107]

Hinsichtlich der Gründe, die den Verfassungsgeber dazu bewogen haben könnten, in Art. 105 Abs. 2 GG eine konkurrierende Gesetzgebung selbst für Bundessteuern vorzusehen, weist Mußgnug[108] darauf hin, daß die Alliierten im Laufe der verfassungsgebenden Beratungen ein auffälliges Faible für die konkurrierende Gesetzgebung entwickelt und an allem Anstoß genommen hätten, was der Parlamentarische Rat dem Bund an Ausschließlichkeitsrechten zuweisen wollte. Daher habe der Parlamentarische Rat angenommen, die ausschließliche Bundeskompetenz für die Zölle und Finanzmonopole sei für die Alliierten nur dann akzeptabel, wenn man sich bei allen übrigen Steuern auf eine konkurrierende Gesetzgebungskompetenz beschränken würde. Ob diese Theorie zutrifft, läßt sich nicht mehr mit Gewißheit nachvollziehen, so daß jede Aussage über die tatsächliche Motivationslage des Verfassungsgebers Spekulation bleiben muß. Bei einer an der Funktion der Finanzverfassung orientierten Betrachtungsweise ist jedenfalls der herrschenden Meinung in der Literatur zu folgen, die ein Redaktionsversehen des Verfassungsgebers annimmt und im Rahmen von Art. 105 Abs. 2 GG von einer ausschließlichen Gesetzgebungskompetenz des Bundes ausgeht.

---

[105] *Piduch*, Finanzverfassung und Steuerreformen, S. 23.

[106] *Fischer-Menshausen*, in: *v. Münch*, Kommentar zum Grundgesetz, Art. 105 Rdnr. 19; *Vogel*, Grundzüge des Finanzrechts, in: *Isensee/Kirchhof*, Handbuch des Staatsrechts, § 87 Rdnr. 39; *Piduch*, Finanzverfassung und Steuerreformen, S. 24,120 und *Birk* (Alternativkommentar zum Grundgesetz, Art. 105 Rdnr. 14), der zu dem ambivalenten Schluß kommt, die konkurrierende Gesetzgebung für Steuern, für die der Bund ertragsberechtigt sei, sei der ausschließlichen Gesetzgebungsbefugnis angenähert.

[107] *Mußgnug*, Konkurrierende Gesetzgebungskompetenz der Länder für Bundessteuern?, in: FS für Klein, S. 654,656.

[108] *Mußgnug*, ebd., S. 654,657.

Als Ergebnis ist daher festzuhalten, daß dem Bund für die Einführung einer als Verbrauchsteuer ausgestalteten Weinsteuer entgegen dem Wortlaut von Art.105 Abs.2 GG eine ausschließliche Gesetzgebungskompetenz zustehen würde.

2. Die unterschiedliche steuerliche Belastung der alkoholischen Getränke im Lichte des Gleichheitssatzes des Art.3 Abs.1 GG

a) Die Gestaltungsfreiheit des Gesetzgebers bei der Erschließung von Steuerquellen nach der Rechtsprechung des BVerfG und des BFH

Die steuerliche Belastung von alkoholischen Getränken in der Bundesrepublik Deutschland weist ein starkes Ungleichgewicht auf. Bezogen auf einen Liter des jeweiligen Getränkes beträgt die Verbrauchsteuerbelastung von Bier mit einem Stammwürzegehalt von 12 Grad Plato 0,18 DM, von Schaumwein 2,66 DM, von Zwischenerzeugnissen, wie z.B. Sherry, 3 DM und von einer Spirituose mit 40% Alkoholgehalt 10,20 DM. Im Gegensatz dazu unterliegt Wein überhaupt keiner Verbrauchsteuer. Die Nichtbesteuerung von Wein wirft die Frage auf, ob sich aus dem Grundsatz der Belastungsgleichheit als Ausprägung des allgemeinen Gleichheitssatzes des Art.3 GG ein von der Verfassung gefordertes Gebot zur gleichmäßigen Besteuerung aller alkoholischen Getränke und damit die Pflicht zur Einführung einer allgemeinen Weinsteuer ableiten läßt. Nach der Ansicht von Neumark[109] ließen es der Grundsatz der Allgemeinheit der Besteuerung und das Prinzip der Widerspruchslosigkeit und Systemhaftigkeit nicht zu, auch den teuersten Wein steuerfrei zu belassen, während selbst der billigste Schaumwein der Verbrauchsbesteuerung unterworfen werde.

Die ständige Rechtsprechung des Bundesverfassungsgerichts gesteht dem Gesetzgeber bei der Erschließung von Steuerquellen eine weitgehende Gestaltungsfreiheit zu.[110] Eine unterschiedliche Ausschöpfung von Steuerquellen ist dann noch mit dem Gleichheitssatz vereinbar, wenn sie beispielsweise auf finanzpolitischen, volkswirtschaftlichen, sozialpolitischen oder steuertechnischen Erwägungen beruht und dadurch frei von Willkür ist.[111] Die Gestaltungsfreiheit des Steuergesetzgebers endet erst dort, wo die gleiche oder ungleiche Behandlung der geregelten Sachverhalte nicht mehr mit einer am Gerechtigkeitsgedanken orientierten Betrachtungsweise vereinbar ist und wo ein sachlicher Grund für die Ungleichbehandlung fehlt.[112]

---

[109] *Neumark*, Grundsätze gerechter und ökonomisch rationaler Steuerpolitik, S. 77.
[110] BVerfGE 26, 302 (310).
[111] BVerfGE 26, 302 (310); 50, 386 (392).
[112] BVerfGE 50, 386 (390); 74, 182 (200); 81, 108 (117); 84, 239 (271).

Für Kruse[113] stellt die weite Gestaltungsfreiheit, die die höchstrichterliche Rechtsprechung dem Gesetzgeber bei der Einführung neuer Steuern zubilligt, die notwendige Folge der Tatsache dar, daß sich aus dem Finanzbedarf des steuerberechtigten Gemeinwesens keine „Sachlogik der Steueranknüpfung" ableiten läßt. Da es grundsätzlich keinen Sachverhalt gibt, der seiner Natur nach besteuert werden müßte, könnte der Gesetzgeber bestimmte Güter mit einer Verbrauchsteuer belegen, ohne gleichartige Güter ebenfalls besteuern zu müssen. Unberücksicht läßt Kruse die finanzielle Belastungsfähigkeit des Verbrauchers. Als Maßstab für eine Differenzierung in der steuerlichen Belastung ähnlicher oder substituierbarer Güter läßt er jeden vernünftigen, sich aus der Natur der Sache ergebenden oder sonst plausiblen Grund genügen und rechtfertigt damit die höchstrichterliche Rechtsprechung, die das Leistungsfähigkeitsprinzip als primären Vergleichsmaßstab nicht anerkennt. Mehrmals hatte der BFH Gelegenheit, die unterschiedliche Besteuerung der alkoholischen Getränke unter dem Gesichtspunkt des Gleichheitssatzes einer Überprüfung zu unterziehen. In seinen Urteilen vom 25.4.1972[114] und vom 7.12.1981[115] hat er die Erhebung einer Branntwein-, Schaumwein- und Biersteuer und die Nichtbesteuerung von Wein mit Art.3 GG für vereinbar erklärt. Die gegen beide Entscheidungen eingelegten Verfassungsbeschwerden hat das BVerfG wegen mangelnder Erfolgsaussichten nicht zur Entscheidung angenommen.[116] In seiner ersten Entscheidung rechtfertigte das BVerfG die unterschiedliche verbrauchsteuerliche Behandlung von Wein und Schaumwein mit der Verschiedenheit der Produkte, den verschiedenen Erzeugerstrukturen und den gegenüber einer Weinsteuer geringeren steuertechnischen Schwierigkeiten der Schaumweinsteuererhebung.[117] Im Rahmen der verfassungsrechtlichen Überprüfung der Branntweinsteuererhöhung vom 5.7.1976 ging das BVerfG dann nochmals auf die unterschiedliche Verbrauchsbesteuerung der alkoholischen Getränke ein. Als Anknüpfungspunkt für die verfassungsrechtliche Beurteilung wählte das Gericht die Auswirkungen der steuerlichen Belastung auf die jeweiligen Hersteller der Erzeugnisse und hob hervor, daß eine verfassungsrechtliche Argumentation im Rahmen des Art.3 Abs.1 GG ohne Relevanz sei, die auf die Beeinträchtigung der Endverbraucher durch eine überhöhte Branntweinsteuer einginge.[118] Neben der Belastungswirkung auf die Erzeuger stellt das BVerfG auch auf die seiner Ansicht nach „völlig andere Beschaffenheit" der Erzeugnisse ab und stellt heraus, daß der Gesetzgeber nach dem allgemeinen Gleichheitssatz nicht gehalten sei, die Besteuerung auf der Grundlage eines schematischen Steuersatzes bezogen auf den Alkoholgehalt der einzelnen Getränke durchzuführen. Die weitere Auseinandersetzung mit

---

[113] *Kruse*, Gleichmäßigkeit der Besteuerung, StuW 1990, S. 322,324f.

[114] BFHE 105, 554.

[115] BFHE 135, 102.

[116] Beschluß vom 2.10.1984 - 1 Bv R 419/82, HFR 1984, S. 587.

[117] Beschluß vom 9.6.1973 - 1 BvR 415/72, HFR 1973, S. 398.

[118] HFR 1984, S. 587,588.

dem Gleichheitssatz erschöpft sich in der Wiederholung der bekannten Formel, daß sich der Gesetzgeber im Rahmen seiner weitgehenden Gestaltungsfreiheit im Bereich des Steuerrechts von finanzpolitischen, volkswirtschaftlichen, sozialpolitischen und steuertechnischen Erwägungen leiten lassen könne.

Mit dieser Argumentation bestätigt das BVerfG den Ansatz des BFH, der ebenfalls zu dem Schluß kommt, daß bereits die Tatsache, daß Branntwein, Schaumwein, Bier und Wein wesentlich verschiedene Erzeugnisse sind, den Gesetzgeber berechtigen würde, sie in der Frage der Belastung mit einer Verbrauchsteuer verschieden zu behandeln. Die Verschiedenartigkeit der Erzeugnisse begründet der BFH mit den für ihre Herstellung verwendeten Grundstoffen, den Herstellungsverfahren und Herstellungsbetrieben, ihrer objektiven Beschaffenheit und der Einschätzung durch den Verbraucher. Neben diesen Argumenten stützen sich beide Urteile des BFH auf steuertechnische Erwägungen. Hierzu wird ausgeführt, daß Wein im Rahmen der Landwirtschaft unter Bedingungen hergestellt würde, die besonders im Bereich der Kleinbetriebe und der Hauswirtschaft einer wirksamen steuerlichen Überwachung nur schwer zugänglich seien; daher könnten gegen die Wiedereinführung einer Weinsteuer auch Gründe der Praktikabilität sprechen.[119]

Zusammenfassend ist festzustellen, daß die höchstrichterliche Rechtsprechung davon ausgeht, daß die Nichtbesteuerung von Wein im Gegensatz zur verbrauchsteuerlichen Belastung von Branntwein, Bier und Schaumwein nicht gegen den aus Art.3 Abs.1 GG abgeleiteten Grundsatz der Belastungsgleichheit verstößt. Dabei wird die Belastungsentscheidung des Gesetzgebers mit der verschiedenartigen Beschaffenheit der Erzeugnisse und mit fiskalischen und steuertechnischen Erwägungen legitimiert. In der Argumentation unberücksichtigt bleiben dagegen die Auswirkungen der unterschiedlichen Verbrauchsteuerbelastung auf den Verbraucher. Dessen finanzielle Leistungsfähigkeit bildet nach Ansicht der Gerichte keinen tauglichen Vergleichsmaßstab, an dem die Auswahl der besteuerten Erzeugnisse überprüft werden könnte.

b) Das Leistungsfähigkeitsprinzip als Vergleichsmaßstab für die Belastungsentscheidungen des Steuergesetzgebers

In der Literatur ist die durch das BVerfG bestätigte Rechtsprechung des BFH insbesondere von Tipke[120] scharf kritisiert worden. Sein Hauptvorwurf richtet sich gegen die fehlende Relevanz des gewählten Vergleichsmaßstabes. Unter der Annahme einer Fiskalzwecksteuer hätte das Gericht als Vergleichsmaßstab nicht die chemische Zusammensetzung oder Beschaffenheit

---

[119] BFHE 105, 554 (559); 135, 102 (105).

[120] *Tipke*, Anwendung des Gleichheitssatzes im Steuerrecht - Methode oder irrationale Spekulation, BB 1973, S. 157,160.

der zu beurteilenden Vergleichsgüter, sondern das Leistungsfähigkeitsprinzip wählen müssen.[121]

Wie bereits im Kapitel über die verfassungsrechtliche Rechtfertigung von Verbrauchsteuern ausführlich dargestellt, läßt sich die Belastung eines speziellen Wirtschaftsgutes mit einer besonderen Verbrauchsteuer neben der allgemeinen Umsatzsteuer nur mit der in der Einkommensverwendung zum Ausdruck kommenden finanziellen Leistungsfähigkeit des Konsumenten legitimieren. Dieser Belastungsgrund kann zwar nicht vollständig durch andere Gründe ausgetauscht werden, jedoch ist es verfassungsrechtlich nicht zu beanstanden, wenn andere Motive, wie die Verfolgung von gesundheits- oder umweltpolitischen Lenkungseffekten, das Leistungsfähigkeitsprinzip in den Hintergrund treten lassen. Daher ist zur Beantwortung der Frage, ob die verbrauchsteuerliche Erfassung eines Erzeugnisses unter gleichzeitiger Verschonung eines ähnlichen oder sogar in Konkurrenz stehenden Erzeugnisses gegen das Gebot der Belastungsgleichheit verstößt, als primärer Vergleichsmaßstab das Leistungsfähigkeitsprinzip heranzuziehen. Allein die Verschiedenartigkeit von zwei Produkten bildet dagegen keinen sachgerechten Anknüpfungspunkt für die Rechtfertigung der staatlichen Teilhabe an den finanziellen Aufwendungen zum Erwerb des einen Produktes und für den Verzicht auf die Besteuerung des anderen. Würden einzig und allein die stofflichen Merkmale und Eigenschaften von Wirtschaftsgütern eine unterschiedliche steuerliche Behandlung rechtfertigen, wäre die Freiheit des Gesetzgebers bei der Erschließung neuer Steuerquellen grenzenlos. Bei einer Fiskalzwecksteuer erfordert das Gebot der Belastungsgleichheit die Anwendung eines Differenzierungskriteriums, das den Steuerträger in den Mittelpunkt der Betrachtung rückt und dessen im Erwerbsakt zum Ausdruck kommende Zahlungskraft zur Kenntnis nimmt. Läßt sich die Auswahl der besteuerten Güter mit dem Grundsatz der Besteuerung nach der persönlichen Leistungsfähigkeit nicht hinreichend legitimieren, kann eine Durchbrechung des Leistungsfähigkeitsprinzips nur dann hingenommen werden, wenn besondere Gründe vorliegen, die ihrem Gewicht nach die Ausnahme rechtfertigen.

Nach F. Kirchhof[122] ist z.B. der Absatzförderungsgedanke geeignet, die Steuerlücke zu schließen, die durch die Besteuerung eines Wirtschaftsgutes unter gleichzeitiger Verschonung eines ähnlichen oder substituierbaren Erzeugnisses entsteht. Zu Recht gestehen auch Arndt[123] und Kruse[124] dem Gesetzgeber eine Orientierung an außerfiskalischen Differenzierungsmerkmalen und eine Abweichung vom Leistungsfähigkeitsprinzip zu. Eine streng am Grundsatz der Belastungsgleichheit ausgerichteter Selektionsmechanismus würde den Gesetzgeber bei der Auswahl der zu besteuernden Wirtschaftsgüter

---

[121] *Tipke*, Die Steuerrechtsordnung, S. 983.

[122] *F. Kirchhof*, Grundriß des Abgabenrechts, S. 75.

[123] *Arndt*, Rechtsfragen einer deutschen CO_2-/ Energiesteuer, S. 151.

[124] *Kruse*, Gleichmäßigkeit der Besteuerung, StuW 1990, S. 322,327.

in einem unvertretbaren Maß einengen und das Gestaltungs- und Lenkungsinstrument der Steuer zu einem unzulänglichen Mittel politischen Handelns machen. Dies kann auch vom Verfassungsgeber bei der Konzipierung von Art.3 GG nicht gewollt sein. In diesem Zusammenhang weist Lang[125] zutreffend darauf hin, daß alle speziellen Verbrauchsteuern mit dem Gleichheitssatz nicht zu vereinbaren wären, würde man aus den unvermeidlichen Ungleichheiten der speziellen Güterbesteuerung die Verletzung des Gleichheitssatzes folgern. Eine strikte Anwendung des Gleichheitssatzes bei der Erschließung von Steuerquellen hätte auch Auswirkungen auf die Gewaltenteilung, da das BVerfG durch eine vollkommen am Gleichheitssatz und an der Durchsetzung des Leistungsfähigkeitsprinzips ausgerichteten Rechtsprechung wesentliche steuerpolitische Entscheidungen von den politischen Führungsorganen abziehen könnte.[126] Auch aus diesen Gründen muß es dem Gesetzgeber erlaubt sein, eine Belastungsentscheidung nach außerfiskalischen Gesichtspunkten auszurichten und dabei das Leistungsfähigkeitsprinzip als Ausdruck der Steuergerechtigkeit in den Hintergrund treten zu lassen.

c) Rechtfertigung der Nichtbesteuerung von Wein

Da der Gesetzgeber die Verbrauchsteuern auf alkoholische Getränke in erster Linie als Fiskalzwecksteuern und nicht als gesundheitspolitisch motivierte Lenkungssteuern begreift, sind seine Belastungsentscheidungen am Grundsatz der Besteuerung nach der persönlichen Belastungsfähigkleit der Konsumenten auszurichten.[127] Das Leistungsfähigkeitsprinzip bildet den relevanten Vergleichsmaßstab, an dem die Nichtbesteuerung von Wein bei gleichzeitiger verbrauchsteuerlicher Belastung von Schaumwein, Bier und Spirituosen zu messen ist.[128] Geht man davon aus, daß mit der Erhebung einer besonderen Verbrauchsteuer die durch die Einkommensverwendung indizierte finanzielle Leistungsfähigkeit des Endverbrauchers ausgeschöpft werden soll[129], ist kein hinreichend plausibler Grund ersichtlich, warum z.B. Schaumwein- oder Biertrinker ohne Berücksichtigung von Qualität und Preis der genossenen

---

[125] *Lang*, Verwirklichung von Umweltschutzzwecken im Steuerrecht, DStJG 15 (1995), S. 123,141.

[126] *Herzog*, in: *Maunz/Dürig/Herzog/Scholz*, Kommentar zum Grundgesetz, Anh. zu Art.3 GG, Rdnr. 7.

[127] *Tipke*, Die Steuerrechtsordnung, S. 983.

[128] *Grünberg* (Die Weinsteuer und ihre Harmonisierung in den Europäischen Gemeinschaften, S. 218) ist der Ausgangspunkt nicht in der besteuerten Ware allein zu suchen, sondern in den Steuerträgern. Diese würden durch die Auferlegung oder Freistellung einer Ware von einer Sonderverbrauchsteuer betroffen, die Ware selbst sei nur Anknüpfungspunkt.

[129] *Förster*, Die Verbrauchsteuern, S. 100; *Peters*, Das Verbrauchsteuerrecht, Rdnr. 25; *Birk*, Das Leistungsfähigkeitsprinzip als Maßstab der Steuernormen, S. 36.

Erzeugnisse eine zusätzliche Steuerlast zu tragen haben, während Liebhaber von teuren Weinen überhaupt nicht zur Kasse gebeten werden. Der Erwerb von Schaumwein oder Bier indiziert keine höhere finanzielle Leistungsfähigkeit als der Erwerb von Wein. Die differenzierte verbrauchsteuerliche Belastung dieser Getränke läßt sich mit der unterschiedlichen finanziellen Belastungsfähigkeit der Konsumenten nicht rechtfertigen. Vielmehr würde eine konsequente Umsetzung des Gebotes der steuerlichen Belastungsgleichheit die gleichmäßige Besteuerung aller alkoholischen Getränke und die Heranziehung aller Konsumenten erfordern.

In diesem Zusammenhang wirft Schrömbges[130] die Frage auf, ob die Entscheidung des BFH auf die heutige Situation überhaupt übertragen werden könne. Ausgehend von der berechtigten Annahme, daß heute auch Sekt in Konkurrenz zu Wein und Bier stünde, sei die deutsche Position verfassungsrechtlich schwer vermittelbar, billigen Sekt sehr hoch, Bier niedrig und Wein überhaupt nicht zu besteuern. Auch Tipke[131] ist der Ansicht, daß kein rechtfertigender Grund mehr bestünde, Schaumwein mit einer Verbrauchsteuer zu belegen, Wein aber von einer verbrauchsteuerlichen Belastung freizustellen. Schrömbges und Tipke ist zumindest darin zuzustimmen, daß sich die Belastungsentscheidung des Gesetzgebers unter dem Gesichtspunkt des Leistungsfähigkeitsprinzips nicht rechtfertigen läßt. Gleichwohl wird man einen verfassungsrechtlichen Zwang zur Einführung einer allgemeinen Weinsteuer nur dann aus dem Gleichheitssatz des Art.3 Abs.1 GG ableiten können, wenn sich eine sachliche Rechtfertigung nicht finden läßt und die Auswahl der besteuerten Wirtschaftsgüter den Makel der Willkürlichkeit trägt. Die mit der Nichtbesteuerung von Wein verbundene gleichheitswidrige Belastung der Verbraucher anderer alkoholischer Getränke kann nur dann hingenommen werden, wenn z.B. gesundheitspolitische, finanzpolitische, volkswirtschaftliche oder steuertechnische Gründe von solchem Gewicht bestehen, daß sie eine Durchbrechung des Leistungsfähigkeitsprinzips durch eine Begünstigung der Weinkonsumenten im Verhältnis zu den Konsumenten von Schaumwein, Bier und Spirituosen rechtfertigen können.

Gesundheitspolitische Gründe lassen sich zur Legitimation der Ungleichbehandlung keinesfalls heranziehen. Eine Ausgestaltung der Verbrauchsteuern als gesundheitspolitisch motivierte Lenkungssteuern würde eine gleichmäßige Besteuerung aller alkoholischen Getränke erfordern, wobei als sachgerechte Bemessungsgrundlage der Gesundheitsschäden verursachende Alkoholgehalt gewählt werden könnte.[132] Die Freistellung eines alkoholhaltigen Erzeugnisses würde bei dieser Betrachtungsweise den Zielen eines der Gesundheitsfürsorge dienenden Systems effektiver Vermeidungssteuern zuwiderlaufen.

---

[130] *Schrömbges*, Auf dem Weg zur Beseitigung der Steuerschranken in der EG? (Teil 2), ZfZ 1990, S. 130,139.

[131] *Tipke*, Die Steuerrechtsordnung, S. 980.

[132] *Haller*, Die Steuern, S. 286,288.

Die steuerliche Verschonung des Weines könnte jedoch aus Gründen der Absatzförderung legitimiert werden. Die Absatzmöglichkeiten eines Produktes hängen neben anderen Faktoren von der Nachfragesituation und der Preisgestaltung ab. Steuerindizierte Preiserhöhungen können den Verbraucher dazu veranlassen, Konsum zu vermeiden oder auf billigere Substitutionserzeugnisse auszuweichen. Unterstellt man eine Abnahme des Weinverbrauchs infolge der Einführung einer Weinsteuer, ergäben sich erhebliche Belastungen für den Weinmarkt. Wie bereits ausgeführt ist dieser in der Gemeinschaft durch einen hohen Überschuß an billigen Tafelweinen aus den südlichen Ländern gekennzeichnet. Einer jährlichen Erzeugung von ca. 185 Mio. Hektolitern Wein steht eine ohne Beihilfen zu Marktpreisen absetzbare Weinmenge von ca. 154 Mio. Hektolitern gegenüber.[133] Als Folge der Überproduktion fließen jährlich Hunderttausende Hektoliter Wein in die Zwangsdestillation.[134] Trotz erheblicher Anstrengungen ist eine Reform der EG-Weinmarktorganisation und die Einführung einer Quotenregelung bisher gescheitert. Wie bereits ausgeführt hat Deutschland bei den Verhandlungen über die Verbrauchsteuerrichtlinien darauf hingewiesen, daß die Weinerzeugung mit erheblichen Finanzmitteln der Gemeinschaft gestützt werde und daß ein steuerindizierter Verbrauchsrückgang die Situation zu Lasten des EG-Haushaltes und damit auch zu Lasten nationaler Haushalte erheblich verschärfen würde. Unter Berücksichtigung dieser Ausgangslage ist die Freistellung des Weines von einer Verbrauchsteuer aus dem Gesichtspunkt der Absatzförderung gerechtfertigt.

Zweifel sind dagegen angebracht, ob steuertechnische Gründe von solchem Gewicht vorliegen, daß sich die Erhebung einer Weinsteuer aus verwaltungsökonomischer Sicht verbietet. Als indirekte Steuern bedienen sich die besonderen Verbrauchsteuern eines einfachen Erhebungssystems, das mit einem Verwaltungsaufwand von weniger als 1% hohe Steuereinnahmen erwarten läßt.[135] Demgegenüber verweist Grünberg[136] auf Berechnungen des Bundesrates, die bei der Einführung einer Weinsteuer von einem Personalbedarf von 500 Zollbeamten ausgehen und stuft die Annahme eines zu erwartenden Ertrages als abwegig ein.

Das vom Bundesrat[137] und vom Finanzausschuß des Bundestages[138] verwendete Zahlenmaterial geht auf v.Arnim zurück, der Mitte der sechziger

[133] Geschäftsbericht des Deutschen Weinbauverbandes 1994, S. 9.

[134] Nach der Vorbilanz für das Weinwirtschaftsjahr 1994/95 betrugen die Endbestände an Wein in der Gemeinschaft vor der Destillation über 105 Mio Hektoliter, vgl. ABl. EG Nr. C 369 vom 24.12.1994.

[135] *Voß*, Strukturelemente der Verbrauchsteuern, DStJG 11 (1988), S. 261,279 m.w.N.

[136] *Grünberg*, Die Weinsteuer und ihre Harmonisierung in den Europäischen Gemeinschaften, S. 221.

[137] BR-Drs. 172/72.

[138] BT-Drs. 7/445, S. 4.

Jahre als Angehöriger des BMF berechnet hat, daß für die Überwachung und Betreuung einer Weinsteuer bei 90.000 Winzern 500 neue Planstellen für die Zollverwaltung erforderlich wären. In einem Aufsatz aus dem Jahre 1981 hat v.Arnim[139] auf die Entstehungsgeschichte der Berechnungen hingewiesen und ausgeführt, daß davon heute keine Rede mehr sein könne, da sich die Verhältnisse seitdem vollkommen verändert hätten. Hervorzuheben seien in diesem Zusammenhang die Strukturwandlungen im Weinbaugewerbe. Nach dem Geschäftsbericht des deutschen Weinbauverbandes habe es im Jahr 1979 in Deutschland 357 Winzergenossenschaften mit 67513 Mitgliedern gegeben.[140] Der Zwang zur Rationalisierung habe dazu geführt, daß mehr als zwei Drittel der Winzer ihren Wein nicht mehr selbst herstellten, sondern ihre Traubenernte einer Winzergenossenschaft zur Vermarktung überließen. Nach v.Arnim[141] gibt es lediglich einige tausend größere Winzer, die ihren Wein selbst vermarkten. Daher wäre die Erhebung einer Weinsteuer ohne einen unvertretbar hohen Verwaltungsaufwand durchaus zu bewältigen. Es ist aufschlußreich, daß der heute für die steuerrechtlichen Weinvorschriften zuständige Referatsleiter im BMF den seiner Ansicht nach interessanten Ausführungen v. Arnims nicht widersprochen, sondern die Frage aufgeworfen hat, ob die Einführung einer Weinsteuer nicht die notwendige Folge der deutschen Besteuerungspraxis sein müsse, eingeführten Likörwein mit seinem 14% vol überschreitenden Alkoholgehalt der Branntweinsteuer zu unterwerfen und inländische Likörweine steuerfrei zu belassen.[142] Inzwischen sind die Probleme der deutschen Likörweinbesteurung durch die gemeinschaftsweite Einführung einer Zwischenerzeugnissteuer gelöst worden.

Es bleiben jedoch erhebliche Zweifel an der Stichhaltigkeit des Arguments, die Einführung einer Weinsteuer würde zu einem Verwaltungsaufwand führen, der in keinem Verhältnis zum Ertrag einer solchen Abgabe stünde. In diesem Zusammenhang ist auch auf die EG-Weinmarktordnung zu verweisen, die den Verkehr mit Wein und dessen Herstellung strengen weinrechtlichen Kontrollen unterwirft. Nach Art.3 VO (EWG) Nr. 2238/93[143] haben im Zollgebiet der Gemeinschaft ansässige natürliche oder juristische Personen sowie Personenvereinigungen, die Weinbauerzeugnisse befördern oder befördern lassen, ein Dokument auszustellen, das die Erzeugnisse begleitet. Als Begleitpapiere werden auch die verbrauchsteuerrechtlichen Begleitdokumente anerkannt. Darüber hinaus sind nach Art.11 VO (EWG) Nr.2238/93 alle Personen oder Personenvereinigungen, die zu gewerblichen Zwecken Weinbauerzeug-

---

[139] *v. Arnim*, Die Branntweinwirtschaft 1981, S. 19,21.

[140] Geschäftsbericht des deutschen Weinbauverbandes 1978/79.

[141] *v. Arnim*, Die Branntweinwirtschaft 1981, S. 19,21.

[142] *Jarsombeck*, Zur Einführung einer Weinsteuer, Die Branntweinwirtschaft 1981, S. 419f.

[143] Verordnung (EWG) Nr. 2238/93 der Kommission vom 26.7.1993 über die Begleitpapiere für die Beförderung von Weinbauerzeugnissen und die im Weinsektor zu führenden Ein- und Ausgangsbücher, ABl. EG Nr. L 200 vom 10.8.1993, S. 10.

nisse besitzen, zur Führung von Ein- und Ausgangsbüchern verpflichtet. Diese strengen weinrechtlichen Kontrollmechanismen könnten für eine effektive Steueraufsicht nutzbar gemacht werden und diese wesentlich erleichtern. Insgesamt ist festzustellen, daß ein unvertretbar hoher Verwaltungsaufwand grundsätzlich einen steuertechnischen Differenzierungsgrund darstellt, der den Gesetzgeber legitimiert aus Praktikabilitätserwägungen von der Besteuerung eines bestimmten Wirtschaftsgutes abzusehen, auch wenn ähnliche oder gleichartige Güter bereits einer Verbrauchsteuer unterliegen.[144] Jedoch sind insbesondere aufgrund der Strukturveränderungen im Weinbau erhebliche Zweifel angebracht, ob steuertechnische Gründe von solchem Gewicht vorliegen, daß sie ein überzeugendes und ausreichendes Differenzierungsmerkmal für die Bevorzugung des Weines gegenüber den anderen alkoholischen Getränken bilden.

Gegen die Einführung einer allgemeinen Weinsteuer könnten eher finanzpolitische Erwägungen sprechen. Aus Gleichbehandlungsgrundsätzen ist der Gesetzgeber nicht verpflichtet, eine Bagatellsteuer einzuführen, die ungeeignet wäre, einen nennenswerten Ertrag zu erbringen. Erst 1992 hat der Gesetzgeber mit dem Umsatzsteuer-Binnenmarktgesetz die kleinen Verbrauchsteuern auf Salz, Zucker, Tee und Leuchtmittel abgeschafft und zusammen mit der Aufhebung der Börsenumsatz-, Wechsel- und Gesellschaftsteuer einen weiteren Beitrag zur Vereinfachung des Steuerrechts geleistet. Nach Zeitler[145] wäre bei der Einführung einer Weinsteuer mit einem relativ kleinen Aufkommen zu rechnen, das im Höchstfall mit 300-400 Mio DM im Bereich der Schätzungsungenauigkeit bei der Lohnsteuer liegen würde. Aufgrund der Ungeeignetheit der steuerlichen Maßnahme kann sich die Einführung einer nicht zur Erzielung von staatlichen Einnahmen tauglichen Weinsteuer sogar als Verstoß gegen den auch im Steuerrecht zu beachtenden Grundsatz der Verhältnismäßigkeit darstellen.[146]

Als Ergebnis ist festzuhalten, daß die Entscheidung des Gesetzgebers, Wein im Gegensatz zu den anderen alkoholischen Getränken nicht mit einer Verbrauchsteuer zu belasten, hinsichtlich der Konsumenten alkoholischer Getränke zu einer das Leistungsfähigkeitsprinzip durchbrechenden Ungleichbehandlung führt, die jedoch insbesondere aus volkswirtschaftlichen und finanzpolitischen Gründen legitimiert werden kann und damit nicht gegen den Gleichheitssatz des Art.3 Abs.1 GG verstößt.

---

[144] BFHE 135, 102 (105) und Beschluß des BVerfG vom 2.10.1984 1 BvR 419/82, HFR 1984, S. 587f.

[145] *Zeitler*, ZfZ 1993, S. 338,340.

[146] *Grünberg*, Die Weinsteuer und ihre Harmonisierung in den Europäischen Gemeinschaften, S. 222.

VI. Die Umsetzung der EG-rechtlichen Vorgaben

1. Überwachungsgegenstand Wein

Zur Umsetzung der Richtlinienbestimmungen über den innergemeinschaftlichen Verkehr mit Wein ist in das Gesetz zur Besteuerung von Schaumwein und Zwischenerzeugnissen ein Teil 3 eingefügt worden, der den gewerblichen Verkehr mit Wein zwischen den Mitgliedstaaten und die daran beteiligten Betriebe und Personen der Steueraufsicht unterwirft. Zu diesem Zweck wird der Versand von Wein in andere Mitgliedstaaten unter Erlaubnisvorbehalt gestellt und der Bezug von Wein aus anderen Mitgliedstaaten von einer Zulassung als berechtigter Empfänger abhängig gemacht.[147] Mit dieser Konstruktion hat der Gesetzgeber den in Art.5 RL 92/84/EWG festgelegten Null-Steuersatz für Wein lediglich in Form von besonderen Überwachungsvorschriften umgesetzt und Wein nicht zum Steuergegenstand, sondern nur zum Gegenstand der Steueraufsicht gemacht.[148]

Der Überwachungsgegenstand „Wein" erfaßt die in § 26 Abs.1 SchaumwZwStG nach den Positionen der Kombinierten Nomenklatur definierten Erzeugnisse, die nicht als Schaumwein eingereiht werden können und damit nicht der Schaumweinsteuer unterliegen. Dabei geht der dort verwendete Begriff „Wein" weiter als der herkömmliche Sprachgebrauch. Die Bezugnahme auf die Tarifpositionen 2204, 2205 und 2206 der Kombinierten Nomenklatur hat zur Folge, daß neben den herkömmlichen Traubenweinen auch aufgespritete und aromatisierte Weine sowie Obst-, Frucht- und Honigweine von den weinsteuerlichen Regelungen erfaßt werden. Dies hat Auswirkungen auf die Kompetenzregelung in Art.74 Nr.17 GG, die unter dem Begriff „landwirtschaftliche Erzeugnisse" nur solche erfaßt, die aus der Urproduktion hervorgegangen sind.

Wer im Steuergebiet Erzeugnisse der vorbezeichneten Art an Steuerlagerinhaber oder berechtigte Empfänger in andere Mitgliedstaaten versenden will, bedarf einer Einzelerlaubnis. Mit der Erteilung der Erlaubnis gilt der Betrieb des Erlaubnisinhabers nach § 27 Abs.4 SchaumwZwStG als Steuerlager. Die fingierte Steuerlagereigenschaft bezieht sich jedoch nur auf den innergemeinschaftlichen Versand und den Bezug von Wein. Der Verkehr mit Wein im Steuergebiet ist aus dem Überwachungsverfahren ausgenommen. Selbst wenn Betrieben aufgrund der Handelsbeziehungen zu anderen Mitgliedstaaten und der erteilten Erlaubnis Steuerlagereigenschaft zukommt, können sie sich in-

---

[147] Zum Verfahren ausführlich *Jatzke*, Das neue Verbrauchsteuerrecht in der Bundesrepublik Deutschland, IFSt-Schrift Nr. 322, S. 87ff.

[148] Nach der Begründung zum Teil 3 SchaumwZwStG (BT-Drs. 12/3432, S. 85) leiten sich aus der Umsetzung des Mindeststeuersatzes Null keine Besteuerungs- sondern nur Steueraufsichtsfunktionen ab; daher wird Wein nicht zum Steuergegenstand, sondern bleibt lediglich Gegenstand der Steueraufsicht.

nerhalb des Steuergebietes ohne jegliche Formalitäten mit Wein beliefern. Folgerichtig erstrecken sich die in § 40 Abs.2 SchaumwZwStV angeordneten Aufzeichnungspflichten lediglich auf den Zugang und Abgang von Wein, der im innergemeinschaftlichen Steuerversandverfahren befördert wird. Diese wesentliche Einschränkung der Steueraufsicht macht deutlich, daß die weinsteuerlichen Vorschriften nur auf die Überwachung des Weinverkehrs mit anderen Mitgliedstaaten abzielen. Alleiniger Zweck der steuerlichen Überwachung ist der Schutz des Weinsteueraufkommens in anderen Mitgliedstaaten, die eine Steuer auf Wein erheben und deshalb auf eine lückenlose Erfassung der Weinimporte aus anderen Mitgliedstaaten angewiesen sind.[149] Zu Recht weist F.Kirchhof[150] darauf hin, daß mit den weinsteuerlichen Überwachungsvorschriften der §§ 26ff SchaumwZwStG für den deutschen Rechtskreis eine exzeptionelle Situation entstanden ist, da ein Steuergesetz Tatbestände regelt, die weder eine deutsche Steuer noch eine EG-Abgabe betreffen, sondern sich allein auf das Funktionieren des Binnenmarktes und das Verbrauchsteueraufkommen anderer Mitgliedsdtaaten ausrichten. Damit stellt sich die Frage, ob dem Bund für die in §§ 26ff SchaumwZwStG angeordneten Überwachungsmaßnahmen überhaupt die Gesetzgebungskompetenz zusteht und wie sich die Vorschriften in das Gesamtgefüge der deutschen Finanzverfassung einpassen.

2. Keine Gesetzgebungskompetenz des Bundes aus der Natur der Sache, als Annexkompetenz oder kraft Sachzusammenhangs

Wie bereits ausführlich dargestellt, stünde dem Bund eine ausschließliche Gesetzgebungskompetenz zur Einführung einer allgemeinen Weinsteuer aus Art.105 Abs.2 i.V.m. Art.106 Abs.1 Nr.2 GG zu. Die Überwachungsvorschriften der §§ 26ff SchaumwZwStG dienen jedoch nicht der Erhebung einer deutschen Steuer auf Wein, sondern lediglich der Kontrolle des innergemeinschaftlichen Weinverkehrs im Interesse der weinbesteuernden Mitgliedstaaten. Damit ist der Erlaß der Vorschriften nicht durch das kompetenzbegründende Instrument der Steuer in Art.105 Abs.2 GG motiviert. Neben diesem Argument begründet F.Kirchhof[151] das Ausscheiden von Art.105 Abs.2 GG als Kompetenzgrundlage zur bundesgesetzlichen Regelung der §§ 26ff SchaumwZwStG mit der fehlenden Ertragsrelevanz der Überwachungsvor-

---

[149] Nach der Begründung zu Teil 3 SchaumwZwStG (BT-Drs. 12/3432, S. 68) wird Wein in das vorgeschriebene steuerliche innergemeinschaftliche Überwachungssystem eingebunden, um insbesondere die Erhebung der Weinsteuer in anderen EG-Mitgliedstaaten zu gewährleisten. Nach der Beschränkung der im Referentenentwurf ursprünglich vorgesehenen generellen Steueraufsicht für Wein auf den innergemeinschaftlichen Verkehr, ist der Schutz des Weinsteueraufkommens anderer Mitgliedstaaten nunmehr als alleiniger Zweck der §§ 26ff SchaumwZwStG anzusehen.

[150] *F. Kirchhof*, Weinsteuer? - Schein-Steuer!, StuW 1993, S. 326,328.

[151] *F. Kirchhof*, ebd., S. 326,329.

schriften und dem Umstand, daß sich die instrumental angelegte Kompetenznorm des Art.105 Abs.2 GG ausschließlich auf deutsche Steuern beziehe, so daß sie nicht auf den Schutz von fremdstaatlichen Steuern ausgedehnt werden könne.

Außer Frage steht, daß der Gesetzgeber mit Teil 3 des SchaumwZwStG keine Verbrauchsteuer auf Wein einführen wollte und Wein daher auch nicht als Steuergegenstand ausgestaltet hat. Unter diesem Gesichtspunkt ist der Argumentation Kirchhofs zu folgen. Daneben ist jedoch zu berücksichtigen, daß sich die weinsteuerlichen Verfahrensvorschriften in einen Normenkomplex einfügen, der zur Umsetzung der einschlägigen Richtlinienbestimmungen artverwandte alkoholische Getränke, nämlich Schaumwein, andere gegorene Getränke und Zwischenerzeugnisse, der Besteuerung und im innergemeinschaftlichen Verkehr besonderen Steuerversandverfahren unterwirft. Dabei ist das Gesetz zur Besteuerung von Schaumwein und Zwischenerzeugnissen zusammen mit den anderen Verbrauchsteuergesetzen Bestandteil eines geschlossenen Verbrauchsteuersystems, das in den verschiedenen Gesetzen für den innergemeinschaftlichen Verkehr nicht nur inhaltsgleiche, sondern sogar wortgleiche Regelungen aufweist. Bei dieser Rechtslage stellt sich die Frage, ob sich aus dem inneren Zusammenhang der Überwachungsvorschriften der §§ 26ff SchaumwZwStG mit den anderen bundesgesetzlichen Verbrauchsteuerregelungen zumindest eine stillschweigende Gesetzgebungskompetenz des Bundes ableiten ließe.

Unter den Gesichtspunkten der „Annexkompetenz", des „Sachzusammenhangs" und der „Natur der Sache" hat das BVerfG in mehreren Entscheidungen Gesetzgebungszuständigkeiten bejaht, deren Existenz sich nicht unmittelbar aus dem Wortlaut der kompetenzbegründenden Vorschriften des Grundgesetzes ableiten lassen. Während es sich bei der Kompetenz aus der Natur der Sache um die Begründung einer ungeschriebenen Kompetenz handelt, begreift die wohl h.M. die Annexkompetenz und die Kompetenz kraft Sachzusammenhangs als Interpretationsmittel, mit denen Zuständigkeitsregelungen ausgelegt, jedoch nicht kraft ungeschriebenen überpositiven Rechts über ihren eigentlichen Sinngehalt ausgedehnt werden können.[152] Daher bezeichnet Stern[153] den Ausdruck „ungeschriebene Zuständigkeiten" als unzutreffend, da es sich beim Sachzusammenhang um Ableitungen aus geschriebenen Kompetenztatbeständen handelt. Während Rengeling[154], Bullinger[155] und Stern[156] in den vom

---

[152] *Bullinger*, Ungeschriebene Kompetenzen im Bundesstaat, AöR 96 (1971), S. 237,247 m.w.N. und *Bothe*, Alternativkommentar zum Grundgesetz, Band 2, Art.70 Rdnr. 19.

[153] *Stern*, Das Staatsrecht in der Bundesrepublik Deutschland, Band II, S. 609.

[154] *Rengeling*, in: *Isensee/Kirchhof*, Handbuch des Staatsrechts, Band IV, § 100 Rdnr. 56.

[155] *Bullinger*, Ungeschriebene Kompetenzen im Bundesstaat, AöR (1971), S. 237,243.

BVerfG verwendeten Begriffen „Sachzusammenhang" und „annex" keinen Unterschied erblicken, differenzieren Kirchhof[157] und Tiemann[158] zwischen beiden Kompetenzableitungen. Danach ist von einer Annex-Kompetenz auszugehen, wenn eine bereits bestehende ausdrückliche Zuständigkeit auf Normen zu deren Vorbereitung, Durchführung oder Durchsetzung ausgedehnt wird.[159] Im Gegensatz dazu erweitert die Zuständigkeit kraft Sachzusammenhangs eine ausdrücklich geregelte Materie um einen weiteren Bereich, wenn ohne die Erstreckung auf den der Bundeskompetenz nicht zugewiesenen Bereich die ausdrücklich zugewiesene Materie nicht geregelt werden könnte.[160] Das Übergreifen in eine nicht ausdrücklich zugewiesene Materie muß dabei unerläßliche Voraussetzung für die Regelung einer der Bundesgesetzgebung zugewiesenen Materie sein.[161] Nach der Rechtsprechung des BVerfG[162] ist von einer Kompetenz aus der Natur der Sache dann auszugehen, wenn ein Sachgebiet, weil es seiner Natur nach eine eigenste, der partikularen Gesetzgebungszuständigkeit a priori entrückte Angelegenheit des Bundes darstellt, ausschließlich vom Bund geregelt werden könnte.

Die Umsetzung von Harmonisierungsrichtlinien stellt keine Materie dar, die der Gesetzgebungszuständigkeit der Länder von vornherein entzogen wäre, weil nur der Bund unter Annahme einer Gesetzgebungskompetenz aus der Natur der Sache zu einer bundeseinheitlichen Transformation fähig wäre. Im Gegensatz zu früheren Ansichten[163] entspricht es der wohl h.M., daß die vom Bund eingegangene Verpflichtung zur Transformation von Gemeinschaftsrecht die innerstaatliche Kompetenzverteilung grundsätzlich nicht berührt.[164] Weder aus der Kompetenz zum Erlaß von Ausführungsgesetzen in Art.24 Abs.1 GG noch aus der Ausführungskompetenz in Art.73 GG oder aus der in Art.5 EG-Vertrag festgelegten Pflicht zur Gemeinschaftstreue läßt sich eine Durchbrechung des föderativen Prinzips herleiten. Nach der Einschätzung von Barnstedt[165] ist der Streit in der verfassungsrechtlichen Literatur als in dem

---

[156] *Stern*, Das Staatsrecht in der Bundesrepublik Deutschland, Band II, S. 611.

[157] *F. Kirchhof*, Weinsteuer? - Schein-Steuer!, StuW 1993, S. 326,330.

[158] *Tiemann*, Gemeinschaftsaufgaben von Bund und Länder in verfassungsrechtlicher Sicht, Schriften zum öffentlichen Recht, Band 131, S. 167.

[159] BVerfGE 3, 428.

[160] *Maunz*, in: *Maunz/Dürig/Herzog/Scholz*, Kommentar zum Grundgesetz, Art.70 Rdnr. 45.

[161] BVerfGE 3, 407 (421); 26, 246 (256).

[162] BVerfGE 3, 407 (427f); 11, 89 (98); 12, 205 (242); 15, 1 (24); 22, 180 (217) und 26, 246 (257).

[163] *Birke*, Die deutschen Bundesländer in den Europäischen Gemeinschaften, S. 121f.

[164] *Riegel*, DVBl. 1979, S. 245ff und Grabitz, Die Rechtsetzungsbefugnis von Bund und Ländern bei der Durchführung von Gemeinschaftsrecht, AöR 111 (1986), S. 1,9ff.

[165] *Barnstedt*, Die Durchführung der Gemeinsamen Marktorganisation in der Bundesrepublik Deutschland, S. 91.

Sinne entschieden anzusehen, daß keiner der von den Befürwortern einer alleinigen Zuständigkeit des Bundes angeführten Begründungen zu folgen ist. Auch F. Kirchhof[166] weist darauf hin, daß sich die Ansicht, der Bund besitze eine Gesamtkompetenz zur Durchführung von EG-Recht, zu Recht nicht durchgesetzt habe. Danach stellt das Erfordernis der Transformation von Gemeinschaftsrecht keine ausreichende Legitimation dar, die Länder zugunsten des Bundes von der Gesetzgebungszuständigkeit von vornherein zu verdrängen. Auch wenn eine einheitliche Umsetzung von Richtlinien durch Bundesgesetze sinnvoll und zweckmäßig wäre, läßt sich aus dem Gesamtsinn der bundesstaatlichen Verfassung eine Kompetenz des Bundes aus der Natur der Sache zur Umsetzung der Richtlinienbestimmungen über den innergemeinschaftlichen Weinverkehr nicht ableiten.

Auch eine Annexkompetenz des Bundes scheidet aus, da eine ausdrückliche Zuständigkeit des Bundes für den zu regelnden Sachbereich aus Art. 105 Abs. 2 GG nicht entnommen werden kann.[167] Da die §§ 26 SchaumwZwStG einen eigenständigen Regelungsgehalt aufweisen, handelt es sich nicht um die Ausdehnung einer bereits bestehenden Kompetenz auf die Stadien der Vorbereitung und Durchführung, sondern um die erschöpfende Neuregelung einer dem Bund nach Art. 105 Abs. 2 GG nicht zugewiesenen Materie.

Aufgrund der im Rahmen der Verbrauchsteuerharmonisierung eingegangenen Verpflichtung, Wein in das innergemeinschaftliche Lager- und Beförderungsverfahren mit einzubeziehen, könnte sich jedoch für den Bund eine Gesetzgebungskompetenz kraft Sachzusammenhangs mit den gemäß Art. 105 Abs. 2 GG geregelten Verbrauchsteuern ergeben. Wie bereits ausgeführt ist von einer Kompetenz kraft Sachzusammenhangs dann auszugehen, wenn eine dem Bund ausdrücklich zugewiesene Materie verständlicherweise nicht geregelt werden kann, ohne daß zugleich eine nicht ausdrücklich zugewiesene Materie mitgeregelt wird. Insgesamt betrachtet ist es dem BVerfG bisher jedoch noch nicht gelungen, eine in sich geschlossene Theorie der verschiedenen Erscheinungsformen des Sachzusammenhangs zu entwickeln. Stern[168] stellt auf die kohärente Zuständigkeit einer Materie zu einem Regelungsbereich ab und versteht darunter einen Sachinhalt, der bei sachgerechter Folgerung vernünftigerweise der ausdrücklich zugewiesenen Materie zuzurechnen ist. Bullinger[169] ist der Ansicht, daß sich eine Kompetenz aus Sachzusammenhang auch aus einer übergreifenden Zuständigkeit für einen eng verbundenen Sachbereich rechtfertigen ließe. Dem ist entgegenzuhalten, daß es für die Annahme einer ungeschriebenen Kompetenz kraft Sachzusammenhangs nicht ausreicht, wenn zwischen den Materien enge Bindungen und rechtliche Gemeinsamkeiten

---

166 *F. Kirchhof*, Weinsteuer? - Scheinsteuer!, StuW 1993, S. 326,330.

167 *F. Kirchhof*, Weinsteuer? - Scheinsteuer!, StuW 1993, S. 326,330.

168 *Stern*, Das Staatsrecht der Bundesrepublik Deutschland, Band II, S. 611.

169 *Bullinger*, Ungeschriebene Kompetenzen im Bundesstaat, AöR 96 (1971) S. 237,267.

bestehen, so daß eine einheitliche Regelung durch den Bund sinnvoll und zweckmäßig erscheint. Um der Gefahr einer stillschweigenden Verfassungsänderung zu begegnen, ist ein strenger Maßstab anzulegen und darauf zu achten, daß Bundeszuständigkeiten ungeschriebener Art auf Ausnahmefälle beschränkt bleiben. Daher hält Maunz[170] den Rückgriff auf die Zuständigkeit des Sachzusammenhangs nur dann für gerechtfertigt, wenn er der einzige mögliche Ausweg ist, um eine dem Bund zugewiesene Materie regeln zu können und kein anderer Weg mehr gangbar ist.

Überträgt man diese Grundsätze auf die weinsteuerrechtlichen Vorschriften der §§ 26ff SchaumwZwStG, scheidet eine Gesetzgebungskompetenz des Bundes kraft Sachzusammenhangs aus. Zwar wäre eine Regelung des Weinverkehrs durch den Bund aufgrund des engen Sachzusammenhangs zu den nach Art.105 Abs.2 GG bundesgesetzlich geregelten Verbrauchsteuern sinnvoll und zweckmäßig, jedoch kann nicht davon ausgegangen werden, daß eine Regelung durch den Bund unerläßliche Voraussetzung für eine Kodifikation des Verbrauchsteuerrechts wäre. Auch die Länder könnten die Materie durch ein abgestimmtes Vorgehen einer bundeseinheitlichen Regelung zuführen. Eine sachlich zwingende Notwendigkeit einer Kompetenzzuweisung an den Bund ist daher nicht gegeben. Allerdings dürfte das Interesse der Länder an einer eigenverantwortlichen Umsetzung der den Weinverkehr betreffenden Richtlinienbestimmungen aufgrund des fehlenden finanziellen Anreizes eher gering einzuschätzen sein. Wie das Beispiel der den Ländern zustehenden Biersteuer zeigt, ist die Gesetzgebungs- und Verwaltungskompetenz des Bundes den Ländern sogar willkommen, zumal der Bund die Einnahmen aus der Biersteuer ohne den Abzug einer Aufwandsentschädigung weitergibt.

Für eine Ausführung des EG-Rechts durch die Länder würde dagegen ihre Zuständigkeit für die Überwachung des Verkehrs mit Wein im Rahmen des Weinrechts sprechen. Die bereits auf Landesebene bestehenden Kontrollmechanismen würden die Umsetzung der EG-rechtlichen Vorgaben erleichtern. Da eine Regelung durch die Länder somit durchaus möglich wäre und auch zu einem sinnvollen Ergebnis führen würde, kann dem Bund für die steuerrechtliche Weinüberwachung keine Kompetenz kraft Sachzusammenhangs zugestanden werden.

Zusammenfassend ist festzustellen, daß sich der Bund zur Regelung der §§ 26 SchaumwZwStG nicht auf eine ungeschriebene Gesetzgebungskompetenz berufen kann.

---

[170] *Maunz*, in: *Maunz/Dürig/Herzog/Scholz*, Kommentar zum Grundgesetz, Art.70 Rdnr. 45.

3. Gesetzgebungskompetenz des Bundes aus Art. 73 Nr.5 GG

Da eine stillschweigende Gesetzgebungskompetenz des Bundes für die weinsteuerrechtlichen Vorschriften der §§ 26ff SchaumwZwStG nicht gegeben ist, ist nach einer allgemeinen Zuständigkeitsregelung außerhalb der Finanzverfassung zu suchen. Im Bereich des Wirtschaftsrechts weist Art.73 Nr.5 GG dem Bund die ausschließliche Gesetzgebungskompetenz für die Einheit des Zoll- und Handelsgebietes, die Freizügigkeit des Warenverkehrs und den Waren- und Zahlungsverkehr mit dem Ausland zu. Nach h.M. geht Art. 73 Nr.5 GG den konkurrierenden Kompetenzen des Rechts der Wirtschaft in Art. 74 Nr.11 GG und der auswärtigen Angelegenheiten in Art. 73 Nr.1 GG als lex specialis vor.[171] Einer weiten Auslegung des Begriffes „Recht der Wirtschaft“ in Art. 74 Nr.11 GG, die auch die Ausführung des Europäischen Wirtschaftsrechts mit umfassen würde, ist entgegenzuhalten, daß sie den Zuständigkeitskatalog des Grundgesetzes ad absurdum führen würde.[172] In gleicher Weise ist eine umfassende Kompetenz des Bundes für die rechtsetzende Durchführung von völkerrechtlichen Verträgen, zu denen auch die Verbrauchsteuerrichtlinien gerechnet werden können, aus Art. 73 Nr.1 GG abzulehnen, da bei einer derart extensiven Interpretation die Regelung einzelner Sachgebiete in Art.73 Nr.5 oder Art.74 Nr.17 GG überflüssig wäre.[173]

Innerhalb des Katalogs des Art.73 Nr.5 GG ist in bezug auf die Überwachung des innergemeinschaftlichen Warenverkehrs die Einzelkompetenz für den Waren- und Zahlungsverkehr mit dem Ausland einschlägig. Es steht außer Zweifel, daß die anderen Mitgliedstaaten auch nach der Vollendung des Binnenmarktes noch als Ausland i.S.v. Art.73 Nr.5 GG anzusehen sind. Nach v. Münch[174] ist für den Begriff „Warenverkehr“ auf die abstrakte Eignung als Gegenstand des Handelsverkehrs abzustellen. Die §§ 26ff SchaumwZwStG betreffen Erzeugnisse, die als gängige Handelswaren bezeichnet werden können und regeln den Handelsverkehr mit Wein zwischen Deutschland und den anderen Mitgliedstaaten. Es handelt sich daher um Vorschriften über den Warenverkehr mit dem Ausland.[175] Auf die in Art.73 Nr.5 GG genannten Kompetenzen für die Einheit des Zoll- und Handelsgebietes und die Freizügigkeit des Warenverkehrs kann dagegen nicht zurückgegriffen werden, da sie

---

[171] *Maunz*, in: *Maunz/Dürig/Herzog/Scholz*, Kommentar zum Grundgesetz, Art.73 Rdnr. 94; *Rengeling*, in: *Isensee/Kirchhof*, Handbuch des Staatsrechts, Band IV, § 100 Rdnr. 71.

[172] *Barnstedt*, Die Durchführung der Gemeinsamen Marktorganisation in der Bundesrepublik Deutschland, S. 92.

[173] *v. Münch*, in: *v. Münch*, Grundgesetz-Kommentar, Art.73 Rdnr. 9 m.w.N. und *Grabitz*, Die Rechtsetzungsbefugnisse von Bund und Ländern bei der Durchführung von Gemeinschaftsrecht, AöR 111 (1986), S. 1,15.

[174] *v. Münch*, in: *v. Münch*, Grundgesetz-Kommentar, Art. 73 Rdnr. 38.

[175] *F. Kirchhof*, Weinsteuer? - Schein-Steuer!, StuW 1993, S. 326,331.

nur den inländischen Warenverkehr erfassen.[176] Nach Maunz[177] liegt der Grund für die Trennung darin, daß Art.73 Nr.5 GG den Grundsatz der Freizügigkeit als materiell wirtschaftsverfassungsrechtliche Norm aus naheliegenden Gründen nicht auf den Warenverkehr mit dem Ausland erstrecken will.

Als Ergebnis ist festzuhalten, daß dem Bund die ausschließliche Gesetzgebungskompetenz für die Regelung des innergemeinschaftlichen Weinverkehrs in §§ 26ff SchaumwZwStG aus Art. 73 Nr.5 GG zusteht.

4. Gesetzgebungskompetenz des Bundes für die Ein- und Ausfuhr landwirtschaftlicher Erzeugnisse aus Art.74 Nr.17 GG

Art.74 Nr.17 GG weist dem Bund eine konkurrierende Gesetzgebungszuständigkeit für die Förderung der land- und forstwirtschaftlichen Erzeugung, der Sicherung der Ernährung und der Ein- und Ausfuhr land- und forstwirtschaftlicher Erzeugnisse zu. Das Schrifttum beschränkt den Begriff „land- und forstwirtschaftliche Erzeugung“ auf die Urproduktion.[178] Daher wird die gewerbliche Verarbeitung von landwirtschaftlichen Produkten, wie z.B. das Keltern von Trauben zur Weinherstellung und der Wein als solcher, von der Zuständigkeit für die Förderung der land- und forstwirtschaftlichen Erzeugung und für die Ein- und Ausfuhr land- und forstwirtschaftlicher Erzeugnisse nicht erfaßt.[179]

Wie bereits ausgeführt erfaßt der Begriff „Wein“ in § 26 Abs.1 SchaumwZwStG nicht nur herkömmliche Traubenweine, sondern auch aufgespritete und aromatisierte Weine zu denen z.B. Wermutweine gehören, die unter Verwendung von geschmacksprägenden Wermutblüten, Bitterstoffen und aromatischen Essenzen hergestellt werden. Der Umstand, daß sich der Überwachungsgegenstand „Wein“ nach den Tarifpositionen der Kombinierten Nomenklatur bestimmt, kann zu überraschenden Ergebnissen führen. So fällt auch ein unter Verwendung von hochkonzentriertem Ginseng-Extrakt, Bitterorangensirup, Sorbit und Wein aus frischen Trauben hergestelltes „Ginseng-Tonikum“ unter die Position 2205 der Kombinierten Nomenklatur und ist

---

[176] *Rengeling*, in: *Isensee/Kirchhof*, Handbuch des Staatsrechts, Band IV, § 100 Rdnr. 85; *v. Münch, in: v. Münch*, Grundgesetz-Kommentar, Art.73 Rdnr.35ff und *Maunz*, in: *Maunz/Dürig/Herzog/Scholz*, Kommentar zum Grundgesetz, Art.73 Rdnr. 98f.

[177] *Maunz*, in: *Maunz/Dürig/Herzog/Scholz*, Kommentar zum Grundgesetz, Art.73 Rdnr. 99.

[178] *v. Münch*, in: *v. Münch*, Grundgesetz-Kommentar, Art.74 Rdnr. 70. und *Bothe*, in: Alternativkommentar zum Grundgesetz, Art.74 Rdnr. 35.

[179] *Maunz*, in: *Maunz/Dürig/Herzog/Scholz*, Kommentar zum Grundgesetz, Art.74 Rdnr. 194.

daher „Wein" i.S.v. § 26 Abs.1 SchaumwZwStG.[180] Obwohl diese Erzeugnisse steuerrechtlich als Weine einzuordnen sind, werden sie nicht in klassischer Urproduktion gewonnen und sind damit keine landwirtschaftlichen Erzeugnisse nach Art.74 Nr.17 GG. Nach der Rechtsprechung des BVerfG erstreckt sich der Anwendungsbereich von Art.74 Nr.17 GG z.B. auf Anbauregelungen für Wein, die zur Qualitätsverbesserung und damit zur Förderung der Landwirtschaft dienen.[181] In seiner Entscheidung über die Zulässigkeit des Erhebung der von der Weinwirtschaft an den Stabilisierungsfonds für Wein nach dem Weinwirtschaftsgesetz zu zahlenden Abgabe hat das BVerfG[182] die Gesetzgebungskompetenz des Bundes ebenfalls auf Art.74 Nr.17 GG gestützt, da die nichtsteuerliche Abgabe in erster Linie dem deutschen Weinbau zugute kommt. Hinsichtlich der Regelungen des Weinwirtschaftsgesetzes, die nicht den Anbau von Wein, sondern den Weinhandel betreffen, hat das BVerfG eine Gesetzgebungskompetenz aus dem Recht der Wirtschaft in Art.74 Nr.11 GG abgeleitet und ausdrücklich offengelassen, ob auch Art.74 Nr.17 GG zur Begründung der Zuständigkeit des Bundes herangezogen werden könnte. Da die weinsteuerrechtlichen Vorschriften der §§ 26ff SchaumwZwStG weder den Weinanbau reglementieren noch der Qualitätssicherung des deutschen Weines dienen, ist das Kriterium der Förderung der land- und forstwirtschaftlichen Erzeugung nicht erfüllt.

Verarbeitungserzeugnisse der ersten und zweiten Stufe, zu denen auch Weine und Weinerzeugnisse gehören, werden jedoch von der in Art.74 Nr.17 GG ebenfalls genannten „Sicherung der Ernährung" erfaßt. Maunz[183] versteht die Ernährungssicherung als Oberbegriff sowohl zur land- und forstwirtschaftlichen Erzeugung als auch zur Ein- und Ausfuhr land- und forstwirtschaftlicher Erzeugnisse. Sofern die in § 26 Abs.1 SchaumwZwStG steuerrechtlich als „Wein" definierten Erzeugnisse der Sicherung der Ernährung dienen, bildet Art.74 Nr.17 GG eine ausreichende Rechtsgrundlage zur Begründung einer Bundeszuständigkeit, die nach F. Kirchhof [184] der Kompetenz zur Regelung des Warenverkehrs mit dem Ausland in Art.73 Nr.5 GG als lex specialis vorgeht. Nach v. Münch[185] dient die Einfuhr von landwirtschaftlichen Erzeugnissen dann nicht der Sicherung der Ernährung, wenn im Inland ein ausreichendes Angebot vorhanden ist. Ein Mangel an Weinen wird man Deutschland nicht unterstellen können, auch wenn man davon ausgeht, daß bestimmte alkoholische Getränke der Ernährungssicherung dienen können. Hinsichtlich des erwähnten „Ginseng-Tonikums" ist ein Beitrag zur Ernährungssicherung

---

[180] Erläuterungen zur Unterposition 2205.10 des Harmonisierten Systems, 2205/1 HS, 09.0.

[181] BVerfGE 8, 71 (80).

[182] BVerfGE 37, 15 (17).

[183] *Maunz*, in: *Maunz/Dürig/Herzog/Scholz*, Kommentar zum Grundgesetz, Art.74 Rdnr. 195.

[184] *F. Kirchhof*, Weinsteuer? - Schein-Steuer!, StuW 1993, S. 326,331 m.w.N.

[185] *v. Münch*, in: *v. Münch*, Grundgesetz-Kommentar, Art.74 Rdnr.72.

schlicht zu verneinen. Daher stellt Art. 74 Nr.17 GG keine ausreichende und eindeutige Kompetenznorm für den Erlaß der weinsteuerrechtlichen Vorschriften der §§ 26ff SchaumwZwStG dar, so daß auf Art.73 Nr.5 GG zurückgegriffen werden muß, um sämtliche von § 26 Abs.1 SchaumwZwStG erfaßten Erzeugnisse der Regelungskompetenz des Bundes zu unterstellen.

D. Wesentliche Ergebnisse

I. Zusammenfassung

1. Verbrauchsteuern sind auf Abwälzung angelegte Steuern auf die in der Einkommensverwendung zum Ausdruck kommende steuerliche Leistungsfähigkeit, die nur auf einer Stufe grundsätzlich auf den konsumtiven Verbrauch von ausgewählten Waren erhoben werden und bei denen der Steuerentstehungstatbestand an einen tatsächlichen Vorgang oder Zustand anknüpft.

2. Die Besteuerung von Dienstleistungen und Rechten wird weder vom EG-rechtlichen Verbrauchsteuerbegriff noch vom traditionellen deutschen Verbrauchsteuerrecht erfaßt.

3. Weder der Fiskalzweck noch der Verbrauchsakt, mit dem ein Wirtschaftsgut der konsumtiven Verwendung zugeführt wird, bilden eine ausreichende Legitimation für eine steuerliche Zusatzbelastung. Unter Beachtung des aus Art.3 Abs.1 GG abgeleiteten Gebotes der Besteuerung nach der finanziellen Leistungsfähigkeit lassen sich besondere Verbrauchsteuern nur dann rechtfertigen, wenn sie Luxusgüter oder nicht lebensnotwendige Waren des gehobenen Bedarfs belasten, deren Erwerb und Konsum auf eine gesteigerte Leistungsfähigkeit des Verbrauchers schließen lassen. Daneben läßt die Finanzverfassung die Instrumentalisierung von Verbrauchsteuern zur Erzielung von besonderen Lenkungseffekten zu. Aber auch beim Einsatz von z.B. gesundheits- oder umweltpolitisch motivierten Verbrauchsteuern hat der Gesetzgeber das Leistungsfähigkeitsprinzip zu beachten; die außerfiskalischen Zielsetzungen dürfen nicht zu einem vollständigen Austausch des steuerlichen Belastungsgrundes führen.

4. Die harmonisierungsbedingte Abschaffung der Besteuerung von Schmierstoffen, Rohtabak, Tabakersatzstoffen, Zigarettenhüllen, Rohkaffee und Alkohol zur Verwendung in der Kosmetik- und Pharmaindustrie trägt dem Ziel der Verbrauchsbesteuerung Rechnung, Rohstoffe und Produktionsmittel grundsätzlich nicht zu belasten, sondern die konsumtive Verwendung verbrauchsteuerpflichtiger Waren steuerlich zu erfassen.

5. Die prinzipielle Gewährleistung der Abwälzbarkeit der Verbrauchsteuern auf den Verbraucher ist unabdingbare Voraussetzung für die Verwirklichung

des steuertechnischen Prinzips, nach dem die Verbrauchsteuern nicht den als Steuerschuldner in Anspruch genommenen Hersteller oder Händler, sondern den Verbraucher belasten sollen. Ihre zentrale Funktion rechtfertigt eine Einstufung der vom Gesetzgeber grundsätzlich zu gewährleistenden Abwälzbarkeit als Wesensmerkmal der Verbrauchsteuern.

6. Die zu fordernde Abwälzbarkeit war bei den am 1.7.1990 in der ehemaligen DDR eingeführten Nachsteuern nicht gewährleistet, so daß die Nachsteuern den Charakter von unzulässigen Produktions- und Unternehmenssteuern angenommen haben.

7. Die bei Produzenten und Händlern erhobene Nachsteuer stellt eine unter verfassungsrechtlichen und EG-rechtlichen Gesichtspunkten zulässige Abgabe dar, die als Verbrauchsteuer zu qualifizieren ist. Demgegenüber ist die bei privaten Endverbrauchern erhobene Nachsteuer als eine rechtlich unzulässige Besteuerung des privaten Konsums einzustufen, die in einen abgeschlossenen Besteuerungstatbestand und in die Dispositionsfreiheit des Verbrauchers eingreift und deshalb eine verfassungsrechtlich unzulässige echte Rückwirkung entfaltet. Darüber hinaus besteht für die Erhebung einer Nachsteuer bei Endverbrauchern keine EG-rechtliche Grundlage.

8. Auch nach der Verbrauchsteuerharmonisierung kommt dem Gesetzgeber ein Wahlrecht zu, nationale Verbrauchsteuern als wertabhängige oder als mengenabhängige Steuern auszugestalten. Eine systembildende Praxis, nach der Verbrauchsteuern nur als Mengensteuern erhoben werden dürfen, läßt sich aus dem traditionellen Verbrauchsteuerrecht nicht ableiten. Die EG-rechtlichen Vorgaben in Art.33 der 6. USt-RL erfordern jedoch die Erhebung auf nur einer Stufe unter Ausschluß des Vorsteuerabzuges und die Anknüpfung der Steuerentstehungstatbestände an Realakte.

9. Verbrauchsteuerrechtlich sind als Steuervergünstigungen diejenigen Ausnahmeregelungen anzusehen, die in Form einer den Steuerentstehungstatbestand verdrängenden Steuerbefreiung oder in Form einer den Regelsteuersatz herabsetzenden Steuerermäßigung den Eintritt einer Steuerbelastung verhindern. Demgegenüber korrigieren Steuerentlastungen das Ergebnis einer bereits eingetretenen Besteuerung durch Erstattung, Erlaß oder Vergütung.

10. Das im Rahmen der Verbrauchsteuerharmonisierung neu in das Verbrauchsteuerrecht eingeführte Steueraussetzungsverfahren ersetzt das bisherige System der bedingten Steuer. Auf die harmonisierten Verbrauchsteuern ist § 50 AO daher nicht mehr anwendbar.

11. Die Steuerermäßigungen für kleine und mittelständische Betriebe im Bier- und Branntweinsteuerrecht stellen durch das Gemeinschaftsrecht legitimierte Steuervergünstigungen mit subventivem Charakter dar.

12. Die verfahrenstechnische Ausgestaltung der Verwendung von steuerbegünstigtem Mineralöl als Ware des freien Verkehrs widerspricht den Regelungen bei den anderen Verbrauchsteuern und den EG-rechtlichen Vorgaben. Sie sollte daher an die Systematik des Steueraussetzungsverfahrens angepaßt werden.

13. Die fortgesetzte Besteuerung von Tabakwaren, die zur Herstellung von Arzneimitteln verwendet werden, stellt einen Systembruch dar, weil Alkohol für den selben Verwendungszweck nicht besteuert wird und verbrauchsteuerpflichtige Erzeugnisse in Medikamenten nicht dem vermeidbaren Genuß dienen, sondern eine sozialnützliche Wirkung entfalten.

14. Die nach EG-Recht gesundheitspolitisch motivierte Steuerbefreiung von Alkohol zur Herstellung von Lebensmitteln verstößt gegen das Grundprinzip der Alkoholbesteuerung, jede Verwendung von Alkohol als Genußmittel steuerlich zu erfassen und kann allenfalls damit legitimiert werden, daß Alkohol in Lebensmitteln eine weniger gesundheitsschädliche Wirkung entfalten kann, als in Spirituosen und anderen alkoholischen Getränken.

15. Als verbrauchsteuerpflichtige Waren sind alle Waren anzusehen, die entweder einer nationalen Verbrauchsteuer oder einer zumindest in einem Mitgliedstaat erhobenen und in der Gemeinschaftt harmonisierten Verbrauchsteuer unterliegen. Obwohl Wein in Deutschland kein Steuergegenstand ist, stellt er unter diesem Gesichtspunkt eine verbrauchsteuerpflichtige Ware dar.

16. Aus Gründen der Gesetzmäßigkeit und Tatbestandsmäßigkeit der Besteuerung empfiehlt es sich, eine gesetzliche Grundlage für die Steuerentstehung beim Erlöschen einer Erlaubnis zum Betrieb eines Steuerlagers zu schaffen.

17. Die im deutschen Verbrauchsteuerrecht eingeführte Steuerentstehung bei sonstigen Unregelmäßigkeiten, die nicht auf menschliches Verhalten zurückzuführen sind, findet keine Stütze in den EG-rechtlichen Bestimmungen, nach denen eine Unregelmäßigkeit einen Regelverstoß voraussetzt, der von einem natürlichen Handlungswillen getragen sein muß.

18. Bei der Umsetzung der Systemrichtlinie hat der Gesetzgeber die ihm durch Art.6 Abs.1 RL 92/12/EWG eröffnete Möglichkeit zur Schaffung eines eigenständigen Steuerentstehungstatbestandes bei Feststellung von Fehlmengen nicht genutzt. Es empfiehlt sich einen solchen in das Verbrauchsteuer-

recht einzuführen, da § 161 AO keinen eigenständigen Steuerentstehungstatbestand enthält.

19. Neben natürlichen und juristischen Personen kommen als Steuerschuldner auch nichtrechtsfähige Personen und Personenvereinigungen, wie z.B. BGB-Gesellschaften, in Betracht. Zur Klarstellung sollte der Begriff „Personen" um den Begriff „Personenvereinigungen" ergänzt werden.

20. Im Rahmen von Streckengeschäften setzt die Fiktion der Aufnahme der Ware in den Betrieb des berechtigten Empfängers oder in ein Steuerlager die Erlangung des mittelbaren oder unmittelbaren Besitzes des Steuerpflichtigen voraus. Nicht ausreichend ist die Übergabe durch Geheißerwerb nach § 929 BGB.

21. Der neu in das deutsche Verbrauchsteuerrecht eingeführte Beauftragte kommt in seiner Funktion einem ständigen Vertreter nach § 13 AO gleich und dient der Verlagerung des Anknüpfungspunktes für die Entstehung der Verbrauchsteuer in das Inland.

22. Das gegenwärtige Verbrauchsteuerrecht läßt systemwidrig die mehrfache Besteuerung von ein und derselben Ware zu. Dies ist mit dem Ziel der Verbrauchsbesteuerung nicht zu vereinbaren. Es empfiehlt sich daher, in das Verbrauchsteuerrecht einen einheitlichen Entlastungsanspruch für Rückwaren und einen Programmsatz aufzunehmen, nach dem Verbrauchsteuern für jede verbrauchsteuerpflichtige Ware nur einmal erhoben werden dürfen.

23. Mit der Anpassung des Mineralölsteuerrechts an die EG-rechtlichen Vorgaben ist der Streit um eine subjektive oder objektive Deutung des Kraftstoffbegriffs durch § 1 Abs.2 Nr.2 MinöStG zugunsten des subjektiven Kraftstoffbegriffs entschieden worden.

24. In einen allgemeinen Steuerentstehungstatbestand für die Fälle der zweckwidrigen Verwendung von steuerbegünstigten Waren sollte sowohl die Abgabe zu anderen Zwecken als auch die Unmöglichkeit der zweckgerechten Verwendung aufgenommen werden. Die gegenwärtigen Regelungen in den einzelnen Verbrauchsteuergesetzen lassen ein einheitliches Bild nicht erkennen.

25. Nach den Ergebnissen der Verbrauchsteuerharmonisierung und der Festlegung eines „EG-Verbrauchsteuergebietes" in Art.2 RL 92/12/EWG ist von einem verbrauchsteuerrechtlichen Einfuhrbegriff auszugehen, der sich nicht mit dem zollrechtlichen Begriff deckt.

26. Das gegenwärtige Verbrauchsteuerrecht verweigert systemwidrig die steuerliche Entlastung von Waren des freien Inlandverkehrs, die nachweislich untergegangen, vernichtet oder in Drittländer ausgeführt worden sind. Daher empfiehlt sich die Normierung von eigenständigen Entlastungsansprüchen.

27. Der durch das Solidaritätsgesetz eingeführte Entlastungsanspruch bei Forderungsausfall in § 53 MinöStV verletzt den allgemeinen Gleichheitssatz in Art.3 Abs.1 GG, da er die Mineralölwirtschaft einseitig bevorzugt. Darüber hinaus findet er keine Stütze im EG-Verbrauchsteuerrecht. Zur Beseitigung der gleichheitswidrigen Rechtslage hat der Gesetzgeber die Wahl, sich für eine Änderung des EG-Verbrauchsteuerrechts einzusetzen und danach den Entlastungsanspruch auch bei den anderen Verbrauchsteuern einzuführen oder die Entlastungsregelung des Mineralölsteuerrechts aufzuheben.

28. Die Null-Satz-Regelung für Wein ist einer Überprüfung nach Art.95 Abs.1 EG-Vertrag nicht zugänglich, da Wein, Bier und Spirituosen nicht als gleichartige Getränke angesehen werden können. Darüber hinaus läßt sich die Ausnahmeregelung mit wirtschaftlichen und marktpolitischen Gründen rechtfertigen, so daß kein Verstoß gegen das Begünstigungsverbot des Art.95 Abs.2 EG-Vertrag vorliegt.

29. Entgegen dem Wortlaut von Art.105 Abs.2 GG stünde dem Bund für die Einführung einer als Verbrauchsteuer ausgestalteten Weinsteuer eine ausschließliche Gesetzgebungskompetenz zu. Aus Gleichbehandlungsgrundsätzen ist der Bund jedoch nicht gezwungen, eine Weinsteuer zu erheben, weil Bier und Schaumwein einer Verbrauchsteuer unterliegen.

30. Die Gesetzgebungskompetenz des Bundes für die verbrauchsteuerrechtlichen Überwachungsvorschriften der §§ 26ff SchaumwZwStG ergibt sich aus Art.73 Nr.5 GG.

II. Entwurf für einen Allgemeinen Teil des Verbrauchsteuerrechts

1. Vorbemerkung

Der nachstehende Entwurf für einen Allgemeinen Teil des Verbrauchsteuerrechts enthält die erarbeiteten Vorschläge für eine Änderung bzw. Ergänzung der Verbrauchsteuergesetze. Nicht erfaßt werden die Definitionen für Steuerlager, da sich eine allgemeingültige Begriffsbestimmung für die unterschiedlichen Herstellungsbetriebe nicht finden läßt. Zwischen Brauereien, Raffinerien und Brennereien bestehen erhebliche Unterschiede im Betrieb und in ihrer Einrichtung, so daß eine genaue Beschreibung der jeweiligen Anforderungen dem Besonderen Teil vorbehalten bleiben muß. In den Besonderen

Teil sind auch die Steuergegenstände und die Steuertarife sowie die tabaksteuerrechtlichen Bestimmungen über die Steuerzeichenverwendung aufzunehmen. Mit diesen Regelungen kann der Besondere Teil für jede Verbrauchsteuer auf ein überschaubares Maß begrenzt werden.

Voraussetzung für die Einführung eines Allgemeinen Teils des Verbrauchsteuerrechts ist die Kodifizierung der monopolrechtlichen Vorschriften in einem eigenständigen Monopolgesetz. Durch die Bildung eines zweiten, rein steuerrechtlichen Teils des Branntweinmonopolgesetzes im Zuge der Umsetzung der Verbrauchsteuerrichtlinien ist der Grundstein für ein solches Vorhaben bereits gelegt worden. Darüber hinaus sollte der Gesetzgeber die in den Verbrauchsteuergesetzen unterschiedlich geregelten Fristen für die Abagbe der Steueranmeldungen und die Entrichtung der Steuer vereinheitlichen. Zu beachten ist, daß die Biersteuer gemäß Art.106 Abs.2 Nr.5 GG den Ländern zusteht. Durch das Mitspracherecht der Länder würde ein allgemeines Verbrauchsteuergesetz zumindest hinsichtlich der die Biersteuer betreffenden Bestimmungen zustimmungspflichtig.

Der nachstehende Entwurf für einen Allgemeinen Teil des Verbrauchsteuerrechts beschränkt sich auf die Wiedergabe der im Rahmen der vorliegenden Arbeit entworfenen bzw. geänderten gesetzlichen Bestimmungen. Lediglich mit den Paragraphenüberschriften werden diejenigen Regelungen bezeichnet, bei denen eine nahezu wörtliche Übereinstimmung bereits im Rahmen der Umsetzung der EG-rechtlichen Bestimmungen erzielt worden ist.

2. Allgemeiner Teil des Verbrauchsteuerrechts

§ 1 Geltungsbereich

(1) Dieses Gesetz regelt die Steuern, die auf den Verbrauch von ausgewählten Waren erhoben werden (besondere Verbrauchsteuern).
(2) Der Steuer unterliegen die im Besonderen Teil nach ihren Merkmalen oder nach den Tarifpositionen der Kombinierten Nomenklatur bestimmten Waren.
(3) Verbrauchsteuern werden für jede verbrauchsteuerpflichtige Ware nur einmal erhoben.

§ 2 Steuergebiet

Steuergebiet ist das Gebiet der Bundesrepublik Deutschland ohne das Gebiet von Büsingen und ohne die Insel Helgoland.

§ 3 Begriffsbestimmungen

(1) Andere Gebiete sind alle Drittländer und alle Gebiete, die in Art.2 der Richtlinie 92/12/EWG des Rates vom 25.Februar 1992 über das allgemeine System, den Besitz, die Beförderung und die Kontrolle verbrauchsteuerpflichtiger Waren (ABl. EG Nr.L 76, S.1) vom Anwendungsbereich dieser Richtlinie ausgenommen sind.
(2) Kombinierte Nomenklatur ist die Warennomenklatur nach Art.1 der Verordnung (EWG) Nr. 2658/87 des Rates vom 23.Juli 1987 (ABl. EG Nr. L 256, S.1) in der Fassung des Anhangs zur Verordnung (EWG) Nr. 2587/91 der Kommission vom 26.Juli 1991 (ABl. EG Nr. L 259, S.1) und die bis zum 19.Oktober 1992 zu seiner Durchführung erlassenen Rechtsvorschriften. Abweichend davon gilt für Mineralöle die Kombinierte Nomenklatur in der am 1.Oktober 1994 geltenden Fassung.
(3) Verbrauchsteuerpflichtige Waren sind Waren, die einer besonderen Verbrauchsteuer unterliegen. Wein gilt als verbrauchsteuerpflichtige Ware.
(4) Steuerbegünstigte Waren sind verbrauchsteuerpflichtige Waren, die steuerfrei oder zu ermäßigten Steuersätzen verwendet werden dürfen.
(5) Steuerlager sind die im Besonderen Teil definierten Herstellungsbetriebe und Warenlager, in denen verbrauchsteuerpflichtige Waren unter Steueraussetzung hergestellt oder gelagert werden können.

§ 4 Erlaubnispflicht

(1) Wer verbrauchsteuerpflichtige Waren unter Steueraussetzung herstellen oder lagern will, bedarf der Erlaubnis. Die Erlaubnis wird auf Antrag unter Widerrufsvorbehalt Personen und Personenvereinigungen erteilt, die ordnungsgemäß kaufmännische Bücher führen, rechtzeitig Jahresabschlüsse aufstellen und gegen deren steuerliche Zuverlässigkeit keine Bedenken bestehen.
(2) Das Hauptzollamt kann Betriebe, die weder nach dem Handelsgesetzbuch noch nach der Abgabenordnung zur Führung von kaufmännischen Büchern oder zur Aufstellung von Jahresabschlüssen verpflichtet sind, von diesen Erfordernissen befreien, soweit Steuerbelange dadurch nicht gefährdet werden.
(3) Vor der Erteilung der Erlaubnis ist Sicherheit für die Steuer zu leisten, die voraussichtlich während zweier Monate für aus dem Steuerlager in den freien Verkehr entnommene Waren entsteht, wenn Anzeichen für eine Gefährdung der Steuer erkennbar sind.

§ 5 Steuerbefreiungen

(1) Sofern im Besonderen Teil keine abweichende Regelung getroffen ist, sind verbrauchsteuerpflichtige Waren von der Steuer befreit,
- (a) die als Probe innerhalb oder außerhalb eines Steuerlagers zu amtlichen oder zu den betrieblich erforderlichen Untersuchungen und Prüfungen verwendet werden,
- (b) die unter Steueraufsicht vernichtet werden,
- (c) die unter Steueraufsicht vollständig vergällt werden.

(2) Branntwein, branntweinhaltige Waren, Bier, Schaumwein und Zwischenerzeugnisse sind von der Steuer befreit, wenn sie gewerblich verwendet werden:
- (a) zur Herstellung von Arzneimitteln (ausgenommen reine Alkohol-Wasser-Mischungen) durch dazu nach Arzneimittelrecht Befugte,
- (b) zur Herstellung von Essig,
- (c) vergällt zur Herstellung von Lebensmitteln, die keinen Alkohol mehr enthalten, weil dieser während des Produktionsprozesses entzogen oder umgewandelt worden ist,
- (d) vergällt zur Herstellung von Waren, die weder Arznei- noch Lebensmittel sind oder zu sonstigen Zwecken, die nicht der Herstellung von Waren dienen,
- (e) zur Herstellung von Aromen zur Aromatisierung von Lebensmitteln und nichtalkoholischen Getränken mit einem Alkoholgehalt von nicht mehr als 1,2% vol,
- (f) zur Herstellung von anderen Lebensmitteln als Branntwein und alkoholischen Getränken, sofern der Alkoholgehalt 5 l reinen Alkohol je 100 kg des Erzeugnisses nicht übersteigt und Pralinen mit einem Alkoholgehalt von nicht mehr als 8,5 l reinen Alkohol je 100 kg des Erzeugnisses.

§ 6 Erlaubnis zur steuerbegünstigten Verwendung

Wer steuerbegünstigte Waren nach § 5 Abs.2 verwenden oder Mineralöle an andere zu steuerbegünstigten Zwecken abgeben will, bedarf der Erlaubnis. Sie wird auf Antrag Personen oder Personenvereinigungen unter Widerrufsvorbehalt erteilt, gegen deren steuerliche Zuverlässigkeit keine Bedenken bestehen.

§ 7 Steueraussetzungsverfahren

Für verbrauchsteuerpflichtige Waren, die sich in einem Steuerlager befinden oder nach §§ 11 bis 13 befördert werden, ist die Steuer ausgesetzt.

§ 8 Steuerentstehung, Steuerschuldner

(1) Die Steuer entsteht dadurch, daß verbrauchsteuerpflichtige Waren aus dem Steuerlager entfernt werden, ohne daß sich ein weiteres Steueraussetzungsverfahren oder ein Zollverfahren anschließt, oder dadurch, daß verbrauchsteuerpflichtige Waren im Steuerlager zur Verwendung entnommen werden. Steuerschuldner ist der Inhaber des Steuerlagers.
(2) Werden verbrauchsteuerpflichtige Waren außerhalb eines Steuerlagers ohne Erlaubnis hergestellt, entsteht die Steuer mit der Vollendung der Herstellung. Steuerschuldner ist der Hersteller.
(3) Für verbrauchsteuerpflichtige Waren, die sich beim Erlöschen der Erlaubnis in einem Steuerlager oder im Betrieb eines Verwenders befinden, entsteht die Steuer im Zeitpunkt des Erlöschens der Erlaubnis. Steuerschuldner ist der Inhaber des Steuerlagers oder bei Verwenderbetrieben der Verwender.
(4) Werden bei einer vorgeschriebenen oder amtlich durchgeführten Bestandsaufnahme Fehlmengen an verbrauchsteuerpflichtigen Waren festgestellt, entsteht mit der Feststellung die Steuer, es sei denn, es wird glaubhaft gemacht, daß die Fehlmengen auf Umstände zurückzuführen sind, die eine Steuer nicht begründen. Für steuerbegünstigte Waren, bei denen die Steuerbegünstigung in einer Steuerermäßigung besteht, entsteht die Steuer in Höhe des ermäßigten Teils. Bei Feststellungen in einem Steuerlager, ist Steuerschuldner der Inhaber des Steuerlagers. Bei Feststellungen im Betrieb eines Verwenders, ist Steuerschuldner der Verwender.
(5) Ist für Mineralöl eine Steuer nicht auf Grund einer sonstigen Bestimmung dieses Gesetzes entstanden, so entsteht sie dadurch, daß das Mineralöl zur Verwendung als Kraft- oder Heizstoff entnommen, abgegeben oder als Kraft- oder Heizstoff verwendet wird. Steuerschuldner ist derjenige, der das Mineralöl entnimmt, abgibt oder verwendet. Mehrere Steuerschuldner sind Gesamtschuldner.
(6) Für steuerbegünstigte Waren entsteht die Steuer, wenn sie
   (a) entgegen der in der Erlaubnis zur steuerbegünstigten Verwendung genannten Zweckbestimmung verwendet werden,
   (b) zu einer anderen als in der Erlaubnis zur steuerbegünstigten Verwendung genannten Zweckbestimmung abgegeben werden,
   (c) der in der Erlaubnis zur steuerbegünstigten Verwendung genannten Zweckbestimmung nicht mehr zugeführt werden können,

   es sei denn, die Waren sind untergegangen. Schwund steht dem Untergang gleich. Steuerschuldner ist der Verwender, wenn er vor der Entstehung der Steuer Besitz an den Waren erlangt hat, in anderen Fällen derjenige, der die steuerbegünstigten Waren abgibt.

§ 9 Steueranmeldung

Der Steuerschuldner hat für die Waren, für die in einem Monat die Steuer entstanden ist, spätestens am ... Tag des folgenden Monats eine Steuererklärung abzugeben und darin die Steuer selbst zu berechnen (Steueranmeldung). In den Fällen des § 8 Abs. 2 und 6 ist eine Steueranmeldung unverzüglich abzugeben.

§ 10 Fälligkeit

(1) Die Steuer für Waren, die nach § 8 Abs.1, 3, 4 und 5 entstanden ist, ist spätestens am ... Tag des ... auf die Steuerentstehung folgenden Monats zu entrichten. Abweichend von Satz 1 ist die im Monat November entstandene Steuer spätestens am 27. Dezember zu entrichten.
(2) Die nach § 8 Abs.2 und 6 entstandene Steuer ist sofort zu entrichten.

§ 11 Verkehr unter Steueraussetzung im Steuergebiet

§ 12 Verkehr unter Steueraussetzung mit anderen Mitgliedstaaten

§ 13 Ausfuhr unter Steueraussetzung

§ 14 Unregelmäßigkeiten im Verkehr unter Steueraussetzung

§ 15 Verbringen von Waren des freien Verkehrs anderer Mitgliedstaaten zu gewerblichen Zwecken

§ 16 Verbringen zu privaten Zwecken

§ 17 Versandhandel

§ 18 Erzeugnisse aus Drittländern

§ 19 Steuerentlastung beim Verbringen aus dem Steuergebiet

(1) Die Steuer wird auf Antrag erlassen, erstattet oder vergütet für nachweislich versteuerte und nicht verwendete verbrauchsteuerpflichtige Waren, die im Versandhandel oder zu anderen gewerblichen Zwecken aus dem Steuergebiet in einen anderen Mitgliedstaat verbracht oder in andere Gebiete ausgeführt werden. Ausgenommen sind von der Entlastung Kraftstoffe in Hauptbehältern von Beförderungsmitteln, Spezialcontainern, Arbeitsmaschinen- und geräten, land- und forstwirtschaftlichen Fahrzeugen sowie Kühl- und Klimaanlagen.

(2) Für verbrauchsteuerpflichtige Waren, die in einen anderen Mitgliedstaat verbracht worden sind, wird eine Steuerentlastung nur gewährt, wenn der Entlastungsberechtigte eine amtliche Bestätigung des anderen Mitgliedstaates darüber vorlegt, daß die Waren dort ordnungsgemäß steuerlich erfaßt worden sind.

(3) Entlastungsberechtigt ist, wer die verbrauchsteuerpflichtigen Waren in den anderen Mitgliedstaat verbracht oder in ein anderes Gebiet ausgeführt hat.

§ 20 Steuerentlastung im Steuergebiet

(1) Die Steuer wird auf Antrag für nachweislich versteuerte und nicht verwendete Waren erlassen, erstattet oder vergütet,
  (a) die in ein Steuerlager aufgenommen worden sind,
  (b) die bei Herstellern oder Händlern untergegangen sind,
  (c) die unter Steueraufsicht vernichtet oder vollständig vergällt worden sind.

(2) Entlastungsberechtigt ist in den Fällen des Abs. 1 Buchst.a der Inhaber des Steuerlagers und in den Fällen des Abs. 1 Buchst.b und c derjenige, der die Waren im Zeitpunkt des Untergangs, der Vernichtung oder der Vergällung zu gewerblichen Zwecken in Besitz gehalten hat.

§ 21 Geschäftsstatistik

§ 22 Steueraufsicht

(1) Unbeschadet des § 209 Abs. 1 und 2 der Abgabenordnung unterliegen der Steueraufsicht:
  (a) der innergemeinschaftliche Verkehr mit Wein und die daran beteiligten Personen,
  (b) die Tätigkeit der Beauftragten,
  (c) die Be- oder Verarbeitung von verbrauchsteuerpflichtigen Waren,
  (d) die Vernichtung oder Vergällung von verbrauchsteuerpflichtigen Waren,
  (e) das Aufreißen von Zigaretten, Zigarren oder Zigarillos in Steuerlagern und
  (f) die Vernichtung und das Ungültigmachen von Steuerzeichen.

(2) §§ 210 bis 217 der Abgabenordnung finden für den innergemeinschaftlichen gewerblichen Verkehr sinngemäße Anwendung.

(3) Die amtliche Aufsicht nach § 43 BranntwMonG ist zugleich Steueraufsicht nach den §§ 209 bis 217 der Abgabenordnung.

§ 23 Sicherstellung

§ 24 Verkehr mit Wein mit anderen Mitgliedstaaten

(1) Inhaber von Weinherstellungsbetrieben und anderen Betrieben bedürfen einer Erlaubnis, wenn sie Wein im innergemeinschaftlichen Steueraussetzungsverfahren an Steuerlager oder berechtigte Empfänger in anderen Mitgliedstaaten versenden wollen. § 4 Abs. 1 und 2 gilt entsprechend.

(2) Inhaber von Weinherstellungsbetrieben mit einer durchschnittlichen Erzeugung von weniger als 1000 Hektoliter Wein pro Weinwirtschaftsjahr (1. September eines Jahres bis 31. August des folgenden Jahres) sind von dem Verfahren nach Abs. 1 Satz 2 befreit. Für sie gilt die Erlaubnis nach Abs. 1 Satz 1 als erteilt, sobald sie schriftlich anzeigen, daß sie den Versand von Wein unter Steueraussetzung an Steuerlager oder berechtigte Empfänger in anderen Mitgliedstaaten aufnehmen wollen.

(3) Betriebe, deren Inhaber eine Erlaubnis nach Abs. 1 besitzen, gelten für den innergemeinschaftlichen Versand und Bezug von Wein als Steuerlager.

(4) Personen, die zu gewerblichen Zwecken Wein aus Steuerlagern anderer Mitgliedstaaten im innergemeinschaftlichen Steueraussetzungsverfahren lediglich beziehen wollen, bedürfen der Zulassung als berechtigte Empfänger. Für die Zulassung gilt § 4 Abs. 1 und 2 entsprechend. Für die Zulassung zum Bezug von Wein im Einzelfall bedarf es lediglich eines Antrages.

(5) Wird Wein zu gewerblichen Zwecken aus dem freien Verkehr anderer Mitgliedstaaten in das Steuergebiet verbracht, so bescheinigt das Hauptzollamt nach Vorlage der Begleitdokumente auf Antrag die Aufnahme in den Betrieb des Empfängers.

(6) Versandhändler mit Sitz im Steuergebiet haben die Aufnahme von Weinlieferungen in andere Mitgliedstaaten vorher dem zuständigen Hauptzollamt anzuzeigen und Aufzeichnungen über den gelieferten Wein zu führen.

§ 25 Ordnungswidrigkeiten

§ 26 Ermächtigungen

Literaturverzeichnis

Achterberg, Norbert: Zulässigkeit und Schranken stillschweigender Bundeszuständigkeiten im gegenwärtigen deutschen Verfassungsrecht, AÖR 86 (1961), S. 61ff.

Ammann, Gunter: Zum Status der deutschen Freihäfen nach dem Umsatzsteuer-Binnenmarktgesetz und der 6.EG-Richtlinie zur Umsatzsteuer, UR 1993, S. 48ff.

Arndt, Hans-Wolfgang: Rechtsfragen einer deutschen CO2-/Energiesteuer entwickelt am Beispiel des DIW - Vorschlages, Mannheimer Beiträge zum öffentlichen Recht und Steuerrecht, Band 6, Frankfurt 1995

- Gleichheit im Steuerrecht, NVwZ 1988, S. 787ff.

Arndt, Hans-Wolfgang/ *Grünberg*, Matthias: EG - Verbrauchsteuerharmonisierung und Grundgesetz - Das Beispiel der Weinsteuer, Steuer und Studium 1988, S. 41ff.

v.Arnim, Henning: Gedanken zur Einführung einer Weinsteuer, Die Branntweinwirtschaft 1981, S. 19ff.

Arntz, Helmut: Hundert Jahre Verband deutscher Sektkellereien, Wiesbaden 1992

Barnitzky, Walter: Das Kaffee- und Teesteuergesetz, Zollbücherei Band 17, 1954

Barnstedt, Elke Luise: Die Durchführung der Gemeinsamen Marktorganisation in der Bundesrepublik Deutschland, eine exemplarische Darstellung des Zusammenwirkens von nationalem und gemeinschaftlichem Recht, Dissertation, München 1988

Baumgart, Manfred: Erläuterungen zum Biersteuergesetz, in: Das Deutsche Bundesrecht, VII D 74, 1983, S. 11ff.

Beermann, Albert: Das Verbrauchsteuer-Binnenmarktgesetz, Bundesgesetzliche Neuregelung der Verbrauchsteuern und Neugestaltung des bundesgesetzlich geregelten Verbrauchsteuerrechts, DStZ 1993, S. 257ff. und 291ff.

- Zölle und Verbrauchsteuern im EG-Binnenmarkt, Steuerberaterkongress-Report 1991, S. 349ff.

- Zur Charakterisierung der Verbrauchsteuern und zur bedingten Steuerschuld, in: Kruse (Hrsg.), Zölle, Verbrauchsteuern,europäisches Marktordnungsrecht, DStJG Band 11 1988, S. 283ff.

- Verbrauchsteuern, in: Klein (Hrsg.), Lexikon des Rechts, Steuer- und Finanzrecht, Darmstadt 1986, S. 472ff.

Beichelt, Bernd: Aus der Arbeit des Steuergesetzgebers im Jahre 1986, StuW 1987, S. 83

Benkwitz, Wieland: Erläuterungen zum Tabaksteuergesetz, in: Das Deutsche Bundesrecht, VII D 31, 1990, S. 15ff.

Birk, Dieter: Das Leistungsfähigkeitsprinzip als Maßstab der Steuernormen, Ein Beitrag zu den Grundfragen des Verhältnisses Steuerrecht und Verfassungsrecht, Köln 1983

Birk, Dieter/ *Förster*, Jutta: Kompetenzrechtliche Grenzen des Gesetzgebers bei der Regelung der Verbrauchsteuer, DB 1985, Beilage Nr. 17

- Verpackungszwang und Beipackverbot nach dem Tabaksteuergesetz, ZfZ 1988, S. 34ff.

Birke, Eberhard: Die deutschen Bundesländer in den Europäischen Gemeinschaften, Schriften zum öffentlichen Recht, Band 228, Berlin 1973

Blaich, Fritz: Der „Winzersturm von Bernkastel" Ursachen und Auswirkungen eines Steuerstreiks in der Weimarer Republik, Zeitschrift für Agrargeschichte und Agrarsoziologie 1985, S. 2ff.

Blendermann, Christoph: Steuern mit örtlich begrenztem Wirkungskreis, Institut für „Finanzen und Steuern", Band 54, Bonn 1957

Böhme, Rolf: Bundesregierung lehnt Einführung einer Weinsteuer weiterhin ab, Der deutsche Weinbau 1980, S. 344ff.

Bökelmann, Dieter: Die örtlichen Steuern und das Gleichartigkeitsverbot in Art.105 Abs.2a Grundgesetz, Berlin 1974

Bongartz, Matthias: Die Auswirkungen der Verbrauchsteuerharmonisierung auf das Tabaksteuerrecht, ZfZ 1993, S. 370ff.

v.Bonin, Helmut: Praktischer Führer durch das Zoll- und Verbrauchsteuerrecht, Köln 1938

Bonner Kommentar: Kommentar zum Bonner Grundgesetz, Dolzer/ Vogel (Hrsg.), bearbeitet von Abraham, Hans-Jürgen/ Achterberg, Norbert und v.Arnim, Herbert u.a., Loseblatt, Hamburg, Stand Okt. 1993

Borggräfe, Joachim: Die Verbraucher-Nachsteuer bei Mineralöl und Branntwein, DB 1981, S. 1060ff.

Brinkmann, Johannes: Tatbestandsmäßigkeit der Besteuerung und formeller Gesetzesbegriff, Köln 1982

Bühler, Ottmar: Steuerrecht, Grundriß in zwei Bänden, Band II, Einzel-Steuerrecht, 3. Aufl. München 1958

- Lehrbuch des Steuerrechts, 1. Band, Tübingen 1927

Bullinger, Martin: Ungeschriebene Kompetenzen im Bundesstaat, AÖR 96 (1971), S. 237ff.

Bundesministerium der Finanzen: Unsere Steuern von A - Z, Bonn 1994

Bundesstelle für Außenhandelsinformation: Europäische Union - Gemeinschaftlich geregelte Verbrauchsteuern und Verwaltungsverfahren, ZHI Nr. 35, Dez. 1995

Caesar, Rolf/ *Goetzke*, Hans Jürgen/ *Mackscheidt*, Klaus: Finanzwissenschaftliche Analyse der Tabaksteuerharmonisierung in der Europäischen Gemeinschaft, Finanzwissenschaftliche Forschungsarbeiten, Neue Folge Band 53, Berlin 1983

Caspers, Günter/ *Dittrich*, Gerhard: Tabaksteuererhöhung 1982 und weitere Änderungen des Tabaksteuerrechts, ZfZ 1982, S. 41ff.

- Das neue Tabaksteuerrecht, ZfZ 1980, S. 66ff., 106ff., 134ff., 205ff., 238ff. und 263ff.

Columbus, Helmut: Zur Problematik des Übergangs der bedingten Mineralölsteuerschuld beim Handel mit steuerbegünstigtem Mineralöl - insbesondere im Heizölstreckengeschäft, ZfZ 1982, S. 262ff.

Dänzer-Vanotti, Wolfgang: Tabaksteuererhöhung verfassungswidrig ?, BB 1989, S. 754ff.

- Methodenstreit um die den EG-Richtlinien konforme Auslegung, DB 1994, S. 1052ff.

Dewitz, Klaus: Die Fehlmengenvorschrift des § 161 AO enthält keinen Steuerentstehungstatbestand, ZfZ 1984, S. 205ff.

Dittrich, Gerhard: Gemeinschaftsrechtliche Begriffsbestimmungen für Tabakwaren, ZfZ 1979, S. 98ff.

- Harmonisierung der Tabaksteuer wird fortgesetzt, ZfZ 1978, S. 130ff.

Dittrich, Gerhard/ *Fenzl*, Ludwig: Was wird als Cigarette versteuert? Erwiderung auf „Was ist eine Zigarette?" von Dr. Kurt Faltlhauser, MdB, in ZfZ Nr. 2/93, ZfZ 1993, S. 139ff.

Dorn, Helmut: Kommunales Abgabenrecht, Steuern - Gebühren - Beiträge, Berlin 1992

Dorsch, Eberhard: Kommentar Zollrecht, Zollkodex (EG) - ZollVG (Deutschland), Einfuhrumsatzsteuerrecht/ EG-Außenwirtschaftsrecht/ Antidumping/ Statistik/ Marktordnungsrecht, Loseblatt, Bonn

Dreher, Meinrad: Ratsprotokollerklärungen, nationale und europäische Publizität und die Umsetzung von EG-Richtlinien, EuZW 1994, S. 743ff.

Eckel, Etta: Die Übertragung von Hoheitsrechten durch völkerrechtlichen Vertrag vor dem Montanunionsvertrag, Dissertation, 1967

Ehrig, Karl-Heinz: Erläuterungen zum Schaumweinsteuergesetz, in: Das Deutsche Bundesrecht, VII D 76, 1981, S. 5ff.

Esser, Günter: Gemeinschaftliches Versandverfahren und Einheitspapier im Binnenmarkt, 2. Aufl. München 1994

Faltlhauser, Kurt: Was ist eine Zigarette?, ZfZ 1993, S. 34ff.

- Die Harmonisierung der speziellen Verbrauchsteuern in der EG am Beispiel der Biersteuer, DStZ 1993, S. 17ff.

Förster, Jutta: Die Verbrauchsteuern - Geschichte, Systematik, finanzverfassungsrechtliche Vorgaben, Dissertation, Münster 1989

Friedl, Helmut: Besonderheiten des Besteuerungsverfahrens bei den monatlich veranlagten Verbrauchsteuern, ZfZ 1973, S. 102ff.

Friedrich, Klaus: Das neue Verbrauchsteuerrecht ab 1993, DB 1992, S. 2000ff.

- Steuerschuld und Steuerzeichenschuld im Tabaksteuerrecht, ZfZ 1989, S. 98ff.

Frieges, Holger: Der Gleichheitssatz im Steuerrecht, DStZ 1989, S. 34ff.

Geuenich, Jörg: Die tabaksteuerrechtliche Beurteilung neuer Tabakwaren. Eine Erwiderung auf die Anmerkungen zum Beschluß des Finanzgerichts Düsseldorf vom 4. Juli 1994 V 3811/94 durch Uwe Wewel, ZfZ 1994, S. 280ff.

Goetzeler, Richard: Das deutsche Tabaksteuerrecht, Systematische Darstellung des Tabaksteuergesetzes vom 12.9.1919 und seiner Ausführungsbestimmungen, Berlin 1929

Gotterbarm, Franz: Rechtsentwicklingen auf dem Gebiet der Mineralölsteuer, insbesondere zur Aufkommenssicherung, DDZ 1981, F 37ff.

Grabitz, Eberhard: Kommentar zum EWG-Vertrag, Loseblatt, München

- Die Rechtsetzungsbefugnis von Bund und Ländern bei der Durchführung von Gemeinschaftsrecht, AÖR 111 (1986), S. 1ff.

Grabitz, Eberhard/ *Hilf*, Meinhard: Kommentar zur Europäischen Union, Loseblatt, München

von der Groeben, Hans/ *Thiesing*, Jochen/ *Ehlermann*, Claus-Dieter: Kommentar zum EWG-Vertrag, 4. Aufl., Baden-Baden, 1991

Grohmann, Herbert: Die Förderung gewerblicher Klein- und Mittelbetriebe durch besondere Verbrauchsteuern, Handwerkswirtschaftliche Reihe Nr. 86, München 1971

Grünberg, Matthias: Die Weinsteuer und ihre Harmonisierung in den Europäischen Gemeinschaften, Dissertation, Gießen 1992

Hahn, Dirk: Erläuterungen zum Mineralölsteuergesetz in: Das Deutsche Bundesrecht, VII D 39, 1982, S. 13ff.

Haller, Heinz: Die Steuern, Grundlinien eines rationalen Systems öffentlicher Abgaben, 2. Aufl., Tübingen 1971

- Die sogenannte Mengenstaffel im Biersteuergesetz - Zur Problematik partieller steuerlicher Hilfen, Recht und Staat in Geschichte und Gegenwart, Heft 259/160, Tübingen 1962

Hansmeyer, Karl-Heinrich: Steuern auf spezielle Güter, in: Handbuch der Finanzwissenschaft, 3. Aufl., 2. Band, Tübingen 1980, S. 709ff.

Hassbach, Friedrich: Die Branntweinsteuer als Verbrauchsteuer, Dissertation, Köln 1963

Herzog, Roman: Leitlinien und Entwicklungstendenzen der Rechtsprechung des Bundesverfassungsgerichts in Steuerfragen, Steuerberaterjahrbuch 1985/86, S. 27ff.

Hesse, Konrad: Der allgemeine Gleichheitssatz in der neueren Rechtsprechung des Bundesverfassungsgerichts zur Rechtsetzungsgleichheit, in: Wege und Verfahren des Verfassungslebens, Festschrift für Peter Lerche, München 1993, S. 121ff.

Hesse: Grundfragen des Verbrauchsteuerrechts, ZfZ 1959, S. 129ff.

Hilf, Meinrad: Umweltabgaben als Gegenstand von Gemeinschaftsrecht und -politik, NVwZ 1992, S. 105ff.

Höppner, Horst-Dieter: Die EG-Steuerharmonisierung, EuR 1977, S. 122ff.

Hofbur, Dieter: Die Auswirkungen des Binnenmarktes auf den Bezug und die Verwendung von Branntwein in Apotheken, DDZ 1993, F 91ff.

- Das Gesetz über das Branntweinmonopol wird 70 Jahre alt, Die Branntweinwirtschaft 1992, S. 90ff.

- Der Handel mit steuerfreiem Äthylalkohol für gewerbliche Zwecke, DDZ 1979, F 7ff.

Hohrmann, Friedrich: Quellen und Systematik des gemeinschaftlichen und nationalen Zollrechts nach Inkrafttreten des Zollkodex der Gemeinschaften, DStZ 1994, S. 449ff.

Hoppe, Hans-Joachim/ *Heinricht*, Johannes: Kommentar zum Gesetz über das Branntweinmonopol vom 8.April 1922 und zu seinen Ausführungsbestimmungen, Loseblatt, Berlin 1958

Huckemann, Stefan: Auswirkungen der Biersteuerharmonisierung auf die Ertragsfähigkeit der Biersteuer im Europäischen Binnenmarkt, Studien zur Wirtschafts- und Finanzwissenschaft, Band 3, Bergisch Gladbach 1991

Hübschmann, Walter/ Hepp, Ernst / Spitaler, Armin: Kommentar zur Abgabenordnung und Finanzgerichtsordnung, 10. Aufl., Köln 1995

Jahr: Zur Neufassung des Tabaksteuergesetzes, ZfZ 1939, S. 141ff.

Janssen, Bernhard: Die Umsatzsteuer als Verkehr- und /oder Verbrauchsteuer, DStZ 1990, S. 35ff.

Jarsombeck, Jörn Arne: Zur Philosophie der Nichtbesteuerung des Alkohols in Pralinen und anderen Lebensmitteln, ZfZ 1995, S. 61f.

- Harmonisierung der indirekten Steuern und Probleme insbesondere der besonderen Verbrauchsteuern, Die Branntweinwirtschaft 1989, S. 246ff.

- Zum Stand der Harmonisierung der Verbrauchsteuern auf alkoholische Getränke, ZfZ 1982, S. 4ff.

- Die neuesten Änderungen des Branntweinmonopolgesetzes, DDZ 1981, F 79ff.

- Zur Einführung einer Weinsteuer, Die Branntweinwirtschaft 1981, S. 419ff.

- Das Steuerrecht des deutschen Branntweinmonopols und die Harmonisierung der Branntweinsteuer in der EWG, DDZ 1975, F 37ff.

- Die Harmonisierung der Alkoholsteuer, ZfZ 1974, S. 284ff.

Jatzke, Harald: Aktueller Stand und Perspektiven der Verbrauchsteuerharmonisierung, ZfZ 1995, S. 278ff.

- Möglichkeiten und Grenzen der steuerlichen Förderung von Biokraftstoffen, ZfZ 1994, S. 104ff.

- Das neue Verbrauchsteuerrecht der Tschechischen Republik, WiRO 1994, S. 284ff.

- Das neue Verbrauchsteuerrecht in der Bundesrepublik Deutschland unter besonderer Berücksichtigung der Verbrauchsteuerharmonisierung in der EG, IFSt-Schrift Nr. 322, Bonn 1993

- Das neue Verbrauchsteuerrecht im EG-Binnenmarkt, BB 1993, S. 41ff.

Jatzke, Harald/ *Wegener*, Maria-Elisabeth/ *Neumann*, Margit: Das neue Verbrauchsteuerrecht - Grundlagen, Schaubilder, IFSt-Schrift Nr. 237, Bonn 1994

Kausche, H. : Die Rheinschiffahrt im deutschen Zollrecht, ZfZ 1954, S. 33ff.

Kettnaker, Karl/ *Frank*, Klaus: Das Mineralölsteuerrecht, 2. Aufl., Heidelberg 1987

Kirchhof, Ferdinand: Weinsteuer? - Scheinsteuer!, Ein Exot im Dickicht der Finanzverfassung, StuW 1993, S. 326ff.

- Leistungsfähigkeit und Wirkungsweisen von Umweltabgaben an ausgewählten Beispielen, DÖV 1992, S. 233ff.

- Grundriß des Abgabenrechts, Heidelberg 1991

- Die steuerliche Doppelbelastung der Zigaretten. Ein Beitrag zur Kumulation und Kaskadenwirkung der Umsatz- und der Verbrauchsteuer, Schriften zum Steuerrecht, Berlin 1990

Kirchhof, Paul: Verfassungsrechtliche Grenzen von Umweltabgaben, in: Umweltschutz im Abgaben- und Steuerrecht, DStJG Band 15 1995, S. 3ff.

- Staatliche Einnahmen, in: Isensee, Josef/ Kirchhof, Paul, Handbuch des Staatsrechts der Bundesrepublik Deutschland, Band IV, § 88 S. 87ff., Heidelberg 1990

- Der verfassungsrechtliche Auftrag zur Besteuerung nach der finanziellen Leistungsfähigkeit, StuW 1985, S. 319ff.

- Steuergleichheit, StuW 1984, S. 297ff.

- Besteuerung und Eigentum, VVDStRL Band 39, S. 213ff.

Klein, Franz: Gleichheitssatz und Steuerrecht, Eine Studie über Gleichheit und Gerechtigkeit der Besteuerung im System des Grundgesetzes, Köln - Marienburg 1966

Klein, Friedrich: Die Biersteuer - Mengenstaffel - Kritische Bemerkungen zu ihrer Berechtigung, Rechtsgutachten, Münster 1969

Kleiner, Klaus: Die Mineralölsteuer nach der Harmonisierung: Stand und Ziele für die Weiterentwicklung, ZfZ 1995, S. 284ff.

Knudsen, Per Brix/ *Schwitalla*, Dieter: Harmonisierung der Verbrauchsteuern, Zwischenbilanz und Ausblick, ZfZ 1992, S. 220ff.

Koch, Karl: Abschaffung der Verbrauchsteuern auf Spielkarten, Zündwaren und Essigsäure, DB 1981, S. 707

Koch, Karl/ *Scholtz*, Rolf-Detlev: Abgabenordnung 1977, Kommentar zur AO, 5. Aufl., 1996

Kommission der Europäischen Gemeinschaften: Weißbuch über die Vollendung des Binnenmarktes, Brüssel 1985

Koppe, Fritz/ *Lubcke*, Hans: Biersteuergesetz und Nebengesetze, Kommentar zum Biersteuergesetz, 5. Aufl., Berlin 1940

Krafft: Untergang und Schwund im neuen Zollgesetz, ZfZ 1962, S. 76ff.

Krawitz, Norbert: Stand der EG - Steuerharmonisierung, Steuer und Studium 1993, S. 93ff.

Kreke, Jörn: Die Harmonisierung der Mineralölsteuern innerhalb der Europäischen Wirtschaftsgemeinschaft, Dissertation, Bad Godesberg 1965

Kruse, Heinrich Wilhelm: Über die Gleichmäßigkeit der Besteuerung, StuW 1990, S. 322ff.

Kuehn, Herbert: Schaumweinsteuer, ZfZ 1953, S. 39ff.

Kühn, Rolf/ *Hofmann*, Ruth: Abgabenordnung, Finanzgerichtsordnung, 17. Aufl., Stuttgart 1996

Lang, Joachim: Verwirklichung von Umweltschutzzwecken im Steuerrecht, in: Umweltschutz im Abgaben- und Steuerrecht, DStJG Band 15 1995, S. 115ff.

- Systematisierung der Steuervergünstigungen - Ein Beitrag zur Lehre vom Steuertatbestand, Dissertation, Berlin 1974

Lenz, Carl Otto: Kommentar zu dem Vertrag zur Gründung der Europäischen Gemeinschaften, 1. Aufl. 1994

Letsch, Hans: Hauptprobleme der Verbrauchsbesteuerung, Bern 1960

Lotz, Walter: Finanzwissenschaft, 2. Aufl., Tübingen 1931

Lübberstedt, Gerhard: Verbrauchsteuern, in: Rössler (Hrsg.), Wörterbuch des Steuerrechts, 1993, V - S. 1ff.

Matthöfer, Hans: Steuerharmonisierung in Europa - Chancen für mehr Steuergerechtigkeit und Steuervereinfachung oder nur Zielkonflikt?, DStZ 1979, S. 203ff.

Maunz, Theodor/ *Dürig*, Günter/ *Herzog*, Roman/ *Scholz*, Ruprecht u.a.: Kommentar zum Grundgesetz, Loseblatt, München

Mick, Marcus: Die Steuerkonzeption der Europäischen Union - Zielvorgaben, Umsetzung und Grenzen zulässiger Steuerharmonisierung, Dissertation, Münster 1995

Misch, Dieter: Verbrauchsteuern in Europa - Die Beseitigung der Steuerschranken zur Vollendung des Binnenmarktes, Spirituosen-Jahrbuch 1989, S. 404ff.

Mösbauer, Heinz: Zur Sachhaftung verbrauchsteuer- und zollpflichtiger Waren, DStZ 1987, S. 397ff.

v. *Münch*, Ingo: Grundgesetz-Kommentar, 2.Aufl., München 1983

Mußgnug, Reinhard: Konkurrierende Gesetzgebungskompetenz der Länder für Bundessteuern? Zur Auslegung des Art. 105 Abs.2 GG, in: Steuerrecht, Verfassungsrecht, Finanzpolitik, Festschrift für Franz Klein, Köln 1994

Nahrgang, Franz Joseph: Die deutsche Weinbesteuerung, Dissertation, Marburg 1922

Neumann, Kurt: Die neue Kaffeesteuer, DDZ 1993, F 39ff. und F 56ff.

Neumark, Fritz: Grundsätze gerechter und ökonomisch rationaler Steuerpolitik, Tübingen 1970

OECD: Revenue Statistics of OECD Member Countries 1965 - 1992, Paris 1993

Ossenbühl, Fritz/ *Di Fabio*, Udo: Verfassungsrechtliche Grenzen einer Erhöhung der Tabaksteuer, StuW 1975, S. 1ff.

Palandt, Otto: Kommentar zum BGB, 55. Aufl., München 1996

Papier, Hans-Jürgen: Die finanzrechtlichen Gesetzesvorbehalte und das grundgesetzliche Demokratieprinzip

Pechstein, Matthias: Die Bedeutung von Protokollerklärungen zu Rechtsakten der EG, EuR 1990, S. 249ff.

Peters, Martin: Das Verbrauchsteuerrecht - Eine umfassende Darstellung, München 1989

- Zur bedingten Steuerschuld - ein Beitrag zu § 48 des AO - Entwurfs, ZfZ 1971, S. 33ff.

Piduch, Erwin Adolf: Finanzverfassung und Steuerreformen, Köln 1964

Pollak, Helga: Wachstumsbedingte Verbrauchsstrukturänderungen und einige ihrer Konsequenzen für die Verbrauchsbesteuerung, Dissertation Berlin 1966

Popitz, Johannes: Allgemeine Verbrauchsteuer, in: Handbuch der Finanzwissenschaft, 2. Band, Tübingen 1927, S. 180ff.

Probst, Ulrich: Übereinstimmung zwischen Umsatzsteuergesetz und 6.EG-Richtlinie sowie richtlinienkonforme Auslegung des Umsatzsteuergesetzes, in: Woerner (Hrsg.), Umsatzsteuer in nationaler und europäischer Sicht, DStJG Band 13 1993, S. 137ff.

Rau/ Dürrwächter/ Flick/ Geist: Kommentar zum Umsatzsteuergesetz, 6. Aufl., Stand Nov. 1994

Reiss, Wolfram: Die nicht ordnungsgemäße Umsetzung von EG-Steuerrichtlinien und ihre Folgen, StuW 1994, S. 323ff.

Rendels, Heinz: Schwerpunkte des Verbrauchsteuer-Binnenmarktgesetzes, DStR 1993, S. 114ff.

Rengeling, Hans - Werner: Gesetzgebungszuständigkeit, in: Isensee, Josef/ Kirchhof, Paul, Handbuch des Staatsrechts der Bundesrepublik Deutschland, Band IV, § 100 S. 723ff., Heidelberg 1990

Riegel, Reinhard: Gliedstaatkompetenzen im Bundesstaat und Europäisches Gemeinschaftsrecht, DVBl. 1979, S. 245ff.

Ritter, Wolfgang: Steuerharmonisierung als Voraussetzung eines EG-Binnenmarktes, BB 1989, S. 77ff.

Ritter: Zur Dogmatik der Verbrauchsteuerschuld, ZfZ 1950, S. 241ff.

Rüther, W.: Fehlmengen bei Bestandsaufnahmen in Brauereien, ZfZ 1975, S. 38ff.

Rusch, Dieter: Einführung zum Gesetz über das Branntweinmonopol, in: Das Deutsche Bundesrecht, VII D 82, 1990, S. 47ff.

Schädel, Walter/ *Langer*, Reinhard/ *Gotterbarm*, Franz: Mineralölsteuer, Mineralölzoll, Kommentar zum Mineralölsteuergesetz, Loseblatt, 5. Aufl., München 1987

Scheffler, Wolfram: Verkehr- und Verbrauchsteuern im Überblick (II), Steuer und Studium 1992, S. 323ff.

Schirmer, Hans: Weinsteuer und Weinpreise, Ein Beitrag zur Frage der Steuerüberwälzung, Dissertation Leipzig 1933

Schmidt, Bernhard: Das Schaumweinsteuergesetz, Kommentar zum Schaumweinsteuergesetz, Bonn 1954

Schmidt, Bernhardt: Die Harmonisierung der Verbrauchsteuern im Gemeinsamen Markt, DStZ 1973, S. 425ff.

- Die Verbrauchsteuern aus nationaler Sicht und im Rahmen der Harmonisierung, Steuerberater-Kongress-Report 1973, S. 363ff.

Schmidt, Ferdinand: Tabaksteuer als Instrument einer Politik der Vernunft, StuW 1978, S. 39ff.

Schmidt, Ludwig: Kommentar zum Einkommensteuergesetz, 15.Aufl., München 1996

Schmidt-Bleibtreu, Bruno/ *Klein*, Franz: Kommentar zum Grundgesetz für die Bundesrepublik Deutschland, 7. Aufl., Neuwied 1990

Schmölders, Günter: Zur Begriffsbestimmung der Verbrauchsteuern, Finanzwissenschaftliche Forschungsarbeiten, Neue Folge Heft 10, Berlin 1955

- Die Ertragsfähigkeit der Getränkesteuern, Ein Beitrag zur deutschen Finanzreform, Jena 1932

Schnädter, Helmut: Die durch den Gleichheitssatz (Art.3 Abs.1 GG) dem Gesetzgeber gesetzten Grenzen, DStZ 1984, S. 352ff.

Schönberger, Rolf: Beiträge zur Bierbesteuerung, Dissertation, München 1967

Schröer-Schallenberg, Sabine: Steueraussetzung im Branntweinmonopol- und Branntweinsteuerrecht unter besonderer Berücksichtigung des ablieferungsfähigen Abfindungsbranntweins - Fall einer bedingten Steuerentstehung?, ZfZ 1995, S. 162ff.

- Das Verbrauchsteuerrecht im Überblick, Eine systematische Darstellung nach der Harmonisierung, AW-Prax 1995, S. 221ff.

- Das neue Biersteuerrecht unter besonderer Berücksichtigung der neuen Biersteuerdurchführungsverordnung, ZfZ 1994, S. 290ff.

- Die Auswirkungen der Verbrauchsteuerharmonisierung - ein systematischer Überblick, ZfZ 1993, S. 300ff.

Schrömbges, Ulrich: Auf dem Weg zur Beseitigung der Steuerschranken in der EG? - Eine Untersuchung zum „Binnenmarkt 92“, ZfZ 1990, S. 98ff. und S. 130ff.

- Der Übergang der bedingten Mineralölsteuer bei Besitzdienerschaft und mittelbarem Besitz, ZfZ 1988, S. 203ff.

- Steuerfolgen bei „Unterbrechung der Steueraufsicht“ ? - Ein Beitrag zur bedingten Steuer und zur besonderen Steueraufsicht, ZfZ 1986, S. 162ff., 226ff. und 322ff.

Schröter, Walter: Die tabaksteuerrechtliche Rechtslage bei Kopplungsangeboten von Tabakerzeugnissen mit anderen Waren, ZfZ 1979, S. 199ff.

- Der Zigarettenverbrauch als Quelle für Steuereinnahmen, ZfZ 1976, S. 2ff.

- Das Tabaksteuergesetz und seine Durchführungsbestimmungen, Kommentar zum Tabaksteuergesetz, Berlin 1956

- Der Rechtsbegriff der Verbrauchsteuer, ZfZ 1931, S. 61ff.

Sedemund, Joachim: Wettbewerbsneutralität als Verfassungsgebot bei der Steuerharmonisierung für alle Getränke, EuZW 1991, S. 658ff.

Selmer, Peter: Finanzverfassungsrechtliche Streitfragen im Bereich der örtlichen Verbrauch- und Aufwandsteuern, DÖV 1974, S. 374ff.

Sievert, Monika: Die Harmonisierung der besonderen Verbrauchsteuern - und sie bewegt sich doch!, ZfZ 1992, S. 98ff.

- Die Harmonisierung der besonderen Verbrauchsteuern - und bewegt sie sich noch?, ZfZ 1991, S. 162ff.

Söhn, Hartmut: Die Umsatzsteuer als Verkehr und/oder Verbrauchsteuer, StuW 1975, S. 1ff.

Soyk, Stefan, Mineralölsteuerrecht, Systematische Darstellung unter Einbeziehung der Mineralöltechnologie und der zolltariflichen Einreihung, München 1996

Spetzler, Wolfgang: Wirkung und Einfluß des Rechts der Europäischen Gemeinschaft auf das nationale Steuerrecht, DB 1993, S. 553ff.

Stenger, Alfred: Änderungen der Verbrauchsteuergesetze und Änderungstendenzen aufgrund der Harmonisierung innerhalb der EG, Steuerberater-Kongress-Report 1989, S. 421ff.

Stern, Klaus: Das Staatsrecht der Bundesrepublik Deutschland, Band II, München 1980

Steuerreformkommission: Gutachten der Steuerreformkommission 1971, Schriftenreihe des Bundesministeriums der Finanzen, Heft 17, Bonn 1971

Stobbe, Erhard: Die Harmonisierung der besonderen Verbrauchsteuern in der Europäischen Gemeinschaft, ZfZ 1993, S. 170ff. und 194ff.

Stobbe, Ludwig: Die Harmonisierung des Steuerrechts in der Europäischen Gemeinschaft in den Jahren 1992 und 1993, DStZ 1993, S. 716ff.

- Die Harmonisierung des Steuerrechts der Europäischen Gemeinschaft und ihre Auswirkungen auf die deutsche Besteuerung, DStZ 1992, S. 225ff.

Stock, Ulrich: Weinsteuergesetz vom 10. August 1925 nebst Zollvorschriften und Ausführungsbestimmungen, München 1926

Tamchina, Erhard: Zur Harmonisierung der Mineralölsteuer in der EWG, BB 1974, S. 1596ff.

Teichner, Kurt: Deutsch-deutscher Staatsvertrag und die Einführung der Verbrauchsteuern in der DDR, ZfZ 1990, S. 250ff.

Teichner,Kurt/ *Alexander*,Stephan/ *Reiche*,Klaus: Mineralölsteuer, Mineralölzoll, Kommentar zum Mineralölsteuergesetz, Loseblatt, München 1995

Teske, Willy: Die Grundsätze der Verbrauchsbesteuerung, DDZ 1954, F 101ff.

Tiemann, Burkhard: Gemeinschaftsaufgaben von Bund und Länder in verfassungsrechtlicher Sicht, Schriften zum öffentlichen Recht, Band 131

Tipke, Klaus: Die Steuerrechtsordnung, Band II, Köln 1993

- Umsatzsteuer - Verkehrsteuer und/oder Verbrauchsteuer, DStR 1983, S. 595ff.
- Steuergerechtigkeit in Theorie und Praxis - vom politischen Schlagwort zum Rechtsbegriff und zur praktischen Anwendung, Köln 1981
- Anwendung des Gleichheitssatzes im Steuerrecht - Methode oder irrationale Spekulation?, BB 1973, S. 157ff.

Tipke, Klaus/ *Lang*, Joachim: Steuerrecht, 14. Aufl., Köln 1994

Tipke, Klaus/ *Kruse*, Heinrich Wilhelm: Abgabenordnung, Finanzgerichtsordnung, Kommentar zur AO 1977 und FGO, 16. Aufl., Köln 1996

Treu, Heinz: Eine Verbrauchsteuer auf Wein?, ZfZ 1993, S. 187ff.

- Harmonisierung der Alkoholsteuer in der EG, DDZ 1992, F 112ff.

Trzaskalik, Christoph: Der instrumentelle Einsatz von Abgaben, Bemerkungen zum Entwurf eines Abfallgesetzes, StuW 1992, S. 135ff.

Vogel, Karl: Grundzüge des Finanzrechts des Grundgesetzes, in: Isensee, Josef/ Kirchhof, Paul, Handbuch des Staatsrechts der Bundesrepublik Deutschland, Band IV § 87, S. 3ff., Heidelberg 1990

Voß, Reimer: Steuern in Europa, DStR 1991, S. 925ff.

- Strukturelemente der Verbrauchsteuern, in: Kruse (Hrsg.), Zölle, Verbrauchsteuern, europäisches Marktordnungsrecht, DStJG Band 11 1988, S. 261ff.

Wachenhausen, Manfred: Zur Übernahme bundesdeutschen Steuerrechts in die DDR, StuW 1990, S. 268ff.

Wagner, Wolfgang: Aus der Sicht des Steuergesetzgebers, StuW 1974, S. 382ff.

Wasmeier, Martin: Umweltabgaben und Europarecht, Dissertation, München 1995

Weiser, Christoph: Der Stand der Harmonisierung der Mineralölsteuer in der EG - gleichzeitig ein Streifzug durch den Richtlinienvorschlag, ZfZ 1989, S. 197ff.

- Stichwort „Flexibilität“ - Die grundlegenden Probleme bei der Harmonisierung der Verbrauchsteuersätze in der Europäischen Gemeinschaft, ZfZ 1989, S. 219ff.

Wewel, Uwe: Anmerkung zum Beschluß des FG Düsseldorf vom 4.7.1994, ZfZ 1994, S. 282f.

Winkler, Gerhard: Die Änderungen der Leuchtmittelbesteuerung, ZfZ 1974, S. 130ff.

- Steuerschuldrechtliche Behandlung bereits versteuerter verbrauchsteuerpflichtiger Waren bei Entfernung aus einem Herstellungsbetrieb, ZfZ 1973, S. 301ff.

Wurms, Günther: Neuregelung des Mineralölsteuerrechts durch das Straßenbaufinanzierungsgesetz - Zugleich ein Beitrag zur Verbrauchsteuer - Systematik, BB 1960, S. 359ff.

Zapf/ Siegert/ Arndt, W./ *Klingemann*, H.: Das Biersteuergesetz, Kommentar zum Biersteuergesetz, 14. Aufl., Berlin 1959

Zeitler, Franz-Christoph: Der europäische Binnenmarkt, ZfZ 1993, S. 338ff.

Zimmermann, Wilhelm: Die Tabaksteuer - Instrument der fiskalischen Einnahmeerzielung und der gesellschaftlichen Verbrauchslenkung, Europäische Hochschulschriften, Reihe V, Band 803

Stichwortverzeichnis

Tübinger Schriften zum Staats- und Verwaltungsrecht

Herausgegeben von Wolfgang Graf Vitzthum

8 Andreas Pohlmann: **Neuere Entwicklungen im Gentechnikrecht.** Rechtliche Grundlagen und aktuelle Gesetzgebung für gentechnische Industrievorhaben. 319 S. 1990 ⟨3-428-06936-6⟩ DM 58,– / öS 423,– / sFr 58,–

9 Frank Fechner: **Thomas Mann und die Demokratie.** Wandel und Kontinuität der demokratierelevanten Äußerungen des Schriftstellers. 373 S. 1990 ⟨3-428-06945-5⟩ DM 64,– / öS 467,– / sFr 64,–

10 Ferdinand Kirchhof: **Tätigkeitsfelder der Deutschen Bundespost POSTBANK.** 123 S. 1990 ⟨3-428-07057-7⟩ DM 38,– / öS 277,– / sFr 38,–

11 Willi Weiblen: **Beschäftigungsförderung.** Eine kommunale Aufgabe zwischen Personalhoheit und Finanzhoheit. 445 S. 1990 ⟨3-428-07043-7⟩ DM 78,– / öS 569,– / sFr 78,–

12 Gerd Mayer: **Die Zusage nach der Abgabenordnung 1977.** 170 S. 1991 ⟨3-428-07190-5⟩ DM 54,– / öS 394,– / sFr 54,–

13 Toshiyuki Ishikawa: **Friedrich Franz von Mayer.** Begründer der „juristischen Methode“ im deutschen Verwaltungsrecht. Frontispiz; 264 S. 1992 ⟨3-428-07489-0⟩ DM 89,– / öS 650,– / sFr 89,–

14 Wolfgang Graf Vitzthum / Tatjana Geddert-Steinacher: **Standortgefährdung.** Zur Gentechnik-Regelung in Deutschland. 192 S. 1992 ⟨3-428-07640-0⟩ DM 68,– / öS 496,– / sFr 68,–

15 Hans von Mangoldt: **Die Verfassungen der neuen Bundesländer.** Einführung und synoptische Darstellung. Sachsen, Brandenburg, Sachsen-Anhalt, Verfassungskommission für Mecklenburg-Vorpommern. 215 S. 1993 ⟨3-428-07705-9⟩ Vergr.

16 Wolfgang Martin: **Juristische Repetitorien und staatliches Ausbildungsmonopol in der Bundesrepublik Deutschland.** 287 S. 1993 ⟨3-428-07704-0⟩ DM 48,– / öS 350,– / sFr 48,–

17 Bernhard Losch: **Wissenschaftsfreiheit, Wissenschaftsschranken, Wissenschaftsverantwortung.** Zugleich ein Beitrag zur Kollision von Wissenschaftsfreiheit und Lebensschutz am Lebensbeginn. 434 S. 1993 ⟨3-428-07708-3⟩ DM 148,– / öS 1.080,– / sFr 148,–

18 Michael Kilian: **Nebenhaushalte des Bundes.** 1005 S. 1993 ⟨3-428-07818-7⟩ DM 198,– / öS 1.445,– / sFr 198,–

19 Sigurd König: **Drittschutz.** Der Rechtsschutz Drittbetroffener gegen Bau- und Anlagengenehmigungen im öffentlichen Baurecht, Immissionsschutzrecht und Atomrecht. 261 S. 1993 ⟨3-428-07844-6⟩ DM 98,– / öS 715,– / sFr 98,–

20 Klaus Oechsle: **Die steuerlichen Grundrechte in der jüngeren deutschen Verfassungsgeschichte.** Zugleich eine Untersuchung über das historische Verhältnis von Steuerverfassungsrecht und Finanzwissenschaft. 253 S. 1993 ⟨3-428-07814-4⟩ DM 78,– / öS 569,– / sFr 78,–

21 Wolfgang März: **Bundeswehr in Somalia.** Verfassungsrechtliche und verfassungspolitische Überlegungen zur Verwendung deutscher Streitkräfte in VN-Operationen. 140 S. 1993 ⟨3-428-07871-3⟩ DM 72,– / öS 526,– / sFr 72,–